【対談】合氣の秘傳と武術の極意

大東流と合気道の究極奥儀「合氣之術」の秘密を語る

大宮司朗
大東流合氣柔術玄修會主宰
×
平上信行
大東流合氣柔術神氣會主宰

八幡書店

前書

「合氣之術《あいきのじゅつ》」……それは日本武芸の究極奥義、絶対必勝秘法として古来より密かに囁かれ、無数の武芸者たちから欣求され続けてきたものですが、その実像については現今様々な異質の論説が入り乱れ、いま一つ明確ではなく、技術的にも術理的にも曖昧模糊とした大変に不思議な存在です。

そもそも「古来より」と称しても日本の武術界において、果たしていつの時期頃からその様な詞《ワード》と認識が確立して来たのか？　それは存外、極近年に形成された新たなる解釈であり認識だったのではなかったか？　そしてその用語の定義自体が時代の流れとともに変容し、驚くべき真逆の転化を遂げているのだとも言われます。

しかしてその核心技術とも言える「合氣」とは一体何なのかという事が未だ明確には定義、確定されてはおらず、現代においては多くの場合不可思議にして生半に会得しがたい武術極意、そして秘傳中の秘傳として内容のかなり不詳のまま、その驚くべき効能のみが云々されていると云う、真に面妖かつ不可解な存在になってしまっている……！

要するに「合氣之術」とは、古の武芸者たちのかくあれかしという想いと願いとを根本に、形而上学的世界にて形成されたイデアのみの夢世界であり、現《うつつ》では絶対不可有なる幻の極意傳であったのかもわかりません。

しかしながら日本で育まれた膨大なる武術諸流派の中で、その不可思議なる「合氣之術」、そしてその核心技術たる「合氣」の用語を流儀の表看板として掲げた武術傳脈が一系だけ存在しました。明治期に彗星の如く出現し地上最強柔術として一世を風靡した「大東流合氣柔術」、そしてまたそこから派生して戦後に巨大なる日本武道組織の一つとして発展し隆盛する「合気道」の系脈です。

しかしその大東流と雖も一般公開されだした最初から「合氣柔術」を名乗ったわけでは必ずしもなく、よくよく探求してみると明治以降、大正か昭和、恐らくは昭和の初め頃の特定のある時期からやっと「合氣」

のワードを伝書に冠し始めた様なのであります……！

本来古傳を墨守するのが建前である筈の武術古流儀というものが、その自らの名称をこの様に変容させる事自体、真に面妖ですが、実際の所ここの部分には不可思議にして奇怪なる歴史的密儀が確かにありました。それは大東流を伝えた柔術名人、武田惣角師範と、後に「合気道」を創始した植芝盛平師範との不思議な邂逅に端を発する……。そしてそれから十何年かに渡る両師範の奇妙な交流を通じておりなす活動、綾文様の中に真に驚くべき秘儀が存在し、その様な中から「合氣」なるもの、その名称と理念、そして実際技法傳が次第に形成されていったと考えられるのです！

それは今まで殆ど説かれた事の無かった合氣系柔術の深奥世界の武術夢物語であり、また真に超絶的なる逆転的歴史秘話でもあるのです。

膨大なる大東流と合気道の資料群を突き合わせ、その真相の核心部分に突き当たった時、筆者自身極めて大きな衝撃を受け、長く発表を躊躇《ためら》ってきた事は事実です……。しかしながら歴史的真実は、時と労を如何に費やしてでも、何《いず》れは正しく梓木に刻んで行くべきであると思うのであります。

かくした想いで纏《まと》め上げた本書は歴史的資料群と実際の伝承技術傳に依拠しながら、大東流研究の当代における第一人者であり、また大東流合氣柔術玄修会を主宰されておられる大宮司朗先生との対談を通じ、その驚異の真相と合氣之術の核心技術「合氣」の秘技の本質にまで迫らんとしたものです。

次に本書における討議内容の構成と概略を記しておきます。

●**第一章「合氣の歴史」**は「合氣」というものの武術用語としての歴史とその意味合いの変遷を追求しています。「合氣」という用語が歴史的にどの国において、どの分野の、どの様な時期から存在したのかを論じ、しかしてその当時の意味合いを資料を駆使して解説し、そしてそれが日本の武術用語として転用されてゆく歴史的経緯、そしてその実際の当時における武術的意味合いなどを討議します。

色々史料を通じて探求してゆくと、「合氣」というものが日本武術の永い伝統の中で各流における武術用語の一つとして用いられながら、各流の解釈にはそれぞれある程度の異同があった事が分かります。そしてまた江戸期における講談や剣豪絵本小説（当時の武道漫画……の様なもの）などを通じて微妙に意味合いが変容し、ある時期においては字句意義の驚くべき逆転を成しているのです。そしてそれが明治中期における天下の奇書『合氣之術』の論説と定義へと結実していったという事……その奇妙な推移を分析しています。

●第二章「大東流の出現」では『合氣之術』刊行の後、明治後半以降となって大東流がいよいよ出現した推移を資料を尽くして討議します。そして『合氣之術』が定義した所の、玄妙なる武術極意としての「合氣」という理念が、どの様にその大東流の伝脈に関わってゆくのかという推移を検討して行きます。

ところがそこの所を実際の史料を通じて詰めてゆくと、通説とは全く違う、正に奇想天外、驚天動地とも言える裏返しの合氣柔術史に突き当たる事になる。ナントならばそこには本当に驚くべき歴史的秘話、密儀があるからであります……。

つまり「合氣」の形成において植芝師範やまた出口聖師がどの様に関わっていたかという事。またそれらの関与に武田惣角師範自身がどの様に呼応していったかという合氣柔術成立史における究極の秘儀とも言える部分です。

その真相に迫る為に「合氣上《あいきあげ》」というキーワードを秘鍵として膨大な資料、また一般には現れる事のない秘密資料までも存分に駆使して討議、考証しています。

しかしながらこの様な文献釈義、歴史認識において、筆者と大宮先生とのスタンスや持論は必ずしも同一ではなく、場合によってはかなり背反する立場においてのそれなりに烈しき討議もある程度なしています。ただ歴史資料に現れた真実は真実として紛う事なく確かに存在しますし、討議の結論の正否については文献と事実関係を基に読者が最終判定を下して頂ければよいのではないかと考えます。

●**第三章「合氣の秘傳」**において大東流の最高の極意秘法とされる「合氣」の奥の術理と実際技法の本質について迫り、大宮先生にある程度深い部分までを解説して頂きました。「合氣」とは何かという、その具体的技法内容に迫る為の極めて重要な部分です。

●**第四章「武術極意の世界」**では古流武術史研究家である筆者の立場として、「合氣之術」に対応する所の日本傳古流武術に継承されてきた様々な武術極意、その術理と奥傳技法をある程度提出してみました。そしてそれを材料として現在行われる大東流系の「合氣」技法との共通性、そしてまた相違点等を比較検討してゆきます。本書は合氣系柔術の解説書ではあるが、古式伝統武術傳の中からそれに該当する技術傳を提示する事、これこそが「合氣」の本質と実態について正当なる解析、そして評価をなすために真に重要な基本作業であると筆者は考えるのです。何とならば現在の合氣系柔術で行われる「合氣」における説明の殆どは、古典柔術が伝統的に用いた用語や技法傳を余り基盤とせず、自作の新用語を用いて各自各流がそれぞれの立場で恣意的な譬えや独り善がり的な術理解説等をなしているに過ぎないからです。その為に解説文として一般に、そして他系武術家にも殆ど理解されず、よって共通認識が全く形成されないが為に大いに混乱が生じているると考えられるからでありま す……。

ともあれ大宮先生との合氣柔術に関するこれらの対談は決して一度や二度にてなされた事ではなく、また期間を区切っての順序整然たる討論、検証等では決してありませんでした。二十年以上にも及ぶ、かなりの長期間に渡る準備や討議……。そして多くの時間を掛けた資料蒐集と分析、検証の作業があり、討議中においても新史料の発見やその解析作業、研究書籍著述等の業績の積み重ねもありました。それらの永い永い文献釈義の作業を通じてその奥の真相を時間を掛けて次第に明らめていったものであります。その長期に渡る討論は大東流の歴史や技術全般、そして古神道との関わりの問題等々……本当に多岐に渡り、そして極めて深い、流儀の最高密儀の部分にまである程度抵触、言及しています。

その膨大なる検討、討議業績の中から大東流の「合氣」問題についての部分を抽出し、一連の対談記録本として纏めたのが本書なのであります。

そして永い討議の過程全般において筆者の認識も決して一様ではなく、新たな資料の出現によって前段階の認識を全く覆されてしまった様な事も何度かありました。大宮先生におかれてもやはり同じ様な部分があられたのではないかと思います。

この様な若干複雑な経緯によって纏められた本書であり、あるいは前半分と後半分とにおいて、やや整合性のない部分、また繰り返し考証を成している様な、些かくどい様な部位もある程度残っている様に思います。ただそのおりにおける各自の認識にも年代的な推移と変容がやはりあるのであり、依って読者には永い風雪を経た討議である事をご理解いただき、大きな御寛恕にてそこの部分を良く分別し、奥に秘められたかなり衝撃的なる真実と奥意を正しく読み取って頂きたいと願うのであります。

本書の注釈やコラムについては任されて殆どの部分を筆者が執筆しました。よってこの部分の文責は筆者にあります（注釈文中「筆者」とあるのは我《われ》の事になります）。そしてその内容には単なる注釈解説に止まらず、討議におけるかなりの補足解説になっている部分が多々ある事を御了解ください。討議における、口述的になされた時期、その各年代における認識と研究レベルがあり、また浅学による胡乱《うろん》さ、舌足らずの部分が少なからずあるので、討議がなされた当時の實相を残しながら、より深い真相を探り、胡乱な部分の補正を、注釈解説を利用してある程度成したものであります。

平上信行　識

対談『合氣の秘傳と武術の極意』目次

第二章　大東流の出現

第三章　合氣の秘傳

第四章　武術極意の世界……279

●本書の技法の写真解説における演武協力
大東流合氣柔術玄《げん》修《しゅう》會《かい》（東京都中央区）
日本空手道研《けん》武《ぶ》會《かい》真武館（埼玉県三芳町）TEL０４９２（５８）１７１６
日本古傳剣術甕槌《みかづち》會《かい》（東京都新宿・八王子）TEL０８０（４８９９）５５７４

第一章　合氣の歴史

清和天皇

第六皇子　貞純親王

御長子　經基

世称六孫王賜姓源氏
正四位下鎮守府将軍

長子　滿仲

生子摂津多田
正四位下鎮守府将軍

合氣の定義

平上　本日から日本武術の最深奥の極意部分を司ると言われる「合氣」の世界を探って行きたいと思いますのでサポートの程を宜しくお願い申し上げます。

さて、「合氣」は現在では日本武術の至芸とされ、その玄妙なる秘技と極意を何とか我がものになさんと幾多の修行者が日々研鑽に励んでいるわけなのですが、これは私の眼からみるとかなり奇矯な、何とも歪んだ不健康なる風景の様にも観えるのです。そこには色々な問題点があると思いますが、その会得せんと図る「合氣」そのものの本質や概念が各修行者といえどもそれほどはっきりとは認識されていないと言う事が先ずはあるのではないでしょうか。これはまあ、「未だ会得していないからどんな物か分からない」と言う論を立てる事が出来ないでもないですが、しかし全く分からないものを会得せんと努力すると言うのも何か少し妙ではあります……。ともあれ実際の所、また各流儀、各系派によってもその意味合いは微妙にまちまちであり、定義が必ずしも統一されている訳ではありません。そもそも「合氣柔術」と言う言葉自体も日本武術の中でそれほど伝統的とはいえない……。

大宮　「合氣」は日本武芸の極意也と言う論もありますが、その具体的な合氣術の秘技を伝えたと言われる大東流がその存在を知られる様になったのは、明治以降の事ですし、しかも初めは単に「柔術」と称しており、「合氣柔術」と呼称する様になったのは大正時代以降の様です。となると大東流の中核をなすとされる「合氣」ですが、その言葉自体は、大東流においてそれほど古い伝統のある言葉ではない可能性さえあります。

大東流柔術という言葉が現れてきたのは明治三十年代の始め頃とされ、実際明治三十二、三年頃の「大東流柔術」の名称を冠した伝書※が複数確認する事が出来ます。しかしながらこの「柔術」に「合氣」の言葉が被せられた「合氣柔術」の資料が現れるのは大正に入ってからなのです。

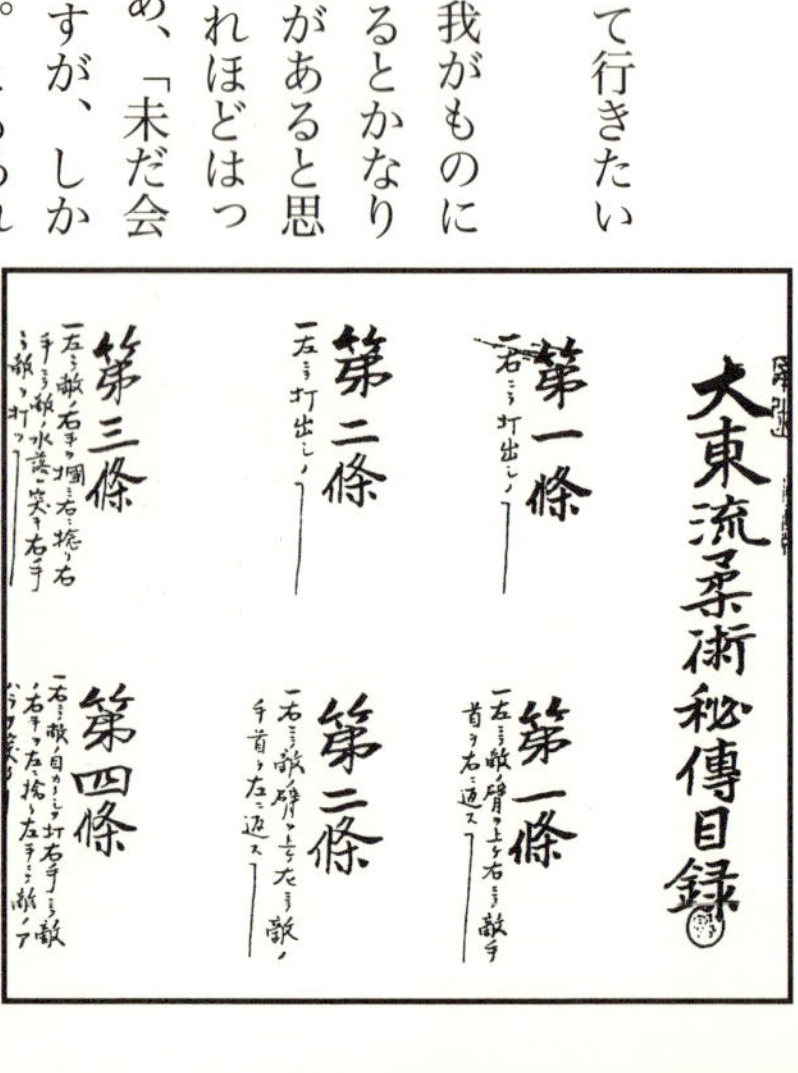

【天理大学所蔵】

※　**大東流柔術の伝書**
明治四十三年に発行された大東流の伝授巻。現代においては「大東流合氣柔術」として認識されている同流も、この時代は「大東流柔術」と称していた事は間違いない。しかし実をいえば「柔術」が「合氣柔術」に変化したと言うわけではない。「秘傳目録」の傳位は武田惣角師範の晩年においてもちゃんと「大東流柔術」として伝書を発行しているのである。対して植芝師範は同じ傳位を「合氣柔術」の伝書として発行している事は注目点である。とにかく柔術にではなく、合氣術への強い指向性、ベクトルをもっていたのは植芝師範の方であったと考察できる。

合氣の古典的意味合い

平上　明治期に大東流柔術があり、それがある時期において大東流合氣柔術に転化したと言う事ですね。その時期を大正年間とする論には私自身少し異論があるのですがこの部分は後でまた検討するとして、ともかく流儀の名称が途中から変わったと言う事※——。これは古流武術における本来的な立場からはありえない、あってはならない事項ではあるのですが……。

私の考えでは、大東流というものは、原型的な伝承が古くから仮令《たとい》あったとしても、ほぼ間違いなく明治以降にこそ流名と共にその体系が整備され、しかしてそれ以降もある程度、いやかなりの変容をみた流儀と言う事であり、事実は事実としてその変形《へんぎょう》した実態を正しく捉える努力をなすべきであろうかと思います。

それはともあれ、同流が看板に掲げたその問題の「合氣」についてですが、一般的な国語辞典、漢和辞典等その他をみても「合氣」の項目は殆ど無に等しいわけですから、日本語の普遍的用語としては余り認識されていない用語であると言えると思います。結局の所、「合氣」と言うワードは日本や中華における古典の世界では歴史的にどれほどの用例があるのでしょうか。

大宮　言葉自体は古いですよ。ただ現在用いられている様な武術としての用語ではありません。

平上　確か古典における「合氣」は「和合の氣」と言う様な意味合いで用いられていた様ですね。

大宮　「和合の氣」の原典としては先ず『淮南子《えなんじ》※』があり、同書の「天文訓」の中に次の様にあります。

「**天地之偏氣、怒者為風、天地之合氣《ごうき》、和者為雨**（天地の偏氣、怒れる者は風と爲り、天地の合氣、和なる者は雨と爲る）」

平上　この文献では「偏氣」と「合氣」が対比されて出ており、「偏氣」とは「調和を失した状態」の様な意味合いですから、対比された「合氣」とは「調和した状態」と言う事でしょうか。

※　**流儀、種目名称の変化**
各流儀における永い歴史の中で流儀や種目の名称がある程度変わる事が全くないとは勿論言えない。直心影流は流名が代々変わった事は良く知られているし、「捕手」と呼ばれていた流儀が江戸以降「柔術」を名乗る事もあっただろう。ただ後者の例は名称が「替わった」という事では必ずしもなく、多くの場合、流儀の体系に新技法傳ブロックが付加され、種目の名称分類が新たになされたのであり、古い部分の名称が変容、消失したという事では決してなかった事は注意しなければならない。この点は本討議における最終結論にも連動してくる大変に重要な部分なので、最初の段階で明記しておきたいと思う。

※**『淮南子』**
前二世紀頃、淮南王劉安に依って撰せられた思想書。各論説が『古事記』や『日本書紀』の各説の典拠となった部分があり、日本文化に深い影響を与えた古典といえる。

大宮　そうですね……。このところは道教学者の福永光司という方が**「天地の偏れる気の努《はげ》しきものを風と為し、天地の合《ととの》える気の和《なご》めるものを雨と為す」**などとも読みくだしており、「合氣」は単に「(天地の)調った氣」、あるいは「合」に「相応ずる」という意味がありますから、「天地の相応ずる氣」と解釈すれば良いと思いますね。

平上　それにしても「天地の相応ずる氣の和めるものが晴れ」ではなく「雨となる」と言うのでは「合氣」というその「調った状態」もしくはその「相応じた状態」が善いのか悪いのか少し判定がつきにくい。勿論「晴れが善」で、「雨が悪」とは必ずしも言えないのですけれど……。しかし少なくともこの文献の立場からは「合氣」そのものには未だ「善し悪し」の論は出ていない。

大宮　ところが『史記※』にも「合氣」の言葉が出てきますが、「龜策傳」に次の様に合氣に肯定的な記載があります。

「禍は妄りに至らず、福は徒に来らず、天地の合氣、以て百財を生ず……」

これは「合氣」をかなり肯定的で良好な状態として捉えた貴重な古典と言えるでしょう。

平上　うーん、これは合気道開祖、植芝盛平師範の「合氣は生成化育《せいせいかいく》※の道也」とした謂とかなり似ていますね。また翁は「武産合氣《たけむすあいき》※」を唱え、「ムスビの道」であるとも述べています。その意味では盛平師範、もしくはその背後にいた出口王仁三郎辺りは『史記』の論を下敷きにしていた可能性がある……？

それはともあれ、『史記』における意味合いは天地の「氣が合う」と云う事の様ですね。天地陰陽の氣が合う事が百財を生ずる基だと言う事……。

大宮　天地陰陽の合氣が百財を生ずるといえば、人と人とが交合して子供を生むという事も、ある意味では同じ事といえます。要するに東西を問わず宗教、哲学の深い所で「人間は小天地、小宇宙也」とも考えられてきましたので、陰陽の男女が交合する方法を合氣術と呼んでいた時代も

※**『史記』**
紀元前91年、司馬遷によって撰せられた歴史的名著。古代支那の歴史書であり、戦争や武人、武芸における記載も豊富である。しかしながら特に武術的な解説の部分に「合氣」の単語を用いているわけではない事は注意しなければならない。

※　**生成化育**
「生を成し育て化する」の意。プラスの面として創造と発展の意と解釈されるが、マイナスの面として衰退と滅亡の意も含んでいるとされる。ただし、通常はプラス面の意として解され、合気道の立場は正にその通りである。

あった様です。中国の東晋後期から南北朝にかけて、新しい道教の派が次々に現れたのですが、太上老君の命によるものだとして道教を整理し、新天師道を開いた寇謙之《こうけんし》※という人がいます。この人は太上老君から、それまで天師道で行われていた**「男女合氣術を除き去れ」**と命じられたという事が『魏書』「釈老志」（559）に書かれています。また「合氣」とは書かれていませんが一九七三年頃に湖南省長沙市馬王堆で前漢初期の墳墓が発掘され、白帛や竹簡に記載された古医書が発見されたのですが、その一つに『合陰陽』という房中術の専門書があります。そこから陰陽の氣を合わすという「合氣」という語が出てくるのは自然な感じがしますので、東晋よりもかなり前から「合氣」という語は房中法の一つの名として用いられていたのではないかと思います。

平上　「天地の合氣」は「ごうき」でもよいが、男女の交合するという「合氣術」は「あいきじゅつ」と読めるかもしれませんね。日本的に解釈すれば。盛平翁のいわれる通り「合氣」は「愛氣」に通じますから（笑）。

ともあれ「合氣」という言葉がある程度、中国の古典に見る事ができる事は分かりましたが、となると次は中国の武術文化の中に用例が存在したかどうかが問題になりますが、確か鶴山師範の著書にその事に関する記載が少しありましたですね。

中国武術用語の合氣

大宮　そうですね。故鶴山晃瑞師範は、著書の中で次の様な引用をしています。**「開勁（懸あれば必ず待あり）の反対が合気である。世間で言う、陽に対する陰のことなり。開勁あれば必ず合気あり、開勁と合気とは連帯関係がある」**——中国拳法古典より（意訳）——と。

平上　これは多分中国拳法で言う所の「開・合」の理合、要するに「開勁」「合勁」の事を言っこれは意訳であって必ずしも原典の引用ではないのですが。

※　**武産合氣**
天地万物を産み出し育む産霊（むすび）の力、その「産」と武術の「武」、そして合氣術の「合氣」を以て造語された詞。自己の武術の本質を現すものとして名称付けられたと思われる。ただ生成化育との詞を含めて、古典を護る事を本質とする古流武術の立場としてはある意味相反する概念であるともいえるであろう。

※　**寇謙之**（365〜448）
北魏の道士。国に登用され、大きな力を振るい、仏説を排斥した。排斥した中に「男女合氣術」も含まれるわけであるが、当時の記録によると、「男女合氣術」は妖術的なものとして捉えられていた様である。そもそも男女の交合は基本的には自然なものであると考えられるので、「男女合氣術」として捉えられたものはかなり独特の、淫靡な技術、左道密教的なものを指している様に思われる。いずれにしろ現代の認識とはかなり違ったものであったのだろう。

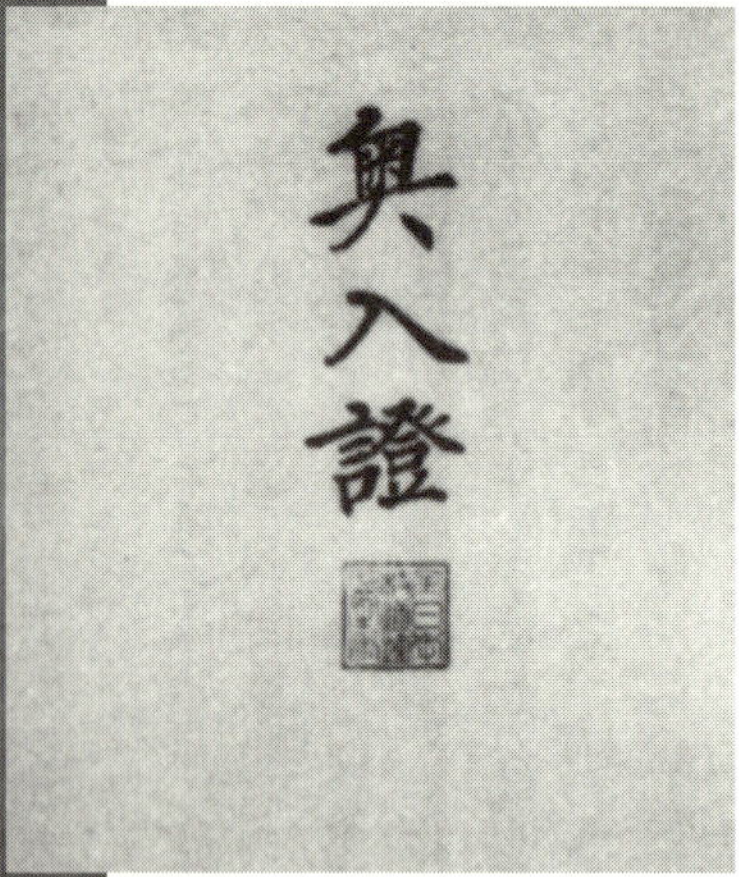
奥入證

●上右写真／清水隆次師範から鶴山師範が受けられた神道夢想流杖術の『奥入証』

●上左写真／鶴山晃瑞師範

●下写真／堀川幸道師範から昭和四十四年に鶴山師範宛に発行された『大東流柔術秘傳目録』

堀川師範から直筆伝書を頂いている以上、ある程度堀川傳大東流を直接学ばれたかと思われる。「大東流柔術本部長」となっているのは古式通り。ただ括弧付きで「合気武道」との書き添えがある。また堀川師範の肩書に「免許皆傳」との書き込みがあるが、これは武田時宗師範より頂いたものなのであろう。

★鶴山晃瑞（1928〜1988）

松濤館空手、神道夢想流杖術、合気道、柳生心眼流、中国拳法等を修行した後、昭和三十九年に大阪の久琢磨師範の門人となり大東流合氣柔術を学ぶ。昭和四十六年に『図解コーチ合気道』を出版し大東流合氣柔術の存在を強く世に知らしめた。各地各系の大東流師範と交流を持ち、大東流の全体像を探求する。昭和五十二年に久師範から免許皆伝を受けたとされ、「日本伝合気柔術」の名称を打ち出した。その内容は昭和五十八年に発行された『図解コーチ護身杖道』に解説がある。即ち大東流の内容を「柔術」「合氣柔術」「合氣之術」の三大技法として捉え、また謎に包まれた大東流の歴史についても持論を展開している。後継者の定まらぬまま昭和六十三年に逝去された。

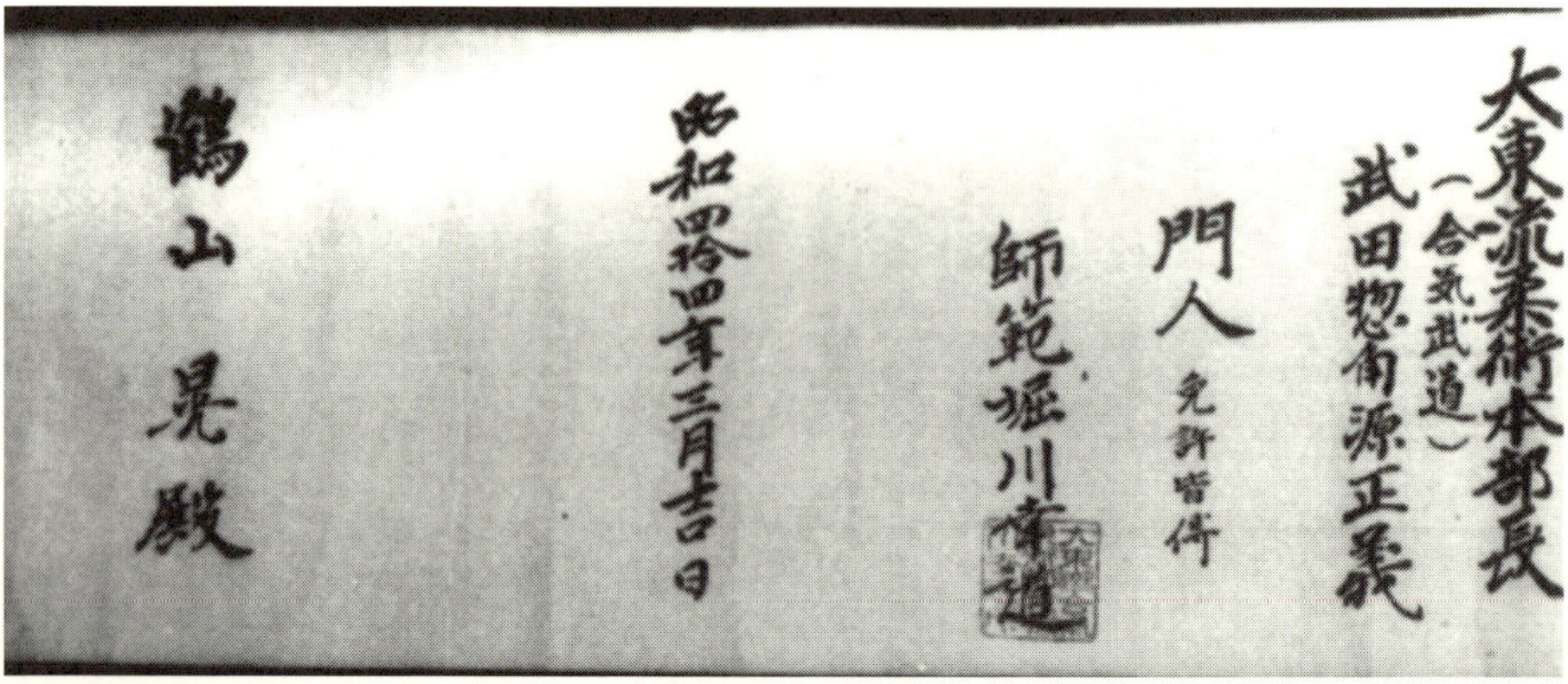
大東流柔術本部長
（合気武道）
武田惣角源正義
門人
免許皆傳
師範堀川幸道
昭和四拾四年三月吉日
鶴山晃殿

★鶴山晃瑞師範年表

昭和 3 年	誕生
昭和 30 年頃	中山正敏の道場で空手を学ぶ
昭和 33 年頃	神道夢想流杖道師範清水隆次に入門
昭和 35 年	有楽町の産経道場にて合気道を学ぶ
昭和 36 年	太極拳・形意拳・八卦掌を佐藤金兵衛師に学ぶ
昭和 37 年	電電公社に合気杖道部を設立
昭和 39 年	大阪に久琢磨師範を訪ね、門人となる
昭和 43 年	久琢磨師範上京
昭和 46 年	「図解コーチ合気道」出版
昭和 48 年	電電公社退職
昭和 49 年	朝日カルチャーセンター「女子合気道」講座の講師となる
昭和 52 年	日本伝合気柔術免許皆伝を久琢磨師範から受ける
昭和 54 年	久琢磨師範神戸に帰る
昭和 55 年	久琢磨師範逝去
昭和 58 年	「図解コーチ護身杖道」出版
昭和 60 年	新陰流大坪指方師より師範印可を受ける
昭和 63 年	12 月逝去

●鶴山師範は昭和 39 年大阪に久琢磨師範を訪ね門人となり、大東流合気柔術の研究を行った。当時の大東流合気柔術は、武田惣角（1860 ～ 1943）が特定のカリキュラムに沿って教授しなかった事、相手やその時々で教授法や技の名前が異なった事、多数の教授代理免許を出しそれぞれが各々独自に指導活動を行った事などにより混乱し、惣角伝大東流の本来の姿は失われつつあった。

●鶴山師範は当時存命の武田惣角直弟子（武田時宗、堀川幸道、山本角義など）の各師範を訪ね、もしくは招聘して大東流合氣柔術を学び、研究した。

●研究の結果、武田惣角の大東流合氣柔術を柔術、合氣柔術、合氣之術の三系統（三大技法）に分類する方法を提唱し、久琢磨師範を宗家とする日本伝合気柔術を創始した。

●日本伝合気柔術は、大東流合気柔術免許皆伝久琢磨師範（1895 ～ 1980）が、鶴山晃瑞師範（1928 ～ 1988）に昭和 52 年免許皆伝を与え、朝日カルチャー等で教傳してゆく合気武道文化の総合名称的な立場として称したものとされている。

ているのではないかと思います。この中国の古典とは陳炎林※著の『太極拳刀剣桿散手合編※』であると思われますが、同書には「合勁」の解説の部分に次の様な記述があります。

「開の反対が合である。俗にいう『一陰一陽』である。ひとたび開けば陽となり、ひとたび合すれば陰となる。開があれば必ず合がある。合があれば必ず開がある。ゆえに開合の二字は互いに連帯する」（笠尾恭二編訳『太極拳総合教程』より）……。

だから原文では「合氣」となっているわけではなく、やはりこれは本来中国式の「合勁」と云う表現である思います。

一般的にも中国武術用語として使われるのは「合勁」であって「合氣」ではありませんし、他でもある程度検索しましたが、中国拳法用語としてはどうも「合氣」のワードはない様です。その意味では鶴山師範も「合勁」を「合氣」と意訳されたのではないでしょうか。まあ、「勁」は「けい」であり「け」であり、「氣」であると読めない事もありませんが（笑）。

大宮　中国武術が言う所の開勁や合勁とはどの様な意味合いで、どの系の武術で用いられた用語なのでしょうか。

平上　「勁論」はそもそも太極拳文化から派生した中華独特の武術理論の一端であるとされていますが、後代では色々な門派でも微妙に意味合いを違えながらも同様に用いられて来た経緯があります。一般的に「開勁」は単純に言うと開く力、「合勁」は合わせる力と言う事ですね。具体的な技法として説明すると「単鞭※」の様な腕、胸を開く様な動作で敵を打ちつけたりぶっ飛ばしたりする動作、その時に働く力が「開勁」、「双風貫耳※」の様な腕、胸を閉じて手を合わせる様にして発する力を普通「合勁」と言うのではないかと思います。但し私は中国拳法家ではありませんので専門的にはより深いニュアンスの違う意味合いがあるのかも知れないのですが。

大宮　手を合わせて攻めると言う動作は少し合氣的な動作ですね。

平上　そうですね。合勁は手取り攻めに対する手解き技法としても機能しますし、手を合わせて

※　**陳炎林**
楊家太極拳における不朽の名著、『太極拳刀剣桿散手合編』の著者。もともとは実業界で活躍しながらも後半生は共産党政権下で不遇のまま没したといわれる。資料乏しく詳しい経歴や武術活動などは不詳の部分が多い。

※　**『太極拳刀剣桿散手合編』**
二十世紀の半ばに陳炎林によって成立した楊派太極拳の総合的テキスト。楊派太極拳の技法すべてを集大成したもので、勁論も明解に論じている。楊派系太極拳の勁論はこれで殆ど纏まったといわれる。

※　**単鞭**
技法としての歴史は古く、明代末期の『紀效新書』に「一条鞭」として同質の技術の図説がある。合氣柔術における「側面入身」的な技法。「単鞭」の場合、後ろの手は本来敵手首を掴む意と思われるが、現代における合氣柔術では能動的に敵を掴むと言う観念は少し希薄になっている。

中心を攻める様な使い方もすると伺っていますから、その様な面を含めて合氣と通脈する部分があるかも知れません。

大宮　手を合わせて中心を攻めると言う点では確かに古典的な拝手《おがみて》※系の合氣や、また「朝顔伝※」が伝える所の鉄砲口傳と同じ術理が働いている様ですね。その点を捉えて鶴山先生も「合勁」を「合氣」と意訳したのでしょう。しかし大東流の合氣は単なる合力による力の発動ばかりではなく、もっと微細な力の外しの技術も使いますし、また開勁で言う所の開く力の発動も含む教えではないかと思いますね。

平上　現代における合氣には色々な技術的要素が含まれており、確かに中国武術で言う所の開勁も合勁も、それぞれ両方の意を含む理念と言えます。また技術の展開上からは聴勁や黏勁、化勁、纏糸勁などの各要素も含まれる様に思います。その意味で合氣と言うものは応用範囲が大変に広く、そして精神的な部分の教えまでも含まれており、それだけに捉え所がない様なものになってしまっている……。つまり結局の所は「玄妙なる武術の極意」と言う様な極めて広い意味合いで用いられている様ですが、しかしながらその様な認識は極近年の主張の様にも私には感じられるのです。

大宮　確かに近代の合氣系武術の世界の中では合氣の言葉が様々な意味合いに用いられ、そして合氣の言葉を頭に冠する事で様々な極意武術が生まれてきました。正に『史記』で言う所の「天地の合氣、以て百財を生ず」ですが、江戸期における武術の世界ではまた微妙に違う意味で用いられていた様ですね。

平上　そうです。江戸期の武術における合氣の用語は古代中華とも現代の合氣とも違い、かなり否定的な意味合いで用いられていました。その事は幾多の武術史料に現れております。

※　**双風貫耳**
極めのスタイルは合氣柔術では「後入身」的な技術と言える。ただ両耳を潰すと言う観念は合氣柔術系には余りなく、古伝柔術においては口傳としての隠し業となる。

※　**拝手**
両手首を持たれた時に、先ず両手を合わせて拝手になり、左右の合力によって敵を崩す技術。現代においてはそこから手首をくねって巧みに相手を投げ制する技法が合氣技の一貫として行われる。両手を柏手に打って崩す技術が『秘傳目録』にあり「合氣上」における技術的原点とも考えられる。

※　**「朝顔伝」**
大東流の古伝口傳の一つと言われるものであるが、主に大東館系において伝えられた。ただ、より根源的に、どの系統でどの時期から言われだした技術であるのかはいま一つ定かではなく、これからの研究課題の一つである。名称の相違はともかく、相撲でいう所の「筈押し」「鉄砲」傳等と同系の技術かと思われる。（「鉄砲」とは南蛮火縄銃伝来以降に用いられた相撲技における一つの口傳、俗称であるが、柳生心眼流等でも用いられている）。

江戸期の合氣

大宮　中華の古典から二千年近くを経て、「合氣」というワードが日本武術の中で多く用いられる様になったのは当時の武士たちが皆、極めて高い教養を持ち中国の古典を大いに勉学し深く修めていたからでしょう。

平上　そうですね。確かに多くの流儀で「合氣」は武術理合を説く用語の一つとして用いられてきました。一刀流や武蔵流、天神真楊流、無住心剣流、心形刀流、柳生心眼流、天然理心流等々……。ただそれは『史記』や方術系の中華文献の意味合いなどとも、また現在の大東流で言う所の「合氣」とも大分意味合いが違いますし、逆に陥ってはならない悪い状態をあらわした用語として用いられる事が多い……。つまり全く裏返しの意味となっている事が奇妙ではあります。

大宮　江戸期に各流で用いられた「合氣」は「外氣」と対になって武術理合が説かれる事が多いのではないですか。と言う事は「外氣」が『淮南子』で言う所の「偏氣」と言う事になるのでしょうか……。当時におけるそれらの用語の意味合いの解説をお願いします。

平上　古流武術における「合氣」とは「氣と氣が合う事」であり、『史記』の場合と根源的な意味合いはさほど変わりませんが、「合う」と言うより「ぶつかり合う」と言う風な意味合いを抽出《クローズアップ》している所に特徴があると思います。文字通り氣と氣がぶつかり、要するに膠着状態になって勝負のつかない状態の表現ですね。その意味ではひょっとしたら「あいき」ではなく、「ごうき」と読んでいたかもしれませんね。※「敵とゴウキとなり動けない……」といった風に。

武術の勝負とは確かに力と技の鬩《せめ》ぎ合い――しかし両者の戦氣が正面からまともにぶつかって鬩ぎ合えばお互い攻めて行けなくなります。なぜならば隙がないのに無理して攻めれば、攻めた方がその力を返されて反撃、瞬殺されると言う世界であり、よって双方攻めては行けない……。もしくはいま一つの展開として双方それぞれ無理にでも力で攻め込み、ぶつかり合った場合は相討

※　江戸期の読み
江戸期の文書が遺って、書かれている用語、熟語等を実際に当時どう読んでいたかと云う事は生半に分からない事が多い。ただ日本には万葉の時代から文字替え遊びの慣習があり、多くの文献比較によって推定できる場合がある。坂本龍馬も「たつま」と読んでいた時代もあったが、「坂本良馬」と表記している文献があり、当時は「りょうま」と読んでいたらしい事が判明したわけである。

『柔術剣棒図解秘訣』に掲載された当時の柔術道場の挿絵。師範席の上部に「柔制剛」の書が掲げられている。道場継承流儀（天神真楊流）の基本理念であったのであろう。

ち、もしくは「一虎は傷つき、一虎は死する」と言う事になる。しかもこの場合は非力で体躯の小なる者が概《おおむ》ね撥《は》ね飛ばされる事となるでしょうね。
世上多く行われる格闘競技と言うものは結構その様な形態になる事が多く、戦いの実相として必ずしも否定は出来ない。しかしながらこれは余り上策の戦闘法とは言えません。この様なやり方であると体躯の小なる者は永遠に大漢を制しえず、「柔能制剛《じゅうよくごうをせいす》※」といった日本武術の深い世界に入ってゆく事は全く出来なくなる。これでは「百財を生ずる」処の騒ぎではない……。

大宮　だからこそかつての合氣は戦いの場において陥ってはならない悪い状態の表現であったという事ですね。そしてその悪い状態を解脱する方法論を「外氣」と言うわけですか？

平上　「外氣」とは正に文字通り「氣を外す」と言う事。敵の氣の流れを正面から受ける事なく、微妙に方向性を外して戦う極意を表しており、これは確かに一つの武術極意とも言えるでしょう。と言う事は「合氣」ではなくかつての「外氣」こそが現代的な「合氣」に転化したのかと言うとこれはまた微妙で中々にそうではないと思うのです。

大宮　そうですね。氣のぶつかりと言う事は確かに問題ですが、現代の「合氣」と微妙に意味合いを違えつつ奥の所において一脈通ずる部分があるのではないかと感じます。それはまた後ほど検討するとして、この「合氣・外氣」の教えは古流武術における大体どの流儀でも同じ意味合いで用いられていた様ですが、この様な武術理合を最初に醸成したのは一刀流という事になるのですか。

一刀流「松風之事」

平上　そうですね。どの流儀が合氣の用語を用いた嚆矢《こうし》かという事は微妙な論点がありますが、「合氣」のワードは、歴史的には一刀流の口傳書の中に記載されている事が著名です。※一刀流は

※　柔能制剛
古代支那の兵法書の言葉であるが、日本伝体術では主に小男が大漢を制する技の極意として解釈され目指すべき境地として掲げられた。古典芸能、「文楽」における大人気演目「仮名手本忠臣蔵」の討入ノ段の歌い出しは「**柔能く剛を制し弱能く強を制するとは張良に石公が伝へし秘法なり……**」となっている。芝居好きの若い町人たちは町中で見栄を切って同文句を唸っていたし、ご隠居も、嫌がる近所の者らを集めて下手な浄瑠璃をがなり無理やり聴かせて丁稚の寝床を奪っていた。江戸庶民においてもこの程度の用語の知識は大体皆保有し、その意味合いも大体理解していたかと思われる。

※　一刀流における合氣傳
「合氣」の用語は様々な流儀で用いられていたと考えられるが、比較的具体的な口傳解説の中に「合氣」の用語を用いた一刀流が著名である。ただ合氣柔術を伝えた武田惣角師範が本傳としたのが一刀流であったと言う事、それが偶然かそうではないのかはかなり微妙である。ナントならば一刀流で言う「合氣」と後世の合氣柔術で言う所の「合氣」とは意味合いが全く異質であるからである。そして一刀流口傳といっても「合氣」そのものの解説でない事は注意しなければならない。

新陰流と並ぶ古流剣術の名門でありながら、新陰流ほどの古い伝書は現存していない。※とは言うものの、元禄以前の伝書に既に「松風之事」の教えの項目が現れており、これが所謂「合氣・外氣」の教えの原典と言えるものだとされております。

大宮　一刀流の「松風之事」に「合氣」の教えが含まれていると言う事は比較的良く聞かれる事ですが、しかしながら一刀流の古い伝書を見て疑問であったのは特に「合氣」と言う事を謳っているわけではなく、飽くまで「松風之事」の記載である事です。そして「松風」は能の演目としても著名な言葉ですね……。それが何故に「松風之事」が「合氣」の教えとなるわけですか？

平上　そうですね。武術文化においては「松風」……加えて「村雨」の名称が當身術の部位として採用される場合もありますが、両者は謡曲や歌舞伎、能、人形浄瑠璃等にも出てくる古典物語の人名であります。つまりこの名称は古典文学の立場から言えば須磨の地において在原行平に愛された二人の海女、それも美人乙女姉妹の名前です。※この在原行平左遷事件は『源氏物語』などにも影響を与えていますが……。私は神戸出身であり、現在の生活基盤も神戸と東京の双方にあり、両地を行き来する身でありますが、神戸須磨には今でも「松風町」「村雨町」なる町名がありますよ……。

それはともあれ美人姉妹を同時に愛すると言うのは現代感覚的にはかなり不謹慎で、怪《け》しくりからん事の様にも感じますが、まあ何せ時は平安の世、紫式部の時代ですから少し大目に見る事にしましょうか（笑）。古代支那でも尭から舜への禅譲の時の話※もありますし、また『旧約聖書』に出てくるヤコブの姉妹妻の話、そして、『古事記』等にも確か……。

それはともかくこの名前は楊心流では當身急所の名称としても採用されており、当時の侍たちを含めた文化人ならば皆存じ寄りの分かりやすい名称であったのでしょう。しかし一刀流ではこの古典物語に余り準拠した意味ではなく、物理的な、確かに松に風、その吹かれて鳴る音の謂、つまり松籟《しょうらい》の意味合いで用いている様です。

※　一刀流の古伝書
陰流、新陰流の流れにおいては永禄年間位より優れた絵付き伝書を遺しているが、これらは日本武術伝書の嚆矢とも言える秘傳書群である。対して一刀流の秘傳書文化はそれより大分遅れ、また残念ながら陰流系で醸成された絵傳書文化は殆ど形成されなかった。しかし江戸初期頃からは中々に優れた口傳書群を残しており、その後の一刀流の隆盛によりその全体量は膨大である。

※　「松風」「村雨」伝説
古くから語り継がれた須磨の海女姉妹と在原行平との恋愛物語で、それを題材として謡曲、能、人形浄瑠璃など様々な媒体と様式を通じて、唄われ、舞われてきた。『源氏物語』の「須磨」の帖にも行平須磨行事件に触れた部分がある。

※尭から舜への禅譲
尭舜と云えば古代支那における二大聖王であるが、尭王の二人の御息女、プリンセス姉妹を同時に舜に娶らせ、二人の嫁をどう扱うかを計りみた上で王位の禅譲を決定したと言われる。これも合氣之術における読心術秘法の一端であるだろうか。
また『旧約聖書』にはヤコブの姉妹妻、「ラケル」と「レア」の伝記、『古事記』には木花咲耶姫と磐長姫の話がある。

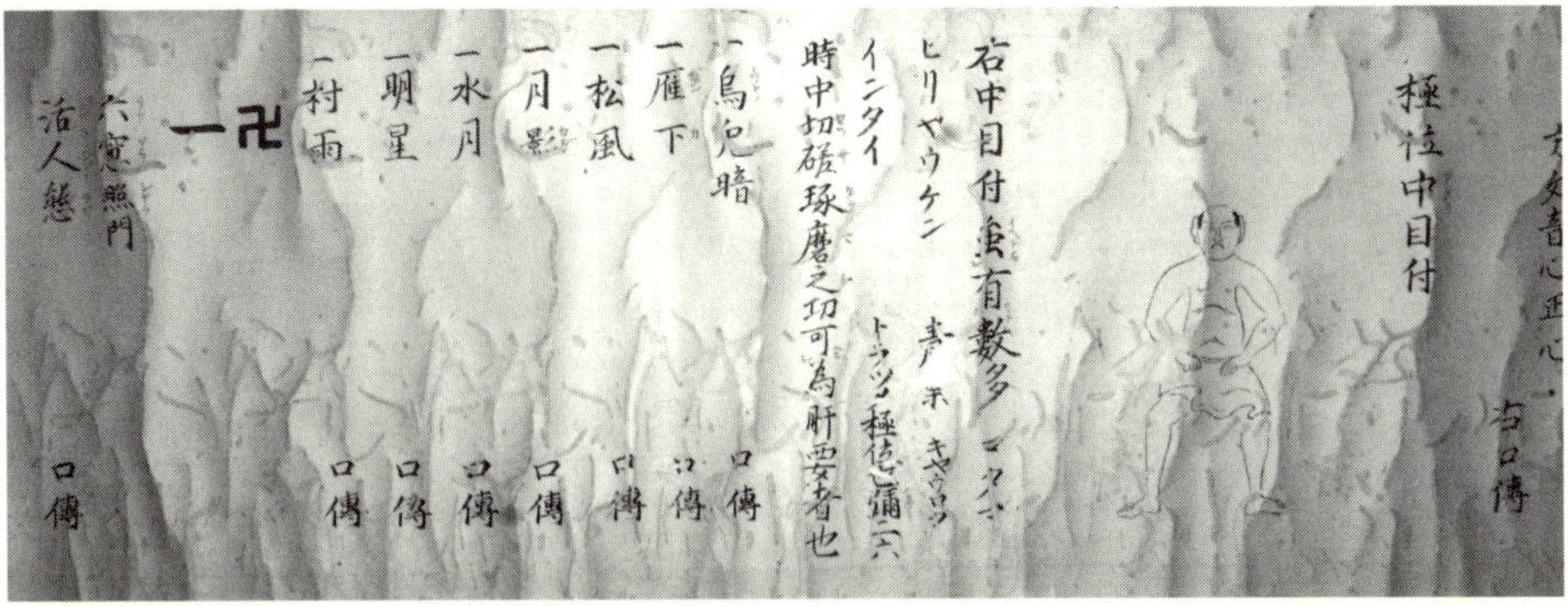

★當身殺活術の裏表、「松風」「村雨」

楊心流系に於いて人体の首辺の急所を「松風」「村雨」と名称付けて古くから傳承してきた。楊心流に伝わる當身殺活秘法の中に両秘孔に於ける深い口傳が伝えられている。即ち「松風」からは風の流れ、「村雨」からの水の流れの意味合いをとり、それぞれ咽喉、頸動脈の急所としてその秘孔の意味合いと使用法を教えたものとなっている。

これは日本傳當身殺活秘法の中枢を司る、正に極意秘術の陰陽裏表である。

それを京師の左遷貴公子の愛人姉妹の名前に擬《なぞら》えたセンスは真に素晴らしく、中華経絡理論に囚われない正に日本独自の當身秘法である。

ただ楊心流の支流、末派の系脈では同じ名称を利用しながら別の當身箇所を指す名称となってしまっている様な例もある。秘傳継承法における歴代の手継を通じ、内蔵されていた意味合いと秘点がやはり暈《ぼか》されたのか、または意図的に改変して伝えられる例が多かったのだろうかと思われる。秘傳が秘傳たる由縁である。

以上、當身極意における「松風」の立場で解説したが、一刀流口傳の捉え方は謡曲「松風」における海女姉妹の姉の名前の事ではなく、正に「松に風」、松籟の意味合いと思われるのでこの点は注意して頂きたい。

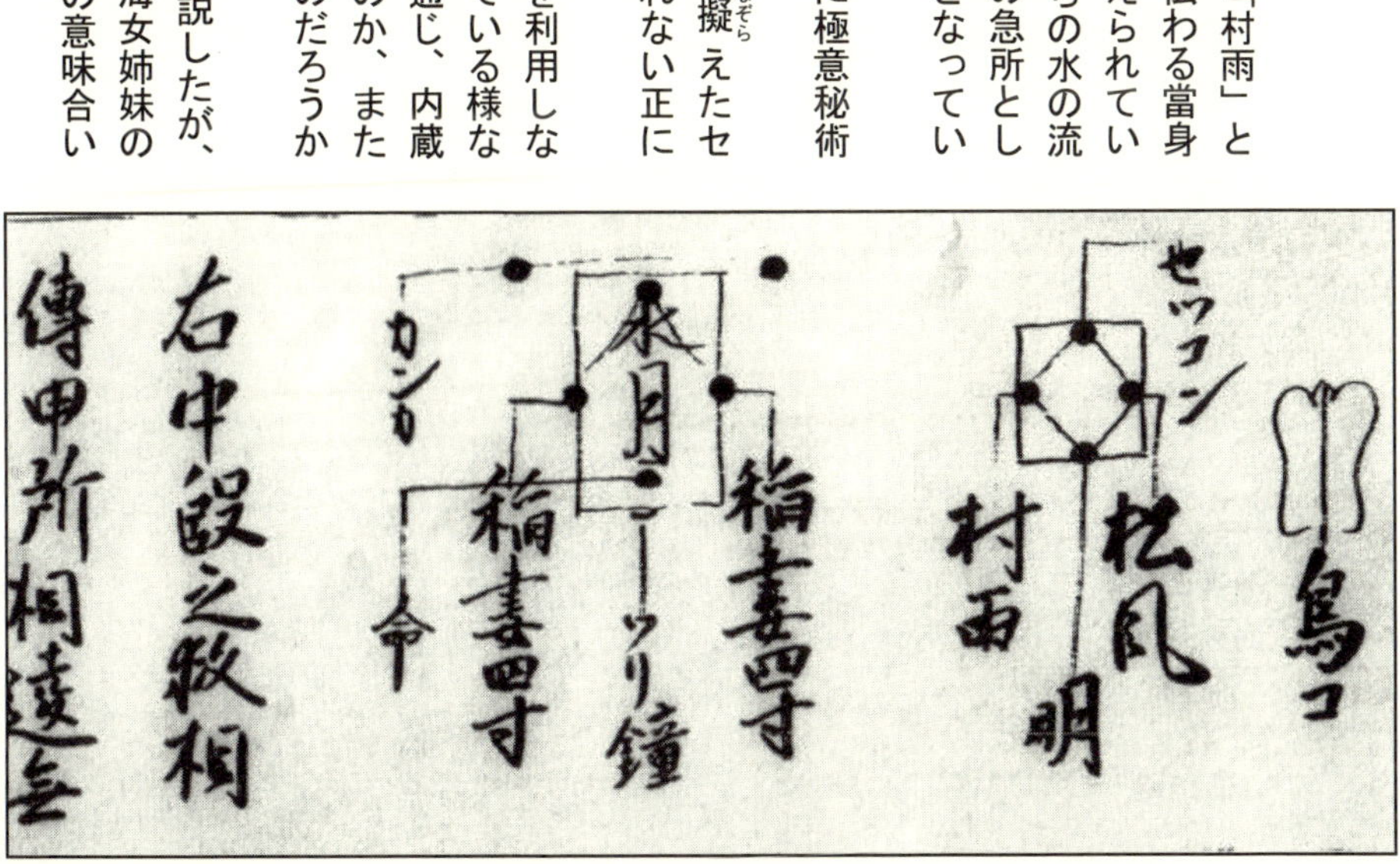

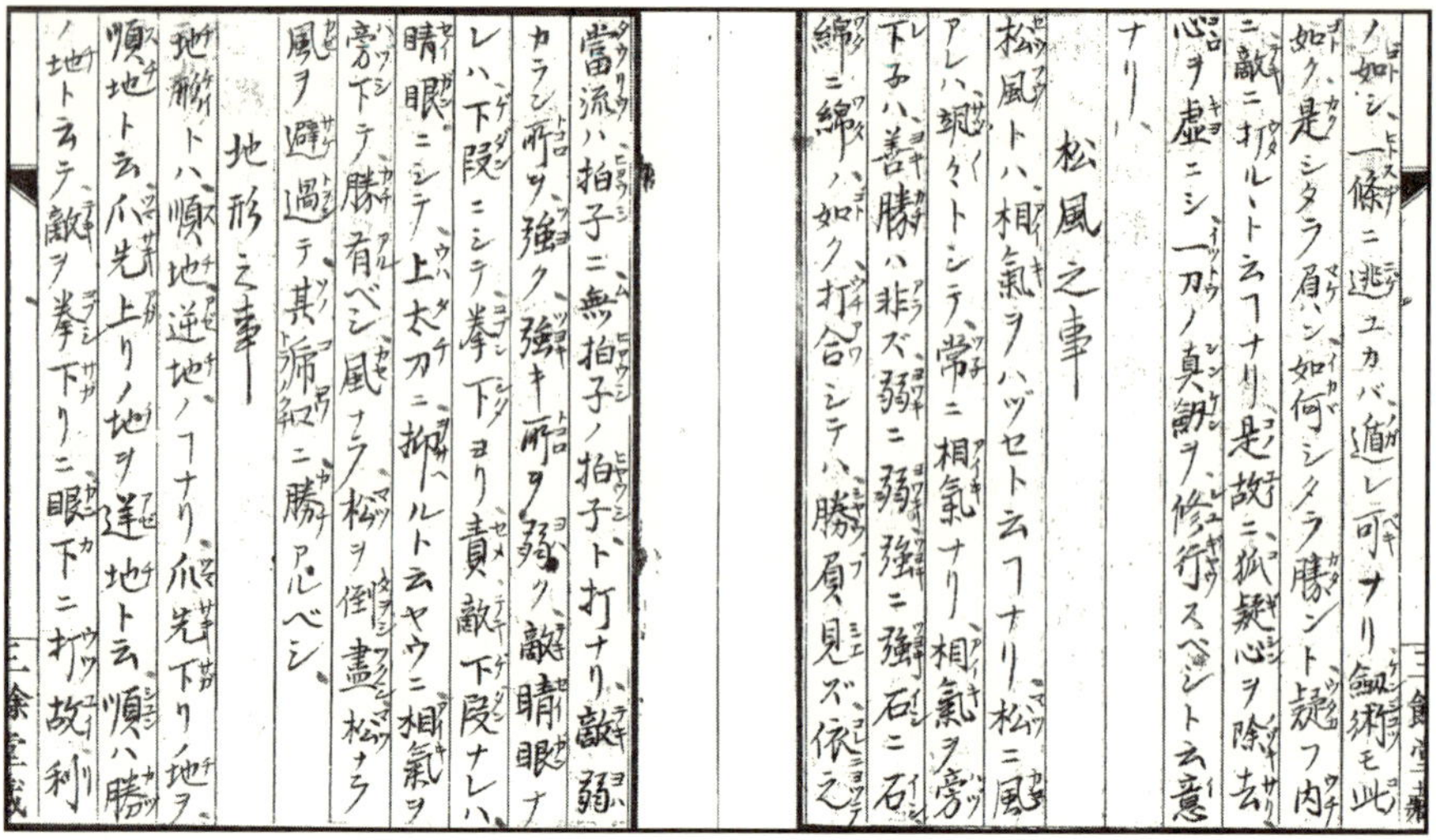

ノ如《ゴト》シ、一條《ヒトスヂ》ニ逃《ニゲ》ユカバ、追《ノガ》レ可《ベキ》ナリ、劔術《ケンジユツ》モ此《コノ》如《ゴト》ク、是《カク》シタラ負《マケ》ン、如何《イカガ》シタラ勝《カタ》ント疑《ウタガ》フ内《ウチ》ニ敵《テキ》ニ打《ウタ》ルルト云フ事ナリ、是故《コノユヘ》ニ狐疑心《コギシン》ヲ除《ノゾキ》去《サリ》心《コヽロ》ヲ虚《キヨ》ニシ、一刀《イットウ》ノ真劔《シンケン》ヲ修行《シユギヤウ》スベシト云意《イ》ナリ、

松風之事

松《マツ》風《フウ》トハ、相氣《アイキ》ヲハヅセト云フ事ナリ、松《マツ》ニ風《カゼ》アレハ、颯々《サツサツ》トシテ、常《ツネ》ニ相氣《アイキ》ナリ、相氣《アイキ》ヲ旁《ハツ》レ下ゟハ、善《ヨキ》勝《カチ》ハ非《アラ》ズ、弱《ヨワキ》ニ弱《ヨワキ》、強《ツヨキ》ニ強《ツヨキ》、石《イシ》ニ石《イシ》、綿《ワタ》ニ綿《ワタ》ノ如《ゴト》ク打合《ウチアワ》シテハ、勝負《シヤウブ》見《ミエ》ズ、依之《コレニヨツテ》當流《タウリウ》ハ拍子《ヒヤウシ》ニ無《ム》拍子《ヒヤウシ》ノ拍子《ヒヤウシ》ト打《ウツ》ナリ、敵《テキ》弱《ヨハ》カラン所《トコロ》ヲ強《ツヨ》ク、強《ツヨ》キ所《トコロ》ヲ弱《ヨワ》ク、敵《テキ》晴眼《セイガン》ナレハ、下段《ゲダン》ニシテ拳《コブシ》下《シタ》ヨリ責《セメ》、敵《テキ》下段《ゲダン》ナレハ、晴眼《セイガン》ニシテ上太刀《ウハダチ》ニ押《オサヘ》ルト云ヤウニ、相氣《アイキ》ヲ旁《ハツシ》テ勝《カチ》有《アル》ベシ、風《カゼ》ナラ松《マツ》ヲ倒《タフシ》盡《ツクシ》、松《マツ》ナラ風《カゼ》ヲ避《サケ》過《トヲス》テ、其《ソノ》疵《コワ》ニ勝《カチ》アルベシ、

地形之事

地形《チケイ》トハ、順地《ジユンチ》逆地《ギヤクチ》ノ事ナリ、爪先《ツマサキ》下《サガ》リ地《チ》ヲ順地《ジユンチ》ト云、爪先《ツマサキ》上《アガ》リノ地《チ》ヲ逆地《ギヤクチ》ト云、順《ジユン》ハ勝《カツ》ノ地《チ》トテ、敵《テキ》ヲ拳《コブシ》下《サガ》リニ眼下《ガンカ》ニ打《ウツ》故《ユヘ》、利《リ》

★『十二ヶ條目録』

一刀流における古い秘傳書で十二ヶ條の口傳の名目箇条が記載されており、それぞれに深い教えがあり、それは口傳として伝えられた。一刀流に於ける古典伝書、『假名字目録』と『本目録』の中間において伝授された秘傳書の様である。各派一刀流、支流（北辰一刀流、無刀流）等でも原型を崩さずに継承されている事は貴重であるが、問題はその実際の「口傳」の中身である。各系概ね同質のものが継承されたと思われるが、各系各派、口傳の内容まで記録された口傳書き文書がそれぞれの系に残り、それらは概ねの意味合いを等しくしながらもそれぞれ独自の解釈口傳を残し、教えには微妙な差異がある様にも観察出来る。そして実際「合氣」の文言が入るものと、入らないものとがある。討論内容に合わせ、目録の箇条書きのみの古典伝書は省き、実際口傳までの記載のあるものを二点上げておこう。

●上図版／『十二箇条譯』

北辰一刀流における十二箇条目録の注釈書であり、ちゃんと「合氣（相氣）」の用語を用いて詳しい説明をなしている。

●下図版／『一刀流十二箇条』

中西派一刀流を継承する高野佐三郎が発行した口傳秘書。一刀流の本流ではあるが、「合氣」と言う表現は用いずに口傳解説をなしている。

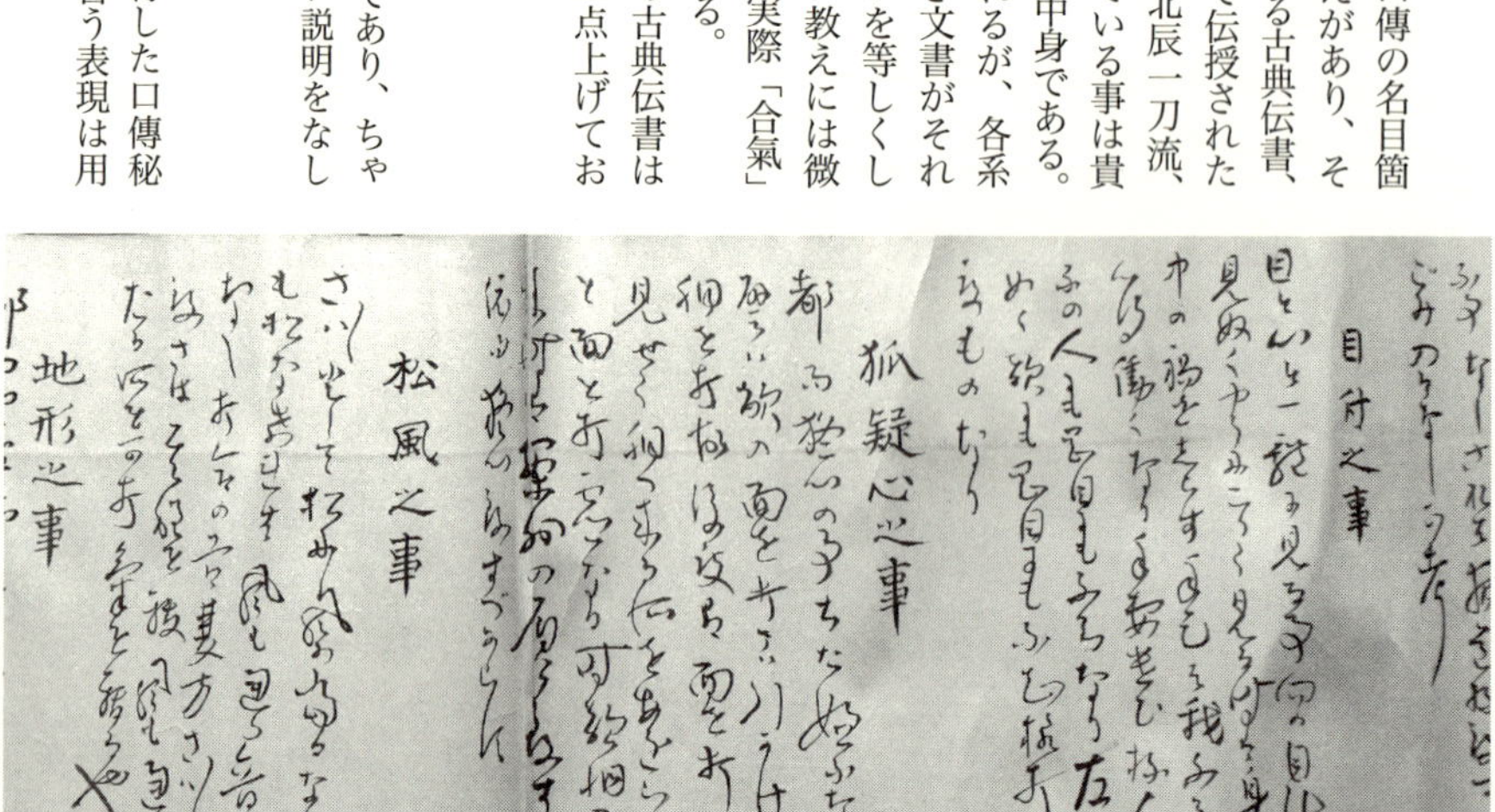

目付之事

狐疑心之事

松風之事

地形之事

大宮　なるほど、茶道における茶釜にも、湯を沸かす時に生ずる音の連想から「松風」を号するものがありますが、武術の立場としての教えの内容はどうなりましょうか。

平上　そうですね。「松風之事」は一刀流の主要な古典伝書である『十二ヶ條目録』の中に記載があります。そして「合氣・外氣」の教えは「松風之事」における口傳として存在するものなのです。口傳ならばあったかどうかも分からないと見られる向きもありますが、若干時代が下りますが千葉周作※の打ち立てた北辰一刀流の口傳書の中に「松風之事」の口傳内容が記載されており、そこに間違いなく「合氣」の言葉が現れております。

嘉永二年の『北辰一刀流兵法初目録聞書』に次の様な記載があります。（▼読み易からしむために片仮名は平仮名に変換し句読点、濁点等を適宜付す。また、以降他の古文書類の引用も同じ）

「松風之事

此は、合気を戒めたる也。松風は松の鳴る事、風次第にて、風強ければ松の鳴強く、風弱ければ鳴るも弱し。向なりに応ずると云ふ心也。それと同じく敵強ければ強いなり、弱ければ弱ひなり、敵上段ならば星眼、中段ならば下段、打たば受け、退かば進み、進まば退くと云ふ様に敵にさからはずして、合気にならぬ様にあるべきを云。合気にならぬに様々ありて、向の進む頭を進て上より押へ入る事あり。進む頭を我は退、其場を外す事あり。向より右を責るとき、左へ付入る事あり。右を責る頭を右より押へる事あり。引所へ進で付け入る事あり。引所をゆるして相引にする事もあり。下太刀にて責入るを上太刀にて押へ込事あり。又引外す事もあり。上太刀で責を下より突込で気を養ふ事もあり。凡て此等の心得にて工夫あるべし」

大宮　これは若干判りにくい解説ですね……。そしてまたここに「合氣」の解説があると言うより、「合氣」の用語は意味の明確な普遍的な用語として用いられている様にも感じられます。

平上　おっしゃる通りだと思います。後の文章の解説からもその意味合いは何となく分かりますが、基本的には当時として意味の通った言葉として用いられている様に思います。「合氣」とい

※　**千葉周作（1793〜1856）**
江戸にて中西派一刀流剣術を学び、それに家伝の北辰夢想流を合わせて1822年に北辰一刀流を創始する。北辰夢想流の薙刀伝が導入されており、また独自の上達理論に沿った教授法を行い、伝授階梯の簡略化を図った部分に特徴があるといわれる。また竹刀打ちにも独特の技術的工夫も見られるが、剣術形の部分は殆ど一刀流の古伝形をそのまま墨守していた様である。流儀の口傳解釈もほぼ古典通り。同流は流儀形の総てを網羅した優れた形解説と古典口傳解説書を残しており、これは極めて重要な記録である。よって北辰一刀流を通じて古伝一刀流の技法本質や古典口傳の内容までをある程度窺う事が出来るわけである。

う言葉に拘泥しないならば、柳生新陰流の『兵法家伝書』※などにも、「三拍子」の事として、**「合ふ拍子はあしし、合はぬ拍子をよしとす。拍子あへば、敵の太刀つかひよく成也。拍子ちがえば、敵の太刀つかはれぬ也」**という風に、似た様な内容のものがあります。ただこの『北辰一刀流兵法初目録聞書』は武術伝書の中に確かに「合氣」の言葉を用いたものがあると言う例として良く採り上げられる古文献ではあるのです。

大宮　なるほど。しかし一刀流の伝書ではなく、北辰一刀流の伝書※において初めて合氣という語がみられるとすれば、「合氣」と言う語は一刀流ではなく、北辰一刀流が用いた用語と言う事になってしまう様な気がするのですが。

平上　いや、北辰一刀流の資料を上げたのは、これが『日本武道全集』などにも取り上げられ比較的人口に膾炙《かいしゃ》した史料であり、合氣の解説としても著名な部分であるからです。他の文献の比較を致しますと「合氣」の用語が北辰一刀流から始まった訳では決して無い事が判ります。一刀流「松風之事」の口傳として「合氣」の用語を用いているのは北辰一刀流のみならず、本家の一刀流の伝書の中にもありますから、やはり本来一刀流そのものの中に伝承していたのでしょう。※ただ何せ口傳なので「合氣」の用語を用いている資料と用いていない資料とがあるわけです。幾例かをみてみましょうか。やや時代が下った伝書ですが、『一刀流兵法十二箇條※』の中の同じ部分の解説は次の通りです。

「松風は松有故に風が当てさはがしく風なら松をなく也。松なら風をなく也。兎角合氣にならざる様に修行肝要也。古語にも艸に風を加ふれば心ふすと有り。工夫の上修行専一也」とあり、ここには明確に「合氣」の語が現れています（つまり北辰一刀流ではなく、源流の一刀流に既に記載がある）。ただ「合氣」の言葉を用いていない口傳解説書もあると言う事なのです。

例えば文政十三年（１８３１）に山中克吉によって著された『一刀流十二箇條聞書』は次の様に著述されています。

※『**兵法家伝書**』
柳生宗矩（１５７１〜１６４６）によって著された武道書。家伝の流儀である新陰流の技術や理論を集大成したものである。初巻は上泉伊勢守伝の新陰流の伝を記録したものだが、後巻には彼が長年の修行を通じて到達した覚りや境地が記録されており、一剣術流儀を乗り越えた深い武術極意の世界が語られている。本書には五十を過ぎてようやく得られた極意を「滋味」という言葉で表現しており、興味深い。

※**北辰一刀流の伝書**
北辰一刀流には古典的な目録伝書に加え、中々優れた形解説資料が多く遺っている。北辰夢想流系の薙刀の形解説も付随しておりその意味では全形における解説が隈なく遺っているわけである。絵目録系伝書が殆ど存在しない事が残念。

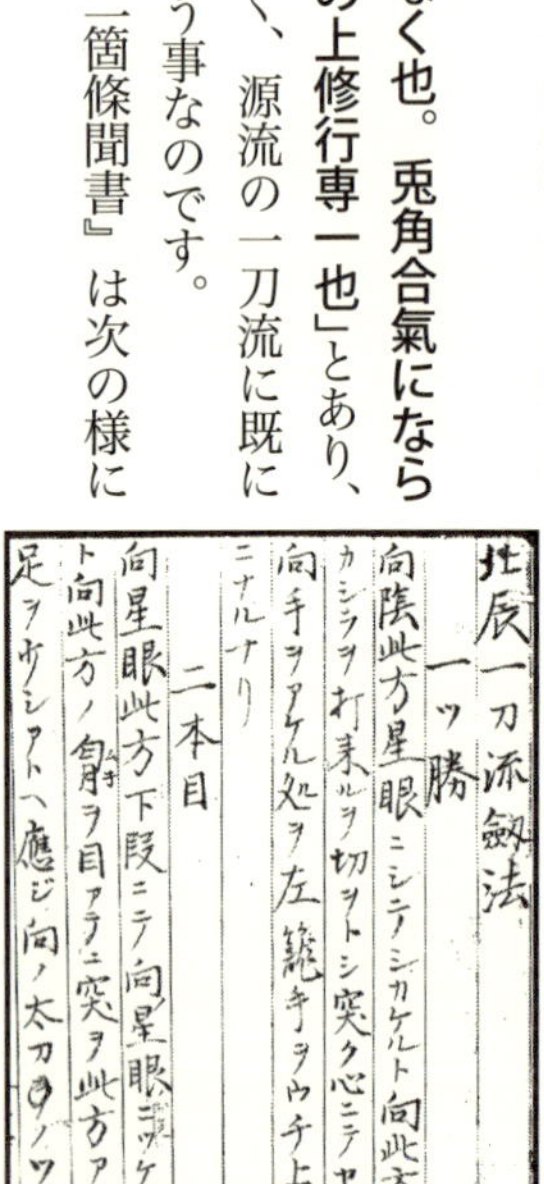
北辰一刀流剱法
一ッ勝
向陰此方星眼ニシテシカケルト向此方ノ
カシラヲ打来ルヲ切ヲトシ突ク心ニテセメ
向手ヲアケル処ヲ左籠手ヲウチ上段
ニナルナリ
二本目
向星眼此方下段ニテ向星眼ニシカケミル
ト向此方ノ鍔ヲ目アテニ突ヲ此方アトノ
足ヲサシアトヘ應ジ向ノ太刀ヲノツキ

「一　松風之事
先師より予が聞しに、松へ風の當るが故に音あり。敵はげしく撃かけ来るを此方にて取り合ひて是に心を動しさわぐ故に負を生ず。敵何程風の如くにはげしく打かけ来るとも此方の松を無くすときは音なし。兎角此方に物をなくす事第一なりと。此も随分今様になくてはならず事なり。これは敵を風にし此方が松になりたる処を説なり。又一説に此方の心氣を以て見たる処へ通ずる事風の大虚に吹が如し。風形なきが故に寸間をも通せざる事なし。物あればこれを動かし、物なければ静なり。故に是をかり用ひし此今条に論ず松なき時は静なり。是と同く我心氣のよく通りたる処へ敵出る故、其敵へ通じ我は静なれども敵は至てさわがし。これ此方の勝なり。かくいへば戸板を立置とも風の當る処は同事にて松に限る事はなきはづなり。然るを松に譬たるは松は枝葉とも殊の外こみ合、風をよく含むものなれば外の木に風なくとも松には風あり。人は万物の霊なればよく物に感ずる事松の風のよく含む事諸木に秀たるが如し。故に此方の心氣さへ向へ通ずる時は敵能是に伏せざる事なし」

これなどはかなり詳しい説明となっていますが、意外な事に「合氣」の用語は用いていない。

大宮　多くの見解と口傳があると云う事ですね……。それで結局これらはどう言う様な意味合いを言っているわけですか。

※　一刀流と北辰一刀流
前述した通り北辰一刀流の剣術形の部分はほぼ中西派一刀流の古典形を継承しているが、修得階梯は簡略化した様である。そして北辰一刀流で竹刀打ち稽古法がより深く研究され、「剣術六十八手」の竹刀打ち技法体系が編み出された。これによって竹刀打ち技法が整備され学びやすくなったと思われる。これらが明治以降の剣道の源流となっていったといわれるが、かくした古傳技術がどの程度ちゃんと継承されているかどうかは不詳である。

「松風之事」口傳解釈

平上　それでは順に口傳内容を検討してみましょう。まず最初の『北辰一刀流兵法初目録聞書』の記述に従いますと、松が風次第で強弱様々に音を立てるが如く、剣術においても敵の氣に対して「合氣」とならぬ様、「向こうなりに応ずべき」事を説いています。

大宮　これは若干分かりにくい説明ですね。私には「向こうなりに応ずる」というのがまさに「合

※　『一刀流兵法十二箇條』
安政元年（１８５４）に跡部主税輔源美雄が発行した一刀流の口伝書。「合氣」の詞が用いられている。［『武道伝書／一刀流剣術伝書集』文武館発行より］

氣」で、つまり風が強く吹けば松は強く鳴り、弱ければ弱く鳴る。これと同じ様に敵の氣が強ければ強く、弱ければ弱く応ずるのはいけないというのかと思ったら、そうではないのですか。

平上　いや、それは「向こうなりに応ずる」という言葉の解釈の問題で、それは強には強、弱には弱という事では必ずしもないという事かと思います。それをやれば正に「ぶつかりの合氣」となるわけです。だから「向こうなりに応ずる」という立場は、寧《むし》ろ敵と対して敵が正眼構えならば斜め正眼、八相構えならば脇構えと言う様に敵の動静に応じて常に最良の選択をしてゆくと言う事であり、それを外氣の教えとなしているという事であると思います。

大宮　余り判り易い文章とは言えない感じがありますね。またこの文だけでは、何故に「合氣」状態を譬えるのに「松風」を持ってきたかという事がよくわかりませんね。

平上　松風の音云々の譬えは私の感性としても少し判りにくい。しかし勿論別の説き方をした口傳もあり、私が古老から頂いた独特の奥口傳もあり、後ほど説明したいと思いますが、先ずは古典籍に現れた口傳を順に解析してゆきましょうか。次に『一刀流兵法十二箇條』の解説ですが、やや禅問答的な口傳ですね。つまり旗が風に靡いていると言う現象に対して、旗があるから靡くのか、風があるから靡くのかと言う公案、「非風非幡※」と同じであり、それを氣のぶつかりに譬えてやや強引に「合氣」にならぬ様に戒めている。

大宮　確かに強引な譬えの様に思われます。ただ気になるのは先程の北辰一刀流伝書と同じく、これも「合氣」の用語の意味合いをかなり確定したものとして用いている感じがありますね。

平上　仰る通りだと思います。実際の所当時としては当たり前に用いられていた用語なのではないでしょうか。要するに「合氣」とは両者の氣がぶつかった膠着状態であり、お互いが打ち込めず、審判員から「ファイト」の掛け声と指導が入る場面です。当時は一刀流は防具試合がかなり重んじられて稽古されており、「合氣」の戒めは当時の試合指導の中で普遍的に多くなされていた教えであったのではないでしょうか。

※　**非風非幡**

『無門関』二十九則「非風非幡」に次の様な記載がある。

「六祖因に風刹幡を颺《あ》ぐ。二僧あり対論す。一人は幡動くと。一人は風動くと。往復して曾て未だ理に契はず。祖云く、これ風動くにあらず。是れ幡の動くにあらず。仁者が心動くなり。二僧悚然たり」

「（現代訳）禅宗六祖（慧能）が寺院の説教を知らせる旗を煽って揚げたが、それに対して二人の僧侶が談論して、一人は旗が動くと言い、一人は風が動くといい、道理にあわない問答を繰り返していた。慧能は見かねていう。旗が動くのでも、風が動くのでもない。君たちの心が動くにすぎないのだと。聞いた二人の僧侶は冷や水を背筋に浴びた如くになった」

余りにも著名なる「非風非幡」の、しかしこれは書き出しの部分にすぎない。無門和尚はそれに著語（評）を加え、「心動く」にも非ずと説く……。とこの様にだんだん訳が分からなくなり簡単に解答が出ざるが故に禅の公案となりうる訳である。

つまりこの膠着状態と言うものは競技試合を施行する中で、最初に超えねばならない大問題であったかと思われる。その壁を越えなければ試合稽古自体が成り立たなくなってしまうから……。よって「合氣」を外す「外氣」の教えは競技試合を行う系統では各自、それぞれかなりの工夫がなされたと考えられるのです。

大宮　北辰一刀流の伝書にはその痕跡が確かに良く窺えます。その様な過程の中で「合氣」を外す技術の一つとして「鶺鴒《せきれい》ノ剣※」も工夫されたのでしょう。それが現代剣道までに通じていると言う事になりますね。

平上　ボクシングでも競技試合を繰り返す中で精妙な足捌き、フットワークが考案されましたが、これも「合氣を外す」極意を現したものと考えられます。矢吹丈のノーガード戦法も合氣を外す為の深い工夫の一端と言えるかも知れません（笑）。そしてこれは日本剣術が到達した究極奥義の一つ、「無構※」の教えと同質のものでもあります。ただ競技試合でこれをやってしまうと両者がやる可能性があり、いつまでたっても試合が始まらないという欠点がありますが。

松の意味合い

平上　次に『一刀流十二箇條聞書』ですが、これには「合氣」の用語は見えませんが大体の意味合いは同じ様です。それに北辰一刀流伝書における風と音の強弱論と『一刀流兵法十二箇條』における「松と風」の両者が存在するが故に「音」在りと言う様な禅問答的な公案説の二つを満遍なく摂取して論を展開し、最後は同じ様な結論を導いています。

大宮　ただこの口傳書では今私たちが問題にした松を何故に譬えに用いたのかと言う事を問題にし、検討を加えていますね。

平上　そうなんです。やはり何故に「松風之事」が「合氣・外氣」の教えに繋がるのかと言う事

※　**「鶺鴒ノ剣」**
竹刀打ち稽古のおりに竹刀先を上下に振って、自己の「居つき」を無くし、敵との合氣を破らんとする工夫の一つ。北辰一刀流にて考案された。
一種の目晦まし的要素もある様であり、この技術は現代剣道に引き継がれて今日でも大いに用いられている。

※　**無構とフットワーク**
無構は日本の伝統武術における基本体の一つだが、現代的なフットワークの動きも古伝武術の中に既に存在していた事は事実である。しかしながらそれは競技試合的な定められたルールの中で必要となった技術であり、真剣手形の中には余り出てこない。
真剣形としては敵の刀と自分の刀の接触点から敵を氣で抑えて体を捌き、安全地帯に巧みに入る。そしてそこから徐々に制し勝つのが古典剣法の基本的な戦略だが、そこには独特の足遣いがあり、余りフットワーク的な技術は用いられる事はなかったと考えられる。ただ鶺鴒ノ剣的な「吊り」の技術は古流剣術形にも時折見受けられる。切っ先で圓を描いて敵の打ち込みを誘ったり、また水に漂う揺れる水草の動きにて敵の氣のバリアーを攪乱して自由に変化して攻める技法等も行われる。

を当時の感性としても少し疑問視した痕跡であると言えるかも知れません。しかしその結論的な解説は若干承服しがたい部分があり、ある意味では意味合いが逆なのではないかと云う感もあります。

大宮　意味合いが逆と言うのは「松に譬たるは松は枝葉とも殊の外込み合、風を良く含むものなれば」と述べている部分ですか。そして「松の風のよく含む事諸木に秀たるが如し」とも言っている。

平上　松の枝葉が殊の外「込み合、風を良く含む」と云うのは古来から良く言われる事であり、よってこそ「松籟」という言葉も生まれたのであるとは思います。確か今様《いまよう》でしたか、**「海にをかしき歌枕、磯辺の松原琴を弾き……」**※何て歌もありました。しかしこの様な謂と譬えには個人的には若干違和感もあり、私の受けた口傳からも疑問が残る所です。しかしながら実を言えば口傳と言うものはそこに疑団が生ずる所に意味がある。

大宮　禅問答における多くの文献も一読して理解し易い部分は存外少なく、大体が皆疑点が残る著述が多い。**「胡人に何故に髭がないのか」**※といってみたり、坊主ともあろう者が無残にも猫を斬って見たり……※。

しかし、私には、この伝書でなぜ「合氣」の状態を譬えるのに「松風」を用いたかがはっきりした感がありますし、さらにはここには大東流における心法系の合氣の極意までもが記されている様にも思われます。というのはかつて一つの偶然の体験があるからです。ある風の強い日、法隆寺の門前を歩いておりましたら、松の枝がボキボキ折れて、落ちてきた事があります。正に「強き木の吹き倒さるることもあり弱き柳に風折れぞなき」で、柳であったらそんな事はないでしょうに、「松に譬たるは松は枝葉とも殊の外こみ合、風をよく含むものなれば外の木に風なくとも松には風あり」であり、松は風を他の樹木よりも捕らえやすく強いものだから防風林にも用いられます。しかしながら強い風の場合にはそれを受け流さないので、逆に折れやすくもあるのです。

※　**「磯辺の松原琴を弾き」**
「海にをかしき歌枕、磯辺の松原琴を弾き調めつつ沖の波は磯に来て鼓打てば雎鳩浜千鳥舞ひ傾れて遊ぶなり」『梁塵秘抄』に収められた今様。

※　**「胡人に何故に髭がないのか」**
『無門関』第四則に「胡人無髭」の公案がある。或庵禅師が**「西天の胡人甚に因つてか髭無き**（達磨大師にはどうして髭が無いのか）」と問いを発した。それに対して無門和尚は色々貶し評した上、最後に**「癡人面前に夢を説くべからず**（馬鹿に対して白昼夢を語るな）」と苦言を呈すわけである。しかしこれは正に反語であり、その実その様な設問をなす或庵禅師を大絶賛しているのである。確かに禅の公案として最高の設問ではなかろうか。渥美清氏辺りならばこの奇問に対して**「うちの女房に髭があるが如し」**と即座に最高の解答を提示するに違いない……？

※　**猫を斬る**
『無門関』第十四則に「南泉斬猫」の公案がある。話のストーリーは面白い事は面白いのだが例によってその真意は難解であり、筆者が解説するのに忍びなく、また無理がありそうなので興味ある方は原典を読んで格闘していただきたい。とにかく本来の禅坊主とは随分無茶をする者の様である。

ともあれ他の樹木より風を含みやすく僅かな風であっても松はそれに応じて騒ぐところから用いられたのだと思います。

また自らの心気を向こうへ通す事を風の「大虚」に吹く事に譬え、人が万物の霊長であってよく物に感じる事を、諸木よりも優れて風を含みやすい松に譬えて、こちらの心氣を向こうに及ぼすときには、相手はこれに伏さないという事はないと喝破しています。人には心氣を感じる働きがあり、場合によっては却ってそのために相手の心氣が強ければ戦う前に屈してしまう事もあるわけなのです。あとで話に出てくると思いますが、武骨居士の『合氣之術』における合氣はここに既に示されている様に思えますし、大東流における心法の一部とも重なる部分がある様に思われるのです。

しかしながら確かに多くの疑団が生ずる事に深い意味があり、そこから深い悟りに向かう為の糧となる深考が始まるわけです。江戸期の古流武術の口傳書もその意味では深い精神世界に入って行く為のほんの道標にしか過ぎないのかも知れません。

松風の真の意味合い

平上　いかにもしかりであると思います。伝書にも色々あり、「口傳書※」なるものの中には確かに詳しい解説が書かれている。しかし本来の口傳とは文字通り「口傳」であり、師弟の間で実際の口舌を以て問答を成し、門人に試考、深考させながら武術理合の奥の部分を覚らせて行くものであります。その中では口傳も決して固定的ではあり得ず、文字には表しきれない本来「不立《ふりゅう》文字《もんじ》※」の存在であると言えるでしょう。
大宮　本当に深い真理や覚りは確かに文字に書き著せるものではありません。禅は不立文字を称えながら膨大な公案書を残し、それが教えの基本にはなっていますが、行間不立の文字を読み取

※　**口傳書**
「口傳」と称しながら「書き付け書」があるのは矛盾といえば矛盾であるが、各師範家では先代からの口伝承が記録され、教傳に歪みのない様に備えた。ただなにも最初から口傳書を通じて全て伝授するというスタイルでは基本的にはなかっただろう。しかし後世の者が口傳書を得て極意を研究する事も大変に良い勉強となる事も事実である。流儀によっては開祖直筆の形解説や極意説明を遺した流儀もあり、これは流儀の至宝として重んじられ、場合によっては代目継承時に授けられる最高の秘傳書、流儀相傳の御徴とされた。

※　**不立文字**
真の極意は文字では伝えられない。日本武術では文字に残さず、「口傳」となしたが、しかしより深い部分は体傳でなければならず、そして究極の極意は体傳を以ても無理であり、以心傳心による他ないとされる。

る炯眼《けいがん》がなければやはり本当の所は何も分からない……。流儀の伝統的な口傳書を超えた、いま少し深い部分の解釈をお聞かせ頂きたいと存じます。

松と柳

平上　松の葉は尖って広葉樹よりも風に強い様で、中々葉の数が多い為に風を存外含みやすく、そしてその性質上風に靡《なび》く事を知らない。よって些《いささ》か風に弱く、力に脆《もろ》い部分があるのかも知れません。その様な性質の中に中々微妙な不立文字の深い教えを内蔵している……。ともあれ文章解説出来難い部分をある程度表現出来るのが対談討議の良いところかも知れませんね。それでは少しその深い意味合いを探る努力をしてみましょうか。……先ず、吹く風に対して何故に松なのかと言う事を考える事が一刀流における武術理合を理解する為の第一歩だと言えるでしょう。これは新陰流が敵の剛力に対するのに柳の嫋《たおやか》さ※を持ち出した事と丁度対応する部分であると思われるのです。

大宮　松は年中葉を残す常緑樹、そして針葉樹の代表ですね。広葉樹は秋になれば色を変えて枯れ、風に吹かれて散ってしまいます。しかし針葉樹の針葉の各一本一本は元々風に強い様な形になっている……。

平上　そうですね。降る雪も吹く風も敵が発する攻めの氣の意、戦氣の流れの象徴と解釈出来るでしょう。敵の氣の流れに対して「外氣」する為のやり方としてはある意味では二つの方法論※がある。敵の攻撃に対して我は柳に風と受け流し、常に自己の有利なポジションを保持しながら敵を制して行く戦闘法と、敵の攻撃を躱《かわ》す事を全く考えずに真正面から立ち向かい、敵が攻撃時に見せる紙（神）一重の隙をひたすら一直線に突き通して敵を打ち倒すと言う、いま一つのより直截的な戦闘法が考えられるのです。一刀流は後者の戦闘法を主体として体系化され

※　**柳の嫋さ**
講談の話ではあるが、柳生十兵衛の持つ鉄扇は一尺三寸、一貫五百匁もあり、鉄骨には金象嵌にて「降ると見ば積もらぬうちに払へかし柳の枝に雪折れはなし」と流儀の極意道歌を認めてあったと伝えられる。

※　**二つの方法論**
敵の攻撃に対処するに二つの方法論、「躱」「中墨攻め」があるとして、前者は新陰流、後者は一刀流が流儀の基本術理として具現化したとする捉え方がある。この様な捉え方を真とするならば、確かに古流剣術流儀の双璧であり、陰陽であるといえる。徳川家康が両流儀を幕府の御流儀として採用したのも真に炯眼と思うし、また大変に不思議な因縁であるとも言えるであろう。家康自身は神影流の修得者であり、徳川幕府は同流の理によって天下を修め、太平の世を拓いた。だがその終末は一刀流を究め無刀流を開いた赤心の武士、山岡鉄舟の切落極意を通じてついに江戸城無血開城が成し遂げられた。陰陽太極の完備した見事なる連結、大団円を見た事になる。

た流儀であると言えるでしょう。その鋭い剣氣を表すのに風に靡かぬ松の針葉が正に相応《ふさわ》しいわけであります。

大宮　敵と対して飽くまで正面からカウンターを狙って一瞬にして粉砕するか、それとも躰を躱して側面から敵を制するかと言う二つの戦闘法、それは正に武道術理の裏表、兵法における正奇の使い分け※であり、合氣柔術における陰陽転化とも共通する部分です。

平上　「松」の意味合いは風に靡かぬ針葉のスタイルと言う事が一つでありますが、「松の木ばかりがマツ」ではなく、いま一つの意味合いは敵の攻撃、もしくは敵の躰の崩れを「待つ」、そして敵の攻撃を今か今かと「待つ」の意味合いでもあるのです。そこまで「マツ」の意味を捉えて始めて松林をそよそよ潜り抜けて吹く風の意味合いが明瞭になって来ると言えるのであります。そしてその奥にはいま一つ超絶的なる秘密口傳群の世界がある……。

大宮　松林に吹く風の口傳、いま一つ深い部分における極意解釈をお願い申し上げます。

※　**兵法の正奇の使い分け**

対人の武術の戦闘法は勿論集団で争う戦事の兵法においても同様の分類ができるのであり、それを『孫子兵法』は「正」「奇」の使い分けとして表現した。弱小軍が大軍団を打ち破るには桶狭間や鵯越にみられる様な奇襲戦法を取るに如《し》かずである。だが「奇襲」ばかりが善ではなく、それは飽くまで「正攻法」が存在してこそその裏返しの方策である事を知らねばならない。両者には本質的に善悪はなく、やはり要はその遣い分けという事になるだろう。

キとキ

平上　先ず「松」の意味合いですが、謡曲、講談等の「鉢ノ木」で著名な「鉢木問答」では春夏秋冬を通じ、枯れる事、色替える事のなき常緑樹たる「松」の特質を以て、書かれざる心の御手本書となし、「忠臣二君に仕えず」の学びとしますが、これは些か古い形の国文学的解釈。自分としては少し武術の立場の解釈をさせて頂きます。

……我の郷たる神戸須磨浦の海岸には多くの松が並び生え真に風光明媚であります。そしてそこでは源平合戦を代表とするところの多くの戦風が確かに吹きすさびました。その荒風に晒された松林の光景を少し想像し、深意を試考してみてください……。

松の林、それは松の木が並び立ち「キ」と「キ」が鬩《せめ》ぎ合う戦場そのものを表していると言えるでしょう。そしてまた松と言う樹木は真っ直ぐには延びず、概ねはかなり曲がりくねって成長する。「曲がった松はハシラにゃならず」、戦氣漂う戦場を何とか走ってくぐり抜けなければならない。しかしながら鬩《せめ》ぎ合っている以上は中々に双方攻めて行く事は出来ないだろう。林の木と木……氣と氣の隙間を図り見る為、正に「マツ」事久しである。自らが傷つかぬ為には両者の氣がぶつからぬ様、巧みにすり抜ける風になるしかないのである。古代支那の賢者はそれを方圓の器に従う水の如しと譬えましたが※、一刀流は「松と風」にて表現したのではないでしょうか。そして「松」の字を分解すると「木ハム」となり「キハム」と訓《よ》む。「きはむ」とは「氣は無」であり、また「極む」でもある。即ちそれは自己の氣配、戦氣を消し、無心となって敵の内部に抵抗なくダイレクトに入身して行く武術の究極、絶対極意を表現していると言えるのです。

山岡鉄舟の赤心剣法

大宮　無心となって直截的に敵の内部に入身して行く極意と言う意味合いで思い起こされるのは、山岡鉄舟※が官軍と幕府の戦いの前に将軍のメッセージを携え、「朝敵徳川慶喜家来山岡鉄太郎。まかり通る」と薩長軍団の中を潜り抜けていった快挙ですね。鉄舟は一刀流の極意を窮め無刀流剣法を開いた剣の達人ですが、単なる剣技に止まらず、その極意を尽くして巨大な戦雲の中、鉄筒が連れて火を吹き、弓矢が霰、剣が林、槍が襖となる大暴風雨の烈しき幕末の大嵐を無傷無殺で潜り抜け、しかして江戸城無血開城の為の布石、石畳《ストーンマット》を千代田城大手門前まで見事に敷き詰めました。

平上　己が身命を投げ捨て猛然と突き進む至誠赤心の武士《もののふ》を抑え止める事など確かに誰にも出来ませんでした。鉄舟は松の針葉の如く一直線に突き進み、何処にもぶつかる事なく敵の本陣帷幕の奥中にまで入り込んでしまったのです。剣術の奥義的用語の別の譬えで言えば「思無邪之位※」

※　**方圓の器**
「方圓の器」云々は『韓非子』の中に孔子の言葉として出てくる言葉で、「孔子曰く、人君為る者はなお盂（器の事）の如く、民はなお水の如し。盂方なれば水方に、盂圓なれば水圓なり」とある。しかし武術極意として良く譬えられるのは何方か言えば老子の言葉の方であろう。「天下に水より柔弱なるは莫し。而も堅強なる者を攻むるに、これに能く勝つこと莫し」また「上善は水の如し。水は善く万物を利して而も争わず、人の悪むところにおる」という言葉もよく引用される。中々に含蓄があり、武術極意にもなりうる良い教えである。

※　**山岡鉄舟（1836～1888）**
幕末から明治に掛けて活躍した剣豪。禅と書の大家でもある。一刀流を学び無刀流を創始する。膨大なる自己の流儀の解説口傳書を残しており、これらは極めて貴重な剣術文化遺産と言えるだろう。

ですね。

大宮　だからこそ敵に打ち込まれた時、それを躱そうとも防ごうとも思わず、無心無欲の状態で我も同じ様に打ち込み、しかして一瞬にして敵を打ち倒す一刀流の必殺剣、それを表現するのに松の針葉こそが正に相応しいわけですね。そしてその極意は大東流の伝える「合氣」の極意と確かに何処か合い通じている。大東流を打ち立てた武田惣角師範は一刀流の達人であったのですから当然と言えば当然であったのかも知れません……。

一刀流が説くところの「松風之事」、そしてその中に用いられた「合氣」の意味合いは大体納得できてきましたが、江戸期において他流儀において用いられた「合氣」の用語も大体同じ意味に用いられているのでしょうか。

平上　先程もご指摘があった様に一刀流の「松風之事」が合氣の内容を解説しているのではなく、「松風口傳」を解説するのに当時の普通の用語として「合氣」を用いていると言う事に留意しなければならないと思います。つまり当時では極一般的な意味合いとして「合氣」の用語がある程度普遍的に用いられており、そしてその意味合いは概ね共通し定着していたと考えて良いと思います。ただ物理的俗名用語としての意味であり、固有名詞的な使い方をなし流儀によってはまた別の意味を含ませた可能性もないとは言えませんが……。

総ての流儀の用語の意味合い、口傳を把握する事は出来ませんが、日本剣術の名門である一刀流の教えがやはり後世の多くの流儀の武術理合の原典となり伝承していったと考えられるのです。勿論「合氣」とは当時においても意味合いの比較的明瞭な普通用語ではありますが、一刀流が武術用語として利用した事においてそれなりに定着していったのではないでしょうか。ただ武術の世界における「合氣」の用語使用の嚆矢は文献的にはより古いものがあり、これはまた後ほど実際史料を用いて語りたいと思います。

そして流儀による合氣という語の意味合いの異同の問題ですが、確かにそれぞれの流儀というも

※「思無邪之位」

天然理心流『中極位目録』の最後の段階として「思無邪」の教えの段階がある。これは単なる精神極意を述べたものではなく、奥傳剣術技法として結実した教傳となっている。

なお「思無邪」のワードの原典は孔子が『詩経』を評しての言葉である。それを超絶的なる武術の究極奥義也として解釈、昇華したのが日本の武人達であった。小倉藩傳二天一流の一剣法傳にも「思無邪」の形がある。

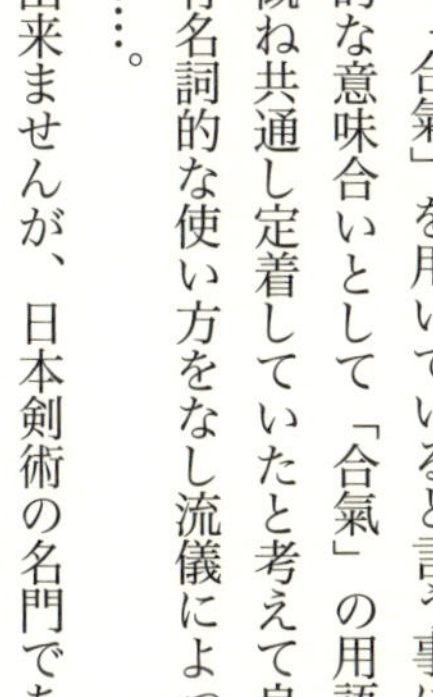

天然理心流中極位巻

★武田惣角師範と一刀流、そして合氣二刀剣のルーツについて

武田惣角師範の武術のルーツは一般に一刀流であると言われ、実際会津傳小野派一刀流の師範、澁谷東馬の奉納額に名が見える（どういう訳か竹田宗角となっている）。幼少より同師範について学んだ事は間違いないが、同流をどこまで修めたかは実をいえば余り明らかではない。先ず修行の時期がかなり年少期であり、若くして国を飛び出し、直心影流や鏡心明智流など他流も学び、必ずしも一刀流一筋でなかった様である。残念ながら傳位を分明する伝授巻等は発見されておらず、古傳一刀流の古典形や奥義口傳をどこまで授けられたかも不詳。

大東流を伝授し始める前は剣を指南したと思われるが、それは一刀流古式形と言うより様々な流儀で研究してきた撃剣（剣道）を指導していたと言う風に解釈出来る。

晩年は二刀剣を一部の高弟に指導したと思われるが、一刀流には二刀遣いのアイデアはなく、直心影流も一刀術オンリーの流儀。

二刀剣の傳があるのは鏡心明智流である（但し打太刀側の技である可能性もある）。惣角師範の剣は様々な流儀の特に撃剣の技法を中心に学び、それを自己の工夫で統合、精錬させたものと考えられる。

澁谷東馬の奉納額

名簿二段目に「竹田宗角」の名が見える。武田惣角師範の事とされるが、文字の異同は少し不思議な感もある。何れかの時に名乗り替え、もしくは文字の変更と整えをなしたのかも知れない。そしてその時にも保科近悳の智恵と文字を借りた事が考えられる。

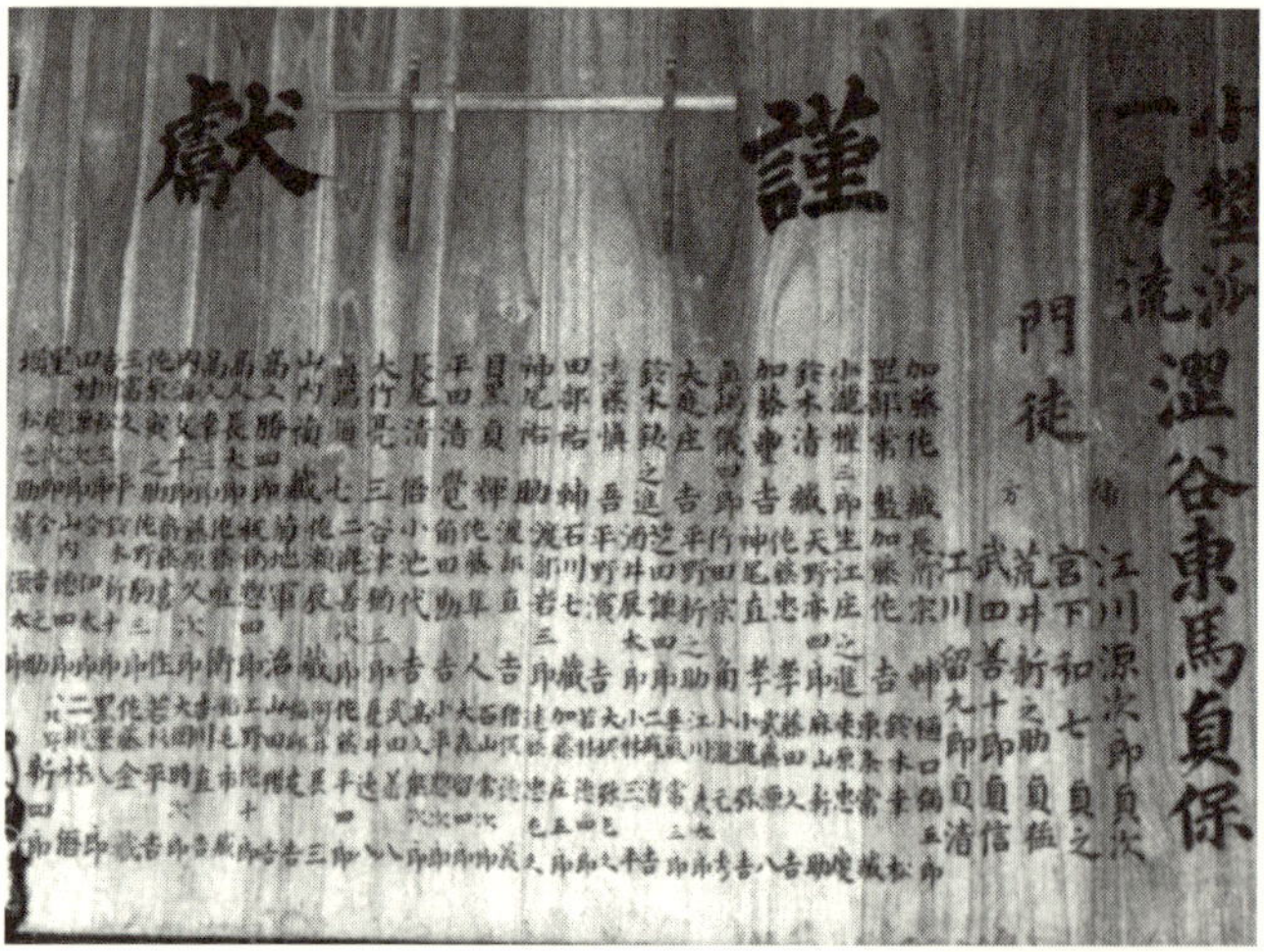

拡大写真

福満虚空蔵尊円蔵寺

明治八年、同寺の境内で澁谷一門による小野派一刀流の奉納演武が行われ大きな奉納額が掲げられた。但し時期としては惣角師範は東京の榊原道場にて修行中であり、出場はしていなかったかと思われる。ただ門人として奉納額には名前は記されている。屋内掲示の御蔭で文字も未だに全てはっきりしているのは本当にありがたい。

惣角師範における武術修行の正に原点である。

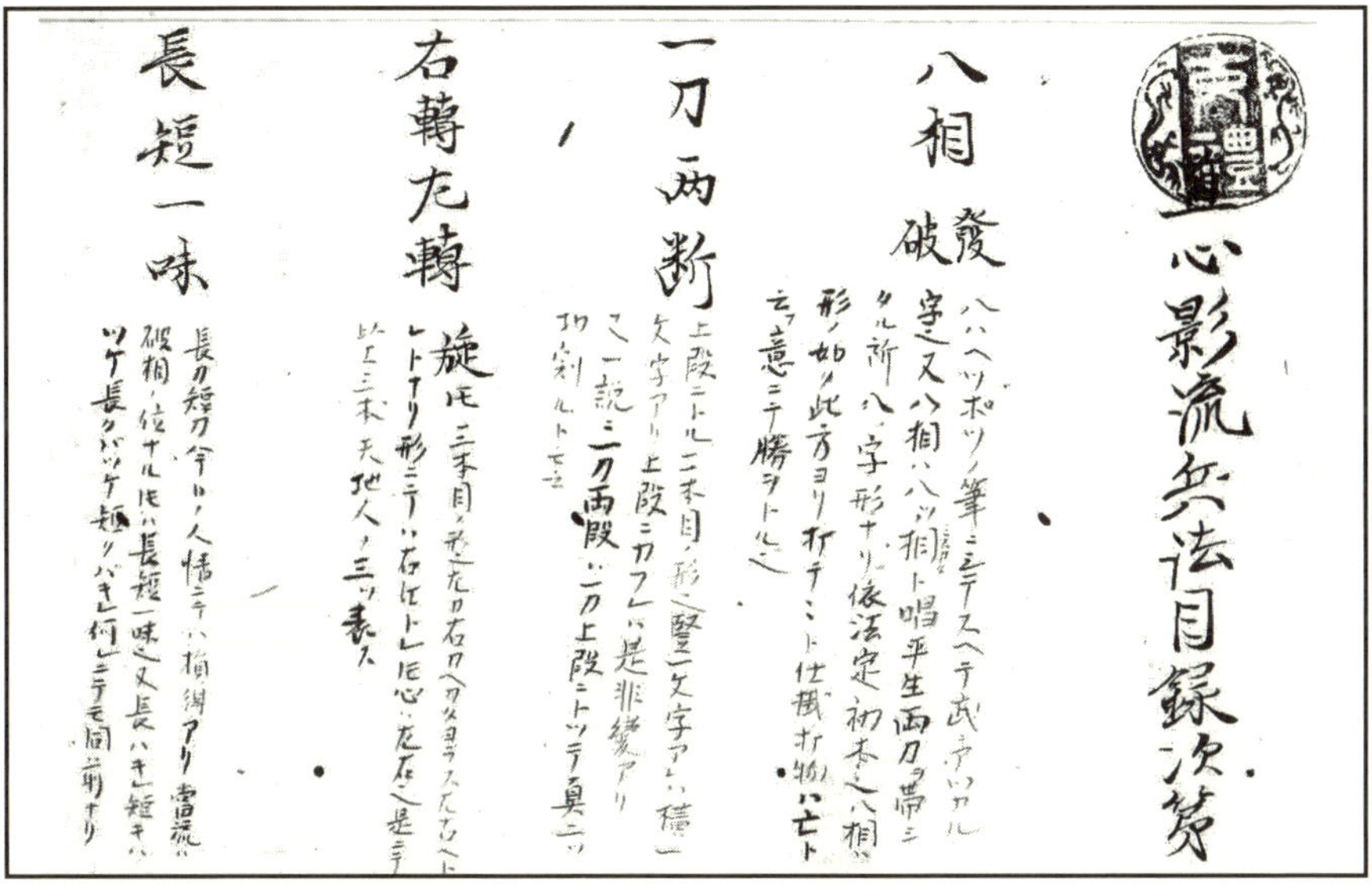

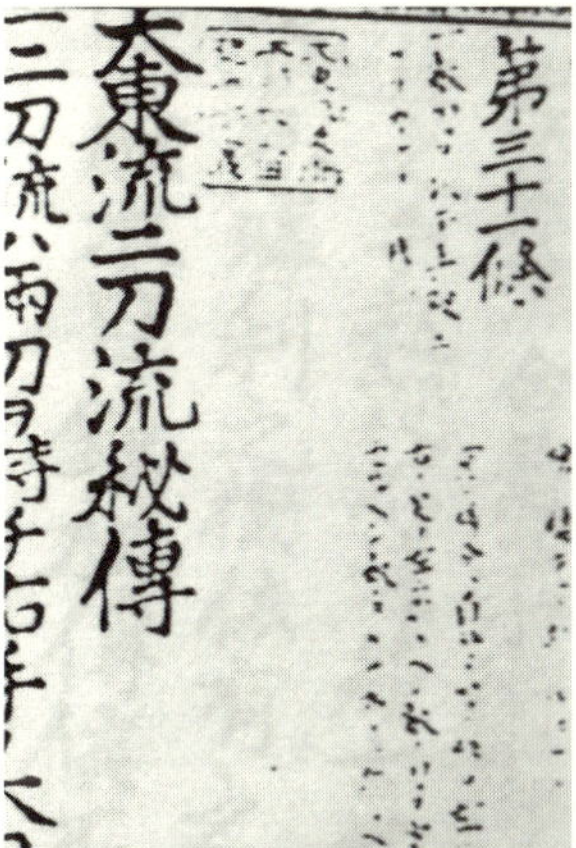

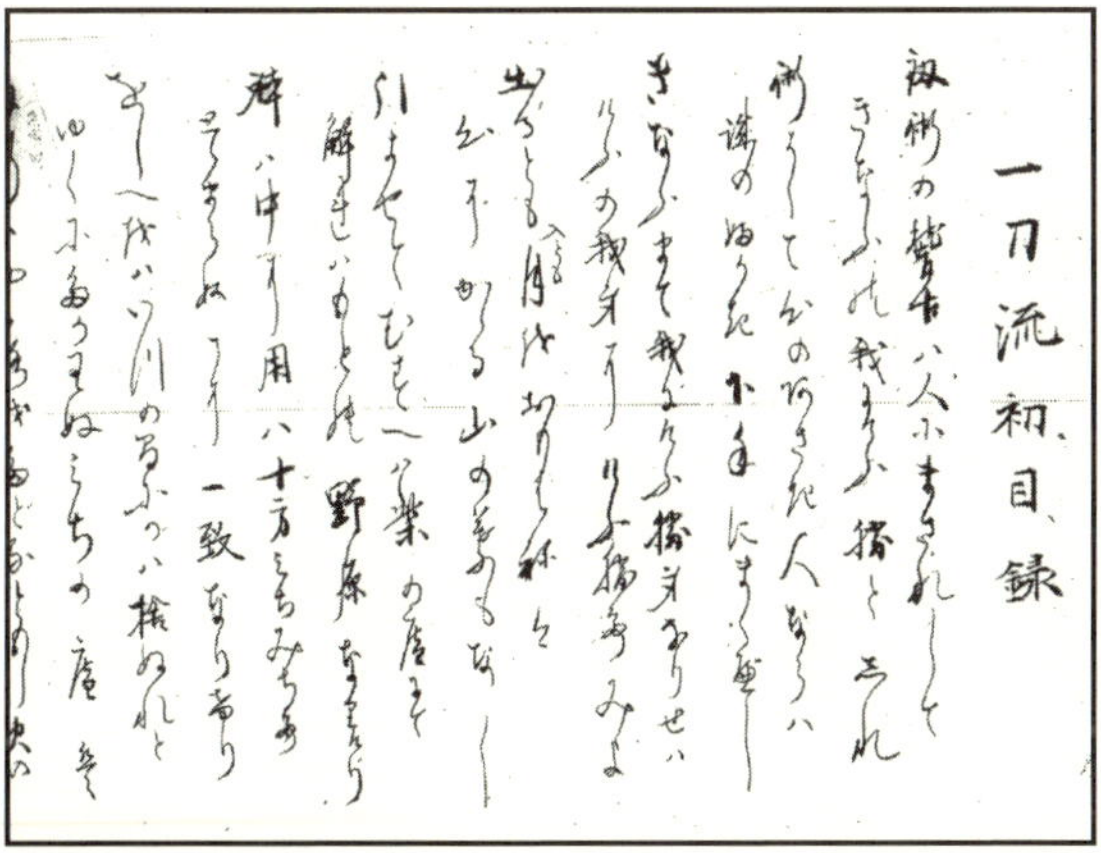

●上段／直心影流兵法目録次第
形解説付きの伝授巻となっており、この点は大東流伝書に類似している。

●中段右／一刀流初目録
一刀流には色々な種類の伝書があるが、惣角師範宛の同流伝書は何も残っていない様である。

●中段左
大東流伝書の中の「二刀流秘傳」
惣角師範の最晩年の伝書には大東流における二刀流の遣い方を説明しているものがある。

●下段／鏡心明智流伝書の二刀遣い図
同流の二刀遣いの図であるが、左右に長剣を持って構えている事は少し注目点である。

のは根本理論の全く違う事があり得る世界であり、用語解釈や意味合いにそれぞれ微妙な相違があっても全く不思議ではなく、実際ある程度、いやかなりある様にも思われるのです。少し幾つかの流儀、特に大東流との関わりからもできるだけ柔術系流儀における合氣の意味合いをみてゆきましょうか。

天神真楊流の「合氣」

大宮　柔術系の流儀と言いますと、「合氣」の用語を用いた流儀としては天神真楊流※や柳生心眼流、それに起倒流等ですか。

平上　先ず天神真楊流の『当流大意録』の中に次の様な記載があります。

「我と敵と一体一気にして、変動の様を相気とも云。又相気の先とも云。…（中略）…敵突かば我体の身隅にかかり、応る事、頭より腰迄柔かに相気はなれて、敵の欲る所に随ひ、敵の勝所に負、我がまける所に則自然の勝あり。譬ば水にふくべを浮て押ばぬける如く、敵の体を我が体に引請、只死場に行を要とす」

大宮　この「相気」とはやはり「合氣」の事でしょうね※……。一刀流では合氣の定義は余りなされていませんが、逆にこの記述の方はちゃんと合氣の定義付けを行っている「我と敵と一体一気にして、変動の様を相気とも云」と。意味合いはやはり試合における膠着状態をいっている様ですが……。

平上　これから続けてゆく討議における注意点として一点定めておきたい約束事があります。つまり日本伝武術秘伝書に記載された「合氣」は「相氣」と記載されている例がかなり多く、その字句の差異に一々拘《こだわ》って喋々《ちょうちょう》論じますと議論が混乱してしまいます。よってこの両者は慣例的に全く同じものの若干の替え字表記として取り扱いたいと思いますので宜しくお願いし

※　**天神真楊流**
楊心流系柔術を修めた江戸後期の柔豪傑、磯又右衛門が開いた江戸の柔術流儀。その実際内容は楊心流柔術の古典形と殺活術の古伝を残し、内蔵する丹田極意をより精錬したものとなっている。また底流には氣の運用により様々な古伝極意の教傳があり、それが後世の「合氣」にも通じていると考えられる。特に最も最初に教傳される「手解」の部分に神世から伝わる氣を発する極意が見事にあらわれている事も注目点である。

※　**「相氣」と「合氣」**
江戸期においては「相氣」と表記されている例が結構あり、特に初期の文献は「相氣」の方が多い様に感じられる。これは「合氣」の言葉を「相氣」に当て字をしたと言うより寧ろ「相氣」の方が日本の表記としては原典、原意に近かった可能性も感じられる。しかし徐々に中国古典文献との整合性を含めて「合氣」と表記される場合が多くなり、やがて武術極意として結実する時点において「合氣」の方が採用されて、明治初期においては「合氣」の表記に収斂したと言う風に捉える事も出来るだろう。いずれにしろ同音異字の同意語であると捉えるべきであろう。

ます……。

大宮　替え字、当て字は万葉時代からの日本の伝統ですから当然です。ただここで一点気づく事は江戸期の「合氣」は少なくとも武術系の世界では「ゴウキ」ではなく、基本的には「アイキ」と読まれていたであろうという事になりますね。江戸期文献は遊びと出来心で替え字を気ままに用いたりしていますが、それが存外当時の実際の読みを探求する優れた縁となる事がある。勿論流儀による例外もあるかも知れませんが、江戸期の文献で今までみてきた限りでは「ごうき」とルビを振った文献はない様ですね……。

それはともかく確かに当時においては「合氣」も「相氣」も同質のものとして扱われていたと思いますので、論議における字句上の混乱を避ける為にも両者を余り分別せずに論じてゆきましょう。

平上　と言う事として……、さて天神真楊流の口傳の解釈ですが、後の部分では「頭より腰迄柔かに相気はなれて」と記載しており、躰を柔らかに使う柔術極意を「相気はなれて」つまり「氣のぶつかった」状態ではないと記述しているわけですから、これは一刀流と同じく「合氣」は戒めるべき状態と言う事であり、両者は意味合いを概ね等しくしています。

大宮　合氣柔術では無駄な力を抜き躰を柔らかく用いて敵の力とぶつからずに流しいなして有利に戦う事を説き、それを合氣の極意の一端として捉えているわけですからこの記述は意味合いとしてやはり現代とは逆転した古典的な合氣の記述と言えますね。

平上　先程の真楊流口傳に出てくる、「水に瓢《ふくべ》」の譬えは柔術系で良く譬えられる教えであり、著名な導歌※があります。

「吹かれては浪に瓢の身を持てよ　浪にまかせつ風に吹かれつ」……。

大宮　「敵の体を我が体に引請、只死場に行を要とす」と言う部分も敵の攻撃にぶつからずして大きく呑み込み敵を制御下に置く極意を現している様で、正に合氣柔術極意とも一致する記述だ

※　**柔術の導歌**
柔術系の導歌には武術極意である事は勿論、現代の競技試合にも通じる様な良い教えの歌が割合多く残っている様に思う。体術は古くから相撲的な対人競技鍊法が存在し、大いに行われてきたので、それに付随する教えが古伝的に多く存在できたのではあるまいか。剣術を含めた武器術系は競技化が最初からかなり難しく、剣術で現れてきたのは江戸中期以降であり、日本武術史の中では比較的新しい存在であり、また採用しなかった剣術流儀も多かった事には注意しなければならない。

と考えます。

平上　これは江戸期の伝書記述その儘であるために少し分かり難い部分があるかも知れません。よって明治の天神真楊流の著名な文献である、吉田千春著『柔術極意教授図解』※の同じ説明のところを引用してみる事と致しましょう。同書では次の様に解説しています。

「我と敵と一体一気になるを合気と云て、之も宜しからず。敵の変動の気に付入るを合気の先とも云ふ。…（中略）…敵突かば我体の身隅に突れ、敵引かば我亦其身隅に掛り、頭より腰に至る迄能く柔かに合気を離れて、敵の欲する所に随ひ、譬ば水上に瓢を浮べて押ば脱る如く、敵の体を我が体に引受、唯死場に行を要とす。之真に死地に陥るを欲するに非ずして、死を先と為す時は生の理却て其内に在る者也。能く心を留めて修行すべし」……。

大宮　なるほど。少し付け足りがあり、また文章が現代感覚に近いのでその分いくらか分かりやすい。つまり「只死場に行を要とす」と言う部分を誤解されない様に解説をプラスしているわけですね。それはともかく「敵と一体一気になる」と言う記述を彼我との膠着状態とみる見方も出来ますが、植芝翁の合気道に「合気とは相手と一つになるという事」という教えがあり、かなり一致した表現ではないかと思いますね。ただ同じではあるが、意味合いが微妙に逆転しているところが興味深い。

平上　日本語とは真に多様な解釈が出来るので分かり難く、また誤解の生じやすい部分がありま す。ともあれ盛平翁は天神真楊流を若干ながら学んでおり、また当時の著名な柔術解説書であった同書のこの部分も当然熟読していたのではないかと思われるのです。

大宮　表現が少し柔術的になっていますが、内容的には天神真楊流も一刀流と同じ論である様に感じられますね。

平上　天神真楊流は神田御玉ヶ池に道場を構え、北辰一刀流玄武館の極近隣でありました※。よって両方の道場に行き来する門人も多く、その様な中で文化的な影響があり、一刀流系の松風傳に

※**『柔術極意教授図解』**
明治二十六年に吉田千春によって著された天神真楊流柔術の解説書。百二十四手総ての形が図入りで紹介されており、流儀の全容を知る事の出来る貴重な資料である。

※**天神真楊流と北辰一刀流**
確かに道場は近隣であり（神田御玉ヶ池）、人脈の交流がかなりあった様である。
柔と剣との相違はあっても江戸後期に新興流儀を打ち立て極近隣で道場を運営する二大豪傑であり、開祖同士の友好の可能性を含め、やはり色々な文化交流もあったのだろう。
千葉周作における柔術の素養は伝えられてはいないが、相撲は本職の関取も敵わなかった程だという逸話が残っている。やはり何流かの柔もかなり修めていたのではなかろうか。

含まれる合氣の教えが天神真楊流に取り込まれていった事も可能性としては考えられます。

大宮　山岡鉄舟なども千葉道場で撃剣を学びながら柔術は天神真楊流を学んでいますし、後に嘉納治五郎も同流を学んで講道館柔道を打ち立てたわけです。そして「押さば引け、引ば押せ」という様な極意傳を称えて柔能制剛の術理を標榜しましたが、それは天神真楊流のこの様なレベルの高い柔術極意傳を基にしたものであったのでしょう。

平上　江戸で天神真楊流をも学んで成立したと言われる上州の氣樂流に次の様な導歌があります。**「押さば曳け引かば押すなり氣樂流　柳の枝に水折れはなし」**※……。

これも天神真楊流からきた「合氣の戒め」の極意傳であるのかも知れません。いや、ある意味では敵と「同体」になると言う教えですから見様によってはこれが「合氣」といえない事もないですが……。しかし敵の力に逆らわずして、柔軟に応じその中から外氣の瞬間を見つけ出せという教えであると考えます。

そして嘉納治五郎の天神真楊流の師匠、福田八之助は元々は武州氣樂流出身と言われていますから勿論同歌を識《し》っており、嘉納師範に技術傳と共に伝えた可能性もあります。

大宮　中国拳法、特に太極拳などに聴勁、走勁※などの言葉と教え、そして技術傳がありますね。これは敵と我との接触点から敵の氣のベクトルを読み切って敵と離れずに附いて行き巧みに制してしまう極意を現しておりますが、正に「引かば押せ押さば引く也太極拳」ですね。

平上　この様な敵の力に添って巧みに敵の氣を制する極意は「氣を合わせる」と言う意味合いでの「合氣」に繋がりますが、躰や氣がぶつかって膠着状態になれば「氣がぶつかる」と言う意味合いの「合氣」となります。つまり「合わせる」と「ぶつかる」と言う二つの意味合いのそれぞれでは結論的状態の善し悪しが正反対となります。日本語にはその様な微妙な部分があり、それが後世の意味合いの逆転を生んだとも言えるでしょう。

※　**水折れはなし**
氣樂流は上州で発祥した流儀であり、同地生まれの剣豪上泉伊勢守をも遠祖に頂く流儀とされるが、その為か新陰流系で伝えられたと見られる導歌と類似の極意歌が伝承している。但し新陰流その侭ではなく、幾分氣樂流柔術的に歌い変えている処に妙味がある。「柳の枝に雪折れはなし」と言う処を「氣樂流」の「流」にかけて、「柳の枝に水折れはなし」となしたわけである。[▼但し伝書の中には「風ある枝に雪折れはなし」となっているものもあり、系脈によりやや異同がある]

※　**聴勁、走勁**
中国武術の用語であるが、「聴勁」は相手と我との体の接触点（主に手首など）から敵の力のベクトルや心、氣の興りなどを察する事。「走勁」は「聴勁」にて察した氣の流れや力のベクトルを利しながら敵の体の移動に我も同体となって従って付いて行く事の表現の様である。用語の初出年代はかなり下る（恐らく清朝末期？）ので日本武道ではそのままの用語が用いられる事はなかった。日本武術的に言えば「続飯（そくい）付け」（念流）、「漆膠（しっこう）之事」（五輪書）などが同質の極意を表したものと言えるだろう。

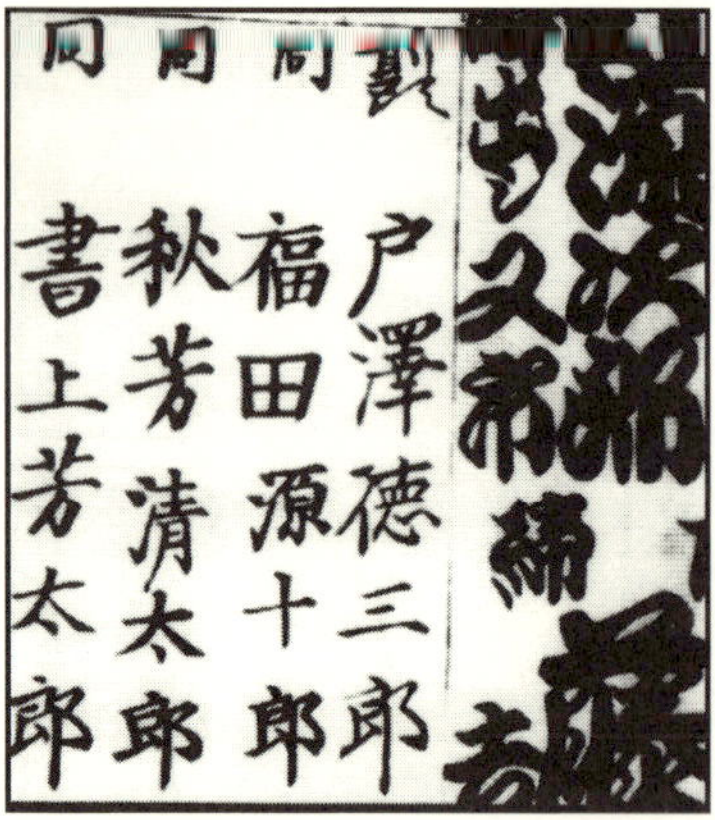

柔術番付では戸澤徳三郎師範は「前頭」の位となっている。同師範は東京で道場を開き複数の柔術師範を育てた事が記録に残っており、当時の同流における中堅どころの師範であったかと思われる。

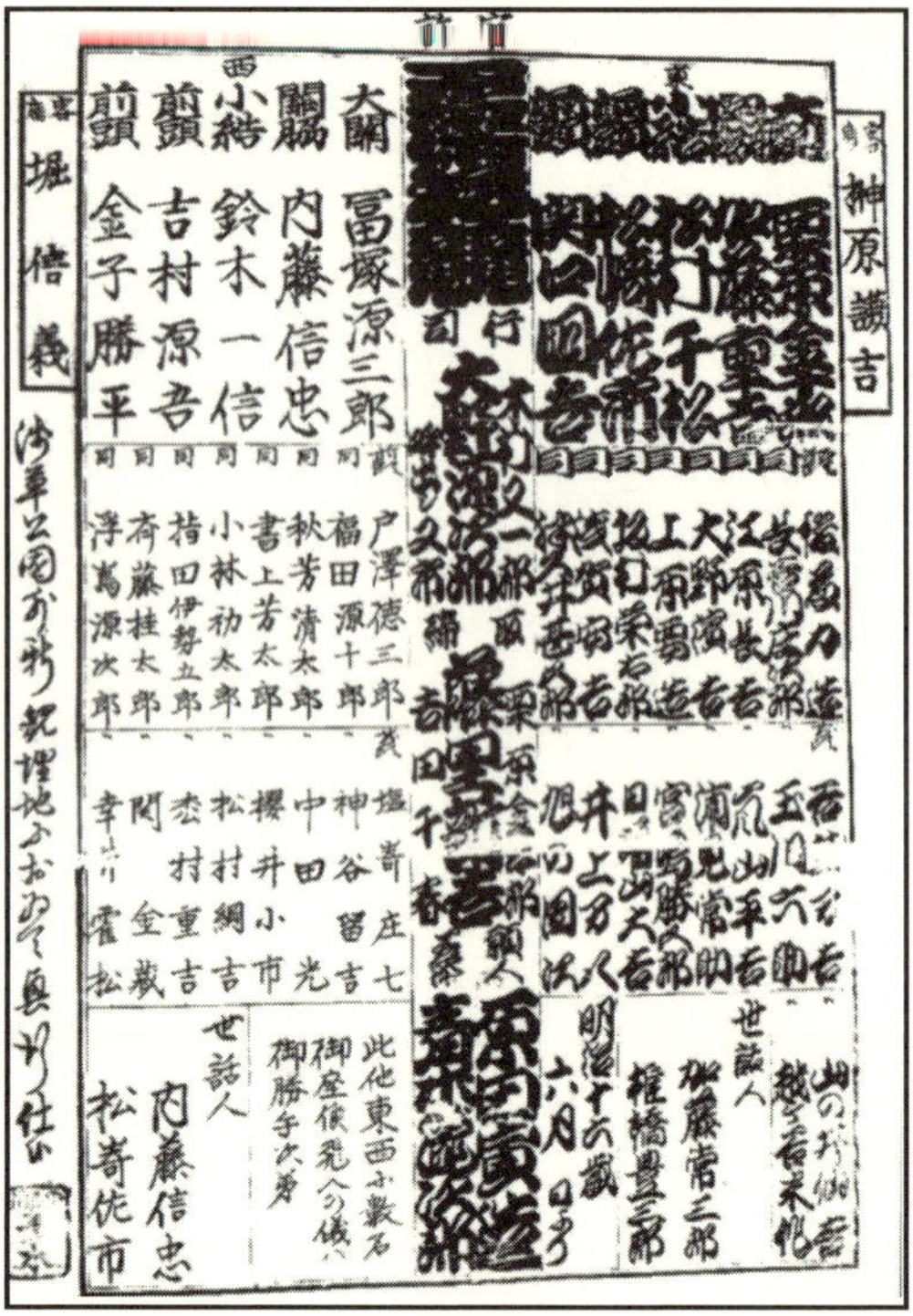

★植芝師範の天神真楊流の学び

植芝盛平師範は色々な流儀を修めたとされ、また恰《あたか》も諸流を極めていた様にも伝記されるが、師範自身は三十流儀程の学びを言いながら殆ど各流の免許や傳位については言及せず、自己の武道（合気武道）はそれらを合わせたものではないと言う様な事を述べている。現存する伝授巻も大東流系以外は確実なものは余りなく、流儀名が伝えられる流儀においても実際の学びの師傳系が不詳なものが多い。その様な中、それほど長期ではなかったと思われるが、青年期に東京にでたおりに確かに修学したと思われる流儀としては天神真楊流柔術がある。残念ながら伝授巻等は残っていない様なのだが、盛平師範自身が戸澤徳三郎師範に天神真楊流を学んだ事を述べている。戸澤師範は確かに天神真楊流の実在の師範であり、発行された伝書類も現存している。

そして当時盛んであった浅草の武術興行などの柔術試合に出場していた記録があり、ある程度の強者であった事は想定できる。ただやはり盛平師範の修行は割合短期間であった様であり、傳位を示す許状等は何も残っていない。時系列から鑑みてもそれほど深い部分の学びはなかったかと思われるが、流儀と師範名が明らかな系脈であり、盛平師範の武術修行の原点であると考えられる。

東京における修学が極短期間であったとしても、同流は流儀の図説書籍等を割合多く刊行しており、帰郷後も書籍を通じての学びと研究は続けていた可能性はある様に思われる。

柔術試合興行における番付表付随の絵図であるが、相撲取りと柔術家との取り組み等、異種格闘技戦も行われていた様である。どの様な試合経過になったのか興味深いが逸話等は余り伝えられていない。絵図の如くの体格差では一瞬にしてはね飛ばされてしまう気もするのであるが、当時の柔遣いたちはそれなりに善戦したのだろうか？

盛平師範の武術修行歴がいま一つはっきりしないのは伝記作家達の解説が時代性における情報不足を因由としてか、かなり胡乱《うろん》な著述部分が多々ある為と思われる。昭和三十二年に刊行された『合氣道』において、同書中の座談会インタビューで盛平師範自身が「戸沢徳三郎先生に天神真楊流を学びました」と明確に述べておられるのにも関わらず、同じ書籍内にて同書編集著者は「起倒流を戸沢徳三郎に学ぶ」と解説している。

そして後に纏《まと》められた同著者作の新版伝記本では「戸沢徳三郎なる師範は調査したがいなかった。戸張瀧三郎師範の間違いだろう。戸張師範に起倒流を学んだ……云々」という様な事を述べられている。

しかしながら戸張瀧三郎師範は起倒流ではなく、天神真楊流の著名な師範である。但し当時の柔術家達、自己の本門として依拠する流儀とは別に講道館系柔道乱取を武徳会等を通じて並行して修行している例も多く、戦前においては講道館が起倒流古典形（古式の形）を伝承している事も含めて、起倒流系の柔術流儀也と捉えられている傾向が強かったという事であるのかも知れない。

ただ仮令《たとい》そうにしても戸張師範と盛平師範との関連を示す史料は何もない様に思われるのである。

柳生心眼流の「合氣」

大宮　さて、次には柳生心眼流※は如何でしょう。柳生心眼流は流名から判明する様に柳生流系の流儀ですが、その中にも合氣に関する伝があったようですが。

平上　柳生心眼流の奥傳の秘傳書の中に『合氣之巻』なるものがある事が某雑誌の記事に出ていましたが内容はみた事はありません。ただ江戸系柳生心眼流の伝承者であられた星野天知師範※の『柳生心眼流練武の秘伝も語る』※の中に次の様な合氣の解説があります。

「合氣と氣合とは同じように聞こゆるが、その用途に違ひがある。松風が颯々と音してその枝を損せずに治まつた状態の時は合氣で、風強く松の弱き枝を吹き折り荒す状態は、合氣を外した場合で風のかけたる気合ひである」……。

大宮　この説明も若干分かり難いですが、ともあれ、「風強く松の弱き枝を吹き折り荒す状態」が「合氣を外した場合」であり、それをこの論では「氣合」としており、言わば「氣合」は相手がそれに応じる事ができず負けてしまう様なものを意味している様ですね。先に見た『一刀流十二箇條聞書』における説明を連想させられます。

平上　しかりですが、この説明は少し江戸期伝書の論説と私の感性としては違和感があり、ある意味では逆転的な記載である事は少し気になります。つまり自分の意識ではぶつかりあっている状態こそが古典的な「合氣」と言う解釈であったからですが、しかしそれは彼我の捉え方、表現の方向性の差異ともいえますね。敵と同体となっての勝負のつかない膠着状態を「合氣」と表現し、それを敵の応ずる力（合氣）を上回る気力で粉砕する事を「外氣」とも「氣合」とも表現しているわけであります。

大宮　微妙な捉え方と表現の差異はともかくとして「合氣」は×、「外氣」が○と言う捉え方は古典口傳として共通しております。

※　**柳生心眼流**
江戸初期、仙台において竹永隼人によって創始された流儀。剣術や柔術等を中心にした総合武術であったとされるが、明治以降は柔術を主体として継承された。「素振り形」と言う独特の拳法独演形が基本として伝承された処に特徴があり、柔術流儀の中でもかなり拳法色の強い特異な流儀といえる。

※　**星野天知（1862〜1950）**
江戸日本橋本町の商家に生れ、農科大学に学ぶ。明治の文壇で活躍した小説家でありまた評論家である。
大島一学に柳生心眼流を学び、明治女学校などで教授する。北辰一刀流剣術なども修められていた様である。

※　**『柳生心眼流練武の秘伝も語る』**
昭和十七年、星野天知によって著された柳生心眼流を主体とする武術解説書。

★氣合と合氣

『柳生心眼流練武の秘伝も語る』では氣合と合氣を分別的に（相対するもの）として捉えている事は少し注目点である。しかし同期の別文献では両者を類似のものとして扱ったものもあり、その分別は微妙である。講談では「遠當合氣の術」という様なワードも現れていたが、人によっては混同されて用いられた様である。しかしやはり「気合」「気合術」と言えば一閃大声を発して施す技術の様なイメージであり、「合氣」はより玄妙な、或いは無声でも施せる一段上の秘法技術、武術極意的な感じで捉えられていたのではなかろうか。

山岡鐵舟先生書（道場額）

星野天知先生八十歳肖像

●右下段／同書における「心眼流」と言う流名の語源解説部分。
●左上段／同書に掲載された星野天知師範の肖像。

其四　心眼流とは

流祖荒木又右衛門時代には未だ心眼流とは言はなかつたやうですが、此荒木氏は無論心眼徹底の人のやうです、柳生家と澤庵禪師との交渉は人々の熟知せられる通りで、禪家の喝が武道の合氣術である事は後段に述べます。此合氣術の喝を聲に出さずして眼光に現はす事を心眼の文字に當てたのだと思ひます、普通の

同著に於ける「氣合と合氣」の定義や分別、その解説等は討議の引用の通りであり、概ね間違いはない。

但し同書の「心眼流とは」の項目における解説の部分に次の様な著述がある。

「禅家の喝が武道の合氣術である事は後段に述べます。此合氣術の喝を聲に出さずして眼光に現はす事を心眼の文字に當てたのだと思います。……」

同書における「氣合」や「合氣」の説明部分は星野師範が若い頃に受けた伝統的武術口傳の知識や術理から著述したのだと思われるが、心眼流と言う流名の語源説明部分は後年における出版当時の知識や認識を基盤としての解説である可能性がある。大東流や植芝流合気武道の存在を星野師範自身が当時どの程度認識されていたのかは微妙であるが、武骨居士の『合氣之術』や講談本等における「合氣」や「合氣の術」「遠當合氣の術」等の知識はある程度持っていたかと思われる。つまりこの部分はそれらの用語と認識の一般化を前提とした立場での解説であると考えられるのである。

平上　結論的な捉え方は同じであり、これもまさに一刀流的な内容口傳ではあるのですが、「氣合」と「合氣」がこの様な差異で区別されているのは同書の発行された年代が微妙に関係し、他系からの文化的影響がかなりあるのではないかと考察出来るのですが、その問題はまた後ほど検討するとして問題は一刀流口傳との類似の問題なのですが……。

大宮　確か星野天知は北辰一刀流を学んでいますね。

平上　そうなんですよ。つまりこれは柳生心眼流の中に一刀流の理合と同じものがあると言うより、柳生心眼流云々とは関係なく、単に星野天知が一刀流文化から影響を受けたのみではないかと言う感もするのですね。ご指摘の通り星野天知は柳生心眼流の伝承者であると共に北辰一刀流の師範でもあり、同書における薙刀術の形解説は北辰一刀流薙刀術そのものなのです。

大宮　この様な異文化との関わりの実態を見てみますと、柔術系である天神真楊流や柳生心眼流の中の「合氣」の用語は、柔術系用語と云うより一刀流文化の借り物と云う事になりますでしょうか。

平上　「合氣」の用語自体を用いはじめたのが、一刀流であるのかどうかは未だ検討の余地がありますが、同語を用いた優れた口傳書群を多く残した事は事実です。それが剣術や柔術で撃剣や乱取が隆盛してゆく中、流用され、あるいは各系に影響を与え、徐々に武術界全体で「合氣」という用語が普遍的に用いられていったのではないとか考えられます。

大宮　起倒流の伝書等でも見受けられますね。

平上　起倒流には柔の理合を説いた口傳書を多く遺しましたが『起倒流修行辯解』に次の様な論説があります。

「起倒流柔術組討執行の次第は先ず己の身體を正しくして敵と相氣を求めず平生安立したる心氣不動ならば敵の強弱能く徹し己の施業自然と敵の虚實にあたるを以て千變萬化するとも敵を制せずと云ふ事あるべからず……」

大宮　「千變萬化するとも敵を制せずと云ふ事あるべからず」と云う様な謂で絶対不敗の武術極

※　**心形刀流**
伊庭是水軒秀明（１６４９〜１７１３）が柳生流や本心刀流等から創始した剣術流儀。一刀剣法に加え二刀剣法を含む。系脈は不詳な部分があるが同流の二刀剣法は宮本家の二刀剣法の古い形を踏襲したものとなっており、どこやらで繋がりがあったかと思われる。
筆者の仮宅の近隣、中野区の貞源寺に同流を開いて家傳継承した伊庭宗家代々の墓があり、何度か訪れて拝ませて頂いた事がある（右写真）。

意を説いているわけですが、その為には「相氣を求めず」としており、やはり一般的な用法解釈としての「相氣」であると解せられます。

平上　一刀流を代表として江戸中期以降の流派は剣術に限らず「合氣」の用語は柔術でも多く利用されております。その意味では確かに一般用語であったと言えるかと思います。

心形刀流の「合氣」

大宮　一刀流系の「合氣」解釈は大体同じ様ですが、江戸期の他の流儀における別の解釈はなかったのでしょうか。

平上　全く別の解釈となりますと少し難しくなりますが、他流でも確かにいろいろな論があり、さまざまに解釈がなされてきた言葉である事は事実です。それでは次には心形刀流※系の文献をみてみましょうか。

心形刀流に達した肥前国平戸藩々主、松浦静山※の著作、『常静子剣談※』に次の様な記載があります。

「剣術生の口上に、相気の仕合と謂ふことを言ふ。是は何なることにや。相気の心とて別に有るものにや。有るならば、相気の心と常刀の心と分けめを聞きたきなり。返答は出来まじ。一体、他流は言はず、吾が流にては、最初木刀にて表を仕ふよりして、草刀《しない》にて表仕合を仕ひ、夫れより伝刀奥義の太刀まで、皆一つ心なり。討太刀の心は、畢竟初学の輩に討たるることもあり。又修行の場に至りては、人に善き処を得させせんと為するより、段々と相違もあるなり。然れども伝刀以上を仕ふときは、討太刀とて十分に仕ふなり。是ぞ相気なり。仕ふ者の方に相気と言ふこと、心得ぬ言い方なり」

大宮　合氣という語の使い方が少し違ってきていますね。なにか肯定的にも感じられます。他流

※　**松浦静山**
肥前国平戸藩の第九代藩主（1760〜1841）。大名ではあるがとにかく心形刀流剣術の剣豪であり大名人であった。信じられない様な話ではあるが、若い頃の浅利又七郎（山岡鉄舟の師）すらが老年の静山に一撃で打ちのめされたという。有名な随筆集『甲子夜話』等の多く著作があり、武術系の著書としては『剣談』『剣攷』等が著名である。

※　**『常静子剣談』**
剣豪大名、松浦静山が著した剣術理論書。『五輪書』とも並び称される極めてレベルの高いもので内容は精緻にして分かりやすい。中々に名言だらけですべてを引用できないが（残念）、「勝ちに不思議の勝ちあり 負けに不思議の負けなし」との言葉は余りにも著名。「聊も師言を不信者は、とても其奥を究る人に非ず、然ども師、石火矢に勝つの太刀ありと云はんに、是をも信ぜん人は、これも亦其奥に至る人に非ず」というのも正にその通り。とにかく頭の良い人だったのだろう。静山には剣術書として今一冊『剣攷』があり、これは心形刀流の流儀の形体系と理論の詳細な解説書となっており、静山が剣士として技術論的にも如何に高い境地にいたかを窺う事ができる。

では、「合氣」という語が仕太刀までが相手に合わせて練習するといった用語として用いられているが、心形刀流では、いささか違うとしてその比較的単純な論を批判し、その上で心形刀流での「相氣（合氣）」を説明していると言うわけですか。

平上　実際の伝は同流の形を私自身学んでいないので分かり難い部分がありますが、初傳から奥義太刀まで、打太刀の心持ちは仕太刀に敗《ま》けて導く様に用いる事もあるが、最後の伝刀（恐らく流儀の最終秘傳太刀にあたる教傳であろう）は打太刀も存分の気持ちで仕合をなす、そのような心持ちを「合氣」となしている様ですね。ですから、確かに些か一刀流における「合氣」という語とは使い方が違ってきている様です。

大宮　そうした違いが生じてきている事、また当時の稽古方法における心持ちが説かれているところが興味深い。現在の一般的な合気道系統の稽古において相手の技を引き出してあげる気持ちで、遣られる方が綺麗に投げられたり極められたりして後進を導き、妙に技に逆らう者は「お前は合氣（の精神）が分かっていない」と言って怒られたりしているのと同じ感じの部分があったわけですね（笑）。

平上　現代合気道は昔の古伝柔術とは方法論が逆転し※、奉納演武においても各道場の指導者はひたすら門人を投げつけるだけなのではないですか。そして門人たちは中々綺麗に飛ぶ事が出来なくて、「合氣」が分かっとらんと散々怒鳴られて、長年の苦労の果てにやっと触れずに吹っ飛ぶ真の「合氣」までをも会得する事になります（笑）。

大宮　表現がいささかオーバーな感じも致しますが、確かに道場によってはそんな風なところもないとはいえませんでしょうね。

平上　それはともかく、この様なスタイルは真の武術と言う立場から考えると中々難しい問題があります……。初心のうちは確かに無理のない柔らかい稽古をなす必要がありますが、ある程度進むと受ける方もある程度抵抗を示さなければ実際技が掛かったかどうかがいい加減になり易

※　**合気道と古流柔術**
合気道は「柔術から生まれた」する論説があるが、実際的には両者の技術内容と稽古様式はかなり異質である。合気道で用いられる技術の多くは伝統的な日本の体術では余り用いられてきたものでなく、かなり新制の技術が主体となっている。技術伝のみならず、稽古法、武術体系のあり方も古伝法を余り踏襲していない。古流柔術の基盤となっている古典形体系や乱取、組討法体系、當身秘法、伝授巻文化等も欠落しており、武道としてかなり新しいスタイルをとっている。実態としては日本の伝統武術との関わりは手継伝承的にはかなり僅少な部分しかないと筆者は判定する。正に昭和の新興武術であり、内容的にもかなり前衛的な形態となっている。

い。松浦氏の論はその点を戒めた教え方である様にも感じられます。武術稽古にはその両方の要素が確かに必要でしょうね。

天然理心流の「合氣」

大宮　先程「合氣」用語を利用した流儀として天然理心流※を上げておられましたね。

平上　そうです。天然理心流は寛政年間に遠州浪人、近藤内蔵之助藤原長裕という人が開いた流儀ですが、この元祖は中々洒脱でありながら、真に学識深い剣客であり、剣術極意を問答形式で分かりやすく解説した『天然理心流印可』※なる驚異の剣術極意書を残しました。このなかに「合氣」の用語を遣った解説があり、また「氣術《きじゅつ》」と言うワードを用いた剣術極意論を展開しております。この内容が真に素晴らしく、特に最後の数丁の極意解説の部分は正に白眉、圧巻です。

大宮　天然理心流における「合氣」の解説の内容はどんなものなのですか。

平上　原典を挙げて見ましょうか。これです。

「又問曰、勇士たがいに剣をふつて打て懸るときは業陰して合氣となりはたらかんざる事あり。我れ是を憂。或人に問、其對に曰、合氣をはなるゝ事は言語にのべかたし……」

またこうも説明しています。

「又問曰、剣術の勝負に懸り組打となる事あり。互に組てせり合、敵を取てをさえんとす。敵又我をふせんとす。是合氣にして勝負不全は我是を久く憂う。勝んとするに柔術を用いてよしや剣術を用いて理あるや是を聞ん。對曰、やむ事を不得して組打となるは皆合氣の勝負なり……」

大宮　なるほどやはり大体の所、一般的な膠着状態としての合氣をいっている様ですね。そして「合氣をはなるる事」、つまり「外氣」を極意としている……。

※　**天然理心流**
寛政年間に遠州浪人、江戸薬研堀住の近藤内蔵之助によって創流された流儀。剣術と柔術、棍法に加え独特の「氣術」の秘法を伝えた

※　**『天然理心流印可』**
天然理心流の開祖、近藤内蔵之助は形体系を整え、各傳位の伝授巻目録を整備したが、最終傳位（免許皆傳）の前に『印可』の位を設け、自己の武芸最終奥義の境地を描写した絶後の剣術理論書『天然理心流印可』を認めた。現在開祖直筆書が八王子に現存している。自己の剣術理論と思想を比較的初歩から問答形式にて巧みに著したもので、そして最後の最後の問答の部分に「氣術」という同流の独特の技術傳用語を用い、自己が至った究極の武芸極意の世界を見事に活写している。江戸後期の話であり、また秘傳書であるが故にそれほど人口に膾炙する事はなかったが、百姓剣法ともいわれる田舎流儀にも是れだけ高度な剣術理論が残っている事には驚倒、賛嘆すべきである。

しかしそれでは先程おっしゃられた「氣術」とはなんですか。

平上　これは天然理心流の造語かと思うのですが、かかるワードを用いて同流は武術の最終奥義世界の光景を真に見事に描写しているのです。原典を引用してみましょう。

「（氣術と言う）此道の高轉微妙形容すべからず。形を發する時は天地にかかり風雷のをこるが如し。故に業をなさんと欲する時は百度戦いとも負る事なし。千變万化輪機應變是皆理心の精妙天然誠氣に至る。敵に向いすゝむ時は鉄ぺきも春雪の如し。向所無敵是必勝の傳也……」

大宮　「百戦百勝の極意」といっているわけであり、真に凄い術と言うべきなんでしょうね。しかしこの様な謂は正に明治以降における「合氣之術」と同質のものではないですか。

平上　当時の武術用語として「合氣」は既に意味合いの通った言葉として存在したので、それをやや外し、「氣術」と表現したのではないかと思われるのです。別に「氣合術」と言うものも存在したと思われますが、同流元祖が謂いたいのは単なる「氣合術」ではなかったと言う事であろうかと思います。

無住心流伝書に現れた「合氣之術」

大宮　思うに江戸期における「合氣」の用語は「術」的な存在というより、ある状態を表す形容詞的な遣われ方をされていた様ですね。現代においては「敵に合氣を掛ける」といったり、また「合氣を用いて」という風に明確な技術として捉えられたり、また「合氣之術」という様なワードもあって、技術を表す一個の固有名詞的な遣われ方をされる事が多いですね。

平上　いかにもしかりですが、江戸期においても実をいえば「合氣」を名詞的に用い、「合氣之術」との明確な用語を用いて武術極意を解説した流儀も存在しました。

大宮　「合氣之術」のワードを用いた流儀？　それは恐らく無住心流※の事ではないですか。同流

※　**無住心流**
江戸初期の剣豪、針ヶ谷夕雲によって称えられた剣法。正しくは「無住心剣」と称していた様であり、流名を称えていたわけではどうもない様である。かなり謎の流儀で、現存する資料は剣術哲理系の文献ばかりでどの様な技術内容を伝えていたかは不詳な部分も多い。今の処、剣術形目録等が発見されておらず、どの様な形体系であったのか、また形自体があったのかどうかも不詳である。

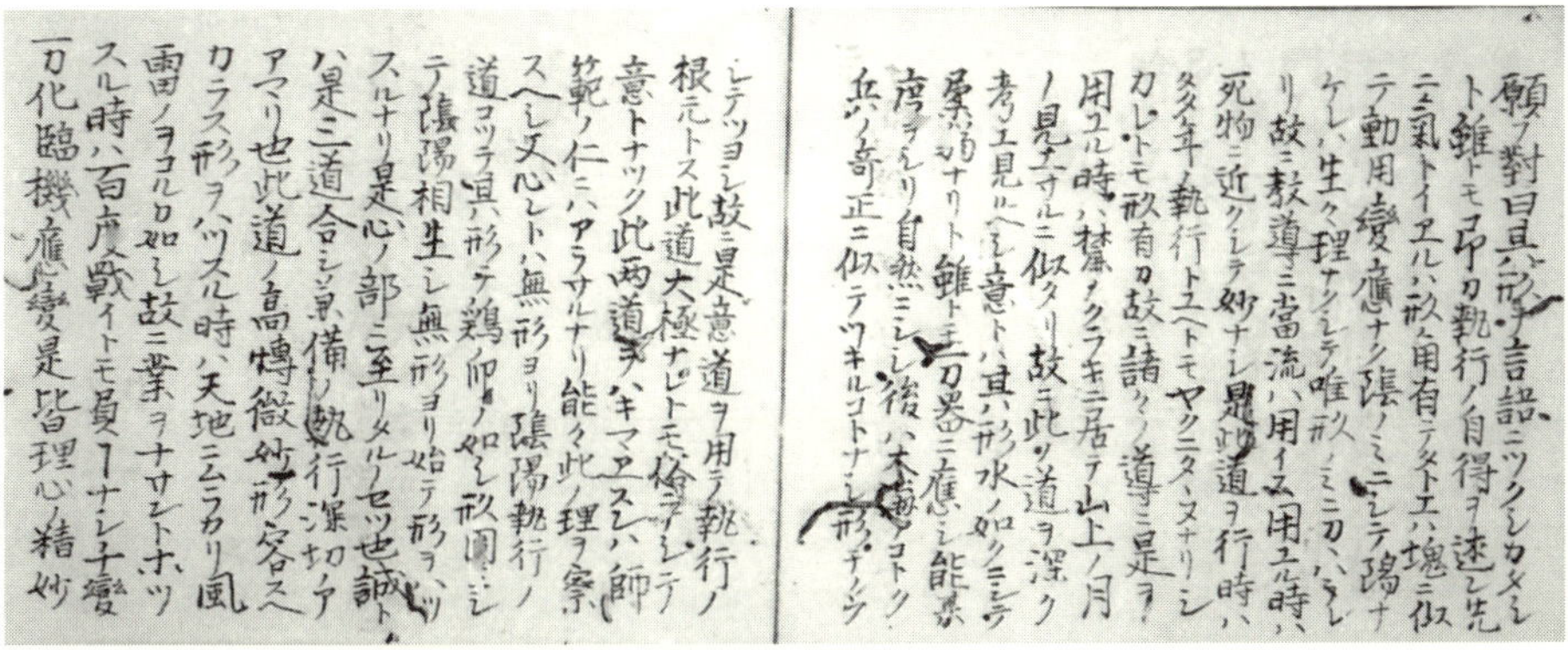

★天然理心流『印可』

天然理心流は武州三多摩の百姓連に大きな修行者層基盤を持っていたと言う事実があるが、元祖自体は御府内薬研堀に道場を構える歴とした江戸侍である。当時の日本の最新文化と無数の武術流儀が犇（ひしめ）く大江戸のど真ん中にあり、超絶的な武術極意文化を育んでいた。その一つの結晶として同流最高の武術極意書『印可』が編まれる事となる。

同書は元祖が長い剣術錬磨の果てに遂に至った武術極意の世界を判りやすく問答形式で説いたものであり、武蔵も宗矩も出来なかった新スタイルである。

判り易く……ではあるが、決して安易にして浅い内容ではなく、その深さは伊勢守、武蔵、宗矩等の至った境地に決して劣らない。

そして何よりも驚くべきはかくした極意書の直筆文献が八王子奥の兵法古家に現存している事である。元祖が作成した極意書の草稿、推敲や校正の為の朱入れ原書までが遺り、また次代、次々代の清書写本も数種ある……。

その内容は奥深く、新アイデアに溢れている。時代的には『繪本二島英勇記』（巌流島の決闘を題材にした江戸期の武道絵本小説。武術極意としての「合氣之術」用語の初出本とされる。84頁の解説を参照の事）の少し前か、或いは少し重なる位の時期であるが、武道漫画表現はそのまま採用せず、「氣術」と言うワードを用いて同流の最高極意世界を描写した。そして究極奥義の御姿を「理心ノ精妙、天然ノ誠氣」と表現し、新流儀を立ち上げたわけである……！

それは伝統的な「合氣」ワードの意味と用例が既にあるわけであり、それと矛盾する様な用例を武術家として同じ書籍内で用いる事は憚られたと云う事なのだろう。

いや、それより先に武術家としてのプライドの問題かとは思うのである。

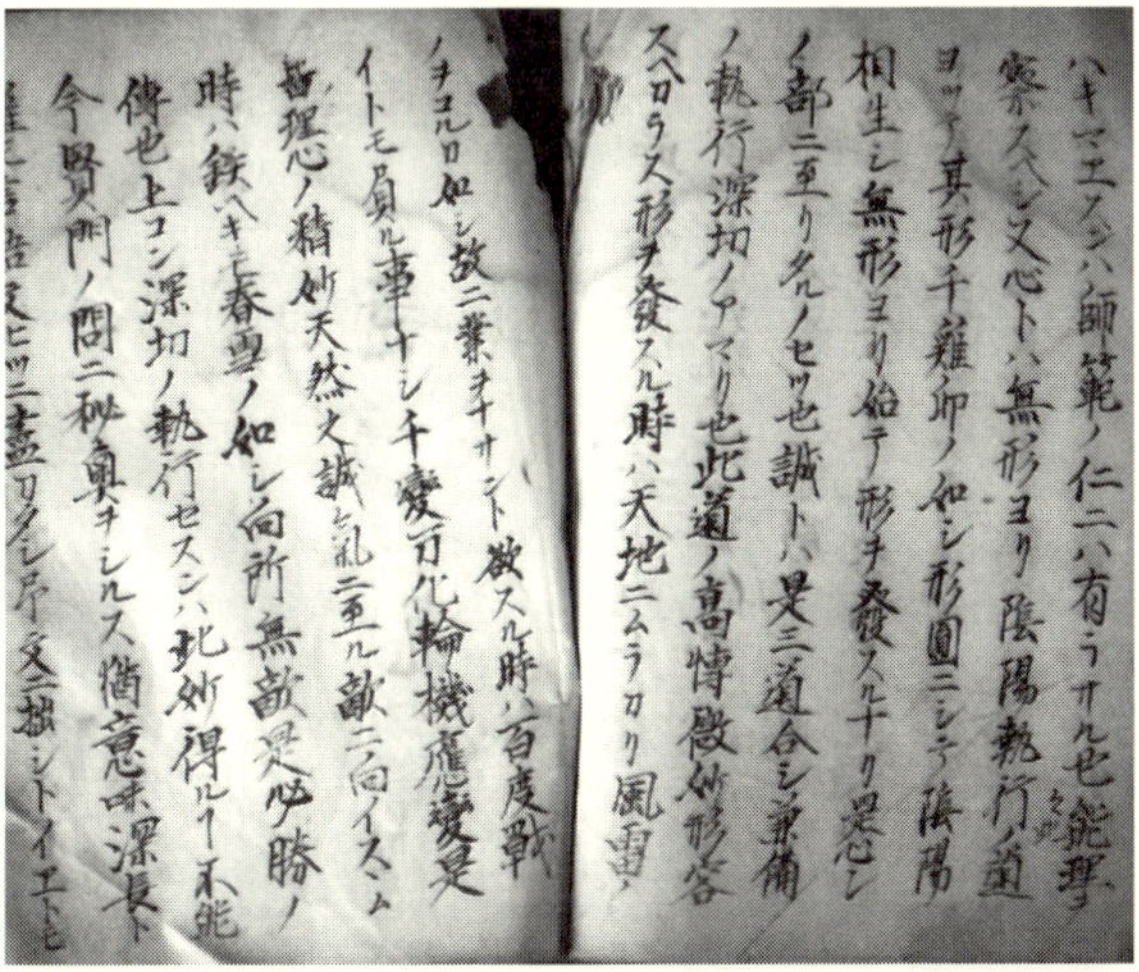

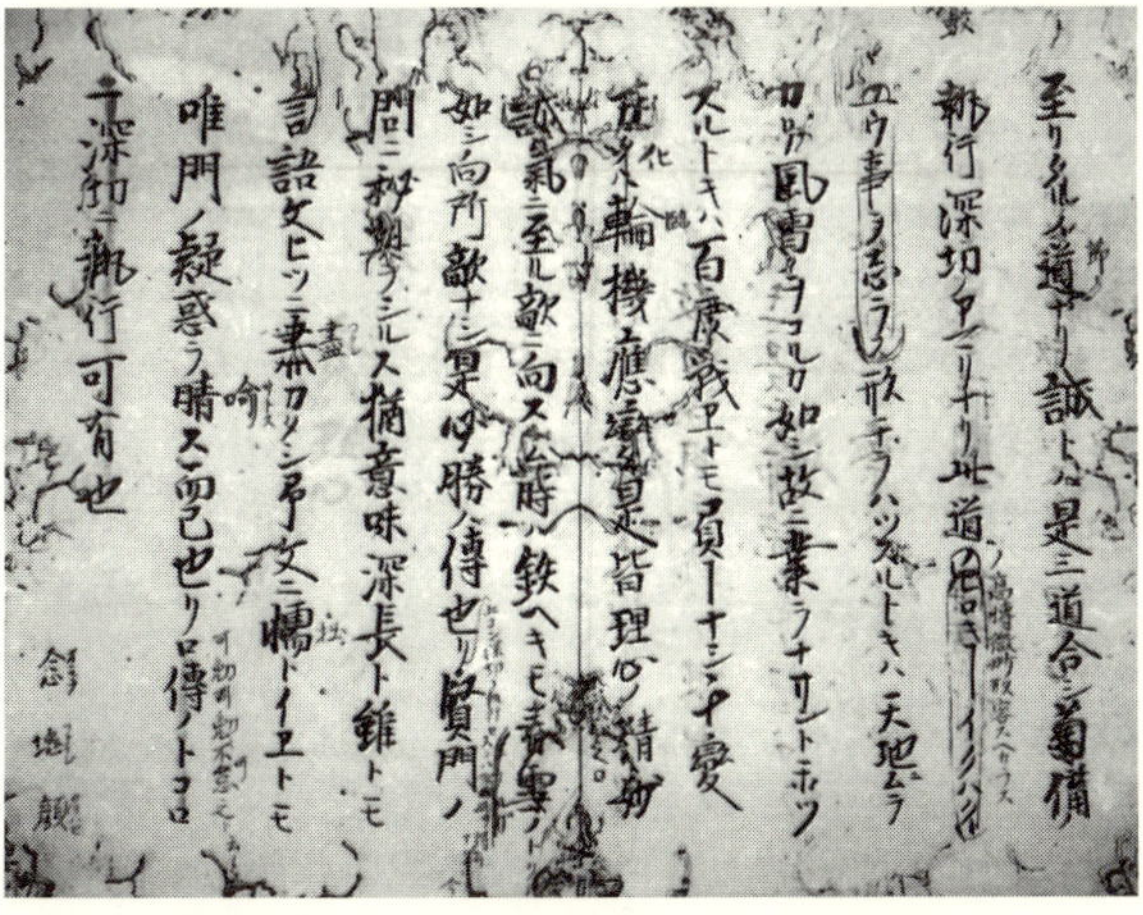

●上段／増田蔵六の『印可』の写本［増田家所蔵］
●中段／松崎和多五郎の『印可』の写本［松崎家所蔵］
●下段／元祖直筆『印可』推敲の朱入れあり。［増田家所蔵］

の伝書である『天真独露※』には「合氣之術」という用語が確かに現れており、合氣系武術の研究者としては気になる流儀ではあったのですが。

平上　そうですね。著者の小田切一雲※は江戸初期から中期にややかかる位の人で年代的には古い文献です。しかも同書は師匠である針ヶ谷夕雲から伝えられた剣の極意を記したものという建前をとっており、その謂から考えると「合氣之術」なる言葉の古さを窺わしめる事が出来、また内容的にも大変に重要な部分があるのです……。ともあれそれでは内容をみてみましょうか。同書には次の様な記載があります。

「兵法諸流、先を取るを以て至要と為す。恐らくは不可也。我先を好めば則ち敵もまた先を取らんと欲す。此則ち先々之先の意にして合気之術也。敵もし我の不意を討たば則ち敵は常に先々、我は以て後也。故に負を蒙る。剣術は無益の数ならんか。然らず。ただ先と後とに拘らずして、無我の体、円空の気を備ふれば、すなわち千変万化して勝理常に己に有り……」

大宮　つまり兵法には先手必勝と言う言葉があるごとく、先手を取って敵を制してゆくものですが、考えてみれば敵も同じに考えているわけで武術と言うものがその様な単なる先手争いに終始するのは勝負試合として何ともレベルの低いものと言わざるをえない。その様な（拙劣な術の）状態を「合氣之術也」として、それを脱し、無我の体、円空の気を備える事を説いているのだと思われる……。ただこの文献の問題点は読み様によっては、「円空の気」と言う様な言葉と対応し、その様な極意的術技こそが「合氣之術」であると言う様な解釈がなされかねないと言う事なのだと思います。

平上　そうですね。他の文献的な解釈と流れを十分読み込まずして、この部分的な一文のみを解釈すればむしろ不思議な極意秘術としての「合氣之術」という様な認識が生まれる可能性がある様に私も思います。

大宮　此処の部分は極めて重要で、明治以降の認識の誤謬に繋がるものが潜んでいるのですが、

※ **『天真独露』**
小田切一雲が貞享三年（1686）に著した流儀の極意理論書。同書を含めて一雲が著した一連の剣術理論書籍により同流の不思議な実態の一端を窺う事が出来るわけであるが、その驚くべき剣術思想が後世の研究者の注目を集めた。無住心剣における「天下一人合抜け」の思想は日本剣術が至った究極的極意思想として、鈴木大拙師等を通じて世界に喧伝された。

※ **小田切一雲**
江戸八丁堀の針ヶ谷夕雲に無住心剣を学び寛文二年（1662）に印可を受けて二代目の継承者となった江戸時代前期の剣術家（1630~1706）。一雲は初代夕雲とは違い中々のインテリであり、文筆家であり、同流における剣術理論書を何冊か残した。よってその著作から江戸初期に現れた不思議な前衛剣術「無住心剣」の内容をある程度窺う事が出来る事となった。
なお、「小田切」ではなく、「小出切」と表記した古文書も結構残っている。後者が正しい可能性もあるが、「小出切」と言うのは名字として少し不自然な感もある（?）。

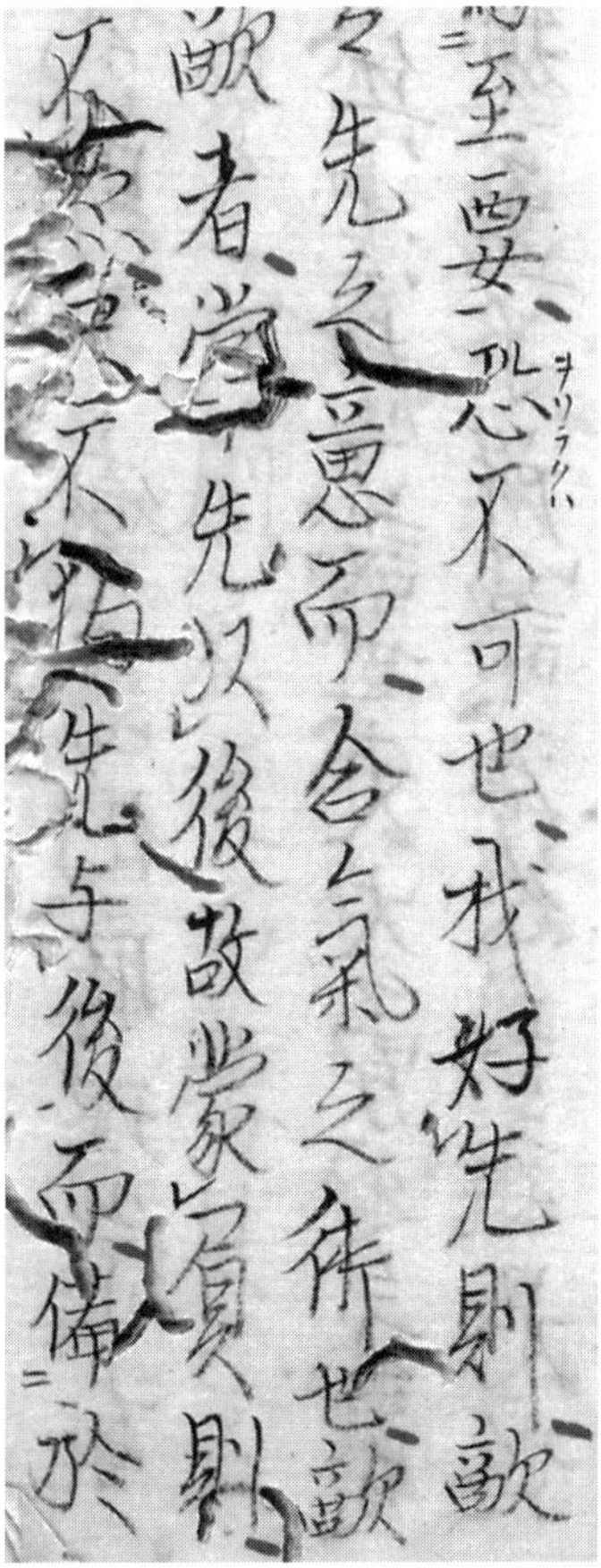
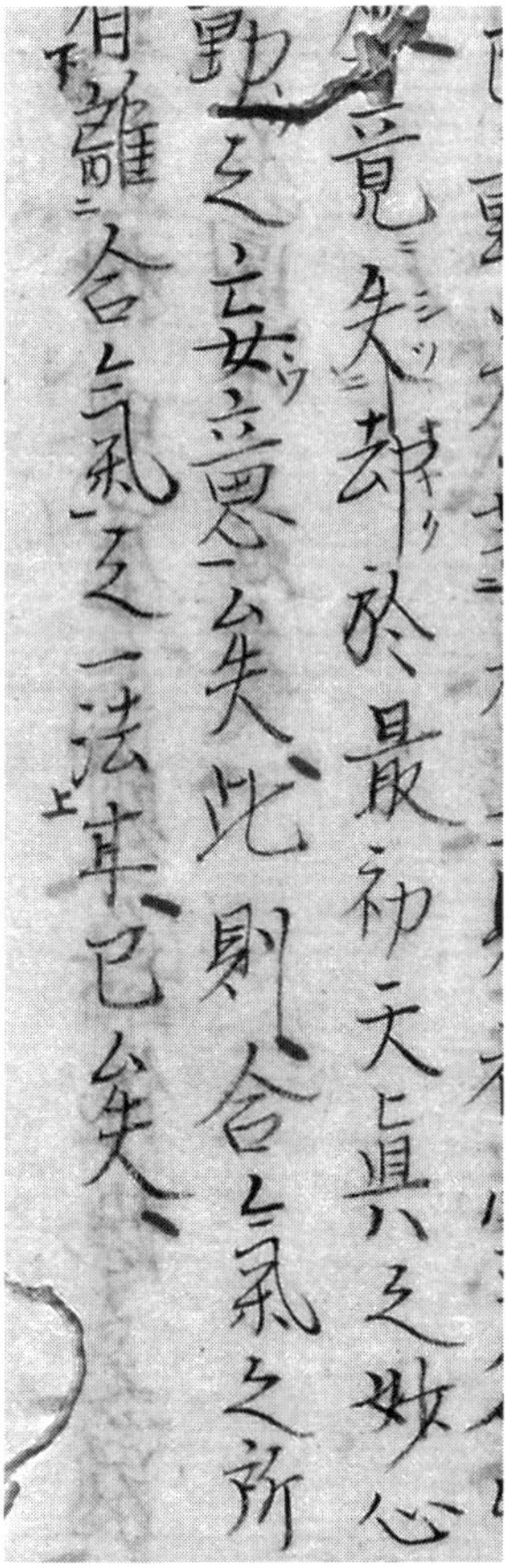
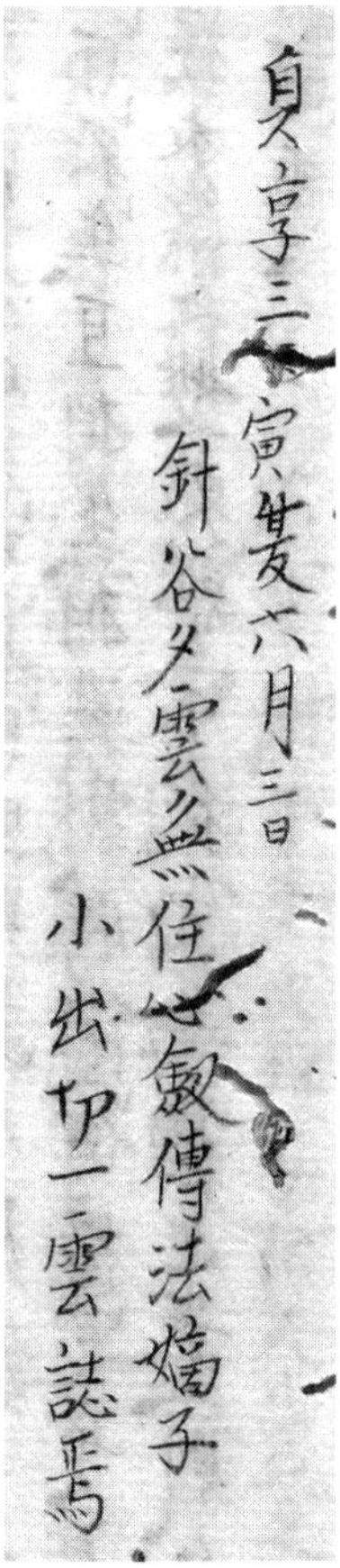

『天真伝白井流兵法天真録』（内容は吉田有恒による『天真独露』の写本）［富山県立図書館所蔵］

★天真独露の内容

同書中に「合氣之術」と言う表現が出て来るがこれは同ワードの初出である。しかしながらこれは固有名詞的な武術専門用語としての用法ではどうもないようであり、一般単語を単に並べたのみの文意と解釈される……。

しかし武術極意書にこの様な独特のワードが現れた事の意義はあり、後世において此の部分がやや誤読され、驚異の武術秘傳「合氣之術」なる解釈が生まれた可能性は確かにあろうかと思われる。それがそれから凡そ百十余年後に『繪本二島英勇記』を産み、そこからさらに九十年後に『武道秘訣合氣之術』として結実する。そしてそこからさらに凡そ四十年後、遂に「大東流合氣柔術」が出現する事となるのである……。

●補論

著者の名前は「小田切」「小出切」の両説があるが、提示した写本には困った事に両方の表記が現れており確定できない。本書討議では人名として割合妥当な「小田切」表記とした。

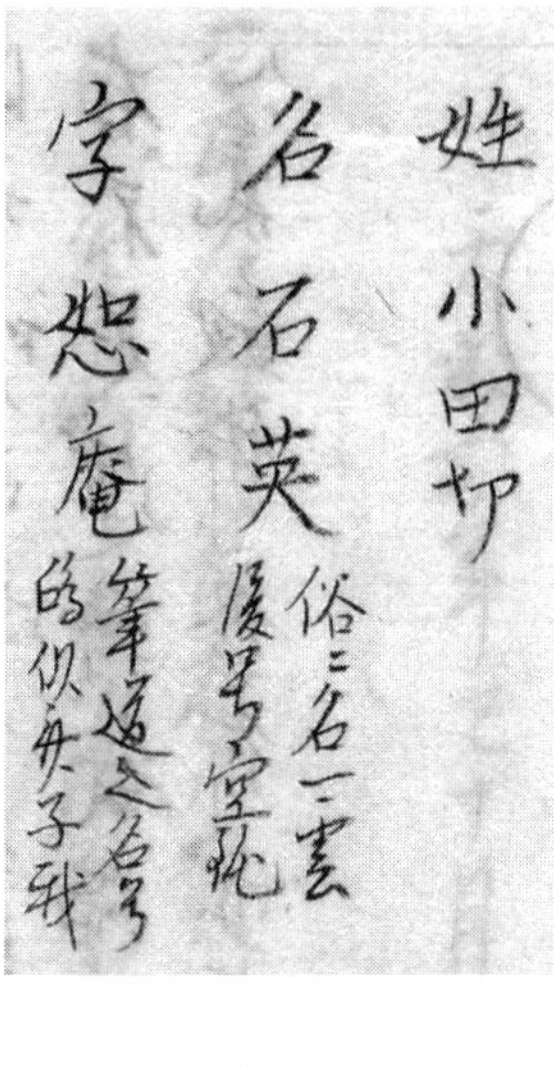

この点に関してはまた後ほど、明治以降の文献分析のおりに考察したいと思います。ともあれ実をいえば同書における真の意味合いは、やはり合氣を否定的に捉えた伝統的な解釈であったのではないかと思われます。それは同書の別の部分を読み込めば判明するのです。

平上　いかにもしかりで後の部分には次の様な記述があります。

「人、恬淡虚無なれば、その気乾坤に充満し、その心古今に通徹す。神霊万像に昭臨して、白日晴天に麗らかなる如し。一物前に現るれば、見聞に随て、意已に生じ、気已に動く。若しこれに執着すれば、則ち神霊忽ち昏晦して浮雲大虚を覆ふが如く、最初の天真之妙心を失却して、散乱麁動《そどう》の妄意に転倒せむ。これ則ち合気の為す所なり。平日の工夫修養、合気を離るるの一法にあるのみ」……。

大宮　つまり恬淡虚無なる天真之妙心を保持すれば、一切を見通しその氣は天地の間に充満する存在であると述べている。それはまさに無敵の存在である。それが物を見たり聞いたりしてそれに囚われた状態（合氣）となると本来の妙心を失ってしまう。普段の修養で大切な事は合氣を離れる法にあるのだと言っている訳ですから、やはり「合氣」を否定的に捉えた文献と言えるでしょう。

その事は同じく無住心剣術の伝書『夕雲流剣術書前集』には、**「合気尽きさりて本元明らかなれば、万物にうばはれふさがることとなし」**と記されており、合氣を避ける事を同流が勧めている事は間違いないと思います。

出自

大宮　無住心流の元祖は針ケ谷夕雲ですが、その師である小笠原源信斎は伊勢守の高弟奥山休賀斎※から神影流を学んで「真ノ新陰流※」を名乗った名人です。よって無住心流は新陰流系の流儀で

※　**奥山休賀斎**（1526～1602）
上泉伊勢守の高弟で神影流を號した。徳川家康は門弟である。奥山系の剣術目録を見ると上泉傳新陰流の中核である、「燕飛」や「天狗抄」の項目を観る事が出来ず、愛洲傳陰流の流れが認められない。一つ考えられる事は休賀斎は上泉伊勢守の初期の門人であり、上泉師が愛洲陰流を学んで新陰流を大成する以前の門人の為、愛洲系の技を学んでいないと言う事である。

※　**真ノ新陰流**
奥山休賀斎の神影流を継承した小笠原源信斎が称えた流儀。徳川家の御家流となり隆盛する柳生家傳新陰流に対抗しての名称かと思われる。

※　**直心影流**
小笠原源信斎の高弟、神谷傳心斎の系脈における三代後の山田一風斎が称えた流名。それまでは各継承者が代々流名を恣意的に変えて伝承したが山田氏の定めた直心影流の流名が定着、以後変化なく現代まで伝えられた。

あるといってもいいかとも思います。となると「合氣」と言う用語は一刀流のみならず新陰流系でも用いられていた事になりますね。

平上　原初的な新陰流に「合氣」の用語が存在したかどうかは不詳ですが、江戸の比較的初期頃のこの文献に現れている事は事実です。さきほど合氣は試合稽古における必須用語として現れたのではないかという事を述べましたが、実をいえば防具試合方式を始めたのは一刀流系ではなく新陰流（神影流？）系である事は留意しなければなりません。

大宮　最初に防具試合方式を始めたのは新陰流系の直心影流※でしたね。この系統は小笠原源信斎の高足、神谷伝心斎※（直心流）の系を引き、針ヶ谷夕雲の無住心流とは兄弟流儀と言えますし、また時代的にもそれほど離れていない様ですね。

平上　そうですね。それに無住心流はどの様な形態で稽古をやっていたのかは若干不詳な部分がありますが、古くから袋撓《ふくろしない》を用いた試合稽古を行っていた系統ではないかと考察できるのです。

竹刀の原型

大宮　現代に通ずる剣道は一刀流的な方法論であるとの論がありますが、考えてみれば竹刀を用いた試合法の濫觴《らんしょう》はどちらかといえば新陰流系かとの感もあります。確か戦国末期に時の剣聖上泉伊勢守が柳生の庄を訪れ、その高弟の匹田文五郎が、庄の長、柳生宗厳と試合をしていますね。

平上　当時は防具は用いていなかったと思われますが、新陰流系で用いられていた袋撓※を用いた比較的安全な交流試合であった様であり、伊勢守は袋撓の発明者とも目されています。確かに木刀試合では下手をすれば死人がでますが、新陰流が袋撓を採用した事で比較的安全に力量を図る試合が可能となったといえるのです。そしてそこから新陰流系の多くは代々いろいろな局面で力量を図るための試合が行われておりますし、その様な流れの中で元禄の少し後位に直心影流を開

※　**神谷伝心斎**（1581〜1663）
針ヶ谷夕雲と同門であり、兄弟弟子と言えるが、夕雲系とは違って伝心斎系は流儀の伝書目録をちゃんと作成しているので代々の流儀の有り様は大体追う事が出来る。これは当たり前の事であり、夕雲系がやはり特殊なケースと言えるだろう。

※　**新陰流の袋撓**
一口に竹刀といっても色々あり、そしてまた袋撓といっても色々ある。新陰流以前にも袋撓的なものは色々存在したと思われるが、新陰流はそれまでのものよりも遥かに撓り易い、独特の構造の袋撓を工作し、形稽古に用い、そしてまたそれを他流との試合にも用いた様である。上泉伊勢守のかくした発明によりかなり安全な他流との試合が可能になったと考えられる。しかし未だ防具の発明はないので、普段の稽古に自由撃ち合いの稽古はやはり不可であったであろう。防具系は寧ろ一刀流系での工夫が比較的古くからなされており、形稽古における木刀の打ち込みを受け止める「鬼小手」といわれる小手防具が一刀流で工夫されている。また胴や面は槍術系の工夫とも言われるが、防具竹刀稽古とはそれら各系の様々な工夫が降り積もって合わさり、遂に完成されたものと捉える事が出来るだろう。

いた山田一風斎とその嫡傳を継いだ長沼某が、整ったスタイルの防具竹刀稽古法を大いに行う様になったと云う事ですね。

大宮　直心影流と無住心流は兄弟流儀のかなり近い関係ですが、無住心流の方での防具竹刀稽古は如何であったのでしょうか。

平上　両者は時空間をかなり共有しておますし、影響を受けながら同じ様に行われていたと思いますね。小田切一雲の後継者である真里谷円四郎《まりやえんしろう》※などは千回の試合で千回勝ったという様な事が『辭足為経法前集《じそくいきょうほうぜんしゅう》』に書かれています。ただ試合といってもこれは防具竹刀試合の事かと思われます。おそらくこの当時は面防具などもある程度普及していたのではないでしょうか。

大宮　江戸の初期から中期にかけてぐらいの時期になりますか……。現代の剣道的な稽古法が特に江戸の地においてはある程度普遍化していたと言う事でしょうね。

試合と合氣

平上　ともあれ無住心流は試合稽古をかなり行った流儀の様に感じます。この点は飽くまで竹刀防具式試合競技法を稽古メソッドとして最後まで採用しなかった新陰流とは異なり、※新たな武術理合が必要となっていったと観察出来るでしょう。

大宮　直心影流に倣って一刀流も防具試合を始めていますが、と言う事になりますと「合氣・外氣」の教えは防具試合に適合する教えと言う事になりましょうか。

平上　そうですね。確かに防具試合には必要不可欠な重要な教えであるとは思います。しかしながら木刀と刃引き刀の形稽古を中心として行っていた一刀流の古典としてその様な教え（松風之事）が以前よりあったわけですから、防具試合の術理として初めて現れた教えとは必ずしも言えないのかも分かりません。伝書の年代的な古さから鑑みますと、戦国武士、伊藤一刀斎※は実戦剣

※　真里谷円四郎

無住心剣法三代目（1662~1743）。生没年には異説あり。小田切一雲文献の中にでて来る人物であり、余り正確な事は分からないが、『辭足為経法前集』に「他流と仕合千度有し終に障ものなし」とあり、かなりの凄腕であった事は間違いない。ただ本人自身は書き物を殆ど残さず、また次代の門人についても余り伝えられていない。

※　新陰流における防具試合

戦国期から伝わる上泉剣法の古典を護って、確かに新陰流の本流（江戸系、尾張系）では自由試合式稽古法は採用されなかった。これは同流の基本術理から採用しにくかったと見る事も出来るだろう。古典剣法が伝える僅かな体動で剣を殆ど振る事もなく、敵の死命を制してしまうと言う様な極意剣法は防具試合では表現し難く、防具竹刀稽古で行われる技術は所詮は古典剣法の極一部である事を知らねばならない。またどんな事にも利害得失があり、錬体や一部の技の鍛練には優れた面を持つ防具稽古も、古典的な剣法体系の全体像自体を歪めてしまう危険はかなり高いだろう。古典の歪みや武術剣法との乖離を重くみて採用しなかった古傳剣法流儀も多かった事は注意しなければならない。

法として鬩ぎ合って戦う戦闘術理を醸成し、「合氣・外氣」の教えを既に保有していたのではないかと思います。

大宮　新陰流の開祖、上泉伊勢守も戦国期の武士であり、一刀斎と同じく優れた実戦剣法を編み出した剣豪と言えるのではないでしょうか。

平上　いかにもしかりで一刀斎も伊勢守も激烈な戦国期をくぐり抜けてきた大豪傑であり、実戦剣法の覇者であります。しかし両者を比べるとどうも伊勢守の方がインテリであり、戦場剣法を基盤としながらも治国の為の剣法と言う理念をもっていた様です。それが柳生家に伝承し、太平の世になった江戸期において大いにその理念を開花して行ったと観察出来ますね。

大宮　戦国期の武術と言うものは殺し合いを基本としたかなり殺伐としたものであったでしょう。その意味では老子の言う如く、武とは所詮「不祥の器」であるのかも知れません。しかしその「不祥の器」である武術と言うもののその奥にある貴きものの存在を捉え、その純粋なる抽出を図ったのが日本のかつての武の先達たちという事なのではないでしょうか。

平上　真にしかりですね……。単なる殺人術としての武術剣法ではなく、立ち振る舞いにおける所作を律し、身勢と氣息を整え、それらを通じて礼を学ぶ。しかして武的精神を涵養する至高の身体精神文化として「流儀剣術」というものを醸成したのは伊勢守を代表とするところの日本のインテリ兵法者たちであったと言えるでしょう。その中でも伊勢守はインテリ中のインテリであり、禅の教え、いやそれすらも超えた自得の哲学をもって自らの武術理合を語りました。そして伊勢守の教えの中で一刀流の「合氣・外氣」に最も類似した教えを検索するとすると、それはやはり「転《まろばし》論《ろん》」の教えでしょうか。伊勢守が残した影目録の中にて、敵の氣の動きに応じて転変する心と身体の極意が見事に説かれています。しかし、それは一刀流の「松風」の教えと究極極意として同質の部分があるとしても、実際の技術内容は松と柳ほどに違っていました。

※　**伊藤一刀斎**

江戸期に花開き、防具試合法を醸成して全国的に隆盛し、現代剣道の源流となったのは正に一刀流であり、伊藤一刀斎こそは同流を開いた流祖である。ただし剣術名人であった事は間違いないが、ダイレクトな資料を殆ど残さず、流儀の成立やルーツについては不詳な部分が多い。初代の直筆伝書についても曖昧な部分が多く、また流名自体もそもそも「一刀流」であったのかどうかは不詳である（開祖の時代は外他流と名乗っていたとされる）。そして流儀の内容が明確になるのは江戸初期以降であり、開祖時代の剣法スタイルについては史料乏しく疑問点が多い。しかしながら特に身構え、足遣いについては戦国期と江戸期ではかなり変容してしまっていると、伝書類監査から推測する者である。

新陰流と一刀流

平上　新陰流は治国泰平の剣となすための一つの極意を「無刀之位」、或いは「活人剣」と言う風に表現しましたが、その本質は戦場を鬩ぎ合う戦国剣法を乗り越えて、飽くまで敵の動勢を読み、敵の氣に応じて対処する護身剣法であったと言えるでしょう。その最高の位にあるのが「無刀捕※」であり、刀を持たずして敵を傷つけず取り押さえると言う理念が濃厚である事は事実です。

大宮　松と柳とでは風や雪、即ち敵の氣に対する応じ方が違うと言う事になりますが、それは何方《どちら》が優れている、或いは理に適っているという事になるのでしょうか。

平上　いや、勿論両者にはそれぞれ特質があり、何方が優れているとは言えません。利害得失は双方にあり、場合場合の適不適があるのみ……。しかしながらもっと言えば両者の根本的差異は極限世界では消失するかもしれません。ナントならばどの流儀でも本来両者の術理は兼ね備えるべきものであるからです。そしてそれは一刀流も新陰流も同じ事かと思います。

大宮　陽極まって陰となり、陰極まって陽と転化するのであり、陰陽はもともとは一体であり、最期は太極に帰すのものであります。
それでは、両流の極限の世界における極意一致論の解説をお願いします。

平上　伊勢守が新陰流の教傳において最初に持ってきたのは「一刀兩段」の形であり、これはどんな敵の攻撃に対しても何ら躱す事を考えず、攻防一体にて敵を制する極意剣法であります。つまり一刀流と最初に目指す処は殆ど合致していると言う事……。この点を先ずは注意せねばなりません。そして一刀流においても奥にゆけば結局「躱《かわし》」「外《はずし》」「抜《ぬき》」等の技法傳が出てくるのであり、要するに究極的に両流は全ての戦闘術理を含む全能的な日本剣術の二大名門と言えるかと思います。

大宮　最終的に合致するにしても、それは全て同質と言う事でも決してなく、やはりそれは究極

※　**「無刀捕」**
伝説では上泉伊勢守が流儀印可における最後の公案として柳生石舟斎に与えて工夫を促し、石舟斎はそれに応えて無刀捕を編み出し、それが流儀の秘傳技として新陰流に代々継承されたとされる。しかし新陰流の源流である影流の目録の写しに無刀捕の絵図が存在する事から鑑みて、技法自体は石舟斎が工夫する前から、少なくともその原型となるものは存在していたかと思われる。伊勢守が促したのは石舟斎自身の技の工夫、もしくは技術の錬磨と深化、そしてより深い心法の醸成であったのだろう。因みに陰流より古い系脈である中条流の伝書にも「無刀」の項目が認められる事を指摘しておきたい。

極意の世界かと思います。実際的にはやはり「花は紅、柳は緑」であり、それぞれの特徴を捉える作業は重要です。そして各流儀のある程度看板的な術理の差異をもって分析する方法論も合氣柔術解析には必要な捉え方かもしれませんね。

平上　そうですね。その様な立場からいま少し試考してみましょうか……。

新陰流の「一刀両段」が攻防一体の極意剣である事は確かですが、ただ一刀流の如く一歩進んで一撃にて葬るのではなく、あくまで敵小手中を攻めて攻撃力を制する事を主眼とした技術傳となっている点に異同があります。そして二本目は「斬釘截鐵《ざんていせってつ》」となり、敵の攻撃線を紙一重で外してやはり小手を攻め制する技法となっています。

対して伊藤一刀斎は攻防一体の必殺剣を具現化した一刀流の「一ツ勝※」、即ち「切落」を「核」とした恐るべき剛強必殺剣法流儀を打ち立てました。確かに実戦剣法としての一つの究極奥義剣法と言えるでしょう。敵の攻撃を受けたり躱したりしてから攻撃を返すと言う術理では、どうしても動作が二挙動以上となり易く敵の反撃も予想される……。ただどんな技法にも必ず利害得失があるものであり、一拍子兵法が優れているというわけでは必ずしもないと自分は思います。

二ツ拍子剣法は攻防一体ではない分、逆に敵の氣の動きを察して兆しを制したり捕り抑えたり色々な応用が効くと言う効能もある。言わば新陰流の方が最初の当たり外れが多少あっても最終的には色々と応用対処できる、比較的安全度の高い戦闘法と言えるでしょうね。

一刀斎・伊勢守・武蔵

大宮　話を伺っていますと「合氣武術」にも種類があり、一刀流的なのが大東流柔術、新陰流的なのが合気道と言う分け方も出来るのではないかと思えてきました。となると一刀斎が惣角師範

※　一ツ勝

小野派一刀流剣術における表形の一本目の形名である。この形に含まれ主体となる技術が「切落」であり、一刀流が基本中の基本技術としたものである。

但し厳密な立場でいえば古典一刀流体系の最初の部分に表五十本を制定、附加し、その一本目を「一ツ勝」としたのは二代目以降と言われる。故に「一ツ勝」なる形名称は元祖伊藤一刀斎の発案ではない可能性があるかも知れない。

ただ名称はともかく「切落」の技術自体は元祖の時代から同じであり、古典一刀流においても「切落」が中核技術である事は変わらない。

実際の所、一刀流の古典伝書である「仮名目録」に「切落之事」の項目がある。故にこの技術名は一刀流系であるといえるのであり、他流では別の名称付けがなされている場合がある。天然理心流では「割剣」と表現している。技術内容と術理をほぼ等しくしながらも各系かなりの手法差異が見受けられる。

で、伊勢守が盛平師範と言う事にもなりましょうか。
平上　かなり際どいながらもある程度当たっている譬えであるかも知れません。ただ合氣柔術における術理解説において、新陰流と一刀流の基本術理の差異を捉えて最初に分析的研究を提示されたのは鶴山晃瑞師範であった様に思いますが、鶴山師範の説明も、発表されたものを観る限り、かなり断片的で判り難い部分も多いです。新陰流、一刀流と言っても色々系派もありますし、基本術理においても中々に多面的で、余り断定的な分類は無理がある様にも感じます。
大宮　鶴山師範は膨大な史料を蒐集され、また実際に様々な伝統武術、そして中国系武術まで学ばれています。それらを通じたかなり多角的な立場で大東流の分析研究をなされ、その様な立場から発表できる部分、研究概論を先ずは遺されたと言う事であると思います。そして研究各論の詳説をいよいよ発表されて行く予定であられたと思われるのですが、それが突然のご逝去により未完に終わってしまったのです。
平上　鶴山先生のご逝去は本当に残念な事でありました。
ただ日本の伝統剣術流儀の基本術理を以て合氣柔術技法を分析すると言う手法は中々魅力的であり、それでは今少し試考実験をしてみましょうか。
大宮　そうですね。私は余り剣術については詳しくないので、各剣術流儀の基本術理の解説をお願い申し上げます。
平上　伝統ある各流儀には色々な系脈があり、各系特徴があるので、厳密な分類は中々難しく胡乱な部分がどうしても生じてしまうのですが、大雑把にいえば一刀流は向身正面入身法、新陰流は見事な外しの術理を編んだと考えられます。
そして登場は僅かながら遅れた、やや後輩の剣術家でいま一つ優れた剣術理論を残した大剣豪がおりました。
大宮　一刀斎や伊勢守の少し後に剣術理論を完成した大剣豪というのは、『五輪書』を著した宮

※　**「天仰實相圓満」**
武蔵の中年以降の戦闘法は真に神秘的であり、大小二刀の木剣を構えて奇妙な掛け声をかけながら敵の氣を抑え、敵が全く打ち込む事も出来ずに屈伏してしまうという剣法極意夢世界を現出していた。それは戦う前に既に勝っている世界である。中空の雲霧転変には関わる事なく天上には見事に輝く日月が常に存在するのと同じ事。そしてそれこそが万戦常勝の「合氣」極意に通ずるはずのものなのである。

本武蔵ですか。

平上　そうですね。武蔵は多くの真剣勝負をくぐり抜け、その果てに『五輪書』と言う極めて優れた剣術極意書を著しました。超絶的なる不思議な武術理合を秘傳解説書籍を通じて伝え残した最強の戦闘者にして優秀な武術理論家でもあります。彼は「天仰《てんをあおげば》實相圓満《じつそうえんまん》※」と言う言葉を残し、抱圓の理論を編み、敵を氣で抑える妖しき剣法を発明いたしました※。それは一刀流とも新陰流とも違う、独特の戦闘術理であり、敵の攻撃の氣を最初から総て抑えてしまうと言う真に不思議な剣法であったのです。技の使い方も新陰流が二ツ拍子、一刀流が一拍子ならば、武蔵の剣は最初から勝っている無拍子の剣法と言えるでしょう。

大宮　なるほど、二拍子、一拍子、無拍子ですか……。一刀流と新陰流が日本剣術の陰陽を司る裏表剣法かと思いましたが、また別の術理を持つ武蔵流を加えると江戸初期の剣術は三ツ巴の理論を保有していた事になりますね。

平上　江戸期に隆盛した多くの流儀武術はそれぞれ独特の術理を保有していたと思われ、三つ巴どころか百巴とも言えるのですが、実際に古い時期に理論書を残してきた名門として取り敢えずは三つを挙げておきました。これがまた後で「合氣」の術理と実際技法に微妙に繋がって行くと思われますのでそれらを解説する為の布石にしておきたいと思います。

二元論と造化三神

大宮　世に陰陽を象どった二元論と言うものがありますが、神道の世界では造化三神の教えがあり、世界を支える三つの基本柱があるとするわけですから武術の戦闘術理も三種の方法論があってもよいかも知れません。そういえば琉球拳法も古伝では首里手と那覇手、泊手の三つの系統があり、それぞれ独特の術理を保有しているのではありませんか。

※　**武蔵の極意剣法**

剣術勝負において刀を通じて敵の刀を抑える観念はどの流儀にもあるが、一刀剣法では敵の氣の動きに転化して我も氣の運用を行って行かなければならない。武蔵は大小二刀を同時に用いる事により、どこにも氣の隙間を作らない、常に勝っているという至高の極意剣法の境地に辿り着いたのである。しかしそれも武蔵が中年以降にやっと至った境地、二刀剣法の究極技術傳世界である。かくした頂きに至ってそれまでの殺法技術を主体とした二刀剣法の古典形を捨て、氣を以て剣の動きを封ずると言うかなり前衛的極意形「五方」のみを遺したと考えられる。

平上　そうですね。固定した位置から敵の攻撃を弾き飛ばし、ひたすら一直線に打ち込んで倒す那覇手は一刀流、蟹足で敵の攻撃を躱で外し側面から敵に対して行く首里手は新陰流、片足になりながら敵の力を呑み込み抑え制する泊手は武蔵流に似てますね。武蔵流の場合は剣で抱圓を造って呑み込み制すると言うやり方ですが……。

また別の譬えで言えば、一刀流は直、新陰流は圓、武蔵流は球として譬えられます。つまり一刀流は「一直線の矢」、新陰流は「円転の独楽」、武蔵流は「氣の詰まった風船玉」のイメージですね。

大宮　私自身は専門外で余り詳しくないのですが、その譬えは何処か中国の内家三拳のそれぞれの術理分別の譬えにかなり近似しているのではないですか。かつて鶴山晃瑞師範が大東流を、大東流柔術、大東流合氣柔術、大東流合氣術に分類し、それが形意拳、八卦掌、太極拳に対応するとしていましたが※、形意拳が一刀流、八卦掌が新陰流、太極拳が武蔵流と言う事になりますか。

平上　いや、どちらかといえば、太極拳が新陰流、形意拳が一刀流ですかね。そして八卦掌が武蔵流……ではなく、武蔵系は福建白鶴拳に似ていると思います。白鶴拳は内家拳ではなく南派外家拳法ではあるのですけれど……。

それはともかく流儀の術理と言うものは必ずしも固定的ではなく、それぞれの流儀がある意味では総ての術理を含むものでもあるのですが、表看板としている理合を比較するとこの様な譬えもある程度出来るかも知れません。この様な方法論がこれから解析して行こうとしている「合氣」の深い術理にも通ずる部分があると考えられるので、少し先んじて提出し検討しておいた所であります。

※　**鶴山師範の内家拳理論**

内家三拳の理論を構築したのは清朝末期に生きた拳法名人、孫禄堂であったと思われるが、鶴山晃瑞師範はその理論を大東流に当て嵌めて同流の特殊な体系のあり方を説明された様である。それは各系に分かれ、それぞれ独特の発展をなして継承され、多くの体系スタイルを保有する大東流を統一するための必然的にして独特なる理論構築であったかと思われる。

★首里手と那覇手の戦闘法

首里手（松濤館系）は遠間戦、那覇手（剛柔流系）は接近戦を得意としているという術理分類法的な解釈が現在では割合定着しているが、これは古傳としての琉球拳法の實相を必ずしも的確に現しているものではない。そもそも「遠間戦」というものは、近代空手道、寸止め試合競技法における比較的新たなる理念であり、古傳首里手の戦闘理念も護身術的な接近格闘法を基本的には想定している事に変わりはないのである。首里手と那覇手の根源的な技法的差異はそれはまた別の所にあるのだが、スポーツ競技空手では殆ど現れない部分である。両者の戦闘理合の違いを明確にする為、両拳の基本形の開門動作における手解き技法傳を開示してみよう。敵よりの両手取りに対して両拳法共、巧みに手解をなし顔面を潰して勝口を取って身を護るという基本術理は共通するが、那覇手は自己の体軸を護りながら半月足を通じた鞭身の威力を用いて敵の攻撃線を弾き外し、急所を開いて打ち込み倒すのに比して、首里手は蟹足法にて転身して敵の死角に入り、側面から敵顔面を潰すという技術表現となる。

●上段①～⑤那覇手の開門技法／両手を取られたのを腕十字組にて手解し、左拳にて前三枚に當て、腕を返して裏拳にて顔面を潰す。

●下段①～④首里手の開門技法／両手を取られたのを手を取り返して手解しながら蟹足で側面入りをなして顔面を潰し、敵左臂を右臂で折り崩し敵右手を右手に取り返して手解し左猿臂等にて顔面を潰す。真傳分解法としては最後の極めは顔面潰しではなく腕絡法にて制する捕手技に繋げて行く高度な技術展開となるが、那覇手技術に合わせる為に此の部分は初傳的な手解當身法で表現す。猿臂での顔面打ちか、敵の間合と体勢によりては裏拳にてコメカミ打ちで極める（下段④）。

「遠當合氣之術」

平上　さてさて、江戸期に現れた「合氣」の用語とその意味合いを少し解説してきた訳ですが、明治に至って何故だか、非常に不思議な事に幾分違った意味合いで用いられる様になって行きました。ただ歴史的流れを厳密に言えば明治になってという事では必ずしもないのですが、それは次の段階の考証として先ずは明治期の文献を採り上げてみたいと思います。

大宮　最初に現れたのが何時《いつ》の頃か文献が乏しく不詳なのですが、講談の世界に「遠當合氣《とうあてあいき》之《の》術《じゅつ》」なる不思議な術が登場してきた様ですね。

平上　講談で著名なのは羽賀井一心斎※という剣客が使う不思議な術技で、手も触れずして飛んでいる雀を氣合一つで落としたり敵を不動金縛りにしたりします。そしてこの様な秘技を講談では確かに「遠當合氣の術」と言う様な言葉を用いて実《まこと》しやかに説明しているのです。ただこの様な言葉が何時の時期に現れたのかについては資料が錯綜し、中々確定出来ないでいます。そもそも講談とは飽くまで口で語り継ぐものであり、各用語の濫觴を捉える事はかなり難しい。しかし明治三十二年に刊行された講談本には既に不可思議な術としての「合氣の術」の用語が確かに用いられています。ただそれ以前の実際の語り継ぎにどの程度の歴史があるのかが良く分からない。

大宮　講談自体は当然の事ながら講談刊行本以前、江戸期から存在しましたが、文献上は明治三十二年初出と言う事ですね。

平上　いや、それが勉強不足で未だ確定が出来ていません。講談本の研究も中々奥が深く、明治三十二年本に加え、二十八年本、また二十一、二年位にもある程度のものが残っており、いやそれ以前にもあるのかも知れません。※この分野はやや自分の専門外と云う事もあるのですが、なんとも量が多くて未だ全てを確認できていないのです。勿論江戸期のものもある程度残っているとも思います。出来る限りは探索確認の作業はしましたが、江戸期のものに加え明治二十年代前半の

※　**羽賀井一心斎**
殆どフィクションであるとされる寛永御前試合に登場する剣豪であるが、実在の人物とする説もある様である。だとすると生没年が不詳であるが、江戸初期の剣術家と考えてよいだろう。新陰流を修め、山形藩主最上義光に仕えるも後に脱藩し、備中飯山にて道場を開いて門弟を育てたといわれる。寛永御前試合にノミネートされるという事はやはり剣豪としての名声が随分高かりし故だろう。ただ実在説に対する正否については確言する自信がない。

※　**講談における江戸期文献**
江戸期から講釈師は存在し人気を博していたと思われるが、何を典拠に語っていたかはいま一つ不明瞭である。恐らく落語家（江戸期は噺家と言う）と同じく口傳を以ての師傳承であったのだろう。しかしやはりその原典、タネ本的なものがあったかと思われる。写しの直筆書に加え、版刷り本等もある程度あったのではなかろうか。しかしながら内容が本格的に活字化するのは明治以降である。

★講談に於ける「合氣の術」と「遠當合氣の術」

「合氣の術」のワードは明治期における講談本に確かに結構出てくる。江戸期の伝統的解釈その儘に説明される場合もあるが、それとは別に氣合術的に描かれ、それを正に「合氣の術」と称している例もある。そしてそれは武骨版『合氣之術』の数年前以前に既に現れていた様である。しかしながら玄妙なる秘術としての「遠當合氣の術」なるワードが出てくるのは概ね大正、昭和の講談本であり、その初出がどこまで遡れるかは調査及ばず今の所かなり不明瞭である。ともあれ武骨版本によって「合氣之術」の理念が明瞭になる事によって、後の講談本においてかかる独特の秘技の名称が多く現れて来る事は事実である。ただし後段で紹介する事になる『二島英勇記』（84頁のコラム解説参照の事）的な人心洞察術の様な捉え方よりも、やはり「氣合術」的な捉え方が中心であった様である。

ともかく「気合術」的なものは江戸期から存在したのであり、武骨氏はそれに『二島英勇記』の理論も加味した立場で理論化し、同秘技の名称と定義を明確にしたと言う事である。そしてまた「遠當」と言う言葉も江戸期から伝統的武術用語として（意味合いを微妙に違えながらも）存在した。

それら相互の影響関係等の問題はともかく、伝統的武術用語や武骨氏理論を利用しながらも講談師が「遠當合氣の術」なる新たな秘技名称を創案、造語したのだとすれば、このセンスは中々のものなのではなかろうか。

上図は昭和期にかかる講談本『寛永御前試合』の挿絵であるが、羽賀井一心斎が大久保彦左衛門に促されて「遠當合氣の術」を雀相手に披露する場面である。先ずは氣合一つで雀を落としてみせるが、次には人体実験を促され、この後、大久保彦左衛門を相手に同秘術を振るい、老豪傑を氣當にてぶっ倒す事になるのである。

いずれにしろ全体的な意味として、現代における「合氣之術」とはニュアンスがかなり違っている事は注意しなければならないかと思う。

●講談における「合氣」については、山田實先生から様々な御教導と複写史料の御提供を頂き、それらを基に、筆者なりに考証させて頂きました。謹んで御礼申し上げます。

ものには、私のみた限りにおいては見当たらない様です。二十年代後半にはかなりの量の類書が出ており、未だ全てを確認できていない。しかしながら実を云えばこの時期のものをいくら探求しても用語の嚆矢と言う意味合いでは少し遅い時期となってしまうので殆ど意味がないともいえるのです……。ナントならば明治二十五年に武骨居士なる人物によって『合氣之術』※なる書籍が既に刊行されてしまっているからであります。

天下の奇書『合氣之術』

大宮　明治二十五年に出された『合氣之術』は武道における不可思議なる極意的術技としての「合氣」、「合氣之術」と言うものを取り扱い、そしてその存在と意味合いを明確にした点においてある意味画期的な解説書だと私も思います。

そして明治三十三年にも無名氏なる謎の人物によってやはり同題名、同内容の『合氣之術』※が出ていますし、また大正六年（1917）には『空手護身術』が刊行されて、その中で「気合術」の解説に続いて前書と同系の意味合いの「合氣之術」の解説が現れております。

平上　少し年代が下りますが、帝国尚武会系の書籍にも同様の解説がありますね……。だからどうもその様な一連の著作解説に影響されて講談の世界でも「合氣之術」、そしてそれを敷衍した「遠當合氣之術」なる摩訶不思議な秘傳技とその名称が現れてきたのではないかという考察もあるのですけれども。ただ私の感性では講談の方が若干早い様に思うのではありますが……？

大宮　先程話に出た天然理心流の「氣術」の存在も含めて、もっと古い時期にも「氣合術」はあり、類似の事は行われておりますし、また恐らくは講談の世界ではより古い段階で「合氣之術」が語られていた可能性は確かに高いと思われます。しかし仮令《たとい》そうにしても、その言葉の意味合いを定義し、加えてそれに深い哲理を与え「合氣之術」と銘打って明確な理論書を著したのは明

※**『合氣之術』**
明治二十五年に発行された、確かに奇妙で不思議な珍本である。しかしながら同書が後世の日本武道界に与えた影響、正に恐るべし。

※ **明治三十三年版『合氣之術』**
つまりこれは改定再版本であり武骨氏と無名氏とは同一人物と観察される。

★武道秘訣『合氣之術』

明治二十五年に武骨居士によって刊行された武術極意解説書籍。木版本ではなく明治の活字本であり、挿絵のない完全な文章オンリー本となっている。

挿絵が無い分、文章自体は凝りに凝り、高言と麗飾を重ねた世紀の一大論文となっている。

一般大衆はともかく不可思議大好きマニア辺にはかなり大受けしたのではなかろうか。実際八年後に新装版が別社から発行され、多くの版を重ねているのである……！

同書秘術の元種となったのはやはり 1803 年の『二島英勇記』の百戦百勝の武道極意「相氣の術」、そして明治十八年位に講談調に他の武芸譚を含め、それらを纏めて焼き直した様な『繪本英雄美談　佐々木岸柳・宮本武蔵』に登場する極意妙術「合氣の術」等の存在かと思われる。

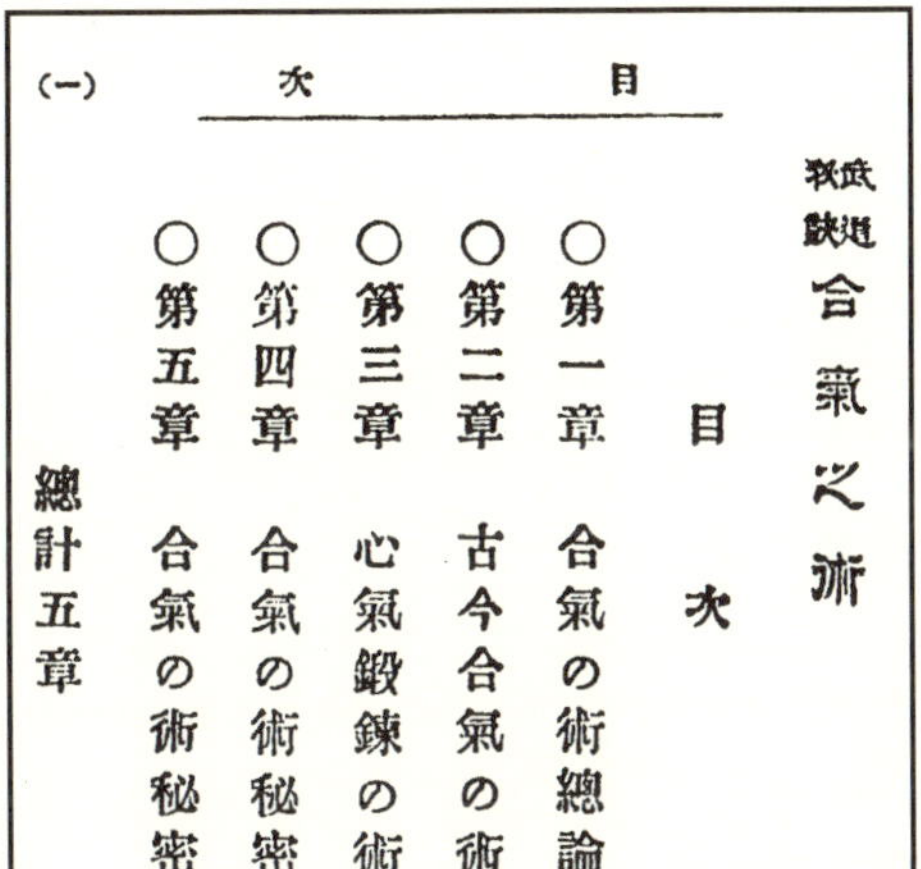

(一)　目次

武道秘訣 合氣之術

目次

總計五章

同書における種本といってもそれら講談本類に具体的な技術の本質がそれほど明確に描かれているわけでは必ずしもなったかと思われる。ただ『二島英勇記』は人心（或いはその殺気）洞察と言う様な本質の一端を説明し、また講談の世界では「合氣の術」を氣合術的に捉えるものも存在した様である。

武骨版『合氣之術』は『二島英勇記』理論と氣合術的要素をプラスして比較的明確なる武術秘技のイメージを理念し、それを一冊の書籍を通じ、文章解説を試みたわけである。

その読心術と氣合術解釈の混合こそが同書の独創性であり、ある程度の革新的アイデアであったかと思われる。これらの新案理論は武術界よりは先ずは講談界に逆輸入された。即ちこの様な「合氣」の定義と理論を利用して多くの講談本作家たちが古典解釈を乗り超えた新たなる武術極意秘技の世界を語り出し、遂に「遠當合氣の術」なる新ワードと新必殺技を生み出したと言う風に観察できるのである。

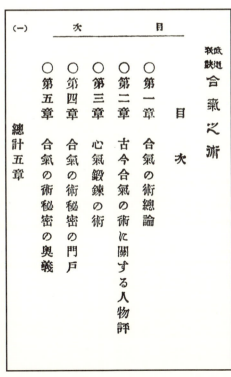

治二十五年刊行の同書が最初ではないか思います。

平上　天然理心流における「氣術」は一般的な「氣合術」と同一視される事が多いのですが、同流口傳秘書を見ると中々その程度のものではなく、「合氣」を含めた奥深い武術極意を洒脱に表現した優れた奥義教傳であった事が分かります……。それとは別に一般的な意味合いの「氣合術」的なものもあったわけですが、これらは武術系というよりも、何方《どちら》かと言えば先生の御専門であられる古神道を含めた霊学霊術系で多く伝承されてきた術技であったのではないのですか。

大宮　確かにその通りで、古神道においては、雄詰伝《おころびのでん》※と言って詞《ことば》は違いますが、その内容は氣合術的なものを意味するものがありますし、かなり古い時期から、密教系でも不動金縛りの術などと言う名称で類似の技術は存在したわけです。そうしたものを淵源としつつ、明治、大正、昭和という時代において、不可思議な現象を起こすところの霊術というものが相当に流行したのですが、その霊術界においても、かなり氣合術的なものが色々と行われています。

平上　古神道や密教、そして修験道等で伝承されていたその様な技術は若干の形態を変えながらも、古流武術の奥伝としても次第に混入し密かに継承されて行きました。宗教系では術技は存在してもそれほど文書化されて確たるものが数多く残っているわけではない様にも思いますが、逆に武術系ではその様なものの奥傳、秘傳の部位までもちゃんと文書として遺しています。多くの流儀の奥伝巻には「馬上の敵を打ち倒す法」として「下馬落之事※（騎馬落し）」なる秘技が記載されています。また系脈によっては「神一法剣《しんのいっぽうのつるぎ》」（「心ノ一方」とも称す）と言って氣合一つで敵を固まらせてしまい、刀を抜こうとしても半分抜いた所で動けなくなってしまうと言うような秘術。また「無手勝流真空斬之剣」と言う様な、刀を用いずして、敵を斬り倒してしまうと言うような手品の様な妖しい術傳も実際に行われました。

これらは正に技術傳として「遠當合氣之術」そのものと言える不思議な術技で、日本剣術の最高奥傳ともいえる秘密極意技であります。ただ現代の古武道界においては、それぞれの流儀の伝書

※　**雄詰伝**
川面凡児が整備した神道系の行法の一つで氣合術の一種。ただしその名称や技術内容に何処まで伝統的なものがあるのかは不詳な部分も多い。

※　**「下馬落之事」**
このワードにおける本来的な意味は騎馬武者に侍る槍持者における伝統的作法の事である。しかしながら筆者としては先代からの承りをそのまま伝える立場として、日本武術における氣合術の超絶的な秘技としての解釈と、その奥傳技術を護る者である。但し秘技の名称としては、先代は「馬上落し」「騎馬武者落し」と云う様な詞も用いられていた様に記憶している。ともあれ一般的解釈の立場は封印し、以下古傳秘技の伝承者の立場としての解説をする事とする。
即ち、鎧を着て槍を引っ提げた戦場騎馬武者が蹄音を高らかに駆け攻めて来るを、我は無腰のまま、組んだ指を武者に向けて氣合一閃、武者を金縛りにて戦闘不能に陥れ落馬させてしまうという夢の秘技。当時の武術家たちが欣求した妙術であり、確かに多く武術秘伝巻にその項目の記載はあり、また簡単な方法論が書かれている場合もある。しかしその本当の詳細なる技術伝授は口傳を以てなされ、リアルな武術秘技としての秘法を開示した資料は今の所存在しない様である。

にこの様な秘傳技の名目の記載が仮令あっても、「先代までは出来た」と言う様な話が殆どとなってしまいましたが（笑）。

大宮　現代の武術世界において誰も出来る者が余りいないと云う事はつまり、武術者にとってそれほどに難しい、大変に高度な深い術という事でしょうか。

平上　いや、簡単だと思いますよ。その秘傳さえ教われば（笑）。どんな不思議なマジックもタネがわかれば「なーんや」という事になりますが。ただ現代社会においてこの様な危険な技術は既に必要なく、明治以降の古伝武術家達も口を閉ざしてちゃんと伝えてこなかっただけなのだと思います。

当たり外れ

大宮　という事は、武術の伝書に記された氣合術の多くはタネがあるという事ですか。超常現象にしか見えない様な驚くべき現象も現代の発達した超マジックの世界では殆ど実現可能といわれますが、わざわざ手品を用いずしても、氣合一つで敵の氣を奪う事くらいの事は感応によってある程度可能です。人間の能力の中には非常に霊妙なる部分があり、また摩訶不思議な術技と言うものは確かにあるものです。ただどの様な超能力者も、何時《いつ》いかなる時でも、また誰にでもその超能力を発揮できると言うものではありません。条件次第によってできる時も出来ない時もあるのです。そういう意味で、霊術における、精神力を活用してのみの氣合術というものは当たり外れのある術技である事は否めません。

平上　そうですね。よほどの境地に達していない限りにおいては、精神力のみによる氣合術には、当たり外れがある。そこで常に現実的であらねばならない古流武術の世界では、単なる呪文や御札、手印の秘法教傳に止まらず、その不確実な部分を補う為の色々な術技や秘密道具を実

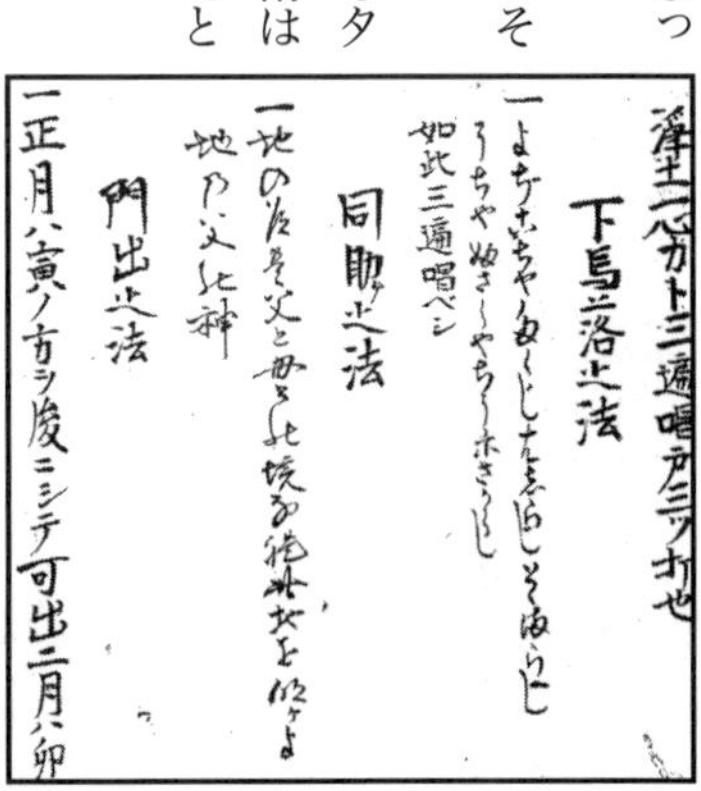

『神明虎巻流居合許目録』さまざまな極意秘技における口傳解説の中に「下馬落之法」の項目とその簡単な内容説明がある。前述した様にこれを氣合術秘技として捉えるならば「騎馬武者落し」の方が妥当な名称かと思うが、多くの武術伝書の中では同ワードを検索する事は未だ出来ておらず、これからも探索は続けたいと思う。そしてもっと具体的な技術解説、そして出来れば技術絵図等も欣求する所ではあるが未だ得られずにいる。特に何故にその様な不思議な現象がおこるのかという技法術理、その理合の説明が重要なのであるがみた事はない。やはり氣合術の実技は口傳として代々伝授されたのだろう。

［島津兼治先生所蔵］

★古傳剣法究極奥義「神一法剣」

古傳剣術の中でも正に秘剣中の秘剣といえる「神一法剣」は、その名称とは背反して自らは刀剣を用いない無手勝流の極意であり、これは正に究極の「無刀之位」ともいえる技術である。その形手順は以下の通り。

「刀を差して座する敵に我無腰にて折敷き一間の間をおいて相対す。初動氣合の後すっくと立ち上がり敵を捕らへる為に三歩歩んで右手を敵額辺りに翳す時、敵は我の翳した手を抜き打ちで切り払ふ為に抜刀せんとなす。我は敵の殺氣の発動を見澄まして敵心魂へ霹靂の氣合。その瞬間、敵刀を鍔元より一尺ほど抜いた状態で固まる。我より近づきて抵抗できない敵を捕り抑へ（演武形では捕り抑え部分を概ねは省略）、極めの氣合の後に残心をとりながら相分かれ、互ひに折り敷きにて見合、礼をなして終り」

他の流儀では「下馬落し」等の名称で同種の技法教傳が結構多くなされていたらしい事が資料に残っている（その内容、技法原理等は流儀、系脈によりて一様ではないと思われる）。そして現代では余り見られなくなったが、かつての神社縁日などにおいては山伏衆などによって類似の演武等が行われる事も結構あった様である。

武骨居士版『合氣之術』の説明に最も近似している武術形かと思うが、その技術を支える奥の術理、根本原理は同書の説く理論とは大分異なっている。そして現代的な意味合いにおける所謂「合氣」「合氣之術」なるものとも、その実際の技術表現、そして奥の術理にも一致点は殆どない。「神一法剣」を支える伝統的奥理、原理はかなり特殊なものであるからである。

ともあれ「神一法剣」は本格的な武術形として伝承しており、同秘剣の発明者は「日本武尊（やまとたけるのみこと）」と口伝承される（即ち形名称の「神」とは同尊の事を指す）。しかしながら同秘技は実際の戦闘にも間違いなく有効な古い武術秘技であり、技法傳自体は「日本武尊」以前にも存在したのではないかと考える。ナントならば一般的な剣術稽古は基本的に剣対剣の形としてなされるが、実際の戦いでは自己が刀を帯びる事の出来ない状況もありえるし、また敵が弓、振り投げ礫等の飛び道具で対してくる可能性もある。その様な時は普通の剣術技法のみでは対処出来ない事も多く、この「神一法剣」の原理で対抗するしかない場合もあるからである。

●補論

日本傳秘術「神一法剣」と同種の極意秘法を世界の歴史と伝説の中に検索すると『三国志演義』に描かれた「長坂坡の戦い」の逸話に先ずは突き当たる。即ち大豪傑、張飛益徳が一騎を以て長坂坡において曹操の大軍と対峙した時、大丈夫の威厳を以て大喝し、敵方の猛将、夏侯傑を氣當にて落馬、昏倒せしめ、押し寄せる万余の曹軍を退却せしめたと云う……。具体的な技法構造にはかなり異点があるが、秘術における奥の根本原理にはある程度、通脈する部分がある。ただ「神一法剣」の方が武術技法としての確実性はかなり高いかと思われる。そして『三国志演義』には今一つ類似の場面がある。諸葛孔明が口中剣を発して魏の軍師王朗の心膽を砕破し、悶死させるという逸話……。これは張飛とは違い大声を発せずに、舌戦のみで敵を落馬させており、その意味ではより奥傳的な「合氣之術」に近似した秘術と云える。かくした古代支那の戦記奇談が日本古流武術の秘技、「騎馬武者落し」の原点となっている様にも観察できる。

⑤掌を敵に翳し、労宮と印堂を氣線で繋げ、敵体を氣で包んだ形にて氣合を発す。敵不動に縛られ抵抗できない瞬間を捉えて取り押さえるのが実際技法となるが、形演武としては、その儘若干見合って残心、氣合を発して原位に復して了。

●形演武の最後に技法原理解説の為、日本武尊が作られた御導歌を詠じるのが本来の古式の伝統であるが、そこまでの古伝承を残している系脈は少なく、省略される場合が多い。

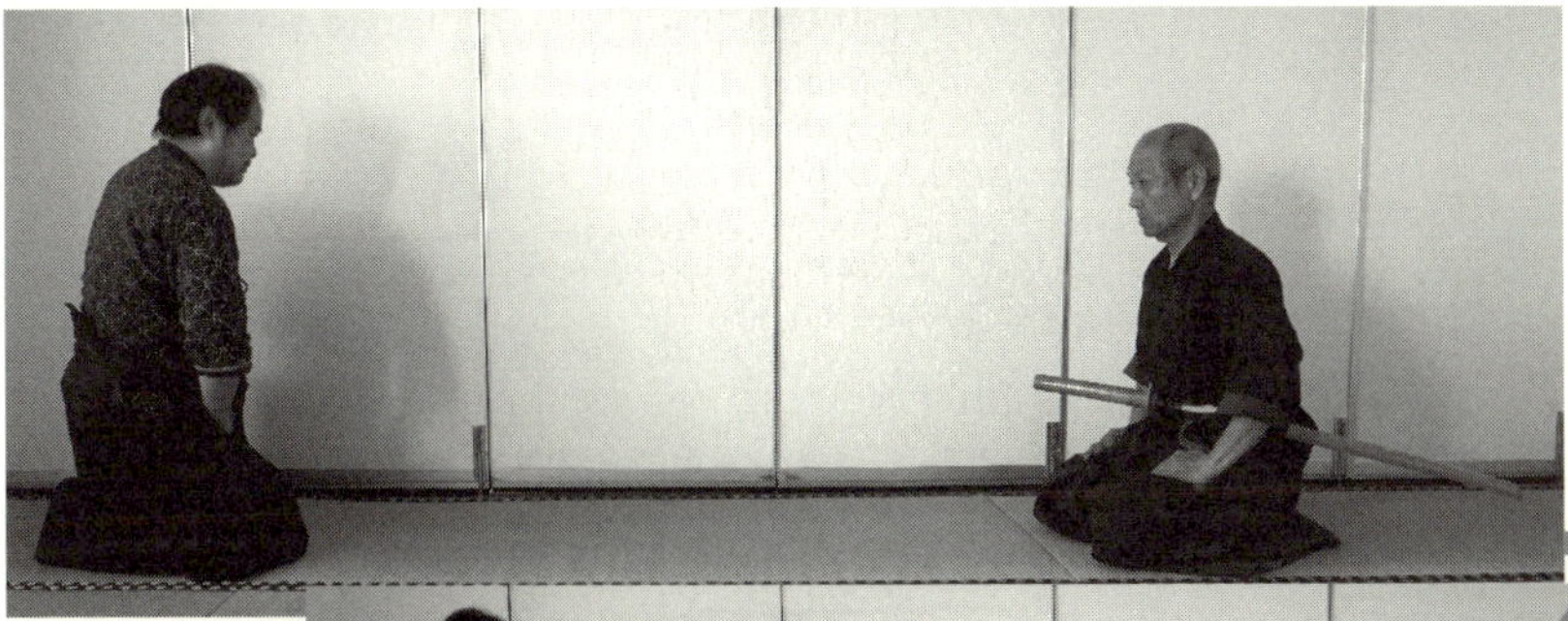

①三間の間合いで対し、お互い歩みて一間の間合いに詰める。受方は坐し、捕方は折敷。

②捕方、煙立ちをなし敵の気息を図る。

③敵の気息と自身の歩みを同調し踏み出す。

④一歩、二歩……の踏み出しに遅速ないように最初の出だしのタイミングを敵の気息から図って置く事は勿論である。そして三歩目にこそ敵に氣の発動とのぶつかり（合氣）を作らなければならない。

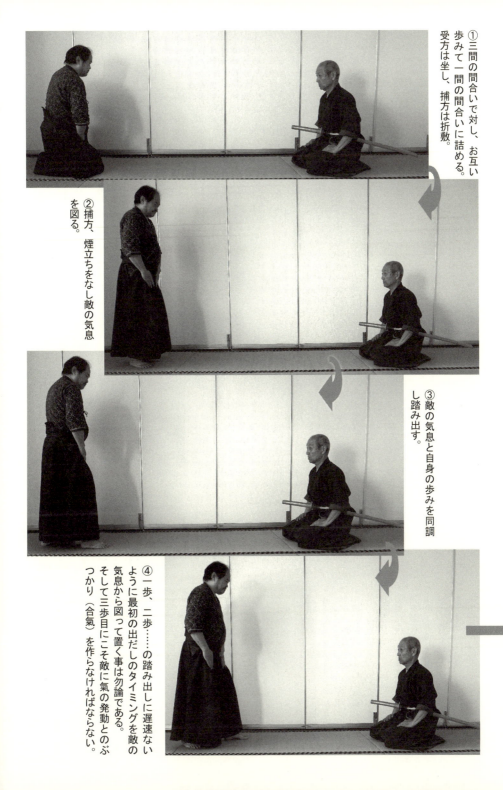

際に工夫していました。かなりドロドロした奇々怪々なる、本当にびっくりする様な超絶的な秘傳法世界※がここの部分において構築されていたわけです。ただしそれを明治以降の古流武術たちは誰にも伝えず、口を拭って語る事も決してしようとはしませんでした……。それも当然です。八万四千の神々の名の下に、「親兄弟タリトモ他言不可也……云々」との誓詞を以て秘密裏に伝承されて来たものなのですから。

大宮　それだけ秘密にされて来たものでも、古の秘伝書を精査する事である程度それらの秘法の輪郭を明らかにする事は決して不可能ではない様に思えます……。古流の世界では「遠當」と言えば目潰し秘傳を言う事を多い様ですね。この様な部分を探求すれば「騎馬落之事」や「神一法剣」、あるいは「真空斬」等の秘傳の本質も何となく見えてくる気がいたします。

平上　「騎馬落」や「遠當ノ術」、そして「神一法剣」とでは現れとしての結果論はそれぞれ類似していても、その具体的方法論や原理は全く異質となっています……。しかしそれはともかく秘武器の利用と言うのは実際的な方法論の一つである事は事実です。古流文献の中で「遠當」と云う言葉は讃岐丸亀の秘流、柴真揚流※で実際に使われており、同流の奥伝として「千人遠當之術」なる秘傳技が現れているのですが、確かにその内容は特殊な各薬品を用いた具体的な秘傳技術なのです。

大宮　柴真揚流は香川に伝承し、現在でも継承者はおられる様ですが。

平上　現在小佐野淳先生が同地（丸亀）で同流を学び、甲州の地で継承されておられます。

三間ノ殺

大宮　柴真揚流とは確か天神真楊流の系を引いた比較的近代に近い時期に成立した流儀でしたね。となると柴真揚流の「千人遠當之術」の源脈は天神真楊流にあるのでしょうか。

※　**古流秘傳武器術の世界**
明治維新を境に伝承が途絶えた武術秘傳は数多いが、中でも主に捕手武術の秘傳法として伝承されていた特殊な秘武器術傳の世界はその殆どが消滅してしまっている。ここの部分は世界に類をみない特殊な世界であるが、手継ぎ継承としては既に殆ど不可である。ただ中世の今様が失傳しても、『梁塵秘抄』の様な現存資料を探る事によってある程度その本質を現代でも再現が可能なのと同じく、武術秘傳書、図説目録、口傳書等を探る事で、生きた秘傳武術として再現する事はある程度可能かも知れない。

※　**柴真揚流**
浜松の藤田銀八郎が天神真楊流、楊心流、真之神道流から創始した柔術系の流儀。丸亀藩に継承された。柔術を主体としながらも居合、剣、棒、三道具等も伝えていた様である。全体的な体系はかなり大きい。目録内容をみると天神真楊流を基盤とすると言われながらもかなり独特の形名が窺え、また体系も独特である。また當身法においても深いレベルの研究がなされ、高度な當身法が伝承されていると云う。「遠當法」もその研究成果の一つなのだろう。

平上　確かに天神真楊流の奥傳巻に「三間ノ殺」なる秘傳技が記載されておりますが、これは目潰し薬と噴射道具等を用いたかなり現実的な巧妙なる技術であった様です。この秘法は恐らくそれを江戸で学んだ上州の氣樂流中興之祖、飯塚臥龍斎※にも影響を与えたらしく、同流の秘傳巻にも同質の目潰し薬法が記載されています。

大宮　柔能制剛が柔の極意であるにしてもそれは達人以外は中々に難しい境地であり、特に力の無い女性が護身術として柔術を多少学んでも、大漢《おおおとこ》に本気で襲われたとしたら素手の技術だけで常に身を守れるとは必ずしも限りません。その様な時、特殊な器械を用いて眼を潰すと言う発想は中々実用的です。江戸期には色々な種類の目潰し器が工夫されていますね。骨董武具の中に時折かなり凝った道具を見かけます。天神真楊流ではどの様な形の器械だったのですか。

平上　これは天神真楊流における正に秘傳中の秘傳でありました。よって薬の調合法などは秘傳書にかなり詳しい記載があり、その成分は何とか掴めるのですが、それを実際に用いる為にどの様な器械を用いたのか、継承本家（磯家）のオリジナル器械が残っていない様なので何とも不明確な部分があります。ただ同流の免許皆伝を受けた若狭の上田権平柳玉斎※が、天神真楊流のかくした秘傳法を基に真鍮製の「息討器《そくとうき》」なる目潰し器械を作り特許申請したと言う経緯があり、その形態から天神真楊流の秘傳器械の原型をある程度窺う事ができるでしょう。これはかなりの数が製作されたとみられます……。現在でも骨董品として時々見かける事がありますから。

大宮　現在では「遠當」と言えば文字通りその様な器具を使わず、触れもせずに氣の力で吹き飛ばしたり、卒倒させる技術と認識されている様です……。ただその様な超常能力を駆使した様な特殊な技術をも古流武術は並行して保有していた様ですね。その意味では古流武術の方が定義の範囲が広く文化として多彩なものがある。

平上　武術とはある意味でロマンとリアルが混在し共存する真に不思議な文化体系です。しかしながら夢と現実との狭間の中で不思議な術技を具現化する為に、古の武芸者たちは血の滲む習練

※ **飯塚臥龍斎**
上州出身、江戸後期に属する武術家で氣樂流柔術中興之祖。氣樂流の奥傳にも各種薬品を用いた目潰法が伝承している。同流は天神真楊流の伝脈を受けており、この様な秘法の源流は天神真楊流にある様に考察できる。

※ **上田権平柳玉斎**
若狭で指導をなした天神真楊流の師範で、ちゃんと流儀の武号まで授かっている。明治の始め頃に指導しているが、資料によると数カ月という非常に短い期間で天神真楊流のすべての傳、免許皆傳の奥の奥まで教傳している事が分かる。その中に同流の秘法たる「三間ノ殺」の傳までもが含まれている。明治以降の江戸、即ち東京の本家系でもここの部分の伝授は省略されたが、地方では未だ昔通りの奥傳指導が行われていたわけである。

★日本武術の極意秘術「遠當」の謎

明治以降の講談本に突如出現する「遠當合氣之術」なる極意秘技における「遠當」の部分、そのワードが江戸期武術傳書にどれだけ出現するのかは未だ調査できないでいるが、先ずは明治二十年の『柔術剣棒図解秘訣』にそのワードと解説が出てくる。この秘技のルーツは天神真楊流と思われるが、天神真楊流には「三間殺ノ事」なる秘技が実際に存在しており、これは正に「遠當」術のルーツだろう。その内容は毒薬を用いた目潰し術と考えられるが、同じ系脈をひく氣樂流の秘傳巻にも類似内容の秘法が「八法間」なる名称で出てくる。「目潰し」秘法は捕手術における秘技として様々な方法が、多くは柔術、捕手系の流脈において色々工夫されてきたのだと思われる。

問題はその目潰し毒薬を具体的にどのように用いるかと言う事であるが、ここには各流における様々な工夫があった。卵殻に仕込んで投げつけたり、また特殊な道具を用いて口息の力で吹きかけたり、それは正に各流における秘傳であった。

そして実際に用いられた目潰し器具としては佐野常忠が発明した「息討器」が著名であり、そして若狭の上田権平が製作し、明治二十一年に特許取得までした「目潰器」の現物が骨董秘武器として割合多く現存している。

上田権平は天神真楊流の師範であり、同流秘法「三間殺」の傳を引き継いだものと考察できる。佐野某は信州の天才鉄砲師、片井京助の嫡子であり、また片井氏の子として今一人、権平なる人物がいたと記載する文献もある。この権平と上田権平氏が同一人物かどうかは不詳であるが、目潰し機器の発明と言う共通業績を鑑みると、可能性はある程度あると考えられる。

目潰し秘法は護身術としても有効であり、今日的にも十二分に実用性はあるのではないかと思うが、ただ盛平師範が憧憬した玄妙なる武術秘法としての「遠當」や「合氣之術」とはかなりイメージが違っている。よってこそ盛平師範はより霊妙にして不可思議なる武術秘法を錬磨を通じて探求していったと考えられるのである……。

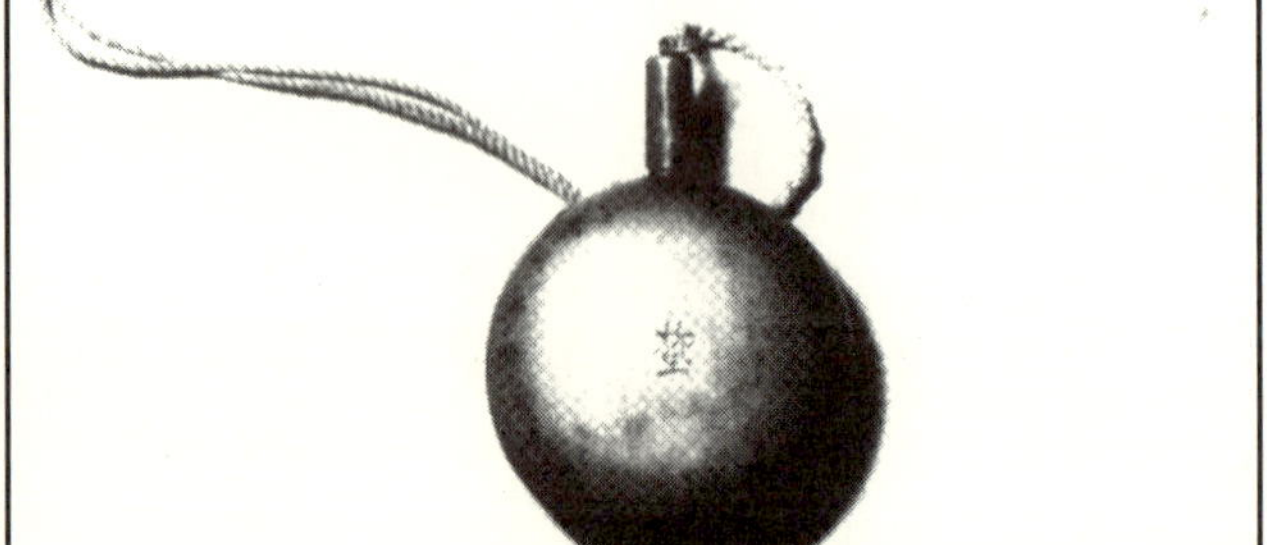

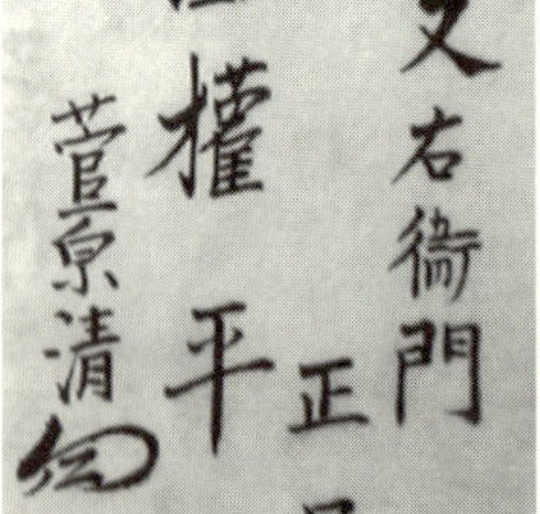

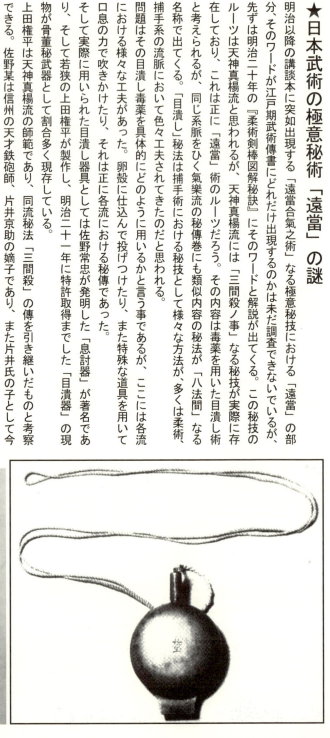

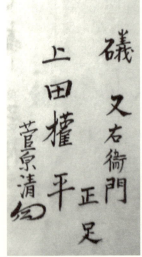

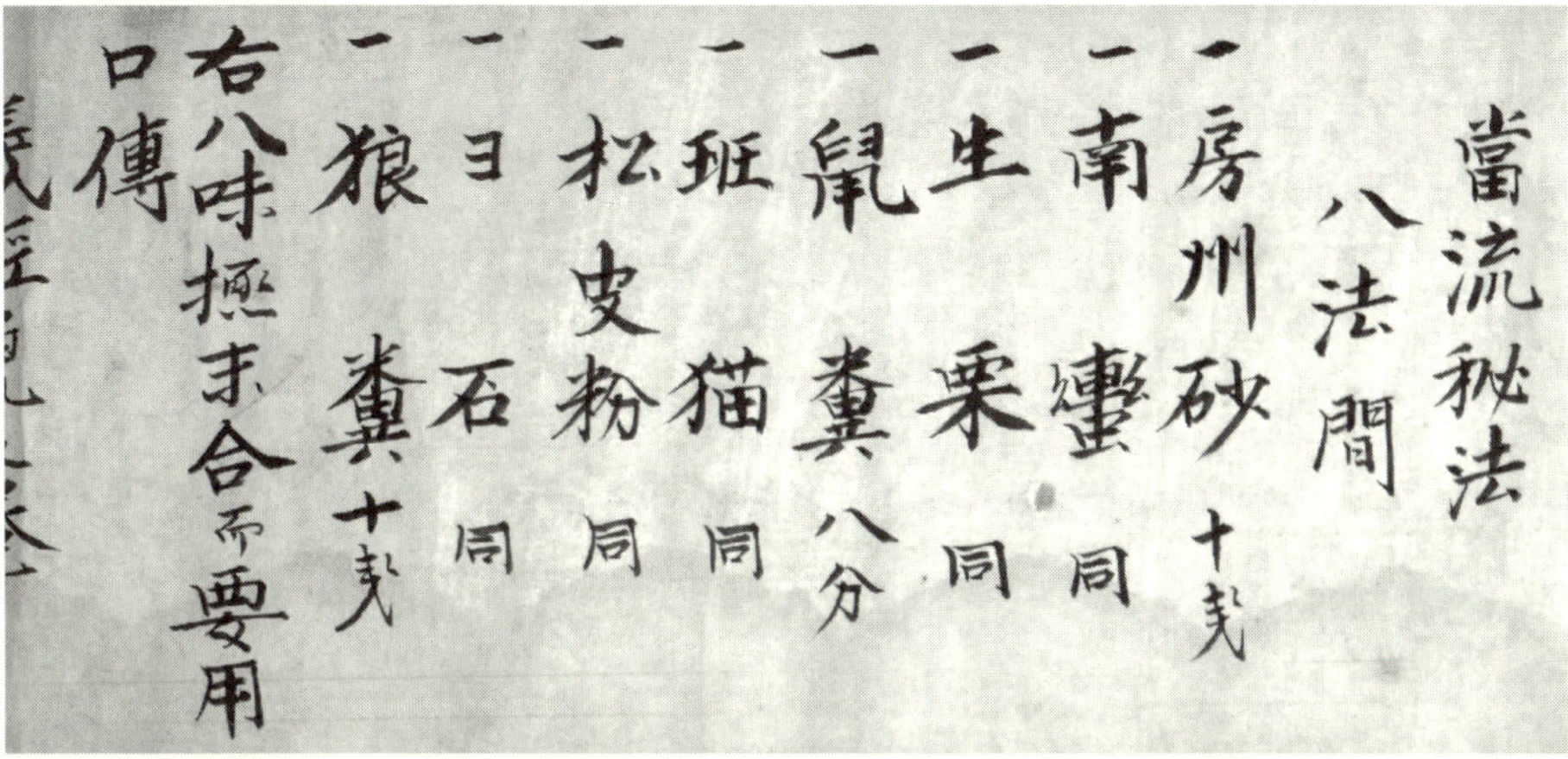

當流秘法
八法間
一房州砂　十匁
一南蠻　同
一生栗　同
一鼠糞　八分
一班猫　同
一松皮粉　同
一ヨ石　同
一狼糞　十匁
右八味極末合而要用
口傳

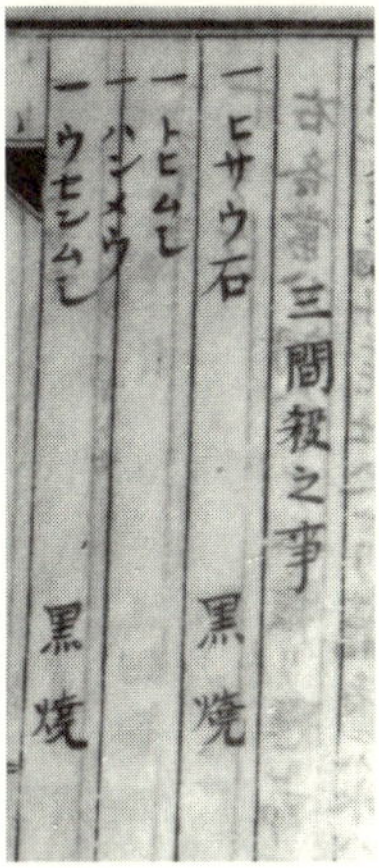

古今當流三間殺之事
一ヒサウ石　黒焼
一トヒムシ
一ハンメウ
一ウセンムシ　黒焼

●前頁下段右／目潰器

上田権平が発明、製作したもので「柳玉」との銘切りがある。これは天神真楊流における武号であり、「上田柳玉斎」を名乗った。

●前頁下段左／天神真楊流伝書の奥付

上田権平は天神真楊流の元祖、磯又右衛門正足の門人である事がわかる。若狭で同流を指南し、最終秘傳書まで遺さず発行している資料が複数現存しているので同流の免許皆伝師範であった事がわかる。

●上段／氣樂流免巻

「当流秘法八法間」とあるが、これは天神真楊流の系を引く目潰し法の伝脈かと思われる。

●中段左／天神真楊流陰巻「三間殺之事」

これは上田権平師範の伝書で、この秘技が権平師範の用いた目潰器のルーツかと思われるが、天神真楊流の原型として上田式の目潰し道具的なものが存在したかどうかは不詳である。［武藤家所蔵文書］

●下段／目潰法を記載した秘傳書

同書に片井京助の子として権平なる者がいた事が記載されているが、上田氏との関係は不詳。同一人とすると上田姓であり、若狭住であったのだから、仙台藩に仕えた佐野常忠とは別人と言う事になる（常識的には兄弟と思われる）。［胡本盤平氏所蔵文書］

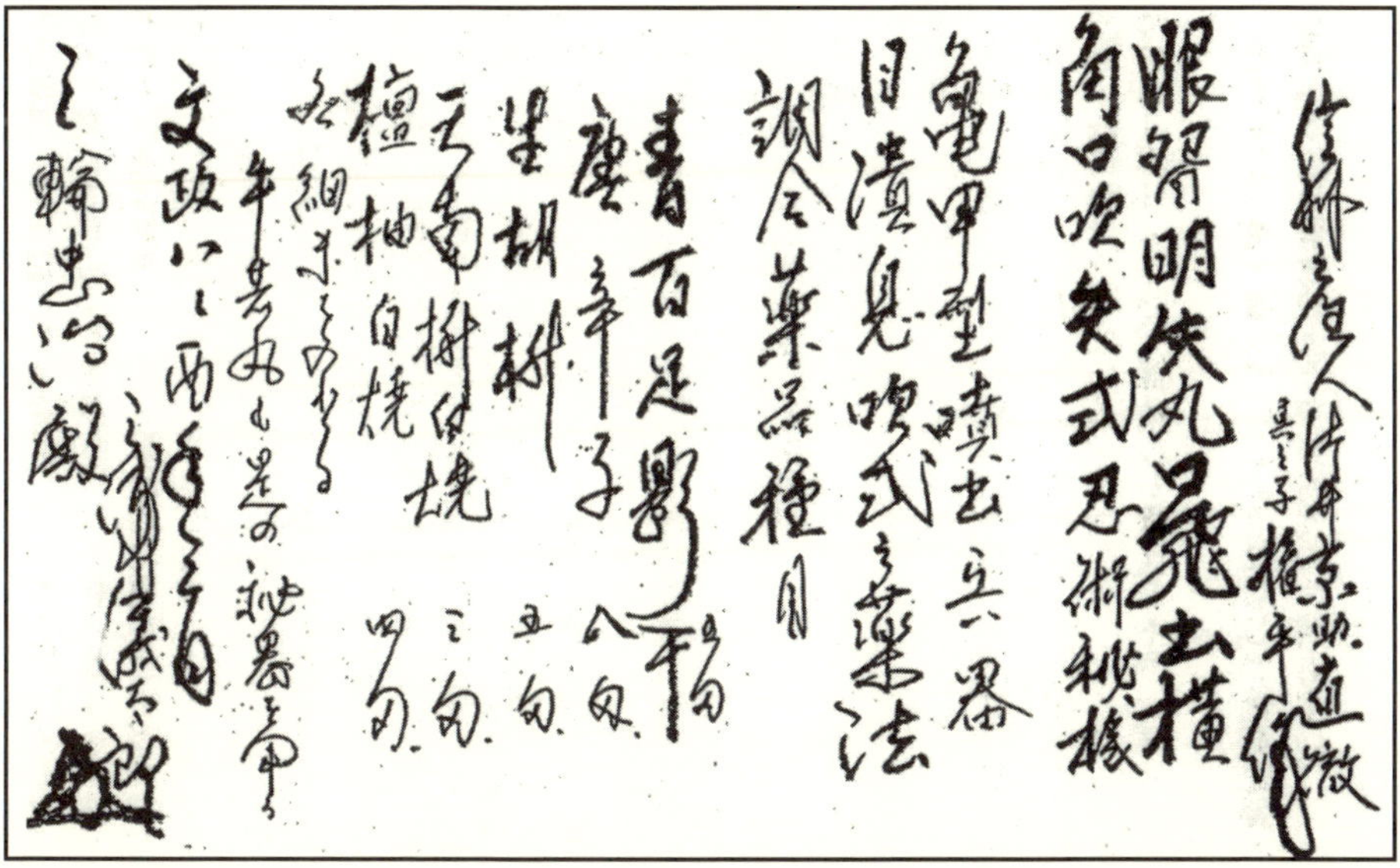

を通じ頭を振り絞って具体的な必殺の秘技を編んで参りました。その江戸期三百年の研究の果て、明治期に至ってついに華開いたのが、究極の遠當法、「合氣之術」という名の夢世界であったといえるのかも知れません。

大宮　明治年間、「日本武術の最終奥儀、秘密の門戸を開く」と銘打って、遂に『合氣之術』が世に現れたわけではありますが、確かに現代に華開く合氣系武術の原典的な教えがそこに集約されていると言えるかと思います。

江戸期における驚異の「合氣之術」文献

平上　さて、明治年間の『合氣之術』を採り上げ、江戸期において膠着した状態を捉えた「合氣」と云う表現のワードが無住心流などの文献を通じて意味が逆転し、「合氣之術」という様な固有の名称となり、それが古傳の「氣合術」などと合流、統合されて明治の理論書に繋がったのではないかという比較的従来の説を部分的に踏襲、補足した立場での解説をなしてきましたが、実を言えば不可思議な武術極意「合氣之術」としての理念が現れたのは明治のそれらの書籍が嚆矢では決してありませんでした。いよいよこの深い部分を探求して行きたいと思います……。

大宮　先程も話が出た様に講談に不思議な秘術「合氣之術」の描写がかくも色々出ている以上、かなり古くからその様な観念で捉えられてきたのではないかと思われますね。仮令《たとい》その文献証拠が明治期のものしかないとしても。

平上　口伝承で伝えられてきた事は証明しようがなく、長く明治二十五年出現の『合氣之術』こそが現代的な「合氣」理論書としての嚆矢……と自分自身ある時期まで信じ込んでいたのですが、しかしその原典、ネタ本ではないかと思われる様な図説物語が江戸期に既に存在していたのです。

大宮　それは宮本武蔵と佐々木小次郎※の戦いをモデルとして創作された絵物語『繪本二島英勇記』

※　佐々木小次郎の本名

先ず議題にしなければならないのは佐々木小次郎と云う姓名の正当性である。一応武蔵の最も著名な伝記である『二天記』に出てくる姓名であるからこれでよいといえばその通りなのだが、同文献の成立が江戸中期以降である点と、それまでの伝記文献には「佐々木」姓は出てこないと云う問題があり、また「津田」姓とする文献まであるのである。そして最も大きな問題は「佐々木」姓が歌舞伎演劇『敵討巌流島』に初めて採用された姓であるという事である（同劇では「佐々木巌流」とし、これは『二島英勇記』も同じ）。そして同劇は他の登場人物名も殆ど創作であると云う事実があり、その意味で『二天記』の信憑性が疑われて来るわけである。

とは言いながら必ずしも『二天記』が同演劇の創作姓をその儘引用したと断定する事も出来ない。

ともあれ『二天記』は武蔵伝記として最もまとまった形で編集された著名文献である事は事実であり、また佐々木小次郎という姓名は現代では殆ど完全に定着し、他の名前ではイメージし難いという事もいえる。よって本論考も基本的には佐々木小次郎と云う姓名を利用して話を進める事にする。

ですね。この発見は「合氣之術」史探求の中で非常に重要な事でした。

平上　同書は平賀梅雪※によって享和三年（１８０３）に著作され発行された宮本武蔵と佐々木小次郎が決闘する、巌流島の戦いを題材にした絵物語、まあ現代風に譬えますと「江戸期の武道漫画」とも称すべきものなのですが、武蔵研究の過程で同書に触れ、物語を読み進む内に「合氣之術」というものが出てきて大変に驚かされたのです。

話の全体的な流れはともかく、「合氣之術」が現れる場面を簡単に説明いたしますと、宮本武蔵に擬《なずら》えた主人公、宮本無三四が武術奥義を求めて山奥に入り込み、山中に庵を構えて隠居する笠原新三郎なる剣の達人から武術奥義を授かる場面です。原文では「合氣（相氣）」について次の様に説明しています。

「武藝には相氣といふものありてこの相氣をだに得るときは百發百中千發千中さらに勝を取ずといふ事なし。世間の武藝者比量《しやひ》※をなして後勝ものははからざるの勝にしてこれは皆怪我の高名也。百度比量《しやふ》て百度勝といへ共畢竟実の勝にあらず。我年來此事を歎き、数年此弊廬《へいろ》に引篭り相氣の工夫に寝食を忘れ、終に其玄機に通達せり。是によつて人と比量《しやい》をするに人氣の起る所を知り其劔の何れより來る何れを打んとするといふ事玉壺《ふらすこ》の中を見るよりも安し……」

大宮　この笠原新三郎という達人はどうも塚原卜伝に擬えての登場人物の様ですが※、この様な武蔵物語に百戦百勝の武術極意、「合氣」が出てくるというのが興味深いですね。また解説している意味合いに、明治二十五年出現の『合氣之術』に記されている「瞬間読心術」的な要素が確かに窺えます。

「人氣の起る所を知り其劔の何れより來る何れを打んとするといふ事玉壺《ふらすこ》の中を見るよりも安し」とありますが「フラスコ」などと言った表現はなかなか洒脱で興味深い。これが明治の『合氣之術』の定義の下書きになった可能性は確かに高いですね。

※　平賀梅雪
武蔵の絵本小説『繪本二島英勇記』の文章における作者であるが、本書を読むと最初から中々の名文であり、それなりに力量のある戯作者である事が分かる。しかしながら不思議な事にこの作者における情報は殆ど残っておらず、同書以外の著作も知られていない。正に本書のために存在した様な不思議な作家である。ひょっとしたら誰かの変名であろうか？　戯作者で平賀姓といえば平賀源内の事が先ず第一に思い浮かぶが源内は1780年に獄死しているので1803年に絵本を出すのは些か無理……いや、遺稿があったなら必ずしも不可能ではないかも？

※　比量（しやひ）
比量とは（武術の）試合の意。

※　笠原新三郎と塚原卜傳
塚原卜傳の通称は新右衛門であるので、つまり「塚原新右衛門」である。ここまでの一致をみれば両者の同一人性は先ず間違いない事だろう。江戸期の文芸書を読み解くには江戸期の芸能や文芸は掛け詞や隠詞、駄洒落のオンパレードであるという前提条件を先ずは理解して置かねばならない。それらの隠し意味や掛け詞が分からない様では正に「通」でも「粋」でもなかったわけである。

平上　武術極意として「合氣」と言うものを見事に捉えており驚かされますが、また同書では「合氣の術」、そして何と「合氣の道」と言う言葉遣いまでが出てくるのです。引用してみましょうか。

「われ汝が術を見るに、普く天下の一人なり。若相氣の術を相傳せばまさに天下に敵なかるべしと……」

そして、

「しかるに無三四は笠原が相傳相氣の道、今は漸く發明する事を得たり……」とあります。

大宮　「合氣之術」も含め「合氣道」のワードの原型的なものが現れているわけですね。惣角師範はともかく植芝盛平、そして出口王仁三郎あたりは江戸期のこの様な絵本もそれなりに見ていた可能性もありますね。

平上　私もそう思います。先般武術文献における「合氣」の初出がいつごろかという問題を少し討議しましたが、私の知る古い所の文献は実は武術流系の文献なのです。武蔵の系脈を引く捨理尋心流という剣術流儀の秘傳書に「相氣」の項目が確かにあるのです。※これが偶然なのかどうかは分かりませんが……。ともあれ同巻は元禄年間に発行された史料であり、かなり古いです。

大宮　「合氣イコール武術極意也」という捉え方を成すとするなら、必ずしも「合氣」と言う名称に拘る必要はありません。その意味から行くと宮本武蔵が『五輪書』の中でその深い部分（武術極意）との出逢いを述べていますね。

平上　その通りです。そしてその部分は本書（『二島英勇記』）の記述と酷似※しており、驚かされます。原典をあげてみましょうか。『五輪書』の序文で武蔵はつぎの様に述べています。

「我三十を越て過去を思ひ見るに兵法に至極して勝つにはあらず。をのづから道の器用有りて天理をはなれざる故か。又は他流の兵法不足なる所にや。其後尚も深き道理を得んと朝鍛夕練して見れば自ら兵法の道に合ふ事我五十歳の頃なり。夫より以来は尋ね入べき道なくして光陰を送る……」

※　相氣之事の初出は？

「相氣」の用語の現われた古い武術伝書の例を挙げてみたが、これが武術系における「相氣」の初出と謂いたいわけではない。もっと前から用いられていたかとは思うが、筆者の見聞の範囲での古い資料をあげたのみである。武術系史料における用語の初出文書についてはこれからも探求してゆきたいと思う。

※　『二島英勇記』と『五輪書』

『五輪書』は一応は流儀の秘傳書と云う形をとってはいるが、現在がそうである様に江戸期におけるある時期以降は天下の剣豪、宮本武蔵が晩年に書き遺した武術理論の名著としてその内容もある程度人口に膾炙していた様に思われるのである。

ともあれ研究者としての筆者の感性による判定ではあるが、『二島英勇記』の極意描写と『五輪書』の極意解説はかなり感じが似ていると思うのである。天然理心流の『印可』などにも類似の記載があり、武術極意の深い所が一致しているのはある意味、必然と云う論もあるが……。とはいえやはり剣豪武蔵の覚りの著述は各系に文化的な影響をかなり与えていた様に感じられる。

同書では「合氣」という言葉は用いていませんが『二島英勇記』もこの様な著述を下敷きにしての造り物語である様に思われるのです。

大宮　逆の見方をすると武蔵の時代には超絶的な武術極意――数多の剣客が身命を賭して求め続ける究極奥義というものは漠然とした形では認識されていたが、特にそれに対して固有名称的なものが存在したわけでは必ずしもなかったという事ではないかと考えられますね。※

平上　武蔵はそれを「兵法の道」と言う風に表現しています。「求道」と言う言葉が示す通り、「道」とは「道理」とか「究極真理」と言う様な意味合いが含まれた東洋系の古い詞です。ただ確かに「タオ」というのみでは漠然としすぎて具体論があまり浮かびません。それに対して新陰流系では「転《まろはし》」や「無刀之位」というものを武術極意の象徴として名称化する事に成功し、極意を具体論化したわけです。しかしながら兵法天下一を称える武蔵流が新陰流文化をそのまま摂取《まね》するわけにはまいりませんし難しい所ですね。それはともあれ一般剣士たちも流儀を超えた武術極意を象徴する具体的な名称を欣求、渇望する思いはあったのではないかと思われるのです。それが江戸後期に至って講談や戯作の世界において「合氣之術」という様な名称に結実し、象徴化していったのではないでしょうか。

大宮　中国文献にはともあれ「合氣」という語があり、その中には「合氣」によって「百財生ず」といった吉祥の意味、また房中術を意味する語であるにしろ「合氣之術」といった語もありましたが、未だそれらには武術的な意味合いはありませんでした。江戸期においては一刀流などにおいて武術仕合の膠着状態と、それを乗り越える方法論の流れを「合氣・外氣」の理論で解説しました。その様な中で他系でも剣術理論書が多数発行され、小田切一雲の著作に「合氣之術」というワードが初出したと言う事。それが一部分をみれば一見武術極意としても読み取れる風にも著作されており、それを因由としてか、この様な武術絵物語の中においてついに武術極意としての「合氣之術」が出現した……と、こういう流れになるのでしょうか。

※　「合氣之術」に代わる名称
宮本武蔵は「道」といい、柳生宗矩は「滋味」といった。上泉伊勢守は「奇妙」と表現。無住心流では「天真之妙心」なる言葉を遺し、近藤内蔵之助は「氣術」との用語で武術極意を表現した。そのそれぞれの内容がどれほど通脈するのかは確言できないが、多くの剣豪、剣術名人たちは自己の至った形の無い超絶的な極意世界の光景を何とか描写しようと模索し使える文字を撰ぼうとしていた……。よって各流ある程度のものが遺ってはいるが、しかし正直な所どれもかなり観念的で余りスマートでもない様である。最大の問題はどの様な名称付けをなしてもどうしても現す範囲が流儀限定になりやすい事である。その様な狭義の各流限定用語より、もっと日本武術全体を通じた広義なる究極秘法を表現する名称はないものなのであろうか？　かくした多くの武の先達たちの思いが結集し、江戸後期に至って武芸劇作絵本の中の世界ではあるが、より垢抜けした粋な名称として「合氣之術」の用語が出現したのではないかと思われるのである。それが以後、講談等を通じて明治以降に固定化し、遂に一つの新興武術の名称として採用される事になったわけである。

★『合氣之術』の種本
『繪本二島英勇記』の世界

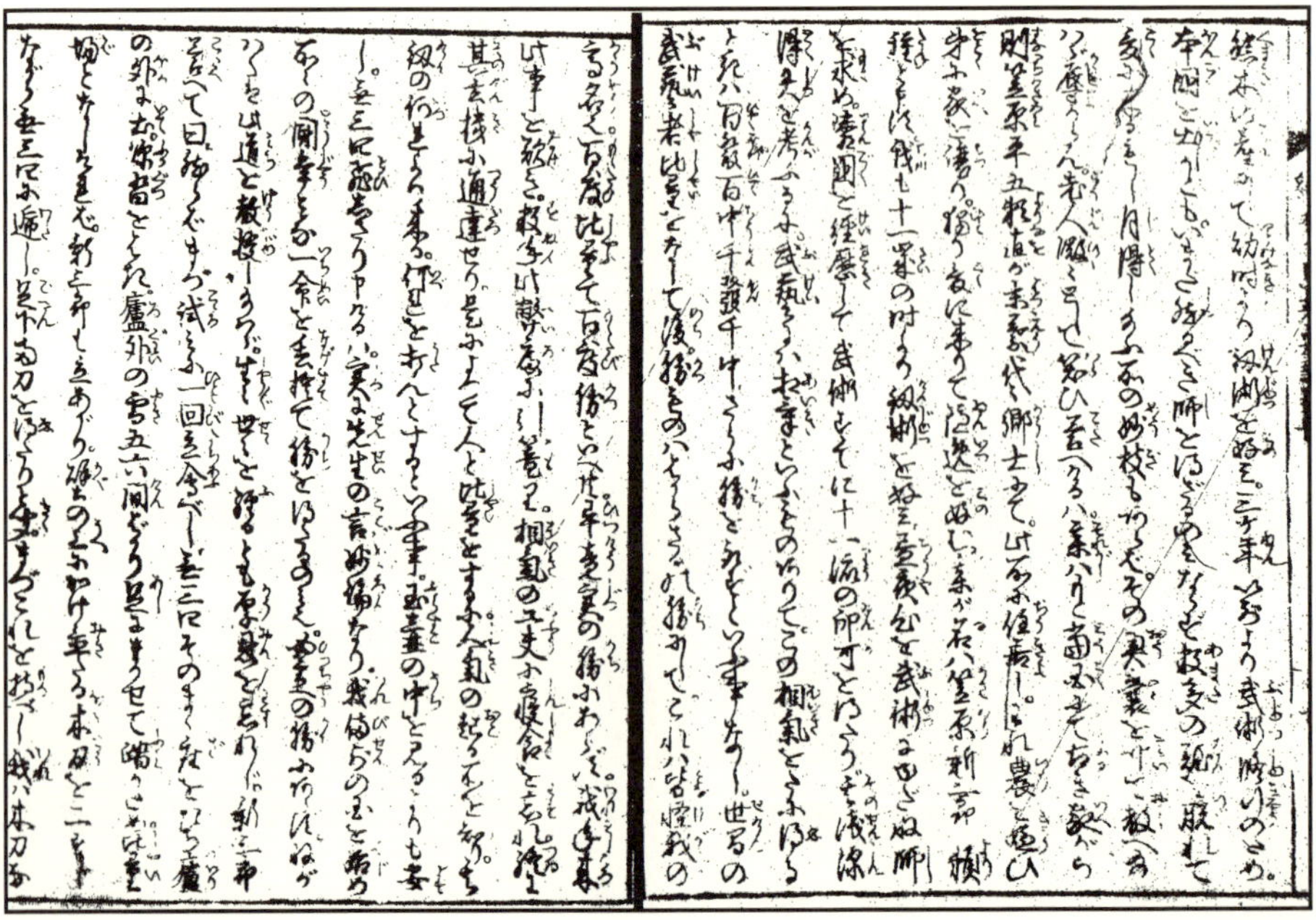

江戸期における武道漫画『繪本二島英勇記』はとにかく面白い。若き武者修行者が隠棲した剣術名人の庵を訪ねて教えを乞い、驚異の武術秘法を授かる。しかして巷におりて、その相伝された超絶秘術を以て悪を懲らし正と義を護ると言う黄金ストーリーである。後世の多くの武道漫画、武道小説が踏襲する定番的神秘譚の正に原点であるだろう。

●前頁上段／「無三四雪中に笠原が庵に投宿の圖」

同書における面白さを司る要素は多々あるが、一つには言葉遣いの妙がある。「投宿」と書いて「やどをこふ」と訓ませたり、また「比量」と書いて「しやひ」と訓む。その他「玄旨」を「あうぎ」、「玉壺」を「ふらすこ」と訓む等、中々魅惑的な独特の語学センスが溢れている。多少の意訳、こじつけがあっても全てルビ付き文なので愉しくグングン読めてゆく事は流石であると思う。これも木版刷本の効用の一つであろう。

因みに明治以降は高度な西洋式出版技術が入ってきたのは良いが、活字本が普通となり、文章部分を主体とし、挿絵はかなり僅少な本が多くなってゆく。また絵図に文章を入れるという様な絵字の一体感が失われてしまった（その一体感が復活するのは大分後年の現代式漫画文化からかも知れない）。そして殆ど楷書体（明朝体）活字が中心となり、古式の変体仮名や草書漢字等は余り用いられず（直ぐに全く無くなった訳ではなく、ある時期位まである程度は混ぜて用いる例もあった）、読み易くはなったが一般の崩し書き文字を解読する能力は極端に低下してゆく事となる。

●本頁上段／「笠原剣術の玄旨を傳ふ圖」

無三四（武蔵）の前には長箱状のものが置かれているが、本文に出てくる『相氣の印書』なるものであるかと思われる。つまり武術極意相傳書『合氣之巻』である。

ともあれ挿絵は立体的で巧みな構図が真に素晴らしく、中々に味わい深い上質の大和絵である。

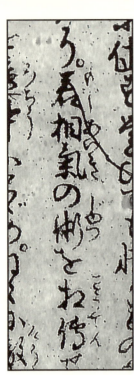

同書には**「相氣の道」**と言うワードに加え、繰り返し「此道」の事に就いて述べている。**「われも此道を天下に施し」「ねがハくは此道を教授し玉ハゞ」**……云々等と。

この様な部分は宮本武蔵の『五輪書』の序文にある**「をのづから兵法の道に逢事、我五十歳の頃也」**と言う謂を下書きにしたものの様にも感じられる。勿論真正「武蔵」と小説「無三四」では覚りの年齢の差異はあるが、極意会得の構造は同じである。そして同書ではその「此道」と言うのが「合氣の道也」と言いたい訳である。

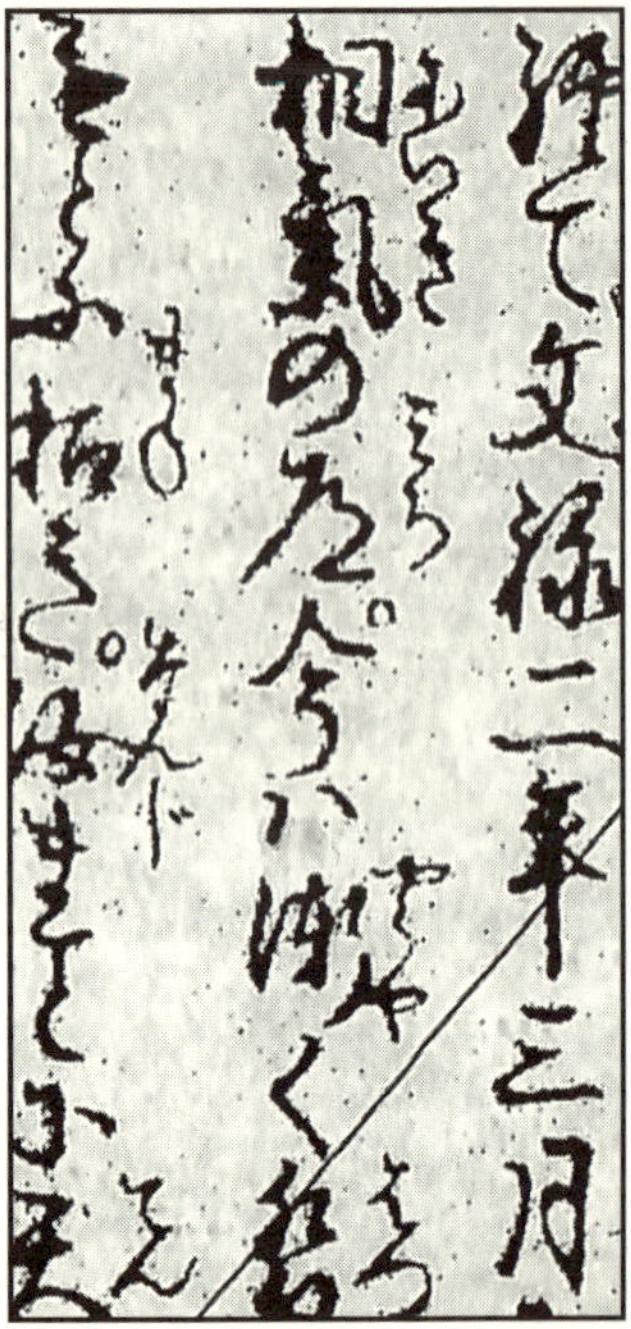

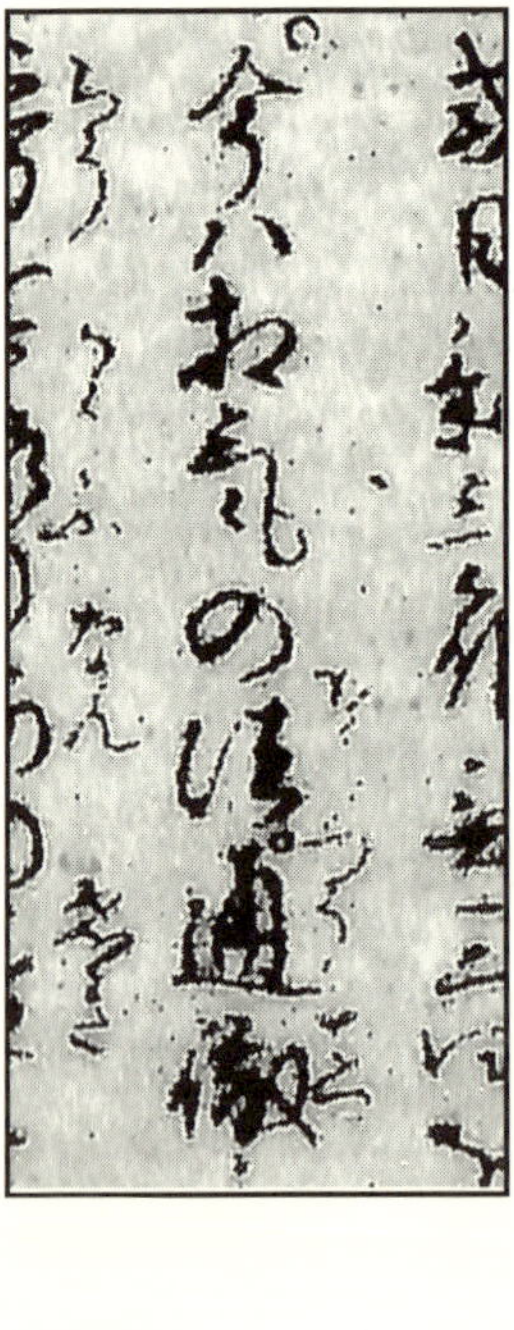

『二島英勇記』の凄さは現代の合氣系武術に通ずる「合氣」の用語、用法が殆ど網羅されている事である。「相氣の術」「相氣の法」「相氣の印書」等に加え、「相氣の道」と言う用法まであるのである。正に現代における「合気道」ワードの源脈として指摘できるものである。

問題は合気道の開祖、植芝盛平師範が同書を見ていたかどうかであるが、可能性はかなりあると言うものの文証はなく、中々に微妙である。江戸期文献である事も少し引っかかる。ただ実をいえば同書の焼き直し版ともいえる『絵本英雄美談　佐々木岸柳　宮本武蔵』と言う講談調の書籍が明治二十年前後位に出ており、年代的にはそっちの方が盛平師範の目に触れ易い様に思われる。いずれにしろ明治版『絵本英雄美談』は江戸後期に発行された『二島英勇記』が生み出したインパクトの流れを汲むものであり、そしてそれらが明治二十五年における合氣の決定版解説書『合氣之術』に結実し、それがまた後年における講談本の「遠當合氣之術」に繋がっていったと考えられるのである。

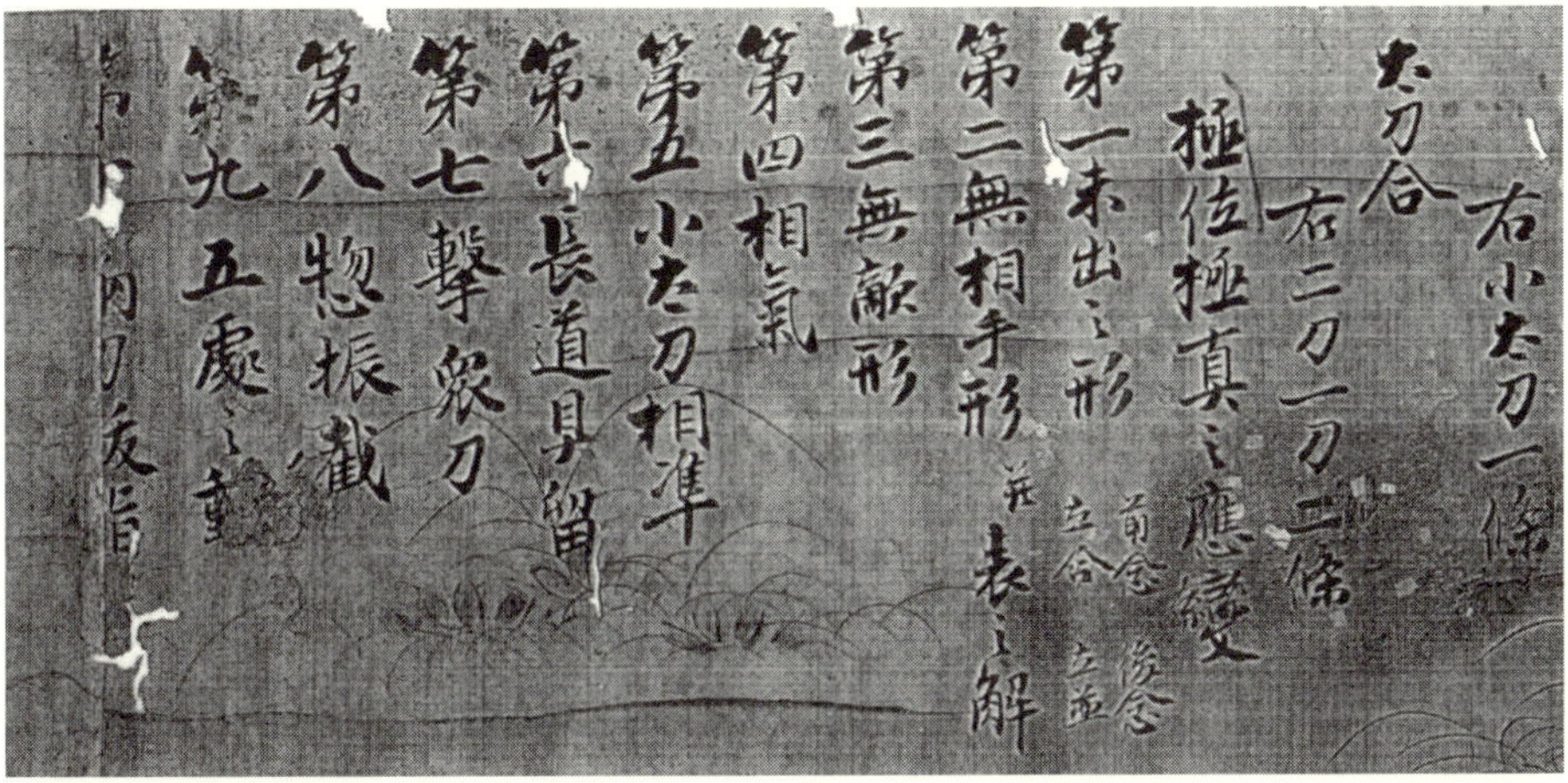

★武術用語としての「合氣」の初出

江戸期に於ける「合氣」の用例として武術系では一刀流の口傳書が取り上げられるのが一応の定番であるが、古典の目録伝書には「合氣」の記載はなく、割合後代の口傳解説文書の中に出てくる詞に過ぎない事は注意しなければならない。単にワードの初出と言うのみであるならば古代支那文献に原典がある事は解説済。

そして武術伝書に現れた初出と言う立場で検索すれば、無住心剣系で作成された『天真独露』の中の「合氣」のワードの使用等がかなり古い。しかしながらこれも口傳解説における普通用語としての意味合いと考えられ、特に武術特有の用語でも、極意用語としてと言う事でもない様である。

それならば武術系資料における、それも武術専門用語、極意用語としての「合氣（相氣）」の初出は如何……？と言うのが探求命題である。

かくした前提と観念で考えるとまだまだ史料のひっくり返しが必要であるが、現時点における一応筆者の見聞では武蔵剣法系の流儀『捨理尋心流剣術目録』の中に「相氣」の項目を見つける事が出来る。元禄年間に発行された伝書史料である（飯嶌文夫先生所蔵文書）。

そしてそれは口傳解説文の中にではなく、ちゃんと「極位極真之應變」と言う目録ブロックの第四として掲げられた一つの教傳項目となっている事は注目点である。

武蔵は「道」と言ったが、後代の武蔵系剣術伝書に極意傳としての「合氣（相氣）」の項目があると言う事。

そして江戸後期に至り、武蔵系極意文化の流れを汲んだ為であるのか、遂に武術極意「合氣之術（相氣の術）」なるものが絵本小説に登場する事になる訳である。

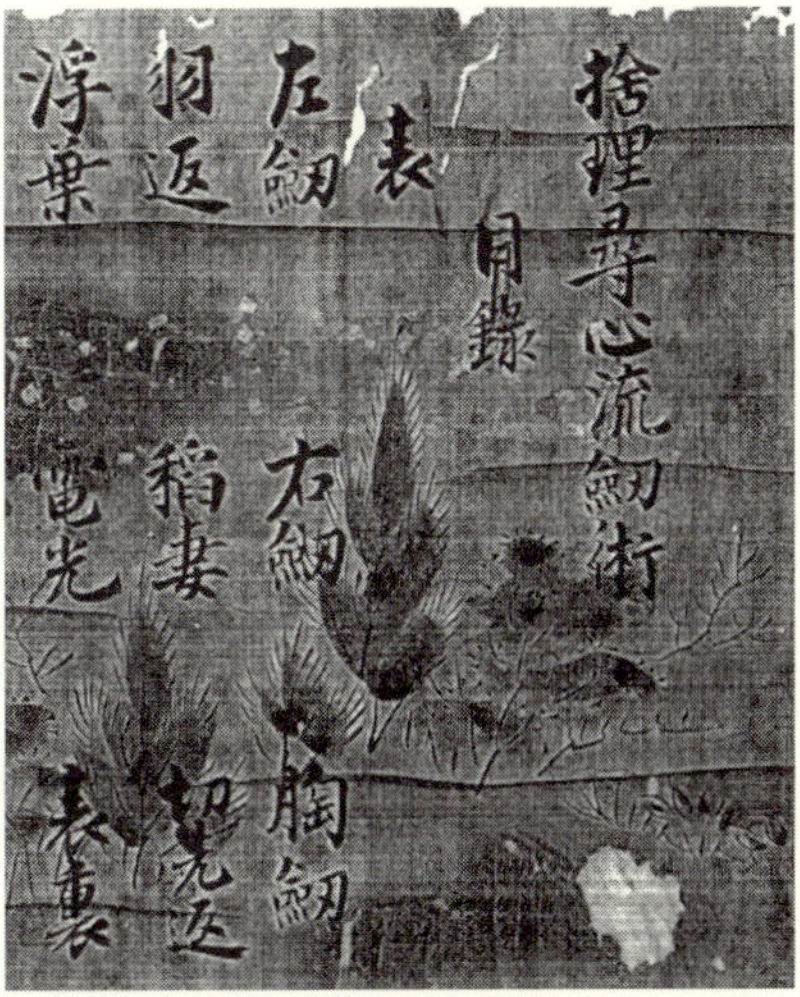

平上　そして『繪本二島英勇記』を原典にして、※多くの講談師が正に武術極意として「合氣之術」と言うものを張扇《はりせん》で床几《しょうぎ》を叩きながら大いに口角を飛ばして喧伝したかと思われるのです。何せ巌流島の戦いは講談や浄瑠璃、歌舞伎などにおけるかなり定番の人気演目であったと思われるからです。その意味から考えますと武術極意「合氣之術」という観念は江戸後期位にはかなり定着していたのではないでしょうか。そしてそれに詳細な解説を付けて定義と理論説明を行ったのが明治二十五年の『合氣之術』という事になりますね。

※ **『二島英勇記』から講談へ**
但しこの考察も『二島英勇記』が武術極意「合氣之術」の初出として捉えるならばと言う事である。より古い文献（演劇テキスト本や武術傳書等）に類似の記述がある可能性もまだあり、また講談などにおいても当時既にある程度語られていた可能性もないとは言えない。つまり講談の語りが先で『二島英勇記』がその影響を受けたと言う、逆の可能性である。ともかくより古い文証の探索はこれからも続けて行きたい。

第二章　大東流の出現

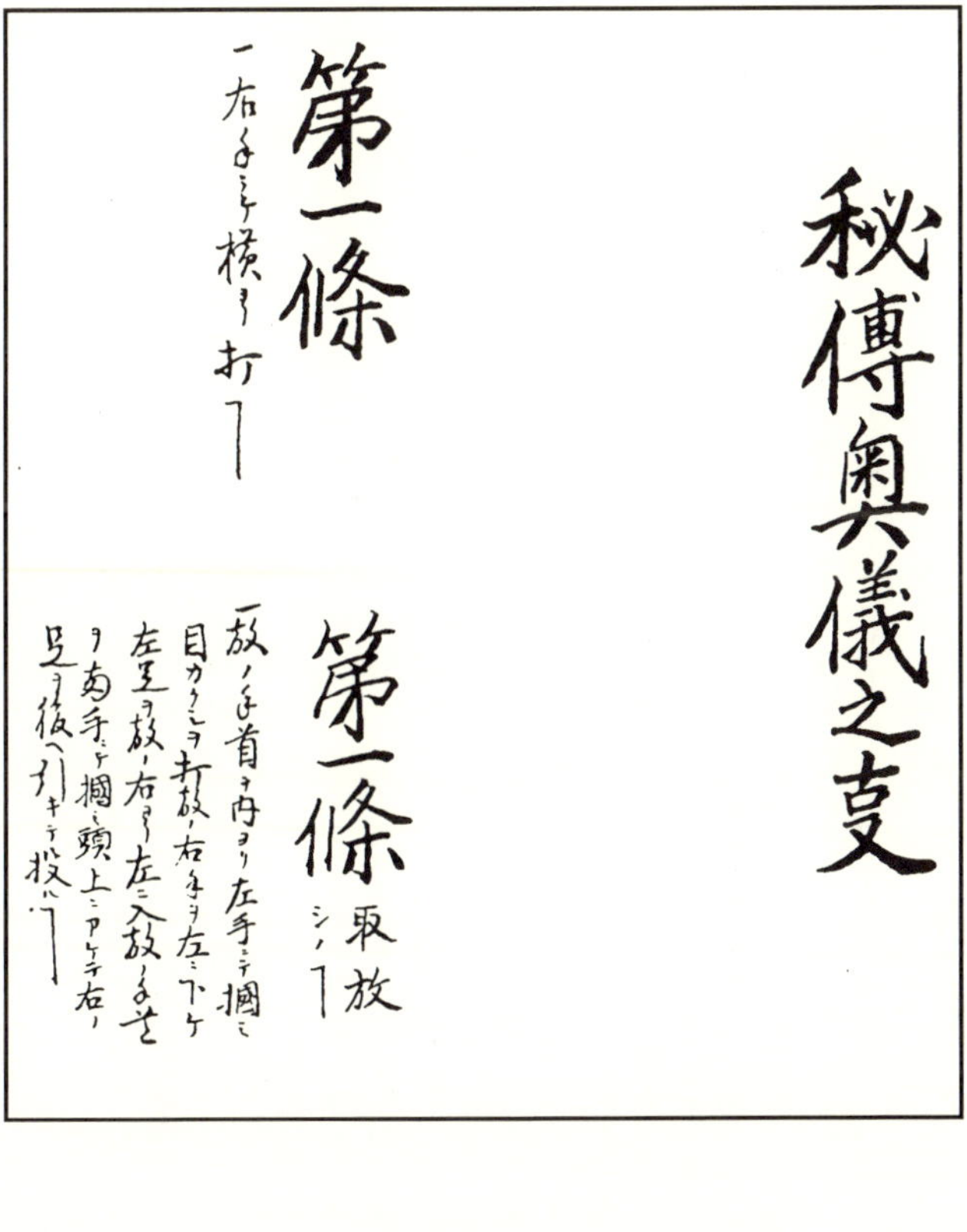

秘傳奥儀之事

第一條
取放シノ事

一敵ノ手首ヲ内ヨリ左手ニテ掴ミ目カクシヲ打放ノ右手ヲ左ニ下ゲ左足ヲ敵ノ右ヨリ左ニ入敵ノ手先ヲ両手ニテ掴ミ頭上ニアゲテ右ノ足ヲ後ヘ引キテ投ル事

第一條

一右手ニテ横ヲ打事

明治二十五年

平上　さて、前段までにおいて先ずは「合氣」や「合氣之術」の、用語における定義やその歴史的推移を討議、観察してまいりました。しかしながら実際的には武術極意としての「合氣」を種目名称として取り入れた武術は江戸期には存在しませんでした。それではいよいよ、明治の半ば以降、いや、大正か、それとも昭和以降にかくした極意用語を種目名称として頭に冠した武術「合氣柔術」が如何様にして出現してきたかと言う部分に話を進めたいと思います。

大宮　すでに江戸期において「合氣之術」の用語は存在し、またそれを武術極意として捉える立場と解釈が少なくとも文芸の分野において存在した事は間違いないでしょう。しかしながら武術界においては「合氣」を否定的に捉える伝統的解釈が主流であり、武術極意としての見方は明治の中盤近くまで殆どなされてはいなかったかと思います。

平上　そうですね。講談や武術絵本の世界は別として、正統な古流武術の立場に限って言うならば、そのワードと武術極意としての定義が武道界にそれほど定着していたわけでは必ずしもない。そのワードを世に知らしめ、また武道極意としての定義を明確にしたのが明治の『合氣之術』ではないかと自分も思います。

大宮　それではやはり明治二十五年に刊行されたこの『合氣之術』こそを「合氣」論における詳細にして纏まった初めての理論書として捉えましょうか。ともかく完全に「合氣」をテーマとして、正にそれのみの専門解説書であるのですからこの出現は確かに画期的な事であると思います。……しかもこの明治二十五年と言う時期においては、未だ武田惣角師範は剣術を教傳しており、後に合氣を冠する様になる武術、大東流を教えておりません。この書の理念が後に大東流に影響を与えた可能性は大いにあるにしろ、少なくとも大東流の影響のもとに出た書物でない事は時系列的に明らかです。

※　**保科近悳門人武田惣角**

武田惣角は下級武士の家出身であり、上級武士の西郷頼母に逢える筈がないとか、また頼母から武術を教わる事など到底考えられない等といった「西郷頼母からの大東流伝授」に否定的な論が存在する。しかしながら『英名録』にはちゃんと「保科近悳門人……武田惣角」との記載があるのである（……の部分に住所と肩書等の書き込みがあり、正確には「舊會津藩士保科近悳門人福島縣河沼郡廣瀬村大字御池田六十三番地大東流柔術本部長武田惣角」と記載されている）。惣角師範は無筆と言われるのでこの部分は西郷頼母の直筆の可能性がある事になる……のだが？

ただ門人として何を学んだかについては諸説あり、現在の所、確定できる資料が乏しいのが現実である。

平上　武田惣角師範が西郷頼母翁から諭され、また一説では霊山《りょうぜん》神社で頼母翁から不思議な会津藩傳御留流柔術大東流（もしくは「御式内」）を学び、それを教えはじめたとされる年が明治三十一年です。もっとも西郷頼母からの柔術継承を疑問視する論もあるのですが、実際英名録に「保科近悳門人……武田惣角」※と言う様な記載が同年に現れている事は事実であり、何かしらの伝授を受けた事は想定できます。

大宮　西郷頼母からは神道系の礼儀作法を習ったのみと言う論もあるのですが※、それならば惣角師範は大東流柔術技法のみならず、この年以降にその様な神道式礼法を誰かに伝授したかと言えばその様な形跡はどうもない様ですね。やはり同年以降に礼法ではなく柔術を教え始めたわけなのですから、その時点で具体的な柔術技法をやはり実際に学んだと考えるのが妥当な捉え方であると思われます。

平上　また柔術技法や、単なる礼法なんぞではなく、古神道の奥儀として密かに伝わる様々な秘儀、神法を学んだと言う論もあります。この点に関しては柔術講習会のおりに講習生を一目みたのみで、それらの人の本質をすべて見抜き、会社における階級別に参加者を並べ替えたと言う様な逸話が思い起こされます。これは惣角師範が人相占いや人心透視術と言う様な秘技を身につけていた可能性を感じさせ、それこそが西郷頼母伝の神傳秘法であったという事なのかも知れません。

大宮　しかし瞬間読心術的な術技と言う事になりますと、それは当時における「合氣之術」そのものにも通じて来るのであり、やはり西郷頼母こそが「合氣」の源流、伝承者と言う事になってしまうのではないでしょうか。

平上　そうですね。とにかく三十一年以降に柔術技法を教え始め、また伝書も同年以前のものが未だ見つかってはいないのですから、西郷頼母からの継承と考える事は状況証拠的にはかなり合理的な考察と言えるかと思います。

※　**西郷頼母から学んだもの**

柔術ではなく、「殿中作法」を学んだという論があるが、残念ながらその論の主張においても確たる文証が提示されてなされているわけでは必ずしもない。また常識的に考えて明治の世に下級武士出身、しかも無筆の惣角にそんな前時代の遺物を改めて伝授するとは考えにくい事も事実である。

また様々な神道秘法を学んだと言う説もある。しかしながら頼母は確かに霊山神社で禰宜を勤めていたが、様々な神道秘法を修めていた超人也とする様な伝承、逸話等は特に伝わっていない様である。

大東流の最古の伝書

大宮　大東流伝書が時代的に何時《いっ》くらいから存在したのかと言う事は大東流研究における大きな命題であります。

平上　余程以前、大宮先生と島津先生と私とで、逗子の武藤正雄※先生宅にお邪魔させて頂いたおり、明治三十年代初め頃の『大東流柔術秘傳目録』を確認する事が出来ましたですね。同流最古の秘傳書に出逢った思いで大変に興奮させられた事を覚えています。そして後に島津先生が東北の地において小野寺進師範の『大東流柔術秘傳目録』『大東流柔術秘傳奥儀之事』の二巻を発見され、それが明治三十二年発行であり、まさにこれらが大東流の最古に属する伝書群であると思います。

大宮　この時期の大東流伝書は後代のものと内容的にはさほど変わりません。ただ詳細に見てゆくと微細にして重要な差異が幾つかあるのですが……。それはともかく武藤先生所蔵のものを含めて、内容はともかく伝書の形態がそれぞれ幅一尺に及ぶ様なでかいものである事が大変に奇妙でした。これが大東流伝書の原スタイルと言う事でしょうか。

平上　そして落款も後年のものとは違っている事も注意しなければならないと思います。というのは明治三十四年位になると大東流の次の伝書である『秘傳奥儀之事』の巻も含めて、両巻共、巻幅が七寸弱位の古流武術伝書のスタンダード的な形態となります。そしてそれ以後、その寸法とその時期に用いられた落款とが惣角師範の晩年まで用いられる事となります。

大宮　三十二年から三十四年位の間に何らかの事情で落款が作り替えられたと言う事でしょうね※。この時期は西郷頼母から伝承されたものを伝書類の作成法を含めて整備していた時期ではないかと考えられます。余り大型な伝書も作成や取り扱いが大変なので小振りのものに造り直したと言う事でしょうか……。ところで巻幅七寸位と言うのが古流武術における秘傳書の基準《スタンダード》ですか。

※　**武藤正雄先生**
星野天知伝の柳生心眼流體術十世継承者。武術伝書の蒐集家。筆者（平上）は昭和六十一年頃に神保町の古書店でお声掛け頂き、以後古傳武術研究において色々ご教導頂く様になった。特に武術秘傳書研究におけるその見方や解読法等について実物資料（秘傳書）を通じての深い教えを頂き、武術傳書における大いなる眼を開いて頂いた師匠として筆者の恩師の御一人である。

※　**伝書幅の変化の時期**
何時の時点で広幅伝書（一尺位）から普通幅（七寸弱位）へと変化したのだろう？　確言は出来ないが、明治三十二年は広幅物を作成している事は間違いない。そして三十四年には普通幅（19センチほど）のものが確認できた。要するに明治三十二〜三十四年の間に落款も含めて伝書の造りが一新されたわけである。多分この時期位に武田家の末裔が伝える同家秘傳の最強柔術の噂がたち、ある程度の流行りがあった為なのではなかろうか。

伝書の大きさ

平上　七寸もの、六寸もの、またその中間位等が結構多いですね。五寸位のものもあります。だからコピー保存する時はＡ４版サイズに大体は集約出来て便利なわけです。武術伝書で幅一尺程と言うのは全くないわけではないがかなり珍しく、私自身余り見た事がない……。ここで一つ思う事は最初の大東流伝書の形態がそれまでの一般的な武術伝書の規格に合致しないと言う事は、大東流の出自が純粋な武術文化系を通していないのではないかと言う事が一つ考えられます。つまりこの一尺以上と言う巻幅は基準的な武術伝書サイズからきているのではなく、神道系などで用いられる祝詞《のりと》書きの巻物や、また各派神道秘傳書などで見られる広幅サイズの巻物を基にしたと言う事ではないかと思われるのですが如何でしょう。『先代舊事本紀大成經』や『九鬼神道伝書』※などの実物をみた事がありますが、それぞれかなり広幅の伝書であったと思います。

大宮　神道伝書にも狭い幅の伝書も結構あり、一概には言えませんが、確かに仰る通りに幅一尺に及ぶ様な秘傳書資料も神道系には割合多く、この点は武術伝書とは確かに一線を画すでしょう。その意味では鋭いご指摘であるかも知れません。とすれば大東流の成立にはやはり当時神主でもあった西郷頼母が大いに関わったとみるのがやはり妥当かもしれません。

平上　この西郷頼母からの大東流伝授と言う問題は極めて微妙でややこしい諸問題を含み、正に賛否両論、討議しても甲論乙駁で結論が中々出ない大東流成立における大々問題なのですが、少し検討しておきましょうか。

※　**九鬼神道伝書**
紀州九鬼家に古伝したと言われる古文書。不思議な神代史と共に武術系の妖しい文献群が含まれている事が一つの特徴である。ただその成立年代には不詳な部分が多く、資料原本は筆者もみた事がない。写本が各地に現存しているが、巻子本のものが大分多く残されている。その形態はかなり太巻であり、そして一尺以上の広幅のものが多い。

西郷頼母伝授

大宮　先ず大東流で伝授された巻物記載の傳系図には西郷頼母の名はないと言う事。武田惣角師

★各『大東流柔術伝書』の奥書の異同について

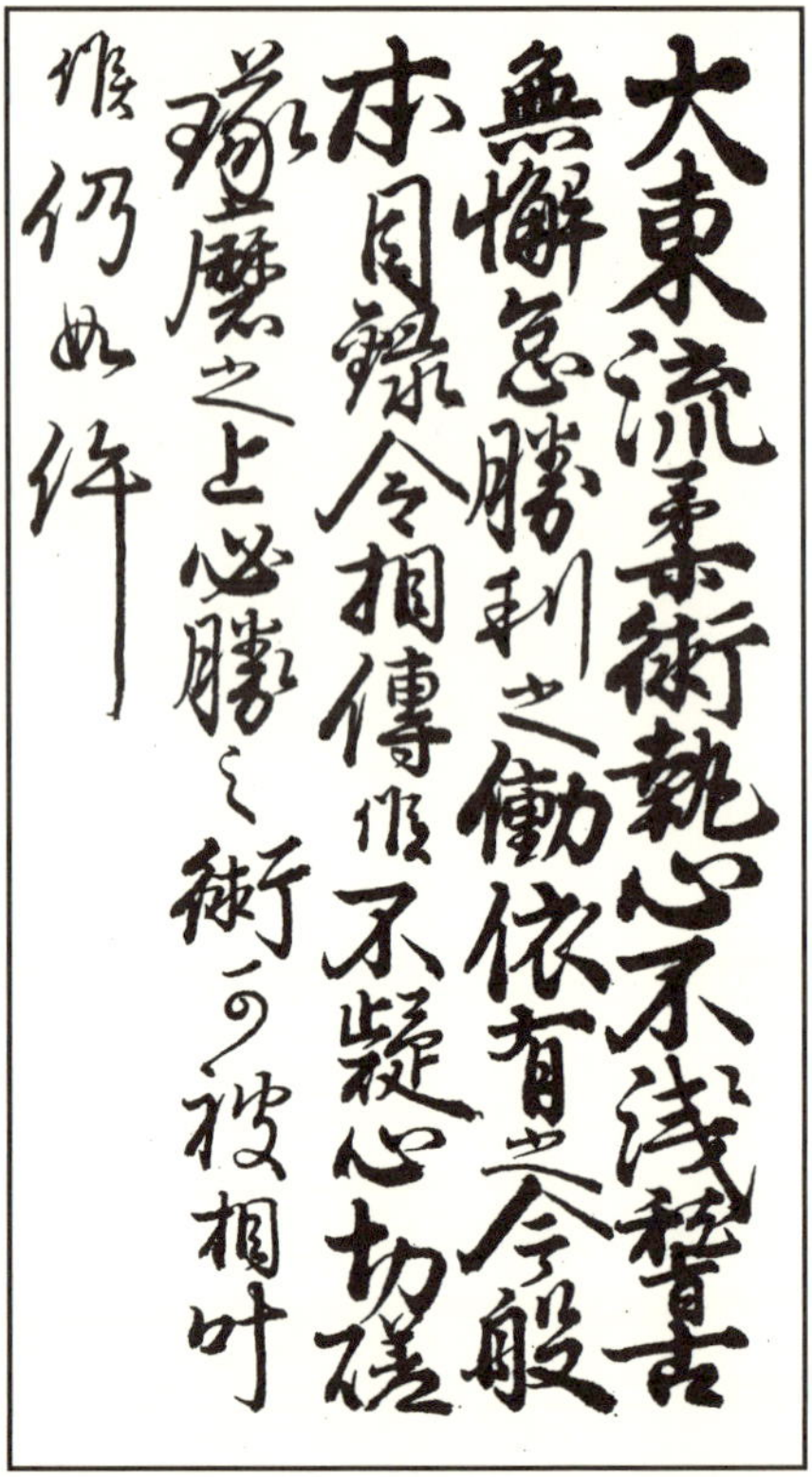

大東流における最も基本的にして原点の伝書は『大東流柔術秘傳目録』である。現在明治三十二年のものから最晩年（昭和十八年）に近いものを含めて多くの巻本が作成され、現存しているが、内容は概ねは変わっていない。最後まで「合氣柔術」ではなく「柔術」表記を通している。ただ最初期版は巻幅約一尺ほどとかなり大型巻子本となっており、そして落款等はある程度の作り替えがあったようである。また奥書部分においては三十二年の最初期版が「執心不浅」と正しく表記しているのに、数年後の伝書では写し間違えられたのか「熱心不浅」との表記になり、この誤記が他の伝書も含めて殆ど全ての後年の伝書に残っている。その他「可被」の部分の「被」の字を抜いてしまったり、また「傳」の字を間違えたりといくつかの異同も認められるが、これは単なるその場的写し間違いと解釈でき、すぐに元に戻ったりしている。

ただ「執心」→「熱心」の間違いは最後まで引き継がれた。この部分は推敲による訂正、バージョンアップではなく、明らかな誤写也と判定するのだがどうだろう。「熱心」が浅いとか深いとはいう謂は日本語としてやはり少し可笑しいかと思われるのだが……？

●補論　また傳系図における「源義光」の項目における説明文の書き換えにおける大きな問題があるが、事が重大なので次の探求書籍にて解析予定。

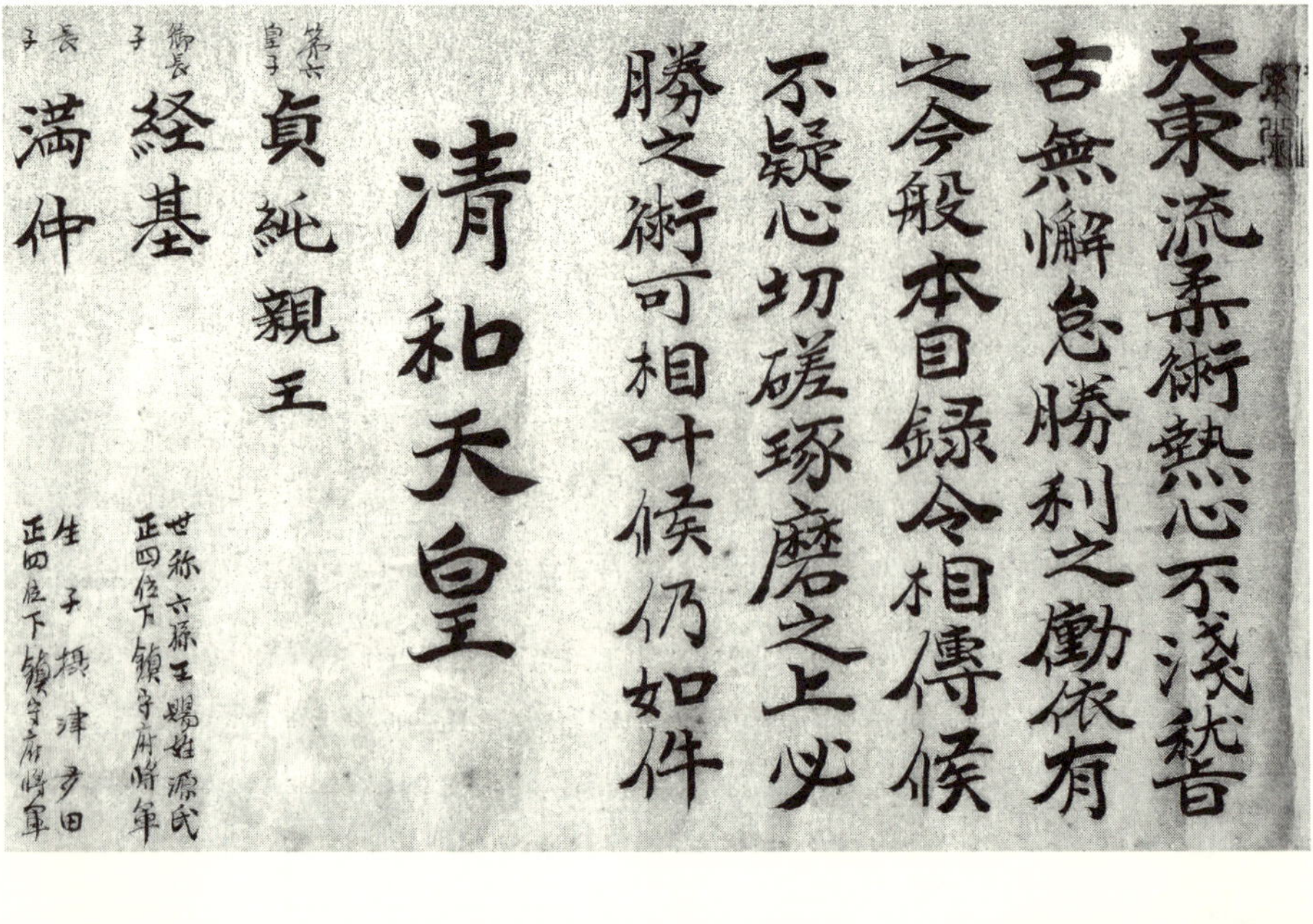

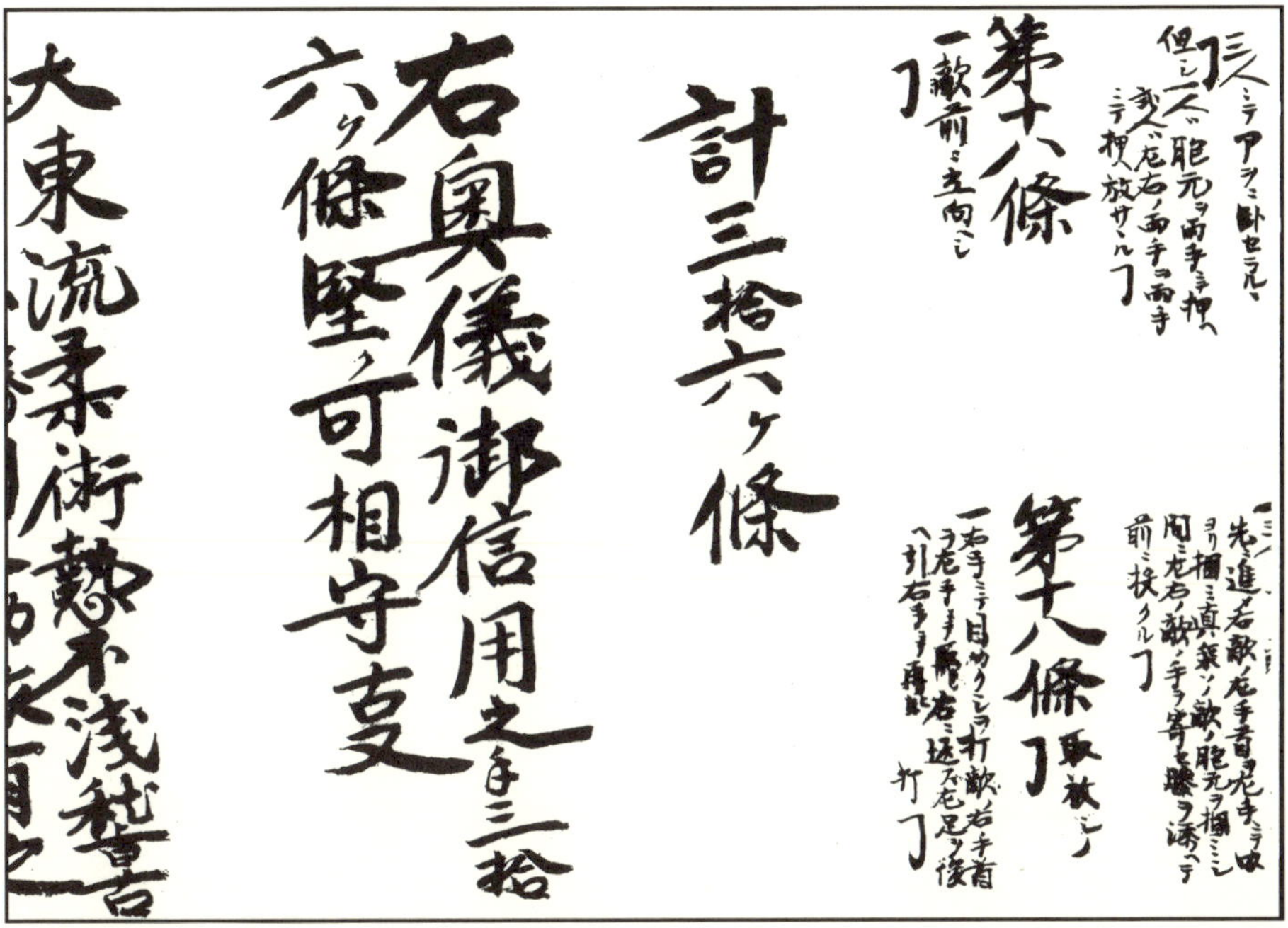
計三拾六ヶ條
右奥儀御信用之手三拾六ヶ條堅可相守叓
大東流柔術熱不浅秘書

●追考証

「熱心」への書き間違いの時期の確定は難しいが明治三十四年の伝書で未だ「執心」となったものが確認できた。ところが明治三十五年伝書では「執心」と「熱心」の両方のものが存在している。ただし「執心」と確認出来た伝書は『秘傳目録』ではなく『秘傳奥儀之事』の伝書であった。そしてその同年伝書の発行月日比較をなすと前後関係がやや混乱しており、正確な年月日までの確定が出来ない。ともあれ最初の写し間違い（もしくは書き換え）が明治三十五年頃になされた事は間違いないだろうと思う。

●前頁上／『秘傳目録』明治三十二年
最古に属する『秘傳目録』であり、間違いなく「執心」とあり、これは他流の伝書も同じであり、伝統的にも正しい表記。

●前頁下／『秘傳目録』昭和十四年
惣角師範のかなり晩年の伝書であるが、「熱心」となっている。

●上図／『秘傳奥儀之事』明治三十五年
同伝書の字はやや胡乱であり、「執心」と「熱」の中間的な字になっている。しかしどちらかと言えば「執心」と読むべきであろう。同じ明治三十五年発行伝書に明確に「熱心」と記載された伝書がある。ただ「熱心」となった伝書の方が月が若いのが不思議といえば不思議である。

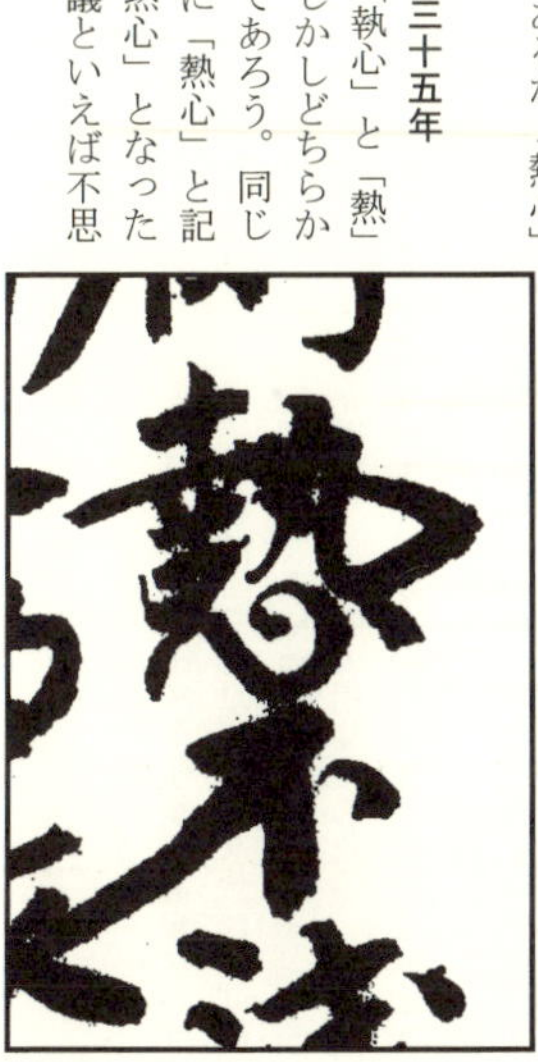

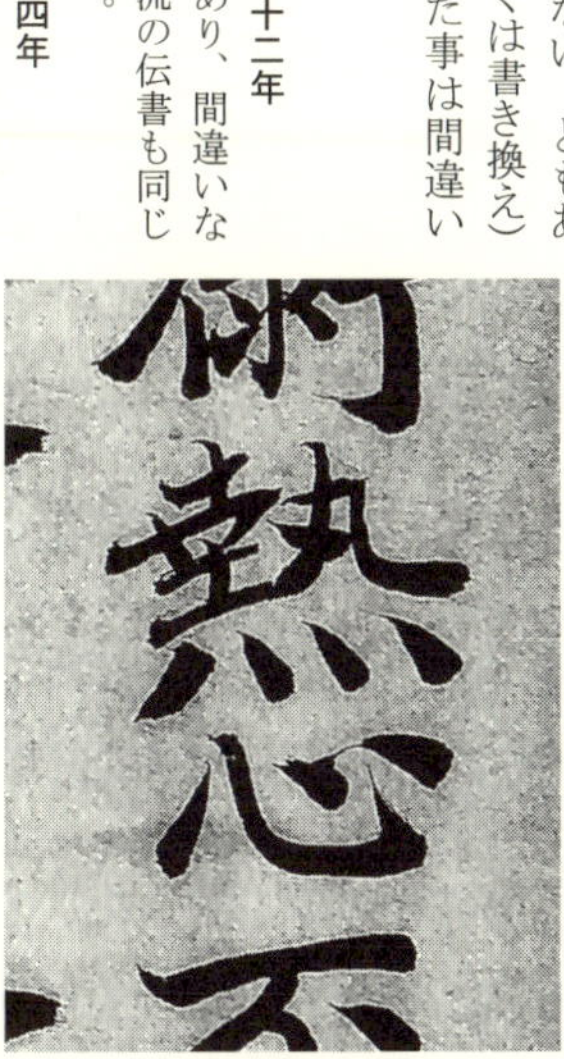

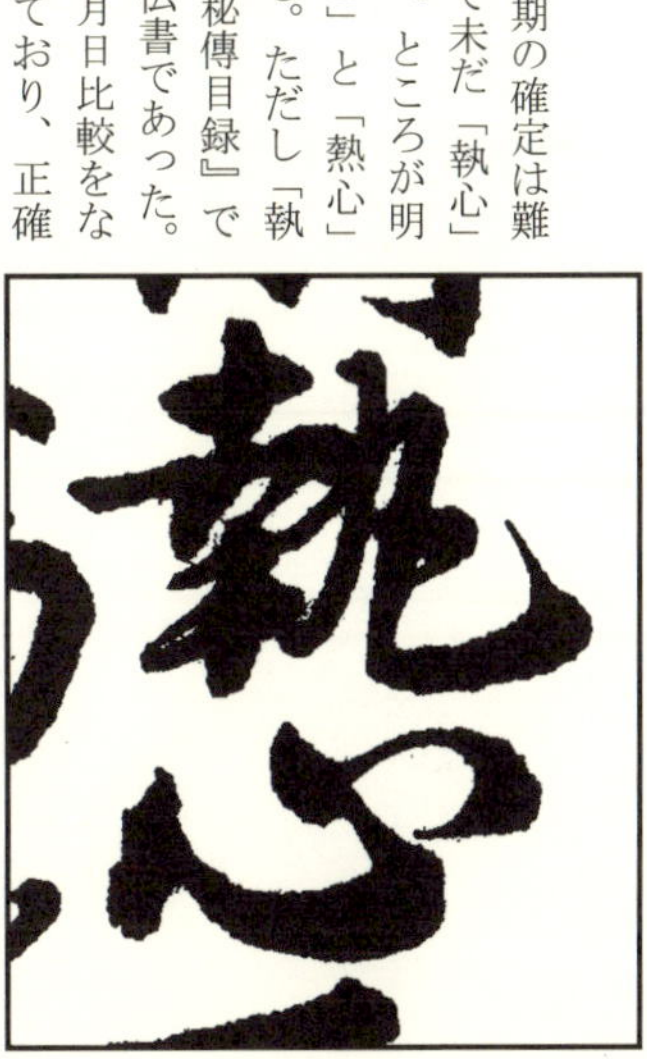

範の前は武田惣右衛門と言う事になっているわけですが、しかし年代的にはこれも苦しく、武田惣角師範が生まれる前に惣右衛門は既に逝去しています。※

平上　では惣角師範の父である惣吉が伝授したのかと言えば、惣吉は醜名をもった相撲取りであり、力量は確かにあったが、逆に体がでかすぎて同流を継承できなかったと言うから話がややこしい。

大宮　しかしそれもややこじつけ的な話の様に感じますね。惣角師範は同じ相撲出身の豪傑、久琢磨※師範に免許皆伝までを授与し、次代の継承を託していますから。それに昭和五年の新聞記事の中で惣角師範は「父から教わった」と言う事を確かに述べていますね。

そういえば先生は口伝承で伝えられた歴史の事項を余り信用しないと言う立場ではなかったですか。

平上　余りというより全く信用しないというに近いです（笑）。というのは口伝承は本当に少しの事で極めて容易に変容しますので、注意の上にも注意が必要であると考えます。そこには伝承を伝える各人各位の利得や思惑、自己擁護と弁護、また先代に対する過剰崇拝の観念等が入り込んで中々難しい……。よって口伝承に囚われたのでは本当の事は何も分からない。

故に真理に近づく為には徹底的に文証、物証を基とすべきと言うのが自分の立場ですが、しかし実は物証と雖も歴史的に後代の者の手が加えられ忽ち変容する事が多い（笑）。やはり口伝承も物証もそのまま受け取るのでなく、徹底的な吟味と検証が重要であると思います。

大宮　父から傳を受けたとしてもこれは惣角師範のかなり幼少期の事であったのではないかと思います。また父の傳も流儀の全傳を伝える様な完全なものではなかったと言う事ではないでしょうか。しかし体術の基礎的な訓練は当然受けていたかと思います。そして惣角師範は柔よりも剣術に熱中し、一刀流を指南する澁谷東馬の門人としての修行の果てに頭角を現し、更には十三歳で上京し榊原道場で修行をしています。

※　**武田惣右衛門**

大東流伝書の奥書の伝授系記述によると、歴代会津武田家の伝承の最後は「武田惣右衛門」であり、その次代が「武田惣角正義」という事になっている。惣右衛門は惣角師範の祖父にあたる。問題は年代的には惣右衛門と惣角師範では伝が繋がらない事であり、その間に繋ぎの継承者を置く必要がある。何故に惣角の父である武田惣吉の名を入れなかったかは問題で、そこに何かしらの秘密がある可能性がある。この様な伝授系図を作成したのが西郷頼母であるとすると、思い半ばを過ぐるものがあるのではなかろうか。そもそも年代的には惣右衛門と頼母位が武術を通じて交流した可能性はあるわけである。

平上　柔術の手解きを父から受けたとしても年齢を鑑みると、それは未だ完全なものでなく、以後は寧ろ剣術の道に進んでいったと言う事ですね。

大宮　明治以降、一介の剣客として各地を流浪して修行を重ねたと思われるのですが、剣一筋に生きるのには時代が悪すぎました。

廃刀令から士族の反抗

平上　明治の始めに帯刀禁止令が出されましたが、これが剣術、居合系における伝承に決定的なダメージを与えました。これはそれまでの価値観が完全に転覆してしまう日本剣術における大変に大きなターニングポイントであったかと思います。

大宮　最初に庶民の帯刀が禁止されたのが明治三年（１８７０）くらいですか、惣角師範が十歳の時ですね。

平上　次に明治四年に散髪脱刀令が発布されましたが、地方では骨のある侍たちは皆知らん振りをしていたのではないでしょうか。何百年もの伝統をそう簡単に捨てられるはずがない……。しかし明治九年（１８７６）に廃刀令が発せられ、徴兵制度が発布された時くらいから帯刀禁止策は本当に厳しく強制化され徹底的に行なわれました。まさに二本差しの侍が日本に皆無になった年、いやいずれ皆無にならざるを得ない事が明確になった年でもあるのです。惣角師範が榊原道場で「会津小天狗」として頭角を現していた時期ですね。

大宮　その様な士族に対する政府の峻厳なる取り締まりに反発して各地で士族の反乱が起きていますね。神風連の乱やそして士族の最大にして最後の反乱と言われた西南戦争……。

平上　惣角師範の心情にはやや不明確な点があるのですが、西郷軍に加担しようと明治十年（１８７７）に惣角師範は九州入りをなしています。

※　**久琢磨**（**１８９５〜１９８０**）
昭和十一年位より朝日新聞社にて武田惣角の指導を受け昭和十四年に免許皆伝を授かっている。同じ朝日新聞社勤務の刀禰舘正雄師範が同じく皆傳を受けているが、『英名録』等の資料によると、正式に武田惣角師範より免許皆伝を授かったのはこの二人のみであった様である。刀禰舘師範は残る写真によると随分線の細い人の様であるが、久琢磨師範は学生相撲チャンピオンの偉丈夫であり、現存する惣角師範との記念写真ではその巨漢ぶりがよく分かる。その様な体格でも大東流を完全継承できた事は一つの注目点である。

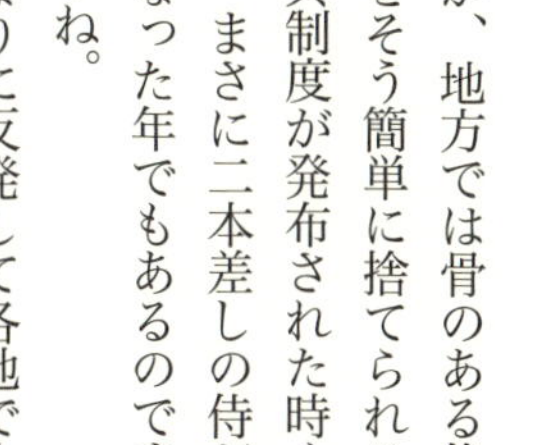

大宮　心情が不明確と言う言葉の意味はつまり、会津藩士武田惣角師範としての立場と薩摩の大御所西郷隆盛との問題ですね。会津と薩摩では確かに奇妙な取り合わせです。ただこの件に関しては西郷頼母と西郷隆盛は親戚関係であるともいわれ、また書簡などが残っている事からも分かる様に少なくとも以前から親交があり、その様な縁故関係を通じての事かと考えられるのです。

平上　そうですね。確かに西郷頼母は（新政府に）恭順派であったと言われます。ただそれも全ては藩の行く末や何よりも主君の事を慮っての事と思われるのであり、最期の段階においては榎本武揚や土方歳三と共に五稜郭で戦っています。

天然理心流と大東流

大宮　土方歳三と共に五稜郭で戦闘？　そうなりますと新選組の最後の生き残りにして天然理心流の達人、土方歳三と西郷頼母とに接点があった可能性もありますね。これはかなり意外でもあり、中々興味深い事実です。

平上　いや、両者の関わりについては殆ど資料がなくかなりの無理がある……。しかしながら天然理心流が独特の「氣術」と言うものを伝えた流儀である事は事実です。また本来の天然理心流は剣と共に柔術と棍法※を伝えておりますし、偶然以上のものを少し感じないでもありません。

大宮　と言う事は天然理心流も大東流柔術や合氣の源流の一つとなった可能性もあると言う事ですか？

平上　残念ながら試衛館系には基本的には剣術オンリーが伝わっており、また同流の秘傳たる「氣術」の秘法は二代目死去と共に失傳したとされています。それに土方歳三は同流の遣い手ではありましたが、継承家師範ではなく、残った伝書を監査すると、『免許』一歩手前の『中極位』ま

※　天然理心流の棍法の秘密

天然理心流の棍法（棒術との表記もあり）の中に半棍の伝があるが、これは「半分の棍」といいながらその実際の長さは四尺五寸である。これは現在合気道や大東流の稽古で用いられる棒の長さとかなり符合する。実際的には神道夢想流杖術の影響で四尺二寸一分の杖を用いる事が多いが、両者は比較的近似の長さであり、代用できたという事だろう。大東流資料には細かい長さの記載はなく、単に「棒」と表現しているが、大体同じ様な道具を用いた様である。天然理心流から大東流の流れも想定できないではないが、そのより古い原典は竹内流の「戈縛」にあり、よってこそ両者の道具や技術における類似があるのかも知れない。

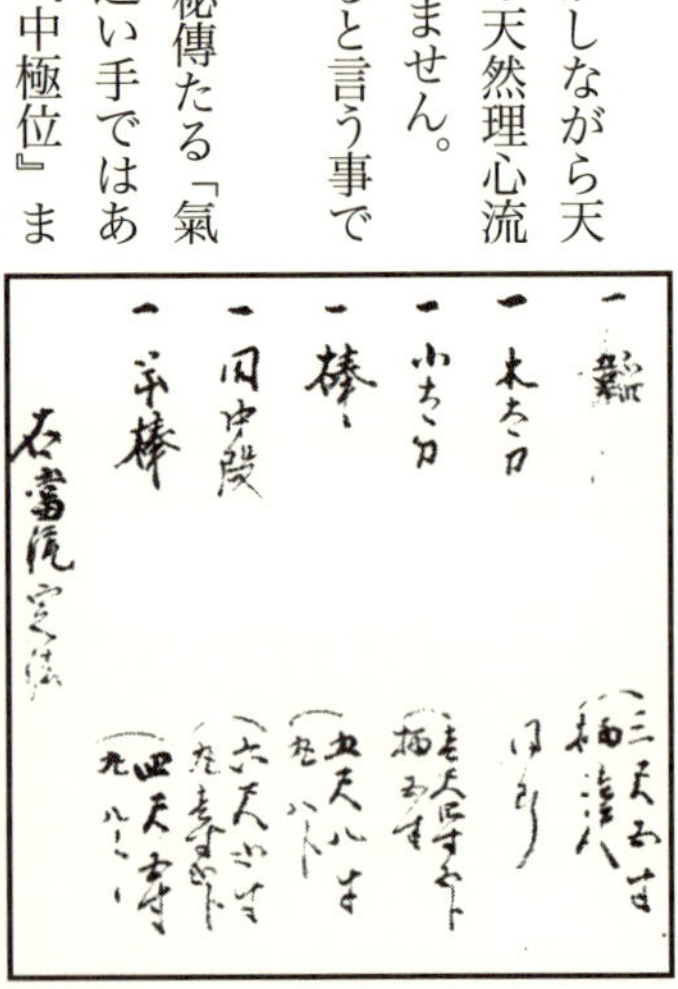

八王子恩方、増田家所蔵文書

での傳位であった様ですね。

大宮　それでは天然理心流から大東流への影響は全く考えられない？

平上　必ずしもそうとも言い切れないと思います。土方歳三は継承家師範たる五代目近藤勇とは刎頸《ふんけい》の友であり、また新選組を実質上率いたのも彼でした。許しの傳位は低くとも天然理心流の技法の全体像を近藤勇から大体の所は学んでいた可能性は大いにあると思います。そして試衛館系は柔術の全傳は残らなかった様なのですが、二代目から剣術体系の中に柔術系の技術の基本的な部分は混入されて伝承されております。二代目が振るったと言う「氣術」の極意も、そのアウトラインは口傳としてでも同流がある程度伝えていた可能性は高いのではないでしょうか。

大宮　天然理心流では「氣組《きぐみ》」と言う事をいいますね。同流が奥に秘めた極意や気迫の発露であり表現である事は勿論として、この様な部位を通じて「氣術」秘法の一端を伝えていたのかもしれませんね。

平上　天然理心流の柔術や棍法はどうも竹内流系と思われ、竹内流が伝える「戈縛《ほこしばり》」の技術傳などを同流も継承しており、柔術系も「二人捕」「四人捕」など、多人数捕※の技術を結構伝えていた様です。この様な部分は確かに大東流の奥傳技術にある程度重なる事は事実です。

大宮　新選組は当初から会津藩と関わりが深く……と言うより同藩は事実上のパトロンですし、土方歳三は会津に入っても会津藩士達と共に戦っていますから両者の関わりがかなりあっても不思議ではない……？

平上　残念ながら実際的な交流の証左が全くありませんので安易な事はいえない。ただ大東流の基本的技法構造は氣樂流が酷似しておりますが、大東流の奥傳にて伝えられる多人数捕系の技術は氣樂流には見当たらず、この部分は多人数捕系の技術を豊富に伝えるどこかの柔術奥伝を学んだとみる事が妥当です。また天然理心流の「氣術」の本質は正に奥深い武術極意傳そのものであり、現代の「合氣」極意にも確かに通脈している……。それらが土方歳三を通じた天然理心流か

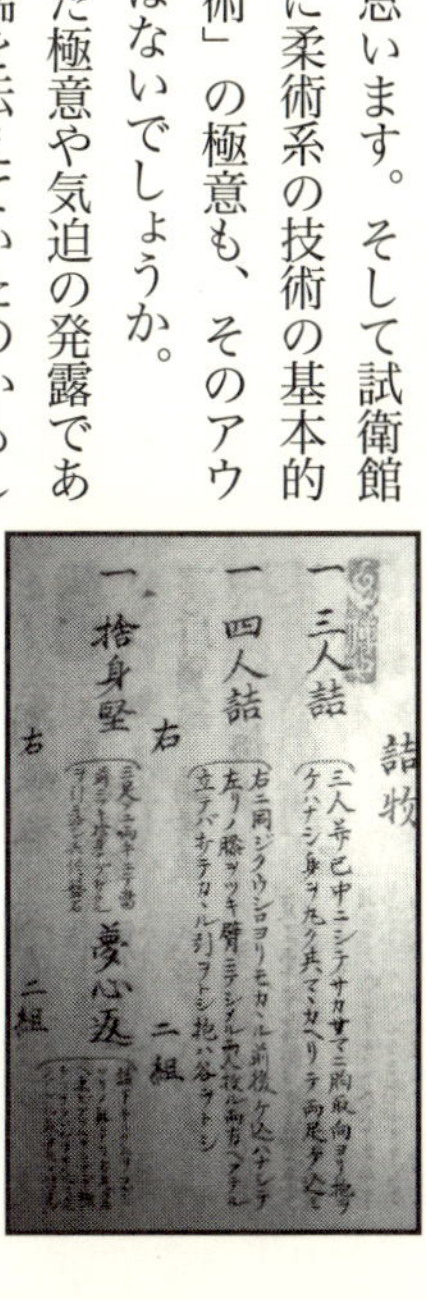

八王子恩方、山本家所蔵文書

※　天然理心流柔術の多人数捕

柔術にも多くの流儀があるが、教傳体系として、一対一の戦いのみの表現か、奥傳に多人数捕を含む流儀かの二つのタイプに分けられる。現在の講道館柔道に多人数捕りの観念が乱取にも形にもないのは、講道館が基盤とした天神真楊流と起倒流の二流とも、教傳体系、少なくとも形教傳において多人数捕形を持たない流儀であったからと解釈出来る。対して天然理心流は奥伝に多くの多人数捕の教傳をもつ流儀であったという事である。そして同流傳書をみると、「三人詰」「四人詰」と云う風に表現されており、これは大東流の表記法と同じである事は指摘しておきたい。

らの摂取であるとするならばかなり驚くべき歴史秘話といえるのですが、些か話が強引過ぎますでしょうか（笑）。
……それはともかく西郷頼母は五稜郭の奮戦虚しく新政府軍に破れた後、幾つかの神社に奉職していますが、後年、西南戦争のおりは西郷隆盛に加担したとみられて宮司を解任されていますね。

掌の上

大宮　武田惣角師範の九州入りが西郷頼母の意を酌んでのものだとしたら、ここに両者の深い関係を読み取る事ができるわけで、事実このときは西郷頼母が宮司をしていた福島県都々古別《つつこわけ》神社に神主修行のために父惣吉の命令で行っておりました。しかし頼母から隆盛の鹿児島での活動を聞いて、その修行を数週間で打ち切り九州に向かったと伝えられており、明治三十一年にたまたま惣角師範が何となく霊山神社に立ち寄っただけと言う風には到底考えにくいわけなのです。

平上　いかにもしかりだと思います。惣角師範の行動は全て西郷頼母の掌の上にあった気がいたします。そして惣角師範の西南戦争との関わりは不詳なのですが、明治二十年位には西郷隆盛の弟である西郷従道※と関わり、後に警護の為に道入りをなしています。この点に関しては『英名録』に西郷従道の名が見えるので間違いないかと思います。

大宮　それらは惣角師範が十七歳以降数年の話であり、この時期は剣客にとって本当に大変な、難儀な時期であったのではないでしょうか。正に剣術などで生きて行ける時代では既になくなっていたわけです。

平上　警察や軍隊関係にはある程度の需要があり、剣術指南役の席なども若干あったのではないかと思いますが、時の政府の役人は薩長士系の連中が全て牛耳ってしまい、旧会津藩士の惣角師

※　**西郷従道（１８４３〜１９０２）**
西郷隆盛の弟。自顕流剣術、合傳流兵法を学ぶ。明治新政府の軍人であり、また為政者でもある。開拓使長官となり北海道を巡察。この時期に武田惣角師範が同行したといわれ、よって北海道に大東流が残る因由となったわけである。ただ西郷従道が開拓使長官になったのは明治十五年とされ、明治十七年時における北海道滞在の記録も残るが、武田惣角が従道にしたがって道入りするのは大東流側の資料によれば明治二十年以降といわれる（惣角道入りの時期は未だ正確には確定できない）。つまり最初から従道について道入りしたのではないという事であり、対して従道の開拓使長官の時期は比較的短期間であったといわれるので、その年代推移、両者の接点については少し疑問が残る点がある。西南戦争が明治十年であり、その極近接地帯まで馳せ参じながら戦いに参加できなかった惣角はそのあと、九州から東北辺り、かなり広い範囲に渡って色々武者修行したとの伝説があるが（一説では琉球までに及ぶ？）、余り当時の史料は残っていない。『英名録』等の史料において学んだ人脈などがある程度明瞭になってくるのは明治二十五年位以降といわれる。つまり明治十〜二十五年位の惣角の動向は余りよく分かっていないわけである。

範が入って行ける世界では殆どなかった……のかも？

大宮　その様な世の中でも二十代から三十代に掛けて各地を武者修行し、各地の強豪を撃破していた様ですね。そして時代が移り武術の復興がある程度は叫ばれる様になっていったのではないかと思います。

武徳会の設立

平上　明治十五年（１８８２）に講道館柔道が開かれ、次第に柔術界を席巻していきましたし、また明治二十八年（１８９５）には武徳会※が設立されています。しかしこのおりは惣角師範も既に三十五歳になっていました。会津を飛び出し剣一筋に道を求めて二十年以上の歳月が流れている……。

大宮　ここで少し不思議なのは設立された武徳会に惣角師範は参画し、活躍した形跡がどうもない様ですね。

平上　資料が余りなく安易な事は申せませんが、ずっと後年惣角師範がご子息の時宗師範をつれて埼玉の警察などを指導に赴いた時の話が残っていますね……。高野佐三郎※師範の門弟である警察剣道の師範、渋谷氏に呼ばれ、惣角師範が都合が悪いので時宗師範が赴くと渋谷氏から惣角師範の（武徳会における）段位や称号を聞かれた。ところが惣角師範が無段、無称号だと答えると怒り出したという。「ここは天下の剣道名人、高野佐三郎先生のいらっしゃる所なんだぞ」と……。

つまり惣角師範は武徳会に属した活動を殆どしていなかったと言う事になりますが、その理由を含めて確かにかなり謎の部分がありますね。惣角師範は撃剣の強豪でありますから、武徳会の試合に出場してなみいる高段者たちをなぎ倒し、当時の剣道界の大家連を驚倒させても良かったわ

※　**武徳会（大日本武徳會）**
明治二十八年に設立した日本の伝統武道の振興の為に設けられた組織。五月初めの大会試合で成績を遺せば剣豪として天下に名を馳せる事も出来たであろう。そしてまた財団法人でありこの団体から発行される段位や称号は社会的にもある程度権威があり、また就職や年金等色々な権益があった様である。だが事実としては惣角師範は生涯を通じてどの様な会派にも属する事はなかった。かくした日本武術界のローンウルフ、惣角師範から興った現在における合氣系武道の各団体は戦後大いに組織化を進め、伝授巻を通じた個人伝授という古式ダイレクト伝授法を捨て、新たな段位称号制度を制定している。
各会員が会派の段位や称号獲得の為に血道をあげているという現代の奇妙な光景を惣角師範ならどう思うだろうか。

※　**高野佐三郎（1862〜1950）**
中西派一刀流の継承者であり警視庁撃剣世話係となった剣道家。大日本武徳会剣道範士。正に戦前剣道界の最高の大御所であるが、惣角師範とは年齢も学んだ武術も近似しており、両剣豪の撃剣勝負は確かに興味深いが、残念ながら両者が竹刀を交える事は生涯を通じてなかった。

けですが、その様な公式試合の記録は殆ど残っていない。

大宮　各地を廻って強豪たちを撃破して門人にしていった過程が当時の『英名録』に窺えますし、北辰一刀流の下江秀太郎師範を撃剣勝負で一瞬にて下した話等が伝聞としては僅かながら伝わってはいますが、日本剣道界の著名な大御所たちと公式の場で勝負した話は確かに聞きませんね。ところで当時の武道家たちは大体皆武徳会に属して活動していたのでしょうか。

平上　いや、確かに当時の武徳会は日本の武術界を牛耳る最大の組織であったかと思いますが、必ずしも強制力を伴った事ではなく、傘下に入る事を拒んだ骨のある武術家も多数、いや少数……ある程度はいたのではないかと思います。

大宮　それはまた何故でしょうか。

武徳会の本質

平上　武徳会における全国武術文化を統括する様な近代組織的なあり方について、影山流※の宮崎雲舟※師範が武術における固有文化の破壊だと批判した話は著名です。そしてその事における批判論旨の口述記録も残っています。それが惣角師範を含めた昔気質の各武術家たちの心情といってしまえばその通り……ではなく、やや微妙であり、各自思いはまたそれぞれだったでしょうね。そしてこれは確かに武徳会の本質における大問題、大矛盾でもありました。確かに同会は基本的立場として、少なくとも表向きの謳い文句としては日本の伝統武道の振興の為に設立されたかと思うのですが、逆にその事自体が日本の伝統文化の消失を招いてしまっている……。

大宮　組織化すると言う事は文化の画一化であり、確かに膨大なる秘傳法を伝承してきた秘教的な流儀武術の本質とはそぐわない部分があるかも知れません。

平上　全国的な組織にする為に画一的なルールによる防具竹刀稽古や柔道系の乱取り試合、そ

※　**影山流**
影山善賀入道が慶長年間に開いた、居合を主体とした剣術系武術。鈴鹿流薙刀術や真極流柔術、三徳流三道具術などを併傳し、総合武術として仙台伊達藩で継承された東北における名門中の名門である。居合の大本、林崎流を通していない居合主体の古典流儀として極めて珍しい存在である。林崎甚助とは年代も近く、また学んだ流儀もかなり近い様に思われるのであるが、両者の交流は残念ながら伝えられていない。教傳体系は巨大であり、また形解説史料群がかなり多く残っている。

※　**宮崎雲舟**
影山流第二十代師範。古流武術文化の本質を疎んじて覇権的な段位や称号の発行をなそうとする大日本武徳会の有り様を首肯せず、いかなる会派にも属そうとはしなかった。ローンウルフであった事は武田惣角師範と同じであり、数少ない明治以降における気骨ある孤高の古流武術家の一人。残念ながら惣角師範との接点は伝えられていない。

して段位発行の為に制定形を造りましたが、これが昔気質の武術家には全く納得いかなかったのではないかと思います。段位による位わけなど古流武術には余りなかった新式文化なのですから。

いや、そもそも撃剣試合法を稽古法として採用せず、寧ろ忌避した古式剣術流儀も結構ありましたし、柔術系の乱取においても伝統的には寝業や相撲式のやり方を主体とした流儀が多く、講道館式の立ち技乱取り稽古を殆ど行わない系統も割合多くあったかと思います。故に恐るべき実力を有しながら武徳会に参画しなかった臥龍《がりょう》鳳雛《ほうすう》、武林隠者、山中猛虎たちが全国各地にかなりいたでしょう。そして世を拗《す》ねた市井酔虎、各道場における腕自慢、唯我独尊高邁天狗たちもまた……。

知るや人

大宮　惣角師範は正に無冠無段の剣の帝王でした。しかしそれでは社会的に受け入れられず、昔気質の武術家が本当の意味で生きて行き難い時代となっていました。そこで明治三十一年に霊山神社を訪ねてきた惣角師範に対して、西郷頼母が剣術ではなく、惣角師範の父や祖父が伝えた古傳柔術を再教育して伝え、しかして「知るや人」の一首を詠んで柔術師範としてやって行く様に諭した言う事は十二分に考えられる事だと思います。

平上　惣角師範と西郷師範との明治以降における深い関わりをみると、親や祖父の代からの古い付き合いであった可能性は高いでしょうね。だから惣角師範の祖父が伝えた柔術傳を惣角師範に再傳したと言う事ですね。それまでの惣角師範は撃剣の腕は立ったが一刀流剣術においても伝授巻を授かっておらず、※また正式な組太刀形をそれほど伝承していないために正式な流儀の伝授を成す事が出来ないでいたのではないでしょうか。単に長年培った撃剣スキルと豪腕で剣人たちを

※　武田惣角の剣術

武田惣角師範が澁谷東馬について一刀流を学んだ事は間違いないが、存外一刀流的な技法表現の逸話は余りない様である。「引き小手」破りの逸話は直心影流的であるし、二刀剣法を伝えた事は鏡心明智流的である。武田翁は武術における一種の天才であり、学んだ技法を即座に体得し実践的に展開できる人であったかと思われるのである。

そしてそれより問題なのは澁谷道場がそもそもどの様な指導をしていたかと言う事である。おそらく一刀流系の撃剣を主体とする指導をしていたと想定できるが、問題は古典組太刀をどの程度のレベルで伝えていたかである。どうも惣角師範は正統な一刀流の古典形の伝授は誰にもなされていない様なのである。

澁谷道場が殆ど組太刀教傳をなさない道場であったどうかは不詳だが、惣角師範の当時の年齢を鑑みると、一刀流古典組太刀形の伝授は殆ど受けられていないのかも知れない。

★西郷頼母が授けた歌の意味

明治三十一年に靈山神社において西郷頼母が武田惣角に授けたという諭しの御歌**「知るや人川の流れを打てばとて水に跡あるものならなくに」**の存在は著名だが、その意味合いは余り具体的に解説されて来なかった様に思う。御歌には特に難解難読の字句はなく、意味合いは比較的明瞭である。それほど微妙な部分もないともいえるのだが、存外にかなり恣意的にして暗示的な解釈により、やや歪んだ観念も生じてきている様にも感じられるのである。

例えば「打てばとて」の謂からの推定であるのか「剣の時代は過ぎ去った」→「よってこれからは柔術の伝導を」という意味合いと説明をされる向きもある。しかしながら「水打ちにおける無痕の空しさ」という歌の意味合いを鑑みると、少し違和感の残る解釈なのではなかろうか。つまりこれは「剣術は×」→「柔術は○」という様な伝導武術種目における分別問題ではなく、要はちゃんとした形、業績として遺るのかどうかを問題にした謂であるはずである。

よって原文の意味合いを素直に解釈した上で、その本歌、原典的なものも探り、西郷頼母の奥意と想いを明瞭にしておきたいと思う。

意味合いは確かに明瞭……。つまり「業績として後世に残らない様なものはやはり駄目だ。もっとちゃんと形になるような仕事をしなさい」という様な事を諭したという事だろうかと思う。そしてそれをいかに強く働きかけてもすぐに跡が消えゆく水流れの虚しさに譬えたわけだが、この様な謂は東西の別なく割合古くから同じ様な譬えや俚諺《りげん》が結構あるのではないかと思うのである。

「脂に画き氷に鏤《ちりば》む」とは無駄な努力をなすことの無意味さを表現した古代支那の俚諺であり、また水に文字を何度も書き込む虚しさを歌った西洋の詩人もある。しかしながら西郷頼母がその様な西洋詩歌文学の愛読者であったとは流石に思い難い。そして支那文化のそのままの借用何ぞよりも、やはり日本文化としての著名な譬えは『伊勢物語』の「水にもの書く女」における次の様な逸話だろう。

「男を慕う女が恋しい男の名前を水に何度も書くが、勿論水面に跡は何も遺らない。しかして女は歌う**『行く水に数かくよりもはかなきは思はぬ人を思ふなりけり』**と……。」

より古い原典としては『涅槃経』等にも類似の喩話があるが、神官である西郷頼母が発する箴言、諭歌の原話はやはり『伊勢物語』等からの摂取、本歌取りが相応しいかとは思われるのである。

原典『伊勢物語』は「文字を書く」表現になっているが、無筆にして撃剣の大強豪である惣角を諭す為にあえて「打てばとて」と言い変えて無駄な努力を戒めたわけである。そしてやった仕事の跡がちゃんと遺る様に形解説付きの柔術伝書を作成してやった……と云う風に当時の事の経緯を推理し、そして両者の心動に思いを致す所の者である……。

●左図／江戸期における『伊勢物語』を題材にした挿絵入り本。絵図と文が交互にあって中々読みやすい。江戸期の木版刷本と言うのは文と絵図が等価となり、視覚的にも判り易く本当に楽しい本が多い。
逆に明治に入ると活字本が主体となり挿絵はかなり僅少となる。江戸人たちは大分戸惑った部分も多かったかと思われる。これはひょっとするとかなりの文化的後退といえるのではなかろうか。

●補論

西郷頼母の御歌の奥意を原理的立場で考えた時、必ずしも柔術指南と言う方向性でなくとも良い筈であると思われる。

惣角師範は剣術豪傑であり、伝書類の整えが必要と言う事であるならば、剣術流儀を立ち上げての秘傳書作成と言う方向性もありえたのではなかろうか。確かに四民平等、帯刀不可の（嫌な？涙の？）時代ではあったが、武徳会も立ち上げられ、日本剣術の再評価もかなりなされつつある時期でもあったはずである。

竹刀剣道は中々に道具類が必要だが、古式剣術ならば木刀、木切れで稽古が出来、また場所柄もそれほど関係なく、野外でも稽古は可能であったのではなかろうか。柔術に比べての（古式）剣術のよさは素人衆にでもすぐに稽古に入って行ける事である。

新流儀を立ち上げなくとも、西郷頼母が溝口派一刀流の継承者であったとするならば、同流の全伝書を託し、また古典形の全傳を伝授して道統を預けると言う方向性の選択もあり得たのではなかろうか。

それがしからずして柔術傳を託したと言う事であるならば正しくずばり、それこそが頼母自身が何としても後世に伝え遺したい、核心の遺産道脈であったと言う事になるのではなかろうか。

後の世において「合氣」と言う観念と技術を抽出されて天下に大隆盛する事になる不思議な武道体術の元種（御式内？）を継承、保持していたのは西郷頼母であった可能性は確かにある様に思われるのである……。

ぶちのめすのみ……。それが「知るや人……」の歌の諭しの意味合い、奥意ではないかと解釈出来るのであります。よって伝授の証にちゃんとした伝授巻を発行できる様に形解説付きの柔術伝書を作成して授けたと言う事ではなかったかと思われるのです。勿論西郷頼母伝を否定する論説もあるわけですが、しかしそれでは大東流の伝書類資料の原典群を誰が作成したのかと言う根源的な問題が解決できないのではないでしょうか。※

大宮　この辺に関しては正統な資料が乏しいので何事も確言は出来ませんが、しかし文証と言う事では『英名録』にちゃんと「保科近悳門人」とあります。また西郷頼母からの相傳説を唱えたのは必ずしも鶴山晃瑞師範のみではないと言う事も注意して頂きたいと思います。

平上　そうですね。松田隆智師範も『秘伝日本柔術』の中で次の様に述べています。

「(惣角師範と同郷の)板橋がきて『若い頃やっていた柔術とちがう』と言うと惣角は『今やっているのは保科さんに習ったものだ。保科さんに習った者はもう一人いたけれど死んでしまった』といっている……」

大宮　この情報ソースはどうも佐川師範らしいのですが、ちゃんと「保科傳」である事を言っている事は興味深い。と言う事はもう一人いたと言うのは西郷四郎の事になるでしょうか。

平上　その可能性はこの口伝承の付け足り伝聞によっては一応否定されています。ただ何事も口伝承なので断言は出来ない……。ともあれこの口伝承は大東流の古傳、歴史的変容と言う立場からは真に興味深い伝聞であり、そのまま聞けない部分と、正にその通りと言う部分が入り混ざっているのではないかと思います。

大宮　そうですね。人との会話と言うものは取り様によっては全く真逆の意味合いに変容する事もありますし、この点は注意しなければなりません。ともあれ大東流が古流柔術の一派であると言う立場と前提からいえば、幼少の頃、父から古傳的な大東流の手解きを受け、それからまた中年になって再び保科近悳から再傳をうけ、技がいささか変わった。それを父の代の古い形を知っ

※　大東流秘伝書の作成
大東流の伝書がどの様に作製されていったかは不詳であるが、内容的に鑑みると、最初の『秘傳目録』において、既に流儀として一つの完成があり、これが原点にして、かつ全てであった可能性が高い。何せ最初から『秘傳目録』であり、飛ばしすぎである。次の伝書は『秘傳奥儀之事』と言葉を被せなければならなかったし、その次は『秘奥儀之事』でやや大人しくなるが、その代わり「合氣」のワードを冠した。此処まで最初から盛ると次は『皆傳之事』しかなくなってくる。『初目録』やその前の『切紙』等の段階がないのも他の流儀との相違点である。

ている者が、「昔と違う」と指摘したと言う事になろうかと思います。

平上　私の研究者の立場として観察すると、大東流は、明治、大正、昭和に掛けての永い講習会伝授方式の期間において、かくした独得の教傳スタイルを因由として、次第に学びやすい様（教え易い様）に変容していった事は間違いないと思います。つまり惣角師範が講習会式の伝授の為に教え易く再編したのではないかという事であり、これは流石に余り言い訳できる様な事項ではない。よって惣角師範も同郷の者にそれを指摘されて少し狼狽《ろうばい》したのではないでしょうか。ただ教傳方式と流儀体系は変わっても教える技法自体の根元はやはり大東流の古傳であり、それを伝えたのが西郷頼母であるとすると、やはり「教えている柔は保科さんに学んだ」と答える事は当然であると思います。そして慌てて「同じものを習った者はいま一人いたけど死んでしまった（この技を伝えるのはワシだけ。つまりその内容を知る者は自分だけである。ちゃんと習ってないもんが四の五のいうんじゃない）」と付け加えたわけです。

大宮　ただ同じ大東流（大東流という名称ではなかった可能性もありますが）とはいっても、武田惣吉が伝えたものと西郷頼母が伝えたものが全く同じものであったかと言うと、かなり微妙かも知れません。

平上　しかりであると思います。同根同流の流儀も伝承する系脈が少しでも違うと趣がかなり相違する事も大いにありますね。伝授した年代も違いますし……。つまり確かに父の教えは古傳そのままであったが、西郷頼母の教傳の内容はそれとは若干違った、やや古典を崩した学びやすい体系に既にある程度変容していたのかも知れません。かくした事項における程度の問題や言葉の微妙なとり様の問題は別として、ともかくこの伝聞が真とすると、西郷頼母から柔術を学んだ事を惣角師範が認めていた事になりますね。

大宮　武田惣角師範は「大東流」を「やまとりゅう」と呼んでいたが、大正四年に吉田幸太郎※師範から「大東流はヤマトリュウとは読まない。ダイトウリュウが正しいのでは」と言われて以後「だ

※ **吉田幸太郎**（1883〜1966）
武田惣角の門弟で教授代理を許される。植芝盛平を大東流の講習会に誘った事で著名であり、彼がいなければ今日の合気道は存在しなかった可能性もあるわけである。
主要な門人としては大山倍達、崔龍述、リチャードキム、地曳秀峰、近藤勝之等、各師範がある。
崔龍述師範は韓国ハプキドの開祖であり、吉田師範がいなければ韓国ハプキドも存在しなかった事になる。

いとうりゅう」と呼ばれる様になったと言われます。しかしながら日本の歴史的にして慣例的な立場から言えば「大東流」を「やまとりゅう」と読んでも決して間違いとは言えない。※これは寧ろ実際に惣角師範が同流を手継ぎでもってちゃんと学び、その上に伝書を与えられて「やまとりゅう」として教わった可能性を示唆している様に感じられるのです。

平上 寧ろ当時「大東」のワードを遣い、そしてそれを「やまと」と読むセンスの持ち主はどんな人かと言う問題になりますが、それは西郷四郎の養父であり、日光東照宮の禰宜、霊山神社の宮司を勤めていた西郷頼母にかなり近づく事でもありますね。

大東のワードの出自

大宮 大東流と西郷頼母の関係についてですが、その前に「大東」というワードの出自が問題になります。

平上 江戸期には大東流の流名はなかったという論もありますが、膨大な数の流儀武術を育んだ日本文化の中には大東流を名乗った剣術流儀が江戸期に確かにあり、また明治以降の関口流系にも大東流柔術※を名乗った系統も存在しました。しかしながらこれらは惣角師範が伝えた大東流とは直接の関係は何もない様ですし、いずれにしろそれぞれ極めてマイナーな系脈です。それはともあれ、色々な意味で惣角師範が継承した秘柔術が武田家で伝えられていたのだとしても、それが必ずしも大東流と名乗っていたというわけではなかったかと思います。

大宮 江戸期における古傳武術で流儀名を名乗らないで伝承されるという事がありえるものですか。

平上 日本の武術は基本的には皆、確かに流儀名を名乗り、流儀としての固有の文化を醸成してそれを文書に残して伝承した所に大きな特長があり、これは真にすごい事であります。しかし日

※　大東の訓み

日本の古代世界においては支那伝の漢字、そして熟語等を日本の和語に当てはめて各ワードや文章が造られたので、漢字の各時代の音読や和語の訓み、意味合い等を巧みに用い、或いは新熟語を造り、かなり自由な訓み方を伝統的に行って来た歴史がある。よって大和を「やまと」と訓み、飛鳥を「あすか」と訓んだりもするのである。実際、各時代、各地方によってかなり恣意的に訓まれてきただろう。そして実際『古事記』『日本書紀』においては「日本」を「やまと」と訓む例がいつか出てくる。

「大東」のワードは国語辞書類によっても「日本の異称」とされているのであり、用例も多い。『椿説弓張月』に「**八郎按司は大東の皇孫、日の神の後裔なり**」とある。正しく「大東」を「日本」の意味で用いた例である。となれば「大東」を「やまと」と訓んでも何も不思議はないわけである。但し大正四年発行の佐藤完實師範の著述においては「大東流」に「だいとうりう」とちゃんとルビをふっており、より以前は「やまとりゅう」の訓みであったとは必ずしも断言できないかと思う。想定としては、音読みの「だいとうりゅう」と訓読みの「やまとりゅう」の両方が場合々々によって遣い分けられていたのではなかろうか。

本の武術の全てが全て同じくその様な文化的な業績を残したのではなく、家傳としてそれぞれの系脈の古傳体術が古式のまま地方の兵法古家に密かに伝承していたという事は可能性としてはありえる事と思います。

例えば相撲なども或る意味では日本古傳の格闘技ともいえますが、柔術系に見られる様な流儀名を名乗った形跡は余りなく、また伝授巻的なものも殆ど作成されていない。しかし実をいえば古傳の相撲というものは現代で見られる商業相撲とはかなり違い、古傳の柔術的な技術傳が多数含まれていたものでした。※

お灸

大宮　父から柔術を学ぶ時、覚える事が出来ないと爪にお灸を据えられて云々という事を惣角師範は昭和五年の新聞記事で語っていますね。しかしその前にこの柔術は極めて覚えやすく、見ただけで盗まれる云々といった矛盾した事を述べている。

平上　これは言葉尻を取れば確かに矛盾と言えば矛盾。しかし実質的には矛盾でもなんでもないのではないでしょうか。大東流の当時における技術傳は余り文化的装飾のある形教傳を通じてではなく、直截的な技術傳を見せる所に特長があり、確かに覚えやすく、技盗みされる危険がある。よって確かに江戸期においては秘密裏に伝承されてきたのでしょう。しかし流儀の継承者として正しい順序で正統な体系を学ぶのはそれなりに大変であり、惣吉は惣角師範に体傳をもって徹底的に厳しく師範教育をしたのだと思います。その時には伝書を通じていない事に意味がある。

大宮　やはり当時には武田家柔術には秘傳書類はなかったという事でしょうか。

平上　いや、そう考える事は少し早計かと思います。惣角師範の年少期頃の話であり、上に行けばちゃんとした伝書類資料はあった可能性はあるでしょう。しかしこれは可能性であってその様

※　関口流系の大東流

関西の半田弥太郎が関口流を母体として開いた流儀で、半田師範は嘉納治五郎師範と同年配位の師範であった様である。と言う事は武田惣角師範との同世代と言う事であり、「大東」と言うのは当時におけるそれなりの流行ワードであったのだろう。

両者は同名異流であり、全く無関係とされるが、多人数捕を含む関口流の支流という事を鑑みると一概には断定できず、内容確認をすべきかも知れない。

ともあれ関西には関口流の末流が結構存在し、現在では失傳してしまったが、大阪、神戸等で極近年まで伝承していた今真流なども関口流の末流であった。

※　古傳相撲の本質

現在の所謂大相撲でみられるスタイルとルールは織田信長の時代に定着したともいわれ、より以前の古傳相撲のスタイルは現傳相撲とは違うかなり独特のものであったと考えられる。「相《あ》い撲《なぐ》る」と言う名称から考えて古代相撲は當身技法を禁止したものではなく、より拳法的色合いが強かった可能性は高い。古い『相撲伝書』等の史料から判定すると、逆手業等も現在より多彩なものがあり、かなり柔術に近いものであった様である。

なものは最初からなく、正に以體傳體にて伝承する武術であったのかも知れませんけれども。

大宮　和銅五年（712年）に稗田阿礼※が脳裏に伝えていた日本史の口承が『古事記』となって初めて文書化されたわけなのですが、江戸後期に至ってもその様な形態で継承される武術があるでしょうか。

平上　それが日本武術文化の多様な所、また伝統というものの深さ、厚さであるという風に捉えたいと思います。超絶的な秘傳書群文化を育んだ関口流や竹内流、楊心流などは別にして、それらとは教傳方式を全く異とする古式スタイルの秘密格闘體術が会津の片田舎の旧家に伝承されていたとしても必ずしも不思議ではない。実際日本の最南端の一孤島、琉球王朝では同時期、文書も流名もない奇妙にして超絶的な技術傳を持つ拳法體術が各兵法古家に密かに伝承しておりましたから……。

※　**稗田阿礼**
八世紀の初頭、古い日本の歴史を暗唱していた優れた語り部。朝廷に使える巫女であったといわれ、彼女の伝えるものがテキスト編纂され日本最古の歴史書『古事記』となった。様々な目録や秘傳書類を整え流儀武術として花開く前の日本の武術も正に以心伝心、以体伝体の無字武術であったであろう。

旧家の秘法

大宮　それは現在の空手道の原型となった琉球唐手術の事ですね。確かに琉球王朝期に体傳のみを以て密かに伝承した不思議な拳法※が明治以降本土に渡来して隆盛し、それが現在では世界中に伝播され、正に世界の空手道となっている。これは本当に不思議な事ですね。

平上　武家社会に受けいれられて隆盛した江戸期の本土における名門流儀武術は確かに素晴らしい。しかし文書がなく、体傳のみで伝承したそれらの土着的な体術が技術傳としてそれらよりも劣っているかと言えばこれは必ずしもそうではないかも知れないわけです。文化的要素の欠落は致し方ありませんが、名門流儀とはまた違った独特の技術を伝えている事もあり、それはそれで素晴らしい。そして武田家古傳体術は天才武芸者、武田惣角師範を通してより一層洗練され、大変に優れた流儀柔術として生まれ変わったと見る事も出来るでしょう。

※　**体傳拳法**
琉球拳法には本土武術で見られる様な伝授巻文化は殆どなく、基本的に体傳口傳を以て継承された。これは決して特殊な事ではなく、本土においても戦国期以前は同じ様な状況であったであろう。そして地方格差と言う事があり、江戸期においても地域によっては旧い形式の古伝武術を伝えていた可能性は否定できないわけである。

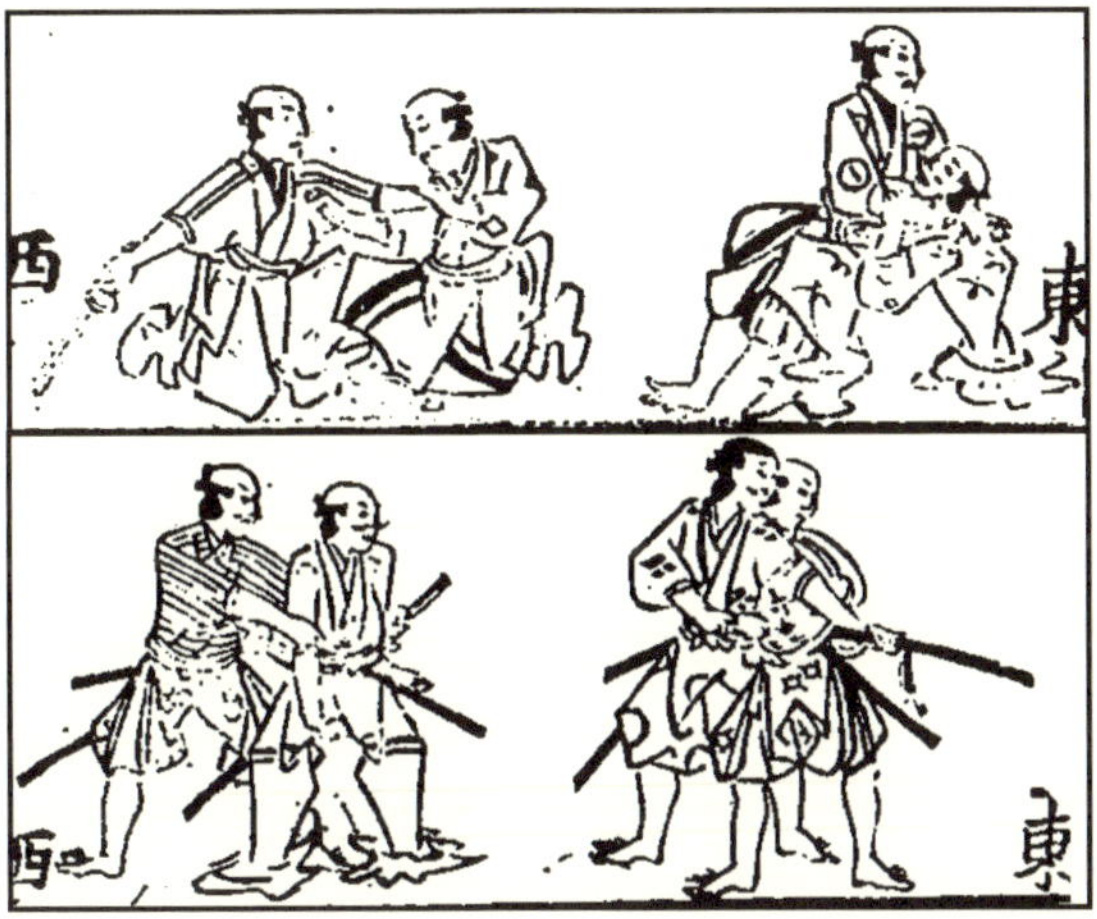

●左図／『兵法秘傳書』の体術絵図
絵図は断片的であるが、かなり詳しい形解説文が付随しているので、ある程度の精度で技法復元する事は可能である。大東流とはかなり異質とも言えるが、部分的には通脈する部分もある様に思われる。

●下段図／『武田流柔術極秘傳之巻』
ずばり武田流柔術の伝書であるが、残念ながら奥傳における様々な口傳心得伝書となっており、基盤となる形技術解説がないので比較のしようがない。ただ間違いなく「武田流柔術」となるものが存在した事は事実であり、形解説文書もどこかに存在しているのではないかと思われる。

★兵法秘傳書の体術

会津藩武田家の古傳体術と言う伝承を頼りに武田家体術傳と言うものを検索すると、山本勘助が遺したと言う『兵法秘傳書』なる総合的武術図説本中の体術におけるかなり詳しい図版付き解説に突き当たる。この部分における技術復元はかつて小佐野淳先生も研究発表された事もあり、また筆者自身もかなり解読追求して全形の復元稽古までこなした経緯がある。しかし残念ながら道脈を証するレベルのＤＮＡ因子は検出する事が出来なかったというのが結論である。ただ一つ判明した事はこの史料は他の柔術伝書類では殆ど窺えない古典兵法における最高奥義ともいえる部分がちゃんと表現されている事である！この部分は現代における合氣系武道や現代武道、そして殆どの古流武術が既に失って（捨てて）しまった部分であり、この部分の摂取と確認が出来た事は大変にありがたい事であった。

その事は別として、甲州武田家と会津武田家とはかなり系脈が分かれて久しく、根源因子を検索する事は既にかなり困難かと思われる。そして同書武術が武田武術の正統かどうかと言うと、これも中々微妙であり、よって大東流系武術と完全無関係であると現時点において断ずる事はまだまだ出来ない事と考える。

いずれにしろ他にも『武田流柔術』伝書が複数残っており、それらの探求も含めて大東流ルーツの追求はこれからも続けて行きたいと思う次第である。

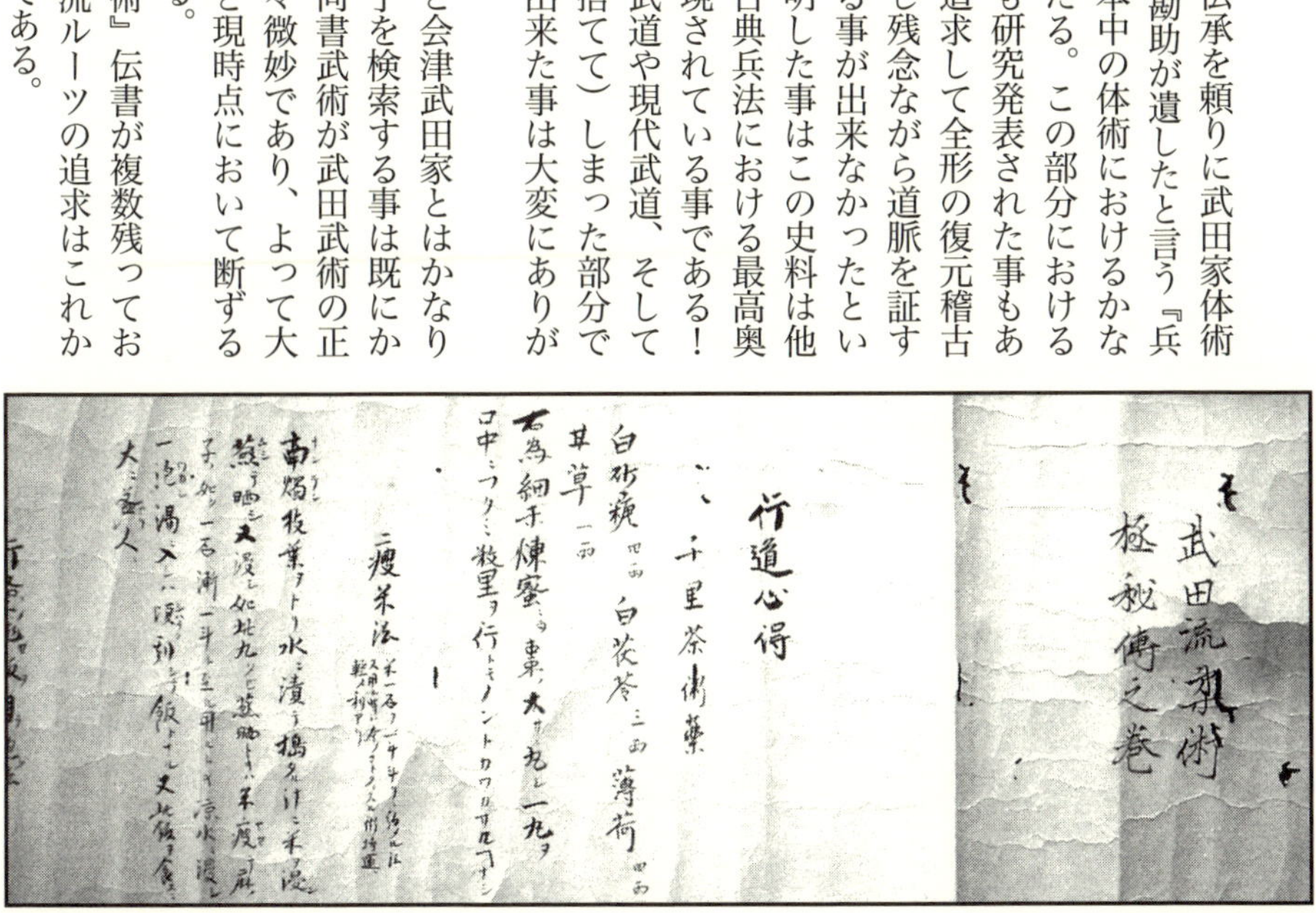

大宮　現在大東流合氣柔術の江戸期の伝承に関してはかなり否定的に解釈されており、殆ど武田惣角師範が一代で創作したという論が繰返されています。これはこれで事実に近い部分があるのかも知れませんが、それにしてもその核と言える武術傳が古傳としてあったと見るのがやはり妥当であると思うのですが。

平上　剣術家としての惣角師範が急に思いつきで驚くべき柔術技法体系を突然生み出したと言う事はかなり難しい事と私も思います。

流名

大宮　流名はなく、武田家の秘密体術として伝承されてきた手継兵法……。それをそのまま家傳として極狭い範囲にて秘伝承をするならそれでもいいが、一般に公開して行くのにはやはり流名や許しを与える為の秘傳書類もやはり必要となってきたと言う事であるのかも知れません。

平上　琉球王朝の秘拳法も大正年間に本土入りをなし、そこから昭和に掛けて本土で隆盛する為に流儀名が付けられ、※また秘傳書類は余り作成されませんでしたが、時の武徳会の方式を踏襲し段級を発行してスポーツ的な隆盛を図ったと云う事です。

大宮　対して惣角師範は飽くまで個人単位で教傳する古傳武術としての立場を貫きました……。そして少なくとも、明治三十二年以降は大東流を名乗り、同流秘傳書を多数発行してきたわけです。

平上　資料がないために確言は出来ませんが、やはり西郷頼母から明治三十一年に大東流の流名を示唆され、伝授の為の秘傳書類を作成して貰ったのではないでしょうか。それが「知るや人……」の歌の真意であると確かに感じます。そしてその時は正しく大東流は「やまとりゅう」と訓《よ》まれていた様に思われるのです。

※　**琉球拳法の流儀**

古傳的な王朝時代の琉球の拳法が本土に入って「空手」と名称変えをなし、そして流儀が出来て行ったわけであるが、要するにそれまでの琉球拳法には流儀文化はなかったとみるのが妥当である。これは中世以前の日本武術のあり方と同じであるが、戦国期を通じて、確かに本土武術は流儀武術と言う、文化ステージの一段高い超絶武術を創出したわけである。しかしながらその様な日本武術の発達推移はともかくとして、琉球や日本の片田舎ではそれらと平行して古傳の儘の体傳武術も行なわれていた……？

※　**樽井藤吉（1850～1922）**

国学を学び玄洋社などと関わりを持ちながら運動し衆議院議員となる。明治二十六年に『大東合邦論』を出版。内容は日韓とは対等合邦、清国とは同盟関係を結び西欧列強からの侵略を防衛すると言うものである。つまり「大東」とは即ち「大アジア」と言う意味合いで遣われている様である。少し昔風にいえば和、唐、天竺の三国と言う様なイメージであろうか。

そして大東流とは三国一の流儀と言う意味合いが込められているという説もある……？

大東合邦論

大宮　話を元に戻して何故に大東流かという事、つまり「大東」という言葉のルーツの問題ですが、これは明治二十六年に刊行された樽井藤吉氏※の『大東合邦論』が出自ではないかという説がありますね。

平上　年代的にも合致しますし、東アジアを一つにしていこうとする運動に関わった西郷四郎の問題もあり、かなり傾聴すべき説であろうかと思います。そしてこの説は大東流の伝授は西郷頼母が大いに関わったという一つの傍証ともなりうるものだと思います。

大宮　その様な明治時代の歴史的流れを鑑みて故鶴山師範も西郷頼母伝授説を強く主張されたのではないかと思います。

平上　西郷四郎や宮崎滔天※などにとっては「ダイトウ」であったのでしょうが、その様な構想を四郎を通じて聞いた西郷頼母はそれを「ヤマト」に訓み替えて、正に「ヤマト流」を武田家傳体術の正式名称として採用したとしても何ら不思議はないと思います。

大宮　そういえば、西郷四郎は、ヤマトというそのままズバリの名称を持つ大和流の弓道の奥義も極めていたとされますから、そうした事も関係なしとは言えないかもしれませんね。

国家老

大宮　西郷頼母から武田惣角師範への大東流の伝授という構図に対しては今日色々反論や批判も多く、何方《どちら》かと言えば否定的な論説が強くなっています。特に西郷頼母は本当にそんな武術の達人であったのかと疑う声もあるのですが。

平上　文献証拠が乏しいので実証する事は確かに困難ではありますが、西郷頼母は会津の国家老

※　**宮崎滔天**（1871〜1922）
西郷四郎と思想的な運動を通じて親交深かった明治の運動家であり、孫文を支援して辛亥革命を成功に導いた。また浪曲師としても著名であった様である。『姿三四郎』に登場する白馬（どぶろく）好きの大道国士、真崎東天のモデルと推定される。西郷四郎も大陸を股に掛けて活躍し、孫文等ともかなり深い交際があった様である。

※　**大和流の弓道**
江戸初期に森川香山によって開かれた弓術流儀。現存する伝書によると「神明射儀」を称え、三国一の流儀と言う意味合いにて大和流を称えた様である。この考え方は大東流の意味合いに酷似している。つまり大東流の命名のルーツの根本が西郷四郎にあった可能性を窺わしめるわけである。

まで勤めた上級武士であり、当時の武士と言うものの教養は大変なものがあったと考えるのがやはり妥当ではないでしょうか。その教養の中に武芸も入っていた事は当然であり、武芸の出来ない武士など当時は凡そ誰もいなかったと考えます。得手不得手、上手下手、学びの深浅、実力格差の問題等はともかくとして。

大宮　残る各文献の解説がどこまでが正確なものかという事はなかなか分かりませんが、『西郷頼母研究　第四号』などにも「**十歳で日新館※に入学し読書を学ぶ。十一歳で礼法及び配膳の儀を習得する。……（中略）……十二歳で習字。十四歳で近習の司となり、十五歳で弓、馬、槍、刀、水練、水馬を学び始める**」と記されており、また『会津剣道誌』に頼母の妹の娘の子である和田晋という方が「**頼母は文人として伝えられているが、文だけではなく文武兼備の人でもあった。即ち剣術は溝口一刀流を学び、馬術にも通じ、特に甲州流軍学の奥を極め、大東流（合気術）の秘伝を受け継いだ人でもあった**」と記されています。ちなみに西郷頼母が深い武術極意や秘法を伝承出来る武芸者であったと言う事を証する資料として、西郷四郎が書いた新聞記事※を指摘する研究者もおられます。同記事には確かに武術の秘奥を説く八握白髭を蓄えた老猫師範の話が出てくるのですが、その風体の描写は確かに西郷頼母を擬えての事と考えられます。と言う事は西郷四郎も西郷頼母から実際に深い武術奥秘を授かっていたと言う可能性は確かに高いわけです。

武田家古傳柔術

平上　西郷頼母が惣角師範に発行した伝書が出てくればよいのですが、この点に関しては西郷頼母の謀《はかりごと》であり、武田家に秘法として代々伝わり、惣角師範がその最後の継承者と言う様な図式を引く事を考えたと言う事であるのかも知れません。だから自分の名義にて伝承を発行する様

※　**日新館**
江戸後期において有能藩士を育てる為に設立された会津の藩校。水練場（プール）や天文台まで具えた全国的にも屈指の規模の教育機関であり、勿論大いに武術が講習された。上級武士の子弟は十歳になると入学させられたといわれるので西郷頼母も日新館出身と思われる。勿論そこで色々な武術を錬磨した事だろう。

※　**西郷四郎の新聞記事**
西郷四郎は講道館出奔後長崎にて『東洋日の出新聞』の編集長となり、そこで「眉山夢物語」なる武術極意譚を著述しているのだが、これは巷間の武道理論書『猫の妙術』を脚色したものである。ただその中に西郷頼母の晩年の風体に酷似した老猫師範の描写が出てくる。
［清水豊著『植芝盛平と武産合気』参照］

な形をとる事が出来なかった。そしてまた頼母は常に実力韜晦、匿名善行、陰徳積善の人であったのかと思われるのです……？　という事はつまりその様な流儀の基本となる原本を作成して惣角師範を陰ながら後援したと言う事ではないでしょうか。現在その見本原典が何処にあるか分からないが、現在の武田家の資料群を精査すれば発見されるのかも知れません。しかしもしそれが出てきたとしても、恐らくそこには年代記載も西郷頼母の名も、その落款もあるわけではない。筆跡鑑定を厳密になせばあるいは、とは思われるのではありますが……？

大宮　この辺に関しては本当にまだまだ謎に包まれていますが、しかし間違いなく明治三十二年における『大東流柔術秘傳目録』は現存するわけであり、惣角師範が文字に弱いという伝承を踏まえると、間違いなくその秘傳書を作成する為の原本が確かに存在した事は間違いないと考えます。

饂飩の花

平上　そして確率論と言う立場に立つならば、西郷頼母の門人を名乗る武田惣角師範があり、その西郷頼母の養子に西郷四郎があったと言う事。この二つの事実を並べたのみでも西郷頼母が武術と関係無しと考える事は極めて不自然と言えるのではないかと思われるのです。

大宮　惣角師範は明治以降生涯を通じて全国武者修行をなし、各地の武芸豪傑たちを鎧袖一触《がいしゅういっしょく》したる稀代の武芸の大名人であり、また四郎もなみいる柔術豪傑、剛力巨漢達を小柄な体躯で一瞬にて宙に舞わせ講道館柔道の存在を世に知らしめた立役者であると言う事。明治以降におけるこの柔術二大名人※が両者ともに会津出身であり、しかも西郷頼母とかくも深い関わりがあったと言う事実。これは確かに大変な事であり、とても単なる偶然として片づける事はできません。

平上　もし頼母からの伝承と言う事項を否定して、果たしてこの様な奇跡の如き偶然が本当に起

※　維新以降の柔術二大名人

維新以降も多くの柔術名人や柔豪傑が現われたが、多くは流儀内の口伝承、伝説等の口碑によるものである。記録的にも断片的なものが多く、その実態のはっきりしない例が残念ながら殆どなのである。その様な中、講道館が輩出した柔豪傑の中でも最高の達人として名高いのが西郷四郎である。多くの他流試合において当時の各流の強豪たちを次々と打ち破り、講道館の名を高らしめた名人。そして柔道小説の主人公のモデルにまでなり、実際に全国に名を馳せ、今日にまで語り継がれている。また一方、明治以降に生涯を通じた武者修行を以て全国を巡り、各地の強豪連を打ち破り、数万の門人を指南したのが武田惣角である。彼が伝えた武術の技と理念が明治以降の格闘武術界に巨大な影響を残した事は間違いなく、しかもこの様な事実が単なる伝説ではなく、それを証する膨大な記録が『英名録』『謝礼録』としてちゃんと現存していると言う事である。この様な事実を踏まえて、この両師範こそが明治以降における最も実証的にして明確なる柔術二大名人と判定する事ができるわけである。

こりうるものなのか？　蕎麦の花なら秋になれば毎年可憐で小さな白い花を咲かすが、饂飩《うどん》の花なんぞがそんな頻繁に花盛りの筈がない……。確率論的にも西郷頼母からの秘法の伝授系脈と言う矢印構図をやはりある程度は想定せざる得ないのではないでしょうか。ただそれを証する為の実証文献が何とも乏しいので、確言出来ない部分が多い事ではありますけれども……。ともあれ状況証拠的な各事項を鑑み、取り敢えずは西郷頼母から大東流の根本となるものを何かしら習ったであろう言う立場で論を進めましょうか。

大宮　盲亀が浮木の節穴に首を差し入れる事、そんな奇蹟など滅多におこり得る事ではなく、とても偶然の出来事とは考え難い……。因って確かに状況的にはその様に捉えるのが妥当だと思います。西郷頼母伝授説は色々な意味でそうそう単純には否定できない事項であると考えます。

流儀名の出現

平上　……とはいえ少なくとも可能な部分においては実証資料に拘りたいと思います。現存する大東流伝書は明治三十二、三年位のもののがやはり最古の様ですね。

大宮　その様に思われます。とりあえず少し時系列を見てみましょう……。要するに大東流が公開されるかなり以前から不可思議なる「合氣之術」と言う理念は既に存在し、そして明治二十五年に『合氣之術』という公刊書が出てその定義と理論が一般化していたという事、そして樽井藤吉の『大東合邦論』が翌年に刊行され、ここに「合氣」と「大東」という真に重要な二つのワードが出揃っておりました。しかし最初に摂取されたのは寧ろ「大東」の方であり、もし、それまで武田家に伝えられた武術に名称がなかったとしたら、明治三十一年に大東流と命名※がなされた可能性があります。

平上　その当時の大東流は「柔術」であり、伝書の中にも合氣の記述は未だありません。この二

※　**大東流の命名**
大東流の流儀名の出自については諸説あり、定まった見解は未だない。開祖とされる源義光が「大東の館」にて修行したと言う説や大東久之介が伝承した流儀云々の説など色々あるが、これらの説が文献に見えるのは比較的近年であり、根源的にはやはり当時（明治初期）の時代背景から命名されたとみるのが妥当だろう。当時清国や朝鮮国等との色々なややこしい関係があり、政治情勢的にも騒がしい時代であった事は事実である。福沢諭吉の「脱亜論」、西郷隆盛の征韓論に対して「大東合邦論」があり、識者の間では色々騒がれていた。当時としては日本一国を超えたところの大亜細亜、即ち「大東」と言う観念がかなり一般化していたのではなかろうか。特に明治二十七年の日清戦争にてやっと独立を獲得出来た朝鮮国との関係は喫緊に解決しなければならない真に難しい課題であったと思われる。同流開祖とされる源義光の通名新羅三郎における「新羅」は新羅明神（朝鮮系の神）から来た命名である事を鑑みると、思い半ばを過ぐるものがあるといえるであろう。

つのワードが合流するのは恐らくそこから元号を一つか、もしくは二つ代える必要があると思われるのですが、ただ技法的な立場からはその痕跡が既にこの時点においても現れていたのではないかと考えます。

大宮　私も同じ意見です。しかしそれらの点はまた後で検討するとして、話を元に戻して、明治年間に現れたこの『合氣之術』には「合氣」におけるいかなる理念と秘術が記されているのかを次にいよいよ検討して行きたいと思います。

武骨居士著『合氣之術』の理論

平上　この書は武術の奥儀、最深奥の秘傳を語るのだと吹聴しながら、実を言えば著者自身は本名を名乗らず、そして誰からもそうした武術の奥儀を師伝を通じて継承しているわけではないと言う事を述べています。何方《どちら》かと言えば武術書と言うよりも神憑り的な不思議な書籍であり、そうなるとやや私よりも大宮先生の専門分野と言う事になりますね（笑）。

大宮　確かに不思議な書物です。※ そしてその内容はと言いますと日本武道の奥儀として「合氣之術」と言うものがあり、今ここに秘密の門戸を開き、その秘法を解説すると言うものです。しかしこの本のすごい所は「合氣之術」をテーマとして、その定義を説くために一冊を使い切っている。合氣の様々な技法傳や術理、そしてその具体的な方法論を説くならば一冊でも足りないが、その方法論と言うよりその定義で終わっている所がすごい。

平上　いやその様な書籍は現代でも結構多いですよ。前ぶりはすごいですが、具体論やその実際的秘傳、口傳を直截的に解説するのではなく、新たに自らが考案した新造語を用いて色々喋々しながら理論が延々と同じ所を堂々巡りしている様な武道理論本もたくさんあります。中にはそのはっきりした定義にまで辿り着かない書籍まである（笑）。

※『合氣之術』の不思議さ

同書の最も不思議な部分は書籍としての立ち位置の不明瞭さだろう。江戸後期の『二島英勇記』や明治初期の講談本を含め、武術秘技を描写する事は同じであるが、それはあくまで講談としての作り事の世界である。しかし武骨版『合氣之術』はそうしたフィクション――夢世界ではなく、立場としては日本武道の実際の秘儀を開示すると言う建前で論を進めている。しかしながら、といって伝統武術を修めた武術家では全くないのだと、著者は最初から武術修学を否定してしまっている事である。

挿絵なしの活字オンリー本であり、とっつき難い部分もあったかと思うが、かなりの版を重ねており、ある程度の反響はあったかと思われる。いや、それどころか後年合氣系武術と言う実際の奇妙な世界を作り上げる原点になった事は真に凄い事である。

大宮　そうですね。ともかく同書の論の前ぶり、自己宣伝の部位はかなり省略して実際的な部分を抽出してみましょうか。

「合氣の術なるものは、両雄将さに闘はんとして、而して未だ剣を交へず、甲の一雄、乙の一雄に先ちて、早く既に敵の気を制す、局外者は之を観て、其何故たるを知らず、然れども其両雄間には、已に其勝敗決して、亦敢て争ふ可らず。是れ之を名づけて、合氣の術と云ふ」……。とありますが、その為の実際の方法論はといいますと、解説を良く読み込みますと「合氣之術」とは「瞬間読心術」と「氣合術※」を合わせた様な術技で、つまり一瞬にして敵の殺氣を透かし観て読み切り、それに感応して間髪を入れずに我も氣を発して瞬間的に敵を不動に縛り、倒してしまうと言う魔法の様な必殺技であります。

原典の技術理合の解説は次の様になっています……。

「玄機至微造化の臨む所、敵人の脳中、躍然として殺気を起し、将に我れを撃んとするや、我が迅速無間の読心術乍ち敵人の心を読み取り其彼が、将さに我れを撃んとする寸前、殆んど間髪を容れず霹靂一閃、瞬時ヤッと一声、敵人の心胸を撃ば、彼れは其声、四支五体に徹底して、昏然物の黒白を分かず、背後に倒る可し」……。

平上　明確な解説と描写であり、御大層な修辞満載の割りに、それなりには分かりやすい……。

大宮　しかし現代に通じる「合氣」とは少し異質であると言えるかもしれません。

平上　異質の様で奥の理合には中々微妙に合い通ずる部分があり、それが興味深い点ではありますが……。

大宮　この『合氣之術』の著書の解説と定義が原典となり、以降の武術書の中にも合氣術の解説のあるものがかなり出てきていますが、内容的には同書の解説を踏襲したものと言えます。

平上　「瞬間読心術」や「氣合術」、そして「不動金縛の術」的なものを合氣之術としていますが、著者の武骨居士氏が何故にその様に「合氣」を捉えたのかが興味深いですね。『二島英勇記』では「不

※　気合術

『合氣之術』の記述を素直に読むと、「瞬時ヤッと一声、敵人の心胸を撃ば……云々」とあるのであるからいわゆる「気合術」的な趣を有する事は事実である。攻撃せんとする敵に手も触れず未だ離れた状態において気合を掛けたのみで相手を打ち倒すと言う様な術技こそを武術の極意技として当時の人々がイメージしたと言う事であろうかと思う。そこには講談等の耳知識を含め、真正の武術で用いる正統な技術傳は余り一般的ではない事に加え、当時の達人たちの実際の妙技を武術知識のない者が誤解した結果によるともいえるであろう。

ともかくそこには一般人の武術に対する一つの夢と憧憬があったのかと思われる。考えてみれば、極近年においても確かに赤胴鈴之助の必殺技は「真空斬り」であったし、少年ジェットの場合はミラクルボイスと言う正に気合術そのものであった。正統な武術技法よりも人間というものは寧ろこの様な不思議な術技に憧れる。その様な真に浅はかなる人間の性情は今も昔も同じであると言う事であるのかも知れない。

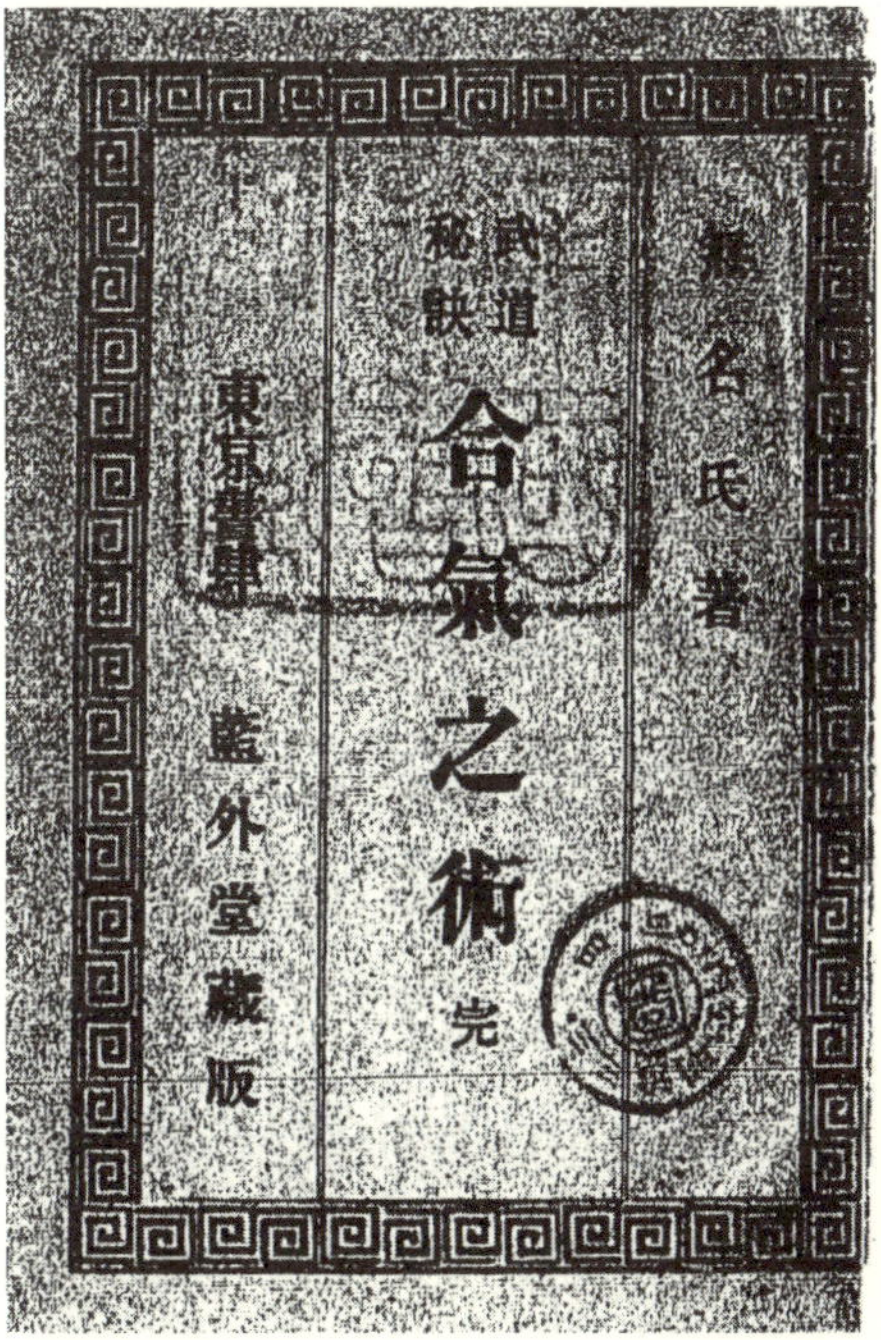

★新装改訂版『合氣之術』無名氏著

武骨居士版『合氣之術』の八年後、別出版社から同内容の『合氣之術』が出版された。著者は「無名氏」と言う事で、必ずしも武骨氏本の改訂版と言う様な建前や断り書きはなかったが、内容は正に殆どそのままであり、はやり同作者の名乗り替え新装改訂本であった様である。この改訂本は版を重ね、二十版以上にも及んでいるのであり、ある程度のミリオンセラーであったかと思われる。

同書のなした「合氣之術」の定義は講談本に大いに影響を与えたし、また武道解説俗本にも引用される事が多くなった。しかしいくら読み込んでも「氣合術」と「合氣術」との差異がいま一つ判然としない。ただ「合氣之術」こそを玄秘なる日本武術の最終奥義となすと言う様な同書の理念とアイデアは受け継がれ、武術界の一部ではもっと玄妙な術としての捉え方がなされていった。

そしてまた講談噺の空想的秘技と実際武術技法の接点を考え抜いた武道マニアもある程度いたわけである。武田惣角、植芝盛平、そして三船久蔵師範等もしかりだろう。仮令空想譚であってもかくした外部刺激により日本武術がより深い、多様な世界を構築できた事は大変に慶賀な事かと思われるのである。


今將《ま》さに之を說《と》かんと欲する所なり、玄《げん》機至微造化《くわ》の窺《のぞ》む所、敵《てき》人《じん》の腦《のう》中《ちう》、蹶然《ぜん》として殺《さつ》氣《き》を起し、將《ま》さに我れを擊《うた》んとするや、我が迅《じん》速《そく》無《む》間《かん》の讀心術倏《たちま》ち敵《てき》人《じん》の心を讀《よ》み取り、其彼れが將《ま》さに我れを擊《うた》んとする寸《すん》前《ぜん》、殆《ほとん》ど間《かん》髮《はつ》を容《い》れず、霹靂一《いつ》閃《せん》瞬時ヤツと一擊、敵《てき》人《じん》の心胸を擊《うた》ば、彼れは其醉、四支五體に徹《てつ》底《てい》して、昏《こん》然《ぜん》物の黒白を分かず、背《うし》後《ろ》に倒《たふ》る可し、是れ即ち合氣の術、秘《ひ》密《みつ》の奥《おう》義《ぎ》にして、其ヤツとの一擊は、早からず遲《おそ》からず、正に其中間、即ち敵《てき》人《じん》の將《ま》さに我

の月日を送りけれど又も涙に昏ければ卜傳も信友の横死を聞懐舊の哀れを催ほし倶に袖を濡しける

○卜傳宮本に合氣《あひき》の術を授る事　幷武藏卜傳が庵《いほり》を立出る事

抑も塚原卜傳ハ宮本武藏の物語《ものがたり》りにて吉岡無二齋が横死《わうし》を聞て信友の情迫り不覺に落涙なしけるが敵佐々木岸柳と云者も一流《りう》を弘めたる劍道者と在りらは容易《たやすく》討取べき事にあらず万一《もし》返り討ともなる時ハ無念の上の恥辱なり仍《よう》て我に一ツの妙術あり信友の無二齋殿へ此寸志《すんし》の追善なれバ汝身に此一術を相傳すべし然る時は如何なる強敵《がうてき》たり共恐るゝに足らず則ち名けて合氣《あひき》の術と云今より此庵に逗留て篤と修行《しゆぎやう》あるべしと申を聞よりも宮本は甚だ悦《よろこ》び一向御敎示願ひ奉つると是より卜傳が庵に逗留て晝夜の差別《わかち》なく合氣の術を學ひけるに流石名譽《めいよ》の武藏なれバ僅に半年ばかりにして玄術なる合氣の術を覺得《さとりえ》たり此合氣の術と云は劍道《けんだう》のみに限らず何藝にても總て敵に向ひし時双方の氣の一圖に勝合ふと云なり仍て敵より懸る氣を外し後の先を取か又は先の先に懸るか孰れとも其術玄妙に至らざれバ此合氣《あいき》は會得爲難きものなり然《しか》れば前に一刀齊の矢聲《やごゑ》と共に武藏の倒れたるが如く只其氣合己而《のみ》にて敵を倒すの妙あれば是を合氣の術と云《い》ふ斯て塚原卜傳ハ朋友

★明治二十一年『繪本英雄美談』

本討議における初め位の時期には把握できていなかったが、江戸期の『二島英勇記』と武骨版『合氣之術』の間に『佐々木岸柳・宮本武蔵　繪本英雄美談』が存在する事が講談本調査の過程で判明し、同書原本を何とか入手する事ができた。

同書は明治における初期の活字版書籍であるが、ある程度の挿絵も入れられている。そしてこの中に塚原卜傳から宮本武蔵に伝授される妙術「合氣の術」の事が語られている。『二島英勇記』では「殺気洞察術」がメインの様に語られているが、同書はどちらかといえば「氣合術」に類似の捉え方をしている様に思われる。

そして両者の理念を合体したのが武骨版『合氣之術』の理論と言う観察も可能かと思う。

繪本英雄美談巻之五 大尾

明治廿一年八月十 日印 刷
同 年同月十四日飜刻出版

定價金貳圓

飜刻發行者 神奈川縣平民 市川かめ
日本橋區藥研堀四番地 増島多吉方寄留

賣 捌 文事堂
日本橋區横山町貳丁目

印刷人 町田宗七
日本橋區新右衛門町十番地

明治二十五年十一月二十五日印刷
同 二十五年十二月 十 日出版

版權所有

著者 武骨居士

發行者 東京府平民 林平次郎
東京市日本橋區本材木町二丁目七番地

印刷人 田中正造
同 神田區錦町三丁目一番地

印刷所 同志社活版所
同 所

明治三十三年四月二十一日印刷
明治三十三年四月二十六日發行

不許複製

正價金拾錢

著作者 無名氏

發行者 奥村金次郎
東京市京橋區中橋和泉町四番地

印刷者 石川金太郎
東京市京橋區西紺屋町廿六七番地

印刷所 株式會社 秀英舍
東京市京橋區西紺屋町廿六七番地

發行所 藍外堂
東京市京橋區中橋和泉町

大賣捌 林平次郎
同 日本橋區通三丁目

岡崎屋書店
同 神田區雉子町

★「合氣の術」の書籍類の各出版年代

『繪本英雄美談』（上段右）が明治二十一年。武骨版『合氣之術』（上段左）が明治二十五年、そして無名氏版『合氣之術』（下段左）が明治三十三年となる。

但し『繪本英雄美談』には幾つか雑多な類似本の版刷があった様であり、明治二十年版、明治十八年版等も存在する様である（本文内容の版は同一でも表紙に異同あるもの数種見ゆ。年代もどこまで遡れるか不詳ながら明治十八年まで確認。と言って明治二十一年版が重版と言う訳でもない様である？）。そして同書の発行年代前後の他の講談本における「合氣」における描写表現も見て行きたいが、やはり量が多すぎて未だ全てを把握できないでいる。

ともあれ『繪本英雄美談』に「**一刀斎の矢聲と共に武蔵の倒れたる如くに只其氣合己而にて敵を倒すの妙あれば是を合氣の術と云ふ**」とある。これは即ち「合氣之術」を「氣合術」による無手無触の倒敵法としての捉え方が（恐らく）初めて現れた箇所であるといえるわけである。

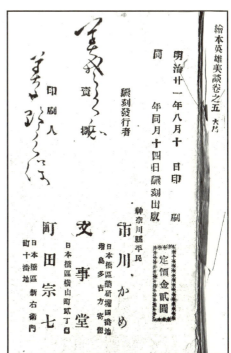

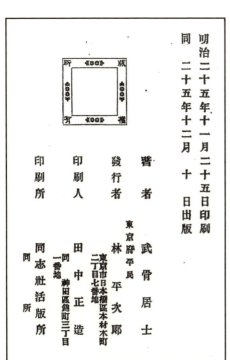

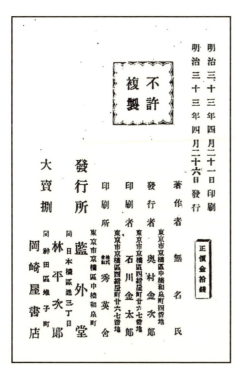

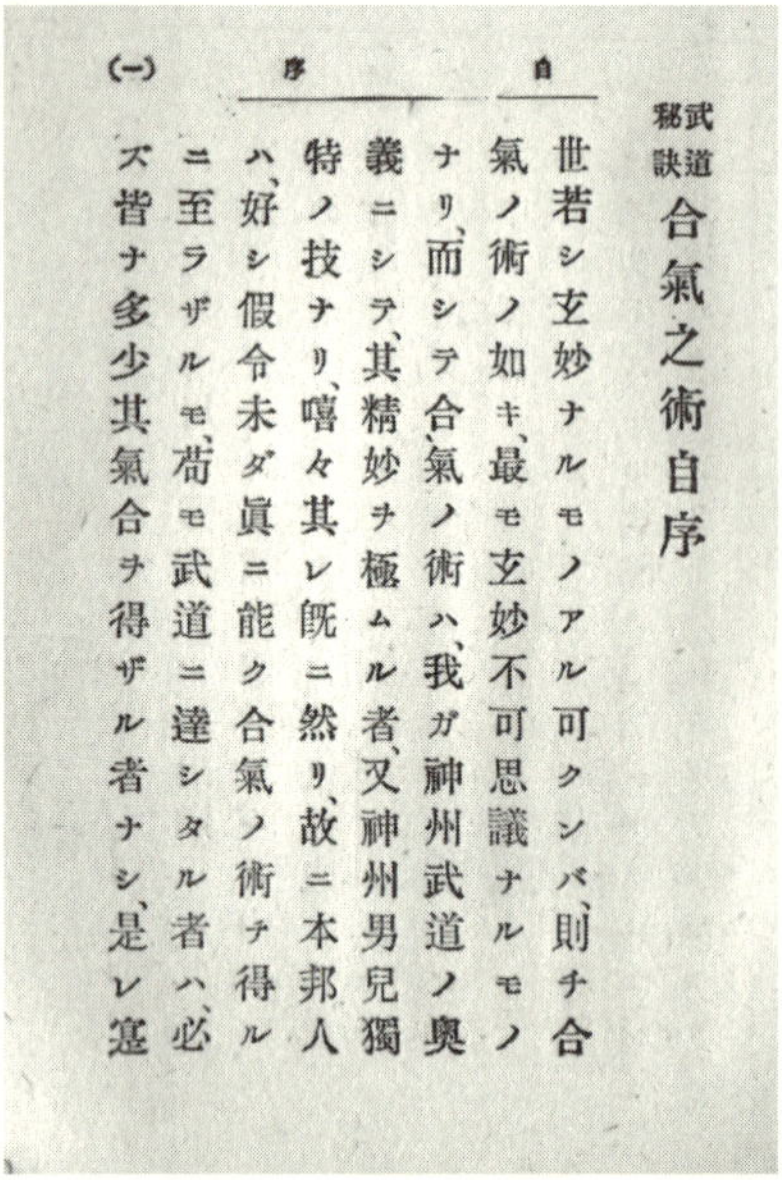
自序　（一）

武道秘訣　合氣之術自序

世若シ玄妙ナルモノアル可クンバ、則チ合氣ノ術ノ如キ、最モ玄妙不可思議ナルモノナリ、而シテ合氣ノ術ハ、我ガ神州武道ノ奥義ニシテ、其精妙ヲ極ムル者、又神州男兒獨特ノ技ナリ、嗜々其レ既ニ然リ、故ニ本邦人ハ、好シ假令未ダ眞ニ能ク合氣ノ術ヲ得ルニ至ラザルモ、苟モ武道ニ達シタル者ハ、必ズ皆ナ多少其氣合ヲ得ザル者ナシ、是レ寔

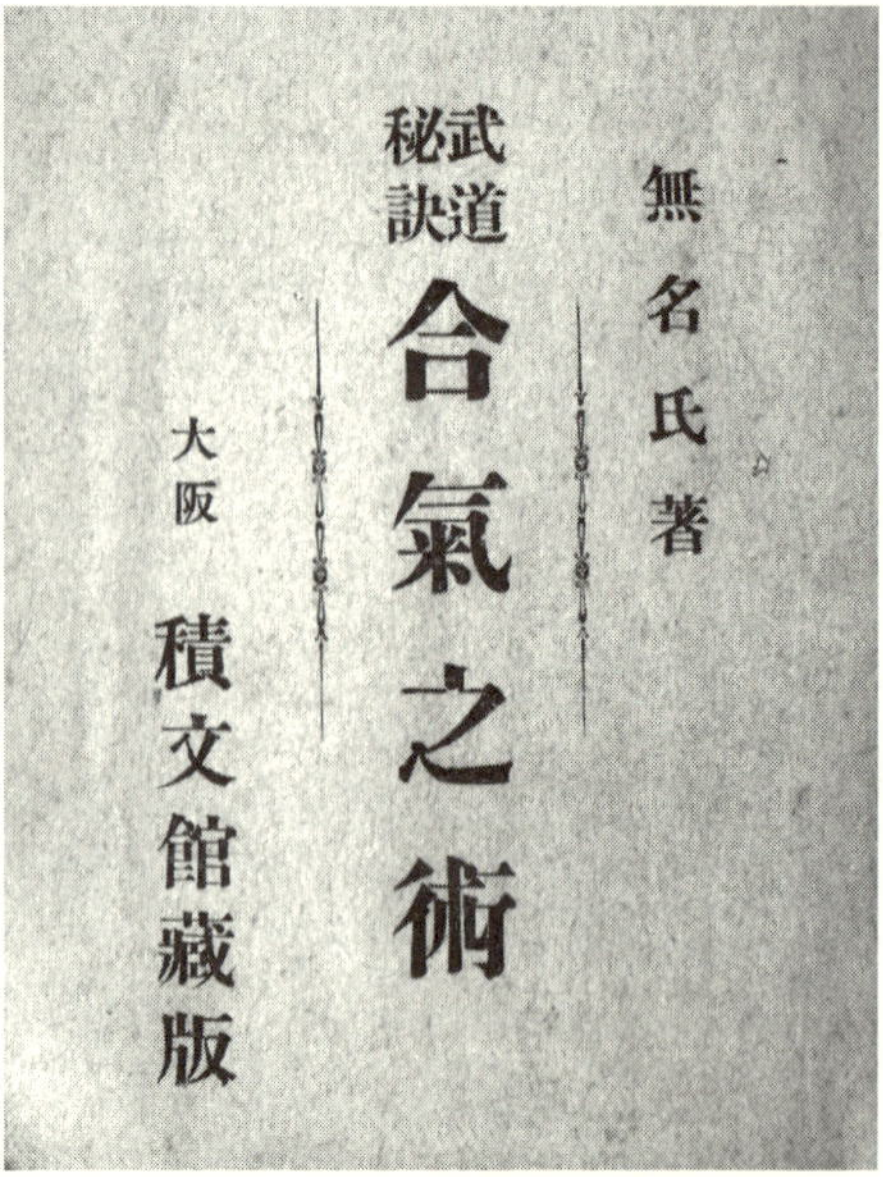
無名氏著

武道秘訣　合氣之術

大阪　積文館藏版

『合氣之術』大正十一年の二十版本
小田原図書館所蔵資料（藤田文庫）

★『合氣之術』の著者の秘密

明治二十五年に発行された『合氣之術』は武骨居士著として発行された。これはペンネームかと思われるが、その割りには同ネーム著の書籍や雑誌記事等は他には全く見当たらず、全く謎の人物であった。ところが明治三十三年に殆ど同一内容の新装版『合氣之術』が出たが、そのおりは「無名氏著」として発行された為、やはり全く謎の人物とされていた。他の著作や文化への露出が全くない為である。

しかしながら此の部分における調査を続ける中、無名氏版本の二十版目が大正十一年に出ており、その重版書を検証すると表扉では初版の「無名氏著」との初版のスタイルをその儘踏襲しながら、奥書にはちゃんと著者の本名が記載されている事が判明した。著者は「近藤嘉三」と言う人で、この人は催眠術研究の草分けであり、その系の著書も多数ある。『魔術と催眠術』や『幻術の理法』『催眠術独習』等が著名である。東洋圏に止まらず古今東西の秘教、神秘伝を探求するオカルトフリークの一人であったのであろう。大正年間の著者名記載（即ち長年の秘密公開）はやや唐突な感じもあるが、明治二十五年の「武骨居士」版を発行してから三十年たち、最期の最期で自己の正体を露にし、老年の魔術師（奇術師）が、その世界の大御所（？）としてサービス種明かしをして見せてくれたと言う事かと思われるのである！?（※）

それはともかく経歴的には確かに武術修学の形跡は殆どないようである。恐らく東西の秘教文献、オカルト本や武侠小説、武芸講談等までを含めて探求し（と言うより多分単に好きで読んでいただけなのかも）、その中から武術秘傳「合氣之術」なるものを抽出し、それに自己の持つ学識を注入、駆使して定義と理論化をなしたと言う事なのだろう。

その種明かしをなした年代が大正十一年七月十日と言うのも何か意味深であり、この年刻月日は丁度大本内において惣角師範と盛平師範が再会し、両者の理念が融合し、正に「合氣柔術」と言う新たな秘密世界への門戸が正に開かれんとしていた刻なのである。これも一つの不可思議連動であるのだろうか。

●上段／『魔術と催眠術』の挿絵

『合氣之術』の方ではなく、同著者の『魔術と催眠術』における挿絵である。「催眠術を行ふたる後、之に魔術を施すの圖」とある。著者にとって、催眠術と云うのは神傳魔術への最初の入り口に過ぎず、本来は魔術や幻術等にこそ強い拘りのある研究者であった様に思われる。

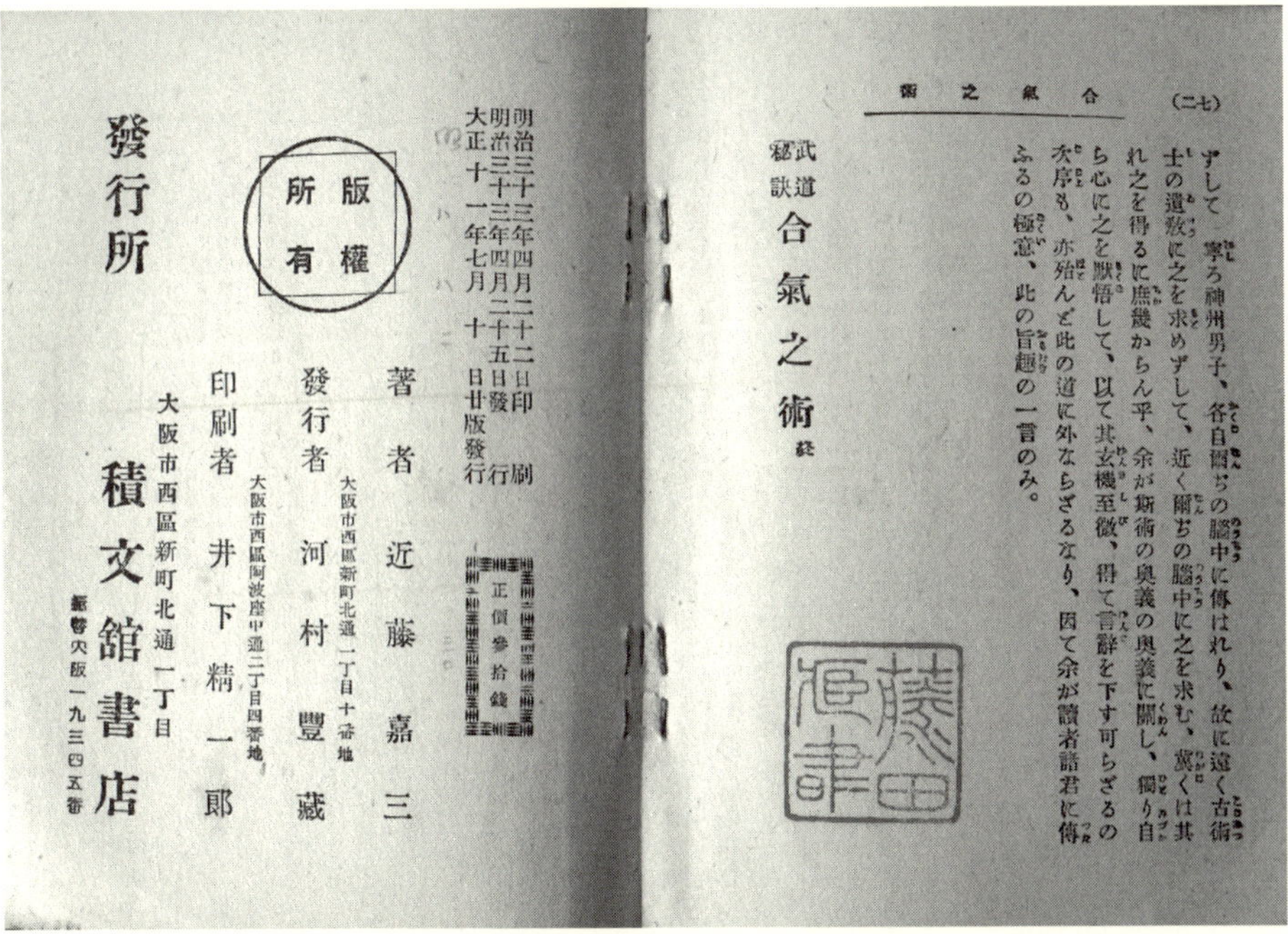

(二七)　合氣之術

ずして寧《むし》ろ神州男子、各自《かくじ》爾ちの腦中に傳はれり、故に遠く古術士の遺敎に之を求めずして、近く爾ちの腦中に之を求む、冀くは其れ之を得るに庶幾からん乎、余が斯術の奥義の奥義に關《くわん》し、獨《ひと》り自ら心に之を默悟して、以て其玄機至微、冉て言辭を下す可らざるの次序も、亦殆んど此の道に外ならざるなり、因て余が讀者諸君に傳《つた》ふるの極意、此の旨趣の一言のみ。

武道秘訣　合氣之術　終

明治三十三年四月二十二日印刷
明治三十三年四月二十五日發行
大正十一年七月十日廿版發行

版權所有

正價參拾錢

著者　近藤嘉三
大阪市西區新町北通一丁目十番地
發行者　河村豐藏
大阪市西區阿波座中通二丁目四番地
印刷者　井下精一郎

發行所
大阪市西區新町北通一丁目
積文館書店
振替大阪一九三四五番

※　厳密には本名の記載が何年における何版刷からなされたのかは未だ不詳である。筆者も心がけるが後世研究者の精査による確定を期待する。

可思議なる武道の極意」として捉えていますが、この時点ではそこまでの技術描写、解説があるわけではありません。

大宮　前の話にも出ましたが、『二島英勇記』における「敵の心をフラスコの如く見る……云々」の解説が「読心術」として解釈できる様に思われるのですが、同書には氣合術的な要素、また「不動金縛」の術技等は確かに余り窺えませんね。笠原某は無三四の攻撃を鍋蓋で受け止めて勝っている。

平上　『二島英勇記』と『合氣之術』の間には講談などのフィルターがあるのかも知れません。

大宮　確かにそうで、「遠當合氣之術」という様な、「合氣之術」を「氣合術」的に理解した物語が当時講談などで既に語られていた可能性が強いです。しかしながら武道極意、玄妙の神術という立場から単にそれのみではないという事で、「氣合術」を含めながらもそれなりのイメージをこの著者は膨らませていったのではないでしょうか。またこの著者は正式に武術などを学んだ事はないといっていますが、同書の前ぶりの解説などを読むと、かなり兵法関係の古典などにも眼を通している様に感じられるのです。この様な点を鑑みますと、中国古典兵法として伝わる『六韜《りくとう》』『三略』などの根底にある、兵法極意的な要素を抽出してそれらしきものとして定義、理論化していったのではないかと思われます。※

平上　中国兵法古典書に記された究極的な兵法極意は「戦わずして勝つ」という事。その為には先ず敵を知る事です。よってこそ兵法書の中には一種の「読心術」などの具体的な方法論までを解説しているものも確かに多々ありましたですね。

『六韜』兵法「竜韜」の秘法

大宮　人心の把握は兵法としての基本中の基本と言えるでしょう。中でも特に『六韜』その中の

※　**兵法と武術**
日本では武術、その代表である剣術を兵法と呼ぶ慣習がある。これは剣術というものを単に技術のみという狭義には解せず、もっと深い極意の世界を欣求した日本武術独特の捉え方であろうかと考えられる。しかし兵法であるならばある程度時間を掛けてでも敵の動向を測り、それに対処する方法を工夫する事ができるが、武術であるならば対した瞬間に敵の心機を捉える事が必要となるだろう。とにかく究極は敵に勝つ事であり、二つの方法論のどちらが欠けても大きな働きはできないという事である。

※　**梅花心易**
中国の邵康節（1011〜1077）によって創案された、筮竹を立てない特殊な易占いの一種。占いの機に応じて顕れる現象界の各事象から自己の五感、六感によって根本となる数字を引き出し八卦に置き換えると言う独特の易占法。名称の由来は開祖が梅の花をみて占機を感じ、そこから易を立てたという逸話による。なんともたわいなく、単なるこじつけ的に感じるのは門外漢たる筆者の僻目《ひがめ》だろうか？　そういえば筮竹を立てるのが鬱陶しいというので十円玉を六枚転がしてそこから易卦を得るやり方を発案した日本の易占師などもかつていた様に思う。

「竜韜《りゅうとう》」には人の心を読む為の実際的な秘法を八つに分けて解説している部分があります……。少し引用してみましょうか。

「士之外貌、中情と相応せざる者、之を知るに八徴有り。一に曰く、これを問うに言を以てして、以て其の詳を観る。二に曰く、之を窮むるに辞を以てして、以て其の変を観る。三に曰く、之に間諜を与えて以て其の誠を観る。四に曰く、明白に顕問して、以てその徳を観る。五に曰く、之を使うに財を以てして、以て其の廉を観る。六に曰く、之を試みるに色を以てして、以て其の貞を観る。七に曰く、之を告ぐるに難を以てして、以て其の勇を観る。八に曰く、之を酔わしむるに酒を以てして、以てその態を観る。八徴皆備えれば則ち賢と不肖が別れる……」

平上　この中でも一や二、八の方法などは自分も門人に良く使っています。……六も用いますね。門人に女性ビギナーの指導をお願いしてセクハラをなすかどうかを判定したりします（笑）。しかしこれらは決して超能力的なものではなく、ある意味かなり科学的な理論と方法論と言えるのではないでしょうか。これも確かに「合氣」の一端ではある。しかしながらやや時間のかかる方法論であり、『合氣之術』が定義した「瞬間読心術」とは若干の距離がある様にも感じられます……。

大宮　惣角師範は集まった門人たちを一目見ただけで彼等の本質を全て見抜いたと言われますからね……。もしこの様な瞬間読心術的なものに最も近い伝統的な秘術を捜すとすると、人相術や梅花心易《ばいかしんえき》※、あるいは氣を観る望氣法《ぼうきほう》※等の分野となりますね。

望氣法とは

平上　氣を観るといえば、氣学という占いがありますが、そうしたものに望氣法は含まれるのですか。

※　**望氣法**
天気を天の雲氣の状況をみて判定する法など、当たり前で基本的な事も含めて色々広い範囲の解釈がある。山師は山の氣で鉱山を探すし、兵法家は地帯の状況、風雨、自然、氣の動きをみて伏兵等を見破らなければならない。そこには火煙鳥獣等の微細な動きの兆候も含めて物理的な洞察ポイントもある事はあるのであるが、また奥には虚実の駆け引き等もありそれほど単純ではない。『三国志演義』において「赤壁の大戦」の後、敗走する曹操は敗路における二筋の選択において、炊煙の昇る華容道を寧ろ選択する。部下が伏兵がいるのではと心配するが、曹操は「お前は兵法を知らんのか」と笑ってそれを諸葛孔明の張った見せかけの煙幕と判断し、寧ろその路こそが安全と踏んだわけである。勿論かくした曹操の兵法力を読み切っていたのが孔明であり、曹操は華容道を得意気に突き進み、関羽と対峙し愕然となるわけである。この様な兵法の深い部分まで鑑みると、単なる物理的な現れのみでは判定できず、最終的には肉眼では見えない心氣の動きを自己の心胸に映し取らねばならないという事となる。

大宮　いや、それは別物です。氣学は九星氣学などともいって、生まれた年月日によってその人の運勢などを占いますが、望氣法とは、山とか、城とかから発している氣を観て、あるいは人の顔とか手などから出ている氣でさまざまな判断をする方法です。

平上　単なる人の氣だけではなく、山師は山の地形を吟味した上で実際の山容を遠望観察し、各山々から立ち上る氣流《オーラ》を観て鉱山を掘りあてるといいますね。嘘みたいな話ですが、実際山からどんな氣が出るのか色付きで図説した秘傳書等も存在しています。しかし如何に具体的に図で示されても氣が実際に観える者でなければかかる秘傳書も全く役に立たない……。

大宮　そこにはやはり氣を検出しうる鋭敏な感覚を磨くための修行やまた口傳、秘傳もあるわけですが、様々な術技も最後はこの様な各人の個人的なセンスや才能が必要となる事も事実であり、確かに誰でも出来ると言うものではありません。

平上　手相学も最初は知識から入る学問の様で、奥に行けばかなり独特の感性を必須とする特殊な術技等も含まれる様になる。それを手相学の中に入れてよいかどうかは少し問題になるでしょうが、対手に両手をださせ、自らがそれに氣を送り、各指の氣からの反応と動きをみて本当の深い所を判別するといいますね。精密な学問体系を備えていると言われる鍼灸術の世界もしかりであり、最初は伝統的な全身のツボの位置と、針の刺し方の技術、口傳、それに付随する様々な用法などを学びます……。そこまでは比較的誰でも学問的な学びを通じて努力すれば到達できる世界ですが、実際的な病気診断法として伝えられる脈診や腹診などは思いの外、結構難しい。勿論それにも基本的な判断基準における教傳等もありますが、実の所そのかなりの部分が感性の世界の体得であり、教えようとしても生半に教えられるものではない。また高貴な方の診断には糸を通して脈をとった※とまで言われます。これも半分神憑った所があるのでしょうけれども、ちゃんと言い伝えられ、また記録もある伝承であり、あながち嘘とも言えない。しかしこの様な事が本当に出来れば正に神業であります。

※　**糸で脈を診る**
糸脈と言われ、漢方医学における診断法の一つで、患者の脈所に絹糸の一端を着け、他端を診断者が持ち、その糸を通じて脈を診断する方法。身分が高く、直接身体に触れる事ができない方のために施行された方法といわれるが、糸電話の原理だろうか？　また「糸脈を引く」いう言葉もあるが、これは要するに「相手の様子を窺う事」をいう。敵の心身の動向を図り見る武術極意の表現として正にふさわしい。ただ筆者は鍼灸医法については専門外なので、不見識な部分があるかも知れない。ひょっとしたら何か独特の奥深い心法や口傳、秘傳技術等があるのかも知れない。

大宮　外面的な形は学問的に教えられますが、最後の最後は個人的な才能、感性の世界となり、それを通じて学問の限界を超えて行かなければ真の治療は畢竟不可能なのだと思います。武術の世界もそうではないですか。

平上　才能のないものでも伝統的な古傳形を通じてかなりの奥の世界に入って行ける。それが古傳武術の素晴らしい所ではありますが、本当の武術の奥の奥の世界、特殊な才能なくしては入っていけない、会得の極めて難しい超絶奥義世界がある事は確かに事実であります……。

伝授系

大宮　それはともかく実際に学んで皆が出来るかどうかは別として、その教え自体と技術傳は神道系や忍術などの系統でもある程度のものが伝わっています。惣角師範は西郷頼母からこれらの神法、古代兵法の秘傳極意も柔術と並行して伝授されていたのではないでしょうか。西郷頼母は実際に長沼流兵法※の継承者であるとされておりますし、また神主であるのですからその様な神傳秘法をある程度体得していた事は想定できます。

それはともかく実をいえば、それらの方術も古伝兵法の具体的な技術論や奥義的な思想、技術体系などの延長線上にあるものであり、実際上は併用して用いるもので、実際高名な兵法家は皆大体は方術家でもあったわけです。

平上　『三国志演義』では諸葛孔明は単なる兵法家と言うよりも鬼神や風天までを操る正に神仙方術の超人の様にも描かれています。※しかしながら兵法と方術は中国においてのある時期から合流したのであり、古代世界では両者は本来別々の存在ではなかったのでしょうか。

古い中華の兵法書を読んでみるとかなり科学的に書かれており現在でもそのまま通用し、真に学ぶ点が多い。故にこそ『孫子』や『呉子』の兵法が今日でも高く評価されているのだと思います。

※　**長沼流兵法**
江戸初期に長沼澹斎が武田流を基本として新しく開いた兵法流儀。1666年頃に著された『兵要録』『握奇八陣集解』等が遺る。長篠の戦いで火力（鉄砲等）に破れた事を教訓にした為か、火力を重視した新鋭の兵法となっている。その長沼流の伝承者が素手武術の大東流を伝えたとすれば、これは一種の皮肉であり、また大矛盾の様に言われるかも知れない。しかしながら長沼流は同時に「臨機応変の対応」も強調しており、兵法の奥義に達すれば矛盾でも何でもなく、時代に応じた当然の対応ともいえるのではなかろうか。

※　**諸葛孔明の方術**
『三国志演義』は小説なので虚飾も多く、ある程度孔明を神秘的にも描いているが、良く読むと孔明の兵法は真に合理的かつ科学的であり、伝統的兵法の系脈をちゃんと引いた大天才である事が分かる。しかしながらそれに加え神仙方術の外飾を敵の目を欺くために巧みに利用もしており、ここら辺が伝統兵法を超えた所のより深い工夫といえるだろう。

大宮　古代中国では兵家と法家、陰陽家など比較的明確に分かれていたが、それは時代を経るに従いそれぞれが合流してまた大きな流れとなって行ったというわけなのですね。

武經七書

平上　古代中国兵法書と言えば古来から「武經七書」と言って、『孫子』『呉子』『尉繚子《うつりょうし》』『六韜』『三略』『司馬法』『李衛公問答』などが著名ですが、その殆ど、特に年代の古いものは驚いた事にかなり合理的で真に科学的な著述であり、方術系の流れに余り染まっていません。『尉繚子※』などでは方術を排斥した記述までもがみられます。

しかし年代的に少し下った最後の『李衛公問答※』辺りになってくると完全には方術を否定せず、それも遣い様であり、方術を心理的にでも利用しようという教えとなっている。つまり確かに中国の古代兵法はある時期において方術が次第に混入し、それが日本にも影響を与えた……。後世の日本で醸成した精緻と複雑を極めた流儀兵法はかくした科学的な論説を基盤としながらも、その奥には意外なほど神秘的な方術までもが多く導入されている。甲州流軍などもしかりでありますが、その様な古伝兵法系に伝わる神法、方術を惣角師範も大いに受け継いでいたのかも分かりません。

大宮　『六韜』などには既に「日月星辰酌斗《にちげつせいしんしゃくと》」を味方に就ける天の利についての解説があります。ただこれらは太陽に直接向かわず、背を向けて戦うと言う様な天文を利した具体的かつ合理的な教えであった可能性が高いです。それを後の軍学者、例えば諸葛孔明などがより深い精神的な教えや方位学的な方術に解釈、昇華したと言う事ではないでしょうか※。

平上　古代兵法が既に科学的かつ合理的な教えを伝えておりながら、それが時代が下り、次第に呪術的になってゆくのが何か非常に不思議な感じがするのですが、この点如何でしょう？

※『**尉繚子**』
古代支那戦国期、魏の兵法家尉繚の兵法書。合理的かつ現実的な兵法を提唱し、書き出し部分にて既に天文方位、占いなんぞに頼るより人事を尽くす事の重要性を説いている。

※『**李衛公問答**』
唐末から宋代に著された中華武經七書の最後を飾る兵法書。占星術、方位、陰陽説等に頼る事を基本的に戒めながら、それらの占い系アイテムも、下級の者たちを使いこなす為、また兵隊の士気を鼓舞する為に有効な事有りと説き、豊富な例証を挙げる。利用できるものは何でも利用するという事で、これもまた徹底的な合理主義であるともいえるであろう。

科学の限界

大宮　森羅万象の種々相、歪みや諸問題が科学的あるいは合理的な判断で全て解決するならばそれに越した事はありません。しかしながら如何に最新医学の高度な治療法を施術しても治らない病気もあるし、またスーパーコンピューターを駆使しても人の運命は完全には把握できる事ではありません。いや分からない、捉えきれない部分、現代医学でも治療法が確立されていない病気の方が遥かに多いのではないでしょうか。だからどれだけ医学が進んでも民間療法的なものは廃れる事なく、逆に大きな効果を上げる事もあり、最新医学の中に逆に採り入れられたりもします。古代兵法、特に孫子、呉子の時代は確かに合理的で科学的な教えで良かったのかも知れませんが、考えてみればそれが一般に浸透し、各国の軍師たちが同じ様な巧緻《こうち》な兵法を会得してしまっていたとしたら、これはまた古代兵法のみを以て有利に戦う事はかなり難しくなります。言わばこれは「合氣」の状態になるわけですが、故にこそこの様な膠着状態を打ち破って行く方法論が求められ、本来科学的であらねばならない兵法に方術の傳が混入してきたとも考えられるわけです。

平上　「彼を知り己を知らば百戦殆《あやう》うからず」と『孫子兵法』の著者は断言しました。確かにこれは究極の真理であるのかも知れませんが、しかしながらこの前提は最初の最初から極めて難度が高く、実際的には自己も敵も、その力量を完全に計る事など、そう簡単に出来る事ではそもそもなかった。また物の本質を識《し》る事という行為には、その事自体がその対象物自体の本質を自ずから変えてしまうという極めて逆転的な真に不思議な性質があります。「孫子」の理論はニュートン物理学の世界としての大まかな正しさはあるが、量子力学の世界ではひっくり返る可能性もある。どんなに智恵と知識を絞っても場合によっては乾坤一擲の勝負にでなければならない場合もあるのが戦国武将たちの宿命《さだめ》ではありました。よってこそそこに勇気を鼓舞し、また精神力のぎりぎりの極所で、運命の扉の向こう側を見通す「天眼通」の様なものを方術の世界に求めたの

※　**孔明兵法**

孔明兵法における評価の再論になるが少し考察してみよう。『三国志演義』では姜維に自己の兵法の極意書『兵法二十四編』を託した事になっているが、小説上のフィクションであるのか、或いは戦火によって焼失してしまったのか、また或いは未だ某所に秘蔵されて公開されないままであるのだろうか？　残念ながら正真といえる孔明著の兵法書は発見されておらず、孔明兵法の真の内容はいま一つ定かではない。しかし後世に作られた偽書と言われる幾つか兵法書の内容を含め、『三国志演義』にて七星壇で方術儀式を行う孔明は真にかっこよく、また延命にやはり驚異の超絶方術をなす最期の孔明の姿も真に鬼気迫りたるものがある。この様な神秘的な方術を自在に振う妖しきスタイルこそが現代にまで名を轟かせる天才軍師諸葛孔明のイメージだろう。

現存する「出師表」などをみると真に名文である。そして極めて有能な政治家でもあった。しかしまた『孫子』『呉子』の時代と違い、道教説を利用した様な様々な方術文化も醸成しており、優れた兵法家としてあらゆるものを巧みに、臨機応変に取り入れて自己の兵法を高め、他系文化もふくめて全て利用しようとしたのだろうと思われるのである。

も無理からぬ事であったのかもわかりません。

大宮　明治の時代に、易聖として知られる高島嘉右衛門※は「易を信じないのは馬鹿だが、易を全てと考えて全て信じる者もまた馬鹿だ」といっていますが、その順逆正にその通りです。兵法の根本には科学的な分析が確かに必要かつ重要でありますが、方術傳はその果てにある科学の及ばぬ世界に入ってゆく為の最後の方法論であり、これを完全否定する事はまた出来ない相談なのです。

平上　武術傳も同じですね。初傳、中傳、奥傳と合理的な武術技法を学び、敵を倒す巧妙精緻なる技術群を学びますが、最後の最後は肉体ではなく精神と精神の戦いになる。実際武術秘傳書の最後には多くの流儀が密教や方術の教えを採り入れ、精神の世界と繋がる様に仕組まれている……。

大宮　武骨氏が武術系の技術や文化を本当に学んだ事がないのかどうかは別として、いろいろな古典籍を読んでかなり深い所まで勉強はしていたのではないでしょうか。そして古代兵法や方術系に伝わる奥義的な理論と実際的な武道の技術が究極の武術極意「合氣之術」のイメージとして結実したという事なんでしょうね。

大東流の古典

平上　惣角師範による大東流の公開が明治三十一年から始まった事はほぼ間違いないと思われるのですが、それではその時点を起点として次の段階の伝承の推移について考えたいと思います。

大宮　明治年間後期に恐らく東北辺りで伝授されたのは、古典的にして古流柔術の一流儀としての大東流柔術そのものであったと思われます。つまりそのおりは特に「合氣」という様な観念は余りなく、用語としても未だ使用していなかった可能性が高いと思われます。

※　**高島嘉右衛門**（1832〜1914）
幕末から明治に掛けて活躍した実業家であるが、同時に易聖とまで激賞された天才易断師でもあった。今日易占の殆どが「高島易断」の看板をあげ、その系を引いている事を全面に押しだしているのは、如何にこの世界において彼が巨人であったかを物語っている。多くの未来を易断にて的中させたが、特に伊藤博文の暗殺を予言し、暗殺者の名前まで的中させた事は余りにも著名である。しかし予言しながらもその運命を良き方に転化する事ができなかった事にも注意しなければならない。普通占い等の予言判定法は的中成功部分が喧伝される事が多いが、本来は同時に多くの失敗も裏に存在するだろうかとは思うのである。そして高島嘉右衛門の実体は飽くまで実業家であり、職業易者ではなく、決してなろうとはしなかったのである。

平上　そうですね。ただ先生の今の発言は大東流史の深い所に関わる重大な意味を秘めており、その事に触れなければその奥の意味合いが理解出来ないのではないかと思うのですが。

大宮　そうでした。つまり大東流の大きな問題は現存する大東流と言う武術の内容が各系様々な内容をもち、それぞれかなりの異同があると言う事、そしてより問題なのは伝承されたものが大東流に伝えられた伝書類と内容的にかなり相違があると言う事なんですね。

さて、ここで先生にお尋ねしたいのは古流武術と言う立場において実際の伝承と伝授された伝書の内容が相違する……つまり記された手順通りに教傳しないと言う事があるものであろうかと言う事なのですが、この点いかがでしょうか。

伝書との相違

平上　それは……、その解答は「有るけれども無い……」と言う事でしょうね（笑）。つまりこれは時代的な問題としても分別して解答しなければなりませんが、先ず現存の技術内容と開祖の時代の伝書に顕れた内容との比較と言う事を考えてみましょう。※ この場合、かなり両者の内容に相違ある事は結構多いです。つまり古流武術の永い伝流の歴史の中でかなり内容が変容する事もあると言う事です。そしてまた初代では未だ完全な体系が完成せず、二代、三代目でやっと完成すると言う事もあると思います。※ そして初代が打ち立てた体系が永い傳流の中で時代に合わせてかなり変容する可能性もあるでしょうね。しかしながらお尋ねの件は何百年前の伝書の事を言うのではなく、授けられた伝書と伝授された内容の問題かと思います。しかしその判定の前の段階として、授けられた伝書ではなく、また元祖時代でもなく、江戸末期から明治大正にかけて作成された、現代とかなり近い時代の秘傳書と現代に現存する技法の比較と言う事を考えてみましょうか……。ところがこれこそが正に「有るけど無い」と言う立場なんですね。

※　**伝書と伝承内容の相違の問題**
現代において、仮令古武道と言われるものを学び初めても、多くの場合伝授巻等の授与は現代では殆ど行われておらず、大体においては段級で位付けされる事になる。しかし古武道と名乗る以上は江戸期の伝書類が本来存在するはずであり、探索してみると自己の学んでいる事とかなりの相違を発見する事もあり、もしくは全く異質か、また場合においては江戸期の伝書類がそもそも最初から存在しない場合まであるだろう。これが現代における多くの古武道の実体ではあるが、しかしこの様なものは古武道と定義する事は常識的にはできないと言える。

※　**三代目での完成**
竹内流の開祖は竹内久盛であるが、現存する竹内流武術の膨大な体系が開祖の時代から全て存在したのではなく、二代目久勝、三代目久吉までの三代に渡る武者修行や真剣勝負を通じての業績により概ねの部分が体系化されたと言われる。新陰流も上泉伊勢守から柳生石舟斎、柳生宗矩の三代に至る過程で体系も整い、深い精神文化が付加されていったのである。

大宮　その意を分かりやすく解説お願いします。

平上　江戸末期の頃の伝書の内容がそれぞれの流儀の古武道としての最終的な御姿《みすがた》であり、それに合致してこそ正統なる古流武術、古武道と言えるでしょう。しかしながら、現在古武道を名乗る各流派においてもこれが結構相違ある場合があり、多くの変容と失伝が認められる流儀も残念ながら多いです。中には全く異質になってしまっている流儀も結構あるかも知れない……。だから、かかる流儀も「あると言えばある」……。しかしながらこれは些か拙い話であり、古流武術研究の立場からはやはりこれは認めがたい。結論的にはこれは古武道ではなく、伝統武術と言う立場からは別流儀と捉えるしかありません。と言う事はやはり「有るけれども無い」と言う事になるのです。

大宮　なるほど先生は江戸期の体系と余りにかけ離れた内容の流儀は古武道しては認められないと言う立場を採られるわけですね。

平上　そして先生が先程提示された問題は、授けられた伝書と伝授された内容がほとんど異質な場合なんですが、これはより厳しい条件と立場となってしまいます。そして大東流には古流武術としての立場からはより難しい問題が多々ある……。

大宮　ご指摘のほどをお願いします。

平上　現在の大東流は殆ど全ての古伝武術が流儀の核とする所の所作、礼式を伴った固定的な法形稽古法※が殆ど伝えられておらず、技の応酬で技術伝授されると言う実体です。これでは日本の伝統的なる古流武術としての体《てい》を全くなしていない。勿論現在では他の古流武術のステージに合わせた形体系も整えられて伝えられる向きもありますが、しかしその体系も近年に整理されたものであると考えられますから、これでは古流武術の範疇に入れる事はかなり難しいのではないかと思います。この点については大東流を伝える各師範方の中には「大東流は古武道ではないし、また古武道である必要もない」と断じられる師範もおられます。これはこれで現在の大東流の実

※　**法形稽古法**
日本の武術は万余の流儀を輩出し、多様な文化を編んだが、伝統とは何かを考えた時、その多くの流儀を貫く共通因子（エートス）があるはずである。明治以降の武道の多くは確かに競技化や組織化等の新たな要素が付加され、古典武術文化との相違をみせるが、稽古法の核として古式礼法に法った形稽古方式を大体は踏襲している。講道館柔道は勿論、剣道、薙刀、そして空手道もしかりである。しかし形を持たない合気道を代表とする合氣系武道は日本の武術伝統史の中では新しい方式の文化であると言えるであろう。また逆からみると日本武術史において厳密な形伝授方式が整えられるのは鎌倉期以降にかけてと考えると、寧ろ合氣系武術はより古い形式の武道形態であるとも言えるであろう。

態、現状を考えた時は当然かつ妥当な捉え方、認識であると思います。

大宮　現在における大東流がそうであるにしろ、実際において、大東流に江戸時代に遡る様な古典体系は存在したのか、それは現存する秘傳書と合致する内容であったのかどうかなどという事を知るためには、明治時代に東北において行われた伝授の實相と言うものが重要だと言う事になりますね。

平上　全くおっしゃる通りだと思います。ただ極めて残念ながら明治年間に伝授した系統※が現在全て絶え、原初的に伝授された大東流の本質を窺う事が極めて困難となっています。しかしこの事に関してはまた後に詳細に検討する事を予定して、大東流と「合氣」との関わりというものをやはり探求してみたいと思います。

大宮　明治後期は武田惣角師範は東北の各所で指導されていた様ですが、やがて時代は大正年間に入ります。この時期、武田惣角師範はかつての弟子に招かれて北海道に入り、道内各地の警察などで指導していました。そして大正四年に北海道遠軽の地において後に合気道元祖となった植芝盛平師範と運命的な邂逅を果たす事となるわけです。

平上　当時の大東流は旅館やその他私宅、或いは私設道場等を利用して希望者を募り、比較的高額※な教授料にて講習会式に技の伝授が行われた様ですね。植芝盛平師範もその様な形で大東流を学んだわけですが、この時は既に大東流の教傳法は護身術的な技を主体とし、実際技法を比較的ランダムに伝授して行くもので、基本的に乱取もなく、古式柔術の伝統的な稽古法とは大いに相違していました。そしてこの形態が現代の合気道の基本的な教授方式に影を落としているのではないかと私は思います。

大宮　確かに、大正四年の時期は武田惣角師範は、大東流柔術本部長を名乗り、大東流柔術を伝えておりました。その同流の当時の技法と稽古法を骨格として、後に植芝師範が合気道を創始したわけですからね。

※　**明治の大東流の系脈**

明治三十一年以前は撃剣を教授していたのみである為か、当時の門人の系脈は皆無である。三十一年以降は東北あたりで大東流を教授し大東流伝書を発行していた様であり、同地で当時の古い伝書類が散見され、当時教えた門人が次代に伝えた系脈もある程度存在していた。しかし残念ながら今日まで傳を繋いだ系は現存しない。ただ当時の傳脈にて作成された記録文書は僅かながら残り、当時の伝承内容をある程度窺う事は可能である。

※　**大東流の受講料**

良く「一技数百円云々」と当時の教授料の法外なる高額ぶりが伝えられる向きがあるが、『英名録』『謝礼録』等の記録によると、当時は十日間の旅館等における講習を通じて一般人は十円（警察関係者は五円）ほどで教授していた様である。当時の物価を鑑みて、三千倍（明治三十年頃で3800倍程とするデータ有り）したとしても三万円であり、一日三千円計算となる。武術講習会的性格、また旅館代などを考慮に入れるとさほど高額とは言えず、それより先に、とにかく人が集まって来るのである以上、決して法外な額とは言われない。ただ十日稽古で伝書（最初は『秘傳目録』）発行までゆくのか？　それとも十日×何回か必要で巻物代はまた別なのか？　何かまだまだ計算に曖昧な部分が残る。

合氣柔術の名乗りの時期

平上　その大正年間に教授された「大東流柔術」なるものの本質はかなり微妙で、此処には大きな問題と事実齟齬、驚愕の落とし穴があるのですが、この事は重大過ぎ、またかなり別件の話となりますので、取り敢えずは棚上げをして置き、元筋の話を進めましょう。

さてさてそれでは問題はいつの時期からその大東流柔術が「大東流合氣柔術」になったのかと言う事なんですが、これが中々に難題です。何故にそうなったのかと言う事も含めて……。

大宮　これにもいくつかの説があります。一説では大正十一年頃、大本教の元で大東流柔術を教えていた植芝盛平師範を訪ねて武田惣角師範が来訪しますが、そのおりに大本教の聖師、出口王仁三郎※が「合氣」のワードを被せるよう提案した。そしてその提案に対し、植芝師範は勿論として惣角師範も諒としたといわれます。※

平上　王仁三郎は武道家ではありませんが、宗教家であり、そして大変な勉強家でもありますから武術は稽古していなくとも『合氣之術』の書籍などにも眼を通し、その概念は捉えていたのでしょうね。また先程も話が出ていた様に、武田惣角師範が瞬間的に門人の社会的地位や心を見抜いたり、また触れたのみで相手を動けなくしたり色々不思議な事をなすので、単なる柔術の達人というよりも「合氣之術」の遣い手と当時見られていたという話があります。ですから、惣角師範自身がそう人からいわれる事によって、その様な玄妙な技を説明するのに「合氣」「合氣術」というワードを当時ある程度使っていたとしてもおかしくないのかもしれません。

大宮　そうですね、ただ王仁三郎が「合氣」の発案者であるという事はこれは一説であり、「当時の厳しい師弟関係を考えた時、ありえ難いのでは」とする否定的な捉え方もあります。

いま一つ、大東流には元々「柔術」と「合氣柔術」の別体系の教えがあったと謂う説もいわれます。

そしてまた、いまご指摘の様に盛平師範や王仁三郎が介入する以前から惣角師範は「合氣」とい

※　**出口王仁三郎**（1871〜1948）
明治にできた新宗教「大本教」の開祖出口なおの娘、すみと結婚、婿入りし、大本教の教義を整備し同教を巨大な宗教団体に発展させた。霊能力者であったと言われ、多くの預言なども残しているが、こういった霊的側面は別として、とにかく非常な勉強家であり、当時においても超一流の文化人であり、そしてまた大芸術家でもあった。とにかくかなり超絶的で多才な人であった事は事実である。大東流との関わりは、大正十一年に植芝盛平を通じて武田惣角を招き、大本教信者の中で希望者を募って大東流の教傳会を開いた事である。後に「生長の家」を開いた谷口雅春氏などもこのおりに受講しており、谷口氏の後年の著作にも合氣柔術に若干触れた下りがいくつかある。という事はやはり大正十一年の時点で、大東流は柔術ではなく、「合氣柔術」に転化していた事になる。そしてまたここで、その「合氣」のワードの冠した「合氣柔術」との命名の発案者が出口王仁三郎であったという説があり、神秘家としての同氏の立場や深い教養等を鑑みると確かにあり得る事であるが、現在の所この説においては植芝吉祥丸氏、井上方軒氏等の聞き書き位しか証左がなく中々に微妙であり、何とも確定し難いというのが実状である。

う語を用いて指導していたという論もあります。つまり技法伝授の場において、大正の初期から既に「(ここで) アイキをかける」という様な説明があったと言われています。

平上　その様な論説がある事は勿論承知しておりますが、これにも色々疑点が残り中々微妙であります。先ず何よりも、その「アイキ」の書き込みが出て来ると言う第一次史料の真影、写真等の一葉も何も全く提示されておらず、伝聞情報のみと言うのでは、それは何の証にもなっていません。そしてまた明治年間には『合氣之術』の存在は書籍を通じて一般にも既に知られており、惣角師範もある程度認識していた可能性はかなりあるのではないかと思います。よって仮令《たとい》惣角師範が「これぞ合氣術」と謂う様な事を言ったり、技法説明にある程度用いた事があるとしても、それがどの様な意味合いで、またどの様な言葉遣いで用いられたのかはかなり微妙な部分があるのではないでしょうか。というのは「合氣をかける」という謂そのものが近年にいわれる所の「合氣とは敵の力を無力化する技法」とする論説と大分違和感がある様に思われるのです。

大宮　確かに、現在においては、合氣というのは一種の技術であり、具体的な術理という風に解釈されていますが、その当時においても同様に考えられていたとするならば、むしろ「合氣を用いる」という謂が使われていたかもしれません。

平上　そうです。この点こそが微妙ながらも大変に重要な注目すべき部位であると思います。つまりそれが何故に「合氣をかける」なのかという事。当時における「合氣」は正に武骨居士氏の定義する所の「合氣之術」における「合氣(氣合)」であったのではないでしょうか。その論は先程先生に解説して頂いた様に「氣合術」と「敵人読心術」を掛け合わせた様な不思議な技術で、「瞬間催眠術」的な説明もされておりますし、また同書では「合氣」を「奥妙の氣合」という風にも解説しています。だからこそその立場において正に「アイキをかける」という事であったのでないでしょうか。

……いやそんな論議以前に問題、大問題なのは、この時期の大東流において意味合いの多少の異

※　**武田惣角と植芝盛平との関係**
武田惣角と植芝盛平はいうまでもなく基本的には師弟関係であり、指南した万余に及ぶ門弟たちの中の一人である事は事実である。しかしながらここで一歩踏み込んで考えると、万余の門人たちの中で殆ど唯一植芝盛平のみが武田惣角と同じく、職業武術家であったという事を指摘しておくべきであろうかと思う。他の門人の中にも確かに道場を開いて後進をある程度指導した武術師範もいたが、しかし武術指導において完全にプロとなった者は盛平のみである(強いてあげれば後、奥山龍峰師範がいる。但し奥山師範は本来松田敏美師範の門人で、惣角師範に学んだのは惣角師範のかなり晩年の極短期間のみである)。

同はともかくとして「合氣」のワードが本当に用いられていたかどうかという事なのです。

大宮　それはどういう意味でしょうか。

ワードの使用

平上　明治や大正初期頃の伝授の實相がいま一つ明確ではないのですが、明治年間の大東流伝書資料やまた当時学んだ各門弟が残した資料、少なくとも公刊されたり、原本までが公開されて今日ちゃんと年代の判定の可能となっている資料群の中には「合氣」のワードは全く現れていないのではないでしょうか。また明治期に伝を受けた各師範が伝えた技術傳をみても、今日的に言われる様な独特の合氣的な技法は未だ行われていなかったと思います。そして西郷四郎伝説の中にも……。

大宮　明治年間に伝を受けた佐藤完實※は『女子護身術』を残し、同じく最古参の門人ともいえる川俣興造※が『護身術教授書』を著しましたが、両書ともに「合氣」のワードや合氣的手法は殆ど見られない事は事実です。また島津先生が発掘された東北の大東流の覚書資料、また別系の当時の大東流を学んだ者がその内容を記録した『大東流柔術獨覺』と云うかなり珍しい資料等も存在し、これは神縁あって現在私がお預かり致しております。しかしこれらもやはり「柔術」の資料であって、内容的にも「合氣」の語は現れてはいません。

「合氣柔術」伝書の初出

平上　確実な資料として、大東流において「合氣」の語を見る事のできるのは、私の知る範囲では昭和初期に作成されたと考えられる『大東流合氣柔術秘奥儀之事※』の傳位からではないかと思

※　**佐藤完實**
武田惣角師範の古い門人。大正六年に『女子練胆法及護身術』を刊行（共著）。明治期に大東流の教傳を受けた者の中で技術傳の解説書を著した数少ない師範の一人。

※　**川俣興造**
山形にて明治三十九年以降、何度か武田惣角に指導を受けた同地の武術家。著書に『極意秘傳護身術教授書』があり、同書の内容は大東流の古伝形における貴重な記録文献となっている。

うのですが。

大宮　えっ、いや少し待って下さい。大正年間に発行された「合氣之術裏表参拾ヶ條」の記載のある『合氣柔術秘傳奥儀之事』の伝書目録が現在植芝家に残されていますよ。

平上　そうですね。その存在は勿論承知しておりますが、しかしこれは大東流側というより合気道側の資料であると思います。逆にいえば、故にこそ確かに盛平師範や王仁三郎との邂逅により大東流に合氣のワードや観念が混入したと言う一つの証左といえるのではないでしょうか。

大宮　植芝家に残った資料といえども大正年間のものであり、当時の植芝師範は大東流の師範でもあり、やはりこれらは大東流としての資料といえるのではありませんか。

平上　ある程度しかりではありますが、この分明は非常に重要な箇所であり、判定を誤ってはならない部位であろうかと私は考えます。つまり一ついえる事は確かに盛平師範（もしくは出口聖師）は大東流に「合氣」の観念を入れようとはし、その意を惣角師範もある程度は受けいれて、当時にそれなりの文書も作成されたかと思います。実際その様な伝書が植芝家に現存している事は事実です。また確かに同時期（大正十一年）における英名録への書き込みに少なくとも盛平師範の項は「合氣柔術」と言う様な書き込みがある事も承知しております。しかしながらこれは盛平師範の思惑や意向、熱望による、かなり想いの詰まった記述であると解釈する事ができるのではないでしょうか。この様な部分を勿論惣角師範は受けいれたと言う事ではありますが、しかしながら大東流自体が本当の意味で「大東流合氣柔術」として変身、編成し直されるのにはいま少しの時間経過と惣角師範自身の意識変革がどうしても必要であり、それが昭和初期に至ってやっと同流三巻目の秘傳書『大東流合氣柔術秘奥儀之事』として結実し、また惣角師範の肩書も「大東流柔術本部長」から「大東流合氣柔術総務長」などと転化していったと考えられるのです。

※　**『大東流合氣柔術秘奥儀之事』**　大東流伝書の伝授列位からは第三巻目の伝書であり、この伝書から「合氣柔術」の名乗りがある。そして技術解説の中に「合氣」の用語が用いられた。

『秘傳目録』『秘傳奥儀之事』の二巻は明治三十年代初頭に既に完成されているので、この二巻の作成者が西郷頼母であるとするならば、頼母を離れた立場で作成された初めての伝書と言える。

最初に作成された時期は中々微妙で昭和初頭頃とみられるが確定には至っていない。昭和九年頃から昭和十七年発行のものなど、ある程度の数の『秘奥儀之事』伝書をみてきたが、その内容には少しづつの変容がある。伝書の根幹部位の初作はその少し前位なのではなかろうか。多分昭和六年～九年の中間位に出来たかと思われる。

昭和九年発行の段階でほぼ基本的スタイルは完成しているが、後のものは少しづつのバージョンアップなどがあり、細かい付加傳等が多少ある。そして初期の『秘奥儀之事』には「合氣二刀剣」の解説をみる事が出来ない。

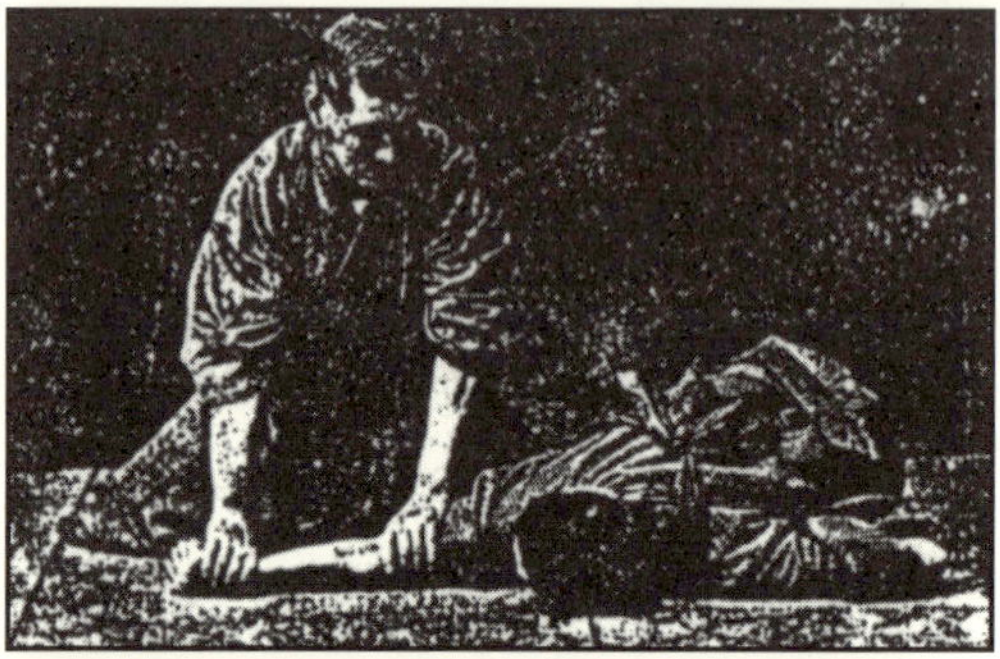

★『極意秘傳護身術教授書』

川俣興造師範が昭和七年に著した写真入り柔術技法解説書。流儀名の記載はないが著者は武田惣角師範に明治三十九年に入門し、古い時期の大東流柔術を修めたのではないかと考えられる武術家である。そして同書には正に古傳的な大東流体系が現れており、極めて貴重な柔術技法解説書籍となっている。明治期の大東流の技法内容を窺える武術書籍としては佐藤完實の『女子護身術』と同書位しかない。そして両書共に「護身術」を称えており、当時の大東流は「護身術」をかなりの表看板としていたと考えられる。それが同流伝書『秘傳奥儀之事』の「御信用之手」との文言に影を落としたと云う事かと思われるのである。即ち惣角師範が強調、連呼したであろう「護身術」「護身用の手」と云う言葉の謂が伝書として他者の耳と手を通じてテキスト化したわけである。

要するに当時の惣角師範は「護身」のワードを多用した事は間違いないと思われるが、「合氣」の事の言及については感知できない。実際その様な文証は全くといって良い程存在しておらず、そして同書にも勿論「合氣」ワードは出てこない。技術傳においても両手取りからの「投げ放ち」の技はあるが、敵を掴み返して投げる一般的な柔術技法となっている。やはり敵の掴みの接点を利用して、敵を掴まずに投げ飛ばす、所謂「合氣投げ」のアイデアは当時の大東流にはなかったかと考えられる……？　少なくとも同書には現れてはいないのである。

勿論「合氣上」は出てこず、最初手は「一本捕り」となっており、これは正に古典大東流の第一條そのものである。

技術の細部においても佐藤完實本のやり方と概ね共通しており、後年における裏表展開や、當身傳、膝行等が付加された後代のやり方とはかなり異質の、古式にして古朴な技術傳となっている。

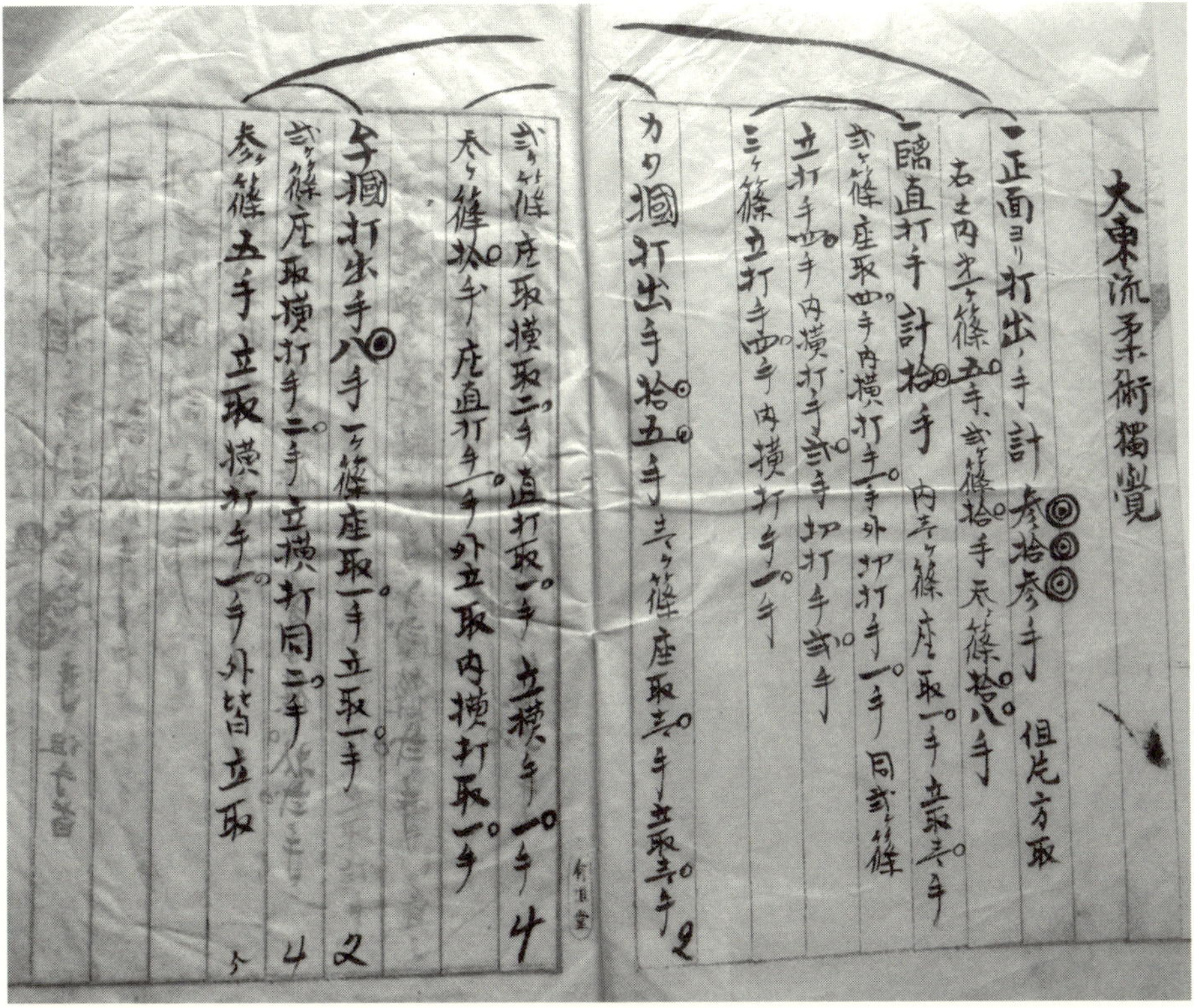

★『大東流柔術獨覺』

かなり古い時期に記されたと思われる大東流の技法覚書文書である。恐らく講習会参加者が学習内容を備忘録として記載したものなのであろう。当時の講習会方式での教傳内容の本質を彷彿とさせる部分がある。

しかしながら、「当時」といっても年代記載がないので修学と文書作成の時期が不詳である。

ともあれ「柔術」とあるので、やはりある程度古い時期の大東流文書である事は間違いない。ただ技法分類として一ヶ條、二ヶ條、参ヶ條と各箇條を手数で分類している風もあり、大東流の技法教傳の体系化がある程度進んだ時期であると推測できる。そして四ヶ條の部分がない事も注目点であり、ここから作成期の大まかな推定は可能である。しかしながらこれは大東流体系形成における重大な謎の潜む部分であるとも言えるので発言は慎重を期したい。

そして「胸取り」や「両手取り」、また「片手胸取り打ち込み」等、取り口を分け、その内容に対する詳しい技法分類がある事も重要である。この様な分類法がある時期からの大東流でなされたと云う事である。

武術専門用語は殆ど用いられておらず、武術初心者か、少なくとも柔術未学者が作成した資料かと思われる。そして同文書には「合氣」のワードは皆無である事も注目したい。

大東流体系の変遷について、少し解説したい所ではあるが、この部分の解析をなすとその為の準備作業が膨大になりすぎ本書では収拾が付かなくなる可能性があるので、かくした作業は次回の大東流体系の解析書に期す事としよう。

肩書

大宮　惣角師範の肩書の変化も微妙なものがあり、確かに年代的にも前後混在しております。昭和の年代の伝書を見てみますと「大東流柔術本部長」を名乗ったり「大東流合氣柔術総務長」を称したり、また「大東流合氣之柔術総務長」と言う様な落款もあります。

平上　晩年の頃でも『大東流柔術秘傳目録』の発行にはやはり「大東流柔術本部長」を名乗り、同様の落款※を用いていますが、上級の伝書は「大東流合氣柔術総務長」と認《したた》められております。ある意味では初傳と奥傳で名称を使い分けたと言う事もある程度は考えられ、それが「柔術」と「合氣柔術」、そして「合氣之術」と言う様な個別の体系があったと言う風にも解釈される因由であるのかも知れません。

大宮　そうではありますが、といってそれでは『秘奥儀之事』から「大東流合氣柔術総務長」に転換したかといえばこれが存外そうでない資料もあり、ここら辺は実際かなり混在、混乱しているのですね。

平上　色々資料を見ていると本当に迷わされますね。しかしながら今までみた限りでは大正年間に「大東流合氣之柔術総務長」となす落款が捺《お》された伝書を未だ見ていません。勿論探せばこれから出てくる可能性はないとはいえませんが、現時点における極めて重要な事実としてこの点は捉えて置きたいと思うのです。

大宮　大東流の資料群をもっと時間をかけて丹念に見て行く必要は確かにありますね。大東流研究はまだまだ途上、やっとなんとか緒に就いたという所ではありますが、各段階における見解や想定を提出する作業は必要であると思います。

※　**大東流伝書の落款**

大東流の伝書に用いられた落款は様々なものがあり、時期によってかなりの変化もみられる。また「大東流柔術本部長」とあるものや「武宗」とあるもの、「本武宗」とあるものなど、権威を持たせる為か実名印や流儀印、伝授認めの印などいくつかの種類を造った様である。惣角師範は無筆であったといわれるので著名や花押も出来ず、よって偽作でない証拠として印鑑を色々製作したのだろう。

そして問題は「大東流柔術本部長武田惣角源正義」と「大東流合氣之柔術総務長武田惣角源正義」の使い分けである。発行された全ての伝書を見ていないので断言は出来ないが、「合氣之柔術総務長」の方の判子は上位二巻（『秘奥儀之事』と『皆傳之事』）のみに使用され、柔術系の伝書『秘傳目録』『秘傳奥儀之事』の二巻には「柔術本部長」の判子に限っていたようである。

そして注意しなければならないのは、上位二巻の伝書には両方の立場の印鑑が両方捺されている事が多いのである。

伝書の書題は「大東流合氣柔術」だが、印鑑文言を「大東流合氣之柔術」にしている所もやや気になる点ではある。

「合氣」のワード、導入の秘密

平上　「合氣」のワードを一体誰が大東流に導入したか、（もしくは）しようとしたかということ。その時期も含めてこれは極めて重要な問題であり、いま少し検討したいと思います。私は「合氣」のワードが植芝師範側から出たという事を示す状況証拠はある程度点在していると考えます。

例えば植芝師範が大本内部において「植芝塾」を立ち上げ、武術を教授していた時代の写真が残っておりますが、『植芝盛平伝』（植芝吉祥丸著）に掲載された「大正十年ごろ」とされる写真に既に「大東流合氣柔術」なる看板が映り込んでおり、当時植芝師範は実際その様な名称で指導されていたのだと思います。植芝師範が目指し憧憬したのは単なる柔術の強者、腕力豪傑なんぞでは決してなく、正に講談に出てくる様な不可思議な妙技、「遠當合氣之術」等を自在に振るう名人達人の境地であったのではないでしょうか。※

大宮　惣角師範が大本に植芝師範を訊ねて訪れたのが大正十一年と言われますし、また植芝師範に対する『合氣之術』などの伝授の年代も記録によれば確かに十一年となっています。つまり大正十年と云う年歳が正確であるとすると、惣角師範来訪の前から既に「合氣柔術」を名乗っていた事に確かになりますね。

ただ『合気道開祖』（植芝吉祥丸編）という写真集には、その写真は「大正十年ごろ」ではなく「大正十年前後」と記されておりますし、また『合気道』（植芝吉祥丸著　サンケイ出版）には、**「大正十一年に、開祖は自分の武術を正式に『合気武術』と呼称した。『合気』という表現が、このときはじめて用いられたわけだ」**※と記されておりますので、惣角翁が大本にきた時に「合氣」の語を冠する許可を得てから、その様に名乗る様になった可能性も強いと思われます。

平上　「大正十年ごろ……」というのは確かに若干曖昧といえば曖昧な記述ですが、「十年ごろ」

※　植芝盛平師範が欣求したもの
植芝盛平を一個の武道家としてみた場合、不思議な事にどの武術流儀にものめり込んで修行すると言う事がなく、寧ろ正統な武術よりも神仙方術や妖術的な秘法を強く欣求、探求している事は注意しなければならない点である。大本教における希代の霊能者にして霊術家、出口王仁三郎に心酔して付き従ったのもその顕れと云えるであろう。

※　合氣の名乗り
大正十年か十一年頃、確かに植芝盛平は大本教内部の植芝塾において「合氣柔術」を名乗っていた。何故に「柔術」でなく、「合氣柔術」なのか？　大本に集まってきていたのは一般普通人ではなく、出口王仁三郎のカリスマ性に惹かれたいわば神秘主義者たちばかりであったと言う事。よって普通の柔術、柔道なんぞよりも「合氣之術」といった神秘装飾をなした方が参加希望者を募るのに都合がよかったという事が先ず考えられる。そしてそれは植芝盛平自身の嗜好と性情でもあったわけである。
恐らく当時においても柔術といえば講道館の影響もあり、どうしても競技スポーツ的なイメージがかなり定着していたという事なのではなかろうか。

●第1ブロック

①

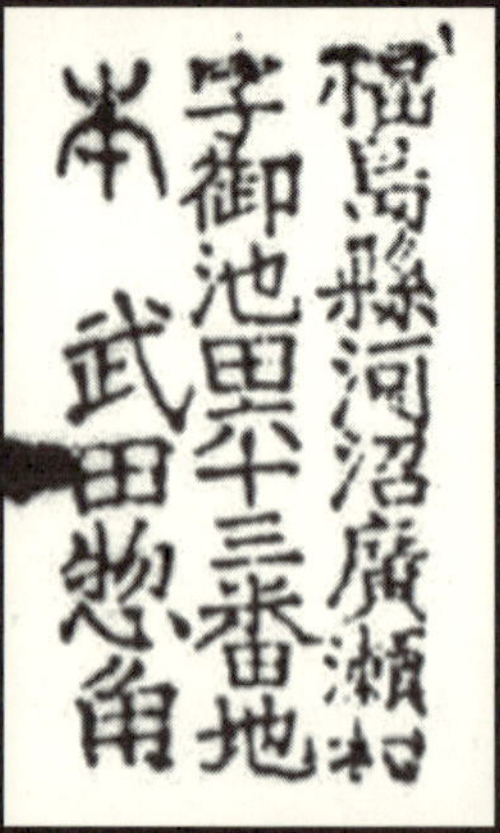

②

③

④

●第2ブロック

①

②

③

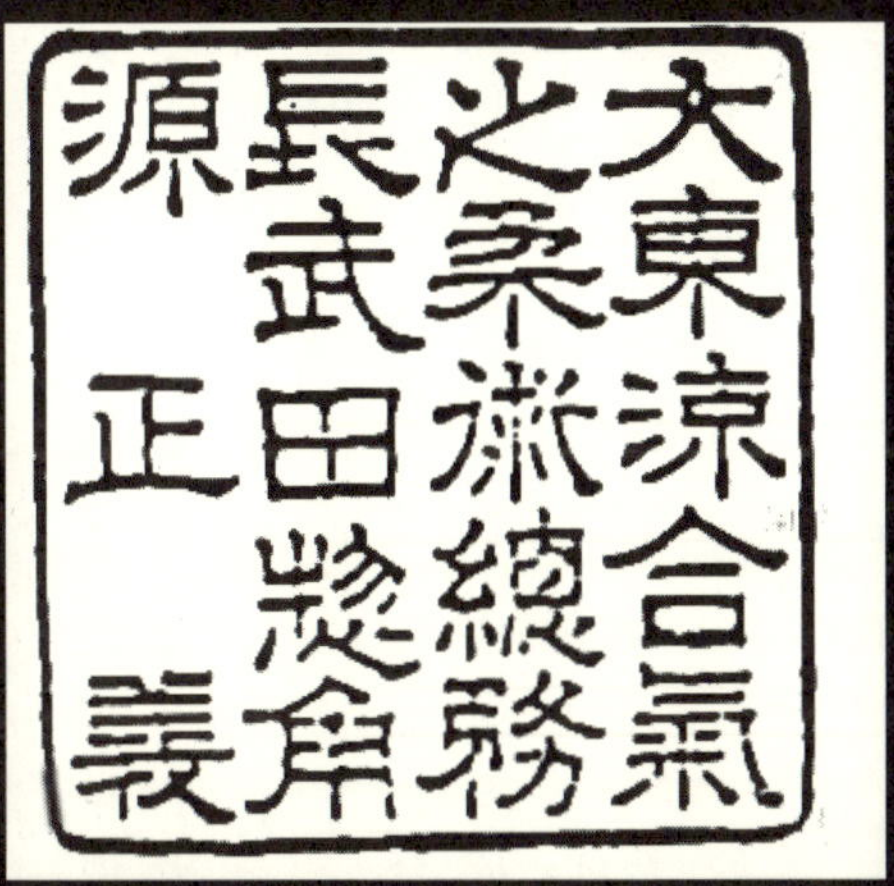

●第4ブロック

●第1ブロック／明治三十二年頃の大型版伝書の時代に用いられていた印鑑

●第2ブロック／昭和十四年頃の『秘傳目録』『秘傳奥儀之事』に用いられていた印鑑

●第3ブロック／明治の後半くらいの年代に第2ブロック印鑑に加えて用いられていた落款

●第4ブロック／昭和六年以降に作成されたと思われる「大東流合氣柔術」系の伝書に用いられていた印鑑。これに加えて第2ブロックの印鑑も使われている。

★大東流伝書に用いられた印鑑について

大東流伝書には何種類かの印鑑が用いられ、時代推移における変化もかなりあった。印鑑の文言をあげて置こう。

まず明治三十年代の始め頃、大型版伝書の時代は**「福島縣河沼廣瀬村字御池田六十三番地本武田惣角」「武宗」「本武宗」**等の文言が入れられたものを用いている。そして三十年代後半以降、伝書幅が一般的な七寸弱位ほどに定まってきた以降においては判子を一新している。新たに作り替えられた判子の文言は**「大東流柔術」「大東流柔術本部長武田惣角源正義」「武宗」**等……。これらが割合永く用いられた印鑑（同印鑑の作り替えはあったかも知れない）であり惣角師範の最晩年まで現役である。

ただ後年新たに作成された「大東流合氣柔術」系の伝書には**「大東流合氣之柔術総務長武田惣角源正義」**の文言の入った印鑑も加えて用いられる様になる。ただ晩年といえども柔術系の伝書『大東流柔術秘傳目録』『大東流柔術秘傳奥儀之事』の二巻には「大東流柔術」の印鑑のみを用いており、ちゃんと両者を峻別していたようである。少なくとも武田惣角の立場においては「大東流柔術」が「大東流合氣柔術」へ替わったわけでも、替えたわけでも決してなく、あくまで奥傳としての新ブロック「合氣柔術」がプラスされたという事かと思われるのである！

●第3ブロック

●補論

最初の大型版伝書の時代は第1ブロックの４つの印鑑が捺されているが、一、二年後に直ぐに巻幅が基準版になり、以後は第2ブロックの３つの印鑑が捺されている。しかしながら基準版伝書になっても明治年間くらいは第2ブロック印鑑に加えて第3ブロックの「本武宗」の印鑑も捺されていた様である。この印鑑は恐らく第1ブロック④の印鑑と同じものかと思われる。しかし概ね大正年間に入ると第3ブロック「本武宗」印鑑はみられなくなるのである。初期の「武宗」印鑑は形を変えて新たなものが製作されたが、「本武宗」印鑑は第2ブロック①印鑑があるので不要としたと言う事なのではなかろうか。

「合氣柔術」系の新伝書には第2ブロックと第4ブロックの両方が捺されている。即ち当時においては「合氣之柔術総務長」であると同時に「柔術本部長」でもあったわけである。

とある以上、そこに絶対的なアリバイ矛盾証明がない以上、正に「十年ごろ」と一義的には捉えるべきであると思います。「大正十年前後」と書いてある書籍が仮令《たとい》あるとしても、だとするならば逆に大正十年よりも前であっても構わないのではないかとも私には思えます。勿論撮影時期の確定は中々に難しい事なので、それを十一年の終わり以降に無理にでも延長するならば確かにその様な時系列もあり得るとは思います。しかし植芝師範と武田師範の微妙な関係を鑑みると、寧ろ植芝師範が惣角師範来訪以前に「合氣柔術」を名乗っていても何も不思議ではなく、却って惣角師範が来訪してからの方が難しく成るのではないかと私は考えるのです。その意味では大正十年という年歳は必ずしも齟齬とは言い切れない。……がそんな時系列の前後関係は実をいえば余り大した問題ではなく、要するに「合氣」のワードが植芝師範側から出たという事実には何ら変わりはないと思うのです。

大宮　そうですね……確かに武田師範側はこの時期までは「大東流柔術」の名称で流儀を指導していたわけであり、同期以前に「合氣柔術」を武田師範側で名乗っていたという記録や証明がない以上、その様に捉える事が妥当な判定であるのかも知れません。

平上　いずれにしろ、植芝師範は自己の武術を単なる「柔術」ではなく、やはり「合氣之術」「合氣柔術」もしくは「合氣武術」なるものにしたかったのではないでしょうか。大東流では後年に成立したと思われる「御信用之手八十四ヶ條」伝授のおりからやっと「合氣柔術」を称していますが、それまでの『秘傳目録』や『秘傳奥儀之事』などの傳位は晩年の時期でもちゃんと昔通りに「大東流柔術」で伝書を発行し、『英名録』の書き込みも「柔術」となっております。しかしながら植芝師範は門人に最初から「大東流合氣柔術」として『秘傳目録』伝書を発行している事※も大いなる注目点であり、この点においても植芝師範の「合氣之術」※への並々ならぬ憧憬と強烈なる執着心が窺えるのです。それは神秘的なものに対する盛平師範の切実なる熱愛の様なものであるのかもしれません。

※　**植芝師範の伝書**
昭和十年頃まで植芝師範は流儀の伝書、『秘傳目録』や『秘奥儀之事』を稽古を深く積んだ何人かの高弟に「大東流合氣柔術」の名で発行している。望月稔師範は『大東流合氣柔術護身之巻』『大東流合氣柔術極意之巻』との書題にて二巻の秘傳書を授与されている。

●**補論**
事実関係は確かめていないが伝書発行は「何人か」どころではなく、数百名以上の多数に及ぶと言う論説もある。植芝系の門人数の巨大性を鑑みるとあり得る数字であるのかも知れない。

※　**合氣之術、合氣術**
現存する大東流の伝書の表題には「合氣柔術」はあるが、「合氣之術」「合氣術」なるものはない。ただ惣角師範が後年発行した免許状の体系目録の中には「合氣術」なるワードが存在する。しかし実際的には惣角師範の代において発行された「合氣術」の伝授巻は存在しないのである。

大宮　武田師範は大東流の継承者としてそうそう簡単には自流を変革する事も出来なかったし、その気も最初は多分なかったでしょうが、彼自身も苦労人であり、大本内部で大東流の門弟を多数造ってその指導や統率に苦闘している門人の切実なる意向と願望を無下に却下する事も難しかったのかも分かりません。家族ともどもの衣食住の事など、色々と御世話にもなっていますし、謝礼もかなり頂いていた……。そこで取り敢えず植芝系においては「大東流合氣柔術」といった風に合氣の語を付加する事は許した。しかし、流派の名を弟子が変えて用いている事には余りよい気持ちはしなかった……？

平上　その様に私は当時の状況、そして惣角師範の心の動きを捉えます。昭和の初め頃に、武田師範に大東流を学んだ三浦真陸軍少将※が東京の植芝師範を訪ね、稽古した後に武田門下である事を明かし、武田師範の文言を述べ伝えたと言われますが、その中に次の様な件《くだり》があります。

「(武田師範曰く) 俺の弟子に植芝という男がいるが、中々筋のよい熱心な男であるから、大東流は余すところなくこの男に伝えてある。ところがこの男は今、東京で道場を開いて教えているが、大東流といわずに、合気術などといっている……云々※」

大宮　もともと大東流の中に『秘奥儀』に記されている様な「合氣」が存在したとするならば、「合気術」と植芝師範がいっていたとしてもあまり目くじらを立てて怒る様な事ではないはずです。それを怒っているというのは、この時点の武田師範においては、「大東流合氣柔術」という名称は許したが、「合気術」という名称まで許した覚えはないという気持ちがあったからなのでしょうね。

平上　当時は、植芝師範は未だ「合気道」とはいわず、そしてまた必ずしも「大東流」の流名を捨てたわけでもありませんでした。少なくともこの時期以降において発行された伝書では、植芝師範はちゃんと「大東流」として発行しています。伝書に現れた正称は「大東流合氣柔術」です。尤もやや略して単に「合氣柔術」「合氣術」とも唱えていた様ですが、もし大東流に根源的に「合

※　**三浦真（1875～？）**
青森出身の軍人。北辰一刀流の名人、下江秀太郎師範の高弟であり、勿論、剣の強豪。日露戦争における敵兵十四人斬りの活躍は余りにも著名であり、露軍を震え上がらせた。当時の陸軍の剣術豪傑の一人であり、軍神であるが、軍人における官位は陸軍の少将であった。
そして仙台において明治三十六年位より武田惣角師範の指導を受けた年代的にも、大東流の最古に属する師範でもある事は重要である。
当時における大東流は、かなり原型的な古い技術と形、古い稽古形式で行われていたと考えられる。所が後に植芝盛平師範と稽古して、それまで学んでいた大東流とは全く異質のものであったという感想を遺しており、此処にこそ非常に深い意味があると捉えるべきである。

※　**三浦少将来訪**
三浦少将が植芝師範を懲らしめる心づもりで道場訪問をしたのは記録によると昭和五年とされている。武田師範が三浦少将に怒りの文言を発したのは当然それ以前であり、その時期よりも数年は遡るかと思われる。

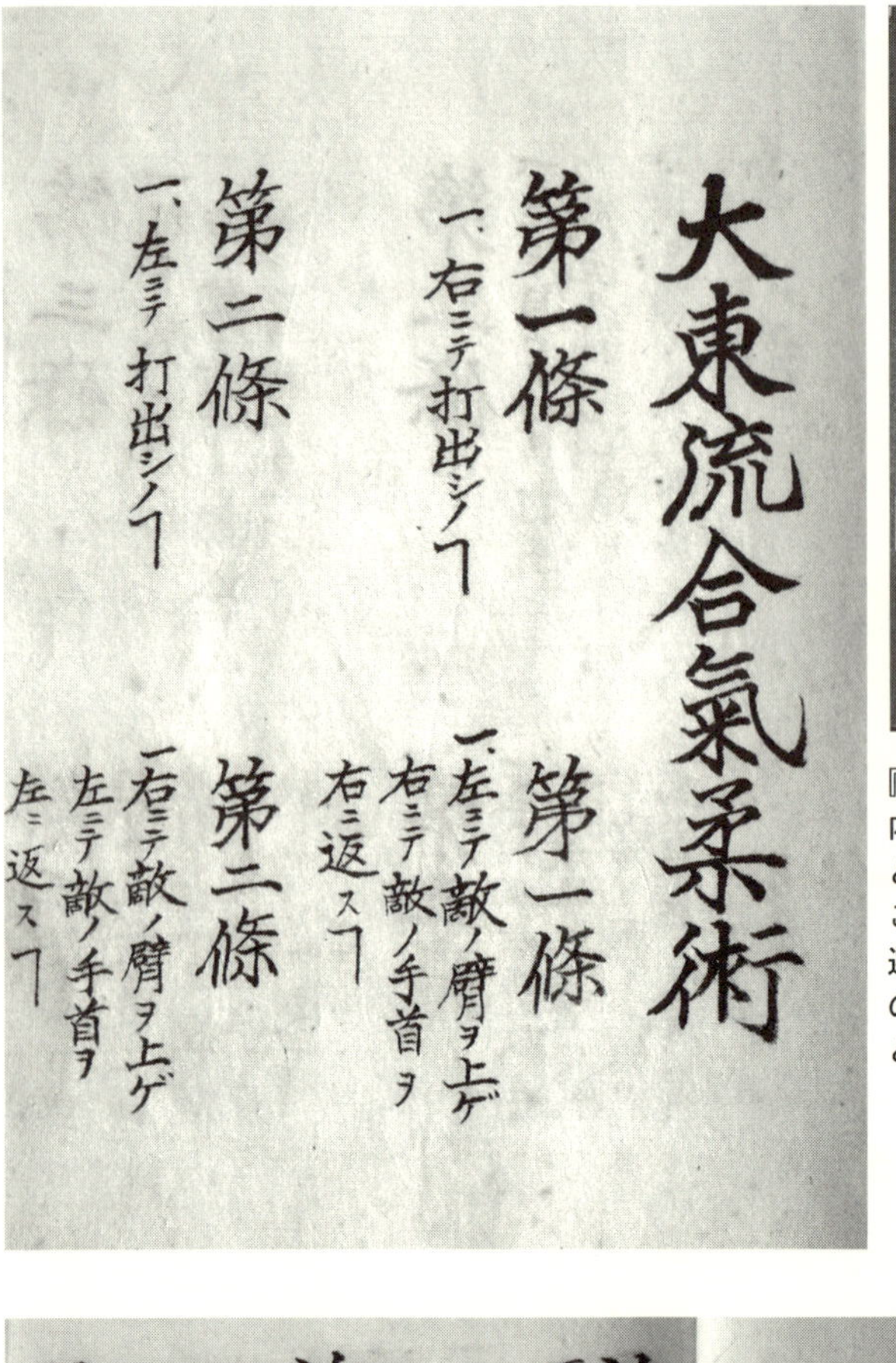
大東流合氣柔術

第一條
一、右ニテ打出シノヿ

第二條
一、左ニテ打出シノヿ

第一條
一、左ニテ敵ノ臂ヲ上ゲ
右ニテ敵ノ手首ヲ
右ニ返スヿ

第二條
一、右ニテ敵ノ臂ヲ上ゲ
左ニテ敵ノ手首ヲ
左ニ返スヿ

『大東流合氣柔術』と銘打ちながら内容は『秘傳目録』と『秘傳奥儀之事』となっている。
この組み合わせは惣角師範が決して選択しなかった様式であり、両師範の本質の相違がくっきり現れた部分といえるだろう。

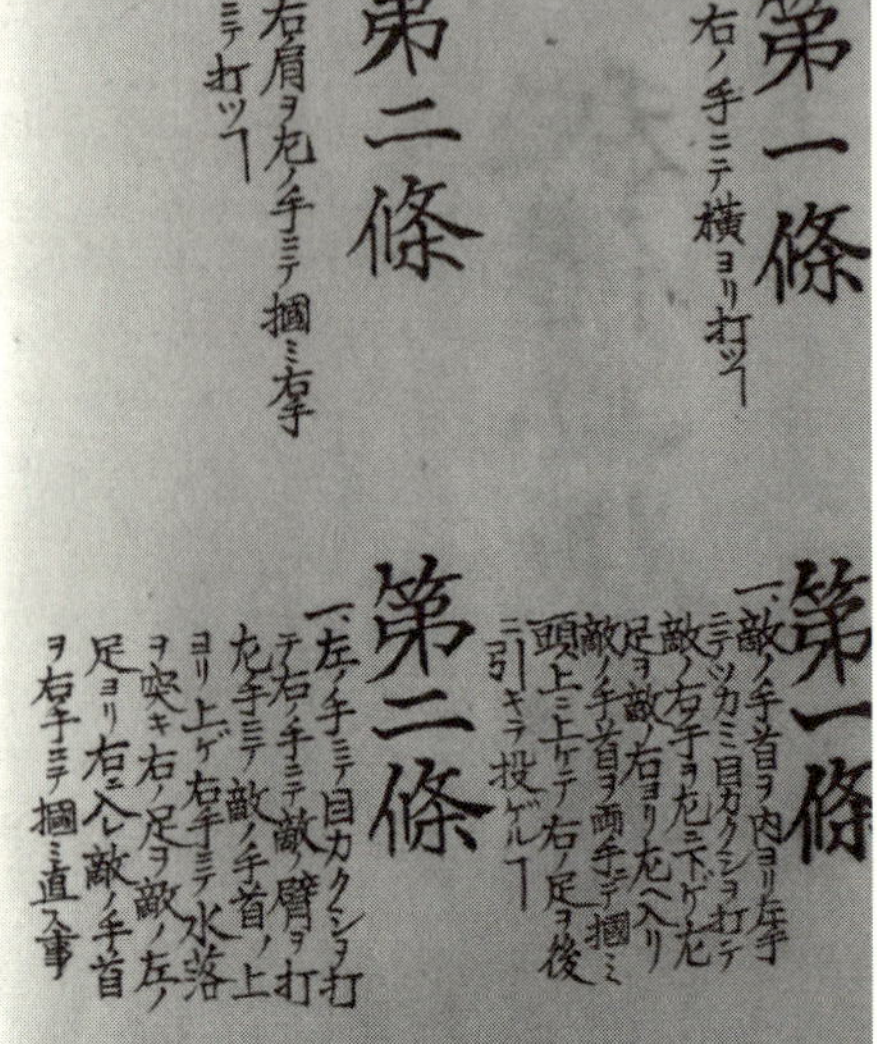
第一條
一、右ノ手ニテ横ヨリ打ツヿ

第二條
一、右肩ヲ左ノ手ニテ掴ミ右拳
ニテ打ツヿ

第一條
一、敵ノ手首ヲ内ヨリ左手
ニテツカミ目カクシヨリ打テ
敵ノ右手ヲ左ニ下ゲ左
足ヲ敵ノ右ヨリ左ヘ入リ
敵ノ手首ヲ両手ニテ掴ミ
頭上ニ上ゲテ右ノ足ヲ後
ニ引キテ投ゲルヿ

第二條
一、左ノ手ニテ目カクシヨリ打
テ右ノ手ニテ敵ノ臂ヲ打
左手ニテ敵ノ手首ノ上
ヨリ上ゲ右手ニテ水落
ヲ突キ右ノ足ヲ敵ノ左ノ
足ヨリ右ニ入レ敵ノ手首
ヲ右手ニテ掴ミ直ス事

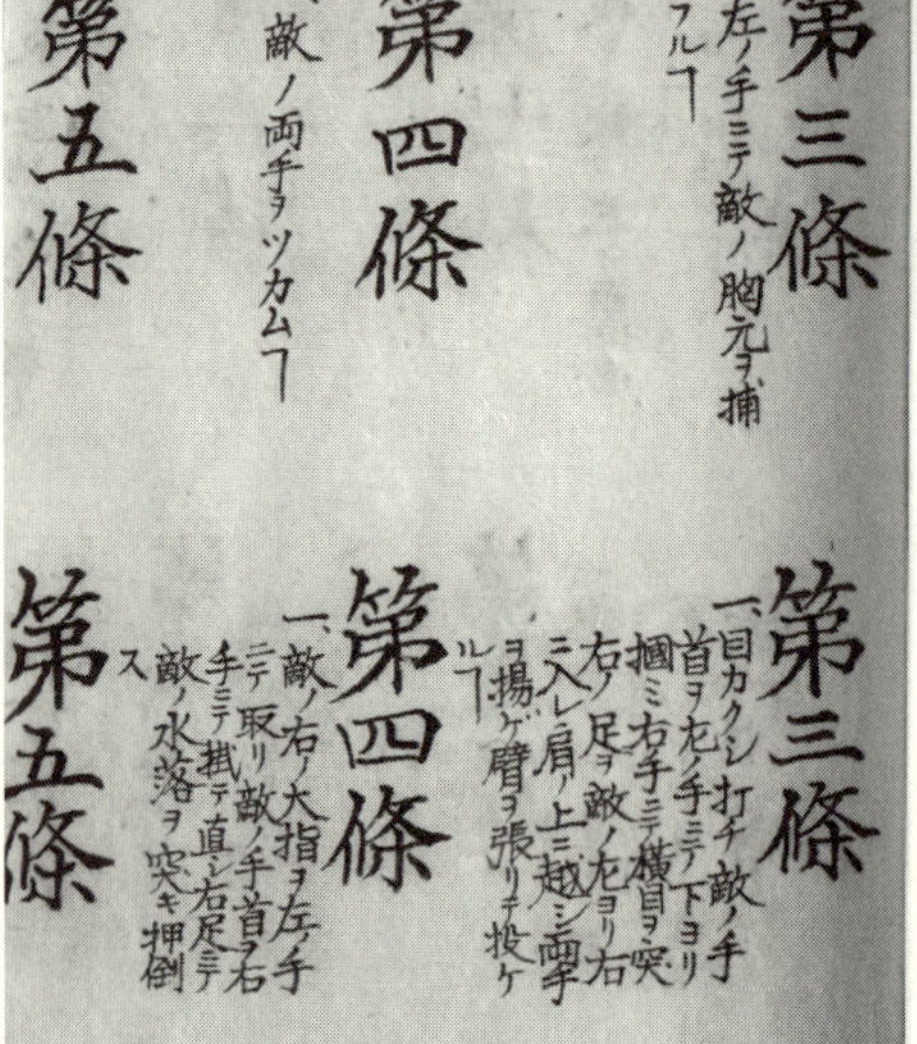
第三條
一、左ノ手ニテ敵ノ胸元ヲ捕
フルヿ

第四條
一、敵ノ両手ヲツカムヿ

第五條

第三條
一、目カクシ打チ敵ノ手
首ヲ左ノ手ニテ下ヨリ
掴ミ右手ニテ横目ヲ突
右ノ足ヲ敵ノ左ヨリ右
ニ入レ肩ノ上ニ越シ両手
ヲ揚ゲ臂ヲ張リテ投ケ
ルヿ

第四條
一、敵ノ右ノ大指ヲ左ノ手
ニテ取リ敵ノ手首ヲ右
手ニテ挫テ直レ右足ニテ
敵ノ水落ヲ突キ押倒
ス

第五條

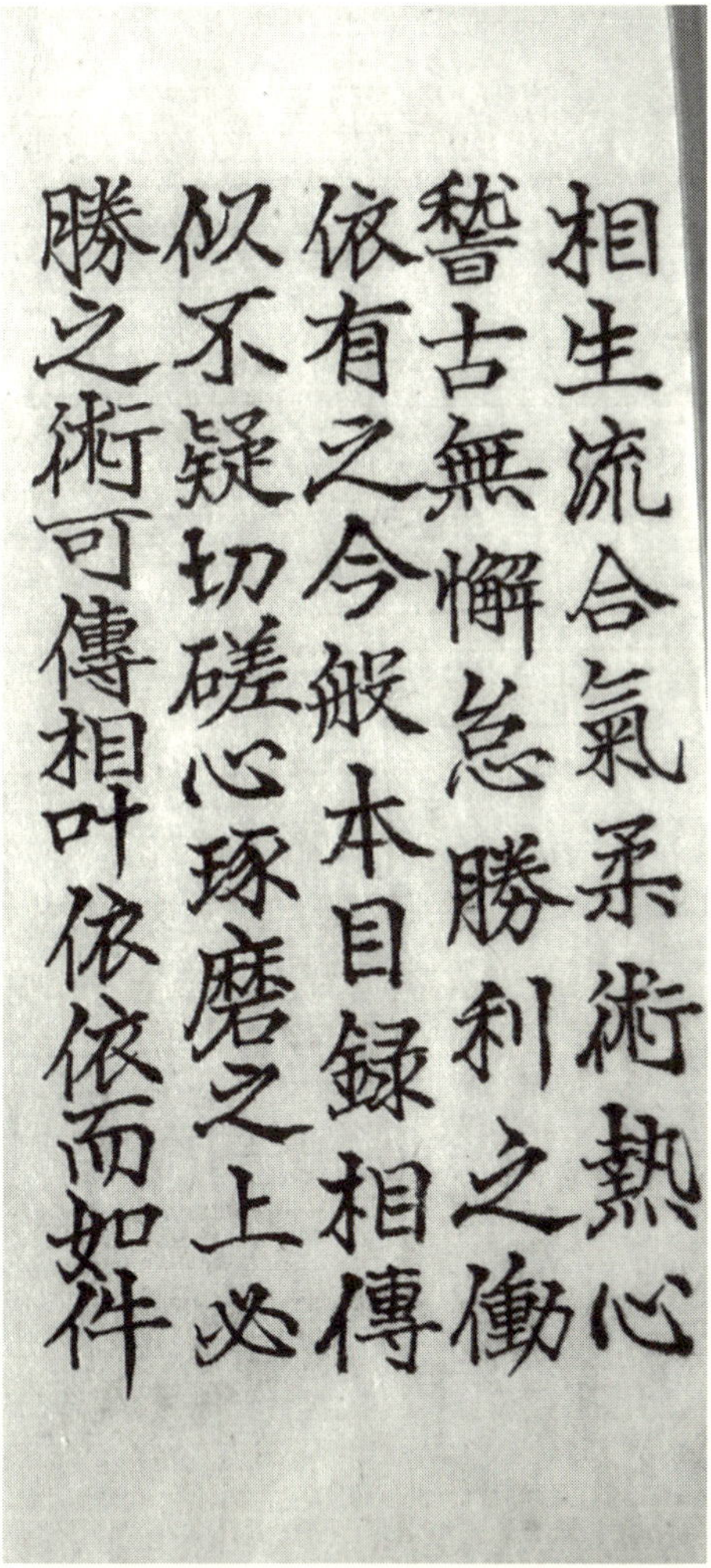

相生流合氣柔術熱心
稽古無懈怠勝利之働
依有之今般本目録相傳
候不疑切磋心琢磨之上必
勝之術可傳相叶依依而如件

★三重詞になった奇妙な『相生流合氣柔術』伝書について

現在小田原図書館の藤田西湖文庫に『相生流合氣柔術』伝書が残っている。これは藤田西湖師範が植芝盛平師範発行の巻子本伝書を写して冊子本としたものと思われるが、内容的にはかなり奇妙で衝撃的なものとなっている。

最初の書き出しの巻題部分は「大東流合氣柔術」としながら、内容は全く大東流柔術の古典伝書『秘傳目録』『秘傳奥儀之事』そのままであり、また最後の奥書にはナント「相生流合氣柔術」と表記しているのである。「相生流」とは「あいおいりゅう」という事なのかと思われるが、また「あいきりゅう」とも読めるのであり、実際にその様な意、恨（おもい）の込められた新案流名と考えられる。しかし本書で述べている様に「柔術」自体が武術極意を表現した種目尊称であり、それに武術極意たる「合氣」を被せ、またその上に「あいき流」を名乗ったのであるから正にこれは同義詞の三段重ねである。

植芝師範が神秘の武術極意「合氣之術」なるものを如何に欣求、熱望していたかが良くわかるであろう。

ちなみに「相生」の詞自体の出自は、大本教が「高砂」の謡にある「相生の松」という謂を「結びによる発展、生成化育」と言う様な教えの看板詞としたという事からの流れだろう。そして兵庫には相生市があり、神戸には「相生町」なる町名もある。この様な関西系文化が連動しての発想かと思われる。いや、忠臣蔵の討ち入りの集合場所は確か本所相生町であり、東京中央区佃には「相生橋」がある。「相生」と言うのは何も関西系のみに止まらず、全国の地名その他に割合多く採用された縁起のよさそうな便利な詞であった様である。

それはともかく昭和の始め頃に竹下勇大将が合氣武術の稽古会として「相生会」を組織したと言う事実はあるが、やはり会の名称の字撰は植芝師範の発案なのではなかろうか（？）。

いずれにしろ前後矛盾のある伝書史料なので、盛平師範も未だ方向性と覚悟、意志決定の定まっていない時期、過渡期に於ける歴史的断片史料かと思われる。「大東流」と銘打ち、しかし奥書では「相生流」と云うのでは授巻者も混乱するだろう。実際「相生流」と云うのも一時の思いつき流名であったのか、すぐに名称は消えている。昭和八年より行われた朝日新聞社での稽古会では「大日本旭流」を名乗っているのだから随分いい加減といえばいい加減である。

氣柔術」あるいは「合氣之術」というものが存在したとしたならば、「大東流といわずに、合気術などといっている」として武田師範もそれほど文句をいう筋合いではないのではないでしょうか。やはり伝統的な単なる「柔術」ではなく、「合氣」のワードを冠してでも言葉を造語し、大本教を含めた、かなり妖しげな神秘世界に傾倒してしまいがちな、オカルトマニアの旧門人をやや忸怩たる思いで心配もされていたのではないでしょうか。

大宮　いや、少し待ってください……。三浦少将が植芝師範を訪ねたのは、昭和五年十一月※以降とされておりますが、だとするとここで一つの矛盾があります。というのは昭和五年八月十七日付「東京朝日新聞」の武田師範を取材した記事では、武田師範の流儀が「大東流合氣術」として紹介されている事です。※これは、本人がそういったのか、それとも記者が一つの先入観からその様に書いてしまったのか……？

平上　しかりでありますが、この記事においては「合氣術」であり、「合氣柔術」として紹介していない事を注意すべきと考えます。思うに大東流においてはこの頃までにおいて「合氣術」の名称を用いた事は一度もなく、勿論その様な記載のある伝書もありません。この記事のワードの源脈は寧ろ東都で売り出し中であった植芝師範の活動にあると考える事が出来るのではないでしょうか。

大宮　何の脈絡もなく新聞記者が唐突に北海道網走の片田舎くんだりまで惣角師範を訪ねて来ると云うのは確かに少し不自然であるかも知れません。東京におけるこの時期は確かに「合氣術」を自称する新進気鋭の新興武道家、植芝盛平師範が識者の間である程度認識されつつあった。よってこそ、その源流を探求して遂に武田師範にたどり着いたという可能性は確かにあると思います。惣角師範が三浦少将に植芝師範の事で話が及ぶと「大東流といわずに、合気術などといっている」と語ったのは、そうした噂を聞くほどに植芝師範の合氣術は有名になっていたという事なのかも知れません。

※　**昭和五年における植芝師範**

昭和五年頃には植芝盛平は東都にて道場を開き、確かにある程度大きな活動をなし、多数の門人を擁し、そしてある程度既に著名であった。ここら辺に植芝盛平の才能と秘密があるという風に捉える事が出来るであろう。軍人系の門人が多い事は大本教における繋がりかと考えられるが、ともあれ出口王仁三郎から学んだのは何よりも組織化の方法論であり、プロパガンダのメソッドであった様にも思われる。

※　**柔術と合氣術と用語の齟齬**

「合氣術」の名称を嫌っている筈の武田惣角師範の取材記事で「大東流合氣術」の達人として紹介されているのは矛盾と云えば矛盾である。しかし時代的に考えて、新聞の最終校正に武田師範が関われるとは思えず、記者の先入観がその儘記事になったという事であろう。そして惣角師範自身も世の中の嗜好（ニーズ）にいよいよ迎合し「合氣柔術」という新スタイルを構築しつつあったかと思われる。

そしてこの新聞事件が昭和六年に惣角師範が上京する契機になったのではないかとも想定されるのである。

ただ「合氣術」はともかく「合氣柔術」なる名称の存在を大東流側から時系列的に追うならば、植芝盛平師範に発行された伝書や『英名録』にある「合氣柔術」という書き込みに関してそれを植芝師範の意向にそったものと考えるにしても、同書の別の箇所には昭和五年以前に既に「合氣柔術」との書き込みがある程度現れております。これについてはどの様に考えられるのですか。

平上　確かに昭和四年、五年位にも「御信用之手八十四ヶ條」の伝授の項に「合氣柔術」の書き込みがありますね。もっと探索するといま少し遡れるかも知れませんが……。これは大東流の傳位としては『秘奥儀之事』に当たる部位であり、この時期において、伝授する技法に「合氣」を込めたる所の新たなる「合氣柔術」なる名称の傳位理念が大東流側でも一つのブロックとしても形成されつつあったのではないかと考えられるのです。しかしながら同時期に「大東流柔術」となす書き込みもあり、この時期は惣角傳大東流としても未だ完全には、つまり流儀の全てが「合氣柔術」そのものになりきっていない時期ではなかったかと思われるのです。

大宮　長く「大東流柔術」として伝授してきていますし、その上における一つの傳位として合氣を込めた技法傳ブロックを制定していたとしても、植芝師範とは違って必ずしも未だ「合氣柔術」「合氣術」オンリーには徹しきれていなかった……という事なのかも知れませんね。

平上　この時期の少し後位に『秘奥儀之事』の伝書が作成されたのではないかと推察されるのですが、この段階においてはついに惣角師範側も秘傳書の書題として「大東流合氣柔術」なる名称を用いており、内容的にも技法解説の各所に「合氣」のワードが確かにみられます。またそこには「合氣早業」なる文言が何ヶ所かあるのですが、昭和五年の新聞記事に「合気の早業」※なる見出しがみられ、その影響下に伝書が作成されたのではないかとも考察出来るのです。そしてそれからまた六年跳んだ次の昭和十一年の新聞記事においては正しく「合氣柔術」の文言が公刊紙に遂に現れる事になります。この時期あたりは大東流においてもいよいよ「合氣柔術」なるワードを流儀の代表的な呼称として用い初めていたのではないかと考えられるのです。

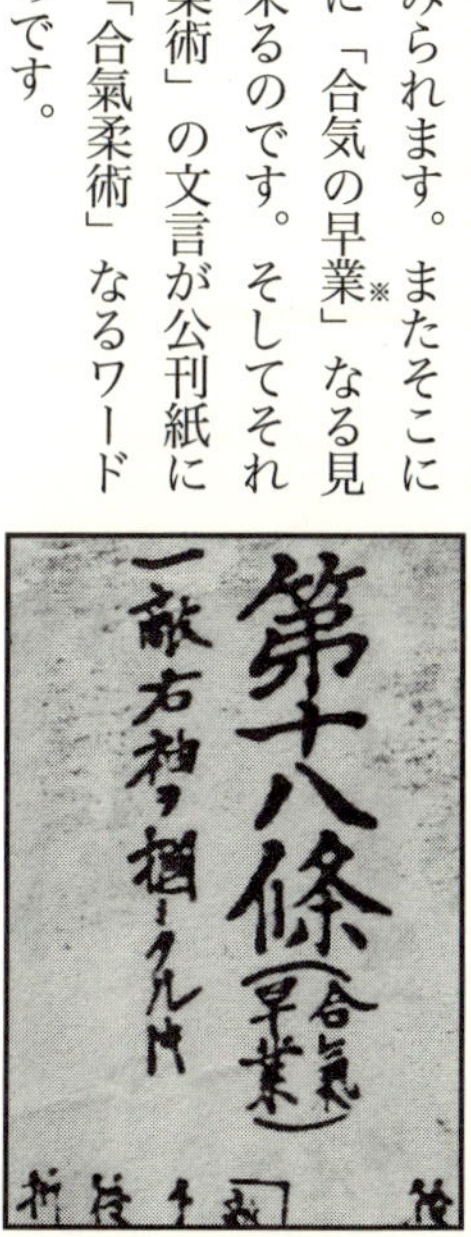

※　合氣早業

伝書の形解説文としては少し奇妙な表現である。昭和五年における惣角師範を紹介した新聞記事の表題は「**世をさけた今卜伝目にも止まらぬ大東流合氣の早業**」とある。『大東流合氣柔術秘奥儀之事』の文章の作成者は同記事を読んでいたと考えられる。そしてこの事実は同伝書の作成時期を暗示しているともいえるのである。ここでの大きな問題は『英名録』によると、昭和六年に植芝盛平に「御信用之手八十四ヶ條」の伝授が行なわれたが、盛平師範に同伝書を授与しているかどうかは資料がなく不詳であると云う事である。ただ別の師範に与えた昭和九年発行の伝書は確かに現存している。

大宮　このあたりの時期前後において名称が段階的に変化していったのではないかという事ですね……。確かにこの時期、数年位は大東流史における大変重要なターニングポイントの期間であったのではないかと私も思います。

平上　しかりであり、大正時代からの盛平師範の介在、特に大正後半からの植芝師範の活動と活躍を通じて、古典的な大東流の体系や技術、そして名称までに、かなりの変容があったと考えられるのであり、実際の所、大正後半から昭和初期に掛けては「大東流合氣柔術」形成の大変に重要な時期であります。

大宮　植芝師範の介在による大東流の変容と言う問題は大変に大きな問題であり、またそこには大層不可思議な部分があり謎が多い。そしてその事を象徴する不思議な伝書として現在の植芝家に「合氣」の概念の導入を暗示する『合氣柔術秘傳奥儀之事』の伝書が現存しております。

平上　仰られる通りだと思います。この植芝家に遺る『合氣柔術』の伝書は膨大なる大東流伝書群※の中でも他に類をみない不思議な伝書であり、ある意味では大東流の体系の謎、その奥の漆黒の真闇部分を明らめる為のかなり驚くべき秘鍵でもあるのだと私は判定します。しかしながらその部分は非常にややこしくも重要すぎる部分があり、簡単には解説できそうもないので検討をやはり後に廻したいと思います。

合氣の原点

大宮　ともあれ少なくとも大正の終わり頃から昭和初期に掛けてくらいに確かに大東流に「合氣」と言うワードが入ってゆきましたが、初期の用語の使い方としては、要するに「玄妙で神秘的な術」※という事でしかなかった可能性も確かに否定はできません。武骨氏の『合氣之術』から受ける一般の認識や観念を含め、当時の大東流の資料群を解析してゆきますと、その様な観念で惣角

※　**秘傳巻と免許状**

惣角師範が発行した伝書には秘傳目録等の巻物と折紙状の許状がある。最初の頃は伝授した業解説を記した伝授目録巻を発行していたのみだが、後年においては伝授した項目を目録書きした許状も発行している。伝授内容が次第に付加され、大東流の体系が整えられてゆく過程において、体系の整理の為も含め、必要に応じて作成されたものであろう。

だがその作成者、少なくとも実際の執筆は惣角師範ではあり得ないわけである。やはり惣角師範の教傳した内容を目録となし、許し状的なものを作成した第三者が存在したかと思われるのである。

そして作成されたものを原典として、惣角師範はまた別の者への伝授時において資料を写させ、許しの印鑑を捺して伝授の証としたと考えられる。勿論伝授内容の変化に応じては部分的に訂正しつつ文書を作成させたと考えられる。この種の許し状目録は余り古い年代のものは少なく、現在植芝家に残るものが最も古い形式ではなかったと考察できる。

この時期、既に「合氣」のワードが被せられている事は注目点であり、大きな密儀が隠された部分でもあるのである。

師範の妙技が捉えられていた風も窺えます。

平上　柔道で腰に乗せて投げるのは極めて当たり前の一目瞭然の技術です。相手の体や道着を掴んで投げるという物理的な現象ですから。しかし大東流の各技術の中には確かに見ただけではその原理の分かりにくいかなり独特の高度な技術があったという事でしょうね。

大宮　武田惣角師範を前後左右から押さえても、惣角師範が氣合を掛けて一転すれば全ての者が倒され絡まれて誰も動けなくなる。また大の字に寝て、それを何人かで押さえても、それを一瞬にして絡めて不動に縛ったり、また吹っ飛ばしたり、そして紙縒《こよ》りを掴んだだけでそれを離す事も出来ずに見事に惣角師範に担ぎ上げられてしまう。両手を後ろ手に縛っても両手を用いずに掛かってゆくものを体の捌《さば》きで悉く倒してしまったと言われます。それらの玄妙の神技に皆は驚き、正に「合氣之術」の達人として讃美、畏怖したに違いありません。

平上　これらの技術は古傳柔術にもある程度存在する正統な技術傳ではありますが、それらは皆基本的に奥傳、秘傳の段階で初めて伝えられる部分なので、一般人は確かに見ることは殆ど出来ませんでした。そもそも旧幕時代の武術は全て秘密裏に伝えられましたから……。惣角師範はその中からかなり大衆受けする、所謂「長者の術」※、或いは「旦那芸」と言われる部分を抽出して皆を魅了したという事でしょうね。これも明治以降の武術家としての一つの生きる智恵であったのかも知れません。ただそれが出来る様に謀ってやった奥の軍師がいた可能性も高いのですが。

合氣の極め

大宮　その可能性も確かに大で、当時において惣角師範が見せた技術傳の中で一見不可思議に見える技術傳は、これぞ合氣の秘術也として捉えられましたが、必ずしもそれは今日でいう所の「合

※　**玄妙の業**
明治以降、武術が一般にも開放されて庶民でも学べる様になっていったが、正統な武術流儀はまだまだ機密性が高く、実伝が一般に中々に浸透していなかったと思われる。そしてまた現代の様な情報社会ではなく、一般人の武術に対するイメージは講談や武術絵本などに出てくる名人業こそであったであろう。そして『合氣之術』の様な書籍がその神秘性をより煽ったと考えられる。武術とは単に強いのみならず、とにかく技法自体が不可思議にして玄妙の妙技でなければ皆が納得しなかったわけである。

※　**長者の術**
柔術技法の中で、武道に疎い一般人であっても、あっと驚く様な奇抜で華麗な技などをいう。大東流は一般的な道場における通いの稽古法ではなく、ある程度の料金を徴収して旅館などで短期間にて教傳する講習会方式による指導が多くとられた。よって武術の奥傳で初めて出てくる様な比較的見栄えのする、奇想天外な技術を多くみせて皆を魅了していたと考えられる。当時は柔術といえば講道館柔道のイメージがかなり強かったと思われるので、それを意識して、柔道業とは一線を画した奇抜な業が多く行なわれたかと思われるのである。

氣」と完全一致したものではなかった可能性もあるのです……。大東流で伝えられる柔術技法は色々あるのですが、一本捕や小手返は何処の柔術でもありますし、当たり前といえば当たり前の技術です。その様な中で現存する資料的な立場で判定すると、二ヶ条極めこそが当時最も武骨居士が定義する様な合氣的な技術として最初に捉えられたのではないかと考えられるのです。

平上 大東流史における真に妥当、かつ正当な認識であり、自分もしかりと考えます……。ただ二ヶ条極めの技術は大東流独特の技術という事では必ずしもなく、氣樂流では「荒馬《あらうま》※」といい、殆ど同じ技術が伝承しておりました。他流でも無いとは思えませんが、しかしながら氣樂流の荒馬が同流の看板技として著名であったと言われておりますから、逆からみるとかなり珍しい、特別印象深い技術傳であったという事でしょうね。これは左右の氣を中心に集め、しかして自己の中心力にて敵の中墨《なかずみ》を切り落として手首を逆極めする術技であり、確かに中国拳法の「合勁」に当ります。その意味で鶴山先生が「日本の合氣とは中国武術の合勁也」と解説したのは、この部分においてはそれほど間違ってはいないわけです。ただ原初的な合氣の代表技が二ヶ条極めであったというのは少し解説が必要であるかもしれませんね。「そんな馬鹿な」と絶句、揶揄《やゆ》される読者、修行者たちも結構あるかも知れないですから。

大宮 大正から昭和初期に掛けて、二ヶ条極めが「合氣」の代表技であったであろうと思われる一つの証左が、昭和初期に朝日新聞社で作成された『総傳十一巻』の資料の中にあります。同書では二ヶ条極めの技術傳において「呼吸にて極める」という解説を残しております。当時において「呼吸」とは、合気道の「呼吸法」の技名称から分かる様に、言わば「合氣」の同義語でもありました。また同じ伝書でも違った時代のものにおいては、二ヶ条極めを「合氣にて極める」としていたものもあります。だから当時としては正しく「二ヶ条極め」こそは「合氣」だったんですよ。

平上 古典的な大東流、その体系形成の歴史の立場からもその通りであると思います……。胸を取ってきた手首の部分を返し、胸前で両手を合わせて拝む様に極めれば敵は手首逆の強烈な

※ 氣樂流の荒馬

氣樂流の「荒馬」は大東流の二ヶ条極めと確かに酷似した技法である。しかし古流柔術全体からみるとかなり珍しい技術で、何方かといえば実戦技法としては伝統柔術からは外された技術と捉える事が出来る。これに変わる技術として腕挫系の技術があり、多くの流儀で採用された。技法としての問題点はその効果に当り外れの幅が広い事である。技法が効かなかった時には色々な変化技法が伝えられているのであるが、やはり腕挫系の技術の方が確実性が高いだろう。しかし勿論、氣樂流でも腕挫技法は保持しており、場合において使い分ける方法論をとっている。二ヶ条極めに拘った場合、実戦的にはかなり危うい技術となる可能性があると考えられる。合気道においては、この問題点によって技術が大東流の原型からかなり変化したスタイルとなり、手首、肘を折って側面から戦う方法を採用している。

痛みに大体はしゃがみ込む事となります。これは不思議と言えば確かに不思議な術技ですね。他流においてはそれに変わる技法として腕挫《ひし》ぎがあり、概ねは同様の効果があるものですが、ただこれは物理的にも分かりやすい当たり前の術技であり、見た目は二ヶ條極めほどに不思議ではない。

大宮　特に初心者にとっては二ヶ條極めは猛烈な独特の痛みがある様です。そしてこれが真に重要な点なのですが、二ヶ條を極めるスタイルが系脈によって少し違いますが、大本で行われていた鎮魂帰神法※の実技として用いる「鎮魂印」の指遣いに酷似している流派もあると言う事実です。

鎮魂印

平上　氣樂流の「荒馬」は大東流の二ヶ條極めと殆ど同一の技術なのですが、氣樂流には人差し指を立てて極めるという観念はありません。ただ大東流の古典が指を立てて極めていたかどうかについては少し微妙だと思うのですが。

大宮　そうですね。ただ大東流から出てその古典技をそのまま継承していると言われる八光流系では人差し指を立てます。そして合気道や大東流でも二ヶ條においては「背骨を斬る様に極める」という口傳が残っておりまして、これはかつては指を立てて実技を施行していた名残という風にも解釈できるのです。少なくともその様に教えていた時期と段階があった可能性は大なのではないでしょうか。

平上　技術的な立場で言えば、確かに最初は人差し指を立ててその攻める方向性を感知して稽古した方が技術の要点を掴む事が容易です。しかしある程度の稽古を積めば敢えて指を立てる必要はなく、全ての指を使ってがっちり敵を保持する事ができるわけです。指を伸ばして置く

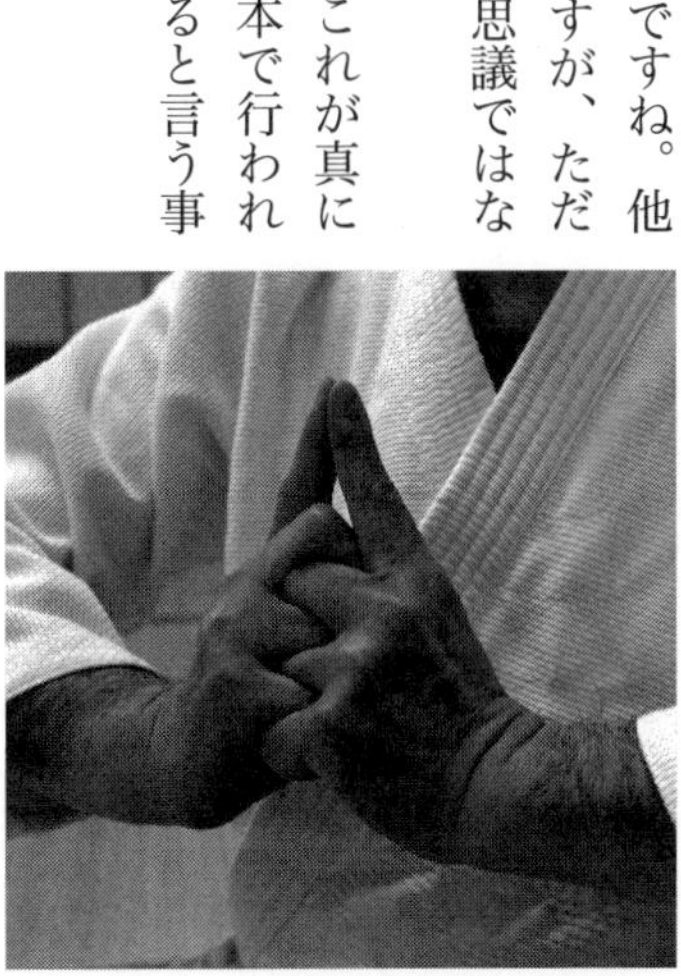

※　鎮魂帰神法
古代朝廷で行われていたとされる降霊術の一種。本田親徳（1822〜1889）が本田式鎮魂帰神法として維新前後に復興し体系化したもので、戦前の大本教本部内で盛んに行われた。植芝師範も傳授を受けたと思われるが、帰神法の方は戦後危険性故に次第に行われなくなり、現代では鎮魂法のみが行われる事が多い。用いる印形としては大本式、天行居式、その他の流儀のやり方等、多少の口傳と手形の差異がある。しかし概ねは変わらず、正に大東流二ヶ條の小手逆の手法に酷似している。
ちなみに現在の合気道において施行される「振魂法」もいわば鎮魂法の一種といえるのだが、これは禊系の手法を取り入れたものの様である。

と言うのも少し危険性が高いですし……。しかし原初的には指を立てて敵の中墨を斬れという教えがあった可能性はありますね。それが大本教が伝えた鎮魂帰神法のスタイルからきているとしたら極めて興味深い事項ではあり、合氣柔術成立の巨大な秘密が隠されているかもしれないと考えられる部分であります。

大宮　『橘家神軍伝』などの伝書を残している橘家神道※の奥義の教えを引くまでもなく、神道と武術は深い所では繋がっていると考えられますので、必ずしも鎮魂帰神法のスタイルをみて惣角師範が二ヶ條極めを思いついたとかいう論説を立てる必要もないのですが。

平上　古典武術における二ヶ條極めは施行しない流儀も中にはあるとはいうものの、伝統的には極めて古い技術傳であり、また中国拳法系でも綾手系の同質の極めがかなり多用されています。また日本柔術では小具足系の技術傳に「柄返」※があり、手首逆極めの術理としては殆ど同質のものが大いに施行されていました。惣角師範が発明した術技なんぞでは決してない。ただ惣角師範が大正十一年に綾部の大本教にたちより、そこで鎮魂帰神法の術技を見聞する事によって古典的な柔術系の技術傳が神道系の手法に歩み寄り、大東流式の二ヶ條の術技として結晶した可能性はある程度あるのではないかと確かに考えられます。

ただここには、それを思いついたのが本当に惣角師範であったかどうかという問題があるのですが、その検討をなすと収拾がつかなくなってしまう……（笑）。

それはともかく、大東流の根幹的術技の中に古神道の秘法をヒントに醸成された技術傳がいま一つ、いや後二つか三つ、いや四つか五つか……いやいや、それ以上かなりあるのではないかと考えられるのですが、これらの大東流史の深い部分に急激に迫れば議論がぐだぐだになってしまいますので、これらの部分は次回の対談本における宿題議題といたしましょうか。

※　**橘家神道**
橘諸兄の系脈を引く橘家に傳承したと言われる神道教傳であるが、実質上は江戸時代中期頃に玉木正英が体系化した礼法的儀式を伝える神道説。神道に伝わる諸神事、秘法傳を伝えたが、武術系の様々な礼法、儀式法の教傳も含まれている。小笠原流や伊勢流にも類似するが、神道と武術を一体として捉える事に特徴がある。

※　**柄返**
帯刀時に敵から刀の柄を掴まれた時、敵に目つぶし系の當身を加えつつ柄を返して敵手首の逆を極め、外し投げる技術は古流柔術の小具足系技術の定番である。天神真楊流の「柄返」、氣樂流の「片柄返」、天然理心流の「巻揚」、無雙直傳流の「扱取」等、皆大体同じ様な技術傳であり、二ヶ條極めの術理と概ねは共通する。ただ小手逆極めで制するというよりも手解きと投げを目的とした形になった表現が多く、やはり手首逆のみで敵体を制するというのはかなり無理があるという事であろうかと思う。

二ヶ条極めの醸成

大宮　大東流の二ヶ条極めと殆ど同質の技術が他の古流柔術の中にも存在するとしても、細かい手法の差異も含めますと必ずしも全く同一ではないのではないでしょうか。そしてまた大東流ではそれが様々な応用技法群に展開してゆきました。※それが惣角師範の大本教本部滞在中に起こったのではないかと思われるある程度の証左は確かに存在するのです。

平上　先程話に出た植芝家に残る『合氣柔術秘傳奥儀之事』の免許状の事ですね。同書には正に「合氣之術」との項目があり、そしてそれに付随する『合氣柔術目録』の形解説には二ヶ条極めの基本技術に加え、二ヶ条技の応用技術群とも言えるかなりの奥傳展開が認められます。「二ヶ条斬り」や「二ヶ条落とし」「二ヶ条挫き」、そしてそこから展開する二本捕り極めの原型等々……。この伝書は他系の大東流の系脈の中では見る事のできないもので、現在植芝家のみに残るという事は大本教本部での惣角師範滞在中にこれらのもの、即ち技法傳が開示され、そして技法展開も含めて集中的に講習、教傳された可能性を示唆しており、ともかく書題に「合氣柔術」の語が冠せられている事は極めて重大かと思います。

大宮　つまりそのおりの教傳内容が形覚えとして残った資料という事ですね。そして恐らくそれは植芝師範側が作成し、よってこそ植芝家にのみにそれが残ったという事……。他で同傳書がみられない以上ありえる事であるのかも知れません。同秘傳書は二ヶ条極めにおける本当に様々な高度な展開技法の記載があります。

平上　氣樂流においても勿論正式な形としては「荒馬」の一形が示されるのみですが、稽古ではそれを基盤として勿論色々に展開いたします。「荒馬引き」「荒馬押し」「荒馬投げ」「荒馬落とし」「荒馬切り」「荒馬折り」「荒馬挫ぎ」「荒馬返し」「手綱返し」等々……。そこには大東流の展開とほぼ同じものもありますが、実はそれ以上のものがかなりあり、中々に奥深い教傳となっています。

※　**二ヶ条極めの展開**
大正十一年辺りに於いて大東流に付加されたかと見られる二ヶ条極めであるが、氣樂流系の展開技法は別として、合氣柔術系でも独自の展開と発展がみられた。それは武田師範系と植芝師範系の両系においてそれぞれの工夫があったとみられる。武田師範系は割合古流式の展開となっているが、植芝師範系は流体稽古の中で技をかけてゆく為の独自の発展をみた。それは同じ二ヶ条極めといっても現在大東流側と合気道側ではかなり趣が違うと言う事である。最期の極め形も大東流が関口流系の捕縛術を意識してか二本捕り系の激しい固め方を奥傳技として多用するのに対して、植芝師範系は腕関節の筋を曲げて延ばすと言う割合独特の方法論によっている。つまり現在合気道で多用される二ヶ条固め法はかなり特殊な技法傳となっている。基本原理は割合古くから古式柔術にも存在していたが、細かい手法等はかなり独創的なものである。盛平師範が稽古と錬磨を通じて工夫したものと考えられる。

合気道経験者にここの部分を見せてやると驚かれる事が多いです。

大宮　同秘傳書や、また『総傳十一巻』などには、高度な固め技として二本捕り系の秘技が割合多数出てくるのですが、同技は「抵抗スル事絶対不可能……」という様な書き込みもある強烈な極め技であり、極めて大東流的な技術と言えるのですが、他の古流武術においてはこの様な技術はいかがでしょうか。

平上　大東流の二本捕りに関しては現傳氣樂流形には現れていませんが、氣樂流の古い絵伝書の中には敵腕を二本捕りに固める絵図が残っており、また関口流にも両腕二本を極める抑え技は結構多く伝わっており、同様の工夫はやはり各流にあったのではないかと思います。思うに大東流の奥傳※世界で見られる様々な二本捕り固め技法や、また多人数捕りの妙技は関口流的ですね。また杖縛りや傘捕りの妙技は竹内流系に類似のものがあります。その意味では大東流の完全オリジナルという様な技術はそれほどないと思いますが、各派古式柔術の奥傳部分を巧みに摂取して構成されており、中々興味深い体系を保有する流儀であると言えるかも知れません。

氣樂流と大東流

大宮　先程も少し話が出ましたが、大東流の奥傳技法の部分はともかくとして、先生は大東流の基盤となった技法群と氣樂流の技術の類似に注目され、大東流の出自を氣樂流ではないかと想定されておられますね。

平上　はい。先程述べました様に、奥傳の技術群には氣樂流のみでは納まり切らない幾つかの極意技術傳もありますが、色々な柔術傳を見てきた立場から、どの流儀が一番大東流に近似しているかと問われるならば、やはり氣樂流が最も近似しているのではないかと回答したいと思います。特に二ヶ条極めがそっくりですし、古流柔術では比較的珍しい四方投げと同質のものも氣樂流に

※　**大東流の奥傳技**

初期の大東流における奥傳技のルーツについてであるが、「杖縛」の技術は竹内流に原技がある。しかし後世における多くの流儀が同様の技法を継承しており、いわば杖、棒術の定番的技術である。ただ傘捕りはかなり珍しい技法で、他流では殆ど見られないが、強いて挙げれば現代の竹内流が傘を用いた技をいくつか伝えている。但しこれも技の導入年代は微妙で、江戸期に存在したと言う文証を持たない。ひょっとすれば大東流発案の独特の妙技であった可能性もあるだろう。三人仰臥捕りやその他多人数捕り系の技は、関口流を代表として様々な流儀の奥傳として色々なやり方の技が伝えられていた。技の趣が一番似ているのはやはり関口流系だろうかと思う。関口流は紀州の御流儀であるが、全国的広がりをみたので各地においてもかなり触れる機会はあっただろう。特にどちらかと言えば上級武士系の流儀であり、西郷頼母辺りはある程度その様な術技の心得があったかも知れない。また大東流には刀の柄を取られた時に四方投げにかけて倒す技法も奥傳技となっているが、柔術における柄捌き法として比較的珍しいやり方である。ルーツとなる流儀の指摘は出来ないが、氣樂流の応用技としてあり得る展開である。

はあります。小手返し系の奥の手法も酷似しています。また氣樂流の奥傳に入身投げの極意があり、これも大東流と同じ。特に合氣柔術としての大東流ではなく、古典的な大東流と氣樂流の各体系の造りが酷似している部分があるので非常に驚かされるのです。

大宮　少し待ってください。今「入身投げ」の話が出ましたが、現在の植芝系統で行われている様な入身投げがかつての大東流に果たして存在していたでしょうか。※

大東流における入身投げ

平上　あっ、これは気が急いて、議論を胡乱に進めてしまいましたね。確かに大東流の古典としての本質に触れる、これは大変に大きな問題であります。大東流に「入身投げ」があるのかないか、それはやはり「有るけど無い」ではなく、「無いけど有る」と言う所ではないでしょうか。

大宮　そうですね。そもそも全ての技は一ヶ條にしろ、小手返しにしろ、全て入身技といえば入身技であり、確かに入身の極意を用いており、その意味では広義の入身投げと言えない事もありません。ですから問題は合気道で用いられている狭義の意味での「入身投げ」ですよ。

平上　しかりです――。合気道の入身投げ、特に戦後の技術は独特の誘導の観念と円転の動きの観念が濃厚となり、かなり独自性の高い技術傳となっています。確かにこの様なものは古流柔術では余り見られず、古典的な大東流の世界にも余りなかったでしょう。しかしある時期においては大東流においてはかなり類似のものが行なわれています。何故ならばこの技術の根元はやはり古傳剣術の奥傳中の奥傳技法の中にこそあるからです。

大宮　それは大変興味深い話ですね。「入身投げ」の醸成については、鶴山師範は小野派一刀流の秘剣である「妙剣」「絶妙剣」の奥伝から来たものと言う風に論じておられますが、しかし一刀流のそれらの秘剣と入身投げとの具体的な技術的繋がりにおける解説はありません。

※　**大東流における入身投げ**
厳密な意味での合気道系の「入身投げ」が余り大東流系では採用されていないのは、本来捕手柔術であった大東流としては単に仰向けに投げ倒しても余り意味がないからであったと考えられる。大東流では殆ど入身投げの状態に入っても、最後は極め固めると言う技術展開となる事が多い。
合気道の場合は氣と体を錬る事を理念とし、流体稽古を通じての迫力ある独特の入身投げ法を開発して技の無意味性を若干解決したわけである。

平上　一刀流の「妙剣」「絶妙剣」と言えば、同流最高極意「五点」の中の一本目と二本目なのですが、これも派によって内容に差異があり一定しません。鶴山師範がどの系の一刀流を念頭において述べられたのかは少し分かりませんね。一刀流系の「五点」としては笹森先生系のものや、中西派系のもの、また北辰一刀流や無刀流における「五点（五典）」などが書籍、映像等を通じて公開されていますが、どれも入身投げの原型となるとは考えにくいかと思います。鶴山師範の言われる「奥伝」という解説は少し引っ掛かりますが、「入身」の技術傳は一刀流というよりもどちらかといえば新陰流的な技術の方が近い感じもいたします……。

ただ一刀流に伝承する技術傳の中に入身系の極意を検索するとすると、一刀流の奥には極秘の秘剣として「七星剣《ひちせいけん》」というものが確かに伝えられており、その内容は笹森先生の『一刀流極意』などでも暗示的には公開されております。但し一刀流傳のものとは余り関係なく、古傳剣術としての「七星剣」の実傳は確かに「入身極意」を象徴したものであると考察できるのです。

しかしながらこれは「入身技」であって「入身投」と言うわけでは必ずしもありません。入身に入って敵をうつ伏せに抑え込んでしまう技術となっています。

大宮　確かに「入身技」と「入身投」とは厳密には違います。合氣系の「入身投」は入身に入って、誘導と揺れ戻しを用いて後ろへ倒すか、もしくはぶっ飛ばす技術として表現されます。

平上　ただ抑え込み、もしくは腕の挫ぎとして表現される形も稽古の技法展開としては後ろへの倒し投げで表現されますし、また「七星剣」は普通「三星剣《さんせいけん》」と対で表現される事が多く、「三星剣」の方は、ほぼ「入身投」と同質の技術と表現となっています。剣の操作で首を跳ね斬るか、もしくは後ろに投げ倒すか、もしくは敵を制して刀を取り落とさせてしまう……と言う、正に殺活自在の展開を内蔵した造りとなっています。

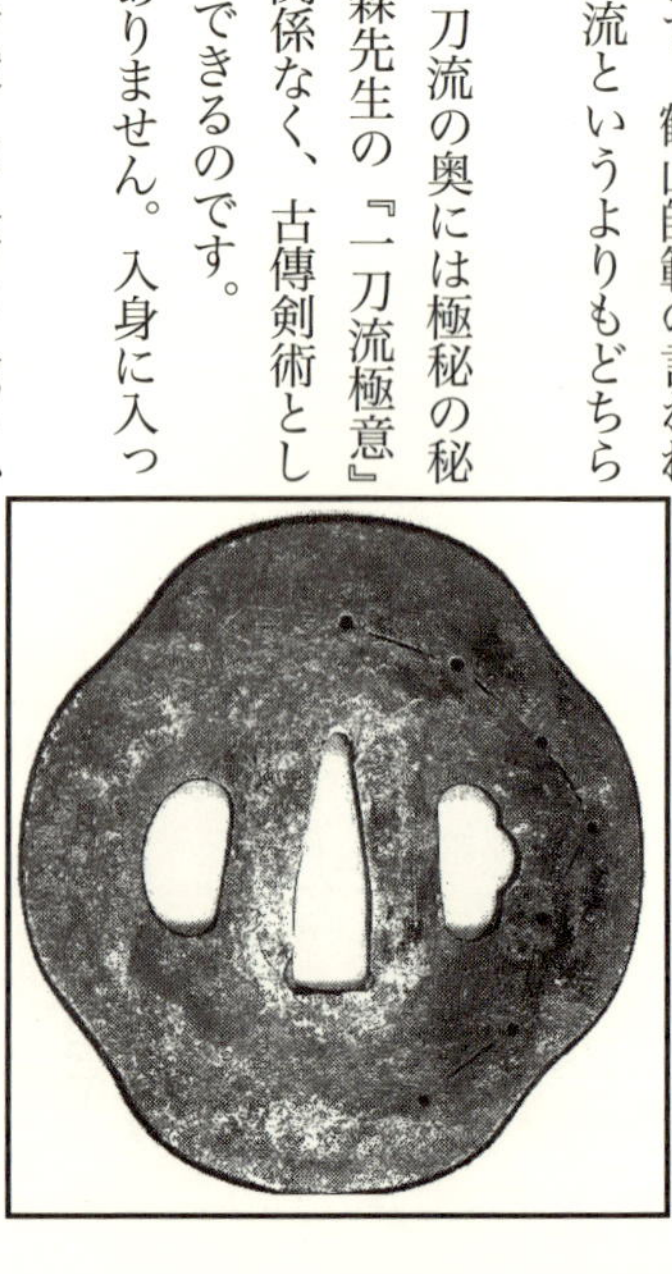

筆者の愛蔵する七星剣（破軍星）鐔。「北斗七星剣」を伝える流儀の剣士が注文して造らせたのだろうか？　武州伊藤派系の鐔かと思われる。銘は「武州住　正義」よほど以前、祖父江利久先生よりお贈り頂いたものである。

※　**北斗七星剣**
北斗七星の意匠を用いた武具は古くからあり、刀身にデザインが彫られ「七星剣」の名を持つ刀剣は多い。聖徳太子の御剣として著名なものが四天王寺に現存している。そして日本では鍔等の刀装金具に好んで用いられるモチーフである。これは古来よりの秘傳剣法「北斗七星剣」の存在を暗示していると解釈する事ができる。

北斗七星剣

大宮　その「七星剣」……そして「三星剣」と言うのは、名前からして中々魅惑的で興味深い傳ですね。どの様な内容なのですか。

平上　実を言えば一刀流の「七星剣」そのものは笹森先生が暗示的に書籍に示されたのみで、同流におけるその詳しい実伝は不詳ですし、また私としてもそれを一刀流の立場において解説する資格も力もありません。ただ流儀を超えた所で伝承する日本剣術の古傳秘剣としてであるなら、その存在はある程度感知する事は出来ますので、その立場で少し考えてみたいと思います……。

大宮　それではお願いします。

平上　これは「北斗七星剣」※とも謂います。また「三星剣」の方は「天弑三星剣《てんしさんせいけん》」とも称し、両剣を対として「陰陽雌雄ノ秘剣」とされる場合もあるかと思います。これらは確かに一刀流のみならず、日本剣術の深い所に伝承した秘傳中の秘傳剣法です。多くの流儀において名称を暈したり、多少名前を違えたりしながら伝承していたと思われるのですが、究極術理は大体共通している様に思います。実際天然理心流にも伝承していますし、神傳慈元流剣術にも同質の技術があります。ただ伝承する系脈において色々持ち味があり、実際手順や付随する口傳も多少の異同があるかも知れません。形として伝承する流儀もあったかと思いますが、多くは口傳として、また手継ぎ技法伝として口傳承されたかと思います。

植芝師範がその技法傳か口傳承かに触れた事があるかどうかはわかりませんが、共通する武術極意、技法術理を弛《たゆ》まぬ錬磨を通じて抽出し、合気道系独特の入身投げ技法を醸成していった事は事実かと思います。※ただこの古典武術における精密な技術論や、また奥の秘口傳までは現在の合気道でも伝わっていないし、盛平師範の傳はあくまで技術傳的な表現に止まっています。その詳細な関係については大東流の古典形探求の時に詳しく討議したいと思っています。ただ先程述べ

※　**植芝盛平師範が触れた秘伝承**
植芝師範の伝記、武術歴から鑑みると、古伝武術の正統な秘伝承を長い修練の果てに正式に授かったとは少し考えにくい様に思われる。しかしその存在（入身法における武術極意傳）は各流儀の秘傳書等に暗示的には示されている。また入身極意の体動は各流がそれなりには伝えており、また書籍にも基本的技法は出ているので、それらの見聞と自己の稽古の中からその根源技法を見つけ出していったと考えるのが妥当だろう。特に天神真楊流の技法はすべて図説書として公開されており、その中に入身投げの技術傳は明確に解説されているのである。それが合気道の諸手取り外方入身投げの基本技とそっくりなのは注目点である。

た「大東流にも入身投げは無いけど有る」と述べたのは、合気道的な円転や誘導はそれほど認められないが、原典としての技術は少なくともある時期には存在したと言う事なのです。そのある時期の確定と言う事においてもこの考察は後の事として、現時点ではやはり「合氣」醸成に論を絞りたいのです。

大宮　なるほど、余り各論に入り込み過ぎると収拾が着かなくなりますからね……。それでは合氣系柔術における入身投げ醸成の考察※は先に送る事として、大東流にもともと入身投げ、その原型なるものは存在したと仮定して論議を進めましょうか。

氣樂流の学びは？

大宮　大東流の源流についての話から、氣樂流との類似の事を通じ、「入身投」、そして「七星剣」「三星剣」等にまで話がかなり飛びました。話を元に戻しますと、実際に武田惣角師範は氣樂流を学んだのではないかと……？

平上　文献証左をもっての完全確定は出来ませんが、その様に想定される「点と線」が確かにある事は事実です。そしてそれは惣角師範が浅草車坂の榊原道場に修行に来たときではないかとまで想定したわけなのですけれども（▼『秘伝』1998年11月号特集記事参照の事）。

大宮　氣樂流は上州が発祥の地と言われますが、中興之祖と言える飯塚臥龍斎は江戸に出て浅草馬道で修行し、江戸の多くの流儀をも貪欲に学んで流儀を大成したと言われますね。つまり浅草辺には当時多くの氣樂流修得者がいただろうと考えられる。そして浅草に上京してきた惣角師範がそこで氣樂流の修得者に実技を学んだのではないかと？

平上　しかりですが、明確に習ったという文証がないので確言はできませんけれども……。しかし大東流では「力を抜け」「肩の力を抜かねば駄目だ」としつこく言われますね。これはつまり「氣

※　合氣柔術における入身投げ
原典としての古傳大東流には純粋な意味での入身投げの技術はなかったと思われるので、盛平伝の合気道にしろ、惣角伝の合氣柔術にしろ、双方それぞれのある時期に入身投げの理念と業が流入したと考えられる。原形的な立場からは惣角師範の氣樂流における学びや見聞からのルートが考えられる。また盛平伝の合気道的な立場からいえば、技法的に天神真楊流の技術が酷似しているので、図説等の学びから自己の稽古を通じて形成していったのではないかと捉える事が出来るだろう。そしていま一つややこしく確定できがたいのは、惣角師範と盛平師範との技術交流の實相である。今までいわれている様な惣角師範からの学びの方法性のみならず、逆の方法性の技術伝搬をもっと検討しなければならないと考える者である。
また「入身投」という名称は合気道系で命名されたと思われるが、何を参考にしたかは不詳である。「入身」という言葉は、先ずは一般用語と考えられるのでさほど原典を求める必要はない様にも思われるが、入身投げを極意とした氣樂流には「入身」の名称の形がある事は指摘しておきたい。

樂流」と云う事。惣角師範が結構お得意であったと言う洋風表現をすれば「リラックススタイル」という事。正にズバリそのままじゃないですか（笑）。

大宮　「氣樂流柔術」……それは日本伝体術の技法と心法の極意を表現した大変に良い流名であると思います。大東流とのダイレクトな関連性の問題はともかくとして。

合氣上げ

平上　さて当時、大正から昭和初期に掛けて、合氣とは「玄妙にして不可思議な技」という様なイメージで捉えられてきた事は全くその通りかと思います。その代表技として二ヶ條極めがあったであろうという事を討議してきました。

当時大東流の形態に類似の護身術的な明治以降の流儀もいくつかあったのですが、多くはそれほど精妙な逆手術傳を伝えていたわけではありません。例えば中沢流などでは腕挫きや小手返し、また四方投げ的なものも行われていた様ですが、大東流の様な多様で細密な技術傳には及ばず、他の流儀もしかりです。そして中には（講道館）柔道系技術群を応用して、それを整理しただけの様な流儀もありました。

その様な中で大東流は中々に垢抜けした、大変に細密な逆手術を多用する流儀であり、この点が余り武術に親しみのない一般大衆に大いに好まれた様に思いますね。※

大宮　明治以降古典的な柔術では中々一般人に浸透してゆく事が難しく、時代に即応した護身術的流儀が各地で工夫された様ですね。

平上　中沢流や卜傳流、大阪の一心流、東京の大倉傳浅山一傳流、兼相流、紀州の武内流等々……いろいろな新興護身術系流儀が現れましたが多くは失傳し、現存していたとしても極めてマイナーな存在にしか過ぎません。その様な中で大東流のみが今日各地に傳流し、それぞれそれな

※　**合氣柔術の隆盛**

明治以降に顕れた多くの護身術的新興流儀の中で、大東流系の合氣柔術のみが後世において大きな広がりをみて、今日では他の伝統的古流柔術すらも圧倒して隆盛している。その理由は色々あるが、「合氣」の用語と理念が斬新で魅力的であった事と、技法が玄妙かつ神秘的でそれがみる人を魅了したという捉え方がある。それはそれで一面的にはその通りかも知れないのであるが、それを逆の方向からみると、一般に流行する言葉を敏感に反応して導入し、そして何よりも人を魅了する様な技術傳をニーズに合わせて作り上げていったという風にも解釈出来る。

りの隆盛をみている事は事実です。

大宮　それは大東流がそれまでの古典柔術では余り見られなかった新たな「合氣」という理念を抽出してそれを売りにしたからなんでしょうね。そして確かに実技そのものも、見る者を即座に魅了する様な真に玄妙なる技法群で構成されていた事も間違いないわけです。

平上　その当時における「合氣」の観念ですが、二ヶ條極めは勿論として、当時の伝書には「合氣の早業」として四方に巧みに投げ分ける技術等が解説されています。要するにやはり見た目に玄妙と精妙さを感じさせる垢抜けした技術傳を「合氣」として抽出しようとしていたのではないかと思われるのです。ただここで問題なのは現代の大東流において合氣の基本中の基本とされる「合氣上《あいきあげ》」がその名称※も含めてどの時期に現れてきたかという事なんですが。

神代の体術極意

大宮　これも大東流史の根幹に関わる大きな問題であり、中々情報が錯綜していて大変に難しい命題なんですね。しかし、単なる武術を超えた古神道的立場から言えば、「合氣上」の基礎ともいえる、手から氣を出して手に不可思議な力を持たせるという技法は神代から存在していたとも言えるのです。

平上　『古事記』に出てくる出雲の国譲り※の神話ですね。健御名方神《たけみなかたのかみ》と健御雷神《たけみかづちのかみ》が相対した時の描写の中にそれと思わせる技術傳が確かに出てきます。

大宮　健御名方神が健御雷神の手をとろうとすると、健御雷神はその手を**「立氷《たちひ》に取り成し、また剱《つるぎ》刃《は》に取り成し」**たので、健御名方神は驚いてその手を離し、逆に健御雷神が健御名方神の手を取り返して**「若葦《わかあし》を取るが如《ごと》、掴み批《ひし》ぎて投げ離ちたまひ」**たという様な事が記されています。その様な描写の中に合氣的な氣の運用と正に実際の技術傳が現れていると考えられるの

※　**合氣上げの名称**
今日大東流各派における基本技法として捉えられるが、言葉自体は割合比較的近年に現れてきたものと考えられるのであり、主に佐川系、堀川系で唱えられた様である。但し佐川系では「合氣揚げ」という表現をなしている。あれだけ合氣に拘った植芝師範がこの技法に於いては特に合氣の用語を冠していないという事はかなりの注目点であるのかも知れない。これは即ち盛平師範は『秘奥儀之事』における「合氣ニテ上ゲ」と言う文言を見ていなかった可能性が考えられるのである。

です。前者は大東流の中にある、手より氣を発してあたかもその手を鋼鉄の棒の様にする技術、これを基本的な合氣上げにおいては用いるのですが、それを意味していると思われますし、後者は相手の手の弱点となる経絡を攻める四ヶ條系の技法を表現しているかと思われます。

平上　ご指摘の通りと思います。昔先生がそのご指摘をなされた時は柔術史研究者の立場として大変に大きな衝撃と感銘を受け、改めて神典を読み返した事を覚えています。この神話は柔術の濫觴としても良く引用される部分ではあるのですが、氣の運用や経絡技術までを見事に描写している極めて深い格闘古記録であるという事を改めて気づかせて頂きました。

大宮　古い記述ではありますが、その表現は現代にまでそのまま通ずる大変に分かりやすいものとなっており、この部分は正に後世の武術家たちに多大の影響を与え続けてきたと思われます。

平上　出雲の国譲りのおり、健御名方神は健御雷神に勝負を挑みます。「**然らば力競べを為むと欲す。故に我先づ其の御手を取らむと欲す**」……。真にしかりですね。「あなたと力比べをしたい」「それでは先ず私にあなたの手を取らせてください」……という事。これが正に「手乞」の始まりといえるでしょう。

大宮　「手乞」とは古事記にちゃんと字句の出てくる日本伝格闘武術の最も古い表記であるといえるでしょう。原典では次の様になっています。「**然欲為力競故我先欲取其御手故令取其御手者即取成立氷亦取成釼刃故爾懼而退居爾欲取其建御名方神之手乞帰而取者如取若葦搤批而投離者　即逃去…**」(▼読み下し／然らば力競べを為むと欲す。故に我は先ず其の御手を取らんと欲す。故に其の御手を取らしむれば、即ち立氷と取り成し、また劍刃と取り成す。故に爾《ここ》に懼れて退き居りき。爾に其れを取るを欲し建御名方神の手を乞い、帰って取ると若葦を取る如く掴み批《ひし》ぎて投げ離ちせば、即ち逃げ去る)

平上　一見「手乞《てごい》」の意味合いが分かりにくい位置に表記されている為に、現代においてやや誤解されている部分があるのではないかと思うのですが、じっくりみて文脈を解析すると「手乞」

※　古事記における出雲の国譲り

『古事記』にしか出雲の国譲りにおける具体的な戦闘描写がないのが少し不審である。そして場所が出雲である事がかなり意味深であるのではなかろうか。

健御雷神と健御名方神との戦いは神秘的かつ極意的な真に不思議な格闘仕合として執り行われた。即ち、よその民族との闘いでは凡そ考え難い様な格闘法とその戦いの推移を見事に描写しているかと思うのである。日本神代には手を取り合う事で両者の力量を図り、お互いを傷つけずして勝敗を決すると言う古来の仕来りの様なものが存在していたのではないだろうか。

出雲の地の取り合いという事は、同地が古代世界における有数の鉄生産国であり、鋼鉄刀剣という古代世界における超新兵器（スーパーウェポン）の製造地であったという事を示している。そこを治めてこそ天下統一とその統治が可能となるという、極めて重要な軍略に必須の地帯であったわけである。

かくした軍事重要地の支配権の争奪を無血にて事をなし遂げた事が真に素晴らしい。後世における江戸城無血開城に匹敵する大偉業であったといえるであろう。

の意味合いは明確です。そしてまた非常に分かり易い表現だと思うのですが、現代では何故だか「乞い」を「恋」に掛けてみたり、妙な文学的解説が多い事は不思議です（笑）。

大宮　確かに「手乞」を単なるその時の手の形や手振りによる舞踊的なものとして解釈される場合が何故だか多いのですが、これはもっとダイレクトにして具体的な武術的表現であります。

「頼もう！」

平上　「手乞」……それは神代から伝わってきた古典的武術ワード※ですが、その意味合いは後世の武術の深い所ではちゃんと理解され、そして武術古語として間違いなく継承されてまいりました。戦国から江戸期にかけての各修行者は師匠から『免許』を頂くと武者修行の旅に出る事になっている。しかして諸国各流各道場を巡って、門を叩き、そして叫び続けてきたのです。「頼もう！」と。何百年、あるいは何千年もの永きに渡って……。

大宮　何を「頼もう」なのかが問題であります。取り次ぎの使者が出てくるとその武者修行武芸者は加えていうはずです。**「何卒一手《なにとぞひとて》、御指南のほどお願い申す」**……と。

平上　「一手の御指南」の願い、つまり「一手を乞う」と言う事……。正にこれが「手乞」なのですね。その意味では「手乞」とは単なる格闘技の古名称ではなく、武術そのものと仕合、その意と理念までを現している真に優れた大和詞であると思います。

……それはともかく『古事記』の原典の解説をいま少しお願いしたいのですが、この「手が立氷の様になった、剣刃の様になった」という謂は「合氣上」そのものと考えてよろしいのでしょうか。

大宮　合氣上げそのものというより、合氣上げをなす場合の基本的な手の有り様であって、氣を発し、意を巧みに用いる事によって、手を持った相手はその様に感じてしまうわけで、合気上げをするときの手はその様でなければならないのです。しかしその事によって健御名方神が投げら

※　**武術古語**
「手乞」というのもしかりであるが、「手合わせ」の言葉の原脈も此処ら辺にあると思われる。また「御手柔らかに」というのも「若葦を取るが如く」という言葉を裏返して造られた言葉と解釈できる。また「（手を）釼刃に取り成し」という部分から「手刀」という武術ワードができた可能性は高いだろう。そして「故爾懼而退居」の部分からは「手解き」の観念が出来たのだろう。また稽古で「投げ離し」という言葉は多く使われる。天神真楊流に「投捨」という形ブロック名があるが、同系の言葉で勿論意味合いも概ね同じである。

れてしまうのではなく、手を離してしまった様でもあり、どちらかといえば「合氣上」の原型ともいえる「手解き伝」をいっている様にも思います。

平上　そうですね。当時の勝負が正座から始まったとは到底思えませんし、また対面の両手取りという風には描写されていない。どちらかといえば立ち技の諸手取りから勝負が始まった様にも感じられます。

大宮　つまり合氣系柔術でいえば所謂「臂力《ひりき》の養成」的な勝負スタイルであったのかもわかりません。しかしながら多少表現スタイルは違っても腕に氣を通わせてそれを発し、巧みに運用する柔術極意の観念は共通するのではないかと思います。

若葦

平上　国譲りの「手乞」勝負についていま少し分析し、神代における柔術極意伝のより深い部分を探求してゆきたいと思います。……次には逆に健御雷神が健御名方神の手を握ったが、その時は**「若葦を取るが如《ごと》く、掴み批《ひし》ぎて投げ離ちせば」**とあります。この部分もやや誤解されて解説される事が多い様に思うのですが、先ずはこの「若葦」という表現ですが……。

大宮　本居宣長の『古事記伝』の解説によれば**「蝋長《ろうた》けたものの逆の表現、柔らかいものの譬え」**という事であり、つまり健御名方神は健御雷神に手を握られて経絡（急所）を攻められた為か力を抜かれた様に、（若葦の如く）ぐにゃぐにゃになり全く抵抗できなかったという事であろうと思われるのです。

平上　相手の力を抜いて抵抗できない状態にした後に逆手をとって投げてしまう……※。正に合氣柔術そのままですが、しかもここに「投げ離ち」という文言がありますね。実を言えばこの部分と類似の表現が大東流の秘傳書の中にあるのですが。

※　**健御雷神が用いた逆手投げ**
健御雷神の振るった手法の中に合氣上げの原型的な技術が含まれている事は間違いない。ただ技法展開としては手解き技として機能している事は注意しなければならない。これは純粋な実戦武術技法としては合氣で投げ飛ばしても余り意味がない故と考えられる。同じ投げるにしても逆関節の極めを利用してより大きく激しく投げつけないと後の制圧が出来ないと言う事である。健御雷神が振るった後半の技術は、健御名方神の小手経絡を極め体を痺れさせて力を抜き逆手を併用しつつ投げ極めたのだと思われる。
これは後の古流柔術でも同様の極め方が多用されており、古式柔術の正に実戦技法の原型となっている。

★手乞その１「手解き」

原典は正に**「懼而退（おそれてしりぞき）」**とあり、これは最終的には手を解いて逃げた描写と思われるが、健御雷神が相手を倒してしまわなかった事には意味があり、十分に武威を示して敵に恐懼せしめ、そして自ら退かせたのである。そして「立氷」とか「剣刃」とかの感覚は柔術修行者にとっては正に体感であり、手合わせをした瞬間（相手の手を取った瞬間）、直に相手の実力は分かるものである。
実力者が手に氣を込めれば肉の手が忽ち変化して対戦者は鉄棒を掴んでいる様な感覚に襲われる。「鉄腕」という言葉はその様な感覚を表現したものと言えるだろう。柔道乱取り法もしかりであり、正に袖と襟を持って組んだ瞬間、業を施さなくとも敵の実力が即座に理解できるのと同じ事である。

●写真①～③
神代の格闘光景は神典の口承テキストから想像を逞しくするしかない。恐らく片手を諸手にて掴むがその部位に氣を込められた為に体を崩して掴み切れなくなり、思わず解いて退き離れたという事だろう。

手法としては伝統的な手刀系が用いられたのでなかろうか。余り指をパラリと離して闘うのは指を損なう危険が伴う事である。

手乞その２「挫投げ」

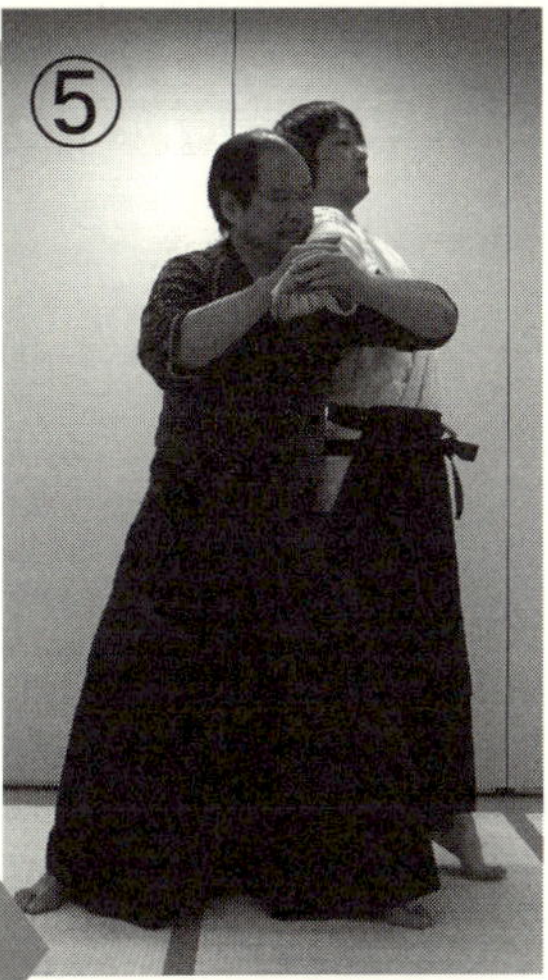

我の方から敵の手を掴み、表裏の小手絞りを上下に極めて敵の力を抜いて体をグニャグニャにした上で逆手にて投げ離す。正に四ヶ條の極めを用いて高度な逆手投げがなされたと考えられる（いや、もっと豪快に担ぎ上げて激しく投げ飛ばしたのかも知れない?）。

これは正に後代に隆盛する柔体術における逆手投げ技術の原典なりと解釈してよいと思うが、敵の力を抜く秘術という武術極意までもがちゃんと描写されている事が真に素晴らしい。これこそ正に「やわら」の原点であり、極意表現の語源であるとも言えるであろう。

●写真①～⑦／強烈な小手絞りが極って敵が無力化してしまう様子を「若葦を取るが如く」と表現したかと思われる。これはそれなりに分かりやすい譬えだろう。

大宮　『大東流柔術秘傳目録』のいくつかの技解説の補足解説の部分に「取リ放チノ事」と言う書き込みがあり、少し似ていますね。掴んだ手が立氷の様になった時、取り手を放したと云う事を表しているのかもしれませんが……。ともあれこの様な日本傳神典と類似の文言があると言う事実は確かに注目点であり、同流秘傳書の作成者の人物像を示唆している様にも感じられるのです。

「四ヶ條」

平上　あっ、そこは重要指摘ですね。西郷頼母翁にまた一歩近づいたのかも……？
それはともかく話をまた「若葦」と言う部分の解釈に戻しますと、つまりこれが合氣系柔術における四ヶ條極めの表現という事ですね。四ヶ條極めといいますと裏小手極めのやり方が一般的ではありますが、「掴んで若葦の如く……云々」という表現から鑑みると、表小手を攻めるやり方（系派によっては三ヶ條と呼ばれる場合もある）※に近い感じも少しいたします。これは今日合気道系では行われる事は少なくなっていますが、武田惣角師範の得意技であり、また故塩田剛三師範も大いに演武会で用いておられるのを実際に拝見した事があります。塩田師範が小柄な体躯で大漢門人を片手で抑え、小手極めのみで投げ飛ばして観衆を魅了していた事は著名です。

大宮　この四ヶ條極めは大東流の代表技の一つといえるのですが、古流柔術系ではその様な技術の存在はいかがですか。

平上　これは大東流の様に純粋な技術傳として現れる事は存外少なく、形施行上の技術口傳、手法として伝えられる断片的な技術傳でしか存在していなかったのではないかと思います。※しかし面白い事に同種の技術は講談などでは結構語られる事が多く、また歌舞伎などでも同様の技術傳が演じられ、またその様な技術傳を描いた絵図なども結構多いです。

※　大東流の三ヶ條
「箇條」という用語を年代や立場における意味合いの異同、分別を余り明確にせずに、場合々の判断で恣意的に用いているが、大東流の古典伝書に記載された「箇條」と合氣柔術における技法の段階的分別としての「箇條」とは意味が違う事を本来は注意しなければならない。しかしこの正確な分別は結構難しく、そしてややこしい。大きく分けて今述べた二つの意味合いがあるのだが、しかし段階技法における「箇條」分類法も各系統によって異同があるのである。ともかく、合気道でいうところの「三ヶ條」と現伝大東流の「三ヶ條」は概ね同じ意味合いとなるが、しかし一致しない系統もある。また「四ヶ條」もしかりであり、合気道では裏小手極めの意味合いが強いが、大東流では表小手極めを含み、また箇条名を違えた系脈もある様である。
そして合気道における各箇条の固め法の部分、特に二ヶ條固め、三ヶ條固め等は合気道系における工夫と考えられる。

大宮　江戸期においても神代の時代から伝承してきた柔術極意伝の一つという認識と、そして実際技術傳は存在したのでしょうね。

平上　氣樂流の中段手組「猿猴返」という形の中に、裏小手を極める合気道の四ヶ條に類似した技術がでてきますが、裏小手の経絡のみで倒し、そして固め抑えるという観念は確かに古流では希薄です。しかしながら口傳の制敵秘点としては勿論伝承しています。また本来の琉球拳法でも用いられる技術傳ではあるのですが……。ただ何故に純粋な技術傳のみの抽出がなかったかといえば、捕手捕縛における実践を永く経てきた日本柔術の場合、見せかけだけの技術、唐土式にいえば「花法」ともいえる外連技は極力排斥する傾向にあり、また当たり外れのある技術傳を嫌ったという事ではないかと思われるのです。

大宮　なるほど、それは四ヶ條的な経絡攻め技術は当たり外れ、つまり効く人と効かない人がいるという事ですね。

平上　この技術は素人にかけると大変に効果があり、また大変に面白い技術展開も可能な優れた技術傳ではあります。よって私自身稽古ではある程度用いているのですが、この様な経絡技術のみで戦場荒武者の太腕を制する事が出来るかといえば、これはかなり厳しいのではないかとも感じます。

大宮　戦場武者では鎧を着ていますから最初から掴む事も出来ない。

平上　柔術における當身傳も同じ様な傾向があり、日本柔術では琉球拳法や中華拳術でみられる様な當身オンリーの技術表現は余りなく、投げや逆手術と連動してその補助手法として用いられる傾向にあります。

大宮　四ヶ條的な経絡技法も古流柔術では逆手や投げなどの補助技として存在したという事ですね。確かに健御雷神も経絡技法にて健御名方神の力を抜いて、若葦の如き状態にした上で投げ極めています。技術の複合性はともかく、神代の時代に現代合氣系柔術で用いられる様な高度な技

※　**敵の力を抜く小手絞り極め**

敵の力を抜くと言う玄妙な技法としての四ヶ條極めという小手裏表の絞り極め技法は第二の「合氣」とも言える、少し不思議な手法である。大東流の古典的な立場からは伝書に「手を絞り落す」と言う風に描写されており、「小手絞り」「小手絞り極め」とも言い、「小手表極め」と「小手裏極め」の大まかには二様の手法がある。それがまた左右裏表に細分化し、十六手法、あるいはそれ以上にも展開されるが、合氣道系では現在その極一部の技術しか一般には施行されていない様である。

惣角師範の得意技であった様であり同技を用いた武勇伝的なものも伝えられる。多くの柔術での純粋利用法は余り武術形となっている例はなく、概ね補助的な手法として用いられていたと思われる。ただ武術強者でない町人系人脈くらいならば、小手絞りのみの手法で抑え制する位の事は昔の柔豪傑ならば十分可能な事であったであろう。

幕末から明治にかけて競技乱取り稽古が主体となる事により、次第に失われていった神代伝来の古傳手法の一つであったかと思われる。

術が既に存在した事は確かだと思います。

平上　柔術伝の深い所にその様な技術が存在し、口傳を受けた各名人はいつの時代においてもその妙技を自在に駆使していたと考えて良いのではないでしょうか。それが講談などにも同様の表現がある事からも察する事が出来ますし、そしてまた小説の中にも出てきます。たとえば西郷四郎をモデルにしたという富田常雄の『姿三四郎※』の中にも暴漢の手首を握ったのみで相手の力を抜いてしまったという様な描写が何ヶ所かでてきます。

大宮　えっ、本当ですか。どの様な場面でしょう?

平上　そうですね……それでは原文を上げてみましょうか。……次の様な表現があります。先ず鹿鳴館で不良外人が拳銃を構えたのに対し、それを懲らす場面です。

「拳銃を握った毛深い相手の手首が、三四郎の五本の指に握られると、脆くも手が痺れて、ことりと床に拳銃を落とした……」

次に錦灘と言う関取と対した時、

「相手の首根っ子を押さえていた右の利腕を握られ、はっと思う間に手を放して起き上がってしまった激痛を思い出していた……」

仲間の俥屋から平手で打って来られ、それを請け押さえる場面も象徴的です。

「武の平手が三四郎の頬へ飛んだ。『あ、い、痛てて、何しやがる』武は、三四郎の頬へさわる間際の手を無造作に掴まれて、顔をしかめた……」

いま一つ、外人レスラーを制する場面もあります。

「三四郎は微笑し、右の手でゆっくりボスコの手首を握った。『おおっ』ボスコは火傷したように頬を顰め、三四郎から腕から手を放すと、左手で手首を持ち添えながら、その場に屈み込んだ……」

大宮　なるほど、正に合氣柔術「四ヶ條」の小手絞り極め的な表現がこれだけ出てくると言う事

※『姿三四郎』
講道館柔道の創成期、四天王といわれた中の一人、富田常次郎の嫡子、富田常雄（1904〜1967）の創作した柔道小説。講道館四天王における最高の達人、西郷四郎をモデルとする主人公の活躍をテーマとしたフィクションであり、柔道小説における名作中の名作として名高い。富田常雄は他にも古流柔術の修行者等を主人公にした作品も含め幾編かの「ヤワラ小説」を書いているが、『姿三四郎』のみが著名であり、そして確かに群を抜いて優れた名作であった。
ともかく四天王の中の西郷四郎こそを一番の達人して描写した事は事実であり、西郷四郎は実際上も確かにそれだけの達人であったのであろう。フィクションの形をとってはいるが、実際に父親から伝えられた西郷四郎の振るった不思議な業の口伝承を基に著述されたのではないかと思われるフシがあるのであり、よってそこに真実が潜む可能性は十二分にあるわけである。

は興味深い。特にレスラーに対し「微笑し」ながら「ゆっくり」技を施し、また「火傷したように」とも表現しており、正にずばりそのものと言う感じがします。

しかしこれでは姿三四郎は柔道の達人というより、正に合氣柔術の名人的な描写となっていますね。所詮は小説上の事ではありますが、モデルの西郷四郎における普段の武勇伝の中にその様な合氣的な技術を振るったという古伝聞があり、それが富田常雄にまで伝わり小説のこの様な表現となって結実した可能性は確かにありますね。

ただ富田常雄は『姿三四郎』には特にモデルはいないという事を『三四郎手帖』の中で強調してはいるのですが。※

平上　これは完全実録物語ではないのですから当然と言えば当然の断り書きと配慮であり、建前としては勿論その通りでしょう。しかし実際的にはやはり西郷四郎を筆頭とする講道館の四天王たちの柔道創成期における働きを原話としている事は事実であろうかと思います。実際『姿三四郎』をよく読み込むと合氣柔術的な表現がまだまだあり、そしてモデルといわれる西郷四郎と大東流との関連を示唆する様な部分が随所に窺えるのです。

大宮　引き続きご指摘のほどをお願いします。

平上　先ず三四郎の稽古の様子の描写ですが、次の様に表現されています。

「稽古の柔らかさ、風のような進退が眼をひき、真捨身業の壮絶さと、裏業の巧妙さには舌を巻く思いだったが、ついぞ、山嵐は出なかった。風のような稽古――彼はそう感じた。三四郎の体はほとんど相手の体に触れたように見えないで、相手を投げていた。相手の体を背負ったとも、足を払い、腰にのせたとも見えない……」

大宮　比較的物理的な原理で投げを放つ柔道系の技術とは違って、それとはまた異質の確かに「玄妙の業（即ち合氣之術）」を持っていたと言う事を謂いたいのかも知れません。

平上　同様の表現が何ヶ所かあります。好敵手であった檜垣源之助は弟の鉄心に次の様に説いて

※　**仮名手本柔道物語**
『姿三四郎』をフィクションというならば正にその通りであり、勿論そんな名前の柔道家がいるわけではなく、実際の恋愛物語等を含めた細かい描写や付加ストーリーは富田氏の創作であるだろう。しかし実在の人物と関係なしという事を強調する立場は一種の建前であり、『仮名手本忠臣蔵』と同じ手法である。
つまり柔道史における講道館驀進の大まかなストーリーは概ね事実を踏襲しており、そして各四天王の各性格や姓名は実在モデルを確かに準えたものである。
しかしながら四天王などと謂いながら三四郎のみが単なる格闘豪傑に止まらず、不思議な技を自在にふるう、江戸期の武術名人の如くの域にて描かれている事は事実である。やはり他の三人とは大きく違う独特の技（合氣?）を保有していたという事なのではなかろうか。

います。

「鉄心、姿と言う男の柔術はお前たちが考えているようなものとは種類が違う。柔術とは言わず柔道と言っているが、姿の柔道は投げが投げの形を見せず、受けて、力を入れる隙のない柔術なのだ。相手を肩に担いで投げるのでもなく、足を掛けて倒すのでもない。今のは山嵐だとか、谷落しだとか、横捨身だとか、他から見ればいろいろの業に見えるだろうが、その時のあの男の業は、相手には受ける余地と判断のつかぬものだ。体全体が一本の刀とも言える。それが、真向から振り下ろされたり、突き飛んで来る。避ける暇がない。鉄心、飛んで来る刀は素手で受け留めることは出来まい。剣術の達人が斬り下ろす刀を素手では受けられまい。それが、姿の業なのだ」……。

大宮　「受けて、(堪える) 力を入れる隙のない柔術」……それが正に柔術を超えた柔術、「合氣柔術」と言う事の別表現とみる事が出来ますね。

平上　また西郷四郎は『東洋日の出新聞』に「猫の妙術」を下敷きとした新たな武術極意話「眉山夢物語」を連載しておりますが、その内容は西郷頼母※に擬えたと思われる者（古猫）からその極意を授かると云う話となっています。実際西郷四郎はその物語の写しを誰かから頂き、それを特別に授かった武術の極意書として大切にしていたのではないでしょうか。ところが『姿三四郎』の中でも三四郎は武術の極意書として『猫の妙術』の書籍を師匠である矢野正五郎から頂き、その極意伝を徹夜して読む込む場面がでてきます。この様な他書からの引用は、小説家としては普通手抜きになるので余りやるべきではない様に思うのですが、その原本を小説の中で完全に翻刻している。富田常雄ともあろう戦前における日本文壇の雄がこの様な完全引用を行ったという事は、西郷四郎のかくした伝説がかなり印象深い逸話として講道館の深い処で口伝承されていたという事が考えられるのです。

大宮　なるほど、確かに姿三四郎のモデルがはやり西郷四郎である事を思わせる、確かに重要な

※　**西郷頼母**

西郷頼母は国家老であり、兵法家であり（長沼流の継承者との説が有力だが、否定的な論説もある。文証が提示されているわけではないので考証は此処ではなさない）、また日新館等で色々学んだ武人でもある。剣術は溝口派一刀流といわれ、他の武術も色々学ばれている。ただ余り流儀名が定かでない例が多い事は残念である。柔術も学ばれたと思われるが流名不詳。会津若松を離れ、霊山神社で隠棲した様な形であったと思われるが、流儀を超えたところの「武術極意」の伝授がやはりなされたのではなかろうか。西郷家の家屋は焼失し学んだ流儀の伝書類資料もほぼ完全に失われていたのであろうし、その為に流儀の文化の伝承は難しくなっていただろうという事である。西郷四郎には武術の極意的な術理や奥伝技法等を伝授した可能性はあるのではなかろうか。

また後年、自己が若かりし頃に学んだ柔術を基に技を思い出しつつ新再編し、それを武田師範に伝授し、そしてその体系を形解説伝書として認め、流儀伝書の様式を整えてやったという事が考えられる。西郷頼母は明治三十六年には亡くなっており、いわば彼の最晩年の業績であった事になる。

箇所ですね。

ただ西郷四郎は西郷頼母の養子※であったというのは歴史的事実ですが、西郷四郎が大東流の遣い手であったという事はこれだけの事実では未だ確定しにくい様にも感じられます。さきほど話にでた小手極めの妙技の描写も今までの論説から行くと、大東流のみならず、他の古流柔術、そして琉球拳法などでも見受けられる技術傳という事であるならば、中々西郷四郎と大東流を安易に結びつける事は出来ないとも考えます。

平上　しかりですね。しかし実はいま一つ西郷四郎が確かに大東流の使い手である事の状況証拠となりうる、かなり重要な箇所がいま一つ小説にある事はあるのです。

大宮　うーん、それはひょっとしたら何時《いつ》かおっしゃっておられた「右京ヶ原の決闘※」の場面の事ではないですか。

「右京ヶ原の決闘」の秘密

平上　「右京ヶ原の決闘」、それは『姿三四郎』の中で登場するいくつかの他流との勝負、決闘の中でも屈指、いや最高の名場面と激賞される正に小説の大山場ですが、この戦闘状況は中々合氣柔術的な立場からは真に興味深い部分があります。つまりこの戦いの推移は檜垣源之助が先に仕掛け、三四郎の頸を十文字の立ち絞めに極めて優位に立つのですが……。

大宮　三四郎は殆ど落とされそうな処にまで追い込まれますが、源之助が間違いなく絞め殺してやろうと考え改めて襟を掴み直そうとした瞬間、そこに僅かな隙が生じ、それを三四郎につけ込まれ、折角の技を破られて最後は「山嵐」で仕留められてしまうのでしたね。

平上　つまり立ち技の絞め技に対抗し、逆に投げ返して仕留めるという戦闘の流れですが、ここに大東流の秘技が隠されていると言えるのです。

※　**西郷頼母の養子**

いう迄もなく西郷頼母とは幕末会津戦争における極めて重要なる立役者の一人であり、兎にも角にも国家老であり正に歴史的重要人物であった。その養子であるという事自体大変な事実であるといえるだろう。しかし「国破れて山河有り」というのみのこの時代、そして西郷頼母の当時の微妙な立場において彼を養子にするという事にどういう意味があったのだろう？　西郷家の一族郎党、幼子、婦女子を含めた二十余名は彼を残して悉く自決し、真っ先に討ち死にしなければならない立場の頼母自身が独り生き延び、藩主よりの密命故に生き恥を晒していたはずである（藩主の密命については諸説あり、ややこしい諸問題があるので此処では触れない）。天才兵法家でもあった彼は何を意図していたのか？　滅びてしまった陸奥国会津藩における何かしらの秘文化を何とか後の日本国の誰かに遺したいと言う意がやはりあったのではなかろうか？

大宮　武田惣角師範が得意とした十文字絞めに対する合氣柔術式の返し技ですね。これは武田師範の武勇伝の中にも出てきますし、また昭和五年の新聞記事の中にも前からの立ち絞め技に対する技法が出てきます。『総傳十一巻』の確か八巻目かに同技の写真解説がありますし、間違いなく大東流を代表する秘技の一つという事がいえるでしょう。今日存外大東流系でも演じられる事が少なくなりましたが、八光流の師範技としては出てきています。

平上　大東流の奥傳として伝承された技術は、敵が立ち技十文字絞めに攻めて来るのを敵を掴み返す事もなく、掴まれた襟を強引に外すでもなく、掴まれた部分を利用して自己の体の動きのみで絞めて来た敵を巧みに逆技にかけ見事に投げ飛ばしてしまうと言う妙技です。合氣の古伝的な定義である「不可思議で玄妙な技」という当時における合氣の合氣たる確かに代表的秘技であったのではないかと思います。この様な技術を柔道乱取りの稽古時に西郷四郎が実際に用いていたかどうかは不詳ですが、西郷四郎は極親しい柔道仲間達、四天王などに対しては、「家伝の柔術（西郷頼母伝体術？）にはこの様な面白い秘技もあるよ（本来はかなりの東北会津なまりで話したかと思われる）」と、おりに触れて披露し、皆を興《おもしろ》がらせていたのではないでしょうか。

大宮　具体的な伝承の経路は、富田常次郎を通じて息子の富田常雄に西郷四郎の不思議な技とその様な具体的な妙技をおりに触れて振るったという伝説が伝えられた可能性はあると思います。西郷四郎が演じて他の四天王を驚倒させた「十文字絞め返し」の秘技の伝説が「右京ヶ原の決闘」場面として結実したという事ですね。

ここで少し思う事は、檜垣源之助が十文字の立ち絞め技で三四郎を攻めるという事の妥当性についてですが、確か源之助の流儀は良移心當流※という事でしたね。

平上　良移心當流は起倒流や直信流などと同根の流儀で、古い鎧甲冑組討系の技術を継承し、投げ技に秀でた流儀という風に捉える事が出来ます。絞め技が得意なのは逆に姿三四郎が最初に学んだという天神真楊流の方なのですが、この点の矛盾が先ずあり、また彼は家伝武芸として琉球

※　右京ヶ原の決闘

右京ヶ原は講道館の割合近隣に実際に存在した地帯の地名であり、そしてそのモデルとなった他派古流柔術との闘いが何かしらあったのかも知れない。しかし重要なのは闘いの推移である。類似の闘いぶりは実は武田惣角師範の武勇伝の中にもあるのである。ある古流柔術家（起倒流の強豪、三上富治であったともいわれるが異説あり）が立ち絞め技を仕掛けてきたのを巧みに、掴まれた部分を利用して何度も投げつけたといわれる。これは本当に大東流が伝えた技法、その中でも奥伝技法に分類される定番的な古傳技術なのである。現在の大東流では既に古典技となってしまったのか伝承しているところは少なく、仮令行なわれてもその奥伝ポイントがかなり暈けた形となっている事が残念である。現在は大東流系よりも寧ろ八光流系にてこの奥伝妙技が比較的古典的な形にて伝えられている。

唐手檜垣流も修めているはずですが、唐手である以上、やはり絞め技よりも突き蹴りが得意かと思われるのですが……。

今少し当時における古伝柔術の実態について考えると、各柔術流儀で普遍的に行われていた組討ち、寝業系の稽古の中には色々絞め技も伝承していたかと思います。ただ居捕や立合の古典形の中で全く絞め技が出て来ないと言う流儀は結構多いのです。起倒流もそうですし、無雙直傳和義などもそうですね。格調高い絞め技曼陀羅の世界を構築し、江戸初期の柔術界に独自の捕手術世界を築いたのは楊心流系の流脈でした。

大宮　所詮は小説上の話ではありますが、源之助が立ち技における絞め技を特に遣わなければならないという流儀としての必然性は余りないという事ですね……。ともかく三四郎が敵の技を返して逆転勝利すると言うストーリーのモデルとして、立合絞め技の返し技という展開を富田常雄は選択したわけであり、これは偶然とは少し考えにくい。

確かにこれで西郷四郎が合氣柔術の系脈にかなり近づいたと言えると思います。

平上　小説の描写を良く読み込むと、源之助の十文字絞めに対して三四郎はそれを先ず外して山嵐で対抗して投げ飛ばして逆転するという流れになっています。

大宮　三四郎の「山嵐」は講道館の立場としての解釈もありますが、合氣柔術系の立場からは袖巻からの裏背負い的な払い投げ、また四方投げの中途の体勢から足を払って投げ飛ばす応用必殺技術となす説も根強く残っています。ですから、合氣柔術において逆十字絞めに対する返しは無手逆手の方法や、加えて色々な逆手投げにて返す方法が施行されていますが、小説の技を大東流傳技法と考えるならば、逆十字に襟を絞めて来たのを首を抜いて外して腕を極め、敵が少し崩れた所を足を払って投げ飛ばしたという事になりましょうか。

平上　講道館の創生期には競技乱取りの技術研究のみならず、ちゃんとした武術としての探求、護身術としての工夫や各系の色々な攻撃技術をどう返すかという様な実戦的な研究が大いになさ

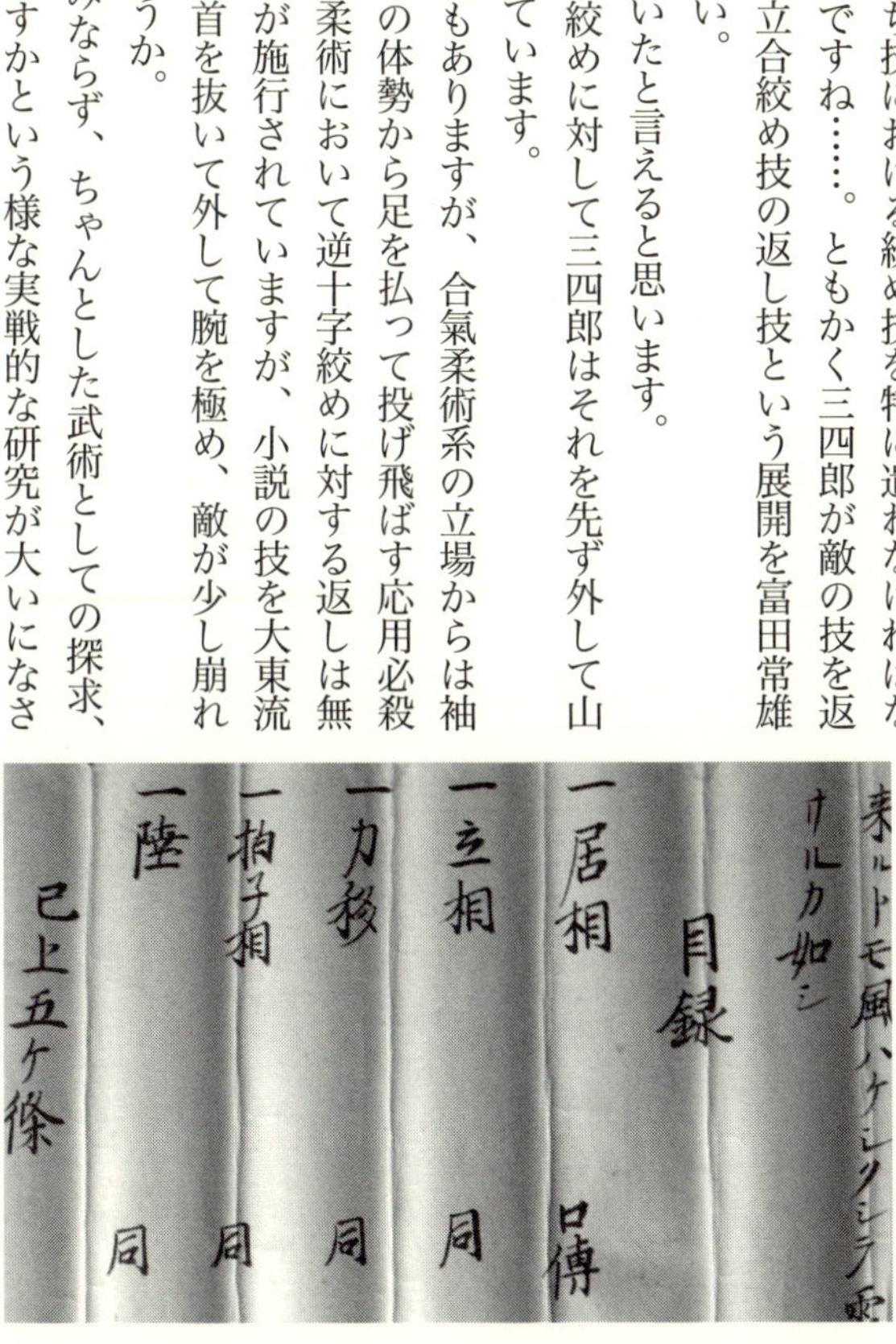

※　**良移心當流**
福野正勝が開いた柔術流儀。福野氏は起倒流の成立にも関わっており、いわば兄弟流儀とも云えるだろう。直信流や扱心流なども同根、同系の柔術流儀であると云える。兄弟流儀とは云え各流儀の目録をみるとそれぞれかなり独特であり、それぞれの体系があった様である。しかし投げ技を主体とした組討系の流儀であったという特徴は共通するのではないかと思われる。

れていたのではないでしょうか。西郷四郎も自己の体得している合氣系技術（当時はいまだ合氣という捉え方はしていなかったと思われる）を披露して皆を驚嘆させていた可能性はかなり高いかと思います。

山嵐の秘密

大宮　姿三四郎も、そして西郷四郎も得意技は「山嵐」という事であり、この事実のみでも両者の関係は特定されますが、この山嵐については今も少し触れた様に異説が多く問題ですね。

平上　柔道小説『姿三四郎』の「山嵐」の存在はそのモデル西郷四郎の秘密を明かす為の大変に重要な秘鍵となるものです。この点少し考えてみましょうか。

大宮　柔道名人三四郎の必殺技が「山嵐」であるという事。しかし不思議な事に現在の柔道家で山嵐を試合で実際に用いる者は誰もおりません。嘉納治五郎なども「**講道館柔道開創ノ際予ヲ助ケテ研究シ投技ノ薀奥ヲ窮ム其ノ得意ノ技ニ於テハ幾万ノ門下未ダ其ノ右ニ出デタルモノナシ……**」と西郷四郎を評しているのです。文中の得意技というのが「山嵐」と考えられますが、彼の後に続き山嵐を自在に振るう柔道家はついに現れなかった。※

平上　山嵐の本質については確かに異説が多いです。合氣柔術側から主張される大東流の応用技法であるという論も柔道界では黙殺されていますし、正直な所ややこじつけ的である様にも感じられ、また私自身文証なく何も語る事は出来ない。しかし講道館系で定義された講道館式「山嵐」では余り技法としての合理性や必然性が希薄であり、そして実際的にかなり用いにくい技術傳である事は事実かと思うのです。

大宮　何故に「山嵐」が西郷四郎以外に用いにくいのかという事も小説の方でもある程度の説明があるのですが、そこにこそ合氣の秘密の一端があると考えます。

※　**西郷四郎の乱取りへの挑戦**
西郷四郎が西郷頼母傳体術の継承者也と言う仮説の正否は現代段階では必ずしも完全確定しているわけではない。しかしながら一応かくした立場を前提として考えると、四郎の講道館への入門は西郷家傳体術の古式技法をどう乱取りに活かしてゆくかと言う研究と修行の為であったと捉える事が出来る。どんな精妙高度な技術も畳水練では意味がない。神襟を利用した乱取り系の手法ルールの中で、いかに古傳実戦技法を発現してゆくかと言う実験と工夫は重要であり、確かに興味深い。これはいわばアウェーの戦いであり、惣角師範も盛平師範も入って行かなかった、いや行けなかった世界である。自分の土俵内で戦うと言うのが確かに一つの武術極意ではあり、当然と言えば当然ではあるのだけれど……。
しかし他系の乱取り法と言う土俵上では大東流系の精妙な逆手極意も余り用いる事が出来ず、使えるのは単なる表面的技法傳なんぞではなく、西郷頼母傳体術が奥に内蔵する武術極意の深い術理のみだろう。名称は違えどもこれぞ真の「合氣之術」そのものと言えるのであり、かくした極意は乱取りを通じて抽出、実践され、そして四郎の内部でより純化していったかと思われるのである。

平上　しかりですね。『姿三四郎』の山嵐における小説の描写には合氣的な個所が確かに散見されます……。少し原典をあげてみましょうか。

「元来、三四郎の爪先には超人的な粘着力があった。貴様の爪先には吸盤があるのかと、よく、四天王の連中に驚嘆されたが、三四郎が山嵐を掛けるとき、彼の爪先は相手の踝《くるぶし》から絶対に離れぬ。吸盤があって、吸いついたと変わらなかった……」

つまり「山嵐」の時の足遣いにおいて、三四郎の足は蛸の吸盤の如く相手の足について離れなかったというのですが、それを三四郎の足の指が熊手の様に掛かって相手の足を捕らえるから……などという風にも説明している。しかしながらこれは伝聞による当時としてのやや変形した小説式表現であり、現代における合氣柔術的に解釈するならば、正に「合氣」の離れない手※（足）であり、四郎の手法、技術傳は当時の柔道家には真似の出来ない不思議な技という風に感じられたのではないでしょうか。

大宮　しかしそうなりますと、現代における「合氣」的技術を西郷四郎が体得していたことになり、通じて大東流にもその様な技術が既に伝承していたと言うことになるのではないでしょうか。

平上　「合氣」的表現とその手法は現代においてはかなり独特なものとなっていますが、彼我の触れた部分を離れなくする技術は伝統武術における古典技術であり、日本武術に限らず、中国拳法等でも散見される様に思います。『五輪書』にも「しつこうのこと」と言う項目で同質の武術極意が解説されておりますのでそれほど珍しい技術ではないと思います。西郷四郎の場合は十二分に寝業等も稽古しておりますし、足を巧みに絡んで敵の足を制する技等はかなり会得していたのではないでしょうか。大阪の澁川流の組討導歌に次の様なものがあります。

「組討は腕は十字に足鍬《くわ》に常に相手の逆を取れ」……。

大宮　「足鍬に」……と言う所に巧みな敵脚を制する為の組討技法極意が上手く表現されていますね。ただ、そういった当時の武術全般に普遍的な技法を趣として超えた様な部分が窺えるから

※　**離れない手**

敵が掴んできた部分、その接触点を利用して敵を崩すのが「合氣」といわれる技術の一端である。だとすると敵は崩される事を防ぐ為に自己が掴んだ手を離そうとすると考えるのが普通であるはずである。しかし実は離そうとしても放す事が出来なくなるのである……いや、そうではない。「離そう」では「離そう」と言う意志自体が無くなり、とにかくしがみつき何としても離すまいとする様になるのである……。これこそが離れない手の本質であるが、それは必ずしも手や足の吸盤で吸着するという様な物理的な事が理由ではない。

これは剣術における「続飯付け」、また「漆膠之事」等と呼ばれる古傳的な技術とかなり類似した理念であり、確かに技術的にも通脈する部分もある。しかしながら基盤とする術理自体は別物であり、実際「合氣」としてかなり独特の技術が窺える。

こそ、その様な技法的特徴の伝聞が遺った様にも思います。やはり西郷四郎はある程度現代における合氣術的な技法をかなりふるった可能性が感じられる部位ではあるのですが……。
しかしながらこの「山嵐」の実技としてはそれほど「合氣」を意識する必要はないと言う事でしょうか。

平上　そうですね。「山嵐」の分析において、余り現代的な「合氣」に拘ると、その本質が逆に晦《くら》まされるのではないかと思います。もっと当時の柔術乱取りにおける本質を鑑み、また古流柔術の実技、そして『姿三四郎』「右京ヶ原の決闘※」の本文をじっくり読み込む事で合理的にして具体的な実技が浮かび上がって来ると思います。

大宮　それでは「右京ヶ原の決闘」において用いられたであろう「山嵐」の実技についての解説をお願いします。

平上　檜垣源之助の十文字首絞めを外し、そこから「山嵐」を掛けてゆくわけですから、首を抜いた後、次には左手で源之助の右手袖下をとり、右手で敵の右奥襟をとり、そこから転身して投げ飛ばす事になります。しかしながらここは一般柔道的な逆時計廻りではなく、時計廻りにて源之助を裏返して背負い、堪《こら》えようする源之助の右脚を左脚で払って投げ飛ばしたと言う技術推移が自然な流れと思います。

大宮　所謂古流柔術で言う所の「裏背負投」と言う感じの技ですかね。なるほどこれは「山嵐」の技名の奥の意味合いとも合致します。

平上　源之助の右腕が逆になるかどうかの問題ですが、これは源之助がしつこく握って放さなければ逆となりますが、それは所詮は結果論であり、裏背負いで投げる以上は腕の逆は余り関係なくどちらでも良い。これは古流においては「裏背負投」と言う事が多いですが、現代柔道でも「逆背負投」として近年時々用いられる事例があり、先般試合を映像で拝見し確認できました。この技術は乱取で用いてもそれなりに威力のある自然でかなり合理的な技術傳かと思います。

※　右京ヶ原の決闘の奥にあるもの

右京ヶ原の決闘で見事なのは単なる技法傳の応酬描写に止まらず精神的戦い、そして破邪顕正への展開までが描かれている事である。ここには植芝盛平師範を含めた数多の武芸者が欣求した精神的正邪の戦いが奥にある。偶然かどうかわからないが、この場面は後に盛平師範が「宇宙と同心一体となった神人に対しては邪を抱いたものが瞬時に破れる」という究極極意世界の描写と一致するものである。

これは偶然ではなく、頼母傳体術の中に既にその様な教えが含まれていた可能性を窺う事が出来る。

惣角師範も昭和五年に新聞記者に取材された時、「斬られない、殴られない、蹴られない、殴らない、蹴らない、斬らないと言う全くの護身術……」と言う様な事を述べている。後年における盛平師範の武術極意、大覚的な言葉もその様な大東流系古口傳を自分なりに新たに言語化したものの様に思われる。

柔道家たちも意外な逆方向の転身に直には対応出来ず、見事に本当にぶっ飛ばされる事も多い。ただこの技術が反則かどうか中々微妙、色々意見が分かれている様ではあります。

大宮　なるほど、現代柔道のルール上、セーフかアウトかは別として、実際の柔道乱取りでも使用可能な、合理的な技術傳であると言うことですね。この様な技術ならば片方側の袖、襟を掴むと言う手法における合理性もあるかと思います。

平上　ただ「山嵐」と言う、当時の講道館流柔道の猛者たちが誰も用いる事が出来なかった技術と言う事でありますから、やはり西郷四郎は講道館以外にその様な技術の学びがあったのであろうかと思います。

大宮　講道館以外と言うと、西郷四郎は確か天神真楊流出身でしたか。

平上　同流の井上道場からスカウトしてきたと言われますが、天神真楊流には「裏背負投」の形の伝承はないのです。古流柔術全般と言う立場からいえば、相撲や乱取系の基本となる順投げオンリーの流儀と、それに加えて「裏背負投」や「一本逆背負」、「裏肩車」、また「逆十字背負」などの所謂裏逆系の投げ技までを割合活用、多用する系統の柔術とがあります。東北系の柔術は裏逆系の投げ技を伝える系統が結構多い様です。

大宮　現傳の大東流からは余り認識し難いのですが、古傳的な大東流では「裏背負」や「裏肩車」等の裏逆系の投げ技が結構行われていた事が資料に現れています。と言う事はこれは東北系柔術の特徴と言う事でしょうか。

平上　いや、竹内流や関口流といった西日本系の柔術でも裏逆投げは結構行われますので、東北柔術の特徴とまでは分別出来ません。これは立合乱取り稽古法を主体としたかどうかの区分の様に感じられます。ただそれにも例外があるので断言はしにくいかも……。或いは戦場組討ち系か素肌柔術系かと言った様々な要素で取捨された結果かと思います。※

それはともあれ講道館柔道は天神真楊流や起倒流などが基盤になっており、これらは比較的「順

※　戦場組討と素肌護身柔術

日本傳体術の古い形態と言えば「相撲」に代表されるが、それが鎌倉期を通じて甲冑組討法としても錬磨された。稽古においては必ずしも甲冑を纏わずしてなされる事が多かったであろうが、技法はやはり甲冑式格闘法に準じたやり方であり、相撲や寝業組討等の稽古がかなりなされていた事が氣樂流の口傳書等にも記載されている。

江戸期に入り関口流を代表とする素肌体術における様々な技術が工夫、錬磨され、逆手投げ、裏逆投げ的な精妙な技術が多く現れてきたわけである。その様な激しい投技においては宙返り受け身が多用されたが、やがて畳敷き道場が現れ、後の講道館系乱取りの元となった立合乱取りも次第に盛んになって行ったわけである。特に多く畳敷き稽古場を設けた江戸系柔術は、順投げを主体とする自然体による乱取りの形式が整い、嘉納治五郎師範の学んだ系脈もその系を引くものである。しかしながら地方では板の間や地べたにおいての形錬磨を稽古の主体とする昔風スタイルの柔術も結構多かったかと思われる。

西郷四郎と他の師範たちの肌合いの差、技の趣の違いはその様な学んだ系脈の差異をその儘引き継いでいた為かと思われる。

★必殺技「山嵐」の意味合い

「山嵐」とは小説風にやや崩した技法名であるかと思うが、その原典的真名称は「山颪《やまおろし》」であったのではなかろうかと考えられる。

「やまあらし」と「やまおろし」、漢字と読みはニアリーイコールだが、格闘技法としての意味合いもほぼ同一と捉えて良いだろう。

神戸六甲山は山上から吹き降ろす「六甲颪」が著名であるが、ロッククライミングの最中、かくした強烈な突風「山颪」を山上から喰らい、クライマーが吹き飛ばされて仰向けに谷底に落ち行く光景を思い浮かべて頂きたい。その様な全く抵抗不能の状態で投げ飛ばされる（吹き飛ばされる？）状態を具現化する必殺技術こそが、「山颪」……「山嵐」なのである。

日本柔術において多くの流儀に色々な名称にて同系の技術が伝承されている。「山颪」と古名称と技術傳をそのまま残したのは関口流であり、他流では単に「背負い投げ」の変形として捉えられるか、「裏背負い投げ」等の俗称で分類されていた様である。伯耆流柔術は「背合投げ」の名称を遺しており、これはこれはなかなか当意即妙の名附けである。

現代柔道においては「韓国背負い」と言う様な名称で同系の技術が実際に行われる事がままある様である。ただ乱取り技術としては対手が襟袖を掴んでいる事と、また敵の防御本能もあり、完全背中合わせにはならず、真横に向かされた状態で吹っ飛ぶ感じとなる事が多い。この時に脚の払い上げを付加した応用変化技を得意としたのが西郷四郎であったと考察できる。また完全仰向けの投げ飛ばしをなせば、うつ伏せ的に受身をとる事になり、講道館ルールでは一本になりにくいので側面から投げ上げて表現したと言う事であるのかも知れない。

いずれにしろ「裏背負い投げ」は合気道や、そして現代各派の大東流において行われる事は殆どないのだが、古典大東流、『秘傳目録』にちゃんと含まれた技術傳である。

関口流文化の伝脈と思われる「山嵐」の技法名が西郷四郎系に伝わっていた事は少し注目したい。大東流における奥傳、多人数取りの秘技は多分に関口流的であるからである。

小説『姿三四郎』に描写された右京ヶ原の決闘における技術攻防は概ね再現する事は可能である。ただし大東流ではこの傳位は奥傳、秘技の部分に入り、袖巻きの手法や逆手の秘点等、より強力に敵を縛って投げる技術ポイントがかなりあるが、そこまでの細かい手法公開は今回は控え、大まかな格闘技術推移の提示のみとする（182 ～ 183 頁に図説）。

●補論

夏目漱石の小説、『三四郎』の主人公の名前（小川三四郎）と『坊ちゃん』に出てくる会津出身の柔術遣いの教師のあだ名が「山嵐」であると言う点に富田常雄の『姿三四郎』との共通点がある。これはたまたまの偶然であるのか、それともそうではないのか？　その事実関係の正否は微妙で確言は出来ないが、『坊ちゃん』の「山嵐」は嘉納治五郎との交流を通じて「山嵐」を得意技とする西郷四郎をモデルとしたトレードアイデアかと思われる。

「三四郎」の名の共通性については偶然かとも思われるが、先輩大文豪に対する柔道側からのお返しのサインとして、名前を利用したと云う事であるのかも知れない。

もしくはやや奇説ではあるが、宮本無三四の「無三四」のアナグラムとの論もある。確かに姿三四郎は『五輪書』の序文と殆ど同じ事を言っているが、少し苦しい解釈かも……。しかし命名アイデアの理由というものは複数あってもよく、それが小説家の言語センスの巧みさであるともいえるであろう。

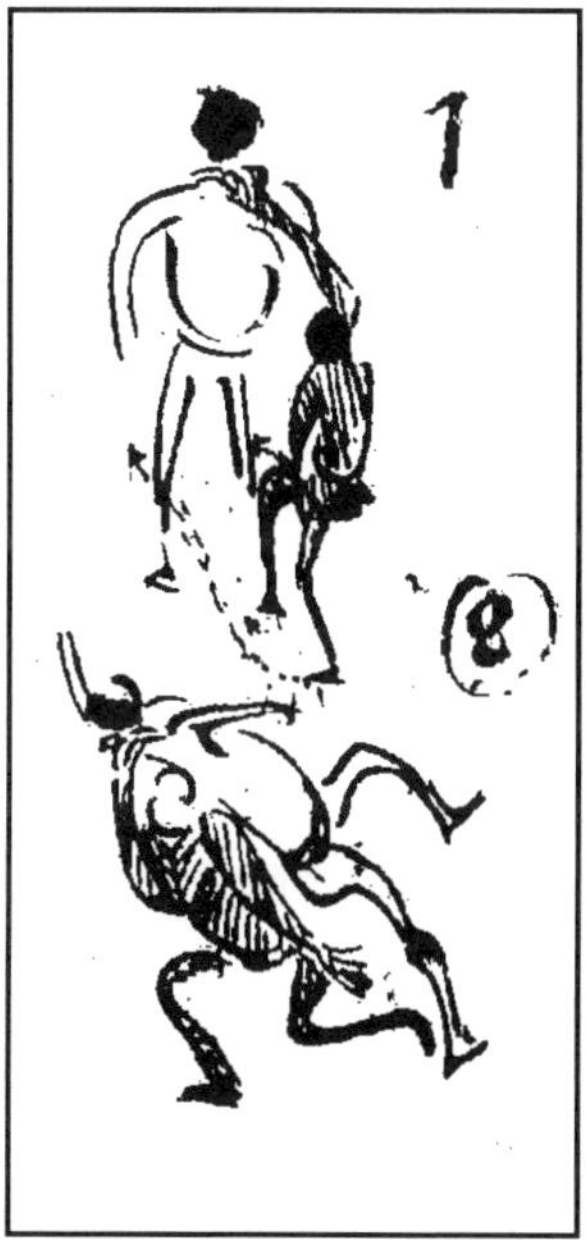

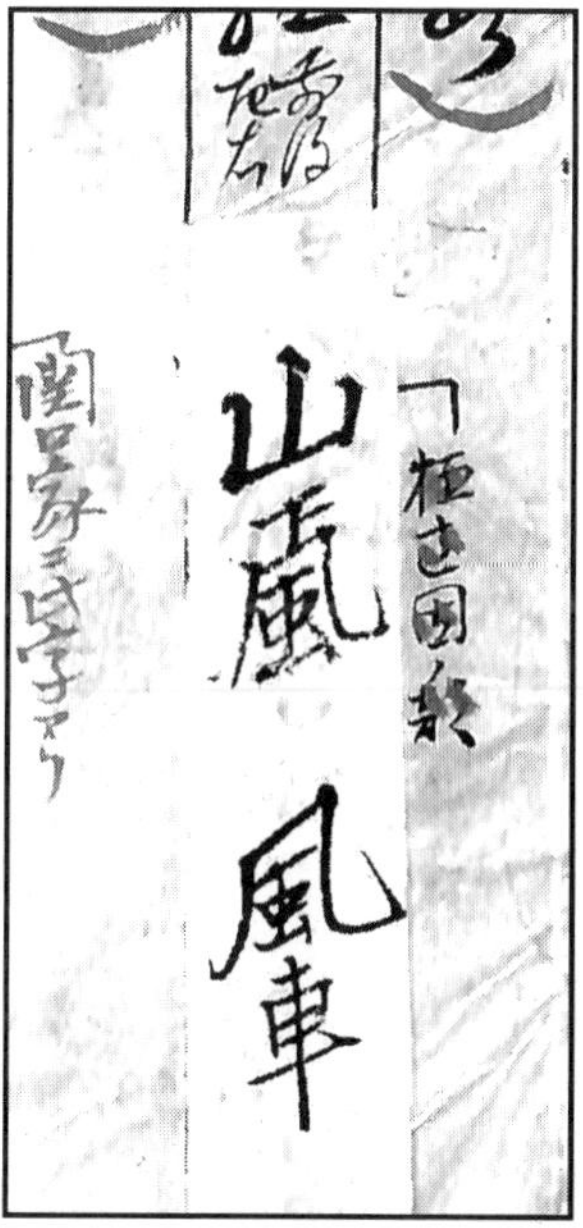

伝書に現れた「山嵐」の本質

異説多くその本質については今日色々に捉えられている。しかし西郷四郎が講道館式の柔道技では捉えられない技術傳を得意技としていたという事自体が奇妙である。また名称も身体動作をダイレクトに現した物理的用語ではない（奥の意味合いとしては何とかリンクする）という事があり、この点も他の柔道技とは異質である事を指摘しておきたい。

●上段右／『極意図解柔道新教範』（１９２６年刊）に現れた裏背負投の図。同書では「衣被」という名称となっている。裏背負い投げは行わない流儀もあるが、多用する流儀もあり、古流柔術全体としてはそれほど珍しい技術傳と言うわけではない。

●上段左／「神妙流」に現れた「裏背負い投げ」を用いた捕手図説。捕手と言う立場において敵の隙をついて投げ倒し、そして取り押さえる技術となっており、これは大東流の古典技法と殆ど同じである。

●左図／関口流伝書史料に現れた「山嵐」の形名称。同流は江戸初期から同名称と同技を伝えており、同技はかなり歴史のある古典的秘技であった事になる。

★右京ヶ原の決闘

柔術技法傳というものは「陰陽裏表」「正奇虚實」等の色々な展開と変化があり、當身法や手解技術の附加など、プラステクニックの遣い分けもある。よって同決闘の技術手順の實相を小説文のみにて確定する事は中々困難であるが（そもそもフィクションだし）、取り敢えず一つの可能性として、妥当かと思われる技法傳を提示してみよう。

立合十文字絞めの隙間から自己の頭をコジ入れてゆき絞め技を外し、敵の右袖と右の奥襟を取り（これが「山嵐」の重要ポイント）自己は時計廻りに転身して敵の裏側、「背合」に入ってゆく。この時に敵が左手を離すかどうかでまた技法展開が変わるが、あくまで離さないという前提にて技を施すと、敵体が完全にひっくり返らず、よってぴったりと背合いとなる古典的な「山嵐」は少し困難となる。よってやや側面から攻めて腰に乗せ、左脚にて敵体を撥ね上げるという形となる。敵が右手を離さないと敵腕は折り畳まれて逆手的な形で崩れる事になり、仮令離した場合も半分は「背合」に入っているので、敵体の崩しが出来ておれば「山嵐」投げとしてはそれほど問題ないだろう。

最初の十字文絞りにおいても左右腕の上下でこちらの対応も逆となるが、何方でも「山嵐」投げに繋げる事は可能かと思う。

今日大東流の古典奥傳技として演じられる技法は首を抜く所まで同じであるが、その後は敵の掴み部分を利用して、体の転身のみで敵臂逆を極め、敵体をこちらからは掴む事なく投げ飛ばす至芸となっている。これは武道術理の提示、そして奥傳技演武としての一つの様式かと思われるが、実践的な格闘シーンとしてはやはり此方から掴んで腕逆を極めたり、また山嵐投げにて対応する方がやはり確実性が高いだろう。

大東流系演武としての流れから最初の互いの襟袖取り法を省いたが、講道館流古傳乱取の基本方式から鑑みると、我も最初から左手で右袖、右手で左襟を取っていたのかも知れない。その場合、転身しながら右手を巧みに左襟から右襟奥に取り替えて技を施したのだと考えられる。

●十文字絞めの外しから山嵐投①〜⑥

基準的な大東流秘技演武ならば、③の時点から逆に転身、敵の臂逆を用いて投げ飛ばす展開となるが、敵が手を離さないという事が前提となり、タイミングも割合難しい。崩しが不完全だと敵の反撃も可能性があると考えられる。やはり敵体を掴んで引き崩し、敵が「合氣」がかかった状態を維持しつつ投げるのが実践的格闘の實相だろう。

巧みな手外し法（手解の一種）を用いれば、敵の左右腕のどちらからでも山嵐投げに繋げる事は可能かと思う。

映像表現としては敵をムササビ飛行的に投げ飛ばす事が見栄えとしては良いが、実践柔術技法としては掴みを離さず、自己の前に投げ落とし、抵抗できない様に術を施してゆく形となるかと思われる。

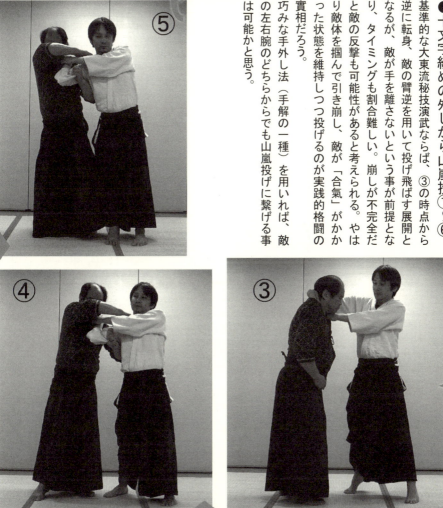

投げ」系の技術が主体となっていますので、他の講道館の師範連は裏逆投げ系の技術群には余り精通していなかったと言う事はあろうかと思います。

大宮　確かに小説をよく読むと、姿三四郎は他の四天王とは性格はもとより、技自体がかなり違えて描かれている様に感じます。第一矢野正五郎から柔道を習ったわけですが、不思議な事に三四郎の振るう技は講道館柔道の宗師である矢野正五郎はもとより、他の講道館の猛者も誰も真似する事が出来ず、技術を継承する事は出来ないという事になっております。これはどう考えても異常であり、ここに何かしらの秘密があると考えるのが普通なのではないでしょうか。

継承者無し

平上　いかにもしかりであり、「技を継承する者がいない」というのは小説の次の箇所ですね。矢野正五郎が次の様に語ります。

「今夜は教範についていろいろと考えてみたが、姿の山嵐は現在でも真似をするものがないので、あれを投げ業に入れるか、割愛するかにいろいろ疑問があろうと思う。※**私は一応入れておいたが」**

「はあ、まったく姿の山嵐は我々も真似が出来ません、紘道館には今のところ、あの業を継ぐ者は見つかりませんな」

「はははは、山嵐は姿一代かな」……。

大宮　矢野正五郎の言葉、「あれを投げ業に入れるか、割愛するかにいろいろ疑問があろうと思う」云々は重要な箇所であり、行間には後一行ほど文言が本来はあったのではないかと考えられるのです。即ち、「投げ業に入れるか、(それとも逆手業にするか、それとも) 割愛するか……」と。

※ **投げ技か疑問……？**
所詮は小説上のセリフとはいえ、「投げ技」と分類するに疑問が残ると言っているわけである。これは実際に当時議論があったという事なのではなかろうか。しかも「割愛するか」とも提案している。何故に割愛なのか？　つまりその技は講道館が全面的に打ち出しつつあった柔術の自由乱取り稽古法においては遣い難い、というよりもルール上は遣うべきでない技である可能性が残るが故に「割愛」というアイデアが出たのではなかろうか。そして結論的にはルールに引っかからないスタイルに技が変更され、よって投げ技に分類された……と云う風にも推理できる。
これは些か強引な方法論、誤魔化しであるが、変更される前の必殺山嵐を通じて講道館柔道が天下に喧伝されたと言う事実があった為であろう。つまり試合を通じて大勢が決した後はルール違反の疑いに関しては口を拭って語らず、とにかくその時に用いられた特殊な柔技法の存在を葬ろうとした……と言う風にも観察できるのである。

平上　文章の流れ、意味合いの対比を考えますと、「講道館の技分類の中に入れるか、それとも割愛するか」なら分かりますが、確かに「投げ業に入れるか、割愛するか」という謂は少し不自然であり、ご指摘の通りかと思います……。ともあれ正しく講道館的な解釈では投げ業である事に間違いなく、確かに全く迷う余地がないのですけれど。即ち投げ技は投げ技でも合氣柔術的な逆手投げに近いものであったという可能性がこの著述から窺う事が出来ます。※また先程提出したような講道館における順投げ系技術ではなく、古式の逆裏投系の技術である為、安易に講道館の「投技」として分類する事に躊躇《ためら》いがあったと言う風に解釈できます。

ともあれ「山嵐」については自分の技法分析とは違う形で大宮先生も既にかなり分析をされ、具体的技法伝まで提出されておられます……。両者の技術が「山嵐」の本質としてどちらが妥当と言うと……。

おっとやはり確定文献の手薄なまま、これ以上この部分の解析に入ると問題の「合氣」の追求の矛先が少しずれますね（笑）。この様な部分は次の企画である『大東流の技法分析』のおりに再検討してみましょう。

大宮　ともかく同書のヒーロー三四郎は単なる柔道の技術を超えた達人として描かれ、それが読者にとって大きな魅力となり、当時の人の心を大いに打ったわけですが……。

平上　確かに三四郎の技は単なる柔道の技を超えたものとして同小説は描いています。また矢野正五郎の門人であるにも関わらず矢野、つまり嘉納治五郎が持つ以上の技を持っていた様にも描かれた部分が何箇所かあります。

例えば矢野正五郎は琉球唐手を次の様に評価します。

「（唐手は）一撃必殺の剛術である。……（中略）……これと素手で戦って勝つものは東西にあるまい」

と言う事は、彼（矢野→嘉納）が修めた柔術伝の中に唐手系技術を制する工夫は未だないという

※　乱取りの技と真剣技

柔道における乱取りに用いられる技と真剣技について少し考察しておこう。現在柔道技として一般に認識されているのは現代の競技柔道における自由乱取り用の技術傳である事を知らねばならない。それとは別に実戦武術として用いる真剣形の技術と言うものがあるわけである。それぞれはある程度の部分においては重なっているが、しかし目的を違えるが為に全く異質ともいえる技術部分もある。それを何処で区切るかは各流儀の考え方であろう。「山嵐」はその名称から鑑みても何方かといえば真剣手形系の技術傳に近いものであったかと思われる。古傳真剣形としてその様な技術傳を保有する古流柔術もかなり多くの割合で存在したが、嘉納治五郎が学んだ天神真楊流や起倒流には類似の技法がたまたまない流儀であったと言う事である。しかし万余の流儀における無数、膨大なる技法傳の中に決してない技術でなく、ある程度普遍的な技術であったと考察する所の者である。ただそれを西郷四郎が何処で習得したかという事は大きな問題であり、大東流の秘密の核心にも触れる部分であるだろう。

事を本人が認めているわけですが、対して三四郎は驚いた事に**「柔道は勝ちます」**と即座に応じ、そして実際に唐手の達人と戦い、死闘の末にそれを制しているのです。

大宮　技の師匠であるはずの正五郎が「対抗する技が無い」と言うのに、門人の三四郎は「（対抗する技は有り）柔道が勝つ」と言う。不思議といえば不思議な問答ではあります。姿三四郎の武術の出自もモデルの西郷四郎と同じで、矢野正五郎と同じ天神真楊流という事になっていますが、実在の柔術名人、西郷四郎は嘉納治五郎系柔道には含まれない技術傳をどこからか講道館柔道修行の前に体得していた可能性が十分に考えられると思います。

古傳武芸の達人、姿三四郎

平上　三四郎は物語の主人公、そして武侠小説（？）のヒーローですからどんな相手にも最後は結局勝つ事になるのは当然ですが、この様に改めて読み直すと中々に合氣柔術的表現や、また柔道技術のみでは凡《およ》そ考えにくい多様な技法を結構駆使している事に気付かされます。飛び蹴り的な体動で敵の拳銃を蹴り上げて飛ばしたり、真剣白刃取りを演じてみたり、手裏剣や含み針までも見事にかわす、正に江戸期の剣豪連に近い古傳武芸の達人の如くに描かれている……。

大宮　西郷四郎は講道館を出奔してからも柔道も指導したと言われますが、それ以外にも大和流の弓を遣い、また長崎にて古式泳法を指導したと言われ、柔道のみならず、色々な武芸に堪能であった事を窺わしめます。※私自身縁があり、西郷四郎の逝去の地、尾道を訪れた際に、偶然にも四郎の晩年を知る人に出会った事もあるのですが、本当に不思議な人物であると思います。

古流柔術における合氣上

※　**明治以降の武術の分断**

江戸期における武士たちは色々な種目の武術を学んだが、明治以降は武道の分割化、単一化が多く行なわれた。柔道なら柔道、剣道なら剣道と単一武道を専門で学ぶ例が多くなっていったわけである。柔道家は大方はそれ一路を追求するという人が多く講道館の豪傑たちも概ねは皆しかりである。その様な中、嘉納治五郎と四天王の中でも色々な種目の武術を実際に学んだのは西郷四郎のみである。ただ柔道以外に学んだのが弓と泳法であったという事は少し象徴的であるのかも知れない。弓は西郷頼母の影響が考えられ、泳法については自家プールを持ち、水練に力を入れていたという日新館の教えの影響があったのかも……。勿論西郷四郎は日新館の授業は受けていないが、教えを受けた会津の知り合いには泳法に堪能な者は多かっただろう。

平上　西郷四郎の本質についてはまだまだわからない事が多いです。まあその問題は少し棚上げにするとして、「合氣」的な技術群は惣角師範が創出したものでは決してなく、同様の身体操作の極意傳は本当に古い時代、神代から存在したのだという事……これは『神典（古事記）』に格闘描写まである紛れもない事実であると思います。勿論極意は共通していても古式柔術を含めた古代世界の体術には様々な手法があり、そしてまた大東流には大東流の独特の手法というものも当然あるのではないかと考えられるのですけれども。

大宮　逆にお聞きしたいのですが、今日の大東流で行われる様な座技両手捕りで表現される合氣上げや、また合気道で行われる諸手取りの臂力の養成的な技術傳は古流柔術的にはいかがでしょう。やはり類似のものがあるものでしょうか。

平上　古流柔術の基本は両手持ちの場合でも手解きが基盤になっている場合が多いので現代における大東流式のやり方は確かに珍しい事は珍しいですね。しかし立技の片手諸手取りにおける「臂力の養成」的なスタイルはズバリ天神真楊流の「投捨」の形の中にあります。即ち「投捨」八本目「腰刈捨《こしかりすて》」※は片手を諸手で取られて、敵の力を氣の運用で巧みに外しながら側面に入り外方入身で倒すと言う形となっています。また同じ天神真楊流には、持たれた事を利用して、それを解かず、持ち返さずして敵の力の流れを巧みに操作して投げ倒してしまう技術傳も形に表現されており、観念としては大東流の合氣、合氣投げと同じですね。面白い事にこれは天神真楊流で一番最初に教わる「手解《てほどき》」技法の中にあり、八本目に伝えられる「両手捕」の技です。

手解と合氣上

大宮　先生はかつて大東流と天神真楊流との類似説も提示されておられましたね。その一つは確

※　腰刈捨

天神真楊流の「投捨」ブロックにある「腰刈捨」は正に諸手取り側方入身投げである。そして最初の崩しの部分は合気道の「臂力の養成」その儘と云えよう。片手にて敵の諸手抑えの力を無力化し敵を側面から崩す極意は殆ど共通のものである。

また同流「手解」にある「両手取」には居捕において片手を諸手で取られ、敵の力を完全に利用して氣の運用のみで敵を巧みに倒してしまう極意技法が顕れている。合氣系武術で極意とされる部分が天神真楊流では全くの初傳、最初に学ぶ「手解」教傳に含まれている事になる。

か「手解」に関してでしたが。

平上　この部分において、確かに似ていると思います。特にある時期における大東流の古傳技をそのまま継承していると思われる八光流においては、最初に学ぶ手解き法がかなり細かい手法まで天神真楊流の「手解※」と共通している事は注目に値します。

大宮　どの程度の類似があるのですか。

平上　かなり似ていると思いますね……。八光流では最初に「八光捕」、そして「八光当」を学びますが、これらの技の手順は正座して両手を取られた場合に、先ずそれを臂を張りつつ手解きし、そしてこめかみを手刀で撃つ形となります。これは天神真楊流の「手解※」の「鬼拳《おにけん》」「振《ふり》解《ほどき》」の流れと殆ど同じです。今日の大東流系では各指を離して開く事が多く、天神真楊流では突き指を危惧して指を揃え、親指を折り畳んだ手刀のスタイルで演じられると言う点が違いますが、手順はほぼ同じです。そしてその時に伝えられた手法口傳、術理もかなり共通している様に感じます。手を解く方向性、敵の弱い親指の方から外すという様な技法理論、また押し込められない為の身遣い、臂の張り方の口傳などはほぼ同じです。

ただ天神真楊流の「手解」はそれに止まらず、「逆手《ぎやくて》」「逆指《ぎやくゆび》」と続いてゆき、より深い多彩な「手解」技法傳の世界に入ってゆきますが、ここまでの展開は現代の合氣系柔術でも窺えません。特に「逆手」は所謂「男取り」といわれる逆式の手の取り方で、現代合気道では何故か見る事の出来ない想定となっています。

大宮　八光流においてこの様な手解傳が残っていると言う事は非常に貴重な事と思います。これがもし大東流の古典的な手法であるとすると、当時は天神真楊流式の手解法を教えていた事になりますね。また手解き即合氣に繋がるという観点から、佐川師範が一時は弟子に教傳していた可能性もなくはないのです。というのは中国拳法の研究でその名を知られる松田隆智師範が編纂し、大東流の名を世に広めるきっかけともなった『秘伝日本柔術』に、松田師範が佐川師範のと

※　**天神真楊流の「手解」**
天神真楊流の最初手として「手解」の教傳があるが、奥伝形に入っても色々な手解法の教えがあり、天神真楊流は数ある古流柔術の中で「手解」系の教傳が充実した流儀であるといえる。そしてその技術傳においては握り手ではなく、手刀傳を教えた。つまり手首を持たれた時に握り手で解くのではなく、手刀を作って氣を発し、手解きする技術を伝えた。これは開手による氣の放出を教えた合氣系柔術に通ずるものがある。
しかしながら天神真楊流は親指を折り込んだ手刀系技術であり、合氣系柔術の如く、指を全て離して開く形は取らず、武術としての立場を何とか墨守している。

ころで教授する合氣上げ（合氣揚げ）に言及している箇所があります。同書には**「一般の練習で行われる〔合氣揚げ――つかまれた両手首または片手首を、上に揚げながらはずす練習――〕は〔合氣〕の基本を会得するものであるが、この練習一つから上下左右に無限の変化が生じる」**と記されています。

平上　確かにそれを文字通りに解釈するならば、「合氣上」とは「手解き」という事になりますね。しかし私も佐川道場にて修行した時期がありましたが、そのときにおいては、「合氣上」は自分の手を上げ外す……という事ではなく、やはり押さえ込まれた手を自在に上げて敵の氣と力を奪う所の、正に現代的に定義される「合氣上」であったと思います。ただ様々な敵の掴みに対して巧みに「手解き」して當身等で反撃する技法傳もまた別の技法傳としてかなり稽古されていた事は事実です。※これらは現代の大東流では存外見受けられない古流柔術的な技術群であるとは思います。

大宮　なるほど現代の大東流における「合氣上」と平行して、様々な「手解き」技法伝も稽古されていたという事ですね。とにかく資料をみた限りではこの様な各技術がそれほど分別されずに稽古されていた時期があった事は間違いないと思います。これはやはり大東流の初期の伝承として「手解き」系技術がかなり行われていた証左の様に感じられます。

実際、松田師範の解説では続いて**「この練習によって〔合気〕の力が養成された者は、いくら剛力の者に強く手首をつかまれても、かんたんにはずして逆手を極めたり、あるいはそのまま前後左右に投げ飛ばすことができる」**と記されているのです。もっとも合氣上の稽古はこれで終わるわけではなく、**「さらに上達すれば、相手がつかんでいる手を離して逃げようとしても、相手の逃げようとする方向について行って、そのまま千変万化の技法を用いて極めてしまう」**段階にまで至ると記されています。これが現在いわれている様な合氣上ではあるわけです。つまりは始めに握られた手を自由にするための手解きがあり、それがやがて「合氣上」に発展したと

※　**手解きからの當身攻撃**
現代の大東流では持たれた部分を利用して手解きせずして、逆に離そうとしても離す事が出来ない状態を作って、その接触点を以て敵を投げたり、制したりする技術等が施行されるが、手解きからの瞬時の當身攻撃にて敵の氣を奪う技術が古傳体術としての定石技法である。柔術のみならず、空手、拳法でも同質の技術があるので、極めて古傳的な護身技術として伝承してきた技術なのであろう。

いう事であるのかも知れません。

平上　惣角師範は明治の始めに東京にでて榊原道場で修行していますが、そのおりに氣樂流との出逢いがあったのではないかという仮説を述べましたが、いま一つ、天神真楊流の修行者とも手合わせした可能性はありますね。両方とも江戸におけるほぼ同地帯で隆盛した流儀ですから。実際、嘉納治五郎もこの少し後に同地近隣で天神真楊流を学ぶ事になります。ところが面白い事に嘉納師範が学んだ天神真楊流の達人、福田八之助※は武州氣樂流をかなり修めた師範でもありました。

大宮　えっ、だからその福田師範から惣角師範が氣樂流と天神真楊流を学んだのではないかと？

平上　いえいえ、そんな事までは申してはおりません（笑）。だとしたらかなり驚くべき歴史秘話ではありますが、流石《さすが》に何の証左もない。ただ時空間的には何とか可能性はありますけれども。

大宮　近代柔術系の二大巨人、武田惣角師範と嘉納治五郎は同年生まれ（1860）とされていますが※、もし武田惣角師範が氣樂流や天神真楊流などに触れた機会があり、それを大東流形成の糧としていったとするならば、これは嘉納師範の学んだ流儀とかなりシンクロしますね。ところが面白い事に植芝盛平師範も同様の部分があり、同じく天神真楊流、また柳生心眼流を学んだ事が知られています。

平上　実をいえば天神真楊流「手解」の導入は、惣角師範系脈ではない可能性を私は強く考えており、この点はまた後ほど解析したいと思います。

大宮　興味深いですね。また後ほどお伺いしたいと思います。

合氣上（呼吸法）の出現について

※　**福田八之助（1828〜1879）**
明治初期、日本橋元大工町で天神真楊流柔術の道場を開いており嘉納治五郎の師匠となった。埼玉出身で武州氣樂流、奥山念流を修行した後、江戸にでて天神真楊流を学んだ。江戸期においては幕府講武所の柔術指導師範をしていた豪傑である。

※　**武田惣角師範の生まれの年代**
明治以降の柔術界の二大巨頭、嘉納治五郎と武田惣角は同年生まれとされる。ただ最近の研究では武田惣角師範の生年を1859年とする説も浮上している。資料が僅少で確定できないが、何れにしろほぼ同世代であった事は事実である。ただ一方は帝大学卒の学士様であり、一方は無筆の人であったというのであるから随分両極端な話ではある。

平上　明治初期における各師範たちの学びの交差点がかなり存在する可能性は残り、それはそれでそれぞれ興味深いですが、ちゃんとした資料が出るまで武術夢世界銀行に暫し預けておきまして議題路線を元に戻します。

「手解」から「合氣上」への発展は確かにありえるかも知れませんね。八光流の創始者奥山龍峰師範は松田豊作師範※に学びました。松田師範の所で修行したのは確か昭和六年位の事かと思いますが、松田師範は昭和三年位に惣角師範から傳を受けた師範であり、この時期にいまだ今の様な完全なる形では「合氣上」は行われていなかったのではないでしょうか。

大宮　八光流にも立ち技ではありますが、「八光攻」といって「合氣上」と少し類似の技術が伝承していますから同質の原型的な技術は行われていたかとは思われるのですが、それを一切の技における合氣の基本鍛練法となるといった理論付けは未だなかった様に感じられます。※

平上　奥山師範の場合は松田師範の所での修行に加え、昭和十五年位にも武田惣角師範から短期間ながら教えを受けておられますので、ここで大東流の最終的な段階の合氣の技術をある程度学んだ可能性が考えられるのです。

大宮　昭和十五年位と言うと大阪を辞した少し後で、本当に武田師範の最晩年に近い頃となります。この時期においてはすでに植芝盛平翁が『武道』（昭和十三年）を出版して、その中に現在の呼吸法と殆ど同様なやりかたを発表してはおりますが、惣角師範における合氣技術にしても現在一部の大東流系でみられる様な華麗な合氣的な技術では未だなく、その原初的な技術傳でしかなかった可能性も感じられます。

柏手

平上　それでは大東流における「合氣上」出現の時期を文献的に少し検索してみたいと思います。

※　**松田敏美（1895〜?）**
本名豊作。昭和の初め頃、北海道旭川市にて松武館道場を開設して大東流を教授されていた様である。昭和三年頃、後に八光流を開いた奥山吉治（後に龍峰と號する）を指導。その他、後に活躍される事になる門人としては、前田武師範、宝田元信師範や、道家合気術を唱えた早島正雄師範等がある。

※　**「合氣上」の極めは?**
大東流における合氣上げにおける問題点は敵の腕を上げた後、最後の極めをどうするかという事が余り明確でないという事がある。その儘投げ飛ばしてしまう方法が良く施行されるが、「離れない手」の表現がここでは出てこないし、またそれでは合氣上げというより「合氣投げ」である。合気道では膝を進めて離れない手で制圧する方法がやられるが、これは合気道における工夫かと思われる。

残念ながら大東流における初期の伝書の形解説には「合氣上」と思われる技法は出てきません。ただ『大東流柔術秘傳目録』の八ヶ條に次の様な記述あります。

「第八條
一　目カクシヲ打チ敵ノ両手ヲ掴ム事
第八條
一　柏手ヲ打チ敵ノ右手ヲ右ニテ捻リ左ノ手ニテ敵ノ拇指ヲ掴ミ捻倒ス事」……。

大宮　大東流の代表技の一つとも言える「柏手小手返し」ですね。この「柏手ヲ打チ」と言う動作は独特であり、確かに奇妙な技法ではあります。この様な技術傳は他流でもみられるのでしょうか。

平上　いやかなり独特で珍しい技術傳であると思いますし、正に大東流の看板技といってよいと思います。技法の意味合いとしては「猫騙し」的な技術と捉える事ができますが、また両手をがっしり掴まれても自分は「自在に柏手を打つ事も出来るんだぞ」と言う事をアピールする技術傳であるとも言われます。ただ後は逆手術で制する技術であり、その意味ではこれは「合氣上」ではない※。

大宮　しかし自在に柏手を打つためには肩の力を抜き両腕に氣を通わせる必要がありますし、その手を少し突き出せば相手は合氣上げのときと同様に崩れます。実際的な技術傳においてここでは合氣的崩しの技術が用いられている。そうでなければ形自体が成立しません。そして何より重要なのは柏手打ちと言う事、これは握り手ではないと言う事ですね。現傳大東流の如くの朝顔、開き手ではなく、手刀的手法であった可能性も大きい。

……それはともかく「合氣上」の形態まではなくとも、少なくともこの時点で既に「合氣」、即ち「持たれた接点を利した崩し」の技術は存在した事となります。

※「合氣ニテ上ゲ」に至るまで
『秘傳目録』の「柏手小手返」に既に合氣上げの原初的な技術が含まれるが、この段階から凡そ三十余年を経て『秘奥儀之事』伝書が作成され、初めて「合氣ニテ上ゲ」の文言が現れた事になる。これが惣角師範の「合氣」の捉え方かと思うが、盛平師範は「合氣之術」と言うものをもっと広範囲な立場で、そしてもっと玄妙な不可思議技法として捉え、その不可思議に寄り添う様な色々な新しい技法傳の工夫をなし続けていたのではないかと思われるのである。

「合氣ニテ上ゲ」

大宮　そして大東流伝書にて明確に「合氣」技法の解説と用語が出てくるのは『大東流合氣柔術秘奥儀之事』ですね。この中の形解説に**「合氣ニテ上ゲ」**と明確に書かれており、この解説が後に固有名詞化した「合氣上」の原典であると考えられるのです。

平上　『秘奥儀之事』に出てくる技術は、持たれた部分に氣を通わせて自己の腕を自在に動かし、手を取り返して逆手などで制圧する技術ではありますが、合気道系の「呼吸法※」そのものというわけでは必ずしもありません。

大宮　その通りかと思います。確かに『大東流柔術秘傳目録』の時点で既に同質の手法、技術傳は使われていたかと思われますが、しかしながら『秘奥儀之事』の時点から「合氣柔術」を名乗り、また「合氣」による氣の運用や発しをちゃんとした詞を用いて表現している事は注目点であると思います。

平上　かかる伝書の成立の時期こそが大東流柔術から大東流合氣柔術への脱皮の時期であると考察されるのですが、いま議題にしている「合氣上」において、その定義を少し明確にして置きたいと思います。即ち、単に伝書に現れた、持たれた部分における氣の発現による崩しを「合氣上」とするのではなく、ちゃんとその氣の崩しを主に用いた敵の投げや制圧に至るまでのスタイルとして捉えたいと思うのです。

大宮　そうですね。それでないと合気道における「呼吸法※」との対比が出来なくなってしまうので『秘奥儀之事』の記述は、持たれた部分を利した氣の崩しまでの技術傳として捉え、未だ「合氣上」（ニアリーイコール「呼吸法」）のスタイルではなかったとしておきましょう。

※　「呼吸法」の名称について
「呼吸法」と言うのは植芝盛平師範の代では正確には「呼吸力の養成」法と言う風に多く表現されていた様である。ただこの言葉の定義する範囲は少し広い様であり、大東流における「合氣上」に概ね対比する技法の名称としては「呼吸法」の言葉が後代には使われている。
ただ盛平師範の代で、此のワードがその儘確立していたかどうかは少し不詳。取り敢えず両者は概ね同じものとして解説をなす事とする。

※　合気道の「呼吸法」
昭和十年前後位に植芝師範が「呼吸法」を行っていた事は間違いないが、技法の初出年代は余り明確ではない。大東流においては「合氣上」として同質のものがあるが、合氣道との前後関係は必ずしも詳らかではなく、これからの大きな探求課題である。
今日「合氣上」を「合氣揚」と表記する向きもあるが、『秘奥儀之事』の記載こそが原典と思われるので、本書は「合氣上」の表記で通す事とする。

新聞記事

平上　それではその問題の「合氣上（呼吸法）」のスタイルですが、惣角師範を取材した新聞記事からその出現時期を検索してみましょう。まず最初に惣角師範が新聞に採り上げられたのは昭和五年※の東京朝日新聞が嚆矢《こうし》の様ですが、そのおりの記者は惣角師範の技の様子を次の様に描写しています。

「あなたはやわらをやった事がありますか、一寸立って見なさい」記者が立った。「ウンと私の首をしめなさい」相当大男の記者は力一杯に締めつけた。すると「もういいですか」といひながら「エーイッ」とかけ声がかかったと思ふと翁の首をしめてゐた記者の両手がおれさうだ。今度は右手を両手でつかめ、胸を突き飛ばせ、やれ何をせよなどといはれるままにやつて見ると、どうして倒されたのか自分にもわからないうちに倒されて、翁の両方の足で首と両手を結ぶようにシメ上げられて、両手は折れそうだし、息は止まりそうだ。下から翁をのぞいて見ると、両手を腕組みして「オイオイお茶がこぼれた」とさきほどの高弟に指図している……。

大宮　最初に先ず立たせて首を絞めさせたと言う事、そして次には右手を諸手で持たせたと言う事。つまり座技両手取りから始めたわけではない事は注意しなければなりませんね。とにかく大東流の最基本技が当時において必ずしも「合氣上」ではなかった、或いはかかるスタイルは未だ行なわれていなかったと言う事を示しているのかも知れません。勿論、合氣上げを見せても、単にパワーであげたと思われて、何にも感動してくれない恐れがあるので、相手がびっくりする様な技だけを見せようとしていた可能性も否定できない。

平上　この首絞めに対する技法として、記事では無手による投げ技を施そうとした様に思われるのですが、投げ飛ばす所まで行っていない様に読めます。「両手がおれそうだ」とあるのみです

※　昭和五年に示された技

昭和五年の新聞記事にあらわれた技術の最後は、手足を巧妙な逆技で制する技術で、現代式の「合氣」的な技術はそれほど施行されていない事に注意しなければならない。勿論「自分にもわからないうちに倒されて」云々の部分などが若干「合氣」的ではあるが、しかしそれで終わりにはせず、倒した後、巧妙に逆技で抑えてしまって記者を驚かせているわけである。これはやはり当時における大東流の（＝「大東流の」というのは厳密には不正確な謂であるかも知れない。当時の惣角式体術として捉えるべきである）技術表現、惣角師範が至った境地を象徴したものかと思われるのである。

から……。

この技術は『姿三四郎』の「右京ヶ原の決闘」の検討のおりにも話が出ましたが、現在八光流などでもみられる大東流の古典技法の一つとされるものです。しかしながらこれはかなり難しい技術であると共に、受け手にある程度の受け身の技術が要求されます。それでないとかなりのリスクを伴う事になる。

大宮　よって記事では惣角師範は記者に「あなたはやわらをやった事がありますか」と尋ねてから技を施しています。

平上　この「やわら」と言う言葉は当時においては二面的な意味があり、恐らく惣角師範はそう問いかけながら記者の本質を探っていたのでないでしょうか。つまり「やわら」とは当時においては「(講道館式) 柔道」か「(古式、古流の) 柔術」かに分かれたでしょう。※形稽古を十二分に嗜む古式柔術ならば、技の掛けに対して従順に従って受身を見事にとる事も古式の慣例として分かっていたでしょうが、講道館式の競技柔道しか知らなければ、技に対して耐久する身構えがどうしても出来てしまう。

大宮　記事の流れから行くと、この記者は「柔」をある程度やったものであるとしても所詮は柔道式の観念でしかなく、首絞めに対して逆手を掛けられて吹っ飛ぶ所までは行かなかった。逆手を掛けられて痛い事は痛かったらしいですが。よって惣角師範は巧みに片手諸手取りや胸突き捕りに技法を切り換えて記者を翻弄し、最後には大東流独特の足固めにて記者を制して見せたと言う風に解釈出来ます。

平上　ともあれこのおりに「合氣上」の技術傳の痕跡が全くない事は注意しなければならないと思います。この年代には合氣柔術史上、非常に重要な意味合いが隠されていると私は考えていますから。

※　古流柔術と講道館柔道

伝統的古流柔術と講道館柔道の技法の分別という分け方は実は厳密には余り正しくない。古式柔術と新制柔道、その両者の技術的本質は実をいえばそれほどの差異はないのである。乱取りを主体とした稽古をなすか形を重視するかは各流儀や各指導者の指導方針の問題であり、講道館柔道にも古式柔術に負けないだけの大きな形体系がある事は事実である。しかし実態上は講道館柔道は乱取り法の全国化を押し進め、現在では形教傳は段級審査時に講習会的になすのみという情けない状態になってしまっている事は紛れもない事実である。そしてそれは戦前も同じ様な状態であったかと思われるのである。

そして現存する古流柔術において形もやり、そして（流儀伝来の古式の）乱取り法も十分にやる流儀など、恐らく今の日本には殆ど存在しないだろう。古式柔術は既に壊滅状態である事を認識しなければならない……がこれはまた別の論点であるので機会を改めてまた論じよう。

古流と講道館との差異は技法的な事よりも実は組織的なあり方に本質的な差異があるのだが、これもまた別の議題の話となる。

昭和十一年

大宮　次の新聞記事はそこから六年跳んで昭和十一年になりますね。

平上　昭和十一年の東京日々新聞埼玉版ですが、やはり取材した記者が色々な技を掛けられた事をレポートしています。引用してみましょう。

「右手を出して『これをしつかりつかまえてみろ』といふので力限りつかんだが苦もなく投倒された。こんどは両手をだしたので両手で力いっぱいつかまへたがこれもまた楽々と体がつりあがり、投げ倒しては『分かりましたか』といろいろの型を実地に体験させてくれたことには驚くばかりだった」……

大宮　最初は片手諸手持ちから始まっていますが、次には両手取りが確かに出てきて、しかも「体がつり上がり」投げ倒された事を描写している。これは正しく現代における「合氣上」とほぼ同様な方法が用いられたと判定してよいかと思います。

平上　そうですね。しかしこれも最初は諸手持ちとなっている。「合氣上」と言う言葉もありません。だから当時でも必ずしも「合氣上」のスタイルが大東流の基盤、第一の基本中の基本として捉えられていたわけでは決してないと思います。

大宮　とは言えこの時点で確かに大東流に「合氣上」の技術傳が行なわれていた事は紛れもない事実です。またこの記事で初めて「合氣柔術」と言うワードが一般に紹介された事も注目点ではあります。

平上　いや、確かに同系、類似の技術ではありますが、この記事に現れた技術傳は果たして現在の「合氣上」のスタイルそのものであったのでしょうか？　一点注意しなければならないのはこの様な試武《しぶ》が座法で行われたのか立ち技で行われたのか明確ではないという事です。

※　**立技における合氣上げ**

昭和十一年の新聞記者が掛けられた技法は立技における合氣上げの可能性があり、少なくとも座法における合氣上げであったと証する事は出来ないと云う事を論じた。また「体がつりあがり、なげ倒しては『分かりましたか』といろいろの型を……云々」と文脈が乱れて（文の主客の顛倒、繋がりも不明瞭な悪文）、吊り上がった後、どうされたのか。「なげ倒して」云々の後の動きが余り明瞭ではない。合氣上げの後、投げられたり、離れない手で制圧されたのかどうか、この辺をはっきり書いてくれなかった事は遺憾ではある。しかし少なくとも「体のつりあがり」という記述があり、根源的な「合氣上」のピュアなる技術傳が大東流側で表現された初出の記録であると言えるであろう。

但しそれはやはり立ち技であったらしいのである……。

大宮　確かに正座して云々とは書かれていませんが……？

平上　先ず昭和五年の記事には最初にこうあります。

「**一寸立つて見なさい……**」

つまり昭和五年の試武は全て立ち技で行われたと思われるのです。そして次の十一年の記事の場合は最初諸手取りからの倒しとなっていますが、これが臂力の養成と同質のものと考えると立ち技で行われたと考えられます。実際記事には正座して云々とは書かれていません。実際諸手取り系の技術は座法では表現しにくいのではないでしょうか。そして次に両手取りに移るのですが、技の繋ぎにおいて特に「次に互いに座して云々」といった文言は見当たらない。となるとこの一見「合氣上」と思われる技術傳は立ち技で行われた可能性が高いと私は考えます。※

大宮　だからといって十一年の演武が全て立ち技オンリーで行われたとは必ずしも論証できないと思いますが、この点において少し気になる事があります。というのは大阪の朝日新聞社における教傳において惣角師範の教えた技は大半が立ち技である事です。

平上　真にしかりであり、実をいえば惣角師範が「合氣上」、つまり座法両手取りにおける崩し、そしてそこからの「合氣投（呼吸投）」、もしくは「合氣極」等の技術傳を行ったという確証文献は私の知る限り全くないんですね。この点は大東流史研究の立場からは注目、認識しなければならない大変に重要な事実であると私は考えます。

大宮　ちょっと待って下さい。もしかしたら、先生は見逃されたのかもしれませんが、僅か二本ですが、『総傳十一巻』の七巻には、半座半立の両手捕において、また双方座しての両手捕において「呼吸にて極め」てから膝で押さえる技が紹介されていますよ。※　とはいえ、他はあと何本かを除いて立捕ですから、当時における武田師範の年齢は既に八十歳近くの高齢であり、余り座り技の様な膝に負担のかかる技術傳はかなり難しくなっていた事も考えられますね。

平上　『総傳』の技法の事も承知していますが、やはり「合氣上」にて崩し投げる技術ではなく、

※　**合氣と逆手術**

盛平師範もしかりかと思うが、勿論惣角師範も自己の武術をできる限り高めようと工夫を続けていた事は間違いない。そして「合氣」定義にも色々な解釈があるが、惣角師範が得意としたのは巧妙な逆手法であり、色々な新作の柔技術を研究、工夫したようである。脚や体の一部を利用して僅かに触れるのみで敵を不動に縛るという様な技術傳を色々発明していた事は間違いない。それが今日大東流における大きな特徴的技術傳となっているのだから。

この様な技法は様々な手法と無数の変化があり、各流それぞれの工夫があった。必ずしも大東流が初出と言うわけではないが新発明の技術傳もあったかもしれない。

巧妙な逆手極めとして表現されている事は注意しなければならない事だと思います。そして惣角師範の晩年における座技の指導に関しても色々考えなければならない問題はあるでしょうね。

先ず惣角師範は少年期から武術一筋に打ち込み、生涯を通じて諸国を流浪して武術を以て生きてきた超絶的な武芸者であり、どんな時でも「弱み」をみせる事は、たとえ身内にすらありませんでした。※ しかし長年の血みどろの修行と各地強豪との死闘を通じ、その身體は決して無傷なままではなかったはずであります。

大宮　明治の中頃における福島事件※のおりは体中を鶴嘴《つるはし》などで貫かれ、虫の息になるまで殴打されたといいますね。

平上　昭和五年の時点の新聞記事では惣角師範の正座の写真が掲載されていますし、以降も勿論正座写真は現存しています。よって勿論晩年の惣角師範が全く座法を行わなかったとは論証できないし、ある程度無理してでも技法伝授も出来なかったとは思えません。しかしながらこれは程度の問題という事もあり、私自身、伊織傳二天一流と荒木流居合術※の名人、秋満紫光先生から二刀流※の剣術形全傳を修めた後、座法を中心とした居合術もある程度学びましたが、既に秋満先生も九十歳を越えられ正座居合はかなり出来づらくなっていた事は事実です。

大宮　惣角師範は晩年近くも秘傳目録の段階からの教授もしておられた様ですし、そのおりにはやはり座法技術も御指導されたと思われます。

平上　そうですね。ただ大東流の技術構成と体系については注意しなければならない重要な部分がいくつかあるのです。

たとえば大東流伝書の技術構成として『秘傳目録』の「座技」と「半座半立」を除いて、それ以降の伝は殆ど全て「立ち技」オンリーで構成されている事は注目しなければならないと思います。

大宮　そういたしますと昭和十一年における「合氣上」的な技術も立ち技で行われたのではない

※ **弱みを見せない男**
武田惣角師範の用心深さは伝説となっているほど著名である。身内にすら油断せず、晩年においても、昼、寝入っているところを家族が起こそうとして近寄ると懐中に忍ばせていた短刀を出して身構えたという話も残っている。短刀は鞘に入れず、抜身の儘であったので腹は傷だらけであったという。

※ **福島事件**
明治十五年、福島市松川町で土工たちと口論となり、何十人かの鶴嘴等を武器に振るう土工たちと刀を以て大格闘したという事件。自身も鶴嘴で背中を撃ち抜かれて重症をおいながら何人かを斬り飛ばし獄に繋がれた。正当防衛で無罪となったという説もあるが、文証として確認されてはいない。この時点から十何年分の『英名録』等の記録は比較的僅少であり、文書欠落の部分もあると言う。惣角伝としては空白の謎の時間帯である。

かという事ですね。

平上　立ち技における「合氣上」は八光流の「八光攻」に影を落としていますし、またこの技法伝は相撲の「鉄砲突き」「はず押し」等の応用であり、古式の柔術、相撲の稽古の中で結構見受けられるスタイルであると思います。ともあれ、氣を運用する術理、身法極意は共通しているわけですから、この時点で少なくとも「合氣上」の基盤となる技術傳はパーツとしては完成されていたと考えてよいと思います。

大宮　先生のお考えでは、昭和五年から十一年の間に初めて「合氣上」の基盤となる技法が完成されたと言うわけなのですね。確かに残っている資料から見る限りにおいては、その様に考えられない事もありませんが、その推測のもととなっているのは、基本的には僅かに二つの新聞記事だけです。

ご存じの様に、大東流の系統のほぼどの流派でもその教傳の最初は、座り技から始まっていますので、多分、惣角師範は基本としてはその教傳を座り技から始めていたのではないかと思います。そして座技には当然の事ですが、両手持ちの技もありました。また、惣角師範は大東流を教えはじめた初期の頃においても絶妙なやりかたで自在に技をかけていた様ですから、そこにどの程度か分かりませんが、合氣的なものはあったと思います。武田惣角師範が合氣の鍛練法として、わざわざ教えていたとは思いませんが、「合氣上」的な技法は初期の段階から用いていた様に私には思われます。とはいえ、現存し、確認しうる資料のみを検討する限りにおいては、先生の仰る通りかもしれませんね。

平上　まだまだ検討の余地はありますが、昭和五年から昭和十一年の期間における大東流の資料に「合氣上」の基盤となる技術傳のスタイルが見出される事。ただ正座呼吸法そのものズバリの技術は見当たらない事。この二つは確かに文証のある厳然たる事実です。そして名称的な文証としては同時期位に作成された『秘奥儀之事』に「合氣ニテ上ゲ」との文言があるという事。た

※　秋満先生伝の荒木流居合術

秋満先生の御師匠、荒木楽山先生の伝えられた居合術。秋満先生の高弟であられた落語名人柳家小さん師匠が継承されておられたが、小さん師匠もみまかられ、現在の傳承については不識。多分目白の小さん師匠の道場にて高弟の方が引き継がれておられるのではないかと思う。

※　伊織傳二天一流の真実

ある時期まで口伝承によって小倉藩に残った宮本伊織が伝えた武蔵二刀剣法といわれてきたが、その後の調査を通じて開祖からの全ての歴代伝承者が判明した。資料によると宮本伊織とは関係なく青木鉄人系の二天一流であった可能性が高い。しかしながら「伊織伝」というのが完全誤伝であったというとこれが中々にそうでもなく、五代目に「松井伊織」がおり、この者が中興して流儀を伝承した故の口伝承であった可能性がある。その口碑、即ち「小倉における伊織が伝えた武蔵剣法」というワードから武蔵の養子である宮本伊織が伝承した、「宮本伊織傳二天一流」という伝説が形成されてしまったのではないかと考察できるのである。

だ恐らくそのおりには「合氣上」という謂は未だされておらず、また合氣の投げに連続する様な技術傳では余りなく、そもそもそれが流儀の基盤という様な観念はそれほどなかったのではないでしょうか。そして『秘奥儀之事』の技術内容は全て立ち技である事は注意しなければなりません。つまり当時「合氣上」的技術が存在したとしても、それはおそらくそれは正座法の技術ではなかった……。つまり正座からの両者の力量を計る勝負法としての「合氣上」ではなかったであろう……という事は指摘しておきたいのであります。

理念の出現

平上　「座法両手取り→吊上げ→崩し→投げ（→極め抑え）」という究極の「合氣上」スタイル出現の問題もしかりでありますが、実際の所、高い眼でみますと「合氣上」こそ「合氣」の根元的な錬功法であり、究極の関門也という様な観念が生じたのも比較的近年……いや、極近年の様にも感じられるのですが、この点はいかがですか。

大宮　うーん。鋭い指摘かも知れません。ただ先にも述べました様に少なくとも昭和十三年に発行された植芝盛平師範の『武道』には現在合気道において行われている呼吸法と殆ど同じものが紹介されており、それを「氣力の養成」として解説している事※は注目したいと思います。だからそうした考え方はこの当時以前から既に存在はしていたと思いますね。

平上　「合氣上」における理念的バックボーンを含めての出現の時期はともかく、その技術的スタイルが確実に現れるのはどのくらいの時期にまで遡れるのかが極めて大きな問題であり、ここにこそ合氣柔術史の大きな秘密が隠されていると私は考えます。よって少しくどいですがいま少し検討したいと思うのです。

大宮　分かりました。それでは実際文献を精査してゆきましょう。先ず『武道練習』の中には、

※　**氣の養成法の観念**
植芝盛平師範が工夫、提示したかと思われる「呼吸法」であるが、その原初的な技術は惣角伝柔術に既に存在したであろう。ただそれを「氣の養成法」としてピュアに抽出し、そこに理念と次の技法展開までの工夫を付加して武術鍛錬法として発展させたのが盛平師範であったと捉える事が出来る。この「養成法」「鍛錬法」の観念が盛平伝の合気道と惣角伝合氣柔術との大きな違いと考えられる。個人宅、旅館等を借りての短期講習会伝授法を主体とした惣角師範の方式と、ちゃんと道場を設えて入門から長期の道場通いを通じての体造りと深い技術習得を目指す道場武道との差異があらわれた部分といえるであろう。惣角伝体術で決定的に欠落しているのは「鍛錬法としての武術技法」という観念である。欠落しているというより必要なかった、或いは講習会でやる様な事項ではなかったという事である。しかし道場を開設して永く門人を育てて行くには鍛練法と言うものは非常に重要な要素である。よって植芝師範は惣角伝体術の中の技法からそれにあたるものを抽出し、様々な鍛錬方式を工夫していったという事が考えられる。

後の『武道』において「氣力の養成」として紹介されているものが技術傳として既に登場しています。同書は昭和九年頃に上梓されたと思われるのですが、実際に技術傳が行われ、それが図説され、編集されて刊行される過程を考えますと、この年代より少なくとも数年以前よりはこの様な技術が行われていたと推定する事が出来るでしょう。同書には、**「受、両手で相手の両手をつかむ　仕、掌を内に向け親指の見える位に立て手先に力を入れて真直に向ふに倒す左に倒す時は右手を十分に伸ばす」**となっており、その図は膝を進めて相手を氣で制し抑える現代合気道における「呼吸法」と殆ど同じスタイルとなっています。

更にもう少し遡れると思えるものに『総傳十一巻』の『第一巻』があります。この一巻に用いられた写真は多分昭和八年頃に写されたものと思われますが、そこに記された座技両手捕にも、**「其の瞬間掌を中に向け手に充分力を入れ前に突き出し相手を仰向けに倒す」**と記された技があり、その技は写真を見ると、ほとんど現在の合気道で行われている呼吸法と同じスタイルとなっています。といっても、まるっきり同じかというと少し違っていて、いわゆる座しての天地投げ※、そして固めるという感じになっています。

平上　天地投げというのは呼吸投げのスタイルの一つと分類できますが、確か座しての天地投げは呼吸法同様に鍛練法として、養神館の塩田剛三師範はその著書においては紹介していますね。

大宮　その様ですね。あと注意すべきは、この伝書には後になってから「合気投げ」という文字が久琢磨師範によって書き加えられたものが存在している事、またこの同じ伝書の同じ箇所の説明が多分戦後に作成された伝書でしょうが、それには**「その瞬間両手の掌を中に向け、手先に充分合氣の力を入れ前に突き出して敵を仰向けに倒す」**という様に「合氣」の語が挿入されている事です。これはいろいろと想像が膨らむところです。

平上　名称の問題はともかく、この時期の出現は極めて興味深い部分があります。つまり昭和五年の武田惣角師範の新聞記事から昭和六年の植芝師範との久しぶりの邂逅と指導の流れを経て

※「天地投」の周辺

合氣柔術系の用語も年代と系派によってかなり異同があり、またそれぞれ影響を受け合っていたりして中々ややこしい。「天地投」は一応合気道系の用語であり、呼吸法の応用技術的なものである。合気道では一定しているのかと思っていると近年ではかなり違ったイメージの、両手を天地に大きく広げた形の「天地投げ」等も行なわれており、各系師範の解釈等によってもある程度の異同がある様である。また類似の技法としては八光流に「引投」というものもあり、また他系の変化技等も含め、結構種類がある様である。これらは大体両手取りにおいて、手解きをなさず、持たれた部位を利用して敵を崩して敵を左右に投げ飛ばす呼吸法投げの一種と解釈出来る。『武道練習』や『武道』などの文献をみると、当時色々な技術が工夫されていた様子が窺える。

の昭和九年の書籍の出現という順番になるわけですね。同書をみてみると一連の流れの中にひょこっとでてきた感じであり、必ずしも流儀の極意傳を象徴したものとして、かくした技術傳が特に重視されて行われていた風はそれほどなく、実際その様な書き込みもありません。しかしこの時期に合気道式合氣上げ「呼吸法」のスタイルが完成していた事は事実です。「手解」から発展し、その触れた部分を利して崩し、そして投げ飛ばしの術理が生まれましたが、そのより発展形として「離れない手」「氣の制圧」等の世界が工夫されたという事ではないでしょうか。

大宮　そして先程も述べました様に昭和十三年に発行された『武道』には、「呼吸法」を「終末動作※」の章において「氣力の養成」の中に入れて紹介しています。その文章を引用しますと次の如くです。

正座して相対す。
受　両手以て敵の両手頸を握る。
仕　掌を内に向け指先に力を入れて精神を集中し刀を振り被る心持ちにて敵を押しつつ両前臂を挙げ、右膝を進めつつ半立となりて受を我左側に倒す。倒す時両掌を稍左右に開き右手を受の左肩の方向に左手を我左前方に押し下ぐ。両手を我方に引くは不可なり。

この他にも三つ、掌を上方に向けて倒す法、天地投げ風にして倒す法、手の先を上方に向けて居反りの様にして倒す法等を記しています。そうした法、特にその中の一番最初に記されたものが一般的には呼吸法として合気道においては練習されている様です。

平上　技法自体は朝日新聞社における指導の時のスタイルとあまり変わりませんが、より深い様々な技術傳の展開がみられ、また単なる技術傳を超えた極意に至る独特の合氣練法として捉えられている事が興味深いです。ただ「力を抜いて合氣にて」ではなく「指先に力を入れて」である事は少し可笑《おか》しいですが、それが当時における実際的な感覚であった様に思います。ともあれ未だ盛平師範に替わって惣角師範が、大阪朝日新聞社にて大東流の奥傳技に当たる様々

※　**終末動作の工夫と付加**
盛平伝合気道で設定された稽古法ブロックの一つとして「終末動作」というものがある。これもやはり惣角伝柔術の講習会稽古法とは違い、道場稽古におけるメリハリの必要性から考案されたものと考えられるが、一種の整備体操的なものと言えるだろう。ともあれ内容的には概ねは大東流技法の中から採取しており、近代的なストレッチや何とか体操等とは一線を画している様に思われる。

な高度な逆手術傳を教傳している真最中ですね。

大宮　ここで少し注意すべき事があります。「終末動作」という言葉を用いている系統をご存じですか。

平上　養神館系統ではその言葉を用いていたかと思いましたが……。確か一方がもう一方の両手を掴み、掴まれた方が四方投げの表、裏と類似の動作を行うものでしたね。

大宮　その通りですが、実は「終末動作」という語の意味を知らない人がかなりいる様なのです。鶴山師範の言によれば、練習の最後に行うものなので、それは終末動作といわれたのですが、『武道』に記された終末動作は実は「体の変化※」「氣力の養成」「臂力の養成」「背の運動」と四種類あり、四方投げの形を行うものは「体の変化」に属しているのです。

平上　という事は、もともとの意味としては、終末動作といった場合には、養神館でいっている「終末動作」だけではなく、現在ではその様には用語が使われていない様ですが、「氣力の養成」「臂力の養成」「背の運動」も含まれるという事なのですね。

大宮　ともあれ、完全な意味では使われていませんが、戦前からの古い弟子である塩田剛三師範の処では、終末動作という古い用語を用い、また同じくこの『武道』の「氣力の養成」に記された座しての天地投げも呼吸法同様なものと意識されていたというのは面白いと思います。しかも注目すべきは「終末動作」の章に記されているものは、本来的には大東流における幾つもある技の一本に過ぎなかったものを、どうも植芝盛平師範がこれはと思うものを練習の最後に行うものとして抽出したのではないかと思われるのです。

平上　『武道練習』『総傳十一巻』『武道』など、また植芝師範の門弟であった竹下勇大将の技法伝記録などをみると、当時における植芝盛平師範の技術傳の本質が大体わかりますが、大東流の技術を核として、それを応用展開して無限技法傳世界を構築していたと云う事なのでしょう。その様な中に「呼吸法」の技術も存在し、それも様々な展開や変化が工夫されていた事は事実であ

※　**体の転換動作**
終末動作等で行なわれる、四方投げに入っても最後に投げ捨てず、体の曲げで止まったり、また「背の運動」でも背中にのせて終わりという様なやり方は整備体操的にも有益なものであるが、理念の差異はともかくとして、元々は講習会稽古等でもある程度行なわれたスタイルであったかと思われる。というのは元々は柔術であるのだから、本来はある程度の激しい投げ技などもあるわけである。しかし講習会の参加者は柔道、柔術体験者のみならず、武道に触れた事のない年配の旦那衆を含めて受け身がとれない様な者もある程度含まれていたかと思われる。（古式の）合氣之術に長けた武田惣角師範は恐らくは受講者の資質を一瞬にして見抜き、決して無理な稽古はさせなかったかと思われる。即ち受身をとれない者には体の変更までで寸止めし、投げ倒すところまでは施行させなかったのではなかろうか。また「背の運動」もしかりであり、これは大東流の古傳技法に含まれる裏背負投げの技法を稽古として実際には投げ飛ばさずに背に乗せて止めて示した形と解釈出来る。因みに現代の大東流諸系では殆ど行なわれていないが、古傳の大東流には本来裏背負投げが何本か含まれていた事は事実である。

ります。

「呼吸法」と「合氣上」

平上　合気道における呼吸法は、現在では確かに単なる技術傳という立場のみで捉えられているわけではありません。合気道における重要な基盤的技法傳としてある程度は重んじられているとは思いますが、しかしながらそれが唯一万能という様な所までの捉え方はなく、多くの要素、いくつかの基盤となる技術傳の中の一端にしかすぎないのではないでしょうか。それを単なる技法や鍛練法を超えた所の唯一無二の勝負法として捉え、そしてまた「合氣」の絶対核として「合氣上」を重視する考え方もまた一方であるわけです。しかしながらかくした流れは大東流の一部の系脈による比較的近年の捉え方、解釈の様に感じられるのですが。

大宮　そうですね……。確かに合気道における「合氣」はなんらかの原理に基づく技法としてそれを考えるというよりは、かなり精神論的ではありますね。とはいえやはり合気道では呼吸法が合気道鍛練上の根本の一つとはされています。

平上　しかし合気道においては、呼吸法に加えて、所謂臂力の養成法とか、入身転換法、膝行錬法、振魂《ふるたま》、舟漕※などの複数の技術傳が基盤としてあるではないですか。これらは大東流には余り見られない、かなり合気道独自の鍛練法です。大東流の場合、その様な流儀の根本技術傳的なものが余りなかった為に、技術の基盤を「合氣上（呼吸法）」のみにこそ求めたのではないでしょうか。それが以後の合気道と大東流を大きく分かつ、重要なターニングポイントになった様にも感じられるのです。

大宮　近頃は氣というよりも力だけの頑張り合いになる、またかなり修行したはずの人が初心者に押さえられてしまうという様な事が続出して、どうも愛の武道としての合気道としては悪影響

※　神道行法の付加

植芝盛平という近代武道師範は伝統的古式武術を正式にはさほど深く学んだ事のない人であったかと思われる。実際のところ古流柔術よりも神道秘法伝等に強い興味を抱いて探求していた様なのである。大東流の学びにおいても柔術技法の中から神秘的なる合氣術風の部分を抽出し、新たなる合氣系武道を模索し、またそこに神道秘法から摂取した様々な行法伝を付加して新式武道「合気道」を完成させたと考えられる。付加された神道行法としては「振魂」「舟漕」等がある。また「鎮魂帰神法の手印」や「手翳しの手法」なども柔術技法に被せて新たな武術技法や行法を工夫、創出したのではないかと思われるのである。武術技法に関する部分や膝行法などの鍛錬法は一部の大東流系にも逆輸入されたと考えられる。しかし純粋な神道行法については流石に大東流の各系には余り伝承していない様である。これは付加された時期がかなり遅い時期であった為もあるのではなかろうか。

があるとして、あまり「呼吸法」は行われなくなってきた様です。しかし、合気道においては、基本的には乱取りがありませんから、強いか弱いかが確然としません。それをある程度分明するのが呼吸法で、鍛練のために相手は頑張ってもいいとして、私の学生時代などにおいてはよく先輩たちが初心者をしっかりと押さえ付けて、その実力を示していたものでした。私流に言わせていただければ、この様な勝負法として「呼吸法（合氣上）」の観念が近年に初めて芽生えたかといえば決してそうではなく、『古事記』における「手乞※」の話にもある様に相手の手を取る事によって力量を計るという考え方と技術が古代から存在したわけです。

平上　行うスタイルは多少異同があるとは思いますが、大東流で行われる「合氣上」は形を変えた確かに一つの「手乞」ではありますね。大東流はかくした古伝理念を確かに継承している。しかし合気道においてはそもそも争っては駄目だったですね（笑）。

大宮　ただ先程ご指摘があられた様に、合気道には現在の大東流には見る事の出来ない基盤的な技術傳が確かにいくつかある様です。

無力化

平上　しかりです。たとえば合気道で醸成したと考えられる入身転換の技術は独特であり、確かにこの中には敵の力を外す一つの極意が表現されており、合気道における大変に重要な技術傳であると思います。また何よりも分かりやすいのがよい。

大宮　合気道の転換技法も敵の力を外して無力化する優れた技法傳ではあり、その意味では広い意味での合氣技法の一端といってもいいかもしれませんが、その分かりやすい事が実は問題なんですね（笑）。つまり分かりやすいという事は実は「合氣之術」の原初的な定義、「不可思議で玄妙な術」という定義からやや外れてしまうわけです。これに比べると「合氣上」の方が何処か不

※　手乞と勝負法

『古事記』にあらわれた「手乞」とは格闘武術の名称であり、また同時に勝負法をも現した表現となっている。やはり当時としては離隔状態から殴り合うというのではなく、触れ合った部位から力と技の比べをなすという観念が強かったのだろう。これが後世の相撲や柔術の勝負法に通じて行く事になる。そして柔術の各流に伝承した勝負法は真に多彩であり、相撲法や組討、乱捕法など、それも色々な形態で行なわれた。試合着衣も様々であり、下帯のみの相撲スタイルに加え、乱捕用の着衣も色々な形態が考えられた。また甲冑を実際につけての組討法も流儀によっては施行された様である。勝負の場も時代によって様々であり、地べたや芝生、砂場、そして家屋内の板の間や寝茣蓙等を敷いた空間、そして畳場等が工夫された。ルールも様々であり、現代柔道の乱取り法は江戸後期にやっと醸成された新興のスタイルといえるだろう。だが地方では古式の相撲スタイルや寝業を中心とした組討法が多く行なわれ、そして座り相撲や足相撲等様々な勝負法が伝えられた。現代合氣系柔術で行なわれる「臂力の養成」や「合氣上勝負法」なども様々に工夫された無数の勝負法の中の一形態であったといえるであろう。

可思議に感じられる。それがなぜ可能なのかという事が一見するだけでは見破れないからです。そしてこの様な技術を基盤として「触れ合氣※」という様な、より玄妙の術技傳が展開していったと見る事が出来るでしょう。

平上 人間は、いや、大体において武術修行者というものは分かりやすい技法というよりも分かりにくい妖しい技術傳にどうも弱い部分がある（笑）。特に普段はガンガン肉体と肉体がぶつかるフィジカルな世界にいるので存外メンタルな秘技に惹かれてしまうのかも分かりません……。それはともかく、かくした玄妙なる技法として「合氣」が捉えられ、「敵の力を無力化する技術である」という様な定義付けがなされ、それに付随してその具体的にして根源的な技術傳に、「合氣上」という名称付けがなされてそれが一般に認識される様になったのは、比較的近年の流れであると私は思います。

大宮 「合氣上」という技法と名称が大東流の世界に昔からあったものかの様にして、現在では用いられていますが、いつの時期にこれらが現れてきたかはかなり微妙な部分が確かにありますね。それらにおける歴史的探求は未だ誰も研究途上というところでしょう。手書き資料の中にそれらしい書き込みがある事なども指摘されていますが、残念ながら先程ご指摘があった様にその内容が学術的に検証できる様なレベルで公開されてはない様ですし、戦前の段階では少なくとも公の書籍その他には現れていません。そしてしっかりした資料が確かに存在したとしても、その当時における「アイキ」という意味合いの本質は微妙であり、現代においていわれる所の「合氣」とはかなり異質である可能性も高いです。しかし未だ不明確な部分が多いわけで、これから先、大東流の深い所でその技術と理論付けが既に（大正以前に）なされていたという新しい事実が出てくる可能性も否定はできないのではないかと思います。また勿論先程文献的には考証できませんでしたが、大東流において座法両手取り「合氣上」のスタイルが以前から完成していた可能性もないとは言えません。

※ **触れ合氣**
江戸後期に初めて玄妙なる武術極意としての「合氣之術」の概念が形成されたと考えられるわけであるが、明治以降その実体について色々な解釈がなされてきた事は事実である。気合術的な捉え方、読心術的な解釈を含め色々な捉え方がなされたが、具体的な固有の技法が色々に解釈されたのではなく、「玄妙なる武術極意」というイメージを基盤として、そのイメージに則した技術傳が色々な人脈の中で模索されて色々な技術表現が生まれたという風に考えられる。その究極のスタイル……いやその紙一重手前にあたるのが「触れ合氣」の世界だろう（究極は飽くまで触れずして氣の力で敵体を不動に縛る事）。これは敵が我に触れた接点を利して、掴み返さずに投げ飛ばしたり、敵の体の力を奪って動けなくしたりという「合氣」の極限技術を追求したもので、耳や頭、膝など、掴む部位を限定せず、また掴まずとも触れただけでも僅かな体動にて敵の体を全て無力化して制し投げたり固めたりしてしまう。
これは武田惣角師範の代では未だ至らず、次代、主に堀川幸道師範等によって大きく拓かれていったかなり前衛的極意表現の世界であったと思われる。

合氣の発展

平上　かなり難しい部分にさしかかりました。ここら辺りはともかく文証が乏しく、確定証拠文献を示されない以上は私も口を噤《つぐ》まざるを得ません。しかしそれでは論が全く進まなくなりますし……（笑）。それでは「合氣上」における濫觴についていま少し検討してみませんか。御神酒もなきままくどい上にもまたくどい話となりますが、この部分は本討議の目的における最重要の箇所でもありますから……。

先程も指摘しました様に最も問題なのは、大東流の伝書には「合氣上」に当たる技法傳の記述がないという事です。『秘奥儀之事』の「合氣ニテ上ゲ」の部分は、持たれた部分の氣の集中による「手解き」系の崩しの手法のみであり、いまだ呼吸投げまでに通ずる「合氣上（呼吸法）」ではなかったという事を先程考察いたしました。

そして「合氣上」という固有名称も古典伝書にあるわけではありません。だから少なくとも古典的にそこまでのものが本当に行われていたかどうかはかなり難しいのではないかと私は感じます。

大宮　実際的にそうした事を証明する様な文書は余りないですね。既に述べましたが、旧い時期に大東流を伝授された佐藤完實師範や川俣興造師範などの記録からは、合氣上げ的な記述は見られませんし、明治年間や大正の時期などにおいて、合氣上げのスタイルがあったかといわれればかなり難しいのではないかと確かに感じます。昭和初期になると『秘奥儀之事』などの傳位が完成し、その原型的なもの（それがたとい立合技で示されたものであるにしても）は行われた様ですが、後にそれが大東流の秘法、日本武術の究極極意の様な捉え方がされる様になったのはかなり後年……ひょっとしたら極近年であるのかもしれません。

平上　また技術傳の事はともかく、「合氣」というワードの事をいうならば、西郷四郎※の流れと世界において「合氣之術」「合氣」といった言葉が全く用いられていない事も注目しなければな

※　**西郷四郎と合氣**
西郷四郎の伝説の中では特に「合氣」「合氣之術」等のワードは確かに見当たらない。しかし後世の「合氣」と同じ様な技術傳の持ち主であった事はほぼ間違いないかと思われる。しかし西郷四郎の活躍の時期は未だ武骨氏の『合氣之術』は刊行されておらず、武術極意としての「合氣」の観念自体がそれほど一般的ではなかったのではないかと考えられるのである。という事は「合氣」のワードの源泉は西郷頼母、西郷四郎ラインにはない事を現している。そして明治二十五年以降の武術指導（柔道、弓、泳法等を教傳）の中でも「合氣」のワードを残していない。柔道豪傑、西郷四郎にはオカルチックな「合氣之術」的なイメージは必要なかったのだろう。しかし興味がなかったかといえば、新聞に「猫の妙術」の改作「眉山夢物語」などを書いている事を鑑みると、武術の極意や秘術などには十二分に興味あった師範であったと観察できる。『合氣之術』なども後年には読破していたのではなかろうか（確証無し）。ただ「合氣之術」に憧憬があるのと、自己の武術を「合氣柔術」「合氣之術」に名乗り替えしてしまう様な発想とは丸で別物である。それは実はかなり革命的……いや革名的な事なのだから。

らないと考えます。技法自体は正に現代でいうところの合氣柔術的な技術傳を自在に振るいながら「これぞ合氣之術の妙技也」といった謂はなされていません。勿論『姿三四郎』の小説の中にも出て来ない。これは少なくとも西郷頼母、西郷四郎のラインでは「合氣之術」と云うワードのアイデアが根本的になかったからと判定します。

大宮　そうですね。ただそれは西郷四郎が西郷頼母から古傳武田家柔術、大東流の秘法を授かっていたとしての捉え方ではありますが。

『総傳十一巻』に顕れた技術

平上　確かにしかりであり、それならば別方面からも考察してゆきたいと思います。いま一つ指摘しておきたいのは昭和十年代の始め頃、惣角師範は久琢磨師範に免許皆伝※までの教傳をなしながら、そのおりの記録には「合氣上」スタイル、少なくとも「合氣投げ」や「離れない手の制圧」までに至る技法傳の流れを持つ技術は殆ど現れていないという事です。

大宮　惣角師範の技術傳記録は『総傳十一巻』の七〜九巻分とされていますが、その中においてかなり「合氣」が用いられた技も現れますが、少なくとも現在流布している様な「合氣上」そのもののスタイルは確かに現れておりません。五巻、六巻にもでて来ない。残る資料の解析の立場からは確かに朝日新聞社においては惣角師範は「合氣」は教えていますが、「合氣上」を教傳しなかったと考えるのが妥当であると思います。もっともそうしたものはすでに盛平翁が基本として教傳したという事で省略したという事も勿論考えられるわけですが。

平上　「合氣上」と言うスタイルは武田惣角師範が本当に最晩年に至った一つの形態にすぎなかったのではないでしょうか。それも座法における技術傳ではなかったと私は考えておりますが、氣の運用、また氣の集中という観念はあったでしょう。そしてある程度の華麗な合氣世界が構築さ

※　**免許皆伝久琢磨師範**
武田惣角師範の門人は三万人に及んだといわれるが、その中で免許皆伝を許し流儀の後事を託したのは久琢磨師範である。武田惣角師範は古傳の意味での「合氣之術」の達人であり、一見して相手の全てを洞察したといわれるが、それでは惣角師範は久氏に何をみていたのだろうか？　学生相撲チャンピオンの実力と武術に対する執心、そして朝日新聞社の重役という社会的地位を含めて久氏にかなりの期待を掛けた事は間違いない。そして久琢磨師範が他の師範とは全く違った業績は伝えられた惣角師範の奥伝技法を稽古の後、直ぐに再現し、それを写真撮影して伝承技法伝の記録を後世に残した事である。この様な努力は惣角師範に内緒で行なわれたともいわれるが、惣角師範は全ての全てをちゃんと見抜いていたのではなかろうか？　久琢磨師範こそは自己が永年切磋琢磨し編み出してきた技を久しく残す事の出来る最高最期の門人であった。それを見抜いた上で裏の技術保存作業を黙認し、流儀の全ての全てを見せ、遂には流儀の免許皆伝までを許して大東流技法の保存を託した。その思惑は確かに図星に当たり、その意味で武田惣角師範は正に「合氣之術」の達人であったわけである。

れ、それを晩年には一部の高弟には伝授されたのかも知れません。と言うのは昭和十年代に朝日新聞社で伝授したのは、合氣は用いていますが複雑にして高度なる独特の関節技群が中心であります。このおりは未だ余り華麗な合氣投げ的なものはさほど現れておりません。

大宮　先程新聞記事から考証しました様に、実際的な技術傳に近いものは昭和十一年以前に存在した事は明白であり、またその芽生え的なものは大東流の古典技法の中にも多くの箇所で認められますが、この時分は合氣を用いた様々な実戦的な厳しい関節技の伝授が確かに中心となっています。そして昭和十四年に久琢磨師範と刀禰館正雄《とねだちまさお》※師範に免許皆伝を授け、大阪を離れて東北や北海道各地で巡回指南をした後、昭和十八年に青森で客死したと言われます。この最晩年の僅か数年間にその様な超絶的な合氣曼陀羅の世界を構築した様にも確かに考察できるわけです。その最晩年の指導を受けられた師範としては堀川幸道師範、山本角義師範、佐川幸義師範などがおられます。

平上　山本師範は惣角師範の晩年期からの門人であり、主に古典的な柔術系の技術を学ばれていますが、堀川師範や佐川師範は古い御門人でもあり、そうした古参門人たちに新たに教授したのは、惣角師範が正に最晩年に到達した究極の合氣之術の世界であったと言う事が考えられます。

大宮　確かに多くの大東流の系脈の中で、堀川師範系と佐川師範系の大東流がもっとも「合氣」と言う事を表看板に掲げ、それぞれの合氣世界を作り上げた事は事実です。ただ両者の合氣は趣が大分違っていますね。

平上　正に合氣の裏表、剛柔であると言う感じが致します。これはつまり惣角師範が最晩年に至った合氣極意の境地と、その技法群の伝授を受け、戦後に両師範がそれを発展させてそれぞれの超絶世界をつくり上げたと言う事ではないかと考えられるのです。そして両師範はそれぞれ他系の大東流を含めた他流の伝統武術系でも余り見られない独特の高度な技法傳を以て、大東流の合氣というものの存在を世に知らしめました。これは真に大きな功績であると思いますし、特に佐川師範が定義された**「合氣とは敵と相対し、触れた瞬間にその力を無力化する技法」**と言う理論

※　刀禰館正雄師範
免許皆伝を許し、流儀の後事を託したのは唯一久琢磨師範と論じたが、免許皆伝は久琢磨師範と同じく朝日新聞社の重役であられた、刀禰館正雄師範にも同時に授けられている事が『英名録』に顕れている。武田惣角師範の年齢を考えると（当時齢八十歳近く）技を受ける助手的な者がいた方が伝授もやり易かったのであろう。刀禰館師範の子孫家には一度取材させて頂いた事があり、同家に現存する『総傳』資料なども調査させていただいた。恐らく柔術の達人、武田惣角師範の名人技を残す為に朝日新聞の皆が協心と戮力をしながら記録を残さんとしていたのだろう。刀禰館師範は久師範のなさんとする事業の良き理解者であり、協賛者であったのではなかろうか。

は合気道を含めた他の大東流各派にまでもかなり浸透してゆきました。そして各系でも武術極意としての「合氣」というものが深く研究される様になってきたのではないかと思います。

大宮　一寸待って下さい。さきほど武田惣角師範の時代には究極のスタイルである「合氣上」のスタイルも名称もなかったのではないかと言う論が大分ありましたが、結論的には最晩年において最終的にはそのスタイルに到達したという論なのですか。

平上　技術極意の世界を別にして考えると、私は「合氣上」の究極スタイル（座法両手取りからの合氣崩し投げ）は構築されなかったのではないかと考えています。また理念としての合氣的アイデアもそれほどなかったのではないでしょうか。なんとならば現存する佐川、堀川系以外の大東流系にその様な技術や理念がそれほど継承されていない事が先ず一点。そして堀川師範、佐川師範両系の技術や論がそれほど一致していない事も重大な事実であり、注意しなければならない点であると思います。※

大宮　今日における各メディアを通じて発信された合氣の理念が、確かに他系にもかなりの影響を与えたとは思われるのでありますが……？

平上　例えば網走で大東館を主宰された故武田時宗師範にしても、生前のインタビューにおいて「合氣」とは護身術傳、対して「気合」は先手で掛ける捕手術傳として技術を分明、定義して解説されておられます。そして時宗師範が戦後制定された新たなる大東流百十八ヶ條目録の体系の中にはピュアなる「合氣上」の形はでてきません。

大宮　時宗師範は朝日新聞社で教えていた時代は未だ学生の時期であり、それから兵役もありましたので、惣角師範の最晩年の業や理念は余り引き継がれていないのかもしれませんですね。

平上　朝日新聞社においての教傳は、現存する資料群から鑑みて複雑高度なる逆手術が中心となっております。合氣による崩しの手法はでてきますが、合氣を主体とする投げ業的なものは余り窺えない。合氣の理念的な部分も植芝師範が唱えた「呼吸法」的な教えが中心であり、言葉も

※　**各系の合氣上げ**

一口に合氣上げといっても各系に色々なやり方があり、合気道系と大東流系では基本的な部分が大いに違っている。古典的な大東流における、手腕に氣を込めて相手を崩す手法は幾つかの方法が形にあらわれており、「拝手傳」や「手鏡」、また「腕返」「手刀斬」「蛸之手」「お化け手」「手翳し」「朝顔傳」など中々に多様である。合気道もやり方は「手翳し」系のものが多いかと思われるが基本的には氣のぶつかりを外す事を主眼としており、敵の臂は曲がった形で崩れるスタイルが多い。大東流は最初タイミングを外した小さな氣のぶつかりを表現する事が多く、この方法を遣うと、臂は伸びた状態となり頸椎にガクンとショックが走る事になる。そのぶつかった氣を、拍子を計りながら巧みに抜いて敵を翻弄する方法論など色々な技法と展開が工夫された。しかし両者の差異と垣根も現代の情報化を通じて次第に消失し技法が混合し、それぞれの特徴付けが困難になりつつあるともいえるであろう。

「呼吸にて極め」という様な書き込みとなっています。しかも当時におけるその言葉の理念は「氣の集中」という事であったと考えられるのです。

大宮　『総傳』への「合氣にて極め」の書き込みは、確かに戦後になされた整理校正のおりに付け加えられた様です……。

しかしそれではさきほど話にでた、最晩年の惣角師範が至った合氣傳を受けて、堀川師範や佐川師範が合氣世界を構築して行かれたという構図はどうなりますでしょうか。

平上　惣角師範はあくまで職人気質の武術家であり、技術的に精妙なる合氣傳を死ぬまで追求されていたのではないでしょうか。惣角師範は柔術必殺技として精妙で強力な逆手技法、その奥義をとことん追求、工夫された師範であると思うのですが、それは朝日新聞社での教傳を通じてある程度は完成し、その次の段階の追求は正に合氣之術そのものであったかと思われるのです。当時における惣角師範にとっての「合氣之術」とは正しく「玄妙にして不可思議な術技」であり、触れたのみで（出来れば触れないで）敵を倒すであるとか、掴んだ手が離れず、また僅かな接点で敵を動けなくすると言う様な秘技であり、最晩年にはそういった技術傳世界をある程度は構築されていたと思われるのです……。それらの最終的技術傳を佐川師範や堀川師範が受け継ぎ、それを発展させて堀川師範が独自の「触れ合氣」の世界を構築し、また一切の合氣の枢軸をなすものとして、佐川師範が「合氣上」を現在の様な形に発展させ、また新たなる定義付けをなされたのではないのでしょうか。これらは皆それぞれ真に重要な業績と思います。

大宮　ある程度の構築というのもかなり微妙ですが、最終的に惣角師範が伝えたのは立ち技における「合氣上」的な技術とそこからの「合氣投」的な技術であり、現在ある様な玄妙そのものの合氣や座しての合氣上は未だ伝えていなかっただろうというわけですね。

平上　自分にはその様に思われるのです。堀川師範系においての教傳体系の中に「合氣上」に加えて「合氣下《あいきさげ》※」という技術と名称があります。「合氣下」という感覚は座法両手取りスタイルで

※　**合氣下げの工夫**

「合氣下」というワードは「合氣上」の対句として派生したと思われるが、この様な名称は堀川幸道師範系からその技法傳も含めて形成された様である。

合氣上げで相手を崩した後はその儘前面や左右に投げ飛ばすのが普通であるが、堀川師範系ではそれをさらに発展させて合氣上げで上に崩した後、両方の手の氣を下に向け、相手を真下に崩す合氣下げの技術傳が工夫された。これは立ち技であると膝がカクンと抜けた様になりその場でへたり込む事になり、中々面白い技術傳であるが、古典的な大東流には余りなかった技術傳かと思われる。

は少し感得しにくい技術傳であり、これこそが惣角師範傳における「合氣上」的技術（固有名詞的な名称は当時には未だなし）が立ち技において行われた可能性を示唆しているのだと考えます。そして立ち技であるからこそ、それに足捌きを加味できるのであり、よって無限の（合気道とはまた違う独特の）「合氣投げ」の世界が生まれ、その様な中から「触れ合氣」の様な玄妙の世界が生まれたのではないでしょうか……。

大宮　現在の堀川師範系の稽古では座法の「合氣上」もそれなりに行われている様ですが、合氣道の所謂「呼吸法」とも、また佐川師範系で行われる「合氣揚げ」の技術や理念とはまた少し違う様ですね。「拝手」や「小渦」傳など、余り他系では見られない独特の展開がみられる。また「触れ合氣」醸成の時期も微妙ですが、それらは惣角師範が最終的に辿りついたもので、更に堀川師範によって発展されせられたものではないかと考える事も出来ます。

平上　立ち技は足の移動などを含めた不確定の要素が多くなり、よって純粋な勝負法が余り構築されなかったのではないかと思われるのです。ところが座法両手取りという限定されたスタイルをなす事によって両脚が比較的固定的となり、条件が限られる事となり、そこに一種独特の勝負法の世界も開けてゆきました。※　佐川師範系によってその方式が独自の発展をみて、ピュアなる理論付けと完全なる勝負法としての「合氣上」理論が構築されていったのではないかと私は思います。

※　**勝負法としての「合氣上」**
合氣道の呼吸法にしろ、また大東流系の「合氣上」にしろ、そこに「勝負法」的な観念がかくも強く入る様になったのは比較的近年であり、また基本的には一部の系脈のみの観念に過ぎないという風に考察する者である。合気道では一つの鍛錬法、また技法口傳を学ぶ為の縁としての存在であったと考えられる。大東流においては殆ど伝承のない系統もあるし、また技術的には存在しても、それは単に技の導入部としての技法傳として捉えられていたに過ぎないと考えられる。そもそも試合をしないのが合気道であり、大東流も基本理念は共通するだろう。ただ合氣上げは力抜きの極意を体得する為に一つの関門として機能し、身體極意や心法の伝授に中々都合のよい技法傳である事は事実である。

第三章　合氣の秘傳

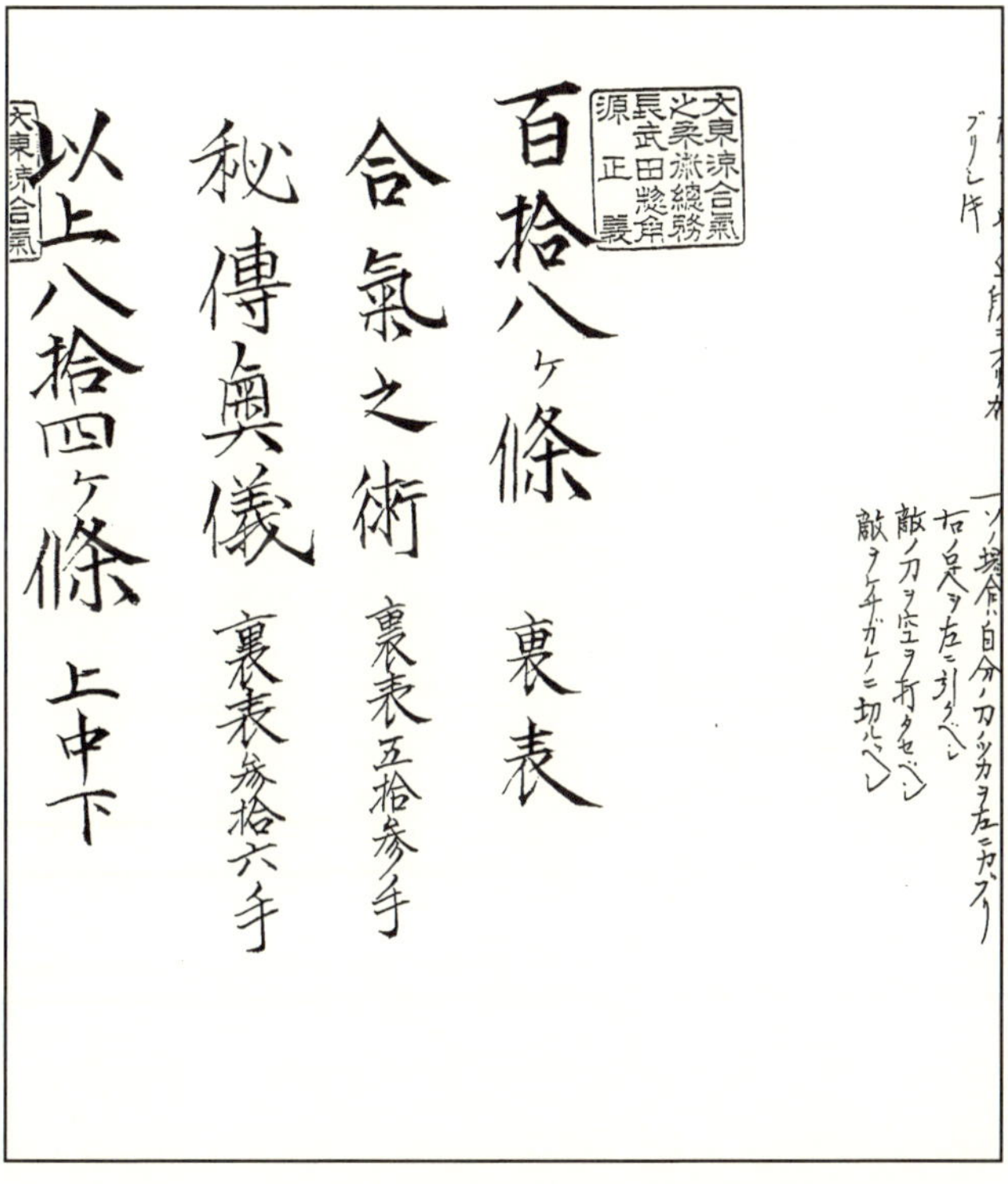
ブリシ件
一ソノ場合ハ自分ノ刀ツカヲ左ニカブリ
右ノ足ヘヲ左ニ引クベシ
敵ノ刀ヲ空ヲ打タセベシ
敵ヲケチガケニ切ルベシ
大東流合氣之柔術總務長武田惣角源正義
百拾八ヶ條　裏表
合氣之術　裏表五拾参手
秘傳奥儀　裏表参拾六手
以上八拾四ヶ條　上中下
大東流合氣

霊妙の神術

平上　さてさてこれまで「大東流」における「合氣」出現の推移をざっくりとではありますが、観てきたわけであります。大東流系において最晩年の惣角師範は自己が最終的に至った合氣の境地を門人たちに提示しました。それを核として各門人がそれぞれ発展させ、現代の各合氣技法傳が生成された……のではないか、というその歴史的な流れを解説してきたわけです。ただその醸成の根元の部分において植芝盛平師範が想像以上に関わっており、その技術工夫や理論構築には大変に大きな影響があったのではないかという驚愕の構図を※（少し暗示的ではありますが）提示してきました。現時点でその様な捉え方が絶対に真とまでは主張しませんが、この点はまた後に、いま少し資料を尽くして検証したいと考えています。何せこの問題は本討議の極めて重要な論点、ファクターであり、慎重の上にも慎重を期す必要があると思いますから……。

ともあれ座法両手取りスタイルの「合氣上」の技術傳を核とし、それを通じて「力抜きの秘法」、即ち「敵の攻撃力の無力化」に至るという極意的な合氣こそが、現代においては武術の究極極意として追求される最終バージョンの合氣であると考えられる様に至ったのであり、この様な立場において、いよいよその霊妙の神術「合氣」の實相を追求してゆきたいと思います。

大宮　了解しました。ただその前に、ここで鶴山晃瑞師範が打ち立てられた日本伝合氣柔術における「合氣」についても一言述べて置きたいと思います。ご存じの様に鶴山師範は久琢磨師範の高弟であり、後継者の一人でもありました。久琢磨師範の伝えられた大東流には先程先生が考証されました様に、現代的な意味合いでの合氣と言う観念と要素は比較的少ないのですが、しかし勿論既に当時も「呼吸法」は存在しましたし、合氣の為の基本的パーツは出揃い、その為の様々な口傳法もある程度残っていたわけです。そして鶴山師範は久琢磨師範にとどまらず、山本師範系や堀川幸道師範系の技術傳も貪欲に探求し、それらに伝承されていた武田惣角傳大東流の「合

※　**合氣の醸成の方向性**

大東流合氣柔術と合気道は近代合氣系柔術の二大道脈であるが、「合氣」の理念と技法、その文化の醸成の根源がどちら側にあったのかという事については諸説あり、色々討議されてきたが現在のところ未だ結論はでていないというのが実際である。完全な決定的文証が出ていない今の時点では確言する事は確かに出来ない事である。ただ本来不変であるはずの古流武術の内容と名称が大東流においてはかなり変容していった事は事実である。よって大東流系における「合氣柔術」の名称の初出、また流儀における「合氣」用語使用の年時の探求がこれからの大きな課題である。

氣」を始めとする多くの口傳法※の世界を整備しそれを門人に伝え残しました。

平上　合氣とは古典的な形や体系を超えた所にある武術極意、口傳法という風に捉える事もできるのであり、内容的には必ずしも一定不変ではなく各系でそれぞれ工夫発展させてもよいし、また別系の口傳をもってくる事も出来ないわけではありません。そしてまた鶴山師範も各系の大東流の教えを摂取し、それを纏め上げられ、それぞれの性質を分別されて三大技法という独自の世界を築かれた師範という風に捉えることが出来ますね。そして大宮先生自身、そこからまた神道理論も加味されて新たな再編成と理論付けをなし、古伝的な「合氣」というものをかなり奥深い形で整理されておられる。それはそれで極めて深い業績であり、大変に価値ある事と存じます。

合氣の定義

平上　各系で発展してそれぞれの口傳体系を保有すると思われる大東流の「合氣」の世界ですが、しかし根本的な定義が揺《ぶ》れては議論に歪みが生じます。今まで様々な「合氣」とその捉え方を討議し、様々な定義とその変遷をみてきましたので今一度ちゃんと定義しておきたいと思います。先程、時宗師範における「護身術」的な捉え方があった事も紹介しましたが、しかしこれは少し旧《ふる》い解釈になってしまっている様に感じます。

やはり現在の合氣武術界において大体定着してきた「敵の力を無力化する技術」として捉え、その実際技法を探求してゆきたいと思います。

大宮　そこにいま一つ本来は「一見不可思議に感じられる玄妙の術」という定義付けをなしたい所なのですが、その観念はかなり個人的な感性の問題になるのでその分別は暫しオフにして討論を進めて行きたい思います。

さて、という事で大東流の「合氣」には他の古流には見られない独特の手法があるとしても、そ

※　**鶴山晃瑞師範の合氣口傳**
鶴山師範は久琢磨師範の大東流を学ぶのみならず、大東流の研究者として色々な系脈の技術傳や資料、口伝承等を探求し、よって各系に伝承するそれぞれの合氣口傳を摂取し、それを総合的に整理したと考えられる。ただ鶴山師範における合氣の捉え方は現代で定義されるところの狭義の「合氣」では必ずしもない事は注意しなければならない。それは武術極意としての立場は勿論、伝統的な玄妙の秘術としての合氣の意味合いも底流に含ませながら、それらを超えたところで大東流固有の「合氣之術」という世界を構築しようとしていたかと思われるのである。故にそこには武術極意口傳、各技術口傳等も多数含まれ、また勿論「合氣上」における理論と技術口傳を抽出した上に、非常に深い教傳階梯ブロックを構築している。それは大東流諸派の中でも真に独特にして膨大なる合氣秘密口傳法の世界であった。

の様に定義するならばその様な術理をもつ技術は他の古流柔術にも存在するのではありませんか。

平上　「合氣」を究極の武術極意として捉える事もかなり大げさな事かと思うのですが、これは極意というよりある意味古伝武術の基本中の基本と言える理念であると思います。その様な技術傳を「合氣」と名付けたのは現代における大東流側（若しくは合気道側）でありますから、他の古流柔術の系脈においては関知する所の用語ではなく、だから古流柔術に「合氣」があるかと言えば、これは（当たり前ではあるが）言葉としてはない（あっても別の意味合いの古伝的な「合氣」となる）。そして流儀が違う以上、手法が異質なのは当然の事であります。しかし根元的な意味合いとしての、武術における極意伝と実際メソッドと言う事であるならば、古流柔術の各系は勿論同質の技法伝を種々保有していると思います。およそ伝統武術で力任せに戦う事を善しとして教えた流儀はなく、各流皆「柔能制剛《じゅうよくごうをせいす》」を理念とするところの精妙な技術傳を構築して高度な武術文化を醸成してきたわけなのでありますから。

大宮　つまり「合氣」を武術極意として捉えるならば、当然他の古流柔術にも同質の極意は存在しているという事ですね。その点についてはまた後ほど伺うとして、とりあえず、大東流にはそれ独特の「合氣」の手法と理論、醸成された口傳群が存在しますのでそこを中心にして考えてゆきたいと思います。まず大東流独特の合氣鍛練法とされる「合氣上」の形態についてですが、このスタイルと手法についてはいかがでしょう。

合氣上のスタイル

平上　私自身は根元的な大東流には（厳密な意味での）「合氣上」はなかった、少なくとも惣角師範時代においては行われなかったのではないかという立場をとる者なのですが、ともかく現代の合気道や大東流で行われている「呼吸法」や「合氣上」の問題として捉えたいと思います……。

※**『柔術極秘真傳』**
著者久松時之助、明治三十三年発行、天羽流柔術の技法解説書。この中の居取第三形に「合氣上」に酷似した技術が出て来る。
概ね確かに同技であるが、先ず片足を立てて「手鏡」系で崩し、最後に腕を返して投げ飛ばしている。第二図の受方の腕の様子が少し杜撰であり、順手で掴んでいるわけであるので本来はもっと臂が伸び、必然的にもっと體が崩れていないと可笑しい。しかしこれは絵図の胡乱さが出た部分と解釈できる。

●補論
但し本書の発行年が惣角師範が大東流の伝授を始めた明治三十一年以降である事は少し気にかかる。同書は関西圏における、系脈も大東流系とは無関係な柔術書籍である。そして同期においては惣角師範は東北で指導をしていた時期であり、場所的にもかなり遠い。とは言え同じ日本国内である事も事実であり、大東流からの影響を完全否定する事は出来ないともいえる。ただ明治期における大東流において合氣上げが行われていた文証もまた全く存在しないのである。この点いくら水遊びをして詮なく、実際の確定史料が出てくるまでは筆者も口を噤むのみである。

確かに珍しいですね。両手捕りの場合、古流柔術では多くは大体手解きの流れとなりますが、しかし実をいえば全くないわけではありません。明治三十三年に発行された『柔術極秘真傳』※にかなり合氣上げに酷似した技術が既に図説されています。だから古流に全く無かった手法とも言えないのではないかと思います。体を転換して押さえ込む合気道の「呼吸法」式ではありませんが、敵を氣の力でぶっ飛ばす大東流系の「合氣上」とはかなり酷似しています。

大宮　確かにこの書籍の技術は「合氣上」に類似していますが、強いて言えば片膝を上げている点に異同がありますね。またそして大東流の如くの相手の体の吊り上がりや崩れが、図の角度では余り明確ではなく、少し「手解き」的の様にも感じられます。ただこれも絵図としての胡乱さとも言えますけれど……。ただ勿論図版の流れは確かに「合氣上」となっていますね。

ともかくこの時期の書籍にこの様な技術傳がでている事はかなり衝撃的であり、惣角師範はともかく植芝師範などはこの様な書籍をみて、柔術の極意的な技法を色々探求していた可能性はありますね。

平上　大東流の醸成においては勿論、天才武芸者武田惣角師範の武才に負う所が大きいと思うのですが、そこに植芝盛平師範という、いま一人の独特の感性の持ち主が関わってお互いに影響を与え合った可能性がかなりあるのではないかと私は考えています。大本教に帰依していた植芝師範は独特の神道理論で自己の武術を理論化しようとしましたし、大本教に伝わる様々な神伝秘法の手法を借りて、惣角師範から伝えられた技法傳を自分なりに工夫展開し、或いは新たな技法群までを創出していたのではないかと考えられるのです。そして自分の門人（植芝師範）が行う技術傳の展開に惣角師範もある程度感化、触発されて、また新しく植芝師範を超える所のより深い独特の合氣曼陀羅の世界を構築していったのではないでしょうか。先程古神道に伝わる鎮魂帰神法の鎮魂印手法が二ヶ條極めの手法に影響を与えたのではないかという説が出ましたが、合氣上げの手法とスタイルもしかりであり、これは古神道系でよくみられる所謂手翳し法や除霊法※の手

※　**手翳し**
今日では流石に余り見られなくなったが、オウム事件以前は東京高田馬場辺りに行くと宗教勧誘が結構あり、通行人が「手翳し」（除霊法）等を強引にやられる異様な光景等が結構見られた。
学んだ事もないので詳しい術理は分からないが、片掌を相手に向け、恐らく掌の「労宮」から氣を放出して相手の體全体を包む心持ちなのではなかろうか。だとすればこれは合氣上の口傳にも通脈する。そしてまたこのスタイルと動作は相撲の張手系の攻撃法「朽木倒」等の技術傳としても、ある意味一種の柔術極意を顕していると云えない事もない。

袴に隠れているので確言は出来ないが、膝を大きく広げている点と流儀系脈を鑑みると一般的な正座ではない可能性はある様に思う。しかしその異同は余り重要ではなく、明治の此の時点で合氣上げと酷似した技術が現れている事は事実なのである。

やや不満な点としては受方の丹田が浮いていない事、崩しの弱さ、腕の角度、捕方の姿勢の拙さ等があるが、これは写真ではないので絵図の胡乱さにおける誤差とも解釈出来る。

日本の書籍も維新以降、年代が下ると、何故か絵図のレベルの低下が目立つ様に思われる。これは木版刷本の技術の頂点を極めた日本の古式の木版本が西洋式出版法へ移る過程における過渡的現象であったのかも知れない。

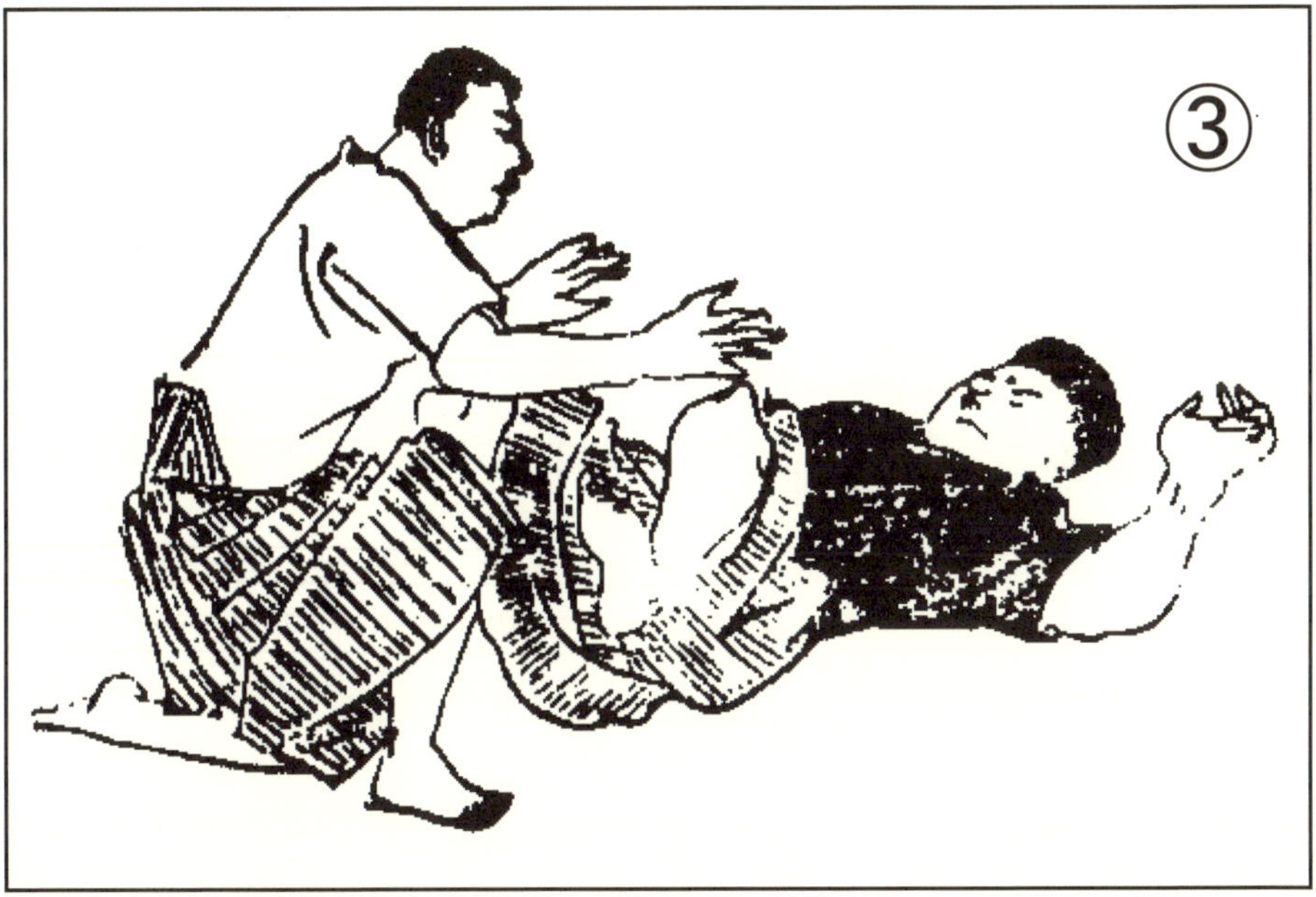

★『柔術極秘真傳』の技法解析

最初の両手押さえは両膝に置いた両拳を受方が押さえてゆく手法で、合気道とは一線を画した古式柔術のやり方である（天神真楊流も同じ）。捕方は親指を握り込んだ古傳の拳形で対している。

そして次には拳を開いて腕返しで敵を崩す。だだ合氣道柔術系の開手（もしくは朝顔手）ではなく、絵図の様子では手刀を用いている様である。この時に右膝を立てているが、この様な点と流儀の系脈（関口流系の天羽流）から鑑みて正座法ではなく、古式の右足を前側に出し横に寝かせて座る独特の戦場座法等を用いているのかも知れない。

手鏡の返しまでは手刀的であったが、次に敵に対して再び腕を返して前方へ投げ放つ時は開き手を用いている。この様な技術の流れは「緊張と緩和」と云う氣の振幅を表現している様に思われる。ともあれ投げ放ち表現に開き手を用いた図説表現がこの時期に現れている事は注目したいと思う。

技術傳の流れとしては、要するに「手鏡」から「腕返」で投げ飛ばすと云う流れであり、最初の崩しは大東流の正に「手鏡」式である。合氣道は最初から「手翳し」系で入ってゆく事が多く、大東流も此処までの「腕返」は表現しない事が多い。大東流における合氣上げ式技術の原点は『秘傳目録』第八條の「柏手小手返し」にあると考えられるが、先ずは柏手を打ち、その上で敵の小手を下から取らんとする時、「手鏡」状に表現するのは松田傳の大東流であり、門人で後に八光流を開いた奥山龍峰師範は正に「手鏡」と云う技法名を残している。他系大東流ではそこまでの腕返は強調しないが、猿手にて小手を下から取る時、必然的に掌は返り、敵は概ねは手鏡崩しの状態になる。同技においては実際ここで崩し状態にならないと確実に技を決める事が難しいわけである。

しかし小手返し技術の附加を考えなければ必ずしも手鏡表現はそれほど必要ではなく、柏手、もしくは手翳しのみでぶっ飛ばすと云うやり方もある。ただ敵の力が強大であるとするならば、敵の力を僅かなりとも外す為にある程度の腕の返しは必要になる場合もあるかと思う。

『柔術極秘真傳』に現れた此の技法も腕の返しをやや大きく表現し、力の外しと崩し技法の推移を明確にしたのだと考えられる。

法とかなり近いものがあると思うのですが……どうでしょう？

大宮　現在に伝わる手翳し法は片手で行う事が多く、また大本教では鎮魂印あるいは聖師から与えられたしゃもじなどを翳して治病などを行う事が多かったのですが、大本教からでた世界救世教、あるいは真光教などでは確かに類似の手法の手かざしが古くから行われていますね。また面白い事にこの手翳しの極意ともされる事は身体の無駄な力を抜いて行うという事なのです。これはまさに合氣上げに通じるところがあります。

平上　また神道系で行われる陽日拝みの行法において、一部の系脈などでみられる両手を用いた手翳し的な手法※にも似ているのではないでしょうか。琉球拳法の古典型クーシャンクーにも両手を額前で合わせる「観空」の構え※がありますが、この様なものが古伝的に武術や神道系の世界で多く行われてきた事は事実であり、大東流の「合氣上」もこの様な神道系の古典スタイルに触発されて醸成された新たなる武術技法文化であったのではないでしょうか……？

大宮　手法として確かに似ています。「合氣上」の核となる技術は大東流の初傳に既に現れていますが、先にも少し話題になりましたが、そのピュアな技術傳がいつ抽出されたのか、また抽出したのは誰なのかという事は極めて難しい微妙な問題であります。

合氣上の技術傳

平上　余りにも難しい問題……というよりそこにはかなり驚愕の真相があると私は考えていますが、そこを準備なきまま現時点で討議致しますと、かなりとんでもない泥沼に足を突っ込み、実際の技法傳に辿り着く事がかなり困難になってしまいますので、少し棚上げにしておきましょう（汗）。

さて、それよりも実際の合氣的技術傳に関してなのですが、合気道のやり方、大東流のやり方、

※　**陽日拝の手法**
日の出を拝むという理念や行法は神道系の信仰の中で比較的普遍的に見られるが、各系で行われるその重要度や各作法のあり方は様々である。その中に太陽の強輝を和らげる為に両手を用いて眼前に翳す幾つかの手法があり、その中には現代の合氣系柔術の合氣上げの手法に類似したものもある様である。ただ陽日拝みを代表的行法の一つとなす黒住教では、基本的には端座して太陽に正対する事が基本であり、日拝の為の必須の手翳法というものはどうも余りないようである。手翳法は強光の場合における対処手法の一つ、各人の心得として行われた技術の様である。

※　**クーシャンクーの開門式**
琉球拳法の古典形「クーシャンクー」の形の最初に、丹田下で合わせた手を正中線に合わせて上げ、額上近くで「空」を観ずるが如き所作が出てくる。その理合については「空観《くうかん》」の為とか、敵を氣で抑えるとか、放射して包むとか諸説がある。技法的に捉えるならば優れた拳法の抑え構えであり、また手取りに対しては確かに「合氣上」にて敵を崩す技法になりうる部分である。

そして大東流といっても各派のやり方もまた違う様ではありますが、実際の技術傳について考えてゆきたいと思います。

大宮　塩田剛三師範の様な方もいらっしゃったので、一概には分別できませんが、合気道系は氣を外して力をもろに受ける事なく巧みに捌いて両腕内側から攻めて倒し、大東流系は敵の力の動きに合わせて中心を攻めて敵がその中心力に撥《は》ね飛ばされた形になる事が多いですね。

平上　合気道が新陰流系、大東流が一刀流系と言われる由縁ですね。しかしこれは例えば一ヶ條の一本捕りの技術傳における裏表の表現と同質の差異であるとも言えます。だから本来は合気道も大東流も本来その裏表両方の技術を保有して置かねばならない。

大宮　私としては現在の合気道には現在の大東流にある様な合氣的技法が非常に少ないと思っていますので、合気道における合氣と大東流における合氣が一本捕りの技術傳における裏表の表現と同質の差異であるという意見には必ずしも賛同はできません。しかしながら互いに補完する様な部分も確かに少なからずありますので、その意味では合気道、大東流両方の技術を保有して置かなければならないという考えには賛成です。

平上　合気道も創成期時代は本当に様々な技術傳が工夫されていましたが、時代を経て次第に整備、統合されてゆきました。特に戦後はレジャー化、大衆化の流れの中で単純化が進み技法傳が極めて僅少となっていったという感じが確かにいたします。逆指等のやや危険な技法は基本から削除して表現される場合が多いですし、様々な當身法も技法の流れの中で省略される傾向にある。「呼吸法」に関しても戦前の合気道より逆にバリエーションが少なくなった感じもありますね※……。

大宮　いかにもその通りであり、現代の合気道においては技法傳の整理によってかスリム化が進み、現在の大東流が保有するような多様な逆手傳も、また「合氣」技法傳においても単純な技術しか施行されていない様に思います。

※　**技法の単純化**
武術に限らず事、テクニックと言うものに関しては単純から複雑に、また多彩になってゆくのが普通だが、合気道系の場合は戦後単純化、一律化が進んでいるように思われる。これは単に雑から精に収斂していったと言う事ならず、やはり大衆化の為に多くの危険な技術が省略され、多彩でややこしい技術は切り捨てられていったと言う事なのであろう。
逆に秘密裏に、そして個人単位で伝えられた古流武術としての大東流の方が、各時代の多様な技術を保存していったと言う流れがある。武田惣角師範が無筆の人であったと言う事実とは逆説的に奥傳系の新たな技法解説秘傳書を作成したと言う不思議さもある。
かたや合気道側は、大本教仕込みの大衆プロパガンダ技術を駆使し様々な文化活動を通じて道流の巨大組織化に成功したわけである。

新陰流と一刀流の極意の合致について

平上　先程合氣柔術の一本捕の裏表の展開において、「新陰流」式、「一刀流」式と言う様な分別を取り敢えずなしましたが、これも一つの論説、一局面的な捉え方であり、確かに概ねの正しさと分類の便利さはあるのですが、各流儀における厳密な立場からは必ずしも真ならざる部分もあり、また例外技術もある程度存在すると思います。

大宮　流儀の立場というものは確かに非常に微妙な部分を含みます。同流儀と雖も様々な派があり、大体は似ている様で奥に行くと独特の口傳法、秘法傳を伝えていたり、考え方のまるで違うといった派もあったでしょうね。その意味では各流の奥傳部分は中々に捉えがたい。だからそれぞれに伝わる一つの伝承として限った立場で捉えるしかない場合が多い事は事実です。

平上　私も両流儀の剣術をある程度修行しましたが、勿論その奥に達したわけでは全くなく、基本的には門外漢であり余り深い部分を語る資格はありません。ただ古傳剣術界の奥の世界にて古くから伝えられてきた口伝承を基に述べております。よってその論説は必ずしも各流儀における内部的な立場としては不正確な部分も含まれるかも知れませんが、この点は飽くまで口伝承をなぞっているという事であります。依って胡乱な部分も大分あるかも知れない事を先ずはご了解いただき、加えて大きな御寛恕を読者にも強くお願いした上で、いま少しできる範囲で分析してみましょうか。

大宮　お願いします。

平上　確かに新陰流の多くの技法は敵に対して斜に構え、そして力をまともには受けず、翳した刀を外し、体を捌いて敵裏に入って敵を制してゆく技法傳が多々見受けられます。対して一刀流は敵に正対※し真っ向から敵の防御を打ち破り、攻防一体にて敵を一瞬にして葬る「切落」技法を表看板としている事は事実であります。一見正反対の剣法術理を保有する日本剣術の二大名門※

※　**一刀流の向身正対構え**
古資料をみてみると一刀流の古いスタイルには撞木足にて半身を取る体遣いも結構あらわれているのだが、江戸期にはいって特に小野派系では、後ろ足先を前に向けて締め、膕（ひかがみ）を伸ばして敵と向身で正対する丹田構えが多用される様になっていった様である。しかし勿論それも流儀としての極意表現の一面であり、奥傳では見事な体捌きで敵の攻撃線を外す転身と抜きの技術傳もあらわれている。

……の様には見える事は事実なのですが、しかしながら実の所、奥にゆくとその正反対の剣法術理が微妙に絡み合い、合致してゆく事になるとも言えるのであります。

大宮　なるほど、興味深い話ですね。一刀流と新陰流とは奥の世界においては互いに転化し、一体となってゆくと言う事でしょうか。いま少しの解説をお願いします。

平上　そもそも愛洲陰流においては一連の古典形の中に内蔵されていた攻防一体の極意技術を、伊勢守は「一刀両段」として最初手に持ってきていますし、「合撃打」や「マロバシ打ち」「十字勝ち」と言う風に展開する極意手法群を各古典形の中にかなり折り込んでおります。また逆に「一ツ勝」オンリーかと思われている一刀流も、奥傳に入ると抜き胴系の外しの技術が現れますし、しかもそれがいと優れた錬功法と共に伝承されています。

この様な流れを全部見てゆきますと、全く正反対と思われていた対極剣法も深いところでは繋がり、最終的には同質の理合の技術傳をそれぞれ保有する事になる様に出来ていると感じられるのです……。

大宮　同じ人間が同質の体をもって振るう剣法である以上、最終的には同じ武術極意山脈頂上にて合流するという事でしょうか。正に「わけ登る麓の道は多かれど同じ高根の月をみるかな」ですね。

※　二大名門の背反と一致

武術流儀というものは各個人の固有の性質のみによるのではなく、多くの人脈を以て継承してゆくものである以上、合理的な技術は最終的に一致して行く運命にあると言える。しかし表形における趣はかなり隔たりがあり、それが流儀の特徴であり、基本術理の相違をもって合氣柔術技法を分析するのもそれなりには意味ある事かと思われる。天下の二大名門、新陰流と一刀流は剣術の陰陽であり、合氣柔術の技法の裏表に正に対応するからである。

そして両流剣術の術理が最終的に一致して行くように、合氣柔術の裏表と謂いながらそれぞれの系脈は最終的に裏も表も内蔵し、それぞれ同様の太極世界に入って行かねばならないかとは思うのである。

がっちり

平上　とは言いながら最終的には同じ山頂でも登山道が違うと辺りの景色も大分違いますし、また険しさも様々であり、それが流儀の色であり、味わいと言えるかも知れません。だから合氣上げの原理でも色々なやり方がありますが、先ずは力を外す合気道的なやり方を考えてみたいと思います。

大宮　現代の合気道の場合は、力を外す極意というよりも、腕を最初から挙げて自分が有利な立場で取らせて最初から勝った状態で倒す事がどうも多い様ですね※。

平上　常に勝った状態のスタイルとポジションをとる事は確かに一種の武術極意、兵法奥義であり間違ってはいないと思います。しかしながらそれではやや稽古になりにくいし、彼我の技のレベルも分かりにくいかも知れませんね。それにかなり卑怯な感じもしますが……（笑）。私自身大東流系出身なので、合気道の人がかなり誤魔化して手を取らせる事に最初は若干戸惑いました。よってこの様な場合は自分としては取り口手法を変化して応じる事が多いです。即ち上から取るよう見せて最後の瞬間に転化し両手首裏に掌を這わせて回り、そして手首から肘裏に素早く進入して下から差し上げ、通じて相手の丹田を浮かせてやると相手を簡単に転がす事ができます。ただこれを目上の稽古相手に無闇に用いると、やはり「お前は合気が判っとらん」と怒られる可能性が高いです（笑）。

……それはともあれ現代における大東流では一応手を膝の上においた状態でがっちり取らせるやり方の方が一般的かと思います。そしてそこからこそ相手の、我を抑えんと発する氣を如何に外して手裏に入り、両手の接点を通じて相手の丹田を如何に上げて體を浮かせ崩すかを稽古するのであり、やはりこれが本筋ではないでしょうか。

大宮　そうですね。合気道の場合どうしても技が流動的になりがちですが、惣角師範の教え方は手や胸、その他をがっちりと掴ませ、「ウンと力を込めろ。それでいいか」と聞いてから見事に技をかけて人々を驚かせたと云いますから、もし、座して行うなら確かにその様なスタイルになろうかと思います。

平上　がっちり握られる前に施す内面的な技術秘法は確かにあるのですが、それは別として、一つ一つの技を区切って各技術傳を明確にするのは古流柔術の伝統的な手法ではあります。

大宮　がっちり取られ、上から大力で押さえられたとき、それに力で対抗したのでは合氣上げは

※　**取り口の差異**

大東流と合気道では合氣上（呼吸法）においても最初の取り口スタイルからして差異がある。しかしながら本来は合気道系も最初は大東流式にがっちりとした両手取りをなしていたかと思われる。それが永く流体稽古の錬磨を続ける内、最初から外して持たせるスタイルに次第に変容していったのではなろうか。

そして合気道には「三元」変化と言われる教傳があり、それは即ち「剛」↓「柔」↓「流（プラス氣）」への変化理論であるが、かくした理論を基盤に次第に変容していったかと考えられるのである。

できません。如何に敵の力とぶつからず、敵の氣の抑えを外すかがテクニックで、合気道においては、「両手の指先に力を入れ、肩の力を抜き、下腹に力を入れつつ腰を基点として、掌を充分開きながら、相手の両肩の方へ、自己の両手を柔軟に伸ばし、螺旋状に突き上げる」というのが一般的なやり方となっています。

平上　やはりそれなりの手法と指遣いが存在しているわけですね。

龍神

大宮　合気道のやり方と必ずしも同じわけではありませんが、そうした合氣的な上げ方を当会では「火龍《かりゅう》」と名付け、合氣上と対になる合氣下を「水龍《すいりゅう》」と呼んでいます。

平上　火と水は左右陰陽の象徴であり、二つを合わせて火水《かみ》となる。「龍」とは体を巻きくねらせて宙空を駆ける神獣（爬虫類？）ですが、左右陰陽の指の巻きの譬えですね。敵の力を外すには先ずは小指から巻き、親指を立てて氣を外に流して半外しの所に一端は逃れ、その次には親指を巻いて敵の腕の裏側に相手の力を殺しながら入ってゆく。二重螺旋を用いた所謂「巻之合氣《まきのあいき》※」……。敵は手首を殺され、臂を殺され、肩が上がり、丹田まで吊り上げられてどうしようもなくて転がされる。そして中心を攻められているが故に掴んだ腕を離す事もできないというとんでもない状態になる……。

大宮　そうした動きは上の段階での展開応用であって「火龍」「水龍」にもその傳に幾つかの段階※があり、最初は「合氣上」と「合氣下」における不動点の教えがあります。火水《かみ》とは神であり、神の神たるはその最高神である天之御中主神《あめのみなかぬしのみこと》であり、天之御中主神こそは不動にして動、始めなく終わり無きものでありながら、一切を生み出す根源となっています。その神の働きにちなんである一点を不動として、他の部分を動かしていくのです。これは合氣上げにおいては親指の

※　**巻之合氣**
用語としては一種の俗名であり、これまた所詮は極近年の仮の用語と思われる。そしてどちらかといえば合気道系の技法展開であり、大東流側の原点には余りない。ただ技法展開としては当然あり得るはずのものであり、合気道側と大東流側もこの点は同列である。様々な呼吸法の鍊磨と試行を通じて生まれてきたものなのであろう。原典大東流では左右の氣を中心で集めてぶっ飛ばす技術が基本なので、そこからの逆転的な変化技と言えるものである。
しかし別に新案技法と言うわけではなく、古傳相撲、また琉球拳法等でも多用される技術である。コツは臂の使い方、指の曲げ方等に多くの口傳があり、また力の出し方としても様々な応用の利く重要な柔技術である。

先端を不動にし、合氣下げにおいては小指の先を不動として、力学的には梃子の原理を用いて、持つ相手に合氣上げのときは逆に下がる力を先ず与え、それから次第に上げていく。逆に合氣下げでは逆に先ず上げる力を相手に与えそれから下げていくというわけです。
そしてある段階においてはそれを巻き上げて崩し、そしてまたある段階においては「巻き」の技術を最小限に縮め「巻き」の技術を外面上は消してしまい、瞬間的に外し崩してしまう様に使います。これらの流れは実際にある程度の歳月をかけ、手継ぎを以て教傳しなければ、確かに言葉の説明のみでは伝授が困難ですね。
ともかく長年合氣上げ（呼吸法）をやっていると大体はそのコツが体感できて力の外し方もある程度出来る様になるものですが、口傳を知らないと指の巻き方が分からないのでその効果がどうしても薄くなります。だからあるレベルの者には出来てもあるレベル以上の者には逆にやられてしまう事となります。その様な意味においてはやはり口傳というものは重要であり、有り難い教えではあります。

平上　口傳を受けても実際の巻き合氣の手法は結構難しく、多くの場合指を巻く事につけ込まれてしまいやられてしまう事になります。そのおりは臂の角度というものが重要になりますが、注意しても注意しても此処の部分は中々完璧に出来る者は結構少ない様です。

大宮　その他脇の締め方を含め多くの口訣があり、合氣上げは本当に奥深いものがありますが、技術傳としてそこが真に興味深いところでもあるのですね。

平上　実をいえば「巻之合氣」という言葉は技法の直截的な意味合いとして用いられている俗称的な技法用語で、要は分かりやすければ良いと思いますが、古伝的な立場からは古伝相撲に「腕返《かいながえし》」と言う言葉と技法傳があり、細かい技術傳にはやや異同がありますが、内蔵する技術と術理は同質のものと考えます。

大宮　「腕返」……正にその意を得た大変良い古伝的な技法名称と思います。

※　**「火龍」「水龍」の段階変化**
討議の中で「火龍」「水龍」と「巻之合氣」を同列に論じているが、厳密には異同がある。最終的には同系の体動に行きつくが、「火龍」「水龍」は段階的技術変化があり、その最初の部分は「巻之合氣」とは対比的な動きとなる点は注意しなければならない。ただ次の段階においては指折之傳や「渦」が加わり「巻之合氣」の動作と合致してくる。この段階的変化を「裏表」の変化とみる事もできるが、実際的にはそれに止まらず、まだまだ変化、展開してゆくものである。
最初の段階の「火龍」「水龍」のやり方が大東流的であり、「巻之合氣」はその発展形であるとも言えるが、本来は両者の技能を備えて、それぞれの場合と目的に応じて使い分けてゆく必要があるものである。

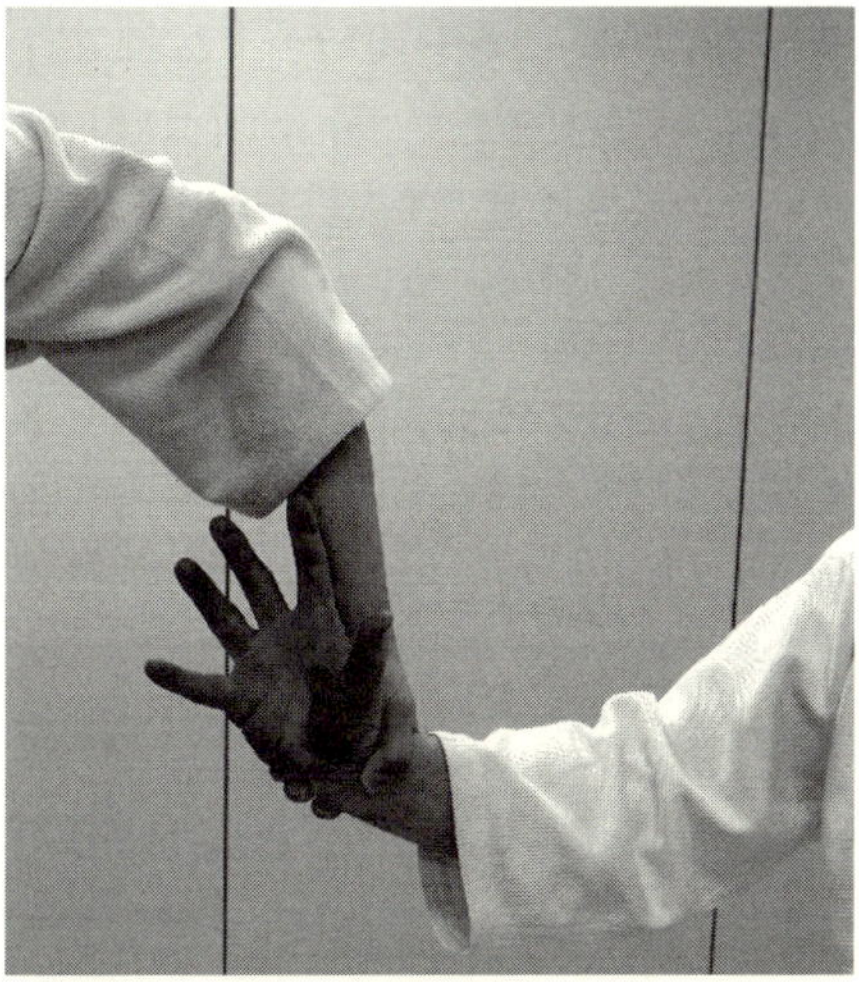

●右「合氣上」●左「合氣下」

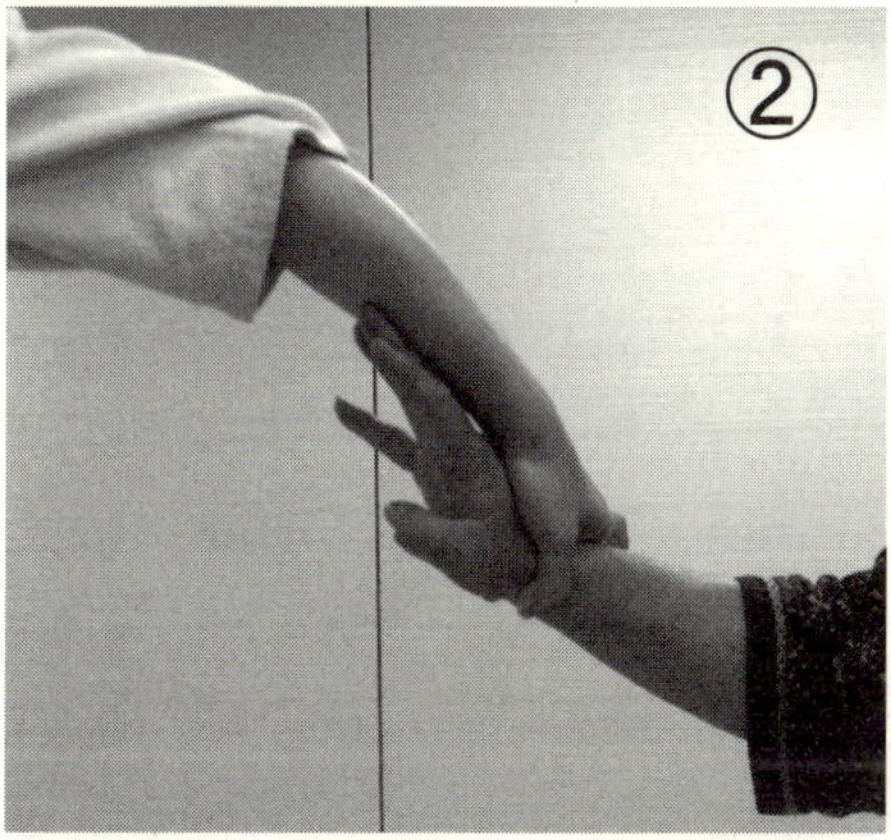

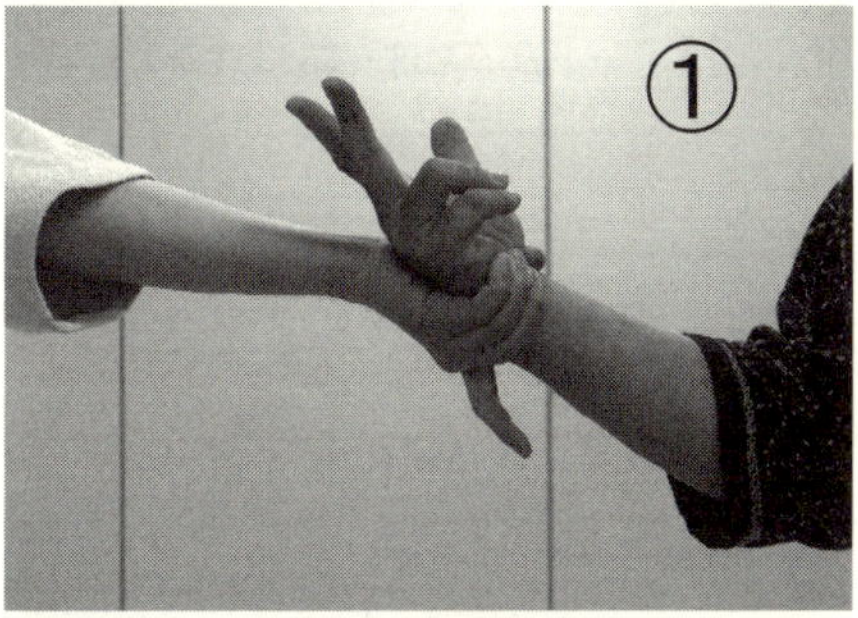

●①～②「火龍」「水龍」そして「渦」傳を用いた「巻ノ合氣」の一用法

★「火龍」「水龍」

合氣十門の最初の教えである「火龍」「水龍」は割合範囲の広い技法教傳であり、基本術理を通じて展開してゆくものである。その基本の教えは所謂「合氣上」「合氣下」の教えと概ね共通するが、それがまた「巻ノ合氣」の入り口となっている。ただここまでに合氣技術が深まると、合氣十門における次の段階である「渦（うず）」の教えに属する技法傳となる。この様な部分は用語解釈やその範囲を含めて幾つかの大東流各派、合気道の教え等々、それぞれにかなり用語や認識の齟齬があり、また「合氣ノ秘儀」に属する部分となっている。よって討議においても各自の用語定義の分別が曖昧な為にやや胡乱な解説となってしまっている部分がある事は否めない。

ただここまでの合氣技術解説は大東流史解説における次の段階（終戦以降の合氣における独特の技法展開の部分）の分析となるので、今回は合氣技術における最初の入り口として基盤的技術の提示と解説に留める事とする。

★「巻ノ手」を用いた「合氣上」

「火龍」「水龍」そして「小渦」「大渦」等というのは玄修會大東流の合氣十門に含まれる独特の用語であり、「巻ノ手」は柔術系で用いられる比較的普遍的な用語である。といっても武術における専門用語である事は事実である。ともかくそれほど特殊用語に囚われず、「巻ノ手」技術を用いた「合氣上」の用例を示しておこう。これは筆者の会でやっている技術傳であり、この後の転身を用いた氣の制圧までは殆ど演じない。ともかく最初は膝の上に置いた両手を十二分に抑えさせ、その抑えをどの様に外すかが「合氣上」の最初の関門となる。その時には「指折傳（④⑤）」を用いるのだが各指の氣の方向性に重要なポイントがあるわけである。

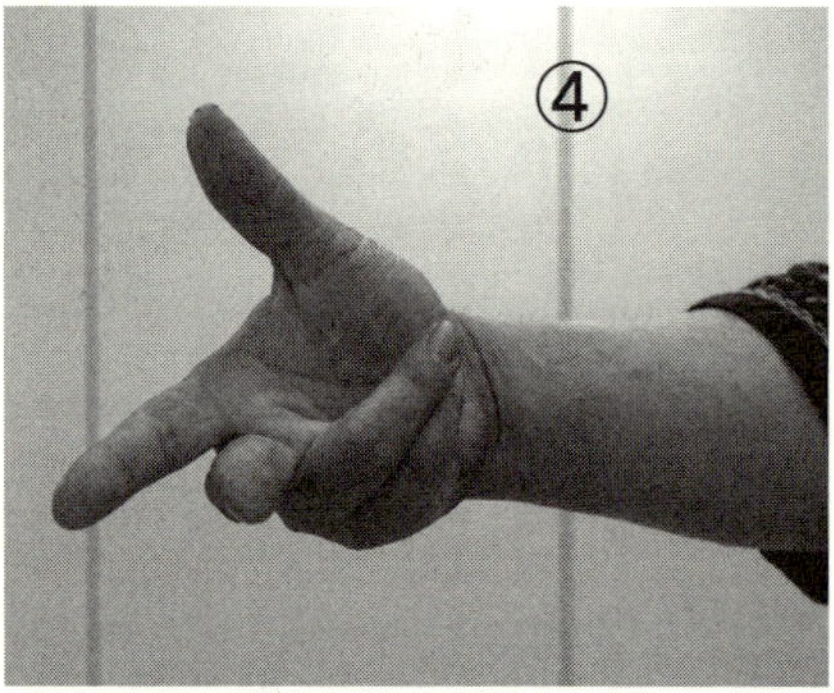

④

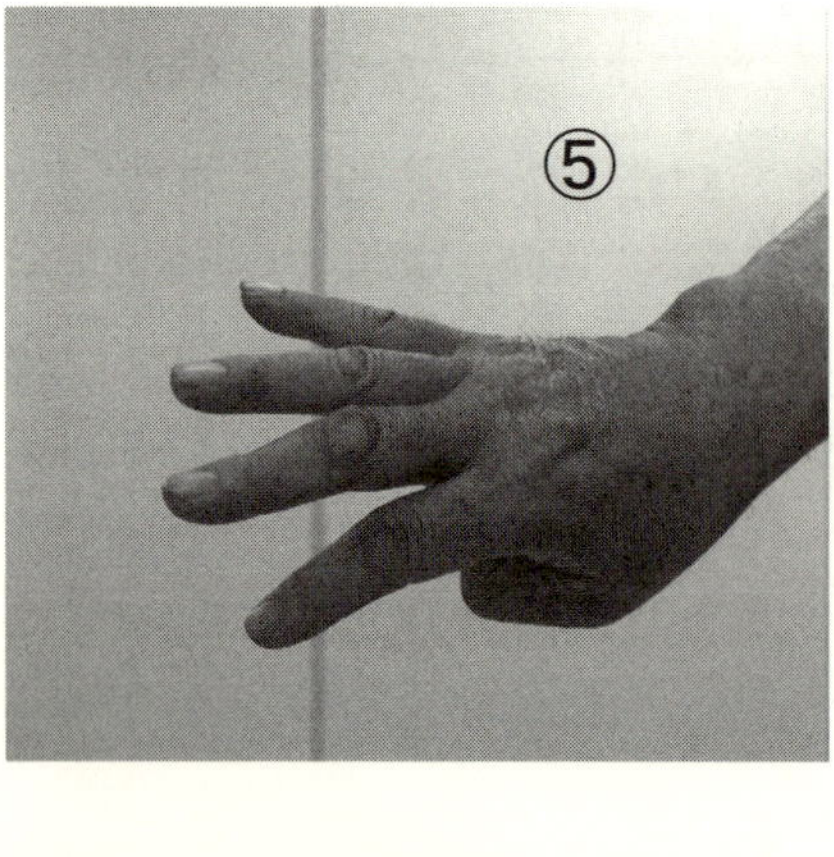

⑤

●①～③／巻ノ手

上から逃げ場のないように両手を抑えられた時、小指側から指を折って行き、相手の親指の根元辺から氣を逃がし、次には親指側から指を折り相手の手首、臂を折り崩しながら敵小手内側に再び入ってゆく。

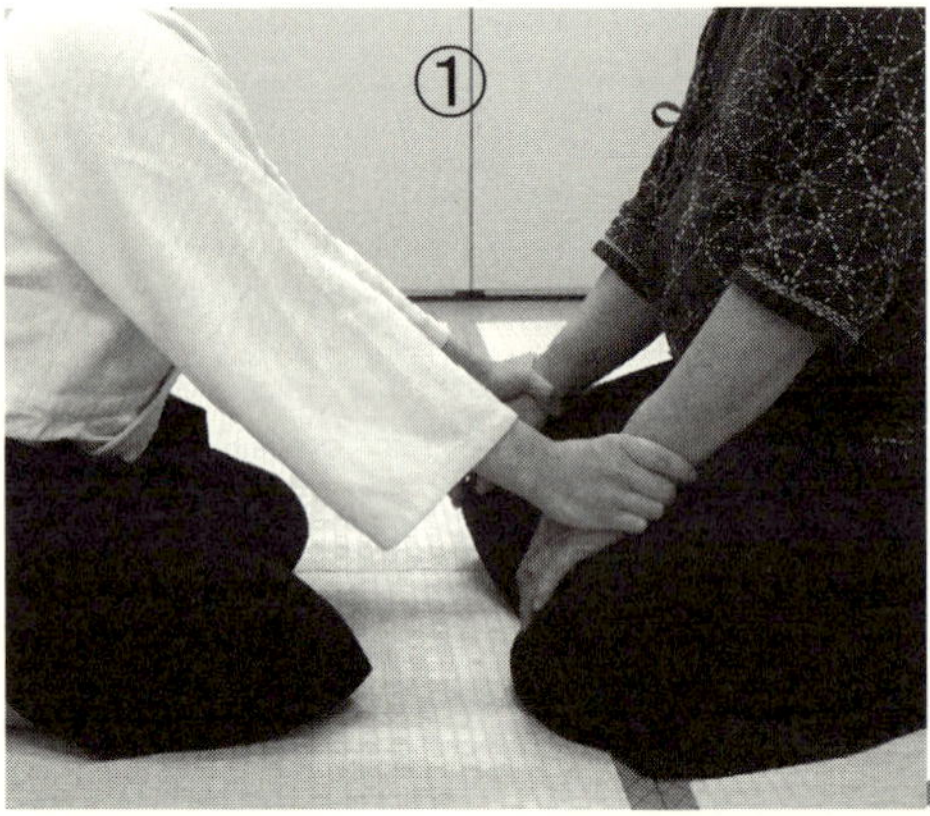

①

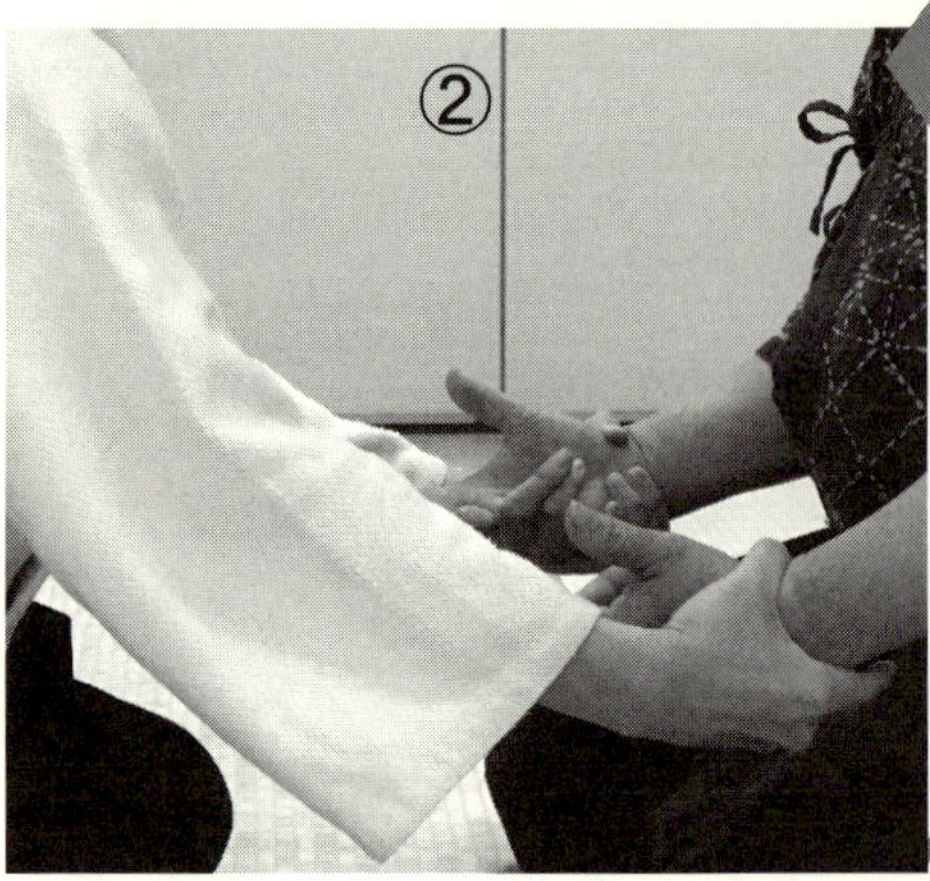

②

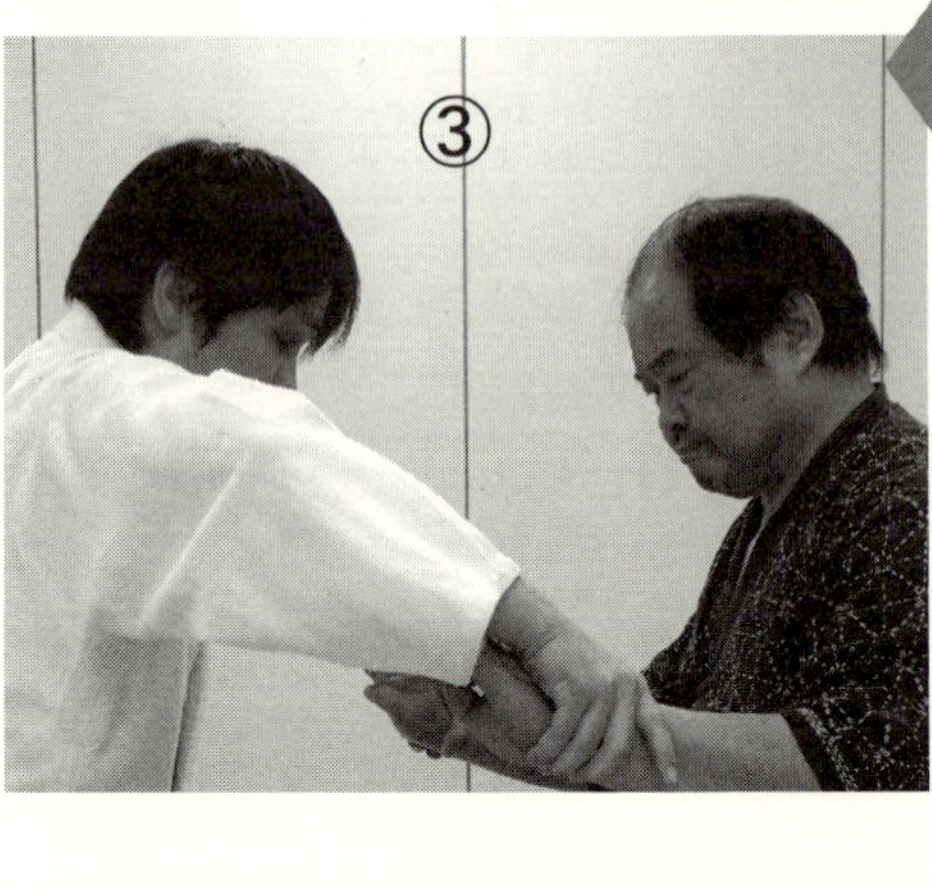

③

★「お化け手」「蛸ノ手」「手鏡」

持たれた手首の接点を利用して相手を崩す手法は各流各派において色々な技術が考案されている。合氣柔術で行われる代表的な技術を少し俯瞰し検討してみよう。

①「お化け手」は「陰ノ手」を用いて持たれた手をその儘すっと上げる技術。脱力を用いる(「用いる」という表現は少し可笑しいが他に余り妥当な表現がない?)事が前提となるが、それほどの力量差がなければそれほどの抵抗を感じずに上げ、そしてその儘投げ飛ばす事も可能だろう。ただ「陰ノ手」の本来的な用法は敵から氣の攻撃線を上から抑えて行く手法であり、下から挙げてゆく技術としては少し限界がある様に思われる。ただし合氣上げの基本である「脱力」の感覚を養う方法論としては中々良い教えである。

②「蛸ノ手」は「合氣上」にというより「手解」法として中々優れた手法である。琉球拳法には独特の体動と稽古形があるが、合氣柔術傳としては「手刀絞」という名称でかなり類似の手法がある事はある。ただ琉球拳法においては手だけのくねりに止まらず、体全體、そして左右を時間差を於いて技を施すという技術と口傳があり、また次の段階として心まで柔軟になる事を教えており、中々に奥深い教傳となっている。

③「手鏡」の崩しは大東流の古典的技法傳の中に含まれた技術であり、合氣上げの原初的手法と言えるだろう。『柔術極秘真傳』に図説された合氣上風技法は「手鏡」手法で表現されている。「巻ノ合氣」の入り口としても使えるが、二重螺旋の巻ノ手法が十二分に遣えないと逆に押さえ込まれる危険もあるので注意が必要。

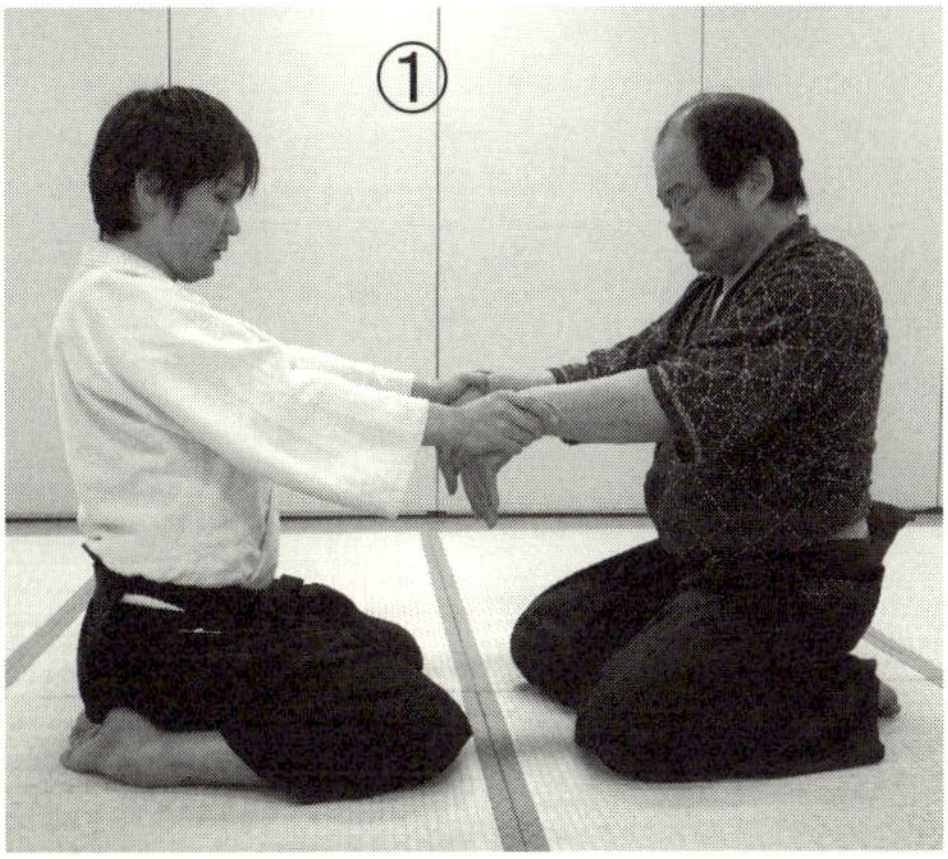

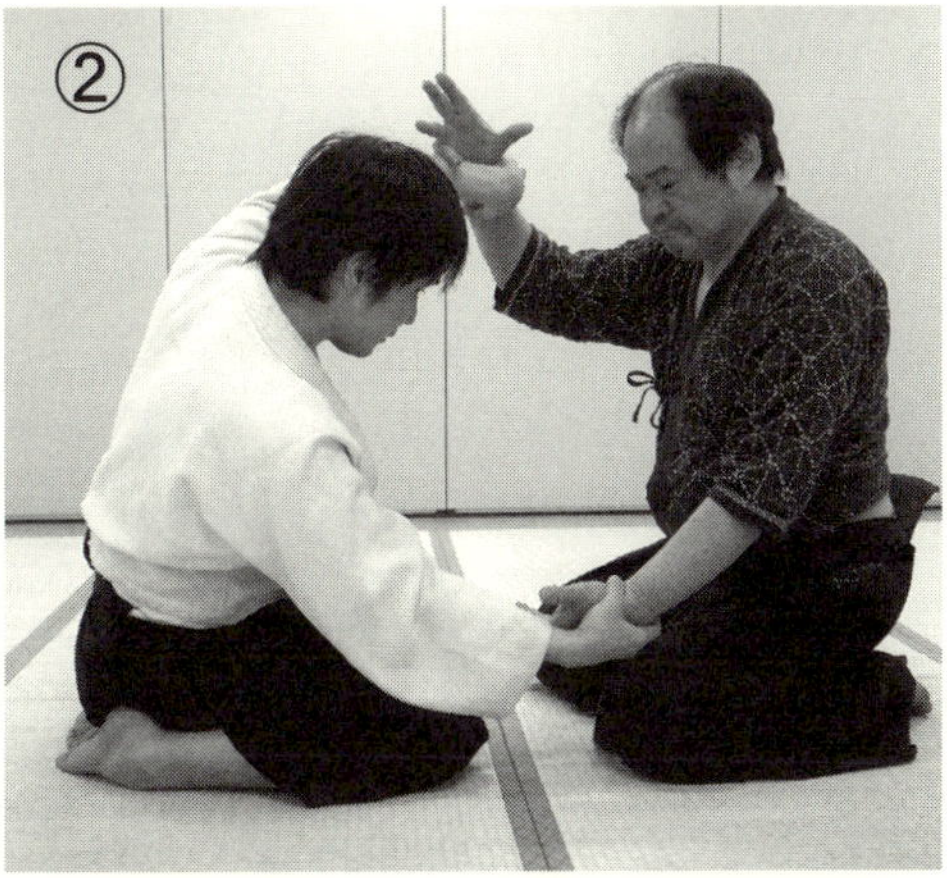

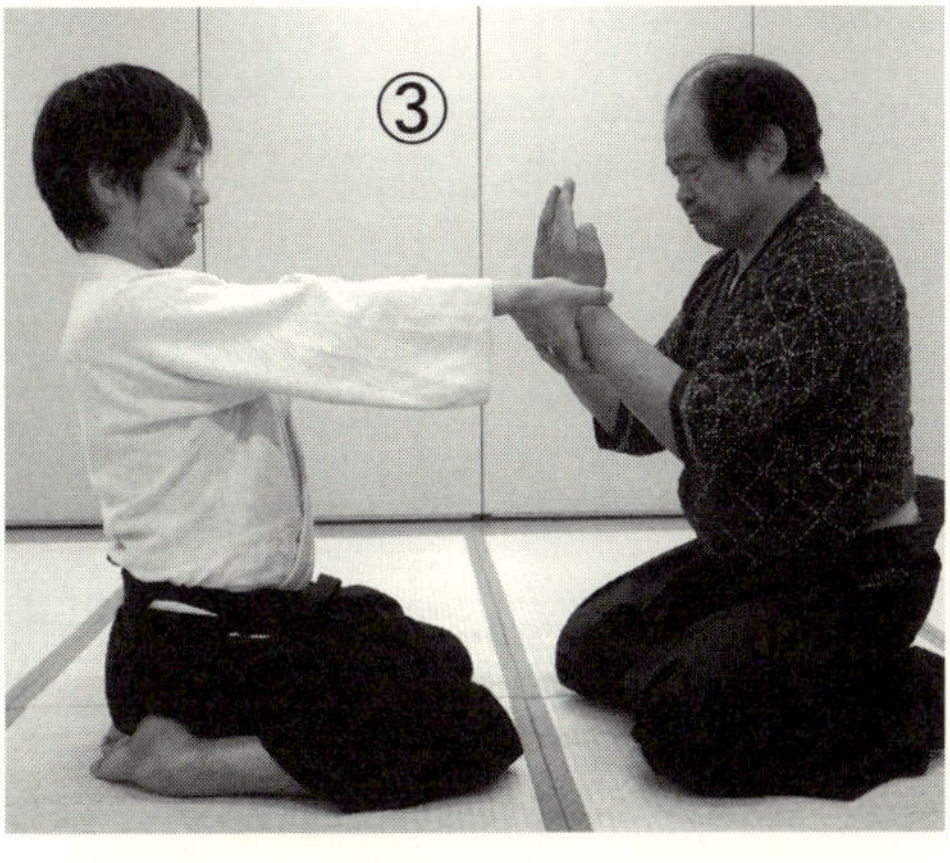

平上　琉球武術ではこうした捻じりを伴う体動を「龍身《ルンジン》」また「蛸ノ手」等とも表現されますね。捻じりに加えて體芯より力を発する時の極意表現としては「鞭身《ムチミ》」と言う用語も遣われます。これらは概ね類似の体動における極意用語なのですが、技術的趣には多少の差異があり、それぞれ使い分けられます。また腕の動きに限らなければ「蟹足」「半月歩《セーシャンホ》」などと言う、体全体を下半身の方から捻じって力を外す体動の技術表現もありますし、「波返」といった、力を大きくナヤす技術傳もあります。これも敵の力を外す技術、その為の体動の一端とも言えるでしょう。「半月歩」や「鞭身」遣いは立ち技における片手を諸手取りされた時に用いる、所謂臂力の養成における極意体動にその儘使えます。

大宮　動物や自然物の動きに巧みに譬えた琉球武術の技術用語は動きのイメージがやり易いので便利でよいですね。今伺った中では「蛸ノ手」と言うのは動きのイメージがすぐ了解出来ますし、またぐにゃぐにゃの軟らかい体からいかに力を発してゆくかと言う脱力極意の教えにも繋がっています。「合氣上」極意傳の一つとしてすぐにでも使えそうではあります。（笑）

朝顔

平上　他の大東流系のやり方はいかがでしょうか。

大宮　大東流といっても多くの派があり必ずしも共通しているわけではありません。八光流の様に「お化け手」といって手をお化けの様にしてスーと上げていくところもあります。※これは相手が単に上から下に押し込んでくる様な力だけを用いてくる様であれば、そのまま通常の合氣上げにも利用できるものです。合気道式の「巻《まき》」を使う者も当然あります。ただ概ね大東流系の方が動きは小さく極めますね。一見「ぶつかり合氣」に見えても微妙に支点をずらして中心を攻め、相手を吹っ飛ばしたりしてしまいます。これも微妙なコツの世界ですが、手をパッと開くだけで

※　**各系「合氣」の手法と口傳**

合気道系も大東流系も元は一つであり、手法的なコツは各師範の工夫なのでそれぞれ共通する部分も多いかと思われる。ただ目的の違いは多少あり、大東流系は敵の力の無力化、もしくは勝負法の立場を持ち、合気道は鍛錬法的意味合いが強い様に思われる。自己の鍛錬という事であるならば敵の力とぶつかっても良いし、力の出し方を探求し氣の力の根元を練るのみである。大東流の方が敵の力の無力化の為に色々な手法が工夫される可能性はあるが、ただこれも極一部の系脈でなされた事である。技法の現れとしては合気道系は呼吸力で崩した後に左右に投げ抑えるという技法展開になっており、大東流系は前面に吹っ飛ばす事が最初の技術としてあるので、その分における手法の差異と特徴は出るだろう。しかし親指を支点とする口傳と手法は両系に存在していた様なので、これはもっとも根源的な合氣手法の口傳の一つという事になる。そしてその口傳における大東流系の表現の一つが「朝顔」という事であろうかと思われるのである。

あっても相手の皮膚感覚に影響を与えて敵の動きを縛ってしまう。それに加えて敵の氣の流れに梃子の原理を用いて瞬間的に氣をぶつけて一瞬にして敵の動きを縛り、後は自在に投げ飛ばしてしまう。その時は梃子の原理を活かすために指の動きは基本的には親指を不動にして手首を一旦下方に落として相手を崩しそれから腕を下から上げるのです。当会ではこれを「不動大示之傳《ふどうだいしのでん》」として教傳しております。これは手解きを手解きとしないための最初に発生したであろう合氣上げの方法論です。実を言えば初期の頃の合気道も似た様な技術傳を伝えていました。それは例えば植芝吉祥丸師範の古い書籍などを読むと、手をパッと開き親指に氣を入れて遣う極意的な口傳が解説されている事からも想定できるのです。※

平上　やはり梃子の原理を利用して閉鎖扉をこじあけて行くと言う術理は比較的古傳としてやられていた言う事ですね。その為に用いる脇の絞めの教え、その手法の掌における外面的な形を大東流では「朝顔」に譬えていますね。

大宮　両手の形を朝顔が開く様に用いる事で、巻きを入れる事が出来、更には脇が絞られ中心力を得る事が出来ます。これは相撲の鉄砲口傳とも一致しますし、極めて古傳的な身体極意を現した言葉です。

平上　武田惣角師範の父惣吉は醜名をもつ相撲取りであり、惣角師範もかなり相撲達者であったと言われますので、古傳相撲のその様な技術傳や口傳は相撲手法からきている可能性も高いですね。私自身は古傳の相撲傳をちゃんと学んだ事はないですが、相撲の基本中と基本といえる「はず押し」の口傳として伝承されてきた教えであるのかも知れません……。剣術でも鍔迫《つばぜ》り合いなどにも同質の教えがありますし、また特に一刀流系は向身で左右の氣を中心に集めて敵の中墨を攻め打ち込むと言う教えがあります。これら各系の技術傳は奥の世界でかなり通脈している様に感じられます。

大宮　武田家は古式の相撲をもって普段の体錬となしていたと思われますから、此処の部分は大

※「呼吸法」における口傳解説

昭和三十七年に刊行された『合氣道技法』植芝吉祥丸著において「呼吸転換法」の解説の中で次の様に述べている。

「指先から呼吸力が螺旋状に流れ出るように動作しなければならない。なお、振りかぶる時は息を吸い込みながら親指を主体とし、振り下ろす時は息を吐きながら小指を主体としなければならない」

これは立合における単独動作の説明と思われるが、大東流の「合氣上」「合氣下」の技法におけるポイント説明とかなり通脈する様に思われる。

また「呼吸力が螺旋状に流れ出るように」とも解説しており、所謂「巻之合氣」のイメージ的説明にもなっている。

東流の根幹をなす、正しく武田家古傳の体術極意の核といえるものであるのかも知れません。

朝顔と抱圓

平上　「朝顔」を教え、臂を絞める事を基盤にした大東流「合氣上」の教えですが、これと表裏になるのが、合気道系の「抱圓《ほうえん》」の口傳です。※合気道も巧者になると指を巻いて敵の氣を巧みに外しますが、最初の基盤として合気道にその様な教えが行われているというわけでは必ずしもなく、先ずは自然に肩の力を抜き、呼吸に合わせて（具体的には息を吐き丹田に氣を落としながら）両手を敵に翳し上げて行くというものであり、必ずしも精妙な外しや臂絞めを教えたものではない。むしろ臂はある程度開いて掌を相手にむけて腕の中に大きな氣のボールを抱く様な心持ちで対します。

大宮　「朝顔」傳は朝顔に両手が開いて相手を押し攻める事を固定的に教えているわけでは必ずしもありません。手を返して脇を絞り、敵の力を外した後は逆に返して敵手の裏に入って行くのは基本的展開であります。その意味で「朝顔」と「抱圓」の教えは裏表の関係であり、両者を場合場合に組み合わせて巧みに敵を崩して制してゆく必要があります。それは私の会では「陰陽伝」として教示しています。

平上　私は琉球系白鶴拳法も伝えているのですが、その源流は中華福建の白鶴拳であると言われております。その中華白鶴拳※の最も基本的な手法として「水形手」「火形手」の技術傳があるのですが、これは言わば「腕返」の裏表を教えたもので、この合氣の手法と共通していると思います。名称は中華伝ですが、手法、そして此処の部分の技術自体は琉球伝も同じであり、この様に腕を返して行きます（琉球伝における「水形手」と「火形手」の手法を示す）。つまり「水形手」が「朝顔」に、「火形手」が「抱圓」にあたるわけです。

※　**朝顔と抱圓**
「朝顔」と「抱圓」は比較的古い口傳で陰陽裏表の教えであるといえる。しかし古いといってもそれほど古い時期に記録があるわけではなく、やはり昭和以降の言葉であろうかと思う。「火龍水龍」の教えはそれを精錬したものであり、指の遣い方により精妙な理合を付加したものである。また「朝顔」は合氣上げの基礎として良い教えだが少し結果論的であり、実際の氣の運用にはより精妙な指遣いの口傳が必要であろう。そしてその奥にあるのが「抱圓」のワードであり、最終的な極意形態を表現したものである。よって琉球拳法の古傳形には最後に「抱圓」的動作で形を終えるものがあるが、これは一つの極意表現であるといえるであろう（近代、特に本土系の形ではこの部分が省略される事が多い様である）。また「朝顔」傳の展開、その奥には「夕顔」傳があり、また「抱圓」の教えも抱く圓玉を上段に取るのか、下段に取るのか、また圓玉の大きさも含めて色々遣い様変化が多々秘められた深い教えの傳となっている。

大宮　なるほど、これは確かに当会の「合氣」における「火龍」「水龍」の教えにも通脈する技術傳ですね。白鶴拳の形は両手をシンメトリーに用いている所が美しく見事です……。伝統武術として拳法も柔術も奥に至ると同じ極意が伝承されていると云う事でしょうか。

鶴山傳大東流の合氣上法

平上　少し合氣道系や大東流系における主だった処の合氣上げスタイルをかなり大雑把に俯瞰してみました……。ところで鶴山先生は合氣上げをどのように教えておられたのですか。

大宮　合氣上げにも色々とあり、その一部は植芝師範が行っていた呼吸の養成法と概ね同じものを教えていましたが、厳密には、いささか相違する部位もあるように思います。

平上　鶴山師範は植芝師範と武田師範の二大名人に就かれた久琢磨先生の高弟であられますし、また他系の大東流も精力的に探求され、そして他の古流武術、中国武術等までも学ばれています。よって合気道系のやり方を基盤にしながらも、ある程度独特の部分があった様に拝察します。そして鶴山先生の系統の合氣柔術を主体として継承されている玄修会で実際にやられている合氣上げの技術の解説をよろしくお願い申し上げます。

大宮　私の会では鶴山先生が教傳された技術を基盤とし、それをまた精密に展開し、付加傳を含めて改めて統合整理したスタイルの教傳となっています。

それではその実際のやり方を会派独特の口傳や用語の乱用は少し控え、他系派の人でも分かり易い様に少し砕いて解説してみましょうか。

私のところでは基本として「陰陽之伝」として教えているのですが、先程述べました様にこれは「朝顔」と「抱圓」の転化を表現したものです。この部分を一般用語を用いてもっと具体的に説明してみます。

※　**白鶴拳の手法の用法**
白鶴拳における基本にして極意手法、「火形手」「水形手」は合氣上げにも勿論応用できるが、基本的には拳法技術が建前であり、打突攻撃に対する優れた遮断法、防御と力の返しを教えたものである。

しかしながらこれを逆の方向からみると、合氣上げにおける各手法も手取りを基本とするが、やり方次第によってはその儘打突法に対する対抗技法としても機能させる事も可能であり、またかくあらねば実戦には使えない事になる。

しかし実を言えば中華式白鶴拳も、また琉球の古傳拳法形も、外見手順としての形は教えても実際的な使い方は秘傳となっており、古い師範連も知らない事が多い……ではなくこれらは殆ど失われた秘教傳となってしまっている。

特に琉球拳法においては殆ど完全に失傳状態であり、残念ながら近代空手を学んでも、柔術家が打突に対抗する方法論を自己の保有する技術傳から抽出、応用する事は極めて困難であろうかと思う。

★琉球那覇手と福建白鶴拳

琉球那覇手の源流は福建白鶴拳也、と言う俗説があり、また現代の剛柔流や上地流にも中華南派拳法からの伝授とするルーツ口伝承もある。両流現伝の空手道における口伝承の存在はいたしかたない事ではあるが、実技比較を通じての検証からはその様な事実は殆どないと判定する者である。

●琉球傳白鶴拳
井上一利先生傳の鶴の型である。演武は祖父江元太郎師範［埼玉真武館］。また筆者の継承する古琉球拳法傳におけるいくつかの「鳥獣拳」の中にもかなり独特の「鶴ノ手」の形がある。

そして古傳那覇手と白鶴拳とも殆ど無関係である。これは古傳那覇手、そして琉球傳鶴ノ手、そして実際の福建系白鶴拳の実際技法、技目録等の比較による筆者の判定である。

しかしながら現代の剛柔流に白鶴拳のＤＮＡの痕跡が全くないかといえば、唯一の例外として宮城長順師範が制定した「転掌」型がある。これは正に白鶴拳の根本術理が詰まった型となっており、恐らく宮城師範が中華国術界との交流の中、中華鶴拳などとの手合わせや見聞を通じて良い部分を巧みに上手く摂取して考案した型ではないかと思われるのである（上海の国術精武会道場等に交流の記録が残っているともいわれるが詳細は不明）。

「陰ノ手」


「火形手」にあたる手法であるが、敵上段突きを体の移動で飲み込みながら十字手で受け上げ腕を返して敵を打ち倒す。

もしくは掌底で顎を突き上げる等、実戦では様々な殺法変化が伝えられているが、基本的には敵攻撃を先ずは抑え制する捕手技術である。

★琉球傳鶴拳における「火形手」「水形手」

琉球伝来としての鶴の形が幾つかの系で複数伝承しているが、それぞれに余り共通性はなく、また本来中華福建系の鶴拳を源流としたものと言われながらもそれらとも余り共通の手法はない。実際、琉球独特の形理論で構築されている形もある。技術傳として討議の中で紹介した「火形手」「水形手」は中華福建系鶴拳傳の名称と技術傳であり、琉球傳白鶴拳が全く同じ極意と手法、技名称と継承しているというわけではない事は注意しなければならない。ただそれぞれに当たる手法は「陰陽ノ手」或いは「羽反（はがえし）」「掬手（すくいでぃ）」と言う様な名称で類似の技術が伝承しており、琉球傳「鶴ノ手（つーるでぃ）」の中に出てくる。但しこれは必ずしも人脈による技術伝搬と言う事では必ずしもなく、「腕返（かいながえし）」と言う格闘武術における極意手法の普遍的共通性から来ている様にも解釈出来る。

中華白鶴拳では主に不丁不八（平行の足遣い）で演じられるが、琉球式は主に猫足、もしくは三戦立ちでの技術となる。

中華白鶴拳系で行われる「震身法」は「鞭身」と言うような名称で概ねは同質の体動と教えがある。

「合氣上」における「火龍」「水龍」との技法と名称の類似についてであるが、技法傳として当てはめると、何方《どちら》かと言えば「火龍」が「水形手」、「水龍」が「火形手」となる事が少し奇妙である。琉球式名称であると「水形手」が「陽ノ手」、「火形手」が「陰ノ手」となり、これも何か逆転的である。

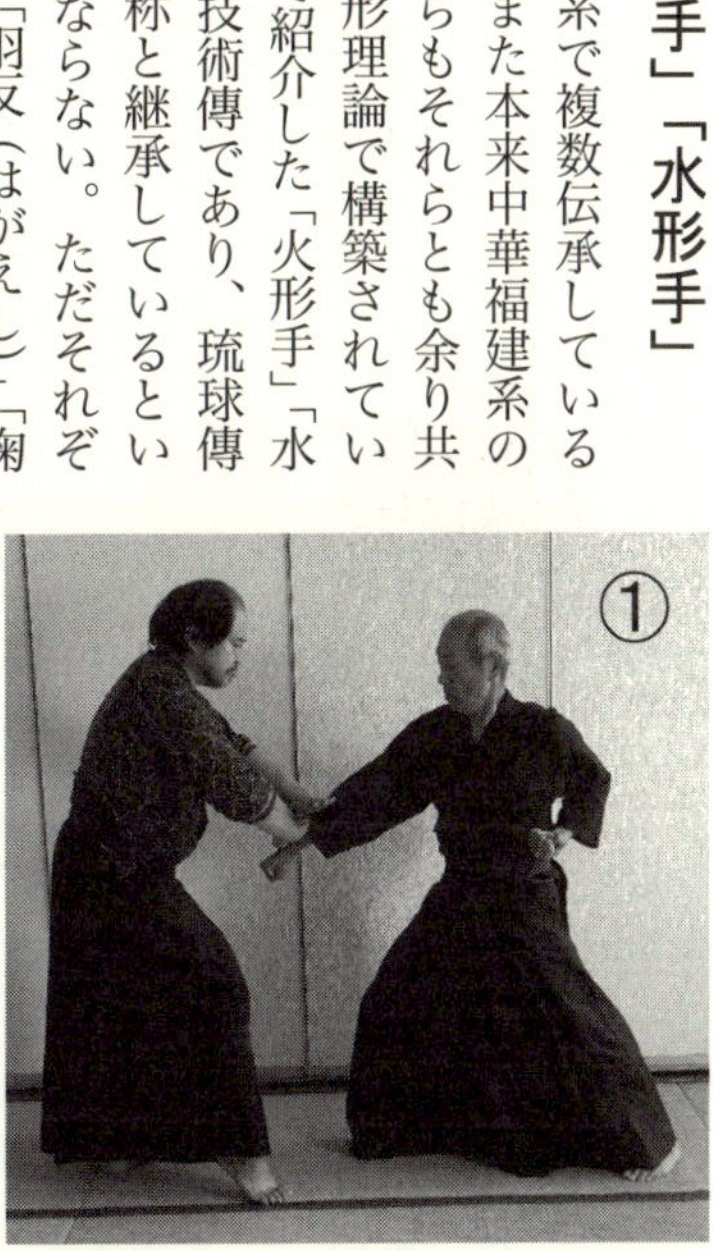

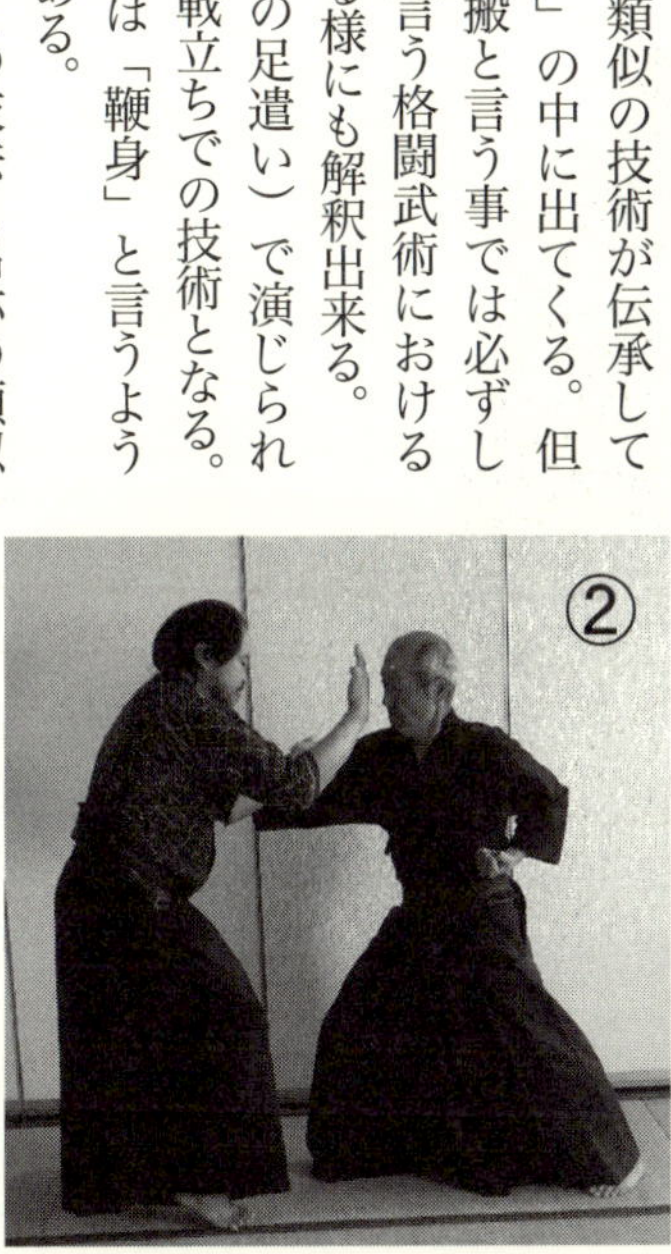

「陽ノ手」

「水形手」にあたる。敵中段突きを上から抑え、氣の流れを沈身法にて遮断し、空《す》かさず腕返しにて敵顔面を払い手にて潰す。殺法変化としては裏拳打ち変化がある事は勿論であり、また抑えと攻撃を同時になすか、もしくは時間差攻撃にて敵防御を無効にしてしまう秘口傳等、奥深い技法変化の教えがある。

●朝顔の使い方。朝顔傳も各系によってそれぞれの解釈と用法があるようであるが、両手首を掴まれた時、先ずは上に花開かせると言う使い方が古式だろう。それからやや掌を返して前方に氣を発してゆけば「巻ノ合氣」にも繋がってゆく事になる。これを筆者の系脈では「夕顔傳」と言う。

●抱圓の用法。中段突、そして上段突も氣で抑えてしまう拳法破り法として極意的な用法が古式相撲の口傳技法、理合として日本でも古来より伝えられている。

★朝顔と抱圓

「朝顔」は割合大東流系の独特の口傳用語で、合気道系では遣われていなかった様である。ただ調査及ばず用語の初出は不詳である。確言は出来ないが恐らくは戦後において大東流系の一脈からいわれだした新作用語なのではなかろうか？

それはともかく単純な開掌傳の教えを、より深めた極意口傳といえるであろう。掌からの氣の流れの集中を表現し、発力の為の肘の締めをも示唆している。古典的な用語を探れば､相撲に用いられる「はず押し」と同質の技術だろう。昔風にいえば「陽ノ手」である。

「抱圓」はどちらかといえば拳法系で用いられた口傳用語で、敵の打突攻撃を全て抑えて無力化してしまう極意として用いられる事が多い。これは正に「陰ノ手」である。

「手解」の技術傳としては陰陽両方の手法を巧みに組み合わせて用いる事となるのであり、正に合氣上手法における裏表である。

ちなみに合氣系柔術を以て、拳法系術者にどう対応するかと言う命題があるが、古傳相撲を含めて古来よりこの「陰ノ手」を用いて巧みに抑え制してきたと言う歴史がある。拳法唐手の打突攻撃に対抗する方法論は何も新たな技術、他国系の武術傳を求める必要はなく、ひたすら日本の古傳格闘技に学べば良いのである。

……まず軽く掌を上方に向け、相手がそれに逆らおうとして、力を入れるとその力に合わせて、掌を下に向けつつ、両手を伸ばして、両掌の指先が向き合うような形にして中指を受けの肩の所に当てるのです。

合気道ですと指先がほぼ上方に向いたまま両手を受の胸の方にもっていくのですが、それですと、相手の手が生きていて、よほど上手くやらない限り、捕りの両手は下に落とされることが多いようです。

そしてそのまま斜め左方に倒して相手を両手刀で制するのですが、その場合に合気道の人ですと、左手を先に引く感じで倒そうとするのですが、これまた力の入った手では相手が却って安定して倒れてくれないのですが、鶴山伝では、左手の方は不動にして軽く受の右肩下を押さえ、右手で受の右後方に押すようにして倒すのですが、これがまたかなり効果的です。

もっとも、ここの部分は色々な手法と変化があり、右手のほうを動かさず、左手で受の手を切るようにして崩して行くやり方なども教傳しておられましたですね……。

そしてまた、両手刀で押さえる場合においても、力を出して押さえることなく、軽く氣を出して押さえ、相手が動こうとしたときだけ、その動きに合わせて手刀に力というか、氣を入れるという風に教わりました。

平上　大まかな技法手順とスタイルは合気道の「呼吸力の養成法」式ですね。この様な氣の制圧極めまでの技術は元々の大東流には存在しなかった技法かと思いますが、現代においては大東流側でもかなり施行されているようです……。

そして合氣上げからそのまま相手を投げ倒す技術は、合気道では天地投げを代表していくつかのスタイルがありますが、基本である天地投げの場合、下段の方の手法、その位置関係は結構難しく、各系ある程度手法の異同があるようです。どちらかと言えば大東流系の方が単純に下に引き落として崩す方法論をとる場合が多い。[※] これは大東流のある時期における技術傳の中に引き落とし系

※　**天地投げと引落投げ**
膨大な大東流の技法傳の中に合気道の「天地投げ」的技術がないわけではないが、ただそれも最初から存在した大東流の古典技法と言うわけでは必ずしもない。しかしながら現傳大東流において施行される技術の中では「引落投げ」（俗名、単に「引投げ」とも言われ、八光流系等でも傳えられている）といわれる技法傳が一番「天地投げ」に近いかと思われる。しかし全く同じかと言えば、最初の崩し部分には異同があり、大東流だと一方をその儘下に崩すやり方となるのでタイミングが少し難しい様に思う。
但し大東流には色々な系脈があり、同技術が施行されない系統もあり、また合気道式の「天地投げ」で表現される系統もある。

の技法として出てくるからなのですが、余り強引に引き崩そうと力を下に移すと存外相手もそれに耐える方向に重心を移してしまう事があります。また安易に引き落とそうとするとせっかく合氣上げにて敵の力を殺し、体を崩した部分が元に戻ってしまうという失敗もありえます。こうなるとすんなり崩し制する事はかなり難しく、何とも強引な力技になりがちです。合気道では下段の腕は割合、氣を張った形で斜めに崩しながら後は不動にとる事が多いのですが、その位置は敵の状態に合わせて巧みに移動し、腕を通じて敵を制御する必要があります。

つまり相手の動きを導き出し、それを上手にこちらの都合のいい方向に誘導するということですね……。そして相手の力を出せないところで制するというのは、合氣技法の一つのテクニックですから、それが中々上手く作用している手法だと思います。そして技術の秘点はそれ以外にもいくつかある様に感じましたが、他の注意点等はいかがでしょうか。

大宮 合氣上げというのは合氣の基本ではありますが、実際には、波のような動きで、前後、左右、上下に動かしたり、あるいは中心に向かって旋転する動きで倒したり、合氣のテクニックは様々あるのです。ただ合氣上げ的なものに関してだけと限るのならば、木剣を用いての合気上げの修得法等を鶴山師範は割合きっちりと教えておられました。※

平上 大東流の技は、剣の動きから来ているという説がありますし、私自身近頃は流儀剣術以前、中世期頃に成立したとされる古式剣法傳※を弟子たちに教えることが多いので、剣術と体術極意の関連技法なるものにはかなり興味をひかれます。木剣を用いた合氣上げとは具体的にはどんなやり方でしょうか。解説の程をお願いします。

大宮 私自身は体術が主で、どうも武器術系には弱く、ましてや剣の扱い、構えなど、正しいか、正しくないかなど、先生から助言して頂けると有り難いのですが、ともあれ私のような剣の不慣れなものであっても木剣をもって合氣上げをすると非常に上げ易いのです。これは、弟子にやらせても同じことで、木剣なしでやらせるとかなりぶつかりの多い人であっても、木剣を持たせて

※　**剣体一致**

合気系柔術は剣から生まれた柔術と言う一説があるが、その実際的な技法としての具体論は中々に微妙である。一応剣体一致を表現した形演武等も行われる向きもあるが、余り素直に全ては首肯できず、違和感の残る部分も多い。原点的立場から言えば、一刀流の達人、惣角師範が伝えた柔術と言う事であり、一刀流の戦闘術理や、また刀剣の扱いにおける身体操作法からの手法展開と言う点を先ずはみなければならないだろう。

そして刀剣、木刀等を諸手で把る事により両手を連動し、氣の運用で操作する事ができる。道具類を用いるか、もしくはイメージする事によって正しい氣の運用を学ぶと言う手法は拳法系でも用いられる一種の秘密口傳である。

やるとかなり楽に上がる様になるのです。

平上　武器を両手で把持する事で左右の腕をぶれる事なく歪まず、連動して動かせると言う利点があると言う事でしょうか……。解説をお続けください。

大宮　先ずは中段の構えによる合氣上げです。これを鶴山師範は「大転」の動きであると言っていました。さきほどマロバシ論（▼マロバシ論の詳細については331頁よりの解説参照の事）がありましたが、鶴山師範は柳生新陰流と大東流との関連などにまで研究の矛先を伸ばしておられましたが、ここでは円転の動きの意味で使っていたようです。ですから木剣を持つ手は伸びきることがなく、ゆったりとした大きな円の一部となっています。

すみませんが、先生、右横で、両手で私の右手をしっかりと押さえて頂けませんか。（▼平上、大宮師範の木刀を持つ右手を諸手にて取り押さえんとする）

捕方はこの取られた手に心をとめず右足を半歩ほど前進し、左足は継ぎ足とします。そしてそこで、刀を振り上げ、右足を一歩踏み出して相手を投げるのです。

平上　面白いですね。かなりしっかりと押さえていたつもりですが、軽く手を上げられてしまいました。木刀が前にあるので、横からの片手諸手取りにおける臂力の養成的な技術傳となっていますが、これも合氣上げの一種である事は事実ですし、両手捕り技法においても両手を連動して動かす事は重要な口傳となります。

この様なやり方は、実を言えば柔術系よりも拳法系の独演古傳形の中に両腕をシンメトリーに使って氣を発する手法が結構あります。そしてその時の手法口傳は両掌の間に何か一種の氣の塊のボールの様なものが存在すると言う様な事を意識したり、またもしくは短棒を実際に両手に挟んで氣のバリアーを張り、以て敵の攻撃力を弾いたりする事等が口傳の教えとなっています。

そして実際に木刀を持つと、掴んで来る敵の力を意識せず、両腕に氣を通わして敵の力の流れを外したり、また遮断したりして敵の体を制する事が確かにある程度容易となって来るかと思います。

※　**中世以前の古式剣法傳**

筆者も当然流儀剣術の立場に立つ者であり、いくつかの剣法古流儀を護り伝えている。しかしながら各流儀の古典形の学びに入ってゆく前にそれらを超えた所の、またその奥にある流儀剣術の基盤となった奥山天狗傳剣法の方を先ずは錬磨する様にしている。

この様な流儀剣法以前の古い剣術技法文化等、一体日本の何処に存在、伝承しているのかと不審に思われる向きもあろうかと思うが、これは別に流儀剣術の外にその様な剣術文化があると言う事ではない。本来の正真なる伝統的流儀武術の奥、或いはその前、その流儀基盤としてあるものであり、組形剣術以前の古式武術文化の一端である。本来もっと普遍的に存在して良いはずのものであるが、ここの部分まで継承する古流剣術は現在の日本にも殆ど残っておらず、よって極めて特異かつ稀少な傳となってしまっている事が遺憾である。

天狗傳剣法の特徴は形ではなく、技法の応酬によって錬磨をなすという方式である。また技法変化を通じた手数の多さと錬磨を目的にした様々な古式錬功法が無数にあり、この部分を潜り抜けないと流儀剣術の高見にも到達できない事となる。伝説の神代秘剣を無数に護り伝えているのも正にここの部分なのである。

……木剣をこの様に用いてなす合氣上げ系の技術傳はこの一方法のみですか。

大宮　いや、「大転」があるのですから、当然、「小転」もあります。これは、上段の構えを用いるものです。これは手を上げる時に、足捌きを用いないので、中段からのものに比べると些か難しくなります。このように普通に構えていますので、また両手で右手をしっかりと押さえて頂けますか。これは私の会で、火龍と名付けている合氣上げの動きとほぼ同じものになります。木剣を持ったまま、掴まれた手を上げようとするのではなく、掴まれた手首を先ず下に落とし、それから前上方に押し出すようにして、頭の上まで上げて行き、そして、これまた一歩右足を踏み出して、前方を切るようにして、相手を投げるのです。

平上　確かに臂力の養成、そして合氣上げにおける極意的な動きになっており、木剣を持たずに上げるよりは、遥かに滑らかに上にあがっているように感じられます。

そして「大転」「小転」※とは新陰流の奥傳形におけるやや独特の名称であり、かくした剣術の技の原理と名称を借りた教傳となっている点が鶴山師範らしくて中々よいですね。

大宮　そうですね。ただこの上段での合氣上げには弱点があるのですよ。

平上　うーん。技の流れから行くと、上から下に受方に押し込まれると相手によっては少し上げ難くなるかも知れませんね。

大宮　そこで鶴山伝では、ここで下段構えからの合氣上げを教えています。こうして普通に構えていますので、両手でこの右手を下方に押し下げて頂けますか。

この場合、右手の力を抜いて、右足を相手の近くに移動し、下段の構えに自然となり、そのまま、右足を軸にして、時計と逆廻りに回転するようにしつつ木剣を上方に上げて、これまた、右足を踏み出して、切り下ろし投げるのです。

平上　なるほど、当たり前といえば当たり前ですが、少しもぶつからずに手を上に上げられてしまった気がします。

※　**「大転」「小転」**

現傳尾張新陰流の系脈にて小太刀術における斬割系の技術を教えたもの。古い時期の目録伝書類には出ていない様である。口傳的に伝えられたものなのか、もしくは後代の付加傳なのかは不詳。

ただ古典的な新陰流剣術と言うものを客観的にみると、同流が優れた体系を備えている事は認められるが、どういうわけか小太刀傳がないと言う不思議さがある。その事も含めて付加された傳であるのか、もしくは同流における極意表現として設けられた形であるのかも知れない。

ただ鶴山師範傳のこの教えは新陰流文化を利用しながら、また独特の術理を用いた技術表現となっている。

大宮　これは、合気道における転換法の動きに似ているのですが、鶴山伝では、相手と並んだとき、自分の姿勢を少しも崩さず、一瞬、自分の重みを相手に掛けるということがポイントになっています。体重を掛けられた相手は無意識の内に手を上に上げようとしており、その力を使って上に上げているので、力づくで上げているわけではありません。

平上　剣の構えと合氣上げとの関連、その連動が中々面白いですね。しかし、中段、上段、下段とあったのですから八相の構えはないのですか。

大宮　鋭いご指摘です。当然ありました。これは相手が押すのではなく、引くような力をかけてきた場合に有効なのです。これまで、捕は最終的には捕の正面に木剣をもってきていたのですから、それを防ぐために脇の方に引っ張るつもりで力を入れて持って頂けますか。

ところが、ほら、そうした力ですと、スッとこのように八相に構えることができるのです。こうされると既に相手は崩れていますので、このようにまた上方に振り上げて、右足を一歩踏み出して投げるというわけです。

平上　なるほど……確か鶴山師範は大坪指方師範から、新陰流におけるある程度上位の許しを頂いていたかと思います。それだけあって剣の構えと合氣上げの関連、なかなか面白い観点からの洞察かと思いました。

そしてこの様な技術は合氣系柔術においては、柔術と剣術との連動を象徴する原理的技法傳として演武解説される場合もあるようです。

これはこれで良いのですが、大東流側の柔術における立場の古傳技として「帯セシ刀ノ鞆ヲ捕ラル、事※」の技法傳があります。これは刀を利用しつつ正に「合氣ニテ上ゲ」の技術で敵を崩し入身に入る技術表現となっています。伝書の形解説は片手柄取りとなっていますが、応用技として右手も左手にて取られた両手取りに近い想定から敵を崩してゆく技術も次いで伝えられており、この部分は正に後年現れた合氣上げの原初的技術傳となっています。

※**「帯セシ刀ノ鞆ヲ捕ラル丶事」**
『大東流柔術秘傳目録』の最終技法である。本来「鞆」と言えば弓術に用いられる補助道具で、普通は「とも」と訓む。しかし伝書が求める意義としては「柄」の意味合いで使っている様であり、よってこれは最初から意味読みして「つか」と訓むのがよいだろう。目録の最後においたのは同流体術で多出される「四方投げ」（原典の段階では未だこの技法名称は生まれていなかったかも知れない）系の技法のルーツと、そして歪みのない身体操作法を示唆する為に大尾の形としておいたのではないかと思われる。勿論正しくできる為には最低限「合氣上」が出来ねばならない事は当然である。

★鶴山傳の合氣上

鶴山師範が伝えた大東流は盛平師範と惣角師範に師事された久師範の技術が基盤となっているので、合気道式の呼吸法の技法傳スタイルを伝えている。但し現代合気道とは違い、膝上にある両手を両手にて掴み抑える所から行う。この初動部分において如何に敵の力の抑えを外し、敵が力を発揮できないようにする手法と技術傳を学ぶ事になる。敵を崩した後は横に倒し、自ら転身して氣で抑え制する所まで演じるのは正に合気道式の呼吸法と同じである。ただ鶴山師範は久傳大東流のみならず、他系、各派大東流も実際に学ばれているので、別系の様々な合氣上、また合氣投げの技術、そして各派合氣口傳も伝えており、「合氣」技術を総合的に学ぶスタイルとなっている。

●①②／その場でその儘剣を上段に上げて崩す。

●③／敵の動きに合わせて八相で崩す。

●④〜⑦／上から下に強く押された場合には転身しながら下段に逃げ敵を動かして崩す。

★剣術動作による合氣上

剣術者の側面から片手を諸手で取り来るを無効化する法であり、その中に合氣上げ動作の基本手法と術理が含まれている事は間違いない。

示して頂いた動作は中段から一歩進んでのやり方（中段）、その場で上段に取る法（上段①〜②）、八相にとって崩す法（③）、そして上から下に抑えられた時、先ずは下段に逃げながら転身し、敵を動かして崩し、そこから再び上段に挙げて投げ飛ばす法（下段④〜⑦）等である。

剣術遣いという者は基本的立場において、自己の愛刀を自在に振るう為、敵からの様々な剣の動作に対する妨害に対し、それを乗り越え、無効化する身体的動作における秘訣や心得、実際対処技法等を常に研究錬磨しているものである。実際、柄や鞘を取られた時に対応する技術群は柄鞘の捌き技法として形となっており、また刀を持つ腕を取られた場合に対応する技法群は古式柔術教傳の大きな要素である。武田惣角師範も剣術名人としてその様な心得や実際技法は十分に体得していたと考えられ、大東流傳授のおりにも大いに発現したと思われる。ただ剣術殺しの手法を無効化し、そして反撃する技術は色々なやり方があるが、その最初の発動部分には、多くの場合、氣の張り、集中などを用いる事が基本である。ここの部分を抽出発展させたものが大東流の「合氣」というものであると捉える事も出来るだろう。

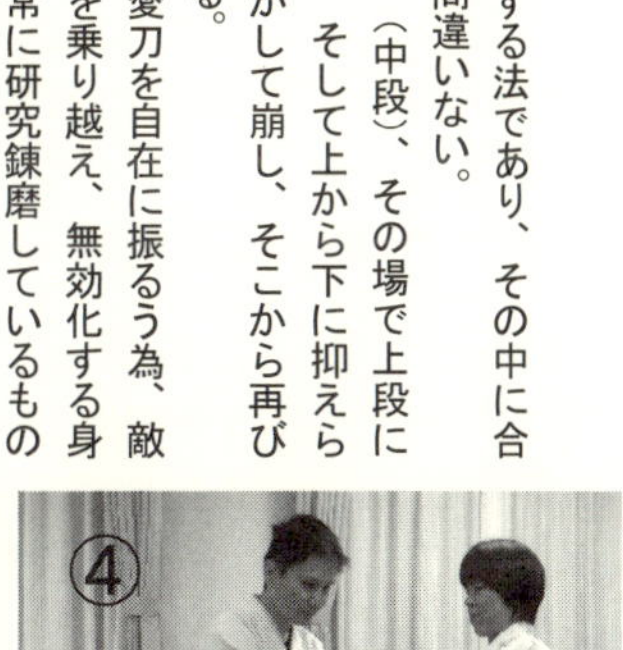

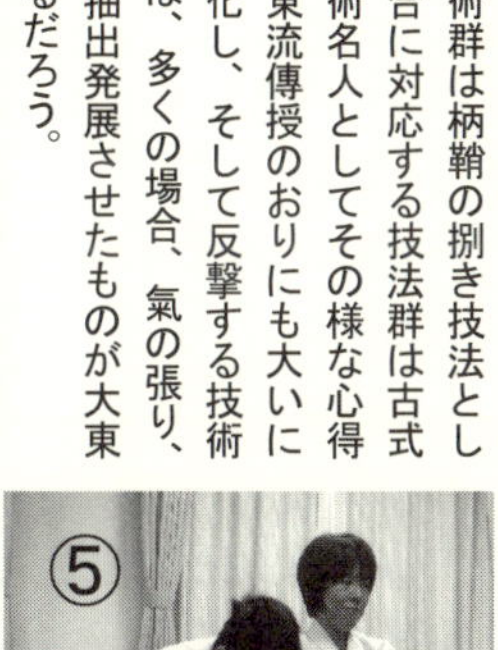

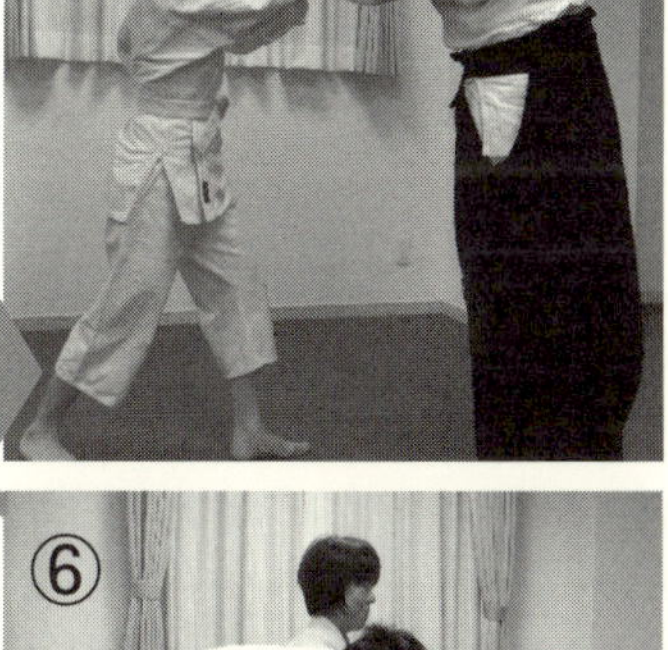

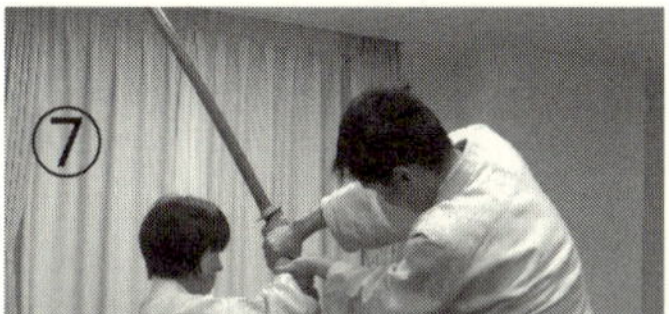

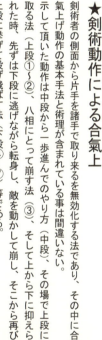

大宮　『大東流柔術秘傳目録』の一番最後に現れた技術ですよね。これは合氣で投げ飛ばす技術ではなく、四方投げ的に極め取り押さえる技法となっていますが、確かに柄を掴んで来た敵を崩す技法の入り口の部分には「合氣」がどうしても必要となります。そしてこれは「陰陽之傳」における最初の部分、それもどちらかといえば拝手系の古傳手法、もしくは手刀での「コバ攻め※」を用いる事となります。「合氣」における確かに原初的な技術を含んでいるわけです。しかしながらこの技は刀を差した状態、つまり昔の武士が用いる真に古典的な小具足系の旧式技法であり、素手体術が中心となった合気道、そして現代における大東流系でも殆ど演じられなくなったかなりの骨董技術傳でもあります。大東流修行者といえどやった事のない者が殆どなのではないでしょうか。しかし確かにこの様な古典形の中に、合氣上げの原典的手法、基本原理が既に内蔵されている事は事実かと思います。

臂の屈伸

平上　合氣上げの技法分析の立場において「帯セシ刀ノ鞆ヲ捕ラル、事」を取り上げたのは正に合氣上げにおける基盤技法としての原初性故であります。つまりこの部分は合気道式ではない正に大東流式の氣の集中による「合氣ニテ上ゲ」であります。これは大東流の古式のやり方であり、敵との接点に小さなぶつかりを作って敵手首を逆手に極め、巧みに敵が抵抗できない状態を作り出すと言う古傳技術が最初の技の入り口の部分で用いられています。この技術にかかると受方の腕臂は伸びた様な状態になり、受方は肩が上がって本来の力を出せなくなり、捕方への攻撃もできず、だからといって掴んだ手を安易に外す事も不能となってしまいます。これは大東流のみに存在した独自技術とまでは言えませんが、大東流におけるかなり特徴的な手法、「体之合氣」の一端ともいえる同流の基盤的技術傳であります。

※　**コバ攻め**
「こば」とは「木葉」の事を言うのが普通だが明治期の柔術技法解説書に「手端」と書いて「こば」と訓ませる例がある。武術傳においては手刀の端、小指側のラインを指すことが多い。大東流では手首を取られたとき、掌を下に返して小指で敵上段を攻め敵臂を延ばさせ力の流れを遮断し、その一点で敵を全て制すると言う技術がある。「合氣上」の原初的技術の一つであるが、これはいわば表の合氣である。次の段階としては手の返し方を逆にし、誘導して敵を崩す方法が工夫された。これは裏の合氣と言えるだろう。余り直截的ではないが、いわば「合氣下」の一種とも言える。現代における合氣系柔術の四方投げは両方の技術が場合々々の使い分けとして用いられるが、近代的には裏の合氣、誘導系の方法が主体となっている様である。

鶴山師範傳の合氣技法中、「四方投げ」教傳では後者を一箇條、前者を二箇條の手法として分類した（この後、三〜七箇條の四方投げにおける変化技術がある）。

大宮　これは確かにその通りですね。戦後の、主に合気道系では巧みな外しの技術、「体の変更」等に代表される所の躱《かわ》しの技法、体動が現れてきましたが、戦前派の師範、例えば塩田剛三師範等は古傳的な「体之合氣※」をかなり演武会等でも表現しておられたかと思います。

そして「合氣」の定義も各系各派でそれぞれなされていますが、松田敏美傳大東流を学び、道家合氣術を開かれた早島正雄師範が、「合氣」における次の様な定義を述べておられます。

「合氣とは体の一点を棒で押さえられた蛇が体のその一点に氣を集中し押さえた棒をコジ上げる様なものである」と。これは正に大東流における古典的な「合氣」法発現における見事な描写であり、帯刀時における柄と片手を押さえられた時に対抗する為の実際手法の説明となっています。

平上　柄と手を取られた時、合気道的な呼吸力の養成法、外しの手法を用いて対応する事もできないでもありませんが、それでは右手で敵を崩すのと刀を抜くのが別動作になってしまい一瞬の遅れを生じます。大東流の如く接触点から力のぶつかりを利用して敵を制する事。このように氣をぶつけながら同時に逆側の腕を右手で掴んで逆手に取り刀柄と同時に動いてゆく事ができる。もしくは氣を中心に統合して敵を弾き飛ばし、同時に抜刀して抜き打ちに討ち取る事もできるのです。

大宮　これは一本捕りにおいても同じなのですが、大東流の原初的な技術は表から進んで攻めて制する法であり※、これは原典伝書にちゃんと記載があります。対して体を躱して裏から制す技術はどちらかといえば合気道的な技術と言えるでしょう。合氣上げもその通りであり、原初的な合氣は拝手的な左右の氣を中心に集めて敵芯にそれをぶつけて吹っ飛ばす技術で、受方の掴んできた腕の臂は伸びた状態で一直線に肩が上がり弾き飛ばされしまうと言うスタイルとなります。

平上　合気道の「呼吸力の養成法」といえども原初的には大東流と同じであったと思われるのですが、ある時期からはぶつかりの「合氣」から巧みなる「外氣」に転化し、その為の具体的な手法として「体の変更」「巻ノ手」技法などが工夫されてきました。よって受方は力の流れを外され、

※「体之合氣」と「体之変更」

「体之合氣」と言う言葉にも色々な局面があるが、大東流の原義としては直截的にぶつかり氣を弾く技術であり、いわば「表合氣」である。とすると「体之変更」は「裏合氣」と言う事になるだろう。

両者をそれぞれなされると、やられる方は受けた感じはかなり違う。表合氣をかけられると、握った敵の腕が鉄棒の如く、とにかく剛体になった様になり、氣がぶつかって跳ね返り、掴んだ一点で体を縛られて体が崩れ倒される。弾き飛ばされる事もある。

裏合氣の場合は、敵腕を掴んでも丸で掴んだ感じはなく、体はいつの間にか誘導されて崩れ、抵抗も出来ないままコロリと倒されてしまう……と言うような感じである。後者の方法は主に植芝合気道系で多く施行された技術と言える。

※秘傳書における一本捕りの解説

『大東流柔術秘傳目録』の最初手の解説は次の通り。

「一　右にて打出しの事」「一　左にて敵の臂を上げ右にて敵の手首を右に返す事」

左手にて敵の右肘を上げ留め、それから敵腕を抑えてゆくもので、これは何方かと言えば表のやり方に近い技術と思われる。

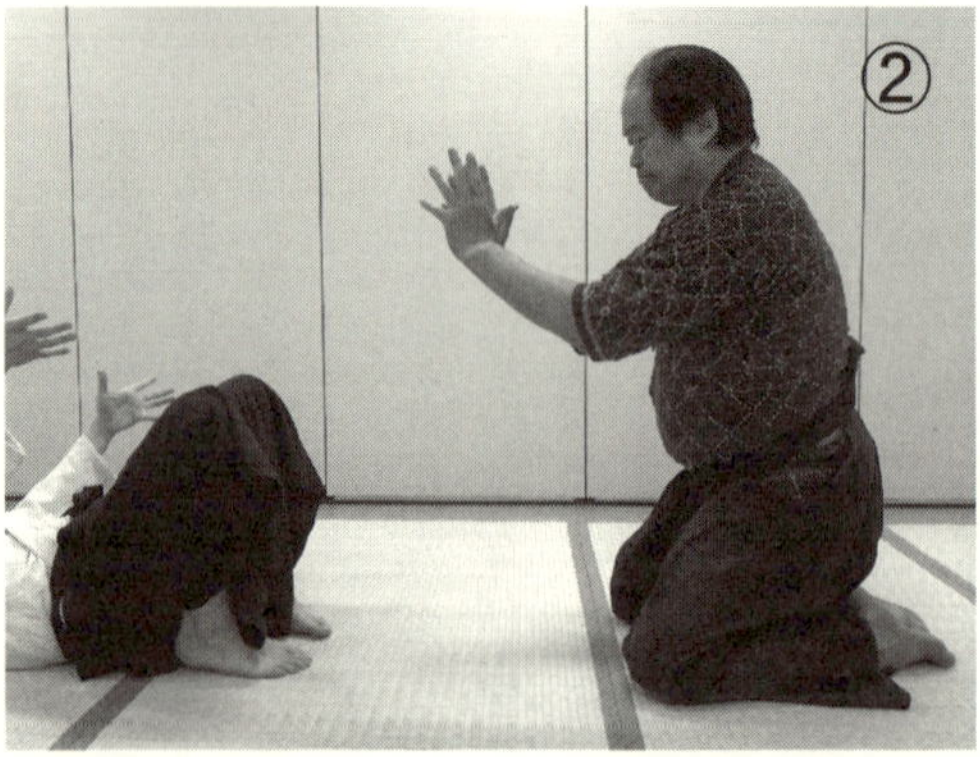

●表の合氣上［上段①②］

原初的な合氣上は「柏手小手返し」の初動作の部分にあると思われるので、原型は拝手攻め的なものであったかと思われるが、相撲の「筈押（はずおし）」的な技術も用いる流れを通じて大東流独特の「朝顔」的手法が工夫されたと考えられる。この場合、掌を下から上に朝顔の如く突き上げる形となり、脇がしまる。よって掴んだ敵も掌が上に返る形となり、必然的に臂が絞られ相手の押しに対抗するため臂が伸びる形となり、力が十二分に発揮できない体勢で後ろに吹っ飛ばされるという形となる。相撲の筈押は親指以外の四指は揃えた形とする点が違っているが、これはやはり格闘技として突き指等を警戒しての教えと思われる。

最初から朝顔で前方押しも出来るが、先ずは上に花を開かせ、そこから前に少し返して敵を弾き飛ばす古式の方法で演じてみた。

●裏の合氣上［下段①②］

合気道系で多く行われる「呼吸法」は、ある意味「裏の合氣上」と分類できるが、これも表技の基本手法の延長線上にある技術であり、表合氣で掌を上に翻して敵を崩したあと、次には掌を覆す事によって敵の腕輪の中に入ってゆき、敵の中心を氣で攻めながら敵手首、臂、肩と次第に無力化して行く技術傳となる。よって敵は全く抵抗する事が出来ず、しかも掴んだ手を離す事も不能となり、左右横に自在に投げ転がされてしまうわけである。

大東流においても応用展開として用いられる技術であるが、腕の返しを小さく動作、表現する事によって様々な独特の合氣投げの世界を造りだした。これは古式柔術では殆ど見られなかった技術傳であり、大東流が新たに提示した合氣系技術傳である。ただその様な展開はやはり戦後における工夫と附加傳であると考えられる。この様な大東流合氣技術の個々の部分の解析はまた別の時になしたいと考える。

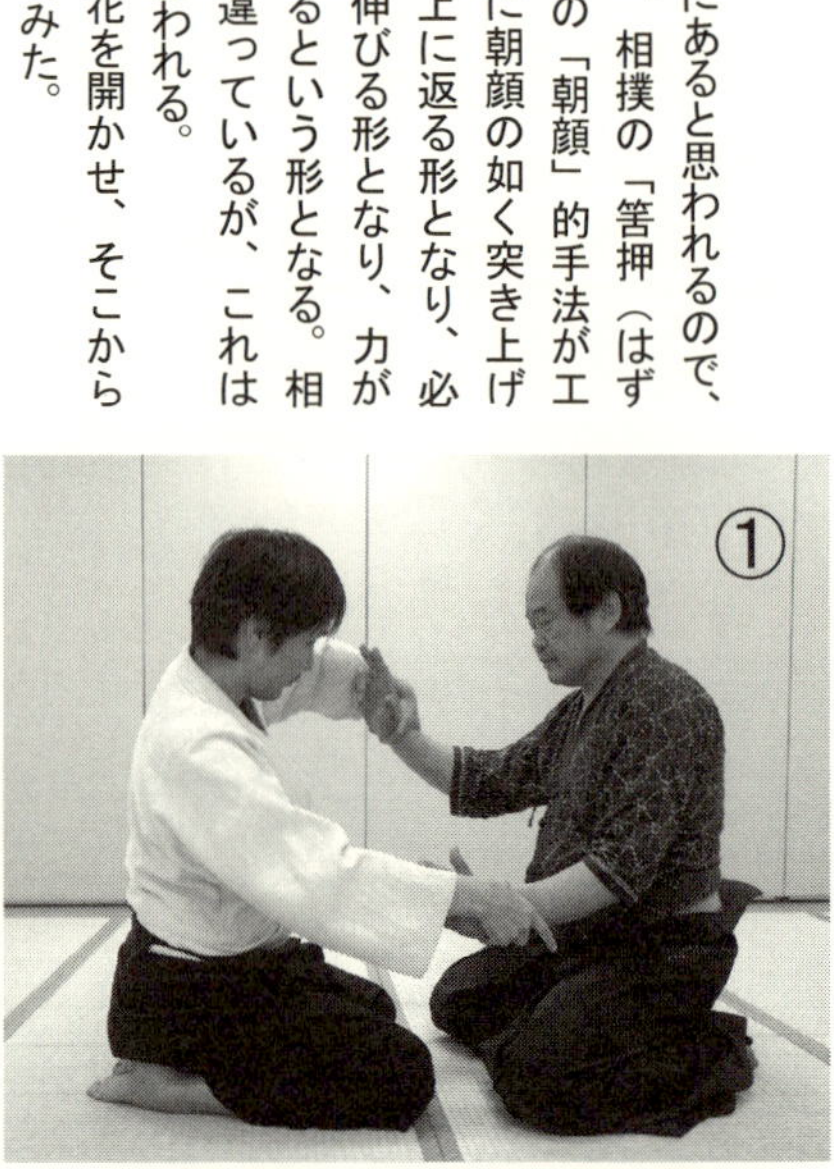

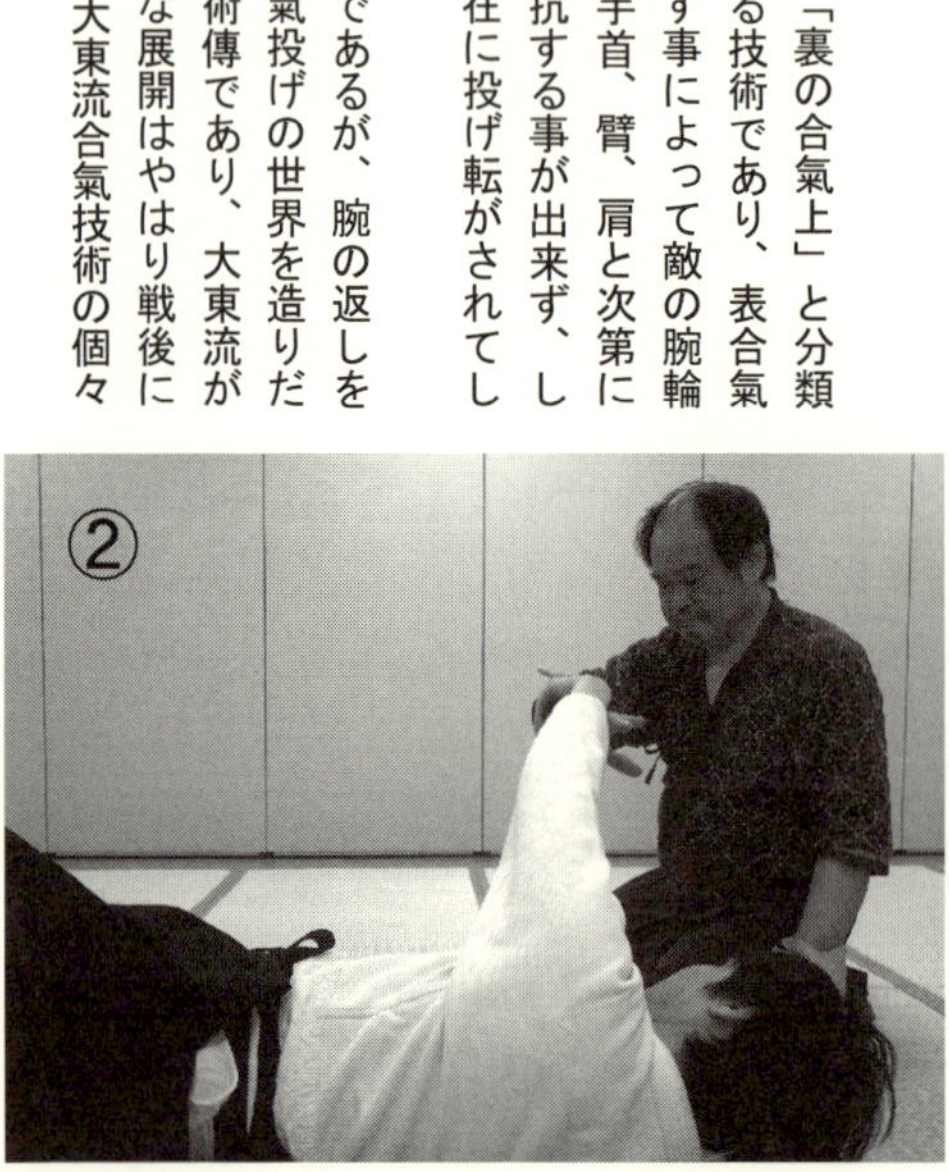

ぶっとぶというより横側にコテンと崩れ倒されると言う形になる事が多いです。そしてその時は受方の腕臂は曲がった体勢になり、丸で力を入れる事ができない不思議な感覚で、しかも自己が掴んだ両手を自分で離す事ができなくなるのです。合気道では「呼吸力の養成法」と言いますが、これは正に大東流式合氣上げの裏手法とも言えるものです。

大宮　もし合氣上げの手法を裏表の二通りに分類するならば、大まかには合気道が裏、大東流系が表手法を基本としていると言う風に捉える事は確かにできるかもしれませんね。

平上　大まかな捉え方としては確かに然りではありますが、現在においては大東流系でも人脈交流を通じてかなり合気道の手法が入ってしまっており、それぞれかなり混在してきている様にも感じます。ただ大東流系では接触点のぶつかりを利用し、そして氣の集中の緩急を巧みに用いて敵の身体、そして氣の動きを一瞬にして縛り、そこに様々な技を畳みかけて施すと言う一連の合氣的技法展開が色々工夫されました。そこから氣を下に抜いてその落差によって敵をぶっ飛ばしたり、また合気道式の氣の制圧とはかなり異質な皮膚感覚を通じた独特の離れない手等……。一見かなり不可思議な技術傳が数多考案されてきた事も事実であります。

そしてそこには「朝顔傳」や「盃返」等の古典口傳に加え、「切れない包丁傳」や「皮膚感覚による丸い呼吸」等々……といった多くの口傳的教えの世界が次第に形成されて行きました。

対して戦後合気道の方は全国的な大きな伝搬をなし解説書も多く発行され、普及化、大衆化が進み、よって技術傳が逆に統合されてかなりフラット化してしてしまった様にも感じられるのです。※　それに比して、大東流系は古流武術の一端として北海道の過疎地等といった比較的狭い地帯で純粋培養された様な系統もいくつかあり、よって他系との交流の余りなきまま、辺境の地の圏内のみで研鑽を重ね、大東流系独特の合氣技法傳世界が存外に開けていった事も事実かと思います。そして滔々たる時代の流れの中で、合気道における華麗でダイナミックな動きの演武とは全く異質な独特の趣の合氣世界が形成されました。そしてその特異性故に武術界で次第に瞠目《どうもく》を集

※　**大衆化による技法の縮小**

少数の範囲より多数の人々に文化が普及して行けば技法発展があるはずの様でありながら、こと武道においては存外、技法数が縮小する場合が多い。

これには色々な理由が考えられるが、先ずは武道に於ける本質的な危険性の問題である。殺傷効果が高い余り、レベルの高い技術を無闇に拡散できる筈はない。加えて稽古における怪我のリスクの問題である。指逆等の、胡乱に稽古すれば怪我の危険の在るような技術は省略せざるを得ないのである。

そしてまた「ソシキ」「イエモト」「ダンキュウ」等々の大問題……。これ以上は武道にとってかなり根源的なややこしい部位になるので解説は省略。

め、大東流の「合氣之術」と言うものが一般普通人にまで多く知られる様になった……と言う風に近年の格闘武術界の流れを読み解く事が出来るかと思います。

大宮　合氣上げを精妙な制敵技法として捉えるならば、「合氣上」技法の裏表、両方の手法をそれぞれ研究して十二分に備え、巧みに使い分ける必要はあろうかと思います。

平上　しかりではありますが、ただ一つ注意しなければならないのは古傳的大東流における原初的な「合氣」技術は「合氣技法」の発現を目的としたものではなく、本来あくまで武術技法、制敵技術の一端として施行された、かなり断片的な技術であった事も事実かと思います。その断片を余りクローズアップしすぎて武術としての体をなさない戯れ事の様な遊び技術、現実感の余りに薄い造り事の様な演武は、品が余り良くない様に私には感じられるのです。※

大宮　それは確かにその様な部分はありますね。技法の研究と研鑽は裏表とも大いになすべきかと思いますし、様々な技法展開も悪いわけでは決してありません。実際これは武の先達たちも大いになしてきた事でもあります。そしてまた一般演武とは一面プロパガンダ的要素もありますので、ある程度の演出は致し方ないかと思いますが……。

平上　ただ他の伝統的古流武術も多く参加される神前奉納演武等では、余り武術としての原則を外した新作技法を用いた演出は本来慎むべきかとは思います。

大東武門関

平上　おっと、いらん事を少しくどいいすぎました。話を戻します。

……各系各派の合氣上げ法の技術スタイル、そして技術における少し深い部分、各技術の特性、得失等の部位まである程度検討して見ましたが、本来の極意は単なる技術スタイルを超えた処にある様に思います。実際の処、合氣上げは微妙なコツの世界で、それを技術傳のみの立場として

※　**前衛的「合氣術世界」の出現**
昭和六十年代の初め頃より、書籍やビデオ等を通じて北海道に独特の合氣を使う、大東流の系脈がある事が知られ、東都の武術界にもある程度の衝撃があり、筆者自身かなり不思議な感を抱かされた事がある。それが北見の堀川幸道師範系の大東流であり、東京にも同系の大東流が行われる様になり、書籍やビデオ等を通じて新しい独特の技法傳スタイルの大東流が知られる様になってきていた。一種の流行とも言えるが、その様な技術がもてはやされるのは、やはりそれまでの格闘武術界には余りなかった新しいスタイルの技術であったからなのだろう。それは昭和初め頃の植芝系合気武術も同じ事であり、伝統的なものが廃れて新規のものが現れてくると言うそれなりの変換期であったのかも知れない。しかしながら同様の一般大衆の耳目を峙たせる超絶的武術秘法群は、実を言えば伝統武術の中にも既にかなり存在している。それは「神一法剣」や「無手勝流真空斬之秘剣」等の秘技であり、筆者もそれらの秘法、秘剣を現在でも伝統古流武術の立場として何とか護り伝えてはいるが、それらは前出の合氣系技術群とは全く基本原理が違っている事だけは明記しておきたい。

解説するのは大変に難儀であります。いや、細かい技術傳のみであるならばまだ良いのですが、本来の極意は身体内部で処理する独特の力の出し方にあるのですから、ここまでの事は流石《さすが》に解説のしようがないのではないでしょうか。

大宮　何とかそれを表現しようと「伸筋説」で説明しようとしたり、また氣のイメージ的な使い分けで説かれる場合などもあります。確かにどれもしっくりこない。

平上　ここら辺の部分はやはりそれぞれ稽古を通じて探求してもらう他はないかとは思うのですが、それより重要なのは何故に「合氣上」が「合氣」会得の為の関門とされたかという事ではないでしょうか。大東流と言う武術における正に登龍の門関《もんぜき》「大東《だいとう》武門関《むもんかん》」……。ある程度の技法分類をなした次の課題として、この部分を少し討議してみたいと思います。

大宮　そうですね。少し検討してみましょうか。

これも難しい問題ですが、一つには勝負法が基本的に存在しない合氣柔術における腕試しの方法論を唯一内蔵している技術傳であるからなのかも知れませんね。確かに同じ合氣武術系を学ぶもの同士であるならば、系脈は多少違ってもある程度の腕試しは出来るし、手合わせを通じて相手の力量を計る事はある程度できます。

平上　そうはいっても「合氣上」を重視する系統と、その様な技術傳を余り保有していない系統もありますから必ずしも絶対的比較勝負は難しい。稽古の大半を合氣上げばかりに費やしている系統もありますから……。

大宮　ウーン。これは同じ空手といっても自由組手ばかりやっている系統もあれば伝統型の研究を中心にしている道場もあるというのと同じ事でしょうね。しかしともあれ合氣上げは「合氣系武術」が醸成した勝負法の一つとして機能する事も事実です。

そしてまたいま一つの本来的大きな理由は、やはりその力の外しや出し方の理合が武術奥義に合致しているという事なんでしょうね。※合氣上げの原理を簡単に言えば、力のぶつかりを外して中

※　合氣上げからの実戦応用

確かに合氣上げが出来たからといってもそれが即武術の実力とはイコールになるわけではない事には注意しなければならない。合氣上げとは氣の運用の一法ではあり、ある程度重要なファクターであるが、それだけで武術として機能するというわけでは勿論ない。やはり工夫してそこからどういう風に、手取り以外の様々な敵の攻撃に対応してゆくか、如何にしてそれらの攻撃力を無力化してゆくかを考え、技術傳を錬磨しておかねばならないだろう。つまり単に両手取りのみならず、敵の打突攻撃に対しても氣を発し、敵の氣力線を流したり弾いたりして敵の攻撃力をまともに受けずに外して裏を取りながら有利に氣で制圧してゆく必要がある。確かに合氣上げの原理を応用すればそれもある程度可能である。しかし逆にいえば単なる合氣上げ勝負法に拘ればその前提とルールのみに囚われる事となり、他の応用が疎んじられる事となるかも知れない。つまり合氣上げ勝負に絶対不敗の境地に達しても、その応用が出来ず、打突攻撃に対処できなければ、これは武術以前の話となってしまう事は当然である。

心を攻めるという事であり、これは殆どの柔術技法に通脈する理そのものであり、その「勝口」の方法論がそのまま武術技法となってしまうからともいえるのです。例えばがっちり握られた手首を捩じって力を外し半解きにして裏に逃げる理合は、組討傳などにおける押さえ込みに対する場合においても同じであります。つまり体を捻って敵の力を巧みに外しながら反撃する術理に通ずるのではないでしょうか。また応用という事になってしまいますが、相手が打ちかかって来た時に「合氣上」と同じ様に手を用いれば、そのまま相手の攻撃を避ける動作ともなり、同時にまた相手を崩し倒す攻めともなっていますが、これも攻防一体でなければならないあらゆる武術技法の基本理念となるものです。

極意の表現

平上　そうした極意術理を象徴※した技術傳という事だと確かに思います。ただこれは象徴しているのみであって極意そのものではない事は注意しなければなりません。仮令《たとい》合氣上げが出来たとしてもそれを誰もが武術技法に応用できるものでは必ずしもありませんし、また武術極意に達した熟練者といっても合氣上げが必ずしも出来るとは限らないという事です。いや勿論ある程度の武術の練達者であるならば武術的な力の出し方、身の遣い方などもかなり通じていると考えられ、少し修練すればある程度の合氣上げは忽ち出来る様になるとは思われるのでありますが。

大宮　極意技術の象徴……と確かに「技術傳」の立場から捉える事もできますが、大東流独特の力の出し方という身体操作の極意を学ぶ事がより重要な点であるのかも知れませんね。というのは、あまりこれまで指摘されてこなかった事ではありますが、先に説明した様に合氣上げは上げるはずのものなのに一旦その動きとしては下がるものであり、それが円転というか螺旋的というかそうした動きで上方に上がる動きに何時《いつ》の間にか変わっていっている。相手は上方に上がって

※　**極意の象徴**
「合氣上」、それも一つの武術極意の象徴だろう。象徴は象徴であり、極意そのものでも、また実際的実戦技法というわけでもない。これは伝統的流儀武術における大きな課題でもあり、多くの流儀の奥傳の部位において象徴的極意形が各開祖の至った覚りに従って概ね設定されている。ただこれも象徴と言えば象徴。しかし伝統武術においはそれに至る精密なる鍛錬の道筋がちゃんと整備されている事は素晴らしい。それらの基礎部分の錬磨を通じ、伝統武術においては奥傳における極意形と言う形で保存、継承してきたわけである。

くると考えているのにその逆の動きから実は始まっている。ですから相手はその動きに対応できない。それどころか無意識のうちに下に行かせまいと上に上げてしまう事さえもあるのです。そうした事は合氣のテクニックの一つとなっているのですが、そうした動きを身体のあらゆるところでなし、それを有効なものとするためには、実のところ密着、脱力、正しい姿勢という身体操作が重要なものとなっているのです。

平上　大東流の「合氣上」で重要な三要素は「密着」「脱力」「正しい姿勢」……。特にその中でも脱力、つまり力を抜く事によってより大きな力を発してゆくという不思議な世界を確かに合氣系柔術は「合氣上」と云う実際技法傳として現出し、その逆説的理合を当時の武術界に極意命題として提示しました。しかしながらそれは古流柔術における身体操作法における基本中の基本でもあるのです。古式柔術では古典的な所作を含む組形演武稽古法※を通じてその深い身体極意を体得してゆくものです。また古伝の組討法にも単なる力を超えた世界を現出する様々な方法論が無数に伝承しておりました。所がその両方を持たない、※いや持とうとしなかった合氣系柔術が必然的に他に求めた象徴的技術傳が「合氣上」であったという風に捉える事ができるのではないかと思います。

大宮　ともあれ大東流ではいつの時代かははっきりしませんが、武術極意の一つの関門として「合氣上」を設けた。その技法形成の時期については難しい問題が多いのですが、そうした事も含めて、植芝盛平師範と武田惣角師範との関係を通じて大東流には大きな変化があったと思われるのですが、その点先生はいかがお考えですか。

各種技法の出現

平上　文証の余りなきまま余り安易な想定はなすべきではありませんが、大東流史を高い目で観

※　**組形演武稽古方式**
何度か指摘して来た事であるが、現存の世界の武術文化の中で凡そちゃんとした形文化をもっているのは、日本武術と中華武術のみであると言う事である。そして古典形と言う立場を文証共に保有しているのは日本武術のみである。それに加え日本武術がその古典形文化において神前所作取組形法と言う独特の武術稽古スタイルを完成したのは特筆すべき事項であると考える者である。

※　**武術形の喪失とアナーキズム**
どう言うわけか現代武道の立場から形を否定する傾向もある程度現れてきている様ではあるが、正真流儀の正統にして超絶的なる古典形の本質を修めず、触れず、そして殆ど知らずしてのその様な謂は如何なものかとは思うのである。果ては形稽古の施行は教条主義に陥りやすい等と言う様なトンデモサヨク発言を発する者までであるのである（開口不塞）。

ると現在伝わる各技術傳の深い部分は植芝盛平師範との関わりの中で武田惣角師範もそれに感応して閃《ひらめ》き、技法を工夫し、それが付加されていった可能性をかなり感じます。自分の大東流史観では先程、御指摘もありましたが、大正十一年に大本教が伝える鎮魂帰神法の手法の影響下において二ヶ條極めが大東流に入ったのではないかとみます。ただそれは本来の古流柔術にも同質、類似の技術傳が既にあり、惣角師範もある程度はそれを知悉していたと考えられます。ただそれはそうにしても古神道という異文化に触れて、それがまた別の形で、武術におけるその応用展開技法群も含めて新たに花開いたのではないでしょうか。そして次の大東流における大きな発展は昭和六年頃の再びの植芝師範との稽古鍊磨※においてではないかと考えられます。このおりに植芝師範との稽古を通じて醸成された技術傳こそが、今日における合氣柔術の極意傳の一つともいえる「入身投」系技術の極意術理であったと考えられるのです。そして実をいえばこの時点において「合氣上」、いや少なくとも「合氣ニテ上ゲ」、つまり体の各部位に氣を集中する事を通じての崩しの技術、その手法が名称と共に定着してきたのではないかとも私は考えております……。

大宮　かなり超絶的な大東流技法史観ですが、少し思い当たる節もありますね。というのは大東流系の各系脈の体系の比較をしてゆくと、各年代において大東流が伝えた実傳の本質を大体は類推する事が出来ます。「合氣上」の醸成については別に論ずると致しまして、「入身投」傳という事に関して考察すると、不思議な事に八光流には入身投げ系の実傳が余り伝わっていないのですね。これは昔から少し不思議に思っておりました。

平上　しかりであると思います。昭和六年に植芝師範が武田惣角師範から大東流の「御信用之手※八十四ヶ條」の秘儀の教傳を受けている事が記録にありますが、このあたりの時期において入身投げにおける、ある程度完成されたスタイルの技法群が成立したともいえるのではないでしょうか。ですからそれ以前に惣角師範から学んだ系統においては入身投げがない……。いや、それまでの合氣柔術に入身系技術がなかったといっているのでは決してありません。既に論説してきま

※『秘奥儀之事』の学び

昭和六年に植芝師範は武田師範から御信用之手八十四ヶ條の伝授を受けた事が記録にある。この傳位は伝書では『大東流合氣柔術秘奥儀之事』にあたると考えられる。しかし技術の伝授はともかくとして『秘奥儀之事』が植芝師範に授与されたかどうかは定かではない。

※御信用之手の名称

意味合いは他説あるが、やはり「護身用之手」、即ち「護身術」という事なのであろう。古典的柔術の中から時代に即応した身を護る技術傳が抽出されて講習会的に教傳されるという風潮が当時かなりあったという事かと思われる。

『大東流秘傳目録』には「御信用之手」の文言はないが、『秘傳奥儀之事』には用いられている。

つまりその理念と用語は既に明治三十年代初頭には存在したという事である。

しかしながら昭和六年における「御信用之手」は古典とは全く違う新たな技法ブロックである。此の技法傳の形成を契機として同流が大きな変革をなす事となるのであるが、これは流儀の最高密儀に関わる極めて大きな問題であり、今回はそこまでの言及は控える事とする。

した様に、実はあらゆる技は全て入身的要素がなければならず、全て入身技といえば入身技であります。しかし、その単なる「入身技」から正に「入身投げ」への展開、そしてそれに付随する入身系極意技法群、その基盤となる術理伝が成就したのは、昭和六年の植芝師範への教傳の時ではなかったかと考察いたします。※

昭和六年の奇跡

大宮　ちょっと待ってください。この昭和六年と言う年代は大東流技術発展史上極めて重大な年代である事は認めますし、この時点あたりにて入身投げ技法が醸成されたと言う論も大体わからなくもありません。しかしその技術傳を発明したのは誰だと先生は思っていらっしゃるのですか？　武田惣角師範であったのか、それとも植芝盛平師範であったのか……？　ここで少し気になるのは、後でも触れる事になりますが、竹下大将※の『乾』『坤』などのノートに入身投技法が結構みられる事です。このノートは盛平師範が昭和初期に伝授したであろう技を記載したものであり、年代的には昭和六年以前に学んだ技の記録かと思われるのです。

平上　武田惣角師範がその技としての原型を伝えた事は間違いないと思います。ただそれは本当に各技法の奥に内蔵された核の様なものでしかなかったでしょう。そしてまたその核の部分は大東流伝授の最初の最初から既に存したと考えられるのです。

これは大正十一年の二ヶ條極めの時もそうであるのですが、武田惣角師範は古傳武術の立場からそれを教傳しましたが、植芝師範は武田師範から示された技法から根源的な技法エッセンスを抽出し、しかしてそれを神道的に解釈して技法を改変、展開していったのではないでしょうか。前に述べた様に盛平師範が伝えた入身投げの技術には、単なる古傳柔術が伝えた基本的な技術傳を超えた、ある意味奥傳として伝承された深い技術傳の展開が附加されていると思います。

※　**武田惣角師範以降の交流**

武田惣角師範と植芝盛平師範との技術交流について考察したが、昭和十八年に惣角師範が亡くなられて以降も、惣角師範の門弟たちを通じて合気道と大東流は断片的にしても交流があり、それぞれ影響を受け合っている。ただこの辺はかなり近年の話となり、余りにも近い人脈と年代の事となるので、現時点では詳説はさける事とする。

※　**竹下勇大将の業績**

竹下勇（１８７０〜１９４９）海軍大将は大正末から昭和初期において植芝師範に師事して体術の指南を受けるが、随分筆忠実な人であった様で当時の学んだ技法を詳細に記録しており、その作成された技法テキストの全体像はかなり膨大である。『技法覚書』に加え、かなり膨大なる『日記』資料群等が遺っている様である。そしてその技法覚書を新たに纏め直したものが『乾坤地』である。また或いは清書して新伝書風に仕立てた物等、かなり多様なものを作製されていた様である。「日記」資料には植芝師範との交流や、他の人脈、稽古の記録等が記載されており、真に貴重な合氣系武術史資料となっている。

大宮　核と言える技術は惣角師範が伝えたが、盛平師範はそれを彼の独得の感性において新たに発展させたと言う事ですね。そしてそれが惣角師範にも跳ね返り大東流そのものの変容を招いた因由となっていったのではないかと……。

平上　両師範の技法伝授における最後の邂逅とも言えるのが昭和六年の秘儀伝授の時であり、この時点において幾つかの極意傳が開示されたとも言えると思います。

大宮　その事の痕跡が『秘奥儀之事』などに確かに窺えるかと思います。本当に惣角師範と盛平師範の関係は面妖にして不可思議ですね。この二大天才の邂逅と合流※を通じて合氣柔術というものが醸成されて、お互いの工夫が統合されて極限の発達を遂げたというわけなのですね。

平上　武田傳大東流と植芝傳合気道と言う双瀬川、二大潮流は、滔々たる時の流れの中で瀬をはやみ、世界的動乱、事変、そして大国との開戦、激戦と言う大巌に割かれてそれぞれ別の水溝、新たな河川を形成しながら流傳していったのではないでしょうか。合気道の入身投げが現在の様な円転闊達、そして誘導と揺れ戻しを利用した終始極まりなき絶技に転化したのは戦後の展開ですから、そこまでの技術傳は惣角師範も見てはなかったと思います。ただその故にこそ大東流系の方では入身系の技法は別の方向性においてまた独特の転化と発展をみたと考えられるのです……。

大宮　しかし、お互いがそれぞれ独自の転化と流傳をなしながらも、その流れの末に両者はお互いの持つ不思議な吸引力を因として、今一度逢わむと《あいたいと》ぞ想い、そして実際戦後の流れを通じても様々な局面で出逢い、取捨と統合を繰り返しながら、様々な影響を再び受け合う事となってゆきました……。

※　**文化技法の相互交流**
極一般的には大東流から合気道が出来たと言う論説と認識があるが、厳密には事実関係はかなり違う。では真実は一体……？
その命題に解答を与える為には、先ず「大東流」とは一体何かと言う点を分明する必要がある。この前提が浮動票では当否予測も事実解答もなし様がないからである。
とにかく一つ指摘して置かねばならないのは、大東流と言う流儀が明治大正、昭和にかけて未だ生き物の状態であり、全体像における完成は未だなされていなかったであろうと言う事実である。種目名称の変容に加え教傳内容の変化も多々あったであろうと言う事である。
それが同流の根本まで変えてしまう程のものであったか、それとも単なる付加傳に過ぎなかったかと言う問題は多分に論の分かれる部分とも言えるが、変遷全容の真実を知らずしての論説は殆ど無意味である。

極意は「入身投げ」？

大宮　かつて植芝師範の下で長く修行を積んだ某修行者が盛平師範に極意の技を教えてくれと言った時、「君は何をいっているのか。日々極意の技をやっているではないか。今教えている『入身の投げ技』などは極意中の極意だ」※といって笑ったと言う話がありますね。ここには大東流技法史における深い、奥の意味合いがあったと言う事であるのかもしれません。

平上　また別に長く大東流を学んでいた三浦真陸軍少将が植芝盛平師範の技を習って驚き、大東流とは全く違うといって植芝師範に帰依したと言う話もありますが、実はこれは非常に微妙な大東流の裏の秘密の秘鍵といえる部分でもあるのです。一体三浦少将は大東流には存在しないという所の合気道におけるどんな技法に驚いたのでしょう？　そこには思い半ばを過ぐる部分がありますが、といって現代の合氣柔術の各技法を抽出、整備※したのが盛平師範であるなどと単純に捉えているわけでは必ずしもありません。実の所、大東流にも色々な秘密があり、低い傳位の立場では確かに上の事は分からない様にもなっており、その奥意の存在と内容はある程度承知してはおります。

大宮　しかし先生の言われる事も微妙ですね。惣角師範の伝えた技自体が植芝師範の技を契機として醸成されたとする点において……。

平上　しかりではありますが、この点においては武田惣角師範も、そして植芝盛平師範も現代の我々とは全く違う次元、境涯で生きて来られた、ある意味それぞれ天才的な師範連であると言う事を先ずは念頭に置かねばならないと思うのであります。また二ヶ條極めにおいても既に指摘した様に、古神道の手法のみがそのヒントになったと言う事では決してありません。入身投げ技法においてもそれまでの技術傳の延長線上に存在したものであり、その技法的ヒントはあらゆる箇所にあったと捉えるべきであると考えます……。しかしそれはともかくして大正の後半から昭和の初めに掛けて、入身投げ系の奥深い技法傳、展開技法群までもが徐々に抽出、精錬され、合氣系柔術の技法体系と言うものが色々な意味で膨らんでゆき、新興格闘體術の完成期を迎えかけて

※　極意は「入身投げ」

盛平師範が「極意を入身投げ」としたと言う話の出典は『合氣道』［植芝吉祥丸著・植芝盛平監修］の130頁。言葉を続けて「奇想天外な極意などというものは、武道に於てはあり得ないよ」とある。

この修行者の名前は記されておらず、「入門した在る武道家」とだけある。極意技を教えてくれと言うより、「極意技とは如何なるものか形だけでも見せて頂けないでしょうか」とお願いしたと言う事のようである。

※　大東流にない技法は？

合気道にあって大東流にない技法……これは大変大きな研究テーマになり得る重要な命題である。しかし両流とも年代的な変遷も多く、また技法の区切りの分別の差で色々な解答があり得る。古傳的な初期の大東流と言う立場から、おおざっぱに概観すると、「入身投げ」「回転投げ」「天秤投げ」「多彩な腰投げ」「呼吸力の養成」「各種呼吸投げ」「戦闘構え」「流体稽古法」「各種神道系行法」「膝行鍛錬法」等が考えられる。しかしそれよりも先に盛平師範と惣角師範では武術に対する観念の違いが大きく、目的の差異によって稽古法、技法表現等の趣がかなり違ったかと思われる。

いたと言う事ではないでしょうか。

シンクロ

大宮　そしてその果て、昭和初期のある時点においては、ついに合氣系武術におけるビッグバンが起こったのではないかと言う事ですね。

平上　真にしかりであり、昭和初期のこの時期は合氣系武術における驚異の発展の原点となった時期でありました。正に合氣におけるビッグバン※……。それが今日の合氣系武術史における真に重要なターニングポイントになっている。そしてそれが「合氣上」の醸成にも微妙に関わっている様に感じられるのであります。

大宮　合氣系柔術のビッグバン、その實相についてはまた時をみて検討してゆくとして、その前に先ず「合氣上」の醸成、形成期について話を戻したいのですが、先生のお考えはいかがでしょう。

平上　技術傳の濫觴と言うものは非常に微妙な諸点があり、既に先生からもお話が出ました様に合氣上げの原典的なものは既に神代の時代にも現れており、自分もその点においては大いに賛意を表する者であります。またもっといえば、いつの時代にもその極意は武術の底流として存在していたものであると確かに思います。しかしながらその現象的な稽古スタイルを含めて「合氣上」と言うものが本当の意味で定着したのは、合気道系においては昭和初期以降、そして大東流系においてはそれより年代を幾分、いやかなり下ると考察する者であります。

大宮　「入身」傳が完成した時期と言う論も含めて、合氣武術史上において昭和初期※と言うのはかなり微妙な時期にあたりますが、その時系列的な前後関係はいかがお考えですか。

平上　昭和六年に武田惣角師範と植芝師範との久方ぶりの邂逅と東京における秘儀伝授がありました。その少し後に今まで編み出されてきた様々な技術傳が本当の意味で整理され、より深い研

※　**合氣柔術の技法の醸成**
現在合気道と大東流で継承される技術傳、その推移を観た時、大東流技法から合気道のいう矢印の方向性のみの認識しか持てなければ大東流が近代日本武術史に投下した巨大な合氣ミステリーの黒雲を吹き払う事は出来ないかと思うのである。それでは最初の立脚点から既に躓いてしまっている……。武田惣角師範と植芝盛平師範の関係とは単なる師弟関係という様な単純なものでは決してなく、合氣系武術というものは、それぞれ特異なキャラクターをもつ両師範の氣と技のぶつかりあい、つまり正しく両者の「合氣」の中でそれぞれ反発し合いながらも核分裂をおこしてビッグバンをなし、それがまた混合し、収斂をみながら次第にそれぞれの世界が構築されていったもので、何れの立場においても決して固定的な存在ではなかったと言う事を先ずは知らねばならない。

究と工夫を通じて色々な新たなる技術群、術理傳も生まれていったと考えられるのです。そして、その様な中で「合氣上」的なものも「手解傳」の延長線上に工夫されて現れてきたのだと思います。これは植芝系でも、そして武田系でもそれぞれの立場においてであったと考えます。とはいいながら色々な意味で両者の関係は当時かなりシンクロしていたのではないでしょうか……。そして明治の『柔術極秘真傳』にあらわれた様な技術傳も含めて、その様な技術が合氣系武術の中で徹底的に研究試行され、現代の様な形に集約されていったのではないかと思います。そして先程も申し上げた様に「合氣上」と言う名称はかなり後年の名称付けであり、当初は「気力の養成」といった名称において植芝師範系では試行されていたのではないかと捉える者であります。

大宮　物事の始まりや発明は各系においてかなり意識と現象におけるシンクロと言うものが確かに認められ、一元的には発明者を特定できないという事由等が結構多いものです。電話の発明者なども今日グラハム・ベルであるとされていますが、これは単に特許を先に取った人物の名が記録されているだけであり、同時期に同じ様な発案で同じ様なものを完成した研究者が複数いたと言われるのと同じ様なところがあります。色々な時代的影響下においてこの様な極意的な手法が両師範によってそれぞれ完成されていった可能性は大きいと思われます。殊に植芝盛平師範においては、大正十四年から竹下勇大将に教傳しており、大将が、それをメモした大正十四年から昭和七年までのノートが残っており、それに記された技は約一万本に及ぶとされていますから、盛平師範の研究と工夫が大いにあった事は間違いないと思われます。そして同時期、それに呼応してか同じ様に大東流においても大きな発展があったものと推察されるのです。

そのノートを取り口などによって整理したと思われる『乾』『坤』『地』などと題された、武藤先生がお持ちになっていたノートに記された技法は本当に多彩であり、現在の合氣系柔術で行われる技法群が既に殆ど網羅されております。「呼吸法」の原型的なものがあり、勿論「入身投げ」系技術もあり、また現代では見られなくなった技法群も多く、また貴重な口傳的な書き込みも多

※　**昭和初期における関係**

昭和五年と昭和十一年に武田惣角師範を取材し、その様子を伝えた新聞記事（昭和十一年分には数種の記事がある）が存在するが、武田師範はその間に幾度か上京して各地を巡った形跡があり、この間にある程度盛平師範とのコンタクトがあったとも考えられる。しかしながらその實相がいま一つ判然とせず、此処に大きな謎があるといえる。一つ記録に残るのは昭和六年における「御信用之手八十四ヶ條」の伝授で、これは確かに『英名録』に記載がある。これは大東流の伝書位としては『大東流合氣柔術秘奥儀之事』にあたる部位かと思われるが、ただ問題はこの部位における植芝家の同伝書は公開されておらず、当時存在したのかどうか不詳である。『秘奥儀之事』はこの少し後に作成された可能性もあるだろう。この年代より以前の『秘奥儀之事』が発見されればまた論も覆るが、もしそれが存在しないとすると、盛平師範との稽古を通じて『秘奥儀之事』伝書が作成された可能性が高いと云う事になる。そしてこの伝書こそが確かに大東流側（の伝書）における「合氣柔術」のワードの初出なのである。

いです。また「両手に呼吸を入れ」といった言葉が頻出しており、単なる力ではないものを盛平師範は「呼吸」として当時から人に教えていた事が窺えます。この少し後にも合氣武術の大いなる発展が他の資料にも認められるのですが、それは昭和八年以降における朝日新聞社での教傳時期と言う事になりましょうか。

平上　竹下大将が残された一連の直筆記録は合氣柔術史の真相を明らめる為の大変に貴重な資料群であると思います。何故にこの時期において（逆に言えばこの時期においてのみに）ここまでの展開技法が存在したか、存在し得たかと云う事は極めて重要な注目点であり、その動かぬ証拠と言えるものです。そして今ご指摘された通り、単なる技法傳のみならず、恐らく盛平師範が教傳に際して口述したのであろう合氣理論、口傳※までをそのまま記録している。その部分、少し引用してみましょうか。合氣についての説明として同資料に次の様な記述があります。

「合気とは相手の心を洞察し、相手を自在に操作する技術である。が始めからそうしたことは成しがたい。よりてその前段階として、相手の身体と我の身体が触れた瞬間に相手と一体となり、力を導くのである」

「大気の力、引力は強いもので、下に働くのであるから、合気の技は下方にかけるものが多いのである」

「火事などの時に婦人がとてつもなく重い品物を持ち出すが後で持とうとすると到底持ち上げることができない。これは精神力であり、霊力である。できないと思えばできないが、できると思えばできるのである」

「合気は精神と力を分散せず、一に集中することが大事である。相手を圧倒するような気迫を持つことによって小の男が大の男を軽く制することができる」……。

（▼右引用文は、昭和から平成への御世の移りの時期位に、武藤正雄先生宅に於いて所蔵されていた同文書を筆者と大宮先生とで重要箇所をメモをさせて頂いた記録文による為、意訳部分あり。

※　**合氣の極意と古流柔術の教え**

竹下ノートには盛平師範の合氣における生の声が確かに含まれている。この様な「合氣」の解釈は伝統武術の立場からはどう捉える事ができるだろうか。相手の心を洞察したり、相手を自在に操る極意は古代兵法そのものであり、それは確かに日本の古傳武術にも通ずるものである。

支那大陸における三国志時代の中原逐鹿闘争最終勝者、司馬懿仲達は天下統一、覇業の最終極意を八文字であらわした。即ち「人心籠絡百姓駕馭（じんしんろうらくひゃくせいがぎょ）」と。正しくこれこそマクロなる「合氣之術」そのものといえるであろう。

盛平師範の言葉には、かくした古代兵法の超絶極意を如何にミクロなる現実的武術技法として導入するかという事に心を砕いたと言う事、色々苦慮、工夫されていた当時の状況が顕れている様にも感じられる。そしてそこには試行錯誤の跡も感じられ、武術以外の色々な書物を通じても探求されていた様である。また精神力の発動についても述べており、基本理念は古流武術と通脈するが、その具体的方法論は古流武術には色々伝統的な工夫と発明が既にあり、それらは合気道的な方法論と必ずしも一致しない。

原文は研究者により後に翻刻され発表されているので御参照の事）

大宮　これをお見せくださるときに武藤先生が「ここに合気の極意が書かれていますよ」と仰っておられた様に、確かにここにはかなり技術的にも奥深い合氣の極意の一端が開示されておりますが、少なくとも、この時点においては、植芝師範には、武骨居士の『合氣之術』における合氣と同様な考えがあったものと思われます。つまりやはり植芝師範は単に出口王仁三郎に「合氣」の語を冠するように言われてそれを惣角師範に勧めただけではなく、『合氣之術』を熟読し、その定義と理合を理解し、その様な玄妙の技術こそを欣求する者であったと考えられます。

平上　しかりであり、「合氣術」「合氣」の理念、そして生成化育してゆく無限技法傳への展開の根源を最初に見いだしたのは、正に植芝盛平師範であると私は捉えます。

大宮　植芝師範は勉強家であり、古流柔術もある程度実際に学び、またその種の武術系書籍も見て色々研究工夫された。そして更にそこに大本教の言霊とか神道の産霊《むすび》による生成化育の原理などが結びつく事によって、より一層、その理論も技も深まっていったのではないでしょうか。

ちなみに言霊の秘書『水穂伝』※では、天地の呼吸と人間の呼吸の一致を説くが、これが植芝師範の「呼吸」という言葉のもととなっていると考察出来るのです。

朝日新聞社

平上　植芝師範が古流柔術をある程度学んだという論には自分としては少し異義があるのですが、この事は実は嘉納治五郎師範にも同じ様な問題があり、また別の議題として何《いず》れ討議したいと思っています。それはともあれ昭和の初期、朝日新聞社において絶後の合氣武術教傳が行われました。この時期というのは実は昭和八年位から十四年位までの、晴天陽日に徐々に暗雲がかかりつつある、正に薄暗くもただならぬ時期であり、日本史上において非常に微妙な時代ではあり

※**『水穂伝』におけるイキ（呼吸）**

『水穂伝』においては一切のものは火と水からなるとし、火と水を書いてイキ（息・気）と呼び、またヒミツ（秘密）と呼ぶ。火と水は天地の呼吸であり、一切の造化の秘密であるという事である。つまり火水は宇宙の働きそのものであり、小宇宙としての我々も火と水からなり、その働きの一つが息（呼吸）であり、天地の火水も己の火水も本来同じものであるから、一致させる事ができる。武の極意は「己を宇宙の働きと調和させ己を宇宙そのものと一致させる」事にあるとした盛平のそうした考え方のルーツは『水穂伝』の言霊学にあったと思われる。よって当時における盛平師範の「呼吸」という言葉は火水（神）の働きの現れという立場のワードであったわけである。故にこそ盛平師範にとっては呼吸こそが「合氣」であり、玄妙なる合氣之術を表現する一つの代用言葉であったと考える事が出来るのである。

ました。当時の日本人の心、特に文化人や軍人の心はかなり格別のものがあったでしょうね。ましてや武芸者たちの心中においてをや。

この時期における朝日新聞社における合氣柔術の講習や修練という事に関しても、ある程度特別の思い、必死の観念が皆にもあったかと思われるのですが、それはともかく、当時における稽古会の立役者となったのは久琢磨師範であります。彼が主宰する朝日新聞社の武術稽古会に植芝盛平師範が先ずは召喚され、合氣柔術の基本技の伝授がなされました。

大宮　当時において植芝師範は既に大東流を超脱しようとして、大東流を名乗らず、「大日本綜合武道旭流柔術」という様な名称で自己の武術を表現し、自己がそれまで醸成、整理してきた技術傳を徹底的に伝授しました。

平上　そしてとうとう昭和十一年※に至って惣角師範が朝日新聞社に訪れる事になり、そしてどういう訳か同社における武道師範が入れ代わる事となりました……。当時における複雑な人間関係についてはややこしいので暫しおくとして、先ずは技術傳の事のみを少し検討したいと思います。しかし物事は単なる感性ではなく、ちゃんと証左を積み上げて語るべきかと考えます。だから当時において植芝師範が伝授した内容の實相という事を探求したいと考えます。

大宮　朝日新聞社で行われた植芝師範と武田惣角師範の技術傳の記録は、久琢磨師範の管轄下にて、すぐに再現されて写真記録されたとされています。その記録集が所謂『総傳十一巻』と言われるものであり、大東流技法史研究における真に貴重な資料群となりました。

平上　その解題を少しお願いします。

大宮　『総傳十一巻』は正に朝日新聞社で伝授された合氣柔術における技法記録集なのですが、名称どおり十一巻に分かれます。あえて十一巻にしたのも当時の世情と武術家としての立場から鑑みると、何かしらの意図と想いがあったのかも知れませんね※……。

それはともあれその題名はそれぞれ『合気道第一巻～第五巻』『大日本綜合武道旭流柔術第六巻』

※　**昭和十一年の丁字路**

惣角師範と植芝師範の稽古は細かい出逢いやある程度の手合わせ稽古等はそれなりに多々なされたと思われるが、記録に明確に遺る大きな稽古伝授会は、大正四年、大正十一年、そして昭和六年の計三回行われている。

それぞれ大東流史における重要な変換ポイントである。そしてその昭和六年以降、大東流側は同流における次段階の奥傳伝書を作成し、正に大東流合氣柔術としての最終段階の変態をなし遂げ、膨大なる合氣世界に羽ばたかんとしていた。植芝師範も「合気道」に至る前の細かい変態を繰り返し、生きる世界を隔てつつあったわけである。

そしてそれから五年を隔てた昭和十一年、大阪朝日新聞社において二人は遂に丁字路に突き当たり、それから左右に進む道を違え二度と出逢う事はなかったのである。

『大東流合氣柔術極意総伝巻第七〜九巻』『合気道第十巻警察官用捕技秘伝』『合気道第十一巻女子護身術』となっています。その内の『合気道第一巻〜第五巻』『大日本綜合武道旭流柔術第六巻』までが植芝師範の伝授した技術傳だと言われています。※

平上　その様な記録文献における口伝承はそれなりに尊重すべきであると思いますが、『総傳十一巻』における一〜六巻までが植芝師範傳の伝授であるとすると、ある意味大変な事になってしまう。それは合気道の技法史というものを根底から考え直さねばならない非常に重要な部位ですね。

大宮　正におっしゃる通りだと思います。というのはこの六巻までの部分においても今日の大東流における、かなりの奥傳、秘傳に当たる様な高度な関節技、五体全身を利用したレベルの高い逆手術傳がかなり出てしまっているからです。

平上　この資料における出自伝承が正しいといたしますと、植芝師範はかなり大東流の深い部分を既に学んでいた事になりますが、しかしもっと超絶的な立場でいえばこの様な特殊な技法傳を工夫したのは植芝師範自身であった可能性もかなり高いのではないでしょうか？

大宮　確かにそれは否定できません。とはいえ、確かに総傳六巻の時点でかなり複雑な関節固めの技術が出てきますが、これを仮令《たとい》植芝師範が指導したのだとしても、それこそが武田惣角師範傳の技法であった可能性もありますし、また久琢磨師範の口伝承から鑑みても、やはり植芝師範からは合氣柔術の基本技を学び、そして武田師範がそこに訪れ、より深い大東流の奥傳にあたる高度な秘傳法の世界を伝授されたと見る事が妥当であると考えます。そして『総傳十一巻』の造りから考えますと、四巻目までは大体合氣柔術の基本技であり、そこまでを植芝師範は伝授したのではないでしょうか。題名のつけ方から考えますと第七巻、第八巻、第九巻の部分のみが惣角師範の伝授したものと考えられない事もないのですが、『五巻』『六巻』の帰属問題についてはかなり微妙な感がします。

※　**十一巻と言う巻数の奥意**

「西向くサムライ」と言う閏月割り出しの為の戯れ暗記詞からも判る様に、「十一」とは「士」に通ずる意味深の数字である。無雙直傳和義の体系も十一本毎の手数ブロックの積み重ねとなっている。

つまり「サムライが伝えた総ての秘技の図説秘傳書」との意味となる。

※　**『総傳十一巻』の分類**

口伝承によれば、六巻までが植芝盛平師範伝で七〜九巻が惣角師範伝の技法の記録とされるが、必ずしも確実な分類証左が存在するわけではない。ただ内容的に分析すると、一〜四巻までは中々に技法の段階分類が良く出来ており、後の巻はランダムな技法の羅列という感じが強い。この様な性質を鑑みると、一〜四巻が盛平師範伝で、五〜九巻が惣角伝かという可能性も考えられる。しかし別の観点からいえば一ヶ條から四ヶ條に至る技法整理は何とか完成し、それが後の合気道の基盤となったわけであるが、基本を教傳した後は色々その応用技術傳の研究も兼ねながら稽古していた可能性もないとはいえない。

ただ五巻以降に顕れた技術傳は現在の合気道では殆ど行なわれていない部分である事は事実である。

平上　そうですね。その題名から考えると六巻目まで植芝師範が伝授したかと確かに思われるのですが、題名の事を別とすると、資料である『総傳十一巻』自体にその様な書き込みが特にあるわけでなく、写真資料集が整理されたのもすぐというわけでもない様ですから、植芝師範の伝授は四巻までであったという可能性も勿論あります。しかし六巻目までを植芝師範が伝授していたとしても私としてはそれほど違和感はないのです。植芝師範が昭和十一年頃に野間道場で撮ったとされる写真などにも大東流の奥傳的な技術を断片的ではありますが観る事ができますし、やはりある程度は大東流の深い部分まで修めておられたと考えたいと思います。もっともただいま述べている「大東流の奥傳」云々の話も現代的な体系分別の立場においての論ではありますが。

大宮　ともかく先程の「合氣上」の濫觴という事に立ち返りますが、昭和十三年に出た盛平師範の『武道』に「氣力の養成」という名称で現在の合気道における所謂「呼吸法」が登場しており、技法として『総傳十一巻』の技術と共通します。

『武道練習』

平上　昭和十三年の『武道』に現れた「氣力の養成」は、現在の合気道の「呼吸法」に連なる技術傳そのものです。しかしその原型は『竹下ノート』や『総傳十一巻』『武道練習』等に既に窺える……。『総傳十一巻』の記録は、始まりは八年からという事であり、時系列的には微妙ですが、ほぼ同時期に植芝師範が著した『武道練習』※（昭和九年）にも「合氣上（呼吸法）」の原型的な技術傳が現れているという事ですね。ただその少し前の段階にて既に竹下勇大将への教傳があったかと思われるのです。

大宮　その通りです。植芝系の色々な資料にそれぞれその技術の原型を窺う事が出来ますが、多くの技の中の一本として記されています。ところがかなり長期にわたって植芝師範も武田師範も

※　**昭和初期におけるプロパガンダ**
合気道史で特筆すべきは、昭和初期時における植芝師範側が行った様々なプロパガンダの働きである。大本教を通じての力ある著名人たちとの交流を深め、そして何よりも多くの著作業績を多く積んだ事である。『武道練習』や『武道』に加え、他の人脈も巧みに利用して類似の同系図説入り解説書なども発刊している。戦後、極近年になっては大東流側も割合多くの書籍群が出される様になったが、昭和初期における合気道側のこの様な文化活動はやはり特筆すべき事である。その様なプロパガンダは戦後も二代目吉祥丸等の働きを代表として弛まず広く続けられ、戦後における合気道の大隆盛を齎した。

久師範に教えていたにも関わらず「合氣上」的なものが『総傳十一巻』の中の武田傳の部位には殆ど示されてなく、植芝傳の部分にこそあるという事実、そして植芝師範側の出版資料、『武道練習』では多くの技の一つであったものが、『武道』においてはその幾つかが抽出された感じで「終末動作」というところに纏《まと》められ、その理合と名称付けをされて紹介されているという事実を鑑みますと、何か先生の「合氣上げに深いかかわりをもつものは植芝師範ではないか」という説を証明している様にも思えますね。

平上　完成された形態、技法理念を含めた「呼吸法（合氣上）」の技法図説としては『武道』が嚆矢という様に感じられるのです。勿論実際の技術傳や原初的な技としてはいま少し遡るのでしょうけれども、それ以前の資料、特に惣角師範系の資料には残念ながら「合氣上（呼吸法）」が存在したという痕跡が殆どない事に注意すべきと思います。実際技術傳が固まったのは正にこの時期か、もしくはこの少し前位ではなかったのではないでしょうか。そして、それには植芝師範が深くかかわり、また武田師範もその影響を受けたという事……。

いや勿論どんな事でも理屈をつければ逆説を唱える事が必ずしも出来ないわけではない。武田師範が秘傳※として伝えたものを師の下を去った植芝師範が再編成して技術発展したという様な……。しかし資料を突き合わせて判定すると、これは少し難しい方向性で可能性は薄いと私は考えます。

大宮　確かにその様に思われます。ただ「合氣ニテ上ゲル」と云う観念は立技系ではありますが、『大東流合氣柔術秘奥儀之事』にとりあえずは出てきます。この点は既にある程度検討してきましたが、非常に重要な部位なのでいま少し詳細に考証してみましょうか。

この伝書においては技の説明において「合氣」と言う語を六回用いていて、その中で「合氣ニテ上ゲ」あるいは「合氣ニテ敵ヲ上ゲ」「合氣ニテ敵ノ右手ヲ上ゲ」「合氣デ上ゲ」などと用いています。単に「我が手を上げ」ではなく、「敵を上げ」となしている事は注目すべきあります。

※　**大東流の秘傳**

合氣柔術の秘傳といい、また奥義、奥傳といっても、その観念と内容が時代によって、また人脈によって変容している事を知らねばならない。要するに今日的な「合氣」の極意的な観念が当初の大東流に存在したわけでは必ずしもないのである。当時における奥傳、秘傳部分はちゃんと伝書にも記載されている。一つには「傘取」であり、また「多人数捕」「三人仰臥捕」、そして巧みなる棒による体縛り等であったであろう。時代が降り、永く講習会的な指導を続けるに従い、次第により玄妙なる技術傳が付加されていったと考えられる。つまり講習に集まってきた受講生を技術において如何に魅了するかという事をやはり惣角師範も随分工夫されたと云う事かとは思うのである。その方向性も色々な局面があり、触れただけで人が吹っ飛び、また体が固まって動けない不思議な技術。紙縒りを掴んで何時の間にか担ぎ上げられてしまう玄妙の技等々の正に今日的な「合氣之術」。それに加え、複雑なる逆手術にて奇妙な形に固められ、自己の手足が絡まって動けなくなる、巧妙にして独特の技術傳等が工夫された。ある意味奥傳には大きく分けて、かくした二形態があるといえるが、それぞれを考案したのが誰であったかが問題なのである。

これは即ち、敵を「上げる」という事。正に敵の丹田を揚げ浮かして重心を崩すという意味合いと解釈出来るのです。

平上　しかりですね。『秘奥儀之事』のその部分の記載、いかにもこれは「合氣上」の技法的根源であり、また名称の原典でもあると思います。ただ技法傳としては、持たれた部分の、氣の集中による崩しを表現したものであり、崩したあとは様々な巧妙な逆手術技法を用いて投げたり極めたりして制するもので、その意味では現代的なる「合氣上（呼吸法）」そのものではない。

大宮　ともかく『秘奥儀之事』は少なくとも昭和九年のものが確認されておりますから、この頃までには大東流においては「合気にて上げる」という考え方が醸成されていた事は間違いないと思います。しかし現在行われている様な、座しての合氣上げで無かった事は確かです。昭和十年代以降、植芝師範の武術は合気道として独自の発展を遂げますが、武田惣角師範においては大阪を辞した十四年以降、余生数年間、先程先生がおっしゃられた様に最晩年に至って、遂に到達した自己の武術の究極の境地をかつての高弟にある程度は伝授したのではないかと思われます。特に堀川幸道師範には合氣という事を特化して伝承されたとも言われますが、確かに幸道会系では単なる「合氣上」というワードに加えて「合氣下」という様な言葉もあらわれている様です。

平上　「合氣上」の名称自体の出自も堀川師範系であったのかも知れません。そしてまた何度も同じ事を申し上げておりますが、堀川系で基本として伝授された「合氣上」は立ち技系であった可能性をかなり感じるのです※……。

大宮　その可能性は大いにあると思われます。堀川師範は惣角師範に代わってその伝授の巻物を書いていたと言う事ですから、『合氣ニテ上ゲ』といった言葉が記された『秘奥儀之事』などを何本も書いていれば、「合氣上」という語を思いついたとしても不思議ではありません。またそこに書かれている合氣の技はすべて立ち技ですから。

平上　確かにその通りです。それはともあれ堀川師範系の技の旧い写真技法解説資料群の原本を

※　**立合と居合**

「合氣上」における立技と正座技の問題にかなり固執しているが、これは「合氣上」を単なる柔術技法の一種とみるならば、ある意味大した問題ではない。立ち技も座り技も同列に扱うのが合氣柔術、そして古式柔術の基本的考え方であるのだから。しかし「合氣上」を合氣柔術における根源的な極意鍛錬法、また合氣特有の勝負法として捉えるならば、やはり正座スタイルである事は重要である。正座から技術を繰り返す事により、色々な極意傳への展開が可能であった事は事実である。

また世界的に観察しても居捕技は日本武術の特徴であり、正座から発する武術など世界中を見渡しても日本にしかない。また居合は正座、片膝立座り等から発する事に特徴があり、そこにこそ意義と独自性があり、確かにこの様な不思議な形態の武術は世界のどこにも存在しないのである。

武術の出自から考えると、武田惣角師範は立合オンリーの一刀流系撃剣出身者であり、古傳の居合などは修めておられなかった様である。逆に盛平師範の方が一応古流柔術出身であり、柔術的な居取の技術は馴染みが深く、そしてその稽古的な意義や技法的な深い意味合い等をある程度感知しておられたかと思われる。

大分私も保有しているのですが、堀川先生の技法と言っても合氣技オンリーという様な事では決してなく、古典的な大東流技法もかつてはちゃんとかなりやっていた事は間違いないようです。しかしながら晩年の技法映像をみると、頭部を用いて合氣を掛けたり、掌合氣《てのひらあいき》等、古典を逸脱した特殊な技法傳もかなり演じておられる。これは堀川師範が古典的な合氣の遣い方をかなり発展させて新たに案出された合氣の新しい展開、境地の様に感じられますね。

大宮　惣角師範の時代においても「紙縒《こよ》り捕り」があり、「肩掛け技法」があり、「三人仰臥捕り」「傘捕り」「万歳固め」などのかなり特殊な所謂「玄妙」の神技があった訳ですが、堀川師範は確かにそれらをさらに展開し、様々な「合氣」系技術傳を創出されていったのかも分かりません。

「合氣上」の真の発明者

平上　色々理念的な立場や神典における存在などにも言及し、その形成の実相の具体論を少し暈《ぼか》して論じてきましたが、それは現時点においてはその真相を完全証明できるという所までの文証が決定的に不足しているからでもあります。しかし多くの資料を見てきた立場からいえば、その形成の大体の様相を推定する事が全く出来ないわけではありません。

大宮　先生の見解をいま少し承りたいと思います。

平上　事が極めて重要なので今まである程度暈してはきましたが、個人的な研究者の見解としての立場から今一度同じ事を申し上げます。要するに武田惣角師範の時代には、大東流には「合氣上」の名称（技の固有名称）は勿論、技法自体も行われていなかったと思います。そのスタイル、そしてその奥深い理念までを案出したのはやはり植芝盛平師範ではないかと私は考察する者です。※

大宮　その意味合いはさきほども話がでましたように、武田惣角師範が行ったのは立ち技における「八光攻」的な技術であり、座法両手取り「合氣上」は行われていなかったのではないかと

※　玄妙の技と鍛錬法

現代における「合氣上」の捉え方を、勝負法の立場は別にして分類すると、鍛錬法としての解釈と、不思議な妙術としての捉え方との二つの捉え方があると考えられる。前者は主に合気道系における捉え方であり、後者は大東流が最終的に醸成した世界である。両者は微妙に交差するとはいうものの基本的には別物であり、大東流には余り鍛錬法という観念はなく、やはりこれらの差異は教傳法の形態の差異から生じた事かと考えられる。植芝盛平師範という人は、武術の技を通じて身体と氣を養成する所の、深遠なる鍛錬行法の世界を構築したかったのだと考えられる。対して大東流系では飽くまで修学者の耳目を驚かせる玄妙の技を目指したのではなかろうか。

ただ両者の技と理念は現代に至ってはかなり混合し、正に混沌たる合氣両部曼陀羅の世界を両界が競って繰り広げているわけである。

いう事ですね。しかし惣角師範の晩年の伝を受けられた佐川先生系や堀川先生系では確かに行われています。ただ確かに先程松田師範の著作で検討したように、佐川師範系でも最初は「手解《てほどき》」として行われ、それが次第に「合氣上」に発展した可能性を論じましたけれども。

「手解」の秘密

平上　その「手解」傳にも大きな秘密があると私は考えています。八光流や一部の大東流の系脈では確かに天神真楊流に類似の「手解」※が行われます。しかし単なる類似ではなく、本当に酷似しているといえるのであり、これが偶然とは少し考えにくいと思います。

大宮　なるほど。つまり正しく天神真楊流の手解の手法を継承しているのではないかという事ですね。手解法は大東流の全ての系脈で行われているわけではない様ですが、いつの時期か大東流に天神真楊流の技術傳が入ったという事でしょうか。

平上　しかりですが、その前に一つ考えなければならない事は、基本的に大東流という流儀は手解という考え方を否定した流儀であるという事なのです。

大宮　大東流の古典と思われる技術傳には余り手解きという観念は現れませんね。確かにむしろ持たれたり掴まれたりした部位を利用して敵を崩したり、体で極めを造ったりします。

平上　天神真楊流では敵に腕や胸を掴まれた時に、それをいかに無理なく外すかという事を最初に教え、稽古します。しかし逆転の発想をなせば敵が掴んで来たという事は大変にありがたい事であり、正にそれを崩しの軸点（あるいは力点）となす事も出来るわけです。無雙直傳和義には「自己誤《じこのあやまり》」という技術傳がありますが、持たれた所を外そう、持たれたら大変という考えが実は「自己の（考え方の）誤り」であるとします。即ちそれは崩しの基点となる部位であり、大変にありがたい事であるという逆転の発想の技術傳です。

※　**天神真楊流「鬼拳」「振解」**
両腕を持たれた時、先ず片手を手刀となして手解し、敵の眉間に打ち込む。敵は打ち込んだ手刀を受け止め掴むも、我は手刀の小指側に氣を込め、敵の受け手の腕をその儘下に振り落とす。
但し眉間に打ち込むのは吉田系等の一脈のやり方でコメカミ打ちで表現する系統もある。
天神真楊流の最初手であり、様々な身體操作の口傳が内蔵された真に優れた伝統的柔術教傳である。

大宮　大東流の古典技術傳にも持たれた手を外して技術を施す技はありますが、これも無理に手解きするのではなく、崩しを用いて敵が自ずから手を放すよう使いますね。その意味では確かに手解きは必要ない。

平上　その様な大東流の基本観念と他系柔術の手解き技術が合流して「合氣上」という技術傳が生まれたともいえるのですが、最初に誰が「手解き」傳を大東流に導入したのかが問題であり、そこに大きな秘密があると私は考えます。

大宮　大東流における天神真楊流の影響が各研究者によっても指摘されていますが、天神真楊流を実際に学んだのは植芝盛平師範であるという事ですね。

植芝盛平師範の天神真楊流の学び

平上　盛平師範の武術歴はいま一つ定かではなく、学んだ流儀も起倒流と言われたり、神蔭流と言われたりかなり曖昧です。※実際古典流儀を深く修めたという事は殆どなかったという風に私としては捉えておりますが、一つ、周辺史料の精査からある程度明らかとされるのは、東京において戸沢徳三郎師範から短期間であるにしろ天神真楊流を学んだ事です。

大宮　盛平師範自身は語録の中で**「私は今まで、各流儀を三十流ほどやりました。※柳生流の体術をはじめ、真揚流、起倒流、大東流、神陰流などいろいろやりましたが、合気はそれらを総合したものではないのであります」**と述べていますが、どうも伝記などを調べると先生のおっしゃる通りの様に思われます。

平上　しかりですが、天神真楊流の「手解」は正に最初の手解きであり、門人が一番最初に学ぶ技法傳であります。何ヶ月か道場に確かに通ったので有るならば、間違いなく天神真楊流のこの最初手の教え、同流独特の「手解」傳は学んだと思われます。いや、道場の考え方にもよりますが、

※　**研究の劣化**
合気道のルーツ解明の為には、植芝盛平師範が学んだ流儀を明らかにする事が極めて重要であるが、盛平師範が授与された巻物資料群と盛平師範の口伝承等から色々に解説されてきた。歴史研究というものは次第に周辺資料も整い次第に事実関係が明らかになってゆくのが普通であるが、盛平師範の修学流派についての研究については、年代を経る毎に逆に劣化がみられ、最近の多くの解説書籍においては支離滅裂な事が多数書かれている事が真に遺憾である。

※　**試合、演武会**
植芝盛平師範の修学流儀については幾つかの流名が上げられているが、それら各流における実際的な「許し」や傳位等は余り明らかではない。一ついえる事は流儀をある程度深く学べば記録も残るし、また乱取り試合や演武会等もあり、好むと好まざるとに関わらず、ある程度はそれらに参加してゆく事になる。しかし現在のところ植芝師範における大東流系以外の流儀における試合や演武等の活動についての記録資料は殆ど発見されていない様である。

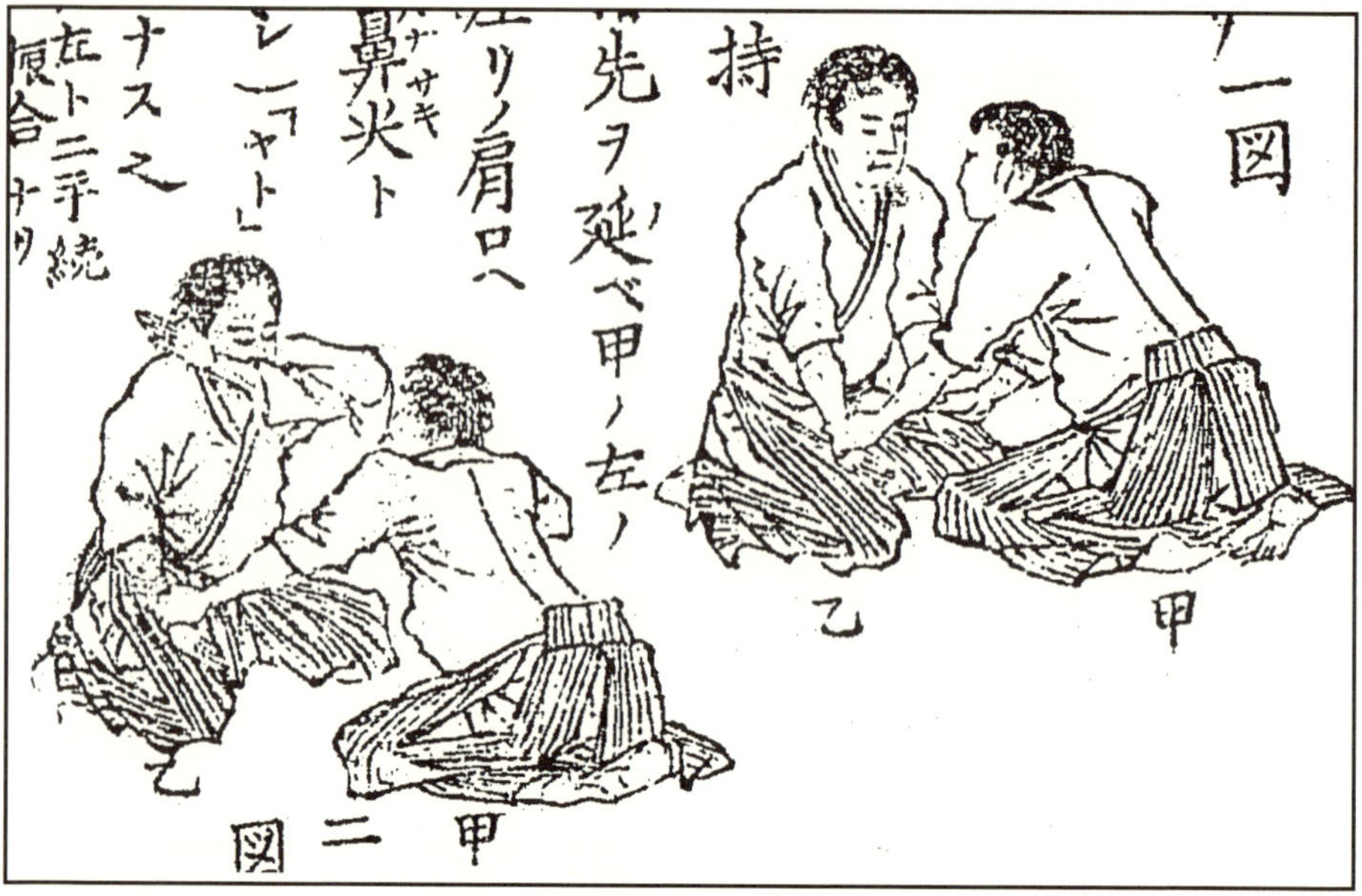

★天神真楊流手解における「鬼拳」「振解」

明治二十年発行の『柔術剣棒図解秘訣』に図説された「鬼拳」の手解技法である。

膝上の両手を押さえながら掴んでいる点は現代の合気道式ではなく、大東流のやり方に近しい。解説によれば指を延ばして一寸前に進めると云う表現があり、これは正に手指から氣を放すと云う合氣柔術的な教えと同種の口傳かと思われる。技法口傳と云うものは各流、そしてもっといえば各師範等に独自のものがあるのが普通だが、同書解説にも優れた口傳解説がちゃんと現れている。それは即ち敵の鼻頭と我の鼻頭、そして我の手解をなす腕臂の部分の三点を以て正三角形をとるという教えである。現代風口傳としては臂の張り方等の教えや「耳を掻くが如くに」と云った教えがあり、それらと同種のものかと思われるが、より的確で科学的、物理学的の様に思われる。

ちなみに同書は活字本なのかどうかと云う点が少し気にかかった。文字は比較的整って活字の様にも見える……。しかしまた図版との融合などをみると昔風の木版刷式なのかと云う感じも残る。それほど日本印刷史等には詳しくないが多分活字式ではない様に思う。しかしながら完全に木版式かと言うと、他頁に活字印刷風の部分もあり確信が持てないがどうなのだろう？　製本法自体は洋式である。

それはともかく絵図のレベルも比較的高く、昔風の木版刷り絵本のよさをある程度遺した優れた柔術の図説解説書である事は間違いない。五年後に出た『合氣之術』は間違いなく活字本の様であり、文章オンリー書籍となっている。それよりも文字だけに関しても本書の方がかなり読み易い事は大変に素晴らしい事と思う。写真版印刷等はまだまだ容易には出来ない時代であり、優れたプロの絵師達が腕を競っていたのだろう。

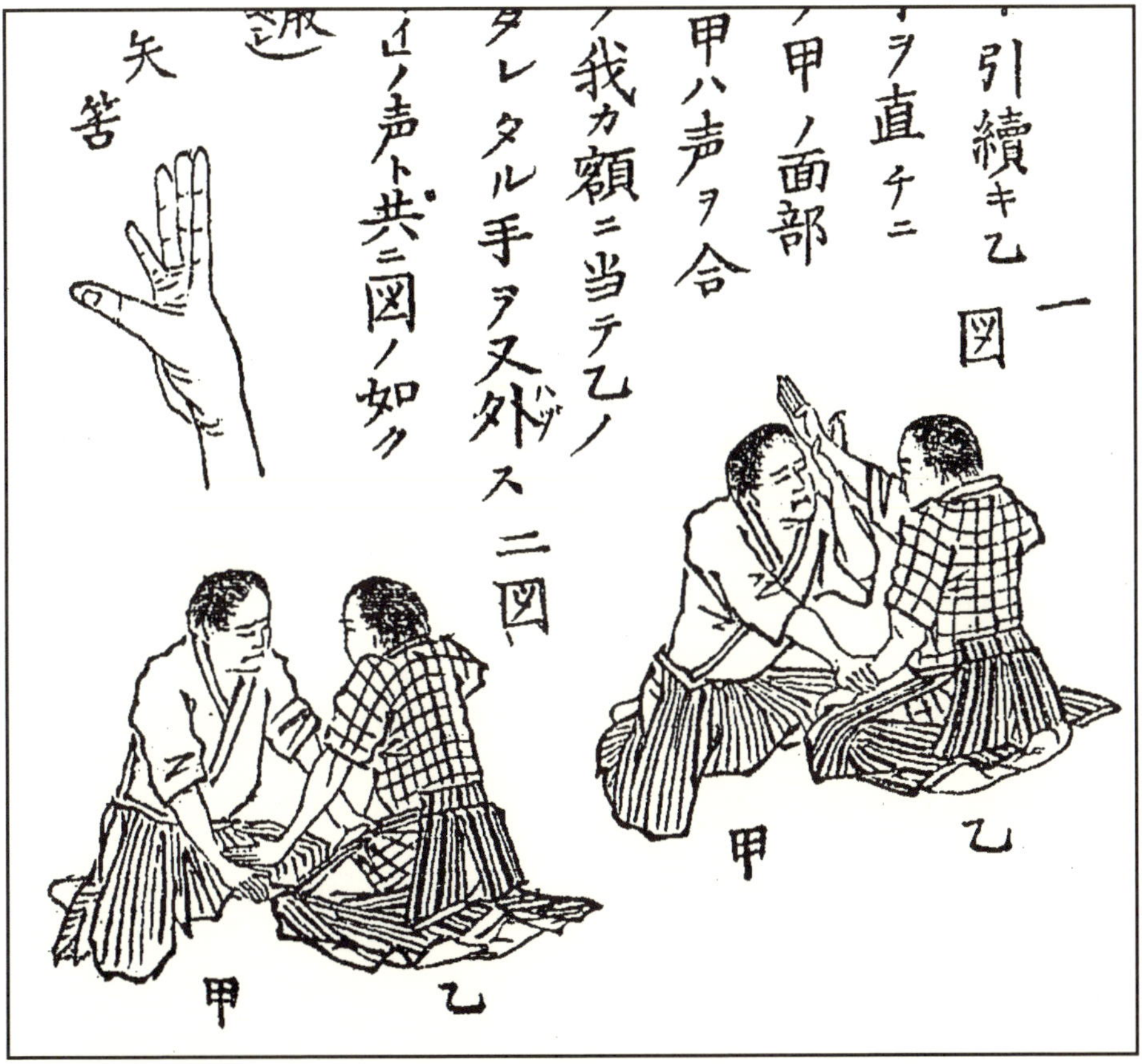

技法の流れは「鬼拳」による「手解」から「振解」へと展開する。これは手解きした手を以て直ちに腕を返し、手刀を以て敵の額に打ち込む技術である。それに対して受方は矢筈手を以てそれを額前で受け止めるが、捕方は敵の受け手に対して自己の手刀の下部、小指側から氣を発し受手を引っかける様に下に切り落とす。そして逆に上から敵手を氣で押さえ制すると云う手順となる。少し技の形態は違うのだが、この手刀による切り落としの感覚は「合氣下げ」の口傳に通脈する部分がある様に思われる。

そして少し気になるのは受方の受け手のスタイルである。大東流で云う所の所謂「朝顔」のスタイルにかなり類似しているのではないだろうか。

この系派の天神真楊流では真正面に打ち込む形で表現されているが、手解において左肩に振り解いた流れをその儘返して神集（コメカミ）に打ち込む表現の形で継承する系統もある。これは八光流で殆ど同じ技術表現、やり方が行われており、偶然とは思えないほど共通性が高い。そこには伝承の細糸があると考えられ、その継承線脈の推定もある程度出来るが、証する資料が乏しいので明確な線引きと確言は現時点ではなさないでおこう。

●補論

同書は明治二十年刊行本であるが、「氣當」や「遠當」についての説明がある。「合氣の術」とは言っていないが、この様な部分の解説が講談本の描写やワード、明治二十五年の武骨版『合氣之術』へ影響を与えた可能性はある程度あるかと考えられる。

入門した一番最初に学ぶ事が古典的な一つのしきたりではあったのです。

大宮　現代の合気道は掴まれて手解という観念は余りなく、相手に持たせて技を施しますが、逆に現在の大東流の方に古典的な「手解」傳が残っているのではないですか。

平上　合気道では古典的な「手解」法が昇華され、独特の「呼吸法」の世界が構築され、古い部分が消失してしまったという事でしょうね。※合気道系は新たな技術傳を上書きして現在の新式技術に至ったのですが、逆に大東流の方がプラスアルファ思考で古い部分も新しい部分も断層的に各師範の系脈を通じてそれぞれ大体残っている。この点が両武道の決定的な差異といえるかも知れません。

「手解」の導入

大宮　その通りかと思いますが、その天神真楊流傳の手解※がどの様にして大東流に混入されていったと考えればよいのか、先生はいかがお考えですか。

平上　全ては闇の中、神田淡路町の老舗蕎麦屋店中での出来事であり、推測でしか考察出来ませんが、やはり植芝盛平師範傳の技術が影響を与えたのではないでしょうか。状況証拠的にはその様に捉えるのがやはり妥当かと思います。

大宮　一般には大東流から合気道への矢印引きしかこれまで論じられて来なかったのですが、資料を突き合わせて考えてゆくと、逆コースの矢印引きもかなり可能性がある様に確かに感じられます。武田惣角師範と植芝盛平師範の関係は真に独特であり、特殊な部分があったと思います。

平上　またそれが大東流という流儀の特殊性であり、究極の「合氣之術」であると私は捉えたいのです。

大宮　真の「合氣之術」とは相手の全てを見透す事。相対するだけで相手の心の奥底を覗いてし

※　**挿入と上書き**
現代の文化は次第に変容し上書きモードでなされ、古いものが余り残っていない例が多いが古流武術というシステムは古きを尊び、古典を残す事を使命となし、新たな文化がたとい付加されるにしても挿入モードで古い部分を消去せずに継承されてきた事例がかなり多い事を知らねばならない。作州竹内流や尾張藩傳新陰流などが良い例であろう。しかし大東流の場合は挿入モードといいながらそれらとはまた別方式をとり、各断片を各時代の師範に体伝として残すという方式をとった。しかしその全てを貫く統一的なアイテムをちゃんと設えた事も事実であり、これが極めて重要な部分なのである。そしてこれこそが大東流という流儀の最後の秘儀であったともいえるであろう。但しこの部分こそは大東流史研究における真に深い部分、最終結論に極めて近い部分である。そしてその解明と開示は未だ刻至らずであり、次回の討議に期したいと思う。

まう。本人自身が気づかない事まで合氣之術の達人は読み取ってしまう。

平上　特別な超能力を用いなくとも読心術はヤリ様に依ってある程度可能であり、正に「術」であります。ただそれを実際になす為にはいろいろとテクニックを用いる事もあるわけで、特にその様な伝聞が残っているわけではないですが、惣角師範は入門希望者を単純に誰でも受け入れて技を何の制限もなしに全て披瀝《ひれき》していたわけではないと思います。教傳の礼金もかなり高額であったし、また「顔が気に入らん」といって入門させなかった事もあったと言われます。ともかく入門を乞う者には「何をやってきたのか、少し見せてみろ」「自分の好きな技で掛かってこい」という様な謂で、相手の武術の手之内を見透かす事はある程度なしたのではないかと考えます。

大宮　昭和五年にわざわざ訪ねてきた記者に対しても最初は余り武術の話をなさず、他の四方山話から攻めて、やっと武術の話に移り、「あなたは柔をやった事がありますか」と問いかけ、相手の手之内を探りながら技を施していますが、確かにこれも一種の古代兵法であり、そして恐るべき「合氣之術」の秘法であると思います。

平上　敵の力量を見抜く事は孫子の時代から受け継がれてきた百戦百勝の秘法に通じます。その為の色々な方法論が考案されましたが、それらは正に「合氣之術」そのものの一端であると捉える事ができるでしょう。しかし方法論は同一でも本当の極意は凡才には生半に出来る事ではない。やはり惣角師範は一種独特の天才であり、門人が別で習ってきた技の本質を瞬時に見抜き、よい所は瞬時にして吸収しながら、それ以上の技を即座に開示して門人を虜《とりこ》にしていったのではないでしょうか。

ところが実をいえば盛平師範もまたこの点は同じであったかと思われるのであり、その様に判定できる様々な例証があります。例えば大東流には既に「柏手小手返し」があり、両手を持たれた時に特に手解きをなそうともせず、しかして接触点を利用した崩しの術理があり、その上の強烈な逆手術をも内蔵している。単なる「手解き」傳を超えた技術を示されて、また盛平師範もそれに感応し、

※　**手解と言う用語**

日本武術の立場において、「手解」と言う詞は色々な要素の意味を含む。そして武術のみならず、他の文化教傳用語にも転用されている真に不思議な大和詞でもある。実際多重的な意味がある。根本語源は勿論掴まれた手を振り解く事であったかと思うが、それが体術教傳の最初の教えと言う意味から、武術に限らず「教え始め」の教傳と言う意味にも転用された。そしてより深い意義としては「手の内を見せる」と言う意味合いも含まれ、またそれに付随する狭義の解釈として、形分解の教えと言う意味の用語としても使われる。

つまり「手」と言う大和詞には単に「ハンド」の意味の他に「テクニック」の意味があると言う事である。琉球拳法の口傳として、「形は教えて手は解かぬ」と言うものがある。これは拳法独演形は割合簡単に教えるが、その形の意味合い、実戦用法等、具体的な技の使い方は中々教えないと言う意味である。天神真楊流の「手解」には最も根源的な意味と、教え初めと言う意味合い、そして技の術理の教えをなすと言う、三通りの意義がちゃんと含まれているのである。

そこから新たな「呼吸法」の技術傳が編まれていったのではないかとも考えられるのです。

大宮　植芝盛平師範は確かに勉強家でもあり、若い頃に、当時刊行された武道本、『柔術極秘真傳』に現れた、まるで合氣上げから合氣投げをなすという様な流れの技術図解を本でみていた。そして惣角師範から学んだもの、またそこに天神真楊流の技法傳を含めて色々工夫し、その中から「呼吸法」というスタイルと独特の哲理が産み出された可能性は大きいです。

平上　呼吸法のスタイルに加え、「呼吸投」ともいわれる一連の技法群、所謂「天地投げ」や「地風投げ※」的なスタイルもこの様な立場で工夫されたのではないでしょうか。

大宮　現代の大東流は基本的には何でもありなので、「天地投げ」や「地風投げ」的な技術も施行されますが、確かに古典的な立場における大東流には「天地投げ」「地風投げ」などはなかった可能性はありますね。伝書の形解説にも出てきませんし、古い段階で存在したとは確かに考え難い。とにかく植芝盛平師範は学んだ一つの技法傳から多くの応用技術を工夫された事は間違いない事実かと思われます。

平上　植芝師範が著された『武道練習※』などを見ますと、手解き系の様々な技術傳や、また両手を持たれて、それを外したり持ち返さず、持たれた接点を逆に利用して投げ倒す合氣投げ的な技術傳などを含めて色々工夫をなしていた当時の様子が窺えます。植芝師範が天神真楊流をどのレベルまで学んだのか不詳ですが、同流の奥傳世界には、氣の運用で触れもせずに相手を吹き飛ばす究極の「合氣投げ」の世界までが表現されています。※

「手解」とは取り手を解くに非ず

平上　実際、天神真楊流は真に優れた体系をもつ江戸柔術の名門中の名門であります。最初に「手解」を教傳し、敵の力を外す事を教えますが、上に進むとちゃんと持たれた部分を利用し氣の運

※　**「地風投げ」**
呼吸投げの一種。主に立技で施行されるが、両手を取られ手解きをなさずして接触点で敵を吊り上げ、次には体を沈めて敵の地を払う様に入って敵を自己の真後ろに投げ飛ばす技法。但し名称も技術傳も合気道の基本教傳にはなく、変化応用技として一部系脈によりて施行された技術傳の様である。大東流の古典技法の中にはなく（現傳大東流では合氣八法投げの中に含まれる）、かなり合気道的な技術といえるであろう。また大東流は旅館などを借りての講習会方式の伝授であり、参加者には素人衆もあり、受身をそれほどとれない者も多かったのではないかと考えられ、この様な烈しい投げ放しの技術がずばりそのままの形で伝授されたとは考えにくい。

※　**『武道練習』**
昭和八年に植芝守高著として限定的に出版された図説本。現在の合気道の体系の原点ともいえる内容となっているが、余り上の伝位の技術はあらわれていない。後に完成された合気道体系の立場からいえば一教までの伝位かと思われるが、そうした初傳段階においても色々変化技を工夫し様々な技法伝法を編んでいた当時の様子と、大東流を超脱して新たな武術体系を構築しようとしていた植芝師範の新鋭武術家としての意気込みが窺える。

用を用いて手解きせずに巧みに敵を倒してしまう技術傳も学ぶ事となります。そして実を言えば天神真楊流の「手解」とは、単に持たれた手を外すと云う様な浅薄な教えでは決してなかったのです。これは流儀の全体像を捉えて初めて理解できる一つの秘儀でもあるのですけれど。

大宮　「手解」とは「手解」に非ずとはどういう事でしょうか。

平上　「手解」とは「敵の手を解くに非ずして我が手の氣の流れを解き放つ」事であり、これは正に神代の時代から伝わる「手乞」の秘儀を継承するものであり、手解技を通じて氣の運用、氣の流れの開放等々……氣の不可思議と云うものを感得させる為の最初の関門であったのです。

大宮　なるほど掴まれた部位に氣を通わせ、正に氷柱の如く、剣の如く、また鋼鉄の棒の如くすると云う事ですね。

平上　故に天神真楊流の「手解」は古流柔術の教傳としては極めて珍しく、「形」としては伝えられておらず、口傳を通じた体伝をもって教傳されるものでありました。天神真楊流における「手解」十二手は流儀の元祖、磯又右衛門が制定したとも、またその又右衛門が学んだ真之神道流にその原型七手があったとも言われます。恐らくそのまた源流である楊心流の中に、形に入る前の基本教傳として伝えられたものがあり、それを歴代の師範が整備していったのではないかと考えられるのです。

大宮　なるほど、形以前の教傳としてその沿革は極めて古いのかも分かりません。ともあれ形ではないと云う事は演武線や礼式、所作を伴わず技法傳のみの錬磨と云う事ですね。

平上　現在の合氣系柔術でみられる所のお互い左右づつ技を掛け合って技を研究、錬磨するというスタイルであり、確かに古流では珍しい形態です。※この方式も合氣柔術が天神真楊流等の古流稽古スタイルから摂取しているという風にもみる事ができますね。

大宮　古流武術の形稽古をかなり逸脱した特殊な流し稽古法を採用した合氣柔術と同じスタイル

※　**天神真楊流の「合氣投」の謎**

現在柔道形の最終極意形とされて施行されている「五つの形」の中に「石火分」があり、これは正に「合氣投」の極致を極意的に表現したものである。この技法の出自は一説では天神真楊流の奥傳極意形とされ、実際その様な立場で演武される事もある。しかしながら史料学的にはかくした事実関係には疑問がないわけではない。

先ず天神真楊流のどの資料、古文書類をみても「五つの形」を記載したものが存在しない事。天神真楊流は全形体系が書籍によって公開されているが、その中にはなく、また奥の秘傳書を監査してもやはりその存在は全くでて来ない。天神真楊流の秘傳、口傳、極意教傳等は奥伝の古文書にちゃんと少なくとも目録記載があり、その概ねの内容は把握出来るのであるが、その中には存在しないのである。

そして植芝師範が天神真楊流を通じ同形に触れた可能性は殆ど存在しないだろう。もし触れる可能性があるとすれば講道館柔道形を通じてであったであろう。それはともかく古典としての天神真楊流に同形のアイデアが未だなかったとしても、後代の系脈において極意形伝として付加されていた可能性はないとはいえず、嘉納治五郎師範は何処かでそうした伝を得たという事であるのかもしれない。

が、植芝師範の学んだ天神真楊流でも行われていたと云う事は大変重要な事かと思います。

平上 目録に現れない稽古スタイルとしてはどの古流武術も同質の事はやっていたかと思いますが、この様な体系立ったやり方を残した事は天神真楊流の一つの業績かと考えます。ただ勿論天神真楊流の場合はそれだけではなく、氣の運用を学んだ後は「真之位」から始まる古典的な形教傳に入ってゆくのであり、これは現代の合氣柔術とは全く違う伝統武術の深い部分です。※ ここまでの伝を植芝師範がちゃんと受ける事ができたかどうかは分かりませんが、ただ盛平翁が伝えた術技の中では殆どその痕跡は窺えない様に感じます。

大宮 天神真楊流をかなり稽古したとされる嘉納治五郎師範でも、天神真楊流の古典形はそれほど修めていなかったとも言われますから、※ 中々その様な深い部分を学ぶ事は当時の道場のスタイルを考えた時、難しいのかも知れませんね。植芝師範の時代はもう既に柔術の古典形と云うものが見失われ、かなり競技化しつつある時代であったと考えられますから。

平上 ただちゃんとした一から十までの教傳ではなくともある程度道場に通ったのではあるならば、断片的な上位形の技法傳もある程度は流し稽古等の中で学べる可能性はあると思います。天神真楊流中には両手取りからの投げ技もない事はないのですが、合気道の「呼吸投」法とは手法が少し違います。しかしながら諸手取りからの「呼吸投げ」的技術は座り技、立ち技の両方にあり、この部分は現在合気道の基盤の一つともいえる所謂臂力の養成として影を落としていると考える事が出来るのです。

大宮 臂力の養成に内蔵された氣の運用を用いた崩しの技法傳は大東流の技の各所でみられますが、確かにその技術傳をピュアに取り出し流儀の独特の基盤として設えたのは植芝師範の可能性はあるかも知れません。

※ **形教傳以外の教傳**

古流武術は形を主体として稽古され、為にしてその弊害云々などというトンデモ論を展開する者までいるが、最初の前提がそもそも間違っている。「形を主体」ではなく、「形を核」とした理念の元に稽古をなすのであり、形をどの程度の割合で稽古に取り入れるのかは各師範の資質と思想における取捨であろう。また流儀の構造や理念、また各時代の文化の有り様によって様々であり、古流武術自体に形オンリーや形偏重の問題点があるわけではないのである。実際ちゃんとした古典形に入る前にも色々な稽古法、鍛練法がある。実際、形稽古を流儀の核としながらもそこから派生した分解法や様々な鍊功稽古法が大いに施行されていただろう。そして乱取りや組討ち稽古法もその中の一端であり、また合気道系の基本となっている投げ放ち稽古法等も古式の鍊功稽古法の一つであり、何も合氣系武術で始まった事では全くない。

実際のところ、植芝師範は種々の古流武術を学んだとされるが、その稽古期間等を鑑みると殆ど正式な古典形の稽古のところまではいかず、その前段となる基礎体鍊稽古に終始していた可能性の方が、当時の道場の一般状況を考えても高いかと思われるのである。

堀川師範系

平上　絶対証拠が存在するわけではなく、全ては仮説といえば仮説であるのですが、長年同流を研究してきた立場としての考え、自己の個人的な推定という立場において述べさせて頂きました。

大宮　ものの始めの工夫を誰がなしたかを確定する事は確かに中々難しい問題です。しかし武田惣角師範が厳密な意味での「合氣上」をなす事がなかったのだとしたら、堀川師範系の場合はどうなのか、ここの部分も色々論がありましたが、いま一つ釈然としない。

平上　既に私の考えは述べました。大東流で云う所の古傳的な「合氣上」は勿論やっていたでしょう。『秘奥儀之事』に記載された如く、正に「合氣ニテ上ゲ」であるのですから。しかし現代で見られる所の、最も基本と言える座法呼吸法はなかった、行われてはいなかったのではないかと史料的立場から推量しているわけです。そのスタイルは勿論、その根源的な「合氣養成法」「合氣勝負法」としての意味合いと術理、理念を含めては……であります。

先程も申し上げましたように、確かに「合氣上」なる名称は堀川師範系からでた様にも感じられるのですが、同系は加えて他系では余り見られない「合氣下」の技術と名称があるという事が重大であると言う事を先程から何度か申し上げております。これは要するに当時の核となる技法傳が立ち技において行われていた可能性を示唆していると考えられるのです。因みに流石に大東流傳書には「合氣ニテ下ゲ」と云う記述はありません。

大宮　つまり立ち合いにおける両手取り「呼吸法」でなければ、「合氣下」的な技術も名称も現れ難いだろうという事ですね。「合氣下」は基本的な口傳法を護って独特の手法を以て施すと、やられた方はカクンと膝が折れる様になって後ろにドシンと倒れる事となります。座法でも出来ないわけではないが、技法傳としては確かに少しやりにくく技法感覚を感知しにくい事は事実です。

平上　勿論、現在の堀川師範系では勿論座り技の「合氣上」技法も行われている様ですが、現代

※　**嘉納治五郎師範における天神真楊流の学びについて**

嘉納治五郎が天神真楊流を基盤に講道館柔道を開いた事は著名であるが、一つ抑えて置かねばならないポイントは、嘉納師範は天神真楊流の許しの伝位を何も受けていないと言う事である。即ち、「切紙」も伝書類も一切師匠から授かっていない様なのである。その様な立場でどの程度、嘉納師範が天神真楊流を修めていたのかについては闇に閉ざされている。後に講道館の形が制定されたが、その中には意外なほど天神真楊流形を通じての技法的な影響が存在しない。ただ勿論乱取りオンリーではなく、形もある程度稽古していた事を嘉納治五郎自身が記録している。また當身殺活伝の一端である蘇生術の伝授などを受けたという客観的な記録などがあり、また修学期間から鑑みても天神真楊流の様々な教傳を受けた事は間違いない。そして当然形伝授もある程度授かる事が出来ただろう。しかしながらその深さと範囲には不詳な部分が多く、奥傳形、例えば「極意上段」等は修めていたかどうかは不詳である。そしてその上に伝位する様々な口傳、奥傳教傳、秘密殺法、目潰し傳等については、天神真楊流の後代の系脈でも殆ど継承する者がいないのである。

における技法解説書などを見ても座法系は「手鏡傳」であったり、「拝手傳」、「お化け手傳」、もしくは「膝渦巻き伝」で倒したりする、やや独特の技術傳で、現在の合気道で行われる「呼吸法」の基準的な技術は余り施行されない様であります。やはり惣角師範伝来の技法としては、座法「合氣上」※は含まれていなかったのではないかと感じられるのです。また堀川師範系は「触れ合氣」という独特の世界を工夫、案出しましたが、これもやはり立合「合氣上」稽古を永年錬磨する中で自然に現れてきたスタイルではないかと感じます。

大宮　先生の主張は、現在大東流で行われる「合氣上」の基本スタイルは、植芝盛平師範が案出したスタイルではないかという論であるかと思います。これはこれで先生の研究者の説として有り難く拝聴しました。ただ私個人としては、何度もいう様ですが、惣角師範がそうした事は充分に知っていて、しかも何人かの信頼できる弟子にしか教えなかった可能性も充分にあると思うのです。※現に私の会でも、最も基本的である、合氣技法を合氣十門として十に分け、それに名を付けていますが、その技法そのものは見せても、その名称は入門したてで、いつ辞めるか分からない様な人には教示していません。よって人によってはその変化を見せられていても全部違うものの様に感じてその重要性が分からない人もいます。同じく、惣角師範においても、いろいろな技において、よく用いられる合氣的な技法がいくつかあり、このやり方が重要だという様なものがあった。そしてその最も中核をなすものの一つが合氣上げ的なものであったのではと思います。そして、その惣角師範の教傳していたものをよく見届け、その中で中核と成るべきものを見出していったのは確かに盛平師範であったかもしれません。かつて先生は盛平師範こそが、大東流の多くの技の中からその中核となる技を、一教とか二教とかいった感じで取り出し、ピュアなものとしたのだと仰った事がありますが、正しくこの場合にもそうであったのではないかとも思われます。先にも話が出ましたが、『総傳十一巻』『武道練習』『武道』と云った技法解説書がよくそれを表している様に私には思えます。『総傳十一巻』『武道練習』においては単なる一技法であっ

※　**「合氣上」と「呼吸法」**

今日における大東流で施行される「合氣上」と合気道の「呼吸法」とでは、基本的コンセプトにある程度の相違があると考えられる。現代合気道における呼吸法は単なる技法傳、制敵技術というよりも鍛錬的要素が強い。そして大東流の各派においては色々な捉え方がされおり、勝負法的捉え方、敵を掴み返さず、接触点のみで投げ制する玄妙の術としての捉え方等が主な要素である。そして鍛錬法というよりも極意に至る大きな関門としての意味合いも強く、特に近年では最も重要な、流儀の根幹的な極意技法傳として捉えられる様になってきた。

しかしながら植芝吉祥丸『合氣道技法』（昭和三十六年）によれば「合氣道独特のものであり、単なる鍛錬法を越え、相手の技法、心境の深浅が窺える、合氣道の根本を握るもの」という風に既に解説しているのである。

つまり「呼吸法」を極意手法の一つとしてクローズアップしたのは寧ろ合気道側の方からであり、大東流が後年それに呼応して転化していったのではないかという風にも史料的には観察されるのである。

たものが、『武道』においてはその幾つかが「終末動作」として、練習の最後に行うべきものとして整理されております。その中に「氣力の養成」として「呼吸法（合氣上げ）」とほぼ同じものが記されているのがその証拠になる様に思えます。盛平師範は、幾つもの技の中から、合氣の中核となる様なものを選び出して、それを纏めた様に思われます。勿論、惣角師範から教示されてはいても、ある時期まではそれを隠していたという可能性もないではありませんが……。

とはいえ多くの資料を突き合わせて鑑みると、確かに先生の説にはかなり説得力がある様に思われます。

平上　資料の余りない藪の中の出来事は色々な可能性があると共に色々想像が膨らみ、興味深くもあり、また中々に面白い部分がありますね……。

ただここに一つの譬え話として中華の太極拳史の問題があり、合氣柔術史との奇妙な類似性など、存外にかなり共通《シンクロ》する諸点がありますので、両者を対比する立場にて、最後に少し提示して置きたいと思います。

つまり太極拳史における最初の認識としては、陳家に古伝した太極拳と云うもの、つまり「陳家太極拳」と云うものがあり、それを学んだ楊露禅がそれを些か改変して柔一色の「楊家太極拳」と云うものを都で広めたと云うのが従来の定説でありました。その改変の理由としては普及化の為に武術性を抑え、大衆化する為、つまり老若男女誰でもできる様に再構成したという捉え方であります。

しかしながら今日ではかなり新資料も提出され、新たなより深い考証もなされ、現在の歴史認識はかなり変容してきています。即ち本来「陳家太極拳」と云うものは実の所、歴史的立場においては存在しておらず、実体的には少林拳などと類似の陳家拳法、そして「炮捶《ほうずい》」なるものがあったに過ぎないと云う事です。それらを学んだ楊露禅が古典文献から陰陽太極、八卦などの理論と、そしてまた他地における拳法修行や他門派との数多の手合わせ、仕合等を通じて会得した術の覚

※　伝統武術における嘘教傳について

伝統武術における教傳において、人を選んで教える範囲を変更したり、重要な部分を隠蔽したり、また場合によっては嘘の教傳をするかどうかという事が議論になった事がある。いかにももっともらしげな論ではあるが、伝統武術の立場からは、厳密な体系がある以上はそれは正しい認識ではないという論が提出された事がある。つまり心身共に未熟な者には奥傳の技術は伝授されない事は当然だが、それは嘘を教えるという事ではなく、また人によって教傳内容を変えたり、また重要な部分を隠蔽したりという様な論とは確かにニュアンスが違うわけである。ただこれも「嘘」という観念と解釈に微妙な部分があり、伝統的に行なわれた体系隠蔽法や形の本名を隠す教傳法はある意味では「嘘教傳」といえない事もない。ただ武田師範の教傳法は伝統的武術の有り様とはかなり相違し、大東流の古典体系に添った教傳法は大正以降は殆どとっておらず、かなり恣意的な教え方をしていた様なのである。これは道場稽古を通ぜず、各地の講習会方式で伝えられた惣角伝合氣柔術の宿命であったともいえるであろう。

りをもって独特の武術の境地を開き、かくした自得の極意傳を陳家拳法技術に被せて新たな拳法、「太極拳」なるものを名称を含めて創始し、それを都（北京）で広めたと云う……。その不可思議にして神秘的な動きと法外なる強さが評判になり、インテリ層にも大いに受けて修行者が続出した。その様な中で多くの学識ある名人も多数現れて、真に深遠なる太極拳理論、拳法極意世界と云うものが構築されてゆきました。

これはこれで良いのですが、都でその不思議な柔拳、「太極拳」が隆盛すると、その名声と云う風の便りは田舎の陳家溝までにも届き、それが極めて面白い事に陳家の拳法に色々影響を与えて行く事になるのであります。即ち楊家で醸成された拳法の趣やその名称、そして太極理論までが陳家系でも色々摂取され新たな拳法として再編され、それが「陳家太極拳」として醸成、伝搬していった……と云う風なこれまでの通説をかなりの部分で覆す新たなる捉え方が現れてきました。※

勿論これも一つの仮説であり、まだまだその真相は資料を尽くして探求する必要があるのかも知れませんし、また新異説もあるかも知れません。ただ自分は日本における合氣柔術史にもその様な推移と酷似した奥の真相があったのではないかと捉える者なのであります。

※　太極拳の歴史的秘密

楊家太極拳と陳家太極拳との歴史的関係については笠尾楊柳先生の説から解説させて頂いた。中国武術研究は専門外となるので解説に胡乱な部分があるかも知れない。

ただ日本武術研究の立場から中国武術をみると、日本の江戸期にあたる時期の清国中期前における文献が殆ど窺えない点は少し気になる点である。清朝末期頃から多くの国術書（中華式武術書籍）が刊行されたが、日本武術における流儀の秘傳書とは性質が違うわけであり、刊行書である以上、各流（各門）間において書籍等を通じた様々な影響を受けたであろう事が想定できる。そこには単に極意傳の摂取のみに留まらず、自己の武術の名称まで変革してしまう様な大きな改変もあったかも知れない。

そしてそれは明治、いや大正、昭和以降に発展した合氣系柔術の歴史的秘密にも繋がる事なのである。

第四章　武術極意の世界

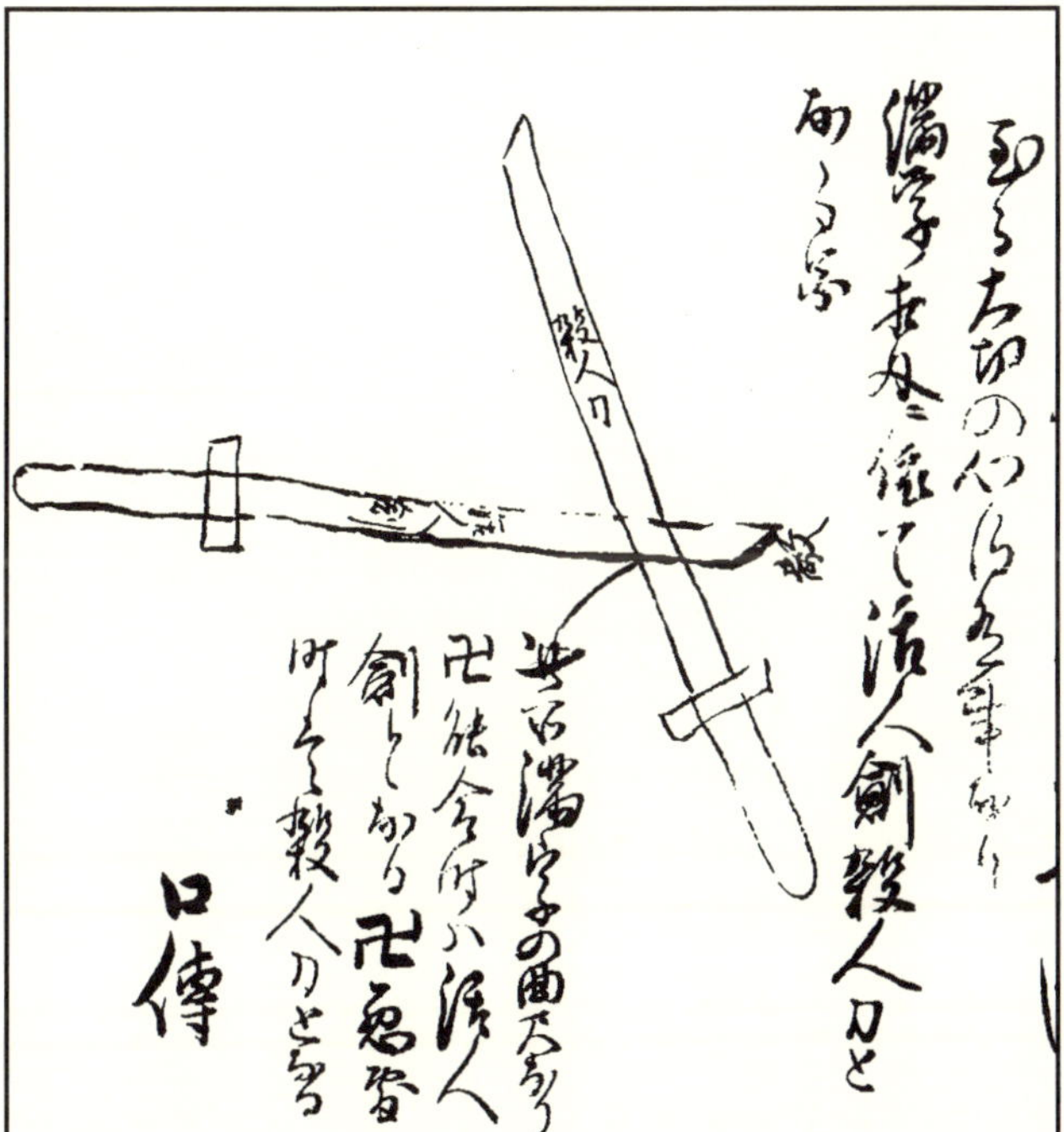

合氣の實相

平上　さて、大東流の底流に流れるという「合氣」の歴史、そしてその根源とルーツについて、ざっと想像を交えながらも語ってきました。明治三十年代から凡そ百年ほどの歴史の中でどの様にその理念や技術傳のスタイルが変遷してきたかという事を考察してきた訳です。それを振り返って結論的に考えますと、合氣については「玄妙にして神秘的な術」と言う様な原初的な意味合いを基盤として、現代では「合氣上」を象徴とする、敵の力を無力化する武術極意的な捉え方と、またそれを基盤として発展を遂げてきた堀川師範系の「抜き合氣」「触れ合氣」的な要素をもったものとがあると観察できるのですが、それぞれの部分においてより深く考察してゆきたいと思いますが宜しいでしょうか。

大宮　それでは検討してゆきましょう。先ず大東流の「合氣」を「敵の力を無力化する武術極意」として捉えますと、他の古流武術にも手法は違えど同質の技術がやはり色々あると言う事を述べられたかと思いますが、古典柔術にどの程度その様な合氣極意的なものがあるかは興味深いです。

平上　既に何度か指摘させて頂きましたが「古流武術にもその様な要素がある」……という謂は若干の違和感とかなりの不満があります。つまり、と言うよりも本来の古傳武術の理合と言うものは、その様な技術傳のみで成り立っているといっても言い過ぎではないのではないでしょうか。だから合氣柔術系の修行者から「合氣柔術には合氣と言う極意があり、それを用いて敵の力を無力化して戦う……云々」という様な謂で説明されますと、非常に困惑して何とも応答のしようがなく、キョトンとするしかないわけです。逆に古流柔術というものは、敵の力を全て受け留めて胸を貸し、殴られてやるのが真の極意かな、などと思ったりもするのですが（笑）。

大宮　伝統武術の基本術理としてこの様な極意が既に内蔵されていると言う事はおっしゃる通りかとも思います。しかしその様な根源的な「勝口極意」に「合氣」と言う新たな言葉を与えて※そ

※　**名称付けの問題**
各極意技術に名称が付与されると、確かに無形のものを意識化する事が出来て技術傳として把握がし易くなるだろう。ただ江戸期における伝統武術にそうした業績がないのかといえばそれは全くそうではなく、各流儀毎において膨大にして独自の極意傳文化が醸成されてきた。ただそれらは各流儀独自の秘傳文化として育まれたのであり、必ずしも一般化し普遍化したものではなかったと云う事である。封建制度が終焉を迎え、全国における法や制度が日本一国と云う形で統合されてゆく中で普遍的な武術極意用語が欣求され、それが「合氣之術」と云う武術極意用語として一つの結実をみたとも言えるであろう。

の差異を明確にし、またその理念とイメージに添った技術傳を新たに工夫、案出していったと言う事は事実であり、これはそれなりに業績であると思います。

平上　確かに現代の合氣柔術には、伝統古流では余り見る事の出来ない独特の技術群もかなり含まれている事は事実です。それら前衛的な今出来の技術傳における実際の武術的価値と効能はともかくとして……。※そして名称付けの問題の事もあるのですが、それを具現化する方法論や術理等について、古傳武術は新興体術、合氣柔術なんぞよりも遥かに多岐に渡り、永い永い伝統の中で真に膨大なものを工夫してきていると言う紛れもない事実を先ずは認識しなければならないと思います。

そして思うに本当の極意は単に「敵の力を無力化する」というよりも「敵の力を利用する」と言う方がより極意に近い表現の様に感じられますね。※そしてより深い秘法、究極奥義は「本来敵無し。敵の攻撃も全て虚妄也」と云う事……。ただ流石にここまでの境地は中々に難しい……。

そこまでの事はともかくとして「敵の力の利用」云々については合氣柔術以前から既にいわれてきた事です。つまり単に「無力化する」と言うだけでは本来的には一歩後退と言えるのですが、逆にそれが存外新鮮に、極意的に感じられたのだから真に不可思議ではあります。

大宮　なるほど、それでは伝統的な古流武術においての「力の無力化」、もしくは「敵の力の利用化」の柱となるメソッドにはどんなものがあるのですか。少し挙げて頂けますか。

平上　色々な方法論があり、そして各流儀独特の秘技と術理があると思われるますが、ざっと見渡して主なものをあげてみましょうか。私が各柔術傳に加え琉球拳法傳も継承している関係上、少し琉球系の極意も混じるかも知れないのですが、古傳的には両者は深い所でかなり通脈すると思いますので、これもそれなりに意味ある事と考えます。……思いつくまま順に挙げてゆきましょうか……。

「當身法」「体の捌き」「入身法」「龍身」「波返し（**揺れ戻し**）**」「猫騙し」「吊り」「水月」「無構」「弱**

※　**武術的効能**
現代の合氣系柔術において行なわれる様々な「合氣極意」の技術傳が、どれだけ武術的効能があるのかという事はいまだ一つ不詳である。それは殆ど検証しようがなく、伝統的技術でない以上はその本質を歴史の中に窺ってみる事も出来ないわけである。日本の古流武術は戦国期から江戸期に掛けて育まれ、実際の戦闘をくぐり抜け、また司直における実際的な捕手捕縛法として機能してきており、伝統的な信頼感がある事は間違いない……と筆者は考える。

※　**「極意」の階梯**
確かに「敵の力を無力化する」と云うのみでは何処か……何か物足りない。しかし「敵の力を利用する」と云うのも、単に技術的な趣であり、支那兵法の「借刀殺人」と云うのと余り変わらない。明治以降の武人達が憧憬したのはもっと神秘的にして玄妙なる境地であり、「合氣之術」と云う言葉は正にそれに相応しい。しかしその様な最終極意に至る前の技法的な入り口の表現として「無力化」と云う説明は大変に分かりやすく便利である事も事実である。

み見せ」「**捨身法**」「**崩し**」「**ナヤシ**」「**イナシ**」「**指挫**」「**過現未**」「**帯詰伝**」「**七星伝**」「**三星伝**」「**大星伝**」「**位取**」等々……。そしてそれらをまた細分化すると、本当に無数の方法論と極意傳が現出するでしょうね。

大宮　大まかな部分で宜しいので、それぞれ順次解説のほどお願い出来ませんか。それらの伝統的な方法論の中に大東流の「合氣」法にかなり近いものがあるかも知れませんので比較検討したいと思います。

◎「當身秘法」

平上　合氣柔術と通脈する伝統武術の種目として柔術があるわけであり、よって柔術的立場から捉えますと、先ず敵の抵抗力を殺す具体的技術傳としては當身法が先ず上げられると思います。敵の急所を拳脚等で當て、敵の氣と力を一時奪ってしまう技術ですが、実戦では大きな効能を持つものです。

大宮　當身法は大東流でも良く遣うのですが、鶴山師範の三大技法の分類においては「柔術」傳に多用される技術であり※、基本的には大東流特有の「合氣」の代わりになるものではあるとしても「合氣」としては捉えられていません。これは確かに「敵の力を殺す」大変に効果的な傳ではありますが、多分「玄妙で不可思議な傳」と言う定義と少し外れてしまうからでしょうね。

平上　殴ってどうのと言うのはかなり物理的で「不可思議な術」には入りませんか？　しかしながら柔術の「殺活當身秘法傳」の中には中々不可思議かつ神秘的な「秘之當」と言える技術群が多数あるのですけれども。

大宮　「秘之當」ですか。古傳柔術にはそれぞれ独特の當身禁穴秘傳というものがあり、かなり特殊な傳が残っている様ですね。

※　**合氣柔術における當身法**
現代における合氣柔術の多くは空手系の當身法が付加されている例が多いが、惣角師範の代では古傳的な柔術式の當身法を用いていたと思われる。しかし合気道も含めてきっちりとした古典形は伝わらず、よって古傳の當身傳が殆ど失われている事は遺憾である。古傳の當身傳は親指を握り込む独特の拳形を用いるのが一般的だが、今日それを用いている合氣柔術の系統は殆ど存在しないのである。

平上　各流儀で用いる急所も違えばその名称も違う、當て方も違うし、それぞれ独特の秘之當の技法群を保有しており、これは真に巨大な技術体系といえますね。

大宮　人体各所の急所を示すには、伝統的に先ず中国経絡系の教えと名称がありますが、日本柔術の場合は中華傳系の経絡名称をそれほど利用せず、各流の多くは流儀独特の名称付けをなしていますね。當身といえば琉球拳法が有名であるのに、空手系と雖も日本柔術が醸成した當身図と各急所名称をそのまま流用して用いている事※は不思議と言えば不思議です。これは本土と沖縄における武術文化の深さの違いと言う事なんでしょうか。しかし柔術系で伝えられた當身にはどれほどの威力があるものなんでしょうか。

日本柔術における當身法の驚くべき威力

平上　私は琉球拳法の流統も一応継承しており、拳法系の當身の威力、その最大破壊力のレベルについても大体把握しているつもりではありますが、意外に思われるかも知れませんが、威力と言う事に関しては日本柔術の方が大きい部分があるのかも知れませんよ。

大宮　これは随分と意外なご意見ですね。それはスポーツ化された近代の空手と比較してと言う意味でしょうか。

平上　いえ、近代空手はスポーツ競技であり、當身殺法の威力と言う事では古傳の琉球拳法の方が遥かに恐ろしい殺法技術を無数に保有しています。しかしながらそれよりも高い破壊力を発するのは日本柔術の當身技術の方なのです。

大宮　すると當身に関しても日本柔術の方が琉球拳法よりも上であると言う事でしょうか。

平上　いえ、それはまた矛盾の様ではありますが決してそうではないのです。この点は誤ってほしくないのですが、琉球拳法の當身法は日本柔術とはかなり異質の、これまた別の意味において

※　**琉球拳法における急所名称**

伝統ある日本柔術では、當身における急所名称は各流独特の名称を用いる例が多く巨大な独自文化を構築している。しかし琉球拳法独特の急所名称と言うものはどうも存在しない様である。筆者の授かった琉球當身秘法傳では、主に中華系経絡名称をその儘用いている。日本式の名称が利用される事もあるが、これは明治以降の日本柔術における當身解説書籍等の影響だろう。

ただ當身秘法技術と言う点では、日本柔術とはかなり異質な独特の秘法傳がかなり存在している事は事実である。中華式の拳法秘傳とどの程度通脈するかは不明。ただし筆者の伝授を受けた系統では、実際技法名称は印度仏教文化を巧みに利用しつつもかなり日本的な名称となっている。

★経絡理論と日本傳殺活法

人体経絡上の特殊なツボに衝撃を加える事で経絡の氣の流れを遮断し、因って人体の殺活をなすという中華系拳法の考え方があり、そこには多くの拳法秘傳があるらしい。日本の柔術當身も外面的にはそれにある程度準拠している様に見えるのだが、各流必ずしも中華の経絡学説をその儘用いているわけではない事には注意しなければならない。即ち独自の急所と當て方を編み出し、それぞれ各流独特の名称文化を形成していると云う事である。経絡図や陰陽論を部分的に利用して技術説明している流儀もあるが、漢方医学説と柔術當身理論が必ずしも一致しているわけではなく、各流独自の工夫や研究が多数見られる事が興味深く、また技術としても奥深いものがあるのである……。また医武同源という論もあるが（これも中華説か？）、柔術家がみな漢方医（若しくは接骨医、外科医等）を兼ねていたわけでは必ずしもない事も注意しなければならない点であろう。

結論的に云うならば鍼灸や漢方薬法の技術や知識と日本傳當身殺活秘法は僅かな接点を除いて殆ど別物の技術文化であると云う事である。

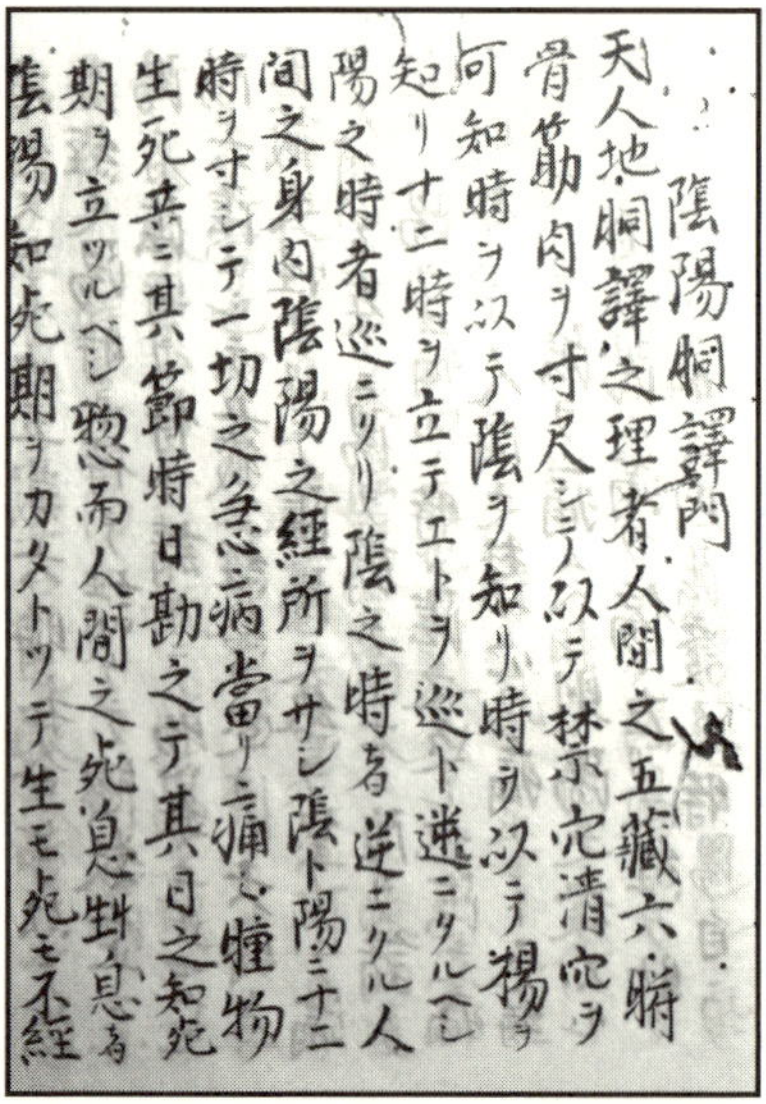

●上下図／楊心流當身秘術『陰陽胴譯門』
経絡説を基盤の一つとしながらも當身秘法傳を日本式文化の立場で最初に纏め上げた業績が『陰陽胴譯門』である。本門としての「楊心流」自体は滅びたが、幾つかの支流を通じて同秘術は現代まで何とか命脈を保った。

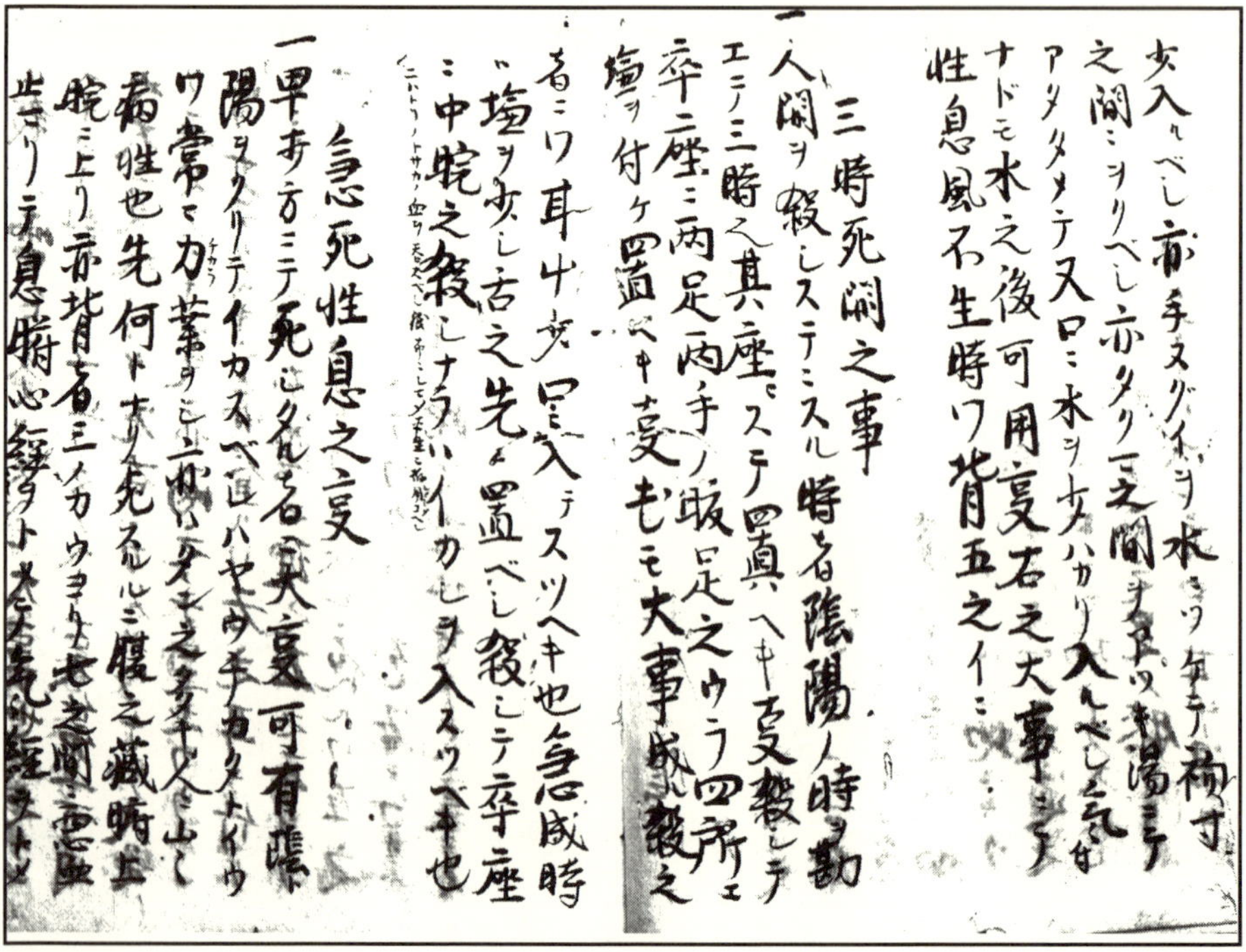

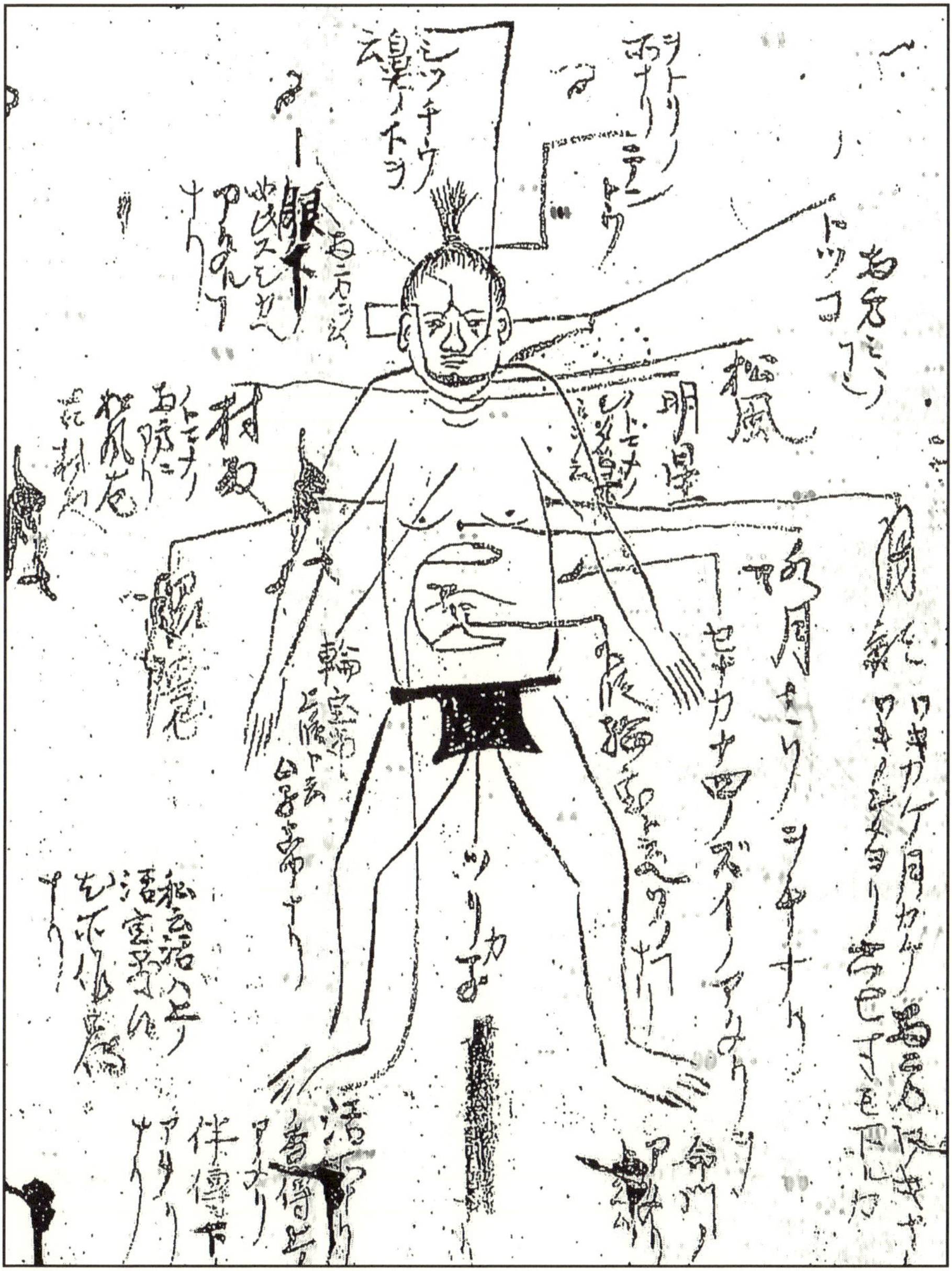

●『柳心流當之事口傳集』

楊心流の支流と思われる柳心流の當身殺活図であるが、中華系経絡名称文化は殆ど払拭されている事がわかる。具体性を必要とする當身拳法技術として経絡理論は残念ながら殆ど実用化出来なかったと云うのが実際ではないかと筆者は考える。日本柔術の當身法は実用性を重んじた大変に優れた技術体系となっており、そして基盤とする名称文化は純日本式のものである。

の真に恐るべき技術傳であり、確かに深く研究されている。ただ単発的な威力と言う事に限っていえば日本柔術の方が大きな威力を持つ當身法がいくつか工夫されました。それは一つには順体一重身になって重心移動をなしながら体の力を全て敵の一点の急所穴にぶつけて行くもので、これは確かに大きな威力があります。空手系では存外この様な當身は基本的に殆ど行なわれないのです。応用変化としてはありえますが、此処の部分だけを切り取って比較しますと、柔術系の方の威力はかなり大きなものがある。余り普段巻藁突きなどで拳を鍛えて置かなくとも比較的簡単に大きな威力を発揮出来る方法論が考えられたのです。

大宮　普段鍛えなくとも簡単に威力を出せるとなると、琉球拳法よりも柔術當身の方が一見便利かと感じられますがどうなんでしょう？　しかしながら琉球拳法の當身は若干威力は落ちるが突き蹴りの連打が可能であると言う長所があるという事なんでしょうか。

平上　しかりですね。琉球拳法の當身法の方がかなり技巧的であり、威力を出すには逆にある程度、いや相当の修練が必要です。しかしその独特の技術傳の性質を通じて恐るべき「連打」の技術を発する事も出来ますし、また「合突《あいづき》※」と言う日本柔術では殆どみる事の出来ないかなり高度な拳法秘技を醸成した事も事実です。

大宮　日本柔術は各流儀によって様々な當身技があり、その基本も根底から違う場合がありますね。それが流儀の色と言う事かと思いますが、合氣を用いる系統の流派では大東流特有の當身文化と言うものがいま一つ曖昧です。

平上　大東流伝書には「目カクシ」と言う様な表現で目潰し系の仮當の技術が解説されていますね。そして実傳としては「祓手《はらいて》※」と言う様な大東流特有の手法となっています。水月への當身や脇腹突きも伝書に解説がある。その他手刀打ちや蹴足遣いなど一般的なものに加え、柳生心眼流的な振り拳の遣い方を成す系統もある様です。※

大宮　その通りですが、これは東北において柳生心眼流の関わりから導入されたともいわれます

※　**合突**
敵の拳突に合わせて我も拳を突き合わせで敵の拳路を弾いて反らし、一方的に我拳で敵の中墨を貫き通す琉球拳法における極意技法。西洋風にいえばクロスカウンターパンチ系の方法であるが、日本柔術では余りみる事のできない技術傳である。しかし剣術には「割剣」「切落」等といった同質の技術傳がある。なお西洋ボクシングのクロスカウンター系の技法といっても、両者の実際の技法表現はかなり違い、琉球拳法の方法は中華拳法系でも見られない本当に独特の技術となっている。

※　**祓手**
大東流に伝承するやり方は體と手腕、指を脱力して柔らかく、鞭が撓る様に體身から打ち出し敵の眼に当てる。手を水に浸し、その水を払うが如しの感覚であるが、これだけでもかなりの威力があり、敵の視力を一瞬……ではなく一定期間奪う事が出来る。大東流では此の當身技術を「**目カクシ**」と言う。

し、また後年鶴山師範が導入したと言う説もあります。程度の問題もあり、どちらが真かわかりません。心眼流式の當身を大いに施行する系統もありますが、殆ど施行しない系統もあります。時宗師範系でも振り拳傳は見られますが、それよりも何方《どちら》かといえば空手式の當身が多く導入されている様です。

平上　そうですね。自分も大東流各派である程度の當身法を学びましたが、それぞれ近代的な手法（主に近代空手系技法）が入っていると感じました。本来の柔術古傳の當身であるならば、武田惣角師範が写真の中でそうである様に親指を握り込んだ拳でなければならないのですが※、この様な日本の古式當身法を墨守している所は、大東流はもとより伝統的古流柔術といえども現在では殆どない様です。また日本古傳柔術ではねじり込み突きの観念は殆どなく、立拳か突き上げ、また裏拳、拳槌などを用いるのが基本です。

日本柔術最高秘傳「秘之當」

大宮　先程話にでた「秘之當」について少し解説をお願いします。古流柔術に伝わる所謂「経絡《けいらく》秘孔《ひこう》」極意とでも言う様なものですか。

平上　「経絡秘孔」という謂は何とも中華的であり、また些か漫画チックでもあります（笑）。中華系経絡穴とその名称を必ずしも用いる訳ではありませんが、急所の位置的な教えとしては概ね合致しています。しかしながらまた各流に日本柔術独特の工夫もかなりあり、実際の所日本柔術における永い伝統の中で、より研究と工夫が積み重なり、世界的にも見てもかなり特殊な秘傳當身殺活法の世界を醸成してきた事は事実です。各流に本当に様々な當身秘法が工夫され、かなり驚愕の魔法の様な技術傳もありますが、その危険性故に現代武道には殆ど受け継がれなかった部分です。実際かなりの秘傳法ではありますが、その効能書のみでも少し提示しておきましょう

※　**合氣柔術における振り拳技術の謎**
一部の合氣系柔術において行なわれる、両方の拳を左右で振って打ち込む独特の振り拳の技術については謎が多い。柳生心眼流からの導入という説があるのであるが、可能性は盛平傳、惣角傳、また鶴山師範傳の三系統である。各系脈がかなり入り乱れてどの系統の影響が真なのか何ともはっきりしない。しかし現在行なわれるものをみた限りでは、柳生心眼流とは余り関係のない感じもある。鶴山師範系を別にすると、技術傳を実際に習っての導入というよりも、心眼流における独特の振拳というイメージを基盤として技術が形作られた可能性もあるのではなかろうか。

※　**武田惣角師範の拳形**
現存する惣角師範の写真をみると、親指を握り込む古典的な拳形をなしている事が分かる。やはり昔の侍教育を受けた最期の武人であったのだろう。次代の継承者で同じ拳形で写真が残っているのは武田時宗師範のみであるが、しかし意外な事に時宗師範は大東流の古典的な當身手法に加え空手系の當身法を付加して教傳している事が不審である。空手における打突法であると、親指握り込みの手法は確かに不可である。

か。

……秘之當を用い、自在に意識を奪ったり、また人間に備わる感覚器官の働きを自在に支配する技法傳などが伝えられています。即ち一定期間視覚を働かなくしたり、音を聴こえなくしたり、また嗅覚を機能出来なくしたり、そして味覚を奪い口を利《き》けなくしたりなど、様々な身体状態を造り出す事ができます。視力を無くす法も一時的に見えなくしたり、また左右の目どちらかのみを見えなくしたり、やり方次第で色々な状態を作り出す事が出来るでしょう。嗅覚が一時的に失われる技術傳などを含めて、この様な感覚をマヒさせる技術を「五感破《ごかんやぶり》」と称し、流儀の深い所で伝承してまいりました。また対戦相手一人を撲殺するに止まらず、敵の門派、その背景にある流儀自体を壊滅するほどの大きな威力を秘めるかなり危険な當身法もあり、「門殺《もんごろし》」「一切皆空拳」等ともいわれて恐れられました。これは正に神代秘傳拳法最高の奥義拳の一端ではあります。その他、腕を「五十肩」になった如く肩以上に上がらなくしたり、悶絶して血尿がでるような當て方など色々な殺活法秘術があります。

またよく中華拳法でも言われる「笑いながら死ぬ秘孔」というのも、中国拳法式の技法を私自身は習った事がないので比較できませんが、古傳の琉球拳法の裏秘拳の一つとして「笑殺拳」というのがあります。また類似の當身秘法として日本柔術式のやり方もあります。ただし効能は似てはいますが、日本式のやり方では死ぬ所まではゆかない。その意味で日本式の方が究極の「敵の無力化技法」としてズバリ使えると思います。

しかしながら日本柔術において伝統的に秘傳とされたのは「殺法」よりもむしろ「活」の方法論で、これは概ね免許の時に伝授されました。「活法」というと、現代では指圧や整体、鍼灸の治療技術的に捉えられる向きが何故だか多いのですが、古傳的に柔術で伝えられたのは多くの場合「蘇生活法」※であります。

そして今述べてきた様な當身秘法は流儀の分別にもよりますが、いわば中傳レベルの秘術であり、

※ **蘇生活法**
古流柔術における乱捕稽古等で悶絶、気絶等の事故が起こった時の対処の為に多くの柔術流儀で蘇生活法が工夫され伝承された。勿論、柔術稽古中の事故に止まらず、水難や首吊り等で仮死状態の者に対する応急救命法としての教えも含まれている。これらは病気治療の為の経絡穴を利用した漢方医法とはまた別の医療技術と考えられる。その他骨折や脱臼事故の為に骨接ぎ技術が伝承される場合もあった。

※ **年殺**
楊心流の當身秘傳書に図説が多数遺っており、同流の伝統的な用語と秘傳技法であったと思われる。「三年殺」の用語の初出は探求が及ばず分からないが、琉球拳法の口伝承としては現在技法傳も含めて伝承がある。筆者も伝授を頂いているが、楊心流とは異なったやり方である。その両者の方法論の奥の術理と理論、そして何よりも実際のメカニズムが理解できる様になるのに三十年以上かかった計算になる。

まだまだその上にも色々な當身における驚異の秘傳法が多数伝承しています。その奥傳的當身秘法への門入の為の最初の関門ともいえる當身秘術に「年殺《ねんごろし》※」と言うものがあり、これは當てた時は何ともなくとも、後で一定の年月を経て死亡すると言うものです。

大宮　所謂「三年殺」と言うやつですね。

平上　これは楊心流系で密かに伝承された秘法であり、秘傳書には當てる箇所とその方法が確かに記載されています。死ぬのに何年か掛かると言うのもやや氣の長い話ですけれども。ともあれかくした恐るべき當身秘傳「年殺」の技術、その実際的なやり方を私自身、幾つかの流儀で実際に学んだ事があるのですが、流儀毎に當てるツボが違い、當て方口傳にも異同があります。因ってその実際効能自体には長く疑問を感じていた事は事実です。

大宮　當てた後の追跡調査も年単位になって来ると中々に大変かと思います。いやそれより前に現代においては実際に當てて試す訳には行きませんし、確かにその効能を確認しようがないですね。

平上　ただ後に琉球系の三年殺の秘法と口傳を新たに授かり、そして柔術系の當身秘傳文献を幾つか探る内、古の武藝者たちが実践的に用いてきた歴史とその技法構造、そして奥の術理が次第に理解できる様になり、異質の當て方と思っていた各技法の奥の共通点と連動の仕組みが見えて来るようになりました。よって今は各技法とその効能に対する疑団は殆ど消滅しました。依って、古傳當身秘術としての「三年殺」は実際技法として有効であり、真に恐るべき不可思議當身秘術であると確信する者であります。

大宮　本当の古傳の當身というものは表面的な皮や肉を傷つけるのではなく、衝撃波で体の内部を破壊するものだといいますね。※

平上　當てた表面は全く傷もないのに、威力のみが内部に浸透し内臓にダメージを与えて何秒か後に気絶すると言う當身法も、やり方次第で勿論十二分に可能です。これを「数殺《かぞえごろし》」と謂います。即ち當身で倒しても、起き上がって再ファイトのスタイルをとる敵に対し「ひ…ふ…み…よ…い

※　身体内部の破壊

當身と言う技術にも様々な側面、各方法論と各効能があり、一元的に捉える事は余り宜しくない。身体内外の何処を破壊するかと言う根本メソッドの分別が門派の違いにある等と言うのは所詮は詭弁である。

現実的には流儀は関わりなく、技法の使い分けによって破壊する部位の変換は容易である。眼球を指で突けば眼は潰れるし、鎖骨を臂で当てればへし折る事もできる。骨のない部分や切れ目、鳩尾等を突き身体内部に衝撃波を送り悶絶させることも力量があれば勿論可能であり、この様な技術傳を保有しない流儀は実際的には殆ど存在しない（ただ稀に當身法を余り用いない流儀はあるかも知れない）。ただ皮肉を破り骨を砕くのには道具類を用いれば遥かに容易であり、素手當身を用いると言う点において、なるべく敵肉体に傷を残さない技がある程度強く求められた事は事実であろう。

そしてそれに加え當身術で神秘的なのは、各肉体器官と関わりのない部分「秘孔」を突いて人体に意外なる反応をもたらす技術である。正しくこれこそが各流儀の深い所で永い研究と工夫の果てに醸成されてきた日本傳當身術の最高極意「秘之當」の数々である。

極附極意秘拳十八番

一ノ秘拳「無明拳」
二ノ秘拳「無音拳」
三ノ秘拳「崩山拳」
四ノ秘拳「無舌拳」
五ノ秘拳「地蔵菩薩拳」

六ノ秘拳「三昧入神拳」
七ノ秘拳「龍穴鐵神拳」
八ノ秘拳「虎穴入洞拳」
九ノ秘拳「泥中蓮華拳」
十ノ秘拳「赤星神破拳」
十一ノ秘拳「笑殺拳」
十二ノ秘拳「年殺拳」

十三ノ秘拳「一切皆空拳」
十四ノ秘拳「不動毒龍拳」
十五ノ秘拳「雪中断臂拳」
十六ノ秘拳「阿弥陀如来拳」
十七ノ秘拳「阿修羅神拳」
十八ノ秘拳「龍樹王宮拳」

★極附極意秘拳十八番解説

日本傳當身秘法の全体を一元的に解説する事は実際上殆ど不可能である。無数の流儀における各當身技術と各流儀文化は通脈する部分がかなりあると云うものの、とにかく全体像が膨大であり過ぎるからである。そして筆者は「楊心流胴釋門秘術」「氣樂流砕秘術」、そして「琉球拳法當身秘孔傳」等の流儀秘術を伝脈者として護る立場であり、それぞれを余りダイレクトに公開も出来ないという問題もある。依って筆者が各流儀の當身秘術を伝授した上で、その次の段階の秘拳、當身秘法を伝授する為に纏め上げた奥傳當身秘術「極附極意秘拳十八番」なるものがあるので、この部分の目録開示とその概略解説をなす事としよう。ここまでの伝授を受けると、多くの流儀の超奥傳とも言える「秘ノ當」の全体構造がある程度は了解できるかと思うからである。

先ずは秘拳目録（上段）を掲げた上で、その体系構造を概説してみよう。

伝授カリキュラムは三段階で次第に難度の高い精緻な技術の伝授となるが、既存流儀の當身秘術上に被せて制定したもので、「奥傳五拳」「極意七拳」「秘傳六拳」の三大秘法体系となっている。そして個々の秘拳には代表的技術があり、最終的にして特殊な極めの當身秘術を持ちながら、そこに至る為の各種の極意技術や数ヶ条の変化秘術などまでを含んだ伝授となるので全体的手数はかなり大きなものとなる。大まかな「秘ノ當」法としては百数十手ほどの手数になるかと思う。

先ず最初の「奥傳五拳」は「地蔵拳五感破ノ秘術」とされ、人間の持つ五つの感覚器官を次々と遮断して行くのもである。そして最終的には各感覚器官とは全く別箇所を突く事によって身体に特殊な状態を発現させる秘法となる。

次の段階で伝えられる「極意七拳」は、正に小力者が大漢を打ち倒す極意當身秘術をテーマとしたものであるが、その伝授過程において、特殊で強力な當身を打ち込む事で敵が笑いながら気絶したり、また全身血を噴いて悶死したり等、かなり特殊な身体状況を作り出す當身秘術が加えて伝えられる。楊心流系で著名な所謂「三年殺」もこの部分に含まれる。

「秘傳六拳」は、様々な特殊な身体発現を促す秘拳である事は前段階の秘拳と違いはないが、より伝統的で歴史的當身秘術がテーマとなっている。達磨大師が用いた秘拳や、また阿修羅神や阿弥陀如来等の架空の存在が伝えたと仮託される独特の極意秘拳が伝えられる。そして最終當身秘術として龍樹菩薩（ナーガールジュナ）が南印度の王宮で用いたと云う特殊な秘拳が究極當身秘法として伝授される事となる。

以上は主に殺法系の當身秘術を纏めたもので、日本柔術が発展させた「活法秘術」はまた別の大きな体系となる。

★日本古傳柔術最高秘傳「禁穴當身殺活法」の世界

現代日本武道における代表的な格闘武術、「講道館柔道」「合気道」「近代空手道」等には余り奥深き當身秘法「秘ノ當」の秘術の部分は実際の所、殆ど伝承していない。これは武術の組織的大衆化を通じて危険な部分が省略されたと言う風にも考えられるが、それより先に各格闘武術の開祖たちが日本の伝統的な當身秘法の傳を殆ど受けていなかった為に物理的にも伝承が不可能であったと言う事が真実かと思われる。古流柔術といえども當身秘法教傳を殆ど持たない流儀もあり、また當身秘法は正に奥傳秘術であり、秘術保有流儀に属しても當身秘術の全傳を授かる事はかなり難しく、現代武道の祖師たちといえど當身秘法を深く学んだ者は確かに誰もいないのである。

古流武術を親として現代武道が生まれたわけであるが、格闘体術における高度なる「當身禁穴殺活秘法」は現代武道が殆ど摂取できなかった部分である。実際それは真に得難い格闘体術における秘法中の秘法であり、現代においては當身術傳を専門とする一部の古式流儀における奥の部分にて密かに継承されているのみである。

當身秘法が何故にここまで秘密にされたかといえば、やはり當身術が持つ本質的な危険性故だろう。殆ど力を用いず、一瞬の「秘ノ當」にて人の生命を奪ったり、また片端になす事、あるいは人体に色々な身体状態を作り出し、また人の身体や意識を自在に制御する事等もやり方次第では十分に可能なのである。しかしながらその様な殺傷力の高い秘術、そして悪用した時に他者を損なう様な危険な技術を一般普通人に安易に伝授する事は世の混乱を招く事になるだろう。

そして殺傷法の裏側に修復法の教傳もあり、合わせて殺活秘法を形成しているのである。ここまでの教傳をなすには単なる格闘技術の実技稽古とは別に、人体学を含めてかなりの他系の勉強もなさねばならず、現代の大衆化武道の中で護り継承していく事は実際上殆ど不可能かと思われる。実際の當て方と人体秘孔の位置と言う様な通り一遍の伝授であるならば、ある程度の高段者のみにと言う限定的講習会を開いて、やろうと思えば確かに伝授は可能である。

しかしながらこの様なレベルの秘ノ當の実際技術の伝授をなすと、実際の効果を確かめる事が難しい當身秘術の部分においては新たな疑団が生じてしまう事がある。ナントならば奥傳における秘ノ當技法は実際の効果のある部位に対して実際に施す体の秘孔位置が全く無関係と思われる、かなり意外な部位にある場合もあり、両者を結びつける事が感覚的には出来にくいからである。

つまり定められた秘孔を特殊な方法で衝撃波を注入する事で、何故に色々な肉体的状態を引き起こすかと言う奥の理合が分からない為に、技術に確信を持つことが難しい。古来から一子相伝とまで秘密にされた「當身秘傳」と言うのは正にここの部分の謂なのである。その當身秘術における深遠なる理法、術理の伝授こそが真に貴重な秘伝承であり、ここの部分を学んでこそ初めて當身秘法の全体構造を了解できるのである。そしてそこには超絶的秘法原理の深さに対する感動もある。

この部分こそが正に當身秘法体得の入り口となるものである。ただここの部分までの伝授を実際に行っている古流柔術の伝脈は現代日本では既に殆ど存在していない……恐らく限りなくゼロに近いと言うのが実態であるだろう。

……」と唱えながら手指を折ってゆくと、両手の伸指が無くなる前に敵は再びストンと白目を剥いて倒れ、完全気絶してしまいます。

大宮 なるほど。「お前はもう死んでいる」というやつですな。しかし當身ですんでしまうと柔術技法は余り必要なくなりますね。

平上 いや當身も色々な効能があり、確かに便利な術技ではありますが、実践的体術技法としてはいま一つ確実性が薄く、格闘殺法としても限界があり、やはり柔術系の逆手や投げは極めて重要な技術要素であると思います。また當身よりも絞め技の方が間違いなく敵を落とす事が出来るかと思います。

大宮 先程日本柔術における當身殺活秘法傳が中華式経絡秘孔術を基盤としながらも、独自の工夫を積み重ねて和風式の超発達を遂げたと言う論がありましたが、それでは実際のところ、日本柔術における殺活法のどこら辺に独自の部分があるとお考えですか。

平上 先ずは當身急所の箇所と名称が中華経絡説を基盤として利用しながらも全く新しい独自の秘孔をも発見し、そして各名称が純日本式のものとなっている点、それも各流独特の名称付けがなされ、巨大な當身秘法文化を醸成していると言う事があります。※そして當身極意的な立場と実践性と言う点も深く研究され、かなり独特の技術群が多数工夫されました。そして古の格闘士たちが夢の秘技として永く永く欣求し続けてきた當身秘法が一つありました……。

大宮 かつての體術家たちが夢見た極意秘術とはなんでしょう？

平上 拳法家、柔術家たちがかくあれかしと願った究極當身秘法とは、人體の一秘孔に特殊な當身の一撃を加え、一瞬にして身を縛り、意識を飛ばして気絶させてしまうと言う様な超技術、そしてまたそれに活を入れて一瞬にして自在に意識を蘇らせると言う、丸で魔法の様な拳法殺活極意世界であります。また、事故か何かで仮死状態になって、周りの人々が、彼は死んでしまったんだと思って皆が嘆き悲しんでいる中、「死せるに非ず、眠れるのみ」と断固宣言して背活を入

※ **當身秘法の平行世界**
日本柔術の當身秘法は中華傳経絡理論を原点となすと言う様な俗説があるが、それほど具体的な影響が実証されているわけでは必ずしもなく、正に俗説である。また中華傳経絡孔の名称は古典として一元的なものであるが、日本柔術においては各流儀がそれぞれ独自の急所名を設定し、よってそこには多重的にして膨大な文化と技法傳が降り積もった。これは正しく世界に類をみない巨大文化である。日本こそは膨大にして多様なる不可思議當身秘法の一大世界を醸成した国なのである。

れればたちまち息を吹き返して元気になるといった様な、巧みにして精妙なる活法技術……。しかしながらこの様な事が本当に出来れば、正にキリストにでもなれるかも知れません。

大宮　キリストになる為には水の上を歩けねばなりません。忍者の水蜘蛛器具を用いても実際にやればズブズブ沈みますよ（笑）。

平上　イエスの本職は大工さんであり、『聖書』の記述から鑑みると中々起用で大変腕の良い職人だった様ですから、水蜘蛛等の細工物、また門人たちに持たせる護身用の杖棒などの製作もお手の物であったかと思います。水蜘蛛による水上歩行術は日本の海辺、池や湖等では確かにかなり難しいかとは思いますが、中東「死海」あたりでは浮力がかなり違うかも知れませんよ……？

大宮　確かにイエス氏はそもそも痩身体躯の人であり、かなり軽量《ライト》級であったかとは思いますが……はて、それはどうでしょう（笑）。

ともあれ、殴り回して血だらけにして殺傷すると言うのは現実世界にはあり得ますが、極意的では確かに余りないですね。ただ時代劇などには一撃の當身にて敵を気絶させたりと言う様な場面が良く登場しますが……？

平上　それこそ多くの拳法家たちが夢想し、欣求してきた當身の理想技術を映像的に表現したものと思います。実際技術として、確かに絶対不可能と言う程でもないのですが、ただ當身オンリーでこの様な事をなすのはかなりの難度があります。

大宮　昔の西部劇等で背後からピストルのグリップなどで後頭部を殴り気絶させると言う様な表現が結構ありました。しかしながら実際にこれをやると気絶するというより下手をすると即死しかねない。そこまで行かずとも重い後遺症が残る可能性はかなり高いかと思います。これは武術技法としては些か乱暴すぎるし、かつ不確実……依って余り高度な秘術とはいえません。

平上　しかりであり、當身法における第一の問題は打突技術というものが根本的に保有する不確実性※であり、この鋼鉄の高塀を乗り越える事が中々に困難であったのだと思います。

※　当身術の不確実性
長所、短所の事

當身の技術と言うのは確かに便利な技術ではあるが、欠点も多い。拳法家と言うのは一撃必殺の拳法極意を求めて日夜拳を磨くのであるが、考えてみれば武術実践の立場として、それがそれほど血道を挙げて追求する程のものかとは思うのである。敵を殺傷する為には刀剣類を使えば本当に簡単であり、長物道具の携帯が不可なら、別に刀剣を用いなくとも、寸鉄、いや針一本あれば簡単に人は殺せる。いやもっと言えば素手の當身でも使いようによっては簡単に殺傷する事が出来る。これは実際各流に當身口傳があり、やり方次第でそれほど難しい事ではないだろう。しかしながら、実の所、當身と言う技術は敵を殺傷する事より、殺傷しない事の方が極めて難しいのであり、それが當身術の本質である。

ところが殺傷する技術を保有すると言う事は逆にその術が安易に使えなくなる事でもある。護身術と言っても殺傷技術は中々に使いにくく、それは現代も昔も本質は殆ど変わらない。かくした當身の本質を理解した上で最高の格闘術理、哲理を編んだのが日本柔術であったと筆者は考える。そしてかくした正真の古式柔術こそが真の最強拳法也と信じる所の者である。

大宮　鳩尾《みぞおち》に當身を加え、一瞬にして気絶させると言う様な時代劇多出の技術の実効性についてですが、腹筋を固める事で衝撃をかなり緩和できますし、そうした筋肉の防御を突破して衝撃波を注入しても、気絶するどころか胃液を吐いて苦しみにのたうち廻ると言う大変やっかいな事にもなりかねません。時代劇で観るような極意當身術の世界はやはり絵空事であり、実践の立場として中々に遠い世界の様にも思います。

平上　時代ドラマには造り事としての制限や約束事がおのずからあり、表現に限界が生ずるのは致し方ない事かと思います。

ただ日本の柔術家たちは捕手術のプロとして、殺活法における當身の概念をもっと広義に捉え、巧みな絞め業技術を含めて多角的に施術し、真に実践的な至高の柔術殺活法の世界を醸成しました。勿論西洋格闘技や中華武術の中にも絞め技はないわけでないが、単なる裸絞法に止まらず、衣服の襟を利用した巧みな技術傳の世界を日本柔術ほど見事に構築した国はないわけです。

大宮　その様な高度な絞技をふくめて究極的殺活法の世界を大成したと言う事。その様な精緻な技術傳を纏め上げたのが江戸初期の名門、楊心流と言う事ですね。楊心流の絞め技捕手の代表技とも言える「袖車」の組形など、真に格調高く、世界に決して類をみる事の出来ない日本柔術の芸術的名作形と確かに思います。

平上　『姿三四郎』の中に、人を救う為に敵の見張り番を襲い、相手に声を立てる事も許さず絞め技で意識を奪う場面等が出てきます。ここには時代劇の様なスマートさはないですが、本格的武道小説としては地味ながらも中々現実技法に則した深い、渋い描写であったかと思います。

大宮　當身法は確かにいろいろとありますね。柔術の拳のスタイルについは先程話が出ましたが、蹴り技についてはどうでしょう？　大東流にも蹴り技がありますが鶴山先生傳ではその奥深い部分を「六方傳《ろっぽうでん》」として継承しているのです。※

平上　大東流の「六方傳」は蹴り技の極意を表現したものですが、カイコミ※をなす日本の蹴り技

※「六方傳」
「六方傳」はカイコミ蹴りの一種で、多くは立合「一本捕」における流れで行われる方法である。臂を丹田下に制した上で側面から敵金的に蹴り込む技術。その流れにおいて「く之字」傳の方向性にもって行き敵の両足を床に縛り「足縛」、「綱引」傳で崩し倒すと言う、一連の技法手順の中で用いられる。

※　カイコミ
敵に対して蹴り込む時にその儘ストレートに蹴り出さず、一端膝を曲げて足先を中心に寄せる事。そこから狙いを定めて蹴り込むのが伝統的な日本式の蹴り技のスタンダード。二拍子の蹴り動作となるが、蹴りの位置を最後までコントロールできると云う良さがあり、また障害物を避けて急所に打ち込むと云う巧妙な操作も可能である。

の特長そのままであり、この点は大東流の技術傳は古流柔術、そして古傳の琉球拳法と共通するものです。柔術における當身法、蹴り技などの比較はやりだすときりがないので、次回の大東流技法解析のおりになしたいと思います。

◎「体の捌き」

大宮　分かりました。それでは次の極意傳は「体の捌き」と言う事ですね。敵の打ち込みに対して足捌きでかわして外すと言う事でしょうか。

平上　単にかわすのみならず、そこには「引き崩し」の観念がなければならないでしょうね。そのための体遣いとしては「膝の抜き」と言う観念があります。そしてなりよりも重要なのは彼我のポジションの取り方でしょうか。

大宮　このへんは大東流も同じですね。敵の体を足脚から縛る為の「足三角之理」が伝えられています。やはり敵の力を奪うのは側面からの抑えであり、それが入身極意という事ですね。

平上　「体の捌き」を司るのは足遣いですが、伝統武術は概ね「千鳥足」※遣いを伝え、大東流もまたしかりであったと思います。

大宮　鶴山先生の教傳では、合気道の歩み足、継ぎ足、浮足法に加え、古式法として確かに「千鳥足法」を伝えています。植芝盛平師範はその様な足使いを「外六方」「内六方」「外巴」「内巴」等という様な言葉で表現しております

平上　近代的なスピード感溢れる浮足、飛足法などの足遣いも古流にないわけではないが、古式の「千鳥足」、そして「水鳥足」を二大基盤とし、両足遣いを巧みに使い分けて場合場合に対処してゆくものかと思います。

大宮　「水鳥足」ですか。イメージとしては理解できますが、解説をお願いします。

※　**千鳥足**

足を交差させながら攻撃線を外し、敵の側面、背勢をとってゆく為のかなり技巧的な足遣いであり、伝統武術の基盤的足遣いである。現代における柔道、剣道ではみる事は出来ず、競技空手にも出てこない。空手の古傳形には内蔵されているのだがかなり暗示的な表現となっている。

そしてこの名称は日本武道における俗称的なもので、各流武術においてそれぞれ独特の名称もあるかと思う。琉球武術では「蟹足」といい、日本伝少林寺拳法では「鉤足」という。そして落語では「八人歩き」、あるいは「九人歩き」等と称する……。

●補論

古流武術における概ねの古傳用語の立場にて解説したが、「千鳥足」遣いを若干別解釈にて用いる大東流の系脈もある。それは主に「後捕」に対抗する転身の為の足遣いであり、同系では一般的な「千鳥足」遣いは「盗足」と表現し分類している様である。

平上　武蔵が『五輪書』の中で「ふたつ足の事」を述べておりますが、これは中々に深い教えとなっています。これは一つの解釈としては、足で歩むのではなく、腰を遣って体を転換する技術の説明と言えます。正に「水鳥」の動きと合致するかと思います。ただ同時に武蔵は「飛び足」「浮き足」等は嫌うと言う事も言っている。※つまり腰で動くと謂いながらも余り大きな反動を用いてはいけないと言う戒めであります。最低限の「腰の廻り」の転身力にて巧みに体を捌いて行く極意、それは能芸における足遣いともかなり共通すると思います。ただ武術的な実践においては千鳥足を併用しつつ、ある程度の「腰の振り」は必要でしょう。ただそれを最低限の「振り」に抑えると言う心持ちにおける目標として「能芸」の足遣いがあるのだと思います。ともあれ武術の場合は、逆体も順体も必要に応じて使い分け、基本形を様々な場合に応じて展開してゆくべきです。その事を踏まえた上で習い事と言うものは基礎技の徹底習得に加え、徐々に上達の階梯に従って道を登って行く事、その心掛けが大事であると思います。

大宮　そうですね。上達の階梯というものは非常に大切な事ですが、その本質は古式の形教傳体系にこそあるといわれます。しかしながら合氣系武道の教傳法は終始のないランダムなやり方が多く、中々正しい道筋を掴み難く、よって流儀の全体像がなんとも認識しにくいという問題があります。

平上　流儀の体系、本質を掴ませないために態《わざ》とランダムに技をなすという説もありますね。隠す必要のあるちゃんとした体系が現代の合氣系武術に本当にあるかどうかはかなり微妙かと思いますが。(笑)。

大宮　鶴山晃瑞先生は大東流の全体像を天地人の三段階に分類し膨大な体系を唱えられたのですが、その本質を直截的に開示する事は殆どありませんでした。言わば幻の体系といえますが、残る資料を時間をかけて解析し、今日やっとその全体像を捉える事ができる様になってきたところではあります。

※　様々な足遣い法

武蔵は確かに「飛び足」「浮き足」等を嫌うと言う事をいっており、武術理合の真理として一面的にはしかりかとは思う。ただ実際的には飛び足を多様する流儀もあり、そこにもそれなりの理合があり、そして「浮き足」を「浮身法」と捉えれば、これもまた武術極意そのものとなるだろう。要は場合場合による使い分けであり、個々の技法上の戒めを余り広義に解釈すると、他流誹謗に抵触し兼ねないのでよほど注意、自戒すべきかとは思うのである。

武術と言うものは肉体操作の精妙さが要求されるので、確かに一元的には慣性力を利用した技術は戒められる。中華拳法の詞を借りれば、正に「意を用いて力を用いず」であり、筆者の武術感性としても大いに首肯できる名言である。しかしながら武術には「勢い」の必要の時もあり、「兵は拙速を尊ぶ」とも言う立場もある。その意味も含めて余り極意を一元的に捉える事は宜しくないかとは思うのである。

◎「入身極意」

大宮　さて、次の「入身法」とはなんでしょう。合気系武道の入身投げ系の技術傳と捉えて宜しいでしょうか。

平上　合気道、そして大東流にも勿論様々な入身法が伝えられ、此処の部分は柔術、琉球拳法、そして中国拳法なども共通しており、凡そ伝統的体術において入身術理のないものはないでしょう。しかしそれぞれやはり趣は違い、合氣系柔術は同じ入身技の場合でも、特に戦後は誘導の要素が大きく現れてきましたね。

大宮　古典的な大東流はともかくとして、合気道においては円転の理が強く表現される様になり、かなりグルグル廻る入身投げが多くなってきた様ではあります。

平上　古式柔術の場合ですと、同じ様な外方入身になるとしても、各段階において逆手を併用して敵の氣と技を抑えるという観念が強く、また當身なども利用しつつ攻めて行く実戦的なスタイルが多いです。

大宮　空手、拳法といえば殴る蹴るだけのイメージが強いですが、古傳の琉球拳法は皆入身に入る事を極意としている様ですね。

平上　首里手も那覇手も手法は違うのですが、入身に入る為の様々な手法の連続で型が構成されているといえるのです。那覇手ならば「半月《せーしやん》歩《ほ》」「三角抑手《さんかくおさえてぃ》」「倒手《たうしでぃ》」「掬手《すくいでぃ》」「向手《むこうでぃ》」「虎《とら》口《ぐち》※」などによって。首里手系ならば「蟹足《かにあしい》※」「探手《さぐりでぃ》」「手綱《たづな》」「龍舌《るーぬしたー》」「探足《さぐりあしい》」などによって入身をなし、敵が抵抗できない世界を巧みに作りだし、常に有利な立場で戦って行く事を本質とします。

そして入身に入ってゆく為の極意手法として、琉球拳法の深い所で「龍身《ルンジン》」と言うものが伝えられました。

※　**那覇手「虎口」**

琉球那覇手が究極の入身極意として提出したのが「虎口」技法である。現在、合氣系柔術で施行される入身法、入身投げと基本原理は通脈するのであるが、長い傳統に裏打ちされた様々な極意口傳が結集し、比較を絶した、いと精妙なる実戦技法となっている。

※　**首里手「蟹足」**

那覇手の「半月歩」に対して首里の拳法家は「蟹足」極意を提出した。対照的な武術理合を基盤とした琉球二大拳法の象徴的な両技術傳といえるであろう。「蟹足」法は日本本土の武術でもみられるし、東南アジア系の民族武術の演武等にも多く散見できる。古傳武術における比較的普遍的な足遣いであったと捉える事が出来るだろう。

大宮　「龍身」極意は合氣上げ手法解析の時にも話がでましたが、巻之合氣と通脈する技術傳として中々興味深いです。引き続きより深い解説をお願いします。

琉球身體秘法「龍身」

平上　琉球の古傳拳法の体動にはかなり独得のものがあり、本土の空手家は中々真似できないといわれます。しかしながら現代では沖縄の唐手家と雖も十二分に体現できる人が少なくなっている※……と私はそのように観察します。これは民族的な特殊な古傳体動であり、それぞれ口傳もありますが、残念ながら沖縄においてですら出来る者が極めて僅少になっており、本土人が出来ないのも当然の事であるかも知れません。

大宮　沖縄の人と雖も出来る者が殆どいないと言う様な事であるならば一体どうなってしまうのでしょう。それは大変に不自然で不可思議……というか、そんなはずはあるまいという風にも感じられるのですが。

平上　いや、それは本当にあり得難い事なんでしょうか？　少し考えてみて下さい。日本本土においてですらも江戸期の日本人の様な所作や立ち振る舞いは現代人の誰も殆ど真似できません。百年前に普通にやられていた事が出来ない事が多いし、いやそれどころか、戦前の普通の日本人が簡単にこなしていた様な事も既に誰も出来なくなってしまっている。

大宮　そうかも知れませんね。ここ数十年で生活様式も一変してしまいましたし、古式の生活に必要な技術や体能がどんどん失われている。

平上　琉球拳法において失われた体動といっても、何が失われたかを捉える事が先ずは先決なのですが、これが中々に困難な部分がある。琉球拳法における独得の古傳体動も王朝期においては皆当たり前の事として施行されてましたから、多くの場合特に名称付けされておりませんし、ま

※　**琉球武術の根幹極意「龍身」**
極意秘法は體得、體傳するものであって名称は所詮は仮称である。狭義の体動をあらわすものとしては「ムチミ」と云う言葉もある。ただやはり琉球拳法全体を貫く身體極意としては「龍身」と云うのが相応しいだろう。琉球拳法のあらゆる技法の根幹に必須なものであるが、それを錬る代表的な技法としては、那覇手「十三」に内蔵された「掬手」の技術傳がある。やはり那覇手の方が「龍身」を強調した體動が多い。

た本土の様な秘傳書文化が殆ど醸成しませんでしたので、史料、秘傳書類等から探る事もかなり難しい。ただ現代においてはそれらに名称付けと理論化をなし、分類的に捉えようとする動きはある程度ある様です。

大宮　「大道廃れて仁義あり」であり、当たり前の事が失われた為にそれを蘇らせる為に分析され、名称が付けられていったのでしょう。「合氣」という観念が形成されたのも同じ様な流れであるのかも知れません。

平上　しかりであり、それもまた時節の移りとして必要な事と思いますが、琉球拳法における現代的なそれはかなりこじつけ的にして感性的な名称に過ぎないもの、また加えて単に神秘付けの為に考案された様なものもある……。因って逆に分かりにくくなっている場合が多いのは残念です。また各系統で用いられるそれぞれの「武術用語」も、余り共通性のない言葉が多いです。

大宮　その様な中で共通する極意的な体動にはどの様なものあるでしょうか。

平上　當身の威力を現出する為に必要な琉球系の体動やそれを表現する用語としては「ムチミ」や「チンクチ」「ガマク」「當破《アテファ》」「寸突」「振り腰」「二枚腰」「腹絞《はらしぼり》※」「腹當《はらあて》」などがいわれますが、一部を除いてこれらもやはり近代に分類されて言われだした事ですね。※しかし「入身」や「制剛」極意を表現した言葉としては「龍身《ルンジン》」の体動と用語が一部の系脈の中で伝えられました。これは体の捩じりによって敵の力を弾き逸らし、或いは流し、相手の力を無に帰する為の極意表現であり、かなり合氣的なものと言えると思います。

大宮　我々の会で伝える大東流でも先程説明した「水龍」「火龍」の極意を用いた捩じりの術理を駆使しますが、捩じりの体動を「龍」に譬えた所は同じですね。

平上　琉球拳法の「龍身」は各型の手法として内蔵されおり、かなり特殊な技術傳も含みます。しかしそれと同質のもの、その手法の一端は日本柔術にも存在するものです。ただ日本傳の場合は多くの場合は部分的な捩じりに止まっている事が多い。対して指先から徐々に捩じり、掌、手

※　**腹絞**

逆式呼吸による丹田を意識した打ち込みの身勢で、日本武術にもある程度通脈する部分がある。澁川流の臍下丹田術や直心影流の法定形における身勢等に相当する體動と呼吸法であると思われるが、やはり琉球独特の技法的趣の部分がある。打ち込みの身勢であると共に拳打を受ける身遣いでもある。

※　**共通しない武術用語**

様々な系脈で體傳された伝統武術において極意用語は各派によって、そしてその時々の師範の恣意的、便宜的な立場で用いられたにすぎないだろう。特に江戸期における琉球の拳法文献は皆無に等しいので、当時においてどの程度の共通用語があったかは不詳である。大東流は大正以降「合氣」と云う用語と観念を提示したが、それまでに同様の武術極意が存在しなかったと云うわけでは全くない。また江戸期本土の流儀武術はそれぞれ独特の武術理論を構築し、様々な用語と口傳文化を醸成してきた。これらは真に貴重な武術文化財であり、他流と共通しないからこそ巨大な武術文化を醸成出来たわけである。

★琉球拳法「入身」極意

琉球拳法における「入身法」といえば、首里手、那覇手に様々な手法、足遣いがある。首里手系の「蟹足法」は前出したので、那覇手系の「虎口法」を提示しておこう。この技法を大きく裏返して遣うと「天地返（首里手系では谷落）」の必殺技となるが、実を言えばこれが形の正手（正真の用法技術）とも言える。ただその秘伝性と危険性故に一般的な入身法を提示するに止めよう。

●①〜⑤／中段突き来るを右足を退きながら呑み込み（間合いの加減によっては左足を進めて敵攻撃線を外す）、左手にて突き手を抑え「払手」にて目潰し。巴廻しによりて右手で突手を制しつつ左払手にて二度目の目潰し。左手を回して頭上を越して弱腰に当て、右手を回して下から顎を突き上げて倒す。

那覇手虎口［変手］

那覇手の看板技の一つ、「虎口」は琉球式捕手術とも言える独特の秘技であり、展開すれば様々な逆手法や投げ技としても機能するものである。しかし基本的技術解釈はやはり「入身法（投げ）」だろう。そしてその取り口は掴み手でも上段突きからでも技を施せるし、技の入り方も様々な変手と展開が可能である。形の前段に付随する「巴廻」を巧みに用いて敵攻撃手をとにかく引っかけ、巻き込みながら入身し、崩し投げ、固め制してゆけば良いわけである。

これらの技術はある意味「慈悲ノ手」であり、「救手」である。筆者の伝える古傳琉球拳法の系脈では「救世観音菩薩拳」「仏陀ノ手」という様な独特の呼称と技術傳が残っている。

●上段中段①～③

左右手の転換を用いて敵の攻撃手を巻き込んだり、巻き上げたりしながら巧みに敵の死角に入身し、掌底で下から突き上げて敵の重心を崩し体を制する。

①

②

③

●⑥（前頁③拡大）／臂小三角の制し（合氣）

敵の側面から制する極意は同じだが、那覇手は巴廻の中途において、敵に仮當を連続して何度か入れ、また一点の接触部分から敵を制する手法が含まれている。この秘点を日本柔術では「磊（らい）」という。これは正に最も古式の触れ合氣である。

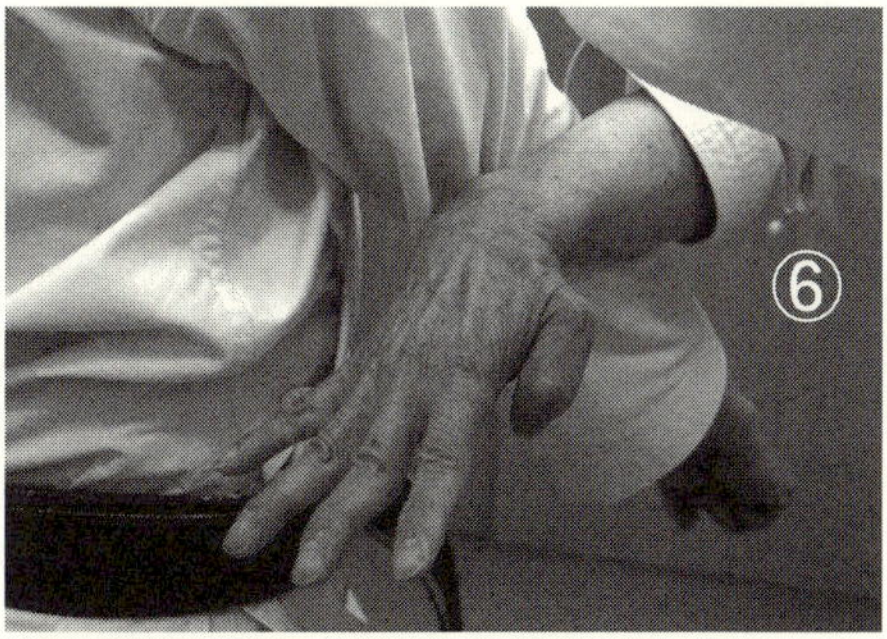
⑥

首、臂、肩と連動して行き、その果てに全身をくねらせ、各部分に溜めた力を協調して用いてゆく。この様な琉球拳法の手法、足法、体動はかなり独得で日本柔術の観念で捉える事はかなり難しい。琉球古傳拳法における正に秘法中の秘法であり、正に体動極意と称すべきものかと思います。また「龍身」は単に體の捻じりと言う解釈も少し狭義な捉え方であり、「大龍」「小龍」との分類もあります。捻じり法は「小龍」の體動の謂となりますが、「大龍」の體動の中にはもっとダイナミックな動きも要求され、難度も高いです。大東流技法に重ね合わせると、一本捕りにおける制敵法への応用として「昇龍降龍」傳なるものがあります。これは合気道の體動にも似てますが、平面的な動きではなく、プラス上下への見事な動きが要求され、よって巧みに敵の攻撃力を殺して制してゆくものです。

大宮 「昇龍降龍」傳ですか。実際技法をみると、大東流で言う所の「丹田揚」「くノ字傳」「六法」「足三角」「瀧落」「綱引傳」「大力落」等の巧みな組み合わせであり、同様の極意として理解できますが、一連の動きの流れを架空の神獣の巧みな動きを利して美的に表現している事が良いですね。

◎「波返し」

大宮 次を見てゆきましょう……。「波返し」※というのも琉球拳法の用語ですか。

平上 首里手系で用いられる技術と術理の用語ですが、ある意味これほど誤解されきた術技も少ないです。柔術で「揺れ戻し」というのと同質のものであり、極めて古典的な制敵法ですね。古傳相撲では「呼び戻し」などといったりしている様ですが。

大宮 少し解説をお願いできますか。

平上 敵を抑えんと計る場合において、その前に敵の力を完全に抜いて置けばそのまま制する事が出来るかも知れませんが、多くの場合、敵の力が未だ生きていたら必ず抑えを跳ね返そうと抵

※　**波返し**
琉球らしい命名であり、その他にも「蟹足」「蛸手」「蛇ノ鎌首」「竜神之爪」「蛇口」「龍舌（上段・中段・下段）」「龍足」「砂掛け」「龍之顎門」等、琉球特有の文物に根ざした名称の技術も多い。
「波返し」もその中の一つといえるが、身體重心の移動で威力を絞り出す極意體動の表現でもある。関節蹴りや足払いに繋げる用法もあるが、敵の動きに巧みに沿い、敵の攻撃力を無力化する技術傳と解した方が極意的ではあるだろう。その意味で所謂「合氣」と類似の表現といえる。動きとしては具体的で分かりやすく、理論も明快なのがよい。いやその意味では「合氣」ほど神秘的で無いと云う事になる。要するに「合氣」云々と云うのは一つのプロパガンダであり、イメージ戦略から派生した言葉といえるのである。植芝師範がそれを冠したかった理由もここにあるのだと考察できるわけである。

抗して来るでしょう。しかしその返しを力を以て強引に抑え様とすると、正に昔風の「合氣」の状態に陥ってしまい、力が拮抗するか、もしくは敵の體力が勝っておれば逆に抑え返されてしまう。それに逆らう事なく、敵の返しの力を利用して逆に抑え制する技術傳をいいます。首里手系では「波返し」と言われ、那覇手系では「虎《とら》ノ《の》二噛《ふたかみ》」として技術理合が伝えられました。

大宮　これは随分と古い技術傳であるかも知れませんね。聖徳太子も武術の達人であったと言われますが、彼の人が残した憲法十七ヶ條の文言を思い起こさせます。「和を以て貴しとなし、逆《さか》う事無きを以て旨とせよ……」確かにこれも一つの武術極意ではありますね。

平上　会津にはその聖徳太子を開祖とする太子流※という流儀がありました。大東流に何らかの影響があったかどうかは不詳ですけれど。

大宮　同質の技法傳を合氣柔術でも合氣技法において随所に用いてはいますが、象徴的にはやはり「入身」極意、また「蜘蛛ノ巣傳」※といわれるものに近い感じがします。但し「蜘蛛ノ巣傳」といわれるものには色々な解釈があり、一元的に捉える事は出来ない事なのですが、入身投げにおいて「合気道」系はかなりその事を強調して表現しております。

平上　同質の極意が目に見える形で明確に現れているのは合気道の方であり、その口傳も含めて植芝師範系で工夫されたものと私は考えています。植芝師範が相撲の手や柔道手法から工夫されたのではないでしょうか※……。ただこれについても戦後の変化と流れがあるので、この件に関しては別書で論を成したいと思います。

◎「猫騙し」

大宮　次の「猫騙し」ですが、これも相撲の手ですね。敵の眼前で柏手を打ち、敵の虚を造って巧みに倒してしまう。しかしこれは単なる相撲の一手の意味のみならず、柔術におけるフェイン

※　**太子流**
会津藩に伝承した古流武術［軍法・剣術・薙刀］であるが、聖徳太子からは夢伝であると云うので、実際的な繋がりはどうもない様である。また剣術、薙刀術も二代目以降の後付けと云うからますます太子とは関係がない。ただ開祖は清和天皇の末裔と云うので、その分武田惣角師範の家系と一脈通ずる部分があるのかも知れない。同じ会津なので交流があった可能性はある程度あるだろう。また斉藤一との関わりも伝えられているのが少し気になる部分である。つまり聖徳太子流の京都道場で斉藤一は師範代を勤めていたと云う説があり、完全確定は未だ出来ないが同説が真実ならば、斉藤一は聖徳太子流と云う事になる。本書の論説とは余り関係はないとは思うが、ただ土方歳三との人脈的な繋がりも可能性としてはあるので念のために記す。

※　**蜘蛛ノ巣傳**
大東流の古傳の教えと言われるが、かくした伝説と用語の初出を今の所確定できない。しかしながら「蜘ノ巣傳」との名称は使われていないが、大東流より寧ろ実傳が残るのは（古傳の）合氣道系であり、植芝師範から発信された理念であるのかも知れない。大東流系では現在別の意味合いとして多くは理解されている。

●①〜⑤「虎ノ二噛」

敵上段突き来るを一歩進みながら片手で流し、また敵連打を右手にて氣で制する。巴廻しにて腕を挫き抑えんとするが、敵反発して頭を擡《もた》げて体を引かんとするも、その敵の動向に逆う事なく寄り添い、一歩進んで左手で弱腰をおり敵顎を突き上げで倒し葬る。那覇手の最高極意形「壱百八（スーパーリンペイ)」に含まれた極意技である。

●次頁①〜④波返しによる体當極

敵を抑えんとなすが、崩しが足らず敵体が未だ生きており、抵抗をなすによって重心移動を利した体當りにて敵を當て制す。膝関節の蹴りや再びの抑え込み等の変化法も伝えられている。

★「波返」「呼び戻し」

敵の力のベクトルに従って対応し、巧みに敵を制してしまう武術における極意体動として古来より伝承されてきた。これは言葉を変えれば「駆け引き」と言う事であり、要するに「押して駄目なら引いてみな」と言う様な技の臨機応変なる使い分けを言う。

それは武術理合としてかなり根本的極意であるから技法として様々な応用展開があり、実際色々な場面で用いられただろう。柔道の立合乱取においても敵を逆に崩し、それを敵が元に戻る逆らいの力を巧みに利用して投げ飛ばす技術が結構用いられる。また武術形の表として最初は単純な基本的抑え技を教えるが、技が進むと裏形としてその返し技を、そしてまたその奥ではその返し技の返しを教えると言う様な段階的教傳体系を保有している古流武術も多く存在している。

因みに明治以降に開流された新興体術は「護身術」を主眼とした流儀が多く、大東流もまた然りである。よって返し技を伴う様な複雑な教傳は大東流においても教傳の初期時分には殆どなされていなかったと思われる。今日の大東流、また合気道においては系脈によってはある程度の返し技を応酬する技術がある程度施行されている様である。

ただ呼び戻しの極意的な本旨を言えば、それは必ずしも「返し技」と言う事ではない。敵の力にぶつかる事なく敵の体に寄り添って制する極意技術を抽出できれば、それは正に「合氣之術」極意と同質のものと言えるであろう。

ト技術としてもっと広義の意味合いとして遣われていますね。

平上　フェイント技法といった方が確かに分かり易いのですね。各流柔術の各技法群の中には殆ど同一の極意技術といえるものもありますが、但し残念ながら共通する同質の用語が余りない。よって相撲の「猫騙し」が一番共通性があるので挙げてみました。実際的な基本技法は敵の眼前で柏手を打ち、敵がそれに氣を奪われているのにつけ込んで巧みに倒す技術傳です。

大宮　正にこれは大東流の看板技である「柏手小手返し」の手法そのままですね。大東流はこの様な古い部分をそのまま継承している事が分かります。しかし大東流内では「柏手小手返し」を「猫騙し」として捉える向きも、またその名称そのものも余り伝えられてはおりませんが。

平上　これは日本武術というものは決して一元的には伝承せず、各流独特の文化を形成しましたので、共通の武術用語というものが存外余り存在していないという事だと思います。各流においては同質の技術を「チラリ」といったり「草薙」といったり、「房遣い」「吊り」「野中之幕」「替え玉」「神玉」「鐵石※」「信夫」「夜之太刀」といったりしています。しかし各流それほどの共通性はなく、各流儀内部の言葉や隠語として伝承しています。しかし各流用語を用いて手前勝手に喋々《ちょうちょう》しても現代の一般用語との共通性がない為に意味が繋がらない。だから異国語であるフェイントと言った方が逆に分かりやすいわけであります。

大宮　その様に解説され、適切な所に必要であれば異国語を用いる事は大変に良心的な事と思いますよ。現代ではどうも一般公刊書の著述においても、自分が造語したワードを定義付けのないまま恣意的に用いたり、また方術関係の特殊な用語を多数用いて大衆を煙にまき、自己の勝手な理論付けを延々と語る妙な論述書も結構多く、これでは全く研究内容が他に伝わらない。ですから一般的に意味の通る言葉に翻訳して物事を説明する事は重要な事です。

平上　それでは古流武術におけるフェイント、つまり「猫騙し」技術について少し解説してみましょうか。明治以降の柔術というものはその護身術的要素を以て多くが伝えられ、大東流もその

※　鐵石
無雙直傳英信流居合術の奥傳「大剣捕」の中に「鐵石」の形がある。鐵石とは鐵と石をぶつけて火花を飛ばす事の譬えで、要するに刀と地面の小石等の事である。火花で敵の目を奪い、攻撃させ、隙を強引に作り出して捕り抑える技術。

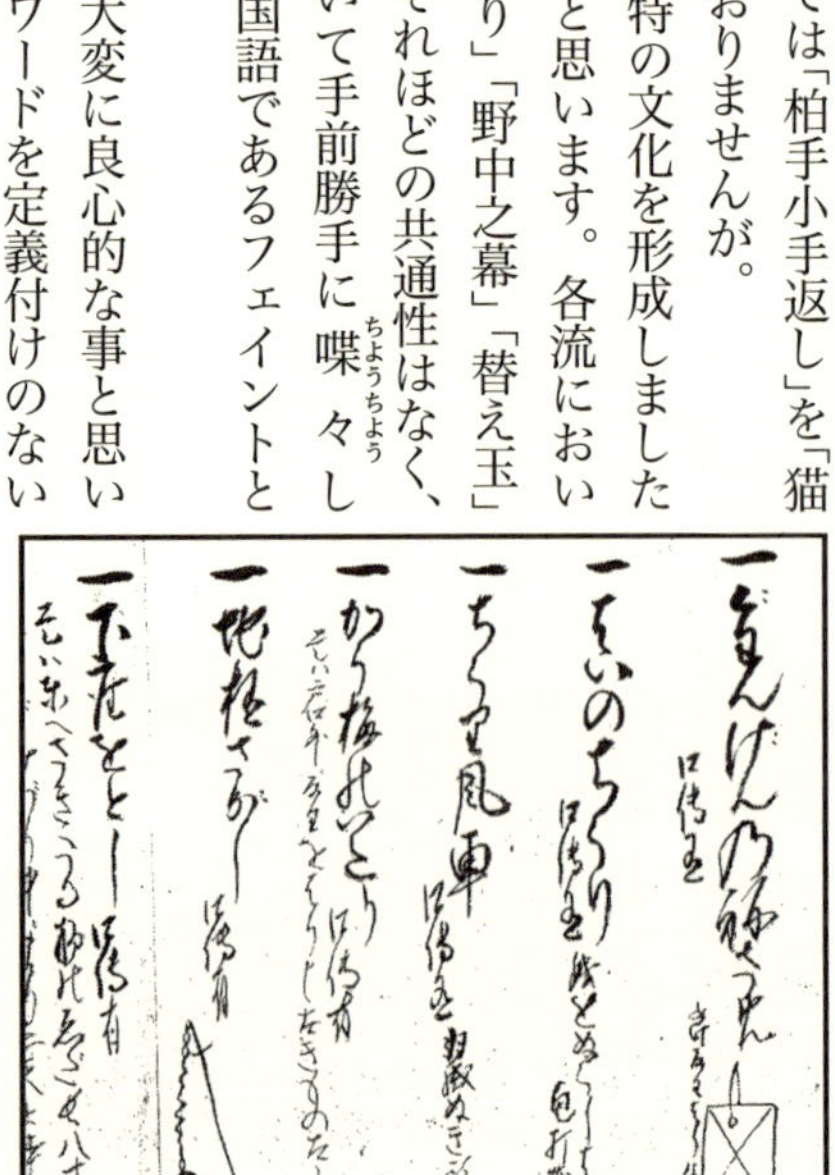

※　「チラリ風車」
信州無雙直傳流和義の秘傳書『和極意二十四ヶ條』（右図）に「チラリ風車」の解説がある。居合、もしくは柔術の一秘術として伝承された一種のフェイント技術であった様である。

様にかなり崩されて伝承されたわけなのですが、しかしながら本来の古式柔術には捕手的要素がかなり含まれていた事を認識しなければなりません。「捕手」というものは敵の隙を狙い、また何かで氣を奪ってその隙を突いて捕り抑えるものです。そして敵の氣を奪う様々な方法論が工夫されました。例えば荒木流などでは、三方にお茶を乗せて敵に献上するフリをして敵がそのお茶に氣を取られた瞬間を捉えて技を施します。先ず三方を敵に投げつけて強制的に隙を造って、お茶を取ろうと差し出した手を取って小手返しに掛けて倒します。この様な技術傳は各流柔術の秘傳技としても伝承されました。例えば無雙直傳和義ではその秘技を「チラリ風車※」と称し、何かものを矢庭《やにわ》に投げつけて氣を奪い、その隙を攻めて取り押えたり、成敗する技術傳が伝わっています。

大宮　大変に古い技法傳であると思います。秦の始皇帝を仕留める為に、燕《えん》の荊軻《けいか》が一軸の軍用秘密自国地図巻の中に懐剣を仕込み刺殺を図った故事は著名ですが、そんなところにヒントを得ているのかもしれませんね。

平上　支那国の兵法書に『兵法三十六計※』がありますが、その中に「声東撃西《せいとうげきせい》」の教えがありますね。これも一種のフェイント戦法を教えたものであり、古くからこの様な技術が伝承し、そして実践されていた事がわかります。

大宮　ただしかしこれらの技術は、後之先を取って敵を倒す事を基本とした合氣柔術の考え方とはかなり異質ですね。もっとも大東流の古典としての本質論をいえば、大東流は護身の技術傳ばかりを伝えた流儀では決してなく、やはり他の古傳柔術と同じく、かなり濃厚に「捕手術」要素を備えていました。実際の所、惣角師範は晩年までその様な技術を結構用いており、それを「掛け手」もしくは「取っ手」「掴み手」などといっていた様です。

平上　時宗師範も「合氣」を護身術的なもの、「気合」を捕手的なものという風に分明していますね……。この大東流における捕手系技法は古い各師範方にもある程度受け継がれていますが、

※『兵法三十六計』
編纂時期はかなり遅く十七世紀頃と言われるが、個々の内容、故事自体は古代支那の兵法極意をその儘写し遺したものであると云う。『孫子』よりも内容的には教訓的で分かり易く、よってかなり人口に膾炙した様である。『孫子』ほど深遠でも難解でもなく、各項目の見出しの題が三、四文字の熟語となっており、それをみただけで内容が大体わかると云う簡便さである。「声東撃西」と云うのもしかりで、技法としても正にその通りの陽動作戦、フェイント技法の表現である。その他「美人計」というのも、「借刀殺人」「打草驚蛇」というのもこの名称だけで何となくでも意味は通ずるし、人生訓としても利用できて真に便利な兵法書である。逆に現代の支那人に対した場合、相手がこの様な基本兵法を意識の底に備えているという事を理解しておくべきなのである。

しかし同流は厳密な形教傳を以て余り伝承されて来なかったので、次第にそれが曖昧となり、戦後は特に護身術系の要素が強くなっていったのではないでしょうか。つまりそれが「合氣」としてのイメージに繋がっており、時宗師範の論もそれを踏まえての解釈であったと考えられます。
それはともあれフェイントをかけるという戦闘法は柔術に留まらず、色々な武器術に伝承されています。ただ剣術系においては必殺技術となるので、流儀の秘儀としてその具体的技術は中々に伝授されない事が多く、古傳剣術も此処の部分が欠落した流儀が結構多いです。

虚実の剣法

大宮　剣術における「猫騙し」フェイントといえば、柳生心眼流などでは下緒までを利用して鞘と共にそれを振り出して遣う「房遣い剣法※」が色々伝わっていますね。

平上　以前下緒作法について各雑誌などに色々著述していた時に、たまたま心眼流の島津兼治先生とその事に話が及んで、新宿の某公園で「じゃあやろうか」という事になりまして、色々下緒攻めのフェイント技法や鞘遣い剣法の傳等を見せて頂き、かつまたその手解きをして頂きました。その後も何度か機会があり教えを頂いております。

大宮　新宿の公園にそんな秘傳技を伝授出来る、人のいない様な空間があるんですか。

平上　いや人は一杯いました（笑）。本来の流儀の秘術や密儀、秘傳の必殺極意技等は道場でも決して下の門人にも見せず、几帳を隔てて隠れ稽古をしたと言われますが、「今はそんな時代じゃない」で終わりでした。

大宮　剣術のフェイント戦法も、物を不意に投げつけたりする技術の様ですね。

平上　いえ、勿論剣のみを用いたフェイント殺法も奥傳の世界には各流豊富ですよ。尤も現在そこの部分を伝える流儀が少なくなりましたが、それが出来るのが日本剣術の真骨頂なのですから。

※　**柳生心眼流の「房遣い剣法」**
柳生心眼流の伝える、刀の下緒を巧みに攻撃やフェイントに利して用いる技術。現在の時代ドラマは歌舞伎式に飾り結びしているスタイルが殆どだが、古流剣術では闇夜探りに用いたり、壁越しに利したり、敵の籠手を縛ったりといった様々な応用技術傳が伝えられている。

大宮　新陰流でも「相手を働かせて勝つ」という様な事をいいますね。新陰流の「三学」は「待」の剣で、「九箇」は「懸」の要素が強く、仕太刀の方が仕掛ける技術傳が中心となっているという話ですね。一刀流においても敵の攻撃に合わせて打ち取る「一ッ勝」を看板にしながら奥に行くと仕太刀から仕掛けて行く形を伝承しているとか。確か会津に伝承した溝口派一刀流はその様な秘太刀を伝承している様ですね。

平上　その溝口派一刀流の秘太刀を継承していたのが西郷頼母といわれますが、不思議な符合ではあり、どこかで「合氣」伝と繋がっている気も致します……。

それはともかくフェイント法は、言わば膠着状態の「合氣」を破る一つの術でもあるので現代的な「合氣」に一脈通ずる技術傳であるかと思います。しかしながら一瞬で敵を粉砕する烈しい技でありながらやや卑怯に感じられる向きもあり、「玄妙なる不可思議の技」というイメージからはかなりかけ離れ受け入れ難いかもしれませんね。これらはあくまで実戦を想定した古式の武術殺法教傳です。

大宮　フェイント技術は上手く決まれば必殺技術となるでしょうが、言わば騙しのテクニックですから、敵が必ずしも引っかかるとは限らない。そしてまた敵も同じ様に仕掛けてくるかも知れませんし、その様な事を考えると中々當り外れのある技術傳の様に感じられます。これは古から無数の剣客たちが追い求め、天下の剣豪宮本武蔵が知天命の坂を越えてやっと出逢《いそじ》えたという様な至高の「道」の極意とは確かにイメージが違ったんでしょうね。だから合氣系武術では次第にその様な古傳式の実戦殺法が影を潜めてしまった。大東流系統には「柏手小手返し」は残ったが、玄妙の合氣を追求した植芝師範系では既に行われなくなっている……。※

平上　戦後六十年以上、かなり平和惚《ぼ》けの時代が続いてきましたが、殺伐たる昨今の国際情勢、世の中の状況を見ると中々に甘い事も言っておられない様にも思うのでありますけれども。しかしこれも時節の移りであり致し方ないのかもしれません……。

※　**失われた「柏手小手返し」の技術**

「柏手小手返し」は大東流における代表的な古典形、正に看板技である。形稽古法を採択せず、古式の体系をかなり崩してしまった系統でも、この技術のみは比較的しっかりと伝習されている事が多い。掴まれた両腕の左右の力を中心に集め、柏手を打つ事により、手首の自在さを確保すると共に敵の崩れを造り出す技術表現がある。これは大東流の看板ともなった「合氣」の萌芽ともいえる重要な技術傳であるといえるであろう。大東流でいう所の「合氣」の原点は、正に合力による中心攻めを基盤としている事がわかる。現在の合気道でみられる腕の返しによる力のずらし法とはやや異質である。そしてその後に続く逆手法の本来の方法が指関節を攻める実戦的な方法論となっており、これがやや危険の伴う方法論を含むが故に、大衆化の過程において合気道系では敬遠されたと考察できる。また大東流系でも指極めの部分は省略して安全に演ずる形が主体となっている様である。形演武の方法論としてはこれも一つのやり方ではあるだろう。

◎「無構」の事

大宮　フェイント技術と表裏なのが、逆に「無構《むがまえ》」や「弱み見せ」傳ではないですか。そしてこの方が現代の「合氣」的技法に近いものがある様に思います。

平上　しかりですね……。「水月」や「吊り」の傳も同系の教えといってよいかと思います。これらは要するに誘いの技術ですが、これにも色々方法論があり、「無構」はその中の一端であり、これが合氣柔術の方法論と確かに最も合致する部分であるのかもしれません。

大宮　「構えあって構えなし」※と言ったのは宮本武蔵だったでしょうか。

平上　『五輪書』の『水之巻』に「有構無構の教への事」という項目があり、武蔵剣法の術理としても重要な部分です。少し長いですが有名な武蔵傳極意なので原文をあげてみましょう。

「一　有構無構の教への事

有構無構と云ふは元来太刀を構ふるといふ事あるべき事にあらず。然ども五方に置く事あれば構へとも成るべし。太刀は敵の縁により所により形氣に随ひ、何れの方におきたりとも其敵切りよき様に持つ心なり。上段も時に随ひ、少し下る心なれば中段となり。中段もをりにより少し上れば上段となる。下段も折にふれ少し上れば中段となる。両脇のかまへも位により少し中へ出せば中段下段ともなる心なり。然るによつて構はありて構はなきといふ理なり。先づ太刀を取ては何れにしてなりとも敵を切ると云ふ心なり。若し敵のきる太刀を受る張る當るねばるさはるなど云ふ事あれどもみな敵を切る縁なりと心得べし。受ると思ひ張ると思ひ當ると思ひねばると思ひさはると思ふによつて切る事不足なるべし。何事も切る縁と思ふ事肝要なり。能々吟味すべし。兵法大きにして人數立てと云ふもみな合戰に勝つ縁なり。能々工夫すべし」……。

大宮　武蔵は構えはかくあるべしと言う枠組みを否定していると言う事でしょうね。上段構えがこう、中段構えはこうだとして、それに囚われる様であってはやはり可笑《おか》しいのであり、構えに

※　武蔵の無構

余りにも著名な宮本武蔵の肖像画で、「無構」の極致の図ともいえる。この図について、近代の剣豪、高野佐三郎師範が「この武蔵に打ち込めるか」と常に門人に問いかけていた事は著名である。正しくしかり、「構え有って構え無し」であり、両刀を左右に垂らすのみで左右下段の打ち込みは最初から不可となる。上半身180度、空いた所に何処から打ち込んでもその剣氣に反応し両刀を組み合わせてレーダーの如く差し出せば、いかなる強力なる打ち込みも十文字に留められ身動きできなくなる。そしてより重大なのは武蔵の足遣いである。相手の氣の方向性に合わせて足を交差に用いる身構えが出来ており、どの様に打ち込んでも氣の流れを利用され、自己の側面から背勢をとられて打ち込まれる。その勝敗の帰趨が見て取れるが故に、高野師範も打ち込む事絶対不可能としたわけである。

こだわらず敵を切りよき様にあればよいという事になるのでしょうか。

平上　『五輪書』の解釈としてはそれで良いと思いますが、武蔵流剣法における伝承された技術傳の立場からいえば、武蔵はこの著述部分においても真意をやや暈《ぼか》している様に思います。私自身も各系の宮本武蔵傳剣法を長年稽古していますが、その意、究極にある術理は「弱み見せ」の「無構」であると思います。特に山東派二天一流で古くから伝承された「二刀勢法」では大いに「無構」を多用し、そこから敵の攻撃を誘って打ち取る技術が主体となっています。

大宮　武蔵の言う無構えとは、著名な武蔵が二刀をだらりと下段に構えた晩年の肖像の姿と言う事ですか。

平上　勿論それも「無構」の一形態なのですが、武蔵が言いたいのは「下段」だからどうの、「上段」だからどうのと言う事ではない。だから「上段」だから構え有りと言う事ではないと言う事だと思います。正に構え有りて構え無し。本来の構えはその心に在りといいたいわけですね。だから八相であろうと脇構えであろうと、体を餌にして敵を誘う事が出来る。そこを打ち取るわけですから武蔵の勝負は大体において一瞬にして決まりました。

大宮　空手を含めた現代の格闘武道を見ると、大体は色々な構えをとり、合気道系でも系統によっては半身に構えたり、両手を前に突き出して構えたりしますが、大東流を含めた古傳柔術では無構えが基本ではないですか。

平上　いや空手も古傳空手、古式の琉球拳法には実は構えはないのです。ある様に見えてない。確かに手刀構えや三角構え、手綱構えと言うものがありますが、そんなもので最初から敵と対すると言うわけでは必ずしもない※……。

大宮　確かに拳法系の構えと言うものも、敵が攻めて来た時にそれを受けたり、なやしたりしてそこから入身をして敵を制し入る為の一瞬の体動、一コマのスタイルであるというのが本当かと思います。そこが格闘技と武術体術との差異でしょうね。

※　琉球拳法の戦闘構え

琉球拳法における構え理論も宮本武蔵と同質であり、やはり「構えは有るが無い」という事になる。護身を基本的な旨としている以上当然であるが、ただ無構えを徹底した日本柔術と比較すると、戦闘構えといえる構えが全くない事もない。首里では手綱構えがあり、那覇手では三角構えが戦闘構えにかなり近いものである。しかし戦場において素手の殴り合いなどがあり得ないという立場において、拳法が武術である以上、それを格闘技式の戦闘構えと解釈すべきではないだろう。

敵の攻撃を受けた瞬間に転化し、入身にて制する為の一瞬の拳法技術のスタイルと捉えるのが武術としての真面目といえるだろう。

ただ現代的な格闘試合というステージの場面を考えた時は、この様な戦闘構えを練って置く事も、身を護る一つの備え、心の構えといえるかも知れない。

平上　大東流にも勿論特に構えはなく、逆に無構えにて隙を造って敵に掴ませ、それに対応して技を施して制するわけですが、これは確かに護身術としての基本であり、かつまた武術の極意であるともいえるでしょう。

大宮　古傳柔術は護身術のみを伝えたわけではないと思いますが、現代に伝承される大東流は大体は護身術技法を基盤にしている感じですね。しかし剣術などでは色々な戦場駆け引きの技術が伝承されていたのでしょうね。

古流剣術の誘いの技術

平上　古傳剣術は単なる無構えにして敵の攻撃を待つのみならず、先程も「フェイント」論において説明しました様に、自ら打ち込んで強制的に敵の隙を作り出す、中々高度な技術が色々編まれましたし、また次の段階として正に「弱み」を見せて敵を働かせ、それに乗じて敵を制するかなり複雑な技術傳までもが色々工夫されています※。

大宮　「弱み見せ」は「フェイント」傳の一つ奥の技術と言う事ですね。

平上　しかりと言うか、裏返しの技術と捉える事も出来ます……。しかしながら最終的結果論には共通のものがある事も事実です。ともあれこの様な裏表の方法論が各剣術流儀で工夫され、それぞれ独特の秘剣として残っているわけです。その原理は要するに、丁々発止の色々な場面で敵に外されたり撥ね飛ばされたりして体の崩れを見せますが、心は崩れず、敵が「えたりやおう」と打ち込み来るを逆に打ち取ると言う、かなり戦略的な技術傳となっています。新陰流系で伝えられる「逆風」や澁川流の「不可思議剣」、天然理心流の「無明剣」、また無雙直傳英信流「太刀打之位」の「月影」なども同じ理合ですね。

大宮　これは単なる武術技法と言うよりも兵法的戦略が含まれていると感じます。もっともそう

※　誘いの技術

隙のある構え、つまり隙の部位を造って打ち込ませ、それを外して逆に討ち取る技術は剣術の基本技術として特に珍しくはないが、剣術技法の中には、相手と撃ち合い、撃ち負かされて崩れたと見せ、敵が止めに撃ち込んで来るのを逆に討ち取ると言う様な、かなり技巧的な技術傳もある。これは無雙直傳英信流の「月影」の技術であるが、より虚実を明確に演出するのは澁川流の「不可思議剣」である。これは正に究極の大逆転を演出する不思議な秘剣法である。

しかしながら敵の裏の裏をかく複雑高度な技法群が、古流剣術の各流儀で無数に編まれたが、この様な技法は効果的であり、かつ術理の面白さは確かにあるが、明治以降の大東流系が欣求し続けた「玄妙なる武術極意、合氣之術」という感覚とはかなり異質ではあるだろう。ただその様な演出を造らず、武蔵の如く力を抜いて無に構え、あらゆる攻撃を瞬時に無力化して敵攻撃を抑え制して背勢をとりて瞬殺する。即ち敵が能動的に攻撃して来る以上、全戦常勝という様な至高の境地を造り出す事こそが「合氣極意」に最も近い形態かも知れない。しかしながらその様な高見に至る為には、陰陽虚実を尽くした修羅の剣もまた必要である様にも思われるのである……。

したやり方は少し超絶的な立場で、武術極意を捉えた「合氣之術」からは少しはみ出た戦法で、植芝盛平翁などにおける合氣柔術では、わざと弱みを見せるというのではなく、飽くまで無に構え、敵を働かせて自在に勝つ、そんな気がします。

◎「過現未」

大宮　先程上げられた無力化法の中の「過現未《かげんみ》」とは一体なんですか。

平上　これも各流共通する名称伝が余りないので分かり難いかとは思いましたが、かなり合氣的部分があるので取り上げました。理合的には梃子《てこ》の原理を利用した中々巧妙な技術群であり、剣術系では古くから「過去現在未来ノ秘儀」として伝承してきたものです。これは精神制御法を伴う奥の深い教えも多重的に含まれておりますが、その基本的な技術傳は、刀の各部位の意義を譬えをもって明らめて、その性質を巧みに利用する中々ユニークな教傳であり、かつまた極めて巧妙な技術傳です。つまり刀の何処の部位を支点とし、何処を力点、作用点とするかで発せられる力が変わってくると言う事ですね。またそして当然の事ながら、この様な技術傳、法則を通じて敵の力を封ずる事も出来ます。主に刀を打ち合わせた後に巻き落としたり、巻き上げたりする時に刀のどの部位を用いてゆくかと言う精妙な教えとして伝承されるものです。様々な戦闘場面で合理的な方法論を通じて用いられる巧妙な技術傳ですが、また同系の技法として「帯詰《おびづめ》」技法といって帯刀時における鐺返破りにも用いられる技術等もあります。

大宮　「鐺返《こじりがえし》」※とは敵の刀の鐺を取って上に返し、敵を制する捕手技術で、古傳の捕手柔術に多くみられる技法ですね。

平上　その様な攻撃に対処する方法が居合系で色々考えられたのですが、その制敵技術口傳が現在では殆ど失われ、確かに形が形骸化し、まともに出来る人が殆どいなくなっているので提出し

※　**鐺返**
無雙直傳英信流和義にズバリその儘の名称と技術傳「鐺返」技法がある。刀を差した武者を捕り抑える場合の定石技法で、これは柔術系捕手法からみた技術。刀を差した武者としてそれにどう対処するかを教えるのが居合系の鞘捌の技術である。同流には居合側からの対処法として「大小詰」の形が伝えられたが、この根本術理は梃子の理論を巧みに利用し、支点を変化させる事によって有利に勝つ方法を伝えるものである。割合スマートな技術であり、これは「合氣之術」そのものではないにしても、そこに至る為の方法論の一つとしては利用できる技術である。合氣上げ技術の一端としても採用できるだろう。

ておきました。「帯詰※」は敵の力を梃子の原理で巧妙に抜いて、手解きをなすか、それとも逆手などで忽ち制してしまう技術傳における深い術理を教えたもので、居合の重要な秘口傳の一つです。

大宮　梃子の原理は単純にそのまま使うわけではありませんが、合氣上げ、そして合氣技法でも多く用いられますね。確かにどの様にして梃子の原理を応用するかと言う事は一種の口傳となっている。つまりこれは何処を支点とするかと言う秘口傳であり、私の会でもそれを「不動之動」として教えます。

平上　合氣技法も伝が進むと、氣で圓を描いたり、そしてより深い秘法として氣の球を意識の世界で構築したりします。必要に応じて大球、小球、それを上下左右……と使い分ける。そして空間の何処に球の中心を造るかが一つの口傳となっており、そこには確かに深い教えがあります。球の中心の一点に氣を鎮め、玉の廻りに氣を巡らせる事によって巧みに敵を制し、また見事に敵を吹き飛ばす事も出来る。これらは確かに大東流が提出した氣の運用における至芸ではありますね。

大宮　それは私の会では「撫玉《ぶぎょく》之《の》伝《つたえ》」「葦牙《あしかび》之《の》伝《つたえ》」として具体的手法技術の教えを纏めております。これは「合氣十門」に含まれる巧妙な術傳ですが、僅かな動きで敵の力を制御し、体勢を崩して投げ転がしてしまう事が出来るのです。しかしその原理を突き詰めると、これは梃子の原理の極微、或いは極大の世界での応用であり、先程の剣術極意「過現未」の原理と通脈する部分があるのかもしれません。

平上　「過現未」の教えはそれが巧妙な技術として機能する事は勿論ですが、実をいえばその奥に真に深遠なる武術極意の世界があるのです。この部分なんぞは正に合氣極意世界《ランド》に入場する為の最初に必要な入園切符の様に思います。

大宮　興味深いですね。解説の程をお願いします。

※　帯詰
「帯詰」は鐺返に対抗する居合系の技術で各流の工夫があるかと思うが、強力者に鐺を取られた時に敵力を殺す術理として働く事に意義がある。刀剣や棒等の長物武器を用いる時の基礎的な方法論である。術理であり方法論であるからこそ、それを敷衍して素手武術においても色々応用が可能であるわけである。

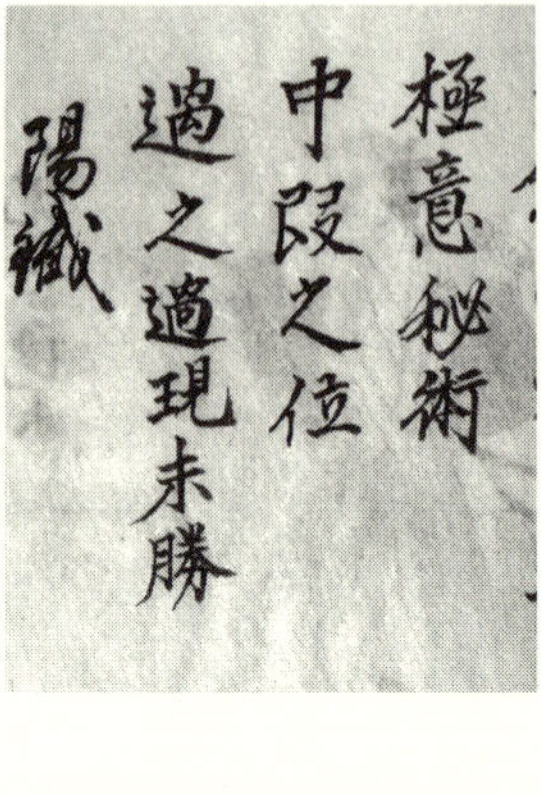

鐵人實手流系の二刀流絵目録伝書にあらわれた「過現未」の極意ワード（伝書の数ヶ所に見うる）。「過去現在未来」の略語であるが、「かげんみ」と読み、ものの「かげんをみる」と言う詞の語源とも考えられる（この論説は筆者の思いつきであり無保証）。念流系の教えの可能性もあるが、史料的には作州宮本家系の伝書に多くみる事の出来るかなり特殊な武術用語である。

絶対勝ちの世界に就いて

平上　私の剣術教傳における最初の教えは、敵が打ち来るを受け止める「十文字之剣」の最初手「十文字留」から始まるのですが、これは剣術の基本といえば基本であり、「戈を止める」と言う意味合いにおける、正に「武」の根本中の根本でもあります。※そして「受け止めるだけの基本技」……の中にこそ極意があり、深い技術展開と意味合いがあるのです。即ち受けた瞬間に既に絶対勝ちの世界に入らねばならない。

大宮　絶対勝ちの世界ですか。これは確かに合氣的ですね。いかにもその通りであり、武術における奥の秘法、兵法極意として古の武の先達たちが求めたのは剛力による強大な破壊力でも連打の早業なんぞでも決してありませんでした。そんなものは年齢と共に徐々に失われてしまうかもしれず、そして虚々実々の巧妙精緻なる技法は存外当たり外れを生じやすい。それは武蔵が晩年に自戒した単なる「(各個人に付随する)技の起用によるたまたまの勝利」に過ぎず、未だ未だ「道」とはいえない。

平上　武術と言うものの最初の勝負認識として「力の強い者」、そして「技の巧みな者」が勝つと言う基本テーゼがあります。それは実際の勝負の様相としては確かにその通りになると言う一面もあるのですが、しかしそれは所詮はスポーツ競技的立場における限定されたゲーム式仮想世界での相剋法則に過ぎず、現実世界における実際の戦闘《いくさ》には、彼我における生来の立ち位置、意識と条件の差異と言う事が先ずはあるはずであります。それは戦闘と言う現象における真因の所在の事、つまり約束事ゲームではない以上、当然の事ながら攻撃者とその防御者がいる事になります。勿論それは必ずしも絶対的なものではなく、戦闘状態、その推移における各方の戦略や心持ちによっても変動してゆくはずであります。

大宮　「武術」と「格闘技」の差異として、良くそれぞれの目指す所の差異と言う点が指摘され

※　戈を止めると言う「武」の原義
「武」とは正に「戈を止める」と言う意義であり、護身と侵略抑止の深い意味合いを含有す。ただこの原義解釈に異議なす論説者がいないわけでもない。古典ワードにおいては色々な解釈があって良いかとも思うが、今のところその異議内容は殆どストレートには首肯できないものであり、かなり歪んだイデオロギーの産物也と筆者はみる。加えて「干戈」における「干」を「楯」の意味ではなく「干」↓「杆」↓「棹」↓「棒」の意味合いとして捉える向きまである。他説、異論の存在は別に否定しないが、原義である「楯」の謂を消去した状態の断定は如何なものかとは思うのである。

●上段右／敵の打ち込みに対して最小限のディフェンスをなすことにより絶対勝世界の扉が開けるのである。

●上段左／敵の打ち込みに対して対抗意識を少しでも生じたならば、これは邪と邪のぶつかり、合氣の状態となり、針穴はたちまち塞がれる事となる。

●次頁右図／一刀流伝書では刀全体を八寸で区切り四分割して分かりやすい名称付けをなしている。これはこれで分かり易くてよいかと思うが、人の邪における因果の巡りを表現するにはやはり「過現未」の教えの方が味わい深い様に思う。

★古傳剣術の超絶極意「過去現在未来之秘儀」

敵より打ち来る太刀を留める時、そこに微塵《みじん》の邪があってはならないのである。邪とは敵に対する恨みや恐れ、また敵を逆に傷つけんとする我欲や怒りである。かくした邪があると、自己の剣が正真なる仕太刀「正剣」では必ずしもいられなくなる。即ち敵の刀を自己の刀の弱身の部分で受けねばならなくなり、合わせた太刀の接触点を境に既に敗者の立場（ポジション）に入ってゆく事になる。

それは「倫護（リンゴ）」を齧《かじ》った為に科せられた武術神界、絶対勝ち天国（圓転の園）からの追放と言う名の刑罰である。そして自己の邪を因として、やがては東方の滅びの道を歩む事となるのである。即ち因果が巡り、やがて自己に突き刺さる事になる敵の刃は、実の所、過去世における自己の邪が時を経て具象化されてきたものと言う事である。ここまでの理解と大覚に達せば、日本の武の先達たちが日本刀における強さの段階を三つに分けて、それを何故に「過去」「現在」「未来」と言う様なかなり面妖なる名称附けをなしたかと言う事、その奥意がやっと理解できてくるのである。

ともあれ古傳剣術において最初に学ぶ「十文字留」こそが、かくした絶対界に入場する為の最初の針穴であり、邪さえ生じなければ楽々と通って行く事が出来るはずである。

「欲を捨て針穴通る駱駝かな」

敵打ち来るならば必要最小限の防御をなせば良い。しからば既にそれこそが絶対勝ちのポジションに自ずから入場したと言う事である。後は巻き落とすなり、「鐔弾」等の剣技にて敵の死角に入って行けば良い。さすれば勝利は既に我が物、敵の身命は我意によりて正に自在である。そして敵の立場としては、自らが先んじて発した殺意の邪を因として自ら滅びの道に入ったと言う事になる……。正に**「剣を振るう者は剣にて滅ぶ」**ではないか。

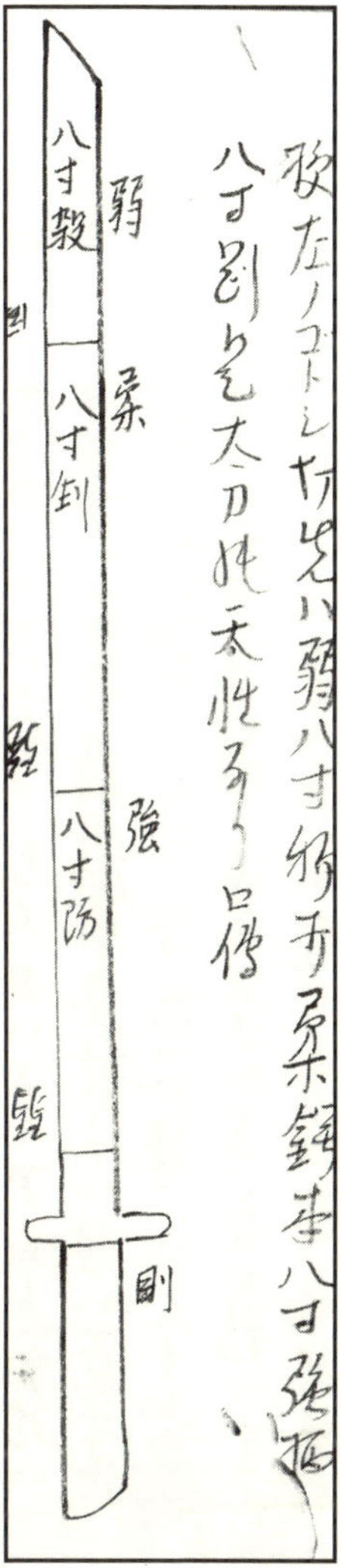

巻落【①～③】

古傳剣術における巻落技法も色々なやり方があるが、大きく分けると「鶴」と「亀」の二法がある。何方を用いるかは場合々々だが、一応基礎である「亀」のやり方で演じておこう。

鐔弾【①～③】

鍔迫り合いと混同される向きのある中々に精妙な技術であるが、根本原理には大きな相違がある。ただ「鐔弾」理論を学ぶ事によって當り外れのある鍔迫り合い技術を精密に使い分け、そして一段高い術傳の世界に入ってゆく事も可能なのである。

ますね。明治以降の日本文学論ではないですが、「伝統武術（古典派）」は「完成」を目指し、「格闘技（浪漫派）」は「無限」を目指すと言う風にも……。そしてこれは少し言い換えて「神の絶対」と「猛獣の強さ」と言う風にも表現できるかと思います。

平上　勝敗は力と技との相剋……ではなく、本来の「武術」は彼我の心、その正邪の相剋であり、邪を抱いた者がその瞬間に破れるのだと言う一つの超絶的な古傳説、武術神学論があります。※これは例えば『姿三四郎』における例の「右京ヶ原の決闘」などでも表現されております。

大宮　「邪を抱いた者がその瞬間に破れる」と言う事を突き詰めれば、本来「彼我」の戦いと言うものはなく、争う敵は身体外、そして自心外にあるのではなく、正に自己の心の中《うち》にある……と言う極めて東洋的な深い論になってゆくのだと思います。故に敵と戦うのではなく、自己の心の邪との戦いこそが真の武術、その錬磨と稽古そのものと言う事になりましょうか。

平上　柳生宗矩の言葉を敷衍して、現代では「人に勝つより自分に克てと、言われた言葉が身に沁みる……」などと唄われますが、真にしかりであり、この古傳剣術における最初手「十文字留」において、敵の邪を自己の心の曲《まが》の跳ね返りとして受け止め、その力をまた返してゆく。ところがその時に自己に敵を打たんとする心の邪があれば受け止めた瞬間に自己が不利な体勢になり、真の「勝口」に入ってゆく事が出来なくなるのです。

大宮　「勝口」とは確か新陰流系の用語かと思いますが、彼我の勝負において一方が勝つ由縁、その入り口の謂ですね。と言う事は敵が殺傷の為に打ち来る事自体が既に邪と言う事になりましょうか。

平上　かかる時、敵が邪心にて剣を伸ばす事によりその体は崩れ、必ず隙を生ずる事になる。それに対して自己は心の邪を消し怨を捨て、最小限の身を護る受け留め技を施す事によってこそ、刀の有利な部分でそれを受け止める事が出来るのです。そして敵の邪を因とする「弱」の部分に対して自己の「強」の部分で対すれば、この時点で必ず有利に戦いを進める事ができます。即ち

※　**正しき者が勝つ**

世の「正義」なるものを思う時、どんな局面においてもかくあれかしとは思うが、必ずしもそうはならないのが世の現実。しかしながら武術極意と言うフィルターを通せばその様な超絶世界を忽ち現出する事ができる……かも知れないのである。そして三四郎は檜垣源之助の勝ちたい、殺したいと言う欲心と邪心による技の隙をついて確かに逆転した……。かくならないのは敵の邪は別として、己自心にも邪があるが故なりとみる。それは敗因を外に求めず、内に求め、常に自戒こそを武術錬磨の要とすると言う事である。

この様な謂は言葉を変えつつ日本武術における極意的精神訓話として繰り返し戒めの言葉が発せられてきた。

「剣は人を斬るものにあらず、己の邪、非心、弱心、臆心を斬るもの也」……何ぞと。

植芝盛平師範は「真の武は宇宙と一体となる事、宇宙と同心同体となった時、誰もその者を傷つける事あたわず。もしある者が我を傷つけんと邪心を抱いた瞬間、その者は既に破れている……」と言う様な意味合いの言葉を遺している。この謂は偉大な日本武術極意世界の本質を描写した一つの見事な表現である。

敵刀を自在に巻き落としたり、また弾き上げたりして、敵の側面から背面に入身し、敵の攻撃力の及ばぬ立ち位置から敵の身命を馭《ぎょ》す事ができる。これが自己の邪を消す事によって常に絶対勝ちの世界で戦うと言う武術神学説における最初の入り口であります。

大宮　武術技法における基本的な技法、その奥に極意が潜む事は正にその通りと思います。古傳的な大東流でいえば「一本捕※」と言う事になりますが、それに加えてまた合氣柔術では「合氣上」と言う深い技法極意傳が付け加えられ、大東流がより深いものとなったと言う事かと思います。

◎「三星傳」

大宮　「三星傳《みつぼしのつたえ》」の言葉が先程ありました。古傳武術の伝書の奥には破軍星を代表とする所の北斗七星が描かれたり、また付随して三星の図が添えられているものが確かに良くありますね。これらは軍学では一種の方術的秘法でもあるのですが、それとは別に実際の武術技法としても教傳があるわけですか。

平上　以前、「入身投」の原形に就いての討議の時に、既に「北斗七星剣」「三星剣」の解説を少ししましたが、昔の刀装、鐔細工の意匠などにも七星や三星を象どったものが結構残っています。これは中華の古傳兵法に内蔵された方術系の象徴的極意傳を引き継いだ物であると思われるのですが、日本ではその系を引いてまた「大星傳」と言うより深い極意傳が編まれました。そして勿論「七星」「三星」の傳も日本様式にて秘術は受け継がれました。日本における道教や神仙術の間にも伝承があるのではないかと思われますが、日本伝統武術の中にも武術としての超絶的極意技術が引き継がれたと考えられるのです。

大宮　「大星傳」は山鹿流兵法やその他多くの日本傳兵法の中に傳承がみられ、それぞれ絶対不敗の深い秘法傳を連綿と伝えていたようです。

※　**「一本捕」**

大東流における正に「一本目の捕手技法」であり、名称の原義である。具体的技法は、敵が打ち来ると我が左右の手にて敵腕を受け押さえ、床にうつ伏せに取り押さえてしまうと言うもの。後ノ先にて絶対勝ちの世界を現出する技術表現と捉える事ができる。

なお、『秘傳目録』の形手順には「左にて敵の臂を上げ」とあり、原初的な「一本捕」が表のやり方にかなり近いものであった事を示唆している。

原典伝書では「百十八ヶ條」との表現のみであり、それに「裏表」の付加語がつくのは大東流側史料では随分後の時期となる。

●補論

但し古典大東流の古式一本取りは厳密には表法そのままとは言えず、表裏のどららにも属さない独特のやり方となっている。

現代における展開稽古法としては「表・裏・古式」と言う風に三段階式に教える事がその発展過程を理解し易いかと思う。

平上　山鹿流兵法の最高極意は正に「大星傳」であり、よってその修学継承者にして心に大望と悲願を抱く大石某は、上方浄瑠璃では「大星」姓となるわけです……。これは日本武術である限り絶対に保有して置かねばならない究極の一大秘法ではあるのですが、現代の武道では全くと言って良い程失われ、現代の日本剣道、また居合道などは正に真逆の事をやっている……。いやここの部分を解説するとすると本討論の道筋を大きくそれ、日本武術全体の大きな分野の話になってしまうのでやはり話を「三星傳」「七星傳」の方へもどします。

大宮　武田流、甲州流兵法の中にも「大星傳」の教えがあったかと思いますので、それと大東流との関連など興味深い諸点もありますが、余り話を膨らませすぎると収拾がつかなくなってしまいますのでよろしくお願い申し上げます

平上　「北斗七星剣《ほくとひちせいけん》」と「天弑三星剣《てんしさんせいけん》」※……両者は各流古傳剣術の深い世界において秘傳中の秘傳剣法として秘密裏に伝わりました。そして各流色々な教えが残っていますが、七星剣を活人剣、三星剣を殺人刀として表現する流儀もあります。天然理心流などはズバリその形態ですが、三星剣そのものが最も直截的な制敵技術となっており、一つの形に留まらずかなりの応用展開が可能です。その為の最初の入り口を教えたものとなっています。

大宮　それではいま少し実際技術傳の解説をお願いいたします。

平上　各流で色々な表現で形伝承されていると思いますが、その実際的な使い方と言う意味合いには大きく分けて二通りの解釈があります。先ずは敵と我、そして我が仕え、守護する主君の三者における位置関係を顕した、大変に深い教えとなります。但しこれ以上の奥の術理、具体論を解くと流儀の秘儀にまで抵触するのでこれは少し置くとして、いま一つの技法的な解釈の方を説明します。

即ち技法的解釈としては「三星」は歩法の教えと言う事になります。つまり巧みな入身の為の足運びを教えたものです。足運びを天の三星に準《なぞら》えて直角二等辺三角形に遣い、敵の死角に入っ

※　**三星剣と七星剣極意**

三星剣と七星剣は表裏の剣法極意であり、確かに秘剣中の秘剣である。各流に名前を多少違えながらも同質極意が奥傳として伝承されている例が多く、天然理心流等は好例である。足捌きを三星や七星の位置に擬えて徐々に敵を崩し力を奪って制してゆく。その巧妙さは合氣系柔術技法と同質のものながら、技法展開としてはそれ以上のものがあり、両秘剣はある意味では合氣極意剣術の一端となりうる……。

しかしながら、それでは究極の合氣剣術そのものかといえば、逆にこれは技が巧妙すぎて、少しイメージが違うかも知れない。単純かつ極意的という点では武蔵の無構には及ばない。

本書では「三星剣」のみ形手順を公開してみた。「七星剣」はより秘傳性が高く、また技法自体かなり精妙複雑であり、演武の難義さもあるので、今回は技法開示は省略す。

て瞬間的に敵を刺殺する高度な技術傳をいいます。ただし本来の天の三ッ星の位置は直角二等辺三角形と言うより殆ど一直線に近く、実傳の足遣いとは少し相違があります。

平上　日本では「鼓星《つづみぼし》※」と言うのが伝統的古名称なのですが、どうも現代人には余り通ぜず、オリオン星座と言った方が遥かに認識がしやすいのかもしれません。オリオンなんぞよりも鼓星の方が日本においては遥かに理解し易い筈なのに、何か少し情けないような……戦後教育の歪みの為でしょうか？

大宮　「三ッ星」と言うのは要するにオリオン座の帯《ベルト》の部分の三つの星の事ですよね。その問題はともかくとして、エジプトギザの三大ピラミッドが三ッ星の位置になっている事は著名ですので、その正確な形と位置関係をかなり明瞭にイメージして頂けるかと思います。

……そしてこれは敵と我、主君との三者の関係を正に三ッ星の位置通りに成す事により、絶対不敗の世界を現出すると言う大変に深い教えになっています。但し日本においての三星とは、同星を模して家紋とした「三星一文字」、もしくは「一文字三星」にみられる様に、概ね直角二等辺三角形か、もしくは正三角形的なものとしても認識されており、剣法技術としてはそちらの方の立場をとります。即ち正に三ッ星三角形を模した足運びを成す事により敵の攻撃線を巧みに外し、一瞬にして刺殺する必殺剣法術傳としても機能するものです。

大宮　それに近い足遣いを植芝師範は「網代《あじろ》」と表現しています。大東流系統でも「くノ字」「六方」などと言われる類似の足遣い法があります。伝統武術と言うものは敵を巧みに制する勝口技術の秘口傳を色々な自然物に準えて伝承してきており、これは大変に優れた事だと思います。しかも地球上の自然風物であるならば何百年、何千年かの間にかなり変容してしまう可能性もありますが、天文星座形であるならば当分、多分何十億年か位は殆ど変容はなく、よってその秘口傳もその間は連綿と伝承してゆけそうですね。人類そのものがそこまでもつかどうかはわかりませんが。

※　**鼓星とオリオン星座**

三ッ星とは日本式に説明すれば「鼓星」の真ん中、紐を巻いた細胴の部分における三つの並んだ星を指すが、現代日本においても何故だか鼓星では余り通ぜず、オリオン座と言わねばならない。星座教育に西洋式名称を教えるのはいかがなものかとも思うが、それより先にその原義たるギリシア神話の方を基本として教えておかねば意味が通じないと思うのだが、この様な部分が現代教育の歪んだ部分だろう。

日本人にとっては場末の映画館の名称程度の認識なのではなかろうか。そしてそもそもオリオン、即ちギリシア神話に出てくる半神（デミゴッド）の狩人なんぞにこの星形を当てはめる事は些か無理がある様に思われる。

★絶対不敗の秘術「天弑三星剣」

武術には自ずから虚々実々の駆け引きがあるが、激しい攻防の中、生涯を通じて無傷なまま勝ち抜く事は極めて難しい。これがゲームならば負けたら負けたでリセットして、技や攻略法を工夫し直すと言う方向性も取れるが、武術、実戦の世界は一度負ければそれで終わりである。リセットの出来ない真剣武術世界に生きる古の武人たちは「猛獣の強さ」ではなく、「神界における絶対勝」の世界を欣求したのは当然の事であったであろう。

宮本武蔵も姿三四郎もまたしかりである。武蔵の霊巌洞における「器用勝ち」と「他者の兵法不足故の勝ち」に対する猛省の独白は著名だが、三四郎もまた同じく、自己がこれまで勝ち抜いて来たのは単に「運に過ぎなかった」と述懐する。「運と僥倖で勝った試合、相手の誤算で勝った試合……。自分には自分の強さが分からない」と嘆き、より深いものを追い求めんとしたのである……。

また無数の必殺技を編み出したハリス流白帯王者、風巻竜も、師匠から「すぐに破れる風船必殺技ばかり作りおって」と笑われ、因って絶対不敗の必殺極意技を最後に追求した。古の賢人、兵法家達も皆同じ事。孔子も諸葛孔明も、聖徳太子、山本勘助……そして近藤内蔵之助等もまたしかり。

数多の武人達が熱望し追い求めた絶対不敗の極意技……。その一つの究極の現れが「三星剣」「七星剣」の教えである。その原点、原型的なものは古代支那に既に存在したかと思われるが、それが日本にも流傳してより精錬され、超絶的な各流奥傳秘剣となり、そしてついに「大星傳」までが編み出されたかと思われるのである。

各流各派、それぞれの武術技法の形は違うが、目指す所は同じであり、絶対勝ちを具現する為の奥の術理の基本的な考え方は概ね同じ。ただ依拠する対象にやや異同があるのみである。

「三星剣」は天のオリオン星座、即ち日本で言う所の「鼓星（つづみぼし）」における括《くび》れたウエスト部分の「内三ツ星」の本質に依拠した教えである。鼓星の「外四ツ星」が象る四角の枠を道場、もしくは主君の居ます城内御前の場に擬え、そして敵と我、また護るべき主君の三者を三つ星の位置関係において戦うと言う、超絶的なる絶対必勝戦闘原理を編み出した。

この様な武術兵法の究極傳は、本来の古傳武術における奥の術理として悉く内蔵されるべきものであるが、現代武道は殆どその基本原則を外し、そして極めて遺憾ながら現存する古流武術の多くもその奥理を何時《いつ》しか失ってしまっているのである。

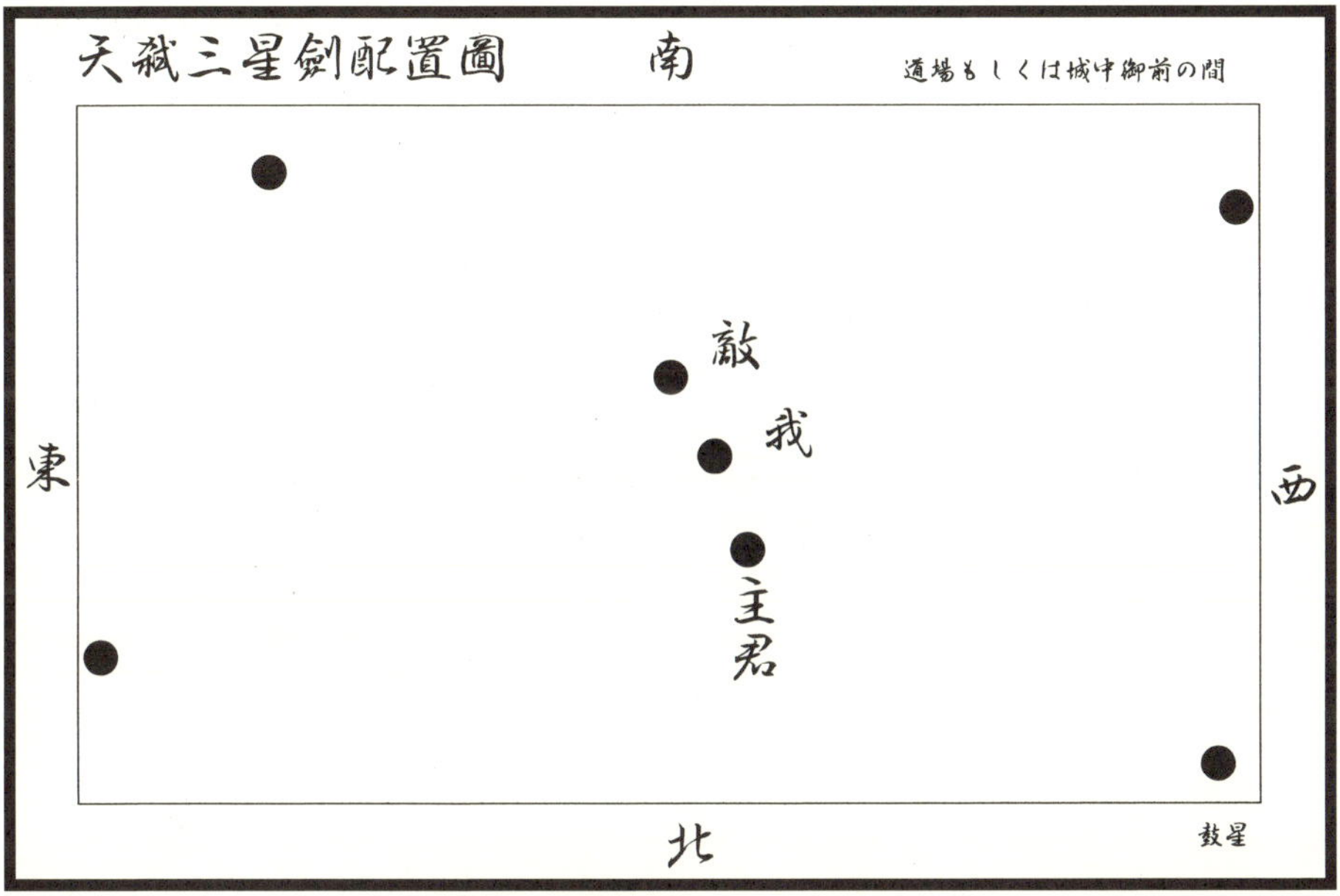

●①～⑧天絨三星剣の形手順。
「三星」の足遣いを用い、自己の身体を注連縄《しめなわ》（雷雲）の如く巻き搾り、神集《かすみ》にとった刀を敵体、腕輪の部分に幣紙《しでかみ》（死出神）、即ち稲妻の如くに落としてゆく。これぞ日本最高の武術神、武甕槌神が得意とした極意剣法「神集《かすみ》之《の》剣《つるぎ》」であり、敵を一瞬にして葬る神代秘術である。その他、演武方向や独特の各所作それぞれに深意があるが、口筆を以ての解説は敢えてなさない。読者に技法手順、各動作の意味合いを深考し、その深奥部を感得して頂きたいと願う者である。

◎「位取」

大宮　さて、最後の柔術極意口傳として「位取《くらいどり》」を挙げられていますが、解説をお願いします。

平上　幾つかの柔術口傳を挙げてみましたが、これこそが正に柔術的、かつまた最も日本的な極意と言える教傳であり、比較的各流にも通脈する究極秘法であるのかも分かりません。かなり伝統ある教えであり、その本質は正に古傳中の古傳と言えるものであると思いますが、その極意を柔術の究極極意として象徴的に様式化したのは、日本柔術の名門、楊心流でした。この系脈では流儀の最初に「真之位《しんのくらい》（あるいは「心之位」※「神之位」等の替え字表記あり）」なる形の関門を設け、深い柔術極意傳を表現してみせたのです。

大宮　「位」と言うのは各流に用いられる中々に良い用語ですが、「真之位」と言う言葉と表現は独特で少し分かりにくいですね。

平上　その内容は勿論口傳、体傳として伝えられ、楊心流の分派、支流の中によってそれぞれ傳承され、江戸後期には天神真楊流に受け継がれ、また幕末から明治に懸けての楊心流系の最後の名門、真蔭流柔術にまで継承されました。

内容を詳説すると「一文字構」や「平之構」「平一文字之構」など、様々な構えの説明から始めて、その氣の運用、実際技法への応用などに至る種々の論点があり、かなりきりがないです。しかしその極意的な術理を簡易に表現すると、姿勢の教え、立ち方の極意と言えるでしょうか。

大宮　東洋身體学の基本として「丹田」の教えがありますが、それは基本と謂いながらも同時に極意、究極であるともされています。丹田の教えを安易に説くならば「姿勢」や「身勢《しんせい》」の教えと言う事になるのではないかと思います。「強健術」の名の下に臍下丹田の鍛錬法を提唱した肥田春充も、極意は「一に姿勢、二に姿勢、三四、五六も姿勢」であると言う事をいっていますね。

平上　「位」とは「人が立つ」と書き、正に人が立つ事の極意と言えるでしょう。楊心流では色々

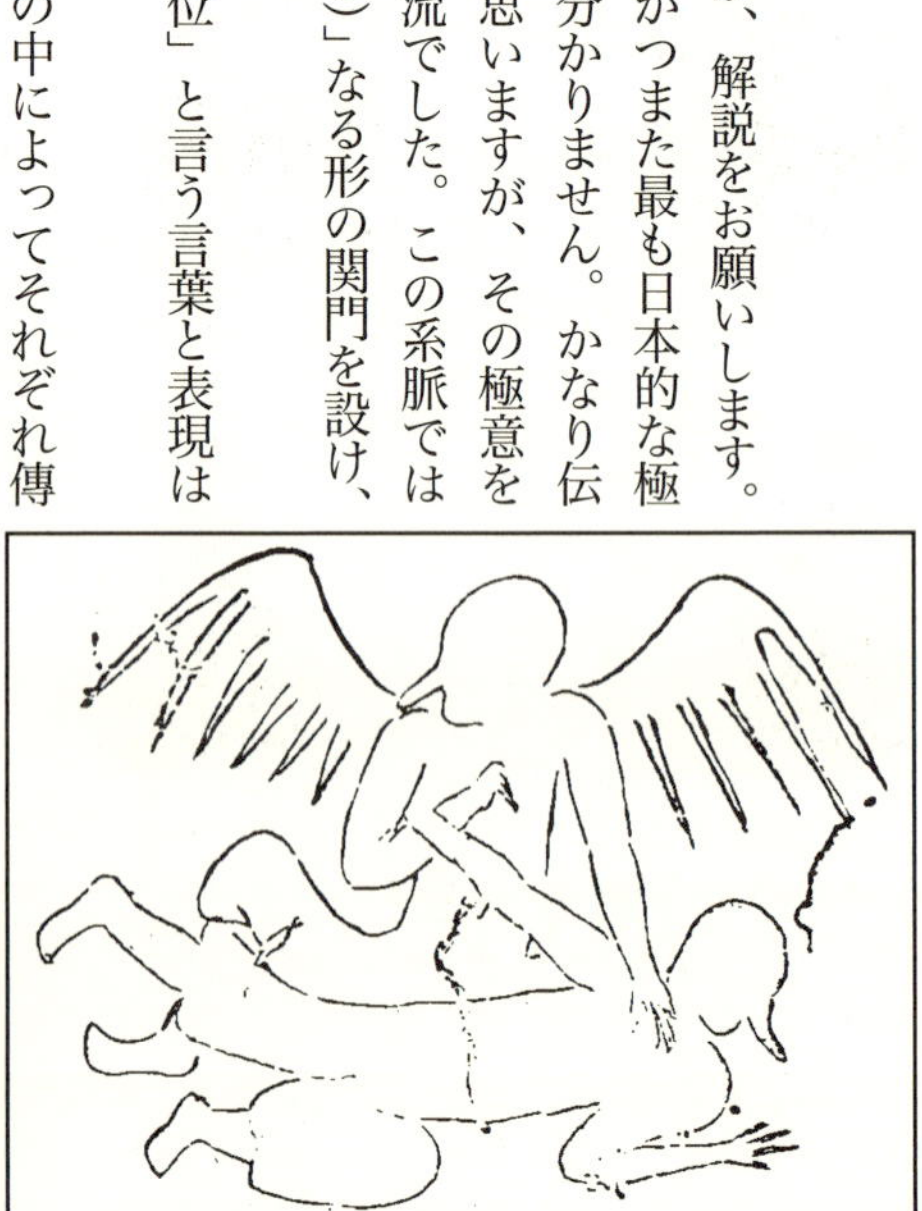

［慶応大学図書館所蔵］

※　**心之位**
楊心流の「心之位」の図であるが、確かにこれは武術極意に直結する教えである。何よりも日本的である事がよい。明治以降の合氣系柔術は「合氣」という言葉と理念は唱えたが、その根幹的な実際的な方法論と技法傳、鍛磨法、教傳階梯を保有しているのは伝統的な古流柔術であると捉える所の者である。

な立ち方の変化法を教傳し、しかして立つ事自体が極意であるとしました。

そして「立つ事」の裏には当然「座る事」があるのであり、立つ事の極意とはそのまま座る事の極意でもあるのです。武術とは技や力の事もありますが、それより以前に「維摩居士※」の言葉を借りて言えば**「座作進退に於いて自ずから威儀現わるるのが武道」**であり、日本武道ほど立つ事、座る事の所作進退を徹底的に教えた文化は世界にはありません。

大宮　武道のみに限らず日本の芸能、習い事全てにおいて、正座法を原点とする立居振舞作法の修得が最初の教傳となります。かくの如き正座作法文化は現代世界では日本以外にはなく、正に日本武道を含めて日本独特の文化的特徴であると思います。

平上　古代支那においても三国志時代位までは、家屋においては正座法を主体としていたようですが、異民族の流入を通じてか、次の時代くらいには椅子テーブル文化が定着してしまいました。他のアジア国全般においても、地べたに座る文化を保有していても半膝立ちの系統が多く、基本座法として「正座」をとる国は、もう日本のみになってしまった様に観察できます。

大宮　漢字文化圏と言う言葉がありますが、そういいながら古傳の正漢字をちゃんと継承したのは現在ではついに日本のみになってしまいましたね※……。それと同じような事であるのかも知れません。

平上　ただ維新以降においては、正式な日本の食膳、「本膳」や「箱膳」による古式食事法スタイルが大分崩れ※、次第に卓袱台《ちゃぶだい》や和式テーブルになりました。それがまた大戦以降、そして極近年に至ってはそれすらも廃れて机テーブルと椅子式食事スタイルが殆どになり、日本人としての立居振舞が大きく崩れてしまった事は残念です。食事が卓袱台式になった時点で、箸の遣い方が中韓式に移行してしまったと言えるかもしれません。

大宮　確かにその通りではありますが、武道を含めた日本の伝統的な習い事の中には正座文化は未だ何とか残っており、これは世界的にみても極めて希有な事実です。現代の日本において伝統

※　維摩経の教え

大乗経典『維摩経』の中に「必ずしも是れ坐するを宴坐と爲さざれ。夫れ宴坐とは三界に於いて身意を現ぜざる。是を宴坐と爲す。滅定を起たずして諸の威儀を現ずる、是を宴坐と爲す」とある。対談の引用は谷口雅春氏の意訳を下敷きとしたものになっている。

※　正漢字を継承した国

正漢字を継承した国としては正確には日本に加え、いま一つ台湾国がある事はある。但し神道の深い部分の論「大八洲・小八洲」の教えを採れば台湾は日本の一部也と言う考え方も出来るかも知れない。

※　古傳の日本式箸遣い

本膳と卓袱台では食器台テーブルの高さが決定的に違い、よって箸遣い作法と姿勢が違ってくる。各器を手に把っての箸遣いを基本としたのは正に日本のみであり、よって正しい姿勢の食事法が確立された。それが維新以降すっかり崩れてしまったわけである。町の立ち食い蕎麦屋といってもこの頃は椅子を設置する店が多くなってしまった。ただ香川讃岐には未だ野外で立ったままうどんを啜る店も僅かながら残っていると言う……？　そこでは庭に生えているネギを鋏で斬ってその儘薬味にするのだとか。残念ながら行った事はない。

的正座文化が崩れつつあるからこそ、逆にこの様な日本の伝統的芸能文化はそれを匡《ただ》す為の極めて重要なアイテムになりうるのではないかと思います。

実際、世界の武道文化の中で「居捕」、即ち正座姿勢から始まる攻防武術を伝えているのは日本のみなのではないでしょうか。大東流もかくした「正座居捕」系稽古法をちゃんと遺しており、日本古式文化の貴重な遺産の一つであると思います。

吾勝

平上　話を戻しまして、「位取」の深意についてですが、これは楊心流のみに止まらず、古傳体術の深い所に姿勢の正しい者がとにかく勝つのだと言う一つのテーゼがあるのではないかと思います。

大宮　立ち方自体に極意があると言う事。人と人との争いにおいて、殴ったり投げ倒したり、逆手を取ったり、色々な技術傳がありますが、真の極意とは技を超えた所にあるのが本当であり結局最後に相手を制する事が出来るのは正しい姿勢をとれたものであると言う事ですね。

平上　人間同士の格闘の本質、そしてその勝敗の究極の分岐点は丹田の獲《と》り合い※と言う論がありますが、その意味合いを具体的技術論の立場から、より簡易にいえば重心の獲《と》り合い、即ち崩し合い、と言う事になるかと思います。正しくない姿勢とは重心が両足裏面積の中点から外れた崩れた姿勢であり、いかなるときでも正しく重心を操れる者はどんな敵の崩しの技にあっても倒される事はないと考えられる。「過現未」の術理説明においても述べましたが、その様な術理の延長線上に精神の取り方も重要な要素であるからして、心の不正な者、いわば邪心を抱いた者が、その抱いた瞬間に既に破れていると言う論も存在するわけです。何とならば身心、即ち身體と精神の両者は所詮は表裏にして一体、本来不二不離の存在であるからであります。

※　**丹田の獲り合い**

丹田が崩れた方が倒されて負けるというのが一つの武術術理として存在するが、柔道の乱取り、相撲等を見ると確かに納得出来る理合である。ただ単なる姿勢とは違った意味も籠もるが故に、新陰流では「身勢」という用語を用いた。即ち見た目がいかに崩れた様に見えるスタイルでも踏ん張る事の出来るのは武術で培った丹田力である。本当に破れるのは正に丹田が崩れた時だろう。

大阪傳澁川流の「奥投形」にはお互いの丹田をぶつけ合って鍛錬する不思議な形があるが、かくした武術極意の象徴として演じられるものと考えられる。

古流武術の伝統形には不思議な動作のものが多数あり、その実際的な理合解説は敢えてしないという原則がある。ナントならば伝承された形鍛錬の意味合いや、また形分解で湧出する技法傳は複数、無数であり、それを断定的に解釈する事は、形教傳が内蔵する無限の可能性を殺す事にもなりかねないからである。

大宮　先程にも既に論が出ましたが、人との立ち合いにおいて、一方が邪心を抱いた瞬間に抱いた方が破れていると言うのは、実の所、植芝盛平翁の唱えた兵法世界観であり、超絶的な武術神学であります。この点を盛平師範は古事記に出てくる神名から譬えを以て口傳しました。即ち「正勝《まさかつ》・吾勝《あがつ》・勝速日《かつはやひ》」……と。正しい姿勢とは即ち「正勝」……ではなく「吾勝」の部分にあたりましょうか……。そして日本の古傳の教えにもやはり同質のものがあると言う事ですね。

平上　剣術においてもしかりですが、勿論体術においても極意は同じだと思います。即ち相対する者が邪心を起した瞬間、その為の必然性として必ず体の崩れを造ってしまうと言う事。よって敵の攻撃が我に到達する最後の瞬間には必ず敵の崩れと隙があり、それに対して我は正しい姿勢で応ずる事によって相手を必ず崩し、制する事が出来るという考え方ですね。これは植芝師範が学んだ楊心流系の名門天神真楊流における究極テーゼの一つであり、植芝師範もその様な古代武術神学の叡知を同流に触れる事によってある程度感応し、極意の一端を汲み取る事に成功したのではないでしょうか。

大宮　究極極意と言う以上はどの流儀にも同質の教えがあったかと思いますが、楊心流系にはそれらに関する深い術理口傳が醸成されていたと言う事ですね。

平上　楊心流系のみならず起倒流にも「本體」の傳があり、表現は違っても各流同質の極意を伝承していたと考えられます。この「本體」の教えの一端は「八方崩※」の傳として柔道系にも嘉納治五郎師範を通じて取り入れられました。

大宮　正しい姿勢を取るという事は、当会では「真《しんの》御《み》柱《はしらの》傳《でん》」として教えており、「合氣」における極めて重要な要素であると思います。

平上　古流柔術、特に楊心流では単に極意口傳としての教えに止まらず、それが実際に出来る様になる為の方法論を「形」に伴う「所作礼法」と言う、極めて日本的な独得の世界に封じ込めて伝承してきた事が大変に優れております。そして極めて皮肉ながら、逆にこの部分こそ現在の合

※　**八方崩**
「八方崩傳」は講道館柔道の極意理合の一つとして伝承されてきたものだが、その成立は異説あり、判然としない部分がある。一般定説では嘉納治五郎師範が起倒流における乱取り修行の過程において到達した武術極意とされる。しかしそれは起倒流の極意と同質であったと言う事であり、その様な教えは流儀を超えて乱取り極意として存在してもよいものである。また一説では西郷四郎が家傳柔術（会津傳大東流の原型？）の崩しの原理からとってきたものであるとも言われる。ただこれは異説であり、正否は不詳。やはり伝承どおり嘉納師範の発案による部分が大きかったのではないかと思うが、起倒流には「本體」という言葉と極意の位があり、その様な理念の延長線上における一つの理合表現であるともいえるであろう。敵の核心部を崩せるかどうか？　正にそれは単なる対人格闘のみに止まらず、国対国の戦いにおいても戦略として中心に据えて対応しなければならない大きな問題なのである。

氣系武術に最も欠けた教えではないかと拝察する者です。

極意の名称付け

大宮　古流武術における「敵の力を無力化する」技術傳と言うものを少し具体的に抽出して頂きました。確かに古伝柔術にも同質の技術傳や、それぞれの技術に付随する名称なども存在し、各流に様々な形態にて継承されていた事は確かに事実かと思います。ただそれは各技術における名称付けであり、究極極意全体におけるピュアな捉え方では未だ必ずしもなかったのではないでしょうか。

つまり先程も指摘しました様に、大東流は独特の手法とその内蔵する深い術理に対して「合氣」と言う名称付けを行い具体化して訴えてきた為に、かなりのインパクトがあったのではないかと思うのです。

しかしここで疑問なのは、古流柔術においてはこの様な究極極意の段階に各流儀の開祖たちはそれなりに達しながらも、それを名称化したり定義付けすると言う様な業績は余り残されなかったのかという事なのですが※。

平上　惣角師範が伝えた技法傳から玄妙な部分をピュアに抽出して発展させ、またそれに名称付けを行い、そして理論付けたと云う一連の業績——。その原点にいたのは盛平師範であったと私は捉えているのですが※、盛平師範も当時は大東流師範でもありましたし、私の推測通りだとしても、合氣柔術系でその様な展開があったという風に捉える事も勿論可能かと思います

先程はその極意傳の付加も、楊心流系で伝えられた「位」の教えを植芝師範が独自に摂取、展開したものではないかと言う論を述べましたが、その様な極意口傳を楊心流系柔術と雖もそれほどあからさまに「これが極意也」として明示し教傳しているわけでは必ずしもありません。極意は

※　**極意の名称と表現**
かつての流儀武術の開祖たちが究極武術奥義にそれぞれ達しながら、何故にそれらに理論付けや名称付けが出来なかったかという命題において、何故に出来なかったというより寧ろ何故になさなかったか、敢えて意図的にやるべきではないと考えたのではなかったか……という捉え方も必要かとは思うのである。

武術極意……それはいわく言い難し。横説竪説百論自在の釈迦ですら、最後の覚りの奥義を示すには華を拈じるしかなかった、いやしなかったわけなのだから。

究極奥義とはそれ程捉え難きものであり、言葉で定義すればその深さを逆に限定してしまう事になる。正に古代支那の賢隠者、老子のいう通り、至言は言を去り、無形無言の妙法に言葉を附せば、その極意そのものが純粋ではいられなくなる。真に然りであり、確かに明治以降、武術を武道として道を附した瞬間にその奥にある大切な、心の核の部分に僅かながらの瑕疵が入ったのである。その致命的な瑕疵が時を経て膨れ上がり因果が巡り、「武道」と名付けた何かしらのものは現代に至ってその本質に大きな変調をきたしてしまっているのだといえるであろう。

形の中に凍結して内蔵しながら、無心無言にて形錬磨を積み重ね、その果てにおいて自得、体得するもの……。錬磨には喋々《ちょうちょう》は無用であり、後は華を捻って暗示するのみです。実際的にも天神真楊流を学んだ者全てがその様な極意神論を覚れるわけでは必ずしもないと考えられますし、植芝師範は色々な流儀をある程度学んで、その奥に内蔵された柔術極意を永い修行を通じて感得、体得したと言う事。そしてそれを自分なりにピュアな形で抽出し、新たな武術極意論を含めて新制の自己流武術「合気道」を打ち立てたと考えられるのであります。ただそれは伝統古式武術の立場からいえば、所詮は頭の中のみの独覚に過ぎず、実際の体芯を作る古典的錬功法を余り積まれていないので、大分不完全な部分が残っていたのでないかと思われるのです……。

大宮　植芝翁の極意傳の覚りと名称付けが大東流系にも影響を与えたと言う事ですが、「合氣」の核ともいえる技術傳や理念がそれ以前の大東流にちゃんと存在し、形教傳の中に内蔵されていたのは事実なのではないでしょうか。それが後に「合氣系武術」と言う世界を育んだ母体であり、真に画期的な技術傳と理念であったといえるかと思います。

またそのピュアな抽出をなしたのは植芝師範のみであったとは必ずしも未だ断定できない。武田師範の工夫に加え、大東流系における後代の各師範の深い錬磨を通じての抽出や技術展開も一つの要素であり、合氣系武術における大きな業績と思われるのです。

平上　御指摘の通りかと思います。大戦を挟んで、以降は合気道系と大東流系と言う二大江河を通じて、巨大な合氣系柔術の極意曼陀羅世界が戦後にそれぞれ花開いたのだと思います。

極意傳の抽出

平上　話を若干戻しまして、古流武術における極意傳の抽出、また名称化の問題の事なのですが、極意にも色々な局面があり、どこまでを範囲として区切って分別するのかと言う問題が先ずあり

※　**合氣理念の創出**

惣角師範の技法傳から精神的な部分を含めた玄妙かつ奥深い合氣理念を創出したのは植芝師範ではないか……というのは筆者における一つの仮説である。新たな言葉の閃き、細かい理論付け等という事ではある程度然りと思われるが、ただ惣角師範も昭和五年の新聞インタビューにおいて、ちゃんと武術極意世界を別の言葉で語っている。勿論これは盛平師範との邂逅後の事であるが、明治年間の教えにも既に「御信用之手」の理念があり、それが門人の護身術創案に及んだ点等を鑑みると、原点的な極意理念は既に大東流に古傳していたのではないかとも思われる。そしてそれは大東流……というよりも全ての日本武道が古来より護り伝えた通脈する深い極意と奥義の理念世界であったかと思われるのである。この辺の実相はまだまだ探求の余地があると考える。

ますし、それらの微妙な異同においても中々難しいです……。

ともかく古流武術における分類、極意の名称付けと言う事に関して今少し考えてみましょうか。

大宮　日本武術における究極奥義抽出の歴史、真に興味深いです。解説をお願いします。

平上　試考してみましょう。

……先ず宮本武蔵は自己の至った境地に対して特に名称付けするという様な仕事を必ずしもなそうとは致しませんでした。それどころか宮本家剣法の古傳形や、また各構えの古典的な名称も捨て、殆ど「不立文字之剣法」とでも称すべき不思議な二刀極意形「五方」を遺したのみです。※

この辺の消息を武蔵は『五輪書』序文にて**「佛法儒道の古語をもからず、軍記軍法のふるき事をも用ひず……」**と言う風に説明しております。そして最期の武術の究極の奥義と言うものを「道」と言う風に表現した事は既に述べました。

これも実戦派剣法遣いとしての武蔵の晩年の矜持《プライド》であり、また覚りでもあったのですから致し方ありません。

そして今一人の実戦の雄、伊藤一刀斎はかなり有能な戦国実戦武芸者であったかと思うのですが、武術理論屋では必ずしもありませんでした。余り武術極意書の様なものは残してないようですが、ただ自己の剣術の最終的な至高の境地を「夢《む》想剣《そうけん》」と表現したようですね。

大宮　一刀斎の「夢想剣」は伝説にある「睡中《すいちゅうの》搔痒処《こようしょ》」と言う様な譬えから鑑みると、所謂「無念無想」の境地における神妙の働きと言う様な感じの覚りの様ですね。だとするとこれはかなり精神論的な教傳であり、現代の合氣的技法論とは少し異質な感じがいたします。武蔵の「道」と言う謂も漠然としすぎて少し分かりづらい……。やはり魅惑的な多くの武術極意用語を発明したのは新陰流系でしょうか。

平上　そうですね。伊勢守は戦国武芸者中随一の教養文化人ですから……。新陰流系における極意用語の案出と理論化の業績を少し検討しておきましょうか。

※　**宮本武蔵の遺したもの**

本当に深い武術極意には言葉や文字等は必要なく、逆にそれを汚す因子となる可能性がある。言葉にも文字にも出来ない超絶的な武術奥理を文字を用いずして體傳をもって遺すため、日本の武の先達たち、各流開祖の何人かは流儀の奥傳形として自己の至った至高の武術奥義の世界を何とか表現しようとした事は事実である。宮本武蔵もしかりであり、些かシュールではあったが、生涯無敗の剣士が病魔に犯され、命途切れる最期の自己との戦の中、最強剣術家として遂に産み落とした究極の業績が「五方ノ形」であったわけである。

新陰流系脈における極意用語の案出

平上　新陰流元祖、上泉伊勢守は新たに抽出した極意解説として『影目録』において究極の剣法極意理論「転」説を展開したとも※言われますし、確かにこれは大東流で言う所の「合氣」と理念の世界ではある程度の部分で通脈していると私は思います。

……ただ厳密にいいますと、伊勢守自身は「マロバシ」の言葉は遺しておらず、『影目録』で展開される極意論は「臨機応変の妙」とでも言うべき極意的な心の有り様であった様に思います。となりますとこれは武術精神論の範疇の教傳となりますが、ただ剣法技術の立場においても諸流から抽出した極意を「奇妙」と言う様な言葉で極意術理の表現をなしています。そしてまた伊勢守自身の造語かは微妙ですが、確かに新陰流文化の中で「マロバシ」と言うような独特の極意用語が発明された事は事実です。

大宮　「道」や「奇妙」と言う様な詞《ことば》はもともとが一般用語であり、超絶的極意の固有名称としては少し弱い様な感じもありますね。

ただ「マロバシ」と言う様な言葉は割合特殊な響きで、固有名詞的な独特の極意用語とも言えますが、この詞の出典や意味合いはどういう事になりますでしょうか。

平上　やっ、これは少し困りました（笑）。つまり自分も新陰流継承者でも専門研究者と言うわけでもないので安易に、そして余り責任ある立場の発言はできません……。ただそうして口を閉じてしまいますと討議が進まなくなりますので、ごく一般的な文化論説に加え、また別の立場、武蔵武術研究者としての立ち位置から、方向性を変えてでも少し論考してみましょうか。

大宮　是非、お願いします。

平上　「マロバシ」……その言葉の出自、そして意味合いは色々に言われます。盲人が丸木橋を危なげもなしに渡る様子を剣術極意として捉え、よって「丸橋」→「まるばし」→「マロバシ」

※　伊勢守と「まろばし」

上泉伊勢守のダイレクト文書においては「まろばし」との記載は今の所確認できないのであるが、奥山休賀斎系神影流の末流、直心影流に「丸橋」の極意太刀がある。また疋田新陰流伝書に彼我の間に太鼓橋（アーチ橋↓即ち丸橋）を描いたものがあり、この様な各支流奥口傳を比較検証すると、上泉伊勢守の代に「まろばし」ワードが口傳としてでも既にちゃんと存在していた可能性はかなり高いかと思われる。

ただ京師王朝文化を重んずると思われる伊勢守としては、「まろばし」ではなく「まろはし」といっていた可能性も高い。なんとならば日本諸国六十余州で「橋（はし）」があるのは京都のみであり、他の地帯には「はし」は存在しないからである。俗に「大阪浪華の八百八橋……」等と唄われるがこれは「ばし」であり、「はし」ではない。［上方落語「三十石」より］

また「丸」の部分を「まる」ではなく、「まろ」と発音している点等を鑑みても、濁り字のない方が良い様に感じられる。

が剣術極意の表現名称となったという説※。

また「転変、転化」と云う謂における大和詞としての意味合い、つまり「まろぶ」と言う様な詞、その能動形的な言葉の語尾変化「まろばす」を原形とすると言う様な捉え方等々……。「転変」と言う言葉は確かに伊勢守の『影目録』に記載されていますから、これを「まろばし」の原点とする捉え方もあるようです。

ただかくした一般説とは別に「まろばし」→「まぼろし」→「幻」、もしくは「まろばし」→「まろほし」→「まほろぼし」→「魔滅ぼし」の意味合いが込められているとする論もあります。

大宮　日本における文学的な表現において様々な掛詞を用いる事は古い伝統であり、一つの詞には色々な意味合いが最初から含まれていると捉える事は自然な事かと思います。多様な意味合いが一つの極意用語に込められていても別に不都合ではなく、寧ろかくあるべしと思います。

平上　新陰流では「まろばし」は極意理論の名称の様でもあり、また具体的な技法表現の名称としても機能し、実際何手かの「マロバシ打ち」→「小転《こまろばし》」「大転《おおまろばし》」等の勢法が制定されております。

大宮　なるほどこの点は大東流の「合氣」と同じですね。極意術理全体の名称の様でもあり、また実際技法の技名でもある……。単なる観念論に止まらず、具体的技法と連動する事によって分かりやすくもなり、また一般人に対するアピールも可能となったと言う事かと思います。

平上　そうですね……そしてまた「マロバシ打ち」はまた「十字勝」、或いは「十文字斬留」などと言う様な名称でも表現されています。

大宮　これはどの様な技法ですか。

平上　古傳剣術で言う所の所謂「斬割《きりわり》」系技法の一種で、大刀の袈裟斬《けさぎり》を小太刀を以て中墨を斬り割る様に打ち込む事によって留め勝つと言う技となっています。古傳的には「割剣」ともいいますし、要するにこれは一刀流の「切落」と同系の技術※です。類似の技術は各流で行われ、色々

※　**盲人の丸橋渡り**
千葉周作の門人、高坂昌孝著『剣術名人法』の中に武者修行者、反町無格が独木橋を盲人が苦もなく渡るのを見て、肉眼でものをみる事の弊害を覚り、遂に無眼流を開いたと言う逸話が挿絵付きで紹介されている。これが「盲人の丸橋渡り」の原典かと思うが、同書は「独木橋」と表現し、また絵図は普通の山谷に架かる細橋風にしか描かれていない。ところがまた疋田新陰之流の絵伝書では所謂太鼓橋として描かれているものもある。
これでは単純に「丸橋」といっても「丸木の一本橋」なのか、「太鼓橋」の謂なのか、それとも「丸木を組んだ橋」なのか少し判定が難しい。これはおそらく「まろはし」の真意を隠す為、ある意味反対語的な「転」の字を利用して遣い、同字における訓みの中に極意を隠すアナグラム的手法を採ったと言う事、よって「まろ」と言う詞が冠せられたのだと考えられる。これに正字を当てはめれば「丸橋」となると言う事なのだろう。その意味では橋の形式や材質は余り関係なく、要するに敵と我とを一直線で結ぶ細橋のイメージがあればよいのではないかと考える。

な技法と、それぞれの名称が残っています。「小転」「大転」「マロバシ打ち」「十字勝」「十文字斬留」「合撃打」「一刀両段」「切落」「一ツ勝」「割剣」「斬割」、また「猿廻斬」「是極一刀」等々……。それぞれ多少の技法の異同、技法ニュアンスの差異もあるようですが、自分もそれぞれの専門ではないので、胡乱で拙い分類説明をなすことは控えます。ただ概ねは皆同系の剣術技法と言えるかと思います。

これらは私自身の伝える天狗傳剣法系では「一《いち》文《もん》字《じ》之《の》剣《つるぎ》」と分類される技術群なのですが、この新陰流のやり方では概ね彼我の刀が十文字に交差する形になって技が極まるので、「十字勝」「十文字斬留」等と言う様な呼び名ができた様です。

大宮　この様な技法の性質を鑑みると、前出された「丸橋」の名称の深意、極意心法の使い方等が何となく浮かび上がってきますね。つまり盲目者は廻りの景色、谷底激流を見る事なく真っ直ぐで細い丸橋を只管《ひたすら》突き進むだけでよい。杖を用いて丸橋の狭幅直線路のみを確認し、恐れと迷いと言う眼下二河の激流のうねりに惑わされる事なく、丸木一路の白き道を一心に突き進めば、遂には彼岸浄土に到達する事ができるという事……。その為には廻りの景色は観る必要はなく、寧ろ観ない事で迷いなく、無念無想、一心無恐の境地にて、真っ直ぐな細道を歪まずに突き進む事ができるわけです。

平上　唐伝浄土宗の善導大師が説話する「二《に》河《が》白《びゃく》道《どう》」の教えと確かに通脈いたしますね。ただ剣術仕合いで「浄土」に到達すると言うのは少し困る様にも思いますが……（笑）。

それはともかく、敵の万余の技法転化に囚われる事なく、中墨斬りの一手を無心に繰り出す事により萬剣を全て砕破すると言う考え方、それを「盲人の丸橋渡り」に譬えたと言う事かと確かに思います。

大宮　そしてこの部分は合氣極意とも重なっています。盛平翁が提示した「正勝」における絶対勝ちの世界を内蔵した極意秘剣ですね。敵の中心を攻めて吹っ飛ばす大東流系の合氣上げ技術と

※　**一刀流と新陰流の根源**

一刀流と新陰流は対極的剣法の様に捉えられる向きもあるが、良く考えてみると両者の剣法的原脈はかなり共通している事を知らねばならない。一刀流のルーツは念阿弥慈恩の剣法から出た中条流、富田清眼流、そして鐘捲流（外他流）↓一刀流と言う流れなのだから。

ところが新陰流の元流儀、陰流のルーツも実を言えば、念阿弥慈恩の剣術からの伝来といわれる。慈恩から愛洲移香斎への歴代伝承系脈は不詳であるが、一説では慈恩の門人猿御前の系脈を引いているのだとされる（猿御前が移香斎自身との説もあるが、これは流石に年代的に繋がらない様に思われる）。但しこれはやや不確かな説でもあったが、中条流、富田流等にも共通する古典因子「猿飛」形が存在すると言う事実から、ある意味その説が逆証明されたとも言えるであろう。

一刀流系では体系が再編成され、既に「猿飛」と言う古典名称は消失しているが、奥にある極意技法は通脈する。それは攻防を一体とする一拍子斬りの極意刀法。「一刀両段」と「一ツ勝」は表面的な技法の趣の差異はあるが、奥の術理にかなり通脈する部分が存在する事は事実である。

★「二河白道」極意

「二河白道」とは浄土宗の善導大師が古典経典から巧みに教えを抽出して組み立てた仏教説話である。浄土に至る手前には火水の二河が左右に渦巻き、安易に渡れないが、両河の間にある白く細い一本道を偏らずに渡れば必ず浄土に到達すると云う教え。火の河は怒り、水の河は欲を顕していると解釈されるが、これは正に剣術「斬割」極意そのものである。

新陰流における「一刀両段」では車に構え、敵が左肩に斬り込んで来るのを、敵攻撃に囚われずしてひたすら中墨を斬り割る事に事により一瞬にして攻防一体にて勝つ太刀となる。

敵が太刀を袈裟懸けに打ち込んでくる技の流れで、敵體の左側（向かって右側）に隙が出来るが、そこに（向かって右→水の河）に打ち込む事は正に「我欲」そのものであり、自己も打ち込まれる危険を招く。しかしながら敵が打ち込んで来る我の左側（火の河）に対して「怒りと恐れ」を以てそれを留めんと左寄りに打ち込む事は、これは正に力の「合氣」となり、勝口を見いだす事が出来ず、たちまち膠着状態に陥る事となる。

水の河と火の河の何方にも陥らず、真ん中の白き一路の道筋を透過する事が究極の剣法極意なのである。その為には本来無一物。欲も怒りも振り捨てて、ひたすら無心一路に突き進むべし。因ってこそ心を正常に保つ精神の修錬がなによりも必須と云う事になる訳である。

●右図／『二河白道図會』

日本の浄土真宗系で作成された説教絵本であり、二河白道の仏教説話が巧みに図説されている。左の阿弥陀如来佛が「渡ってこい」と云い、右の釈迦如来佛は「逝け」と云う。両佛に急かされた阿羅漢は確かに進まねばならない。阿弥陀佛の御言葉は正に振りかぶる太刀であり、その太刀下を直ちに潜れと釈迦はかなり強圧的に背押しをなす……（これは日本武道における後輩に対する大師範と先輩たちの体育会系のシゴキの場面そのものである！）。この絵図には見えていないが、加えて僧侶の背後には悪鬼羅刹、毒龍ども（これは同輩の意地悪門人たち）が迫っているわけである。

そしてまた左下に松の木が描かれているが、武術的立場としては、一文字剣法（切落）の極意の象徴也と解釈出来るだろう。

★「反町無格剣術ノ極意ヲ悟ル圖」／上図

千葉周作の『剣法秘訣』に出てくる絵図で、同書解説では「反町無格が盲人が獨木橋を危なげなしに渡るをみて剣術極意を悟り無眼流を名乗った……云々（意訳）」等と流儀の命名由来が書かれている。極意解説の趣旨はともかく登場人物のキャスティングには少し齟齬がある。即ち反町無格は無眼流剣術二代目なので、元祖（三浦源右衛門）との取り違えか、もしくは改めて流儀の極意を感得した事の謂であるのかも知れない。

それはともかく、この譬えは特に一刀流系修行者にとっては正に実感だろう。実際的に「切落」や「斬割」の技術を極める為には自己の欲心や見た目の敵の太刀風に決して囚われてはならないのである。極意を「無眼《むげん》」においた無眼流元祖の心持ちは真に良く理解できるかと思う。

●補論　「丸橋忠弥の事」

「マロバシ」の用語と理念がやはり上泉伊勢守から出たのではないかと考えられる今一つの傍証に「慶安の変」における幕府転覆計画の主謀浪人の一人である「丸橋忠弥」の存在がある。彼は宝蔵院流槍術の名手であり、彼が名乗った「丸橋」姓は伊勢守の極意傳にあやかっての名乗りである可能性があるからである。そして「忠弥」と言う名前においても、これは「（敵体の）中墨を端から端まで完全に断ち割る心」の意であり、正に剣術「斬割」極意の謂だろう。また槍術極意としては「中心を完全に貫き通す」の意味合いとなり、完全に槍術極意を表現したアナグラム的姓名となっている。

一般に丸橋忠弥は長宗我部盛親の子で、名字は母方の姓を頂いたとの説があるが確定していない。そして山田風太郎の『くノ一忍法帖』では怪力大女であった長宗我部の妻の名前をそのまま採って名字としたとしている……しかしながらこれは超ナンセンス忍法小説におけるかなりの珍説。

それはともあれ伊勢守伝来の武道極意用語を、その系脈を引く武辺の者の一人としてそのまま利用して、名前に冠したと言う可能性はある程度あるのではないかと思われる。

そしてまた今一人の主謀浪人「由井正雪」の名前自体も「マロバシ」極意の別表現と考えられない事もない。「由」とは陽日を真っ向に断ち割る技と極意を表現した文字であるからである。

即ち「正しく進み行き、陽日を真っ二つに斬り割る意」の謂となる。

由井氏は武蔵流系二刀剣法の使い手であり、ここに作州宮本家武術における極意文化との繋がりも窺える。

但し同じ断ち割るにしてもこの形は「大日」に向かっての秘剣となり、神傳絶対剣法の原則を外し、因って最後には滅ぼされる事になった訳である。

もかなり通脈している様に感じられます。

無二斎實手の謎

平上　「まろはし」の極意用語について話を戻しますが、ただここで少し奇妙な事があります。と言うのは、伊勢守とは余り関係のないはずの宮本無二斎から青木鐵人の系脈にて、奇妙な組立十手が多数製作されましたが、同系ではその中の一つの形態、鍵のついていない、正に十文字形の特殊槍穂先付き十手を「マロホシ」と呼んでいる事です。

大宮　「マロハシ」と「マロホシ」ですか……確かに何か似てますね。また「十字勝」を象徴したようなその形状も真に奇妙ではあります。

平上　青木鐵人は確か鐵人實手流とか言う独特の流名の二刀剣法流儀の元祖でしたか？　同流が伝えた特殊な秘武器は、十手といいながら他に類例のない奇妙な形態ですね。これを敵に翳せばこれは正に異教徒に突き付けられた十字架の如くではあります※。

平上　十字架の事を西洋では「クロス」といいますが、實手流系では別名として「マロホシ」ともいったわけです。「まろほし」とは「魔滅ぼし」ですから両者同じ意味と言う事になります。

大宮　えっ、どうしてでしょう？

平上　十字架を敵に翳して「魔滅ぼし」と怒鳴る事。「クロス」とは「ころす」ぞと言う事。「十文字」即ち「×《バツ》」と決めつけるのもまた同様。悪鬼羅刹、悪魔どもに対して「サタンよ去れ」と大喝するのとそれぞれみんな同じ事ではないですか（爆笑）。

禅の導入以前

※　マロホシと十字架

無二斎十手とマロホシ、両者共に十字架形である。特にマロホシの方は余計な鉤も付かず西洋の十字架そのものの様にも見える。

その造形ヒントは西洋短刀の一種、マンゴーシュにあるとも考えられるが、ずばり十字架そのものの模倣であった可能性もあるのではなかろうか。

これは時空間的にも具体的な接点があり得る。即ち京阪神間における文化交流地の何処かで、かくした南蛮西洋文化に無二斎自身が遭遇した可能性はかなりあると思う。

そしてマロホシの構造自体が非常に暗示的である。即ち十文字の交差点を貫いて固定する尖った楔金具こそは、イエス氏を貫いて処刑台に固定したと言う処刑鉄釘の象徴であり、槍穂はイエス氏の脇腹を貫いたロンギヌスの槍を擬えたものと解釈する事が出来る。そして楔金具とマロホシの尻を繋げ、手貫の為に附けられた赤い房紐はイエス氏が流した贖いの血の象徴である……のかも？　これは何も特別なオカルト的解釈ではなく、それほど無理スジのこじつけでもない。極めて現実的な東西文化交流における驚異の接点、その影響等における純粋なる学術的考察なのである。

そしてここまで考察して初めて十手武器を多作した青木鐵人が山城国伏見に居住した奥の秘密が何とか解けてくるのである。

大宮　浪花吉本系にかなりズレてしまった話を本道に戻します。
……新陰流において醸成された多くの極意用語と武術理論の問題ですが、伊勢守が禅学を深く修め、自己の兵法に禅語を多く導入して新陰流を整備したと言う事。これが新陰流系において極意理論文化が大きく華開いた因由でしょうか。

平上　そうですね。武蔵は革新的前衛剣法の元祖であるし、一刀斎剣法の元流儀、即ち富田流、鐘捲流の古典は仏教用語を一部利用した剣法目録を継承していますが、一刀斎の二代目以降にて制定された「表五十本」の形には禅学の影響は希薄の様です。年代的にも伊勢守こそは日本剣術に本格的な禅教学を全面的に導入した最初の剣客と言う事ができるかと思います。

大宮　伊勢守が初めて日本武術に禅学を導入※……？　それでは新陰流の元流儀「愛洲陰流」では未だ禅学導入の痕跡はなかったのでしょうか。

平上　日本剣術と仏教の関係を鑑みると、最初は密教の影響を受け、次には禅の導入があったと言う事が良く言われます。純粋な日本式剣法の大成期、平安中期から鎌倉初期に掛けては未だ禅学が大陸から日本に導入されていない時期であるのだからこれは当然の事であります。

「愛洲陰流」については、国立博物館に天正年間の優れた絵伝書が現存していますが、それを検討した限りでは形名称や武術理論の文化的基盤となっているのは平安王朝文化と修験密教系文化ですね。そして強いて言えば、遠く天竺国の古典文芸の影響までが窺えるかと思います……。

しかしながら未だ禅学文化の影響は余り見受けられない様に思います。

大宮　と言う事はやはり伊勢守が禅学導入の嚆矢《こうし》と言う事で概ね宜しいですね。ただ愛洲陰流における王朝文化や修験密教系文化の痕跡とはどういう部分でしょう。そして天竺古典文芸の影響とは……？　これは真に興味深いです。

※　**上泉伊勢守と禅文化**
全面的な禅文化の武術系における導入はやはり伊勢守が嚆矢であっただろう。そして二世代を隔てて沢庵禅師が柳生家に大いに関わり、禅用語と禅教学をもって巨大なる武術極意理論の大構築がなされた。そしてそれは単なる理論構築に止まらず、武術秘法が無限に進展する不思議な武術禅説法の世界が開けたと言う事なのである。よってこそそれ以降の日本剣術は世界に類をみない高度なるスーパー秘傳剣法となっていった。

そして後代においては無住心流が現れ、また無外流剣法が完成し、巨大な剣術精神文化がますます豊穣なものになってゆく……。

その根源となった武術禅教学は、あるいは「武禅道」と呼ばれ、また武術公案を通じて設けられた各武術秘傳関門の構造は「大道武門関」等と称されて尊ばれた。

そしてかくした武術禅学文化が日本武術の精神分野を永く支えて来た事は事実であるが、これらは日本武術継承者たちが挙って明治以降殆ど完全に捨ててしまった部分であり、既に生きた文化としては殆ど現存していない。

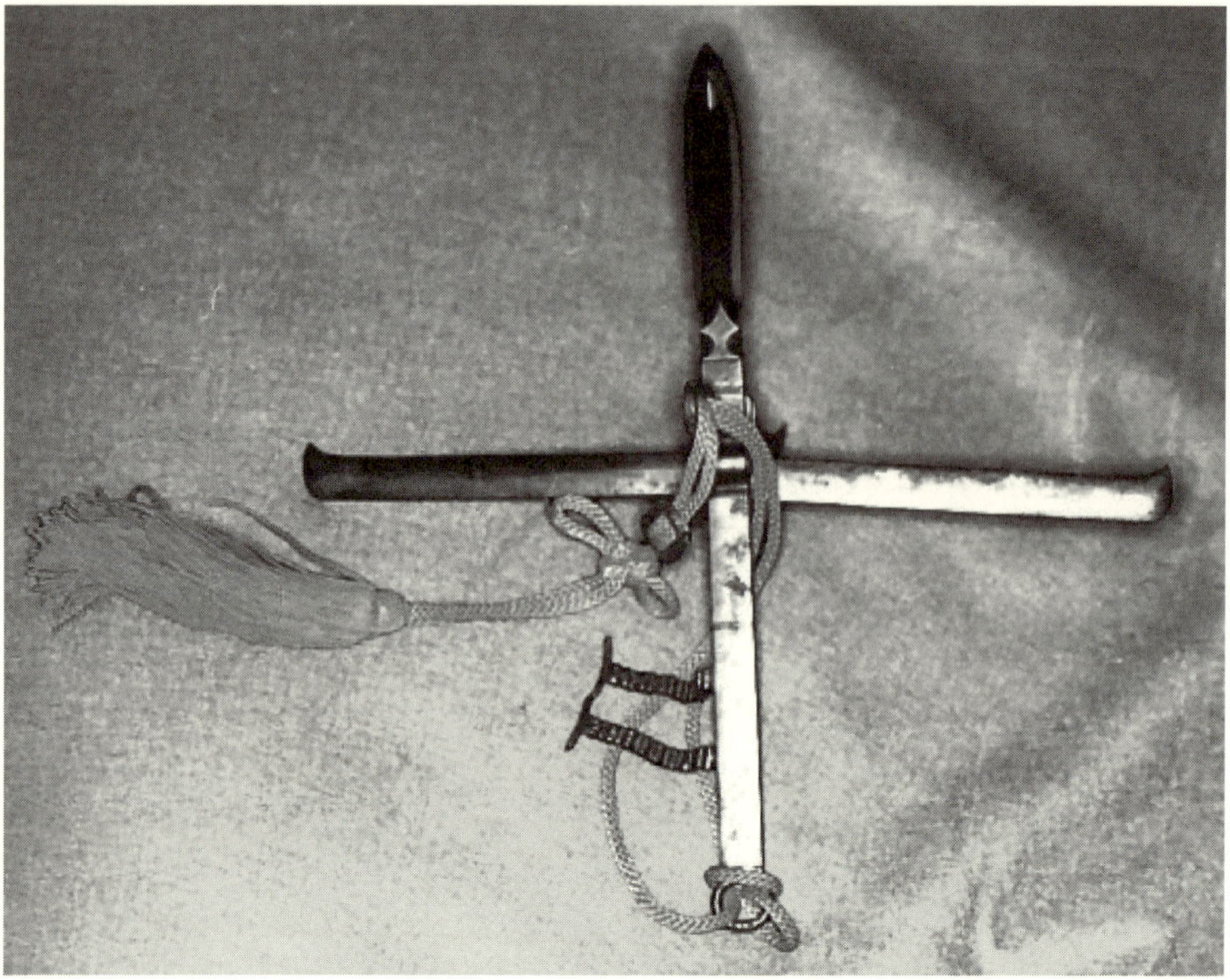

★「マロホシ」と「マロハシ」

宮本無二斎の二刀兵法の流れを汲むと見られる黒田藩傳一角流の系脈で「マロホシ」と言う奇妙な秘武器が工夫された様なのであるが、この名称付けは確かに面妖である。新陰流系の「マロハシ」とのワードの類似をいえば、系統も違うし、ややこじつけの様にも捉えられるかもしれない。しかしその形態は正に十文字型であり、新陰流の「十字勝」との二重類似までを勘定にいれると一概に無関係とも断言できないように感じられる。そしてまた捕物用十手に槍穂が付く不思議さもある。この槍穂における一直線の方向性こそが正に二河にはさまれた白き細道そのものと言う事なのか、それともイエス氏の脇腹を貫いたローマ処刑人の槍の象徴であるのかは読者の判定に委ねたい。

●上写真／名和弓雄先生が所蔵されていたマロホシの本科

●下左写真／一角流伝書に現れた「マロホシ」の絵図

名和先生のものは楔金具とマロホシ尻とを繋げているが、絵図のものはマロホシ尻と横柄端とを繋いでいる事に注意して頂きたい。血が垂れるとしたら正に此の位置になるのではないだろうか。そして絵図も実物本科も赤色の房紐が用いられているのである。

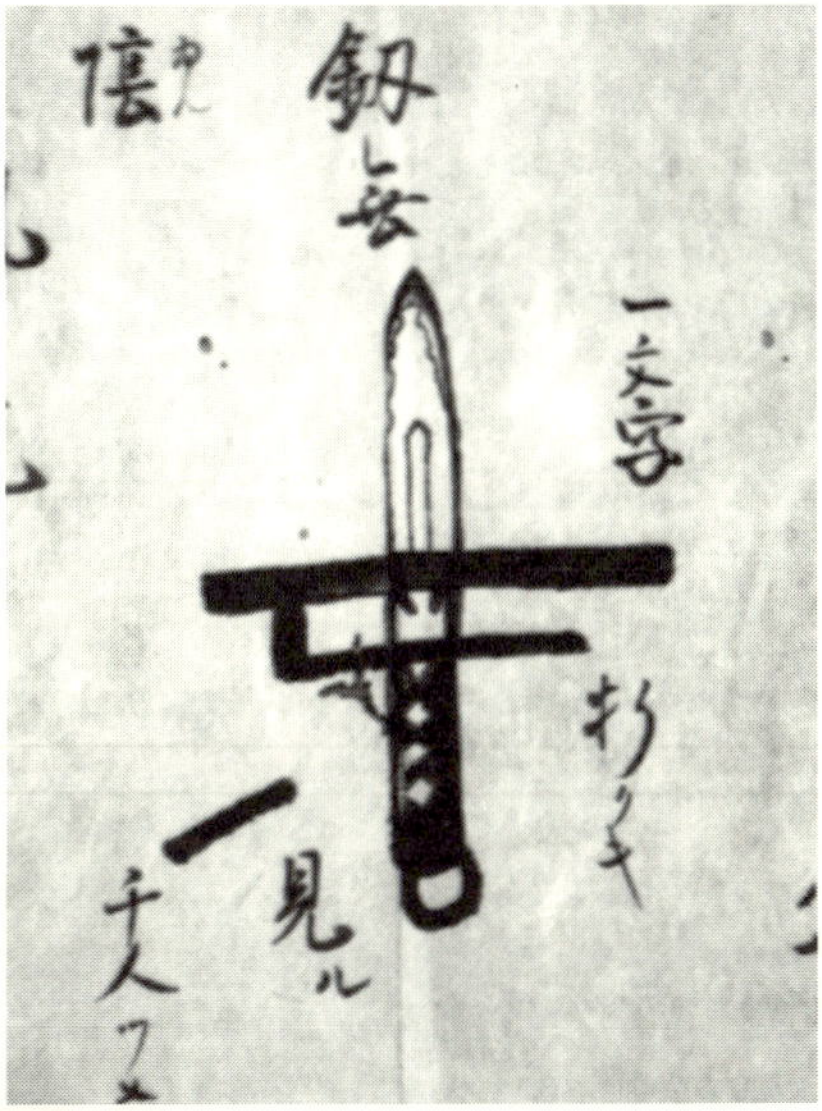

宮本家系「實手」としては鐵人實手流のものがある程度多く残っているが、原典である當理流の本科は未だみていない。ただ當理流伝書に絵図が掲載されているのでこちらの方を挙げておこう。

（小田原図書館所蔵）

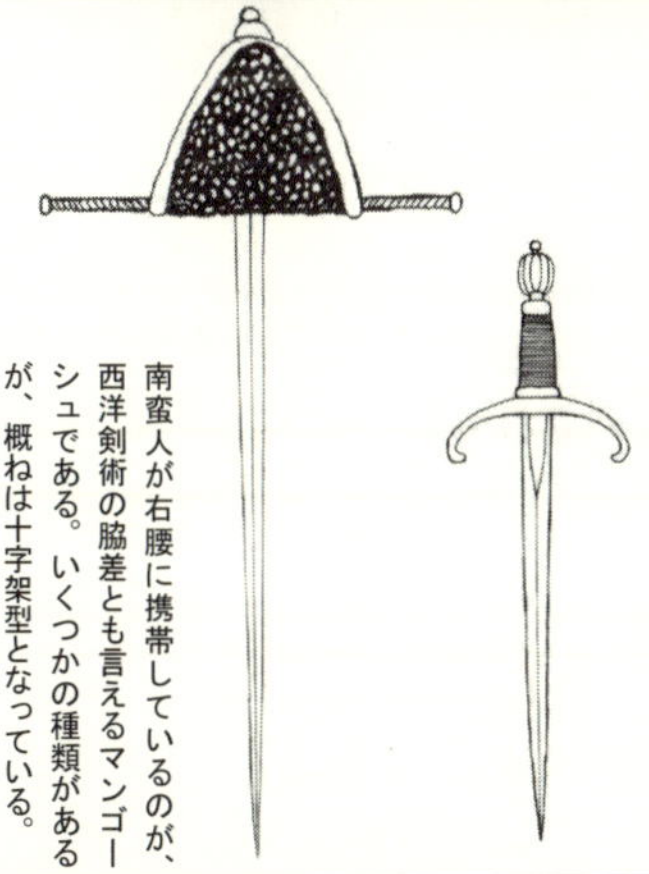

南蛮人が右腰に携帯しているのが、西洋剣術の脇差とも言えるマンゴーシュである。いくつかの種類があるが、概ねは十字架型となっている。

●上段右／當理流「十手図」
●上段左／南蛮屏風の中の西洋人剣士
●中段左／マンゴーシュ拡大図
●下段左／マンゴーシュ絵図二種

★西洋剣術との交差点

作州宮本家において行われていた剣術スタイルは、珍しいというより日本で殆ど唯一、正に無二の存在であったといってよい。二刀剣法という事に関しては他の兵法古家においても部分的には行われていたが、宮本家の十手剣術という戦闘スタイルは他の日本の剣術傳の中に全く類例がないのである。

日本剣術界において他に類例がないという事は重要である。それはつまりその源流は日本にはないのかも知れないと言う事である。大陸、東アジア各地には同長同質の片手刀剣を二本、左右手にて操作する双剣術、双刀術が割合多く存在したが、左右に長短の異質な武器を持って闘うスタイルは遠く西洋のある時期においてのみに行われていたものである。そして鎖国以前の日本の京阪神地帯には多くの南蛮人（西洋人）たちが西洋刀剣を二本引っさげて闊歩していた様子が南蛮屏風等に描かれている。

これは十六世紀後半における驚異の東西文化交流の痕跡であり、この時点で当時の西洋剣術スタイルとキリスト伝説が渡来人脈を通じて宮本家に伝搬したのではないかと考えられるのである。

しかしながら西洋剣術の日本への伝搬自体はこの時期のみに行われたわけでないと筆者は考える。

ある意味それは二千年以上の長きに渡る東西文化交流における秘傳継承の一端であり、その中には古代世界より伝えられた最古の武術極意の秘儀も含まれる。

神代古典剣法「猿飛」の秘密

平上　新陰流と元流儀である陰流の目録を比較いたしますと、新陰流に継承された「燕飛」の形のルーツは陰流の「猿飛」の形である事は明白です。そして宛字の僅かな入れ換えを除いて陰流と目録内容は殆ど同じです。「猿飛」こそは正に日本傳剣術における古典中の古典剣術形であり、より深い源泉を探れば、陰流の元流儀である念流からきていると推定できます。即ち古傳念流、慈恩流剣術の古典形であった様なのです。

大宮　念流とは念阿弥慈恩※が開いた剣法流儀の事かと思いますが、開祖の年代は未だ室町の初期位の頃の様に思います。この時期から「猿飛」の古典形が既に存在していたと言う事でしょうか。

平上　念阿弥慈恩時代の剣術伝書、目録類は流石に確認できませんが（と言うより武術伝書文化は未だ存在せず？）、愛洲陰流以前にも「猿臂猿廻流《えんじえんかいりゅう》」なる剣術流儀が存在していた事を証する記録古文書等が残っています。また大分後世の伝書になりますが、念流系のいま一つの派生流儀、「中条流」の目録伝書にも「燕飛」「燕廻」「山陰」「月影」「浦波」「浮舩」等の形名が現れており、よって両流の原典である念流にそれらの古典形が存在していたであろうかと推定できるわけなのです。

大宮　先程修験密教系文化の影響と言う話が出ましたが「猿飛」「猿廻」などの名称は、山中を駆け巡り、無数の神代秘法や古傳武芸等を伝えていたと言われる山伏武芸者たちを彷彿させますね。上代古傳剣術、義経兵法なども、鞍馬修験天狗たちの武芸を基にしたとも言われます。また修験山伏の秘法に「天狗飛斬りの秘術」があり、それが義経の「八艘飛び」等に通じたのだとされます。そして立川文庫に登場する忍術名人「猿飛佐助」などは、その様な修験山伏武芸文化の影響下に形造られた最期の代表的忍者ヒーローであるのかも知れませんね。

※　**念阿弥慈恩**

1350年位に生まれたとされる剣客。元名は相馬四郎義元というが遊行上人の弟子となり、念阿弥を名乗る。京鞍馬で修行したといわれ、ここで京師王朝文化を引き継いだのではないかと思われる。後に様々な所、主に寺院等で修行をなし、僧兵たちより剣術を学んだ様である。当時の寺院が実際に武芸をかなり錬磨していた風を窺わしめる。後に禅門に入って慈恩を名乗ったと言うが、その後も大いに剣術指南をなしている。やはり当時の坊主達は概ね（それとも全て？）は武術達者であったわけである。

京鞍馬のルートにて自己の剣法に王朝文化を取り込む事はこれは全く自然な事であるが、当時の伝書史料が存在しない事は残念である。

また慈恩剣法の系脈を引く馬庭念流には余り王朝文化の痕跡は遺っておらず、比較的独特の技法体系を伝えている事も少し気になる点である。

天竺古典文芸

大宮　山伏たちが神代から伝承した武芸、日本傳古式剣法こそが後世の流儀剣術の源流であるということ。そしてこの時期の日本剣術における平安王朝文化の影響は何となく可能性を感じますが、天竺古典文芸の痕跡とはどの部分の事でしょう。これは要するに武芸における仏教文化の影響と言う意味ですか？

平上　いや、仏教系文化の日本武芸への関わりは密教と禅学の影響がある事は事実で、この点はまた後ほど検討したいと思いますが、天竺における仏教系外のある古傳文化がより深い痕跡を遺していると判定します。それは「猿飛」の正体、その語源と言う問題なのですが、「猿飛」とは要するに、天竺における古典中の古典文芸、「ラーマーヤナ」※に登場する勇士、猿神武芸者「ハヌマーン」が影を落としていると推理する者です。

大宮　古代インドの古典叙事詩「ラーマーヤナ」の「ハヌマーン」は確かに空飛ぶ猿、「猿飛」でした。実際の天空を飛ぶ原理、その描写は些かSF的の様でもありやや違和感もありますが、これはまた『西遊記』の孫悟空のモデルにも通じております。正に孫行者も筋斗雲に乗って天翔る猿神武芸者「猿飛」であった事は事実です。『西遊記』の物語では彼は妖怪王の様にも描かれますが、一説では少林寺で武芸修行を積んだ猿拳法の達人がモデルと言う説もあるようです。棒術も達人ですし、日本でも古くから人気が高い。古代インド神話の勇士をダイレクトに引くより『西遊記』のヒーロー孫悟空の影響と考えた方が自然なのではないでしょうか。そもそも「ラーマーヤナ」等が当時の日本に流入していたかどうかかなり微妙ですし。

平上　「ラーマーヤナ」は『寶物集』と言う翻訳本に含まれて、日本の鎌倉期には既に流入しております。しかしながらそれが日本伝来の嚆矢であったわけでは必ずしもないと自分は考えます。つまり「ハヌマーン」英雄譚は日本の古代期に大陸から日本入りをなした帰化知識人系脈を通じ

※　ラーマーヤナ
古代インドの長編叙事詩。最終編纂はAD3世紀頃とされるが、話の古い部分はBC4、5世紀頃に成立していたとされ、とにかく極めて古い古代インド世界の大文芸である。話の舞台は南インドとスリランカ島辺りで、南インドの王子ラーマを主人公とするアクション大作。王子を補佐する猿神武芸者がハヌマーンで、どう言う原理かは不詳だが、とにかく空を飛び回る不思議な力をもっている。インドから東南アジアにかけては割合普遍的な昔話である様であるが、余り日本では普及しておらず、マーガリンの名称にその面影を残す位である。ただ大陸を通って日本にやってきた帰化人達の中に、古代インドの神話物語を知悉している者がいても何ら不思議ではなく、インドの猿神武芸者の名称を託した大陸傳の剣法技術を日本に伝播した可能性の否定は中々出来ない事である。孫悟空のモデルとされるが、『西遊記』は成立が割合遅く、神僧慈恩、また神道流系が伝えた剣法、またその元なる山伏傳古式剣法の存在と言う可能性等、それらの年代の古さを鑑みると、孫行者が時系列的に関わる事は少し難しい様に感じられる。

★日本剣術の古典「猿飛」型の歴史について

陰流が伝えた「猿飛」型が同流発明の新作剣術型ではなく、より古い歴史のある古傳剣法型である事は森田栄先生が『源流剣法平法史考』にて詳細な考証をなされている。考証の要点は十五世紀位に纏められた古文書『熊谷家伝記』に「えんじえんかい流」もしくは「猿臂猿回流」という記述がある事。また後代伝書ではあるが『中条流目録』に「燕飛・燕廻・山陰・月影・浦波・浮船」等の形名称がある事。その他、神道流の古伝書に「猿飛」、そして吉岡流にも「燕飛」の項目がある事等である。

そして筆者の調査と見聞を付け加えれば、富田清眼流、當理流等にも同種の目録名称が遺っている事を指摘しておきたい。富田清眼流は中条流と殆ど同系の流儀なので当然といえば当然である。

そして當理流は神道流系からの伝承かと思われる。

それはともあれ、森田先生の研究は大変に深く、真に優れた考証であると思うが、中条流や富田清眼流、そして吉岡流の表記が「燕飛」となっている事は少し注目点である。つまり上泉のみが初めて「猿飛」を「燕飛」に言い換えたという事でなく、この様な文字替え表記アイデアは伊勢守以前からある程度存在した可能性を示唆していると思う。確かに「猿飛」というより剣術型名としては「燕飛」とした方が何となくややカッコいいし、また読みも「さるとび」といった立川式の間違った読み方を排除し、正しく「えんぴ」と読む事ができる。要するに読み方の迷いがなくなるという利点もあるわけである。

これは「合氣・相氣」表記問題と同様の事項であり、古の武人の単なる言葉遊び、同音異字の同意ワードとして取り扱えばよいと考える。

実際､柳生家新陰流においても上泉傳の「燕飛」を「猿飛」に戻したり､また逆に「猿廻」を「燕廻」と表記したり、そしてある時にはまた元に戻したり、かなり表記が不安定であるという事実も捉えておきたい（他系では「圓飛」「遠回」等の表記も存在する）。

しかしながらそうなると､薩摩示現流に伝わる「燕飛」形の源流も天真正傳系に伝わった古傳「猿飛」型の傳脈であったという可能性も出てくる。つまりこの示現流「燕飛」は「タイ捨流」の傳脈を通じた継承摂取とは必ずしも言い切れないという事である。実際の所、示現流剣術型で発せられる気合は「猿叫（えんきょう）」といわれる真に独特の凄まじいものである。同流「エンピ」型こそは正に古代剣法「猿飛（ハヌマーン）」の原始的趣をそのまま継承した古傳中の古傳型かも知れないわけである。

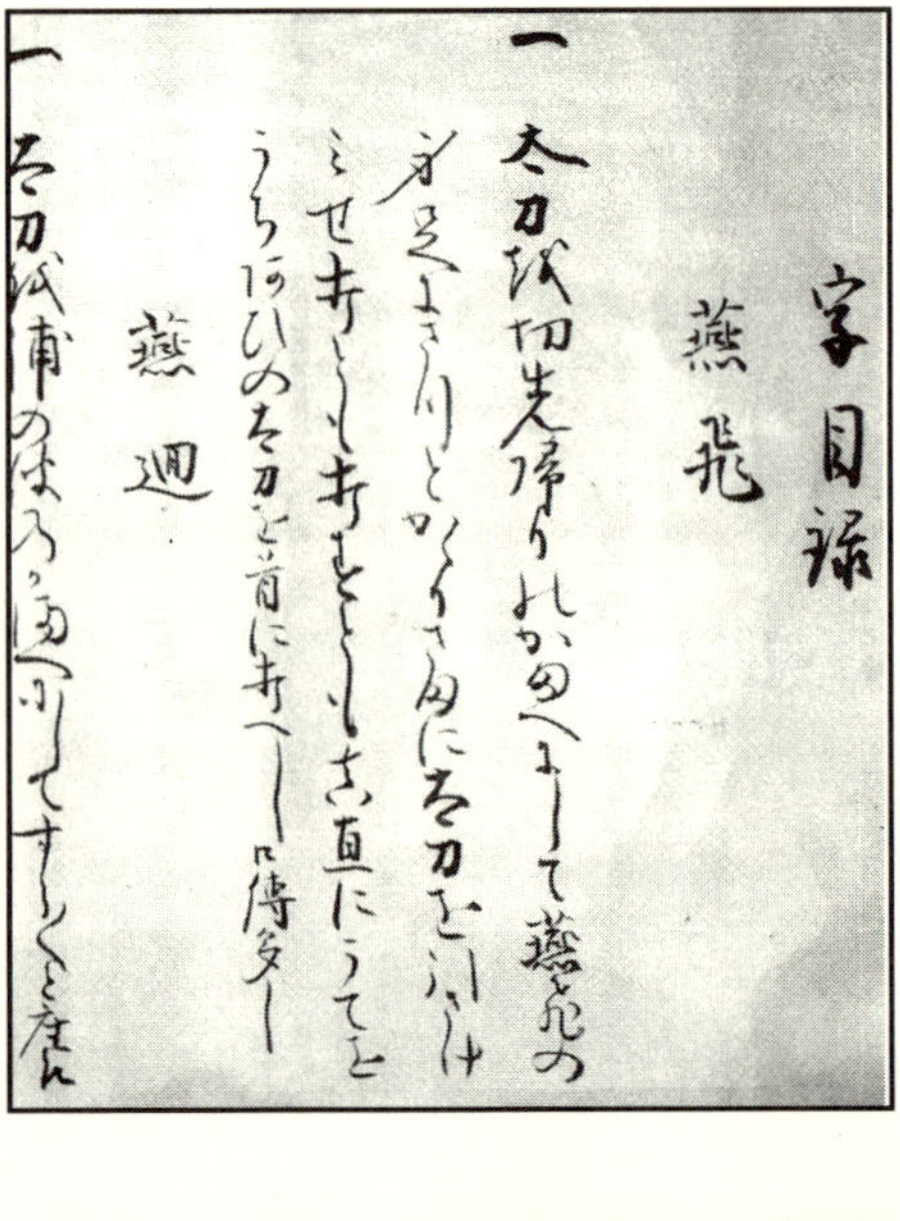

●右写真／富田清眼流剣術字目録
富田清眼流は念流、そして中条流の系脈を引く流儀であり、ここにも「燕飛」「燕廻」……の形目録が現れている。

この伝書は巻子本スタイルの伝授巻であり、大東流と同じく形解説が付属している。大東流の如くの形解説付き伝書も珍しい事は珍しいが、ある程度存在している事がわかる。ただ伝統的形名称はちゃんとある。

それはともあれ『字目録』というワードは少し引っかかる。『字目録』があるという事は『絵目録』、そして『色目録』もあるという事を現しているのかも知れない。これは多分伝授巻の「松竹梅」であり、授巻者の身分によってレベルを違えたのだろう。

●中条流『兵法手鏡』文政七年

冊子本の形態で基本的な形解説に加え、大分細かい朱の書き込みがある。これは伝授巻ではなく師範家における備忘録系の形解説書と思われる。恐らく多くの武術師範家において同様のものが作成されたのではなかろうか。ただ「猿飛」形の古傳性を証する為には陰流以前の史料をみないといけないのだが、永禄以前の伝書となると殆ど存在しないというのが現状である。この点大東流の「合氣」の発祥においても同様の問題があるのだが、森田先生が考証された様に『熊谷家伝記』の古文書の存在がある。つまり多くの状況証拠と一点のほぼ確定的物的証拠があるという事である。……ただ武術伝書ではないという弱みもある。

武術伝書系におけるもっとはっきりした証左はこれからも求めて行きたい。

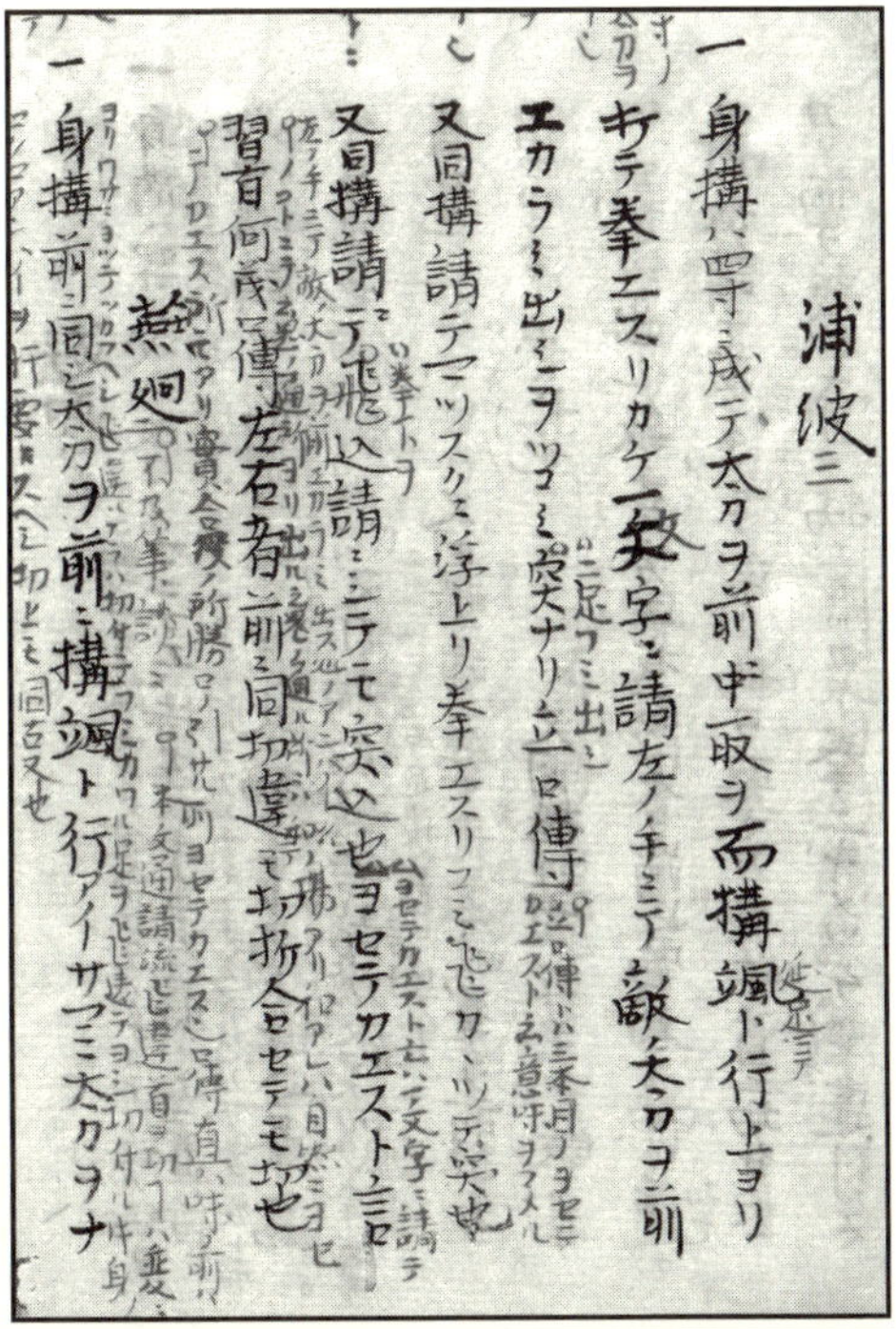

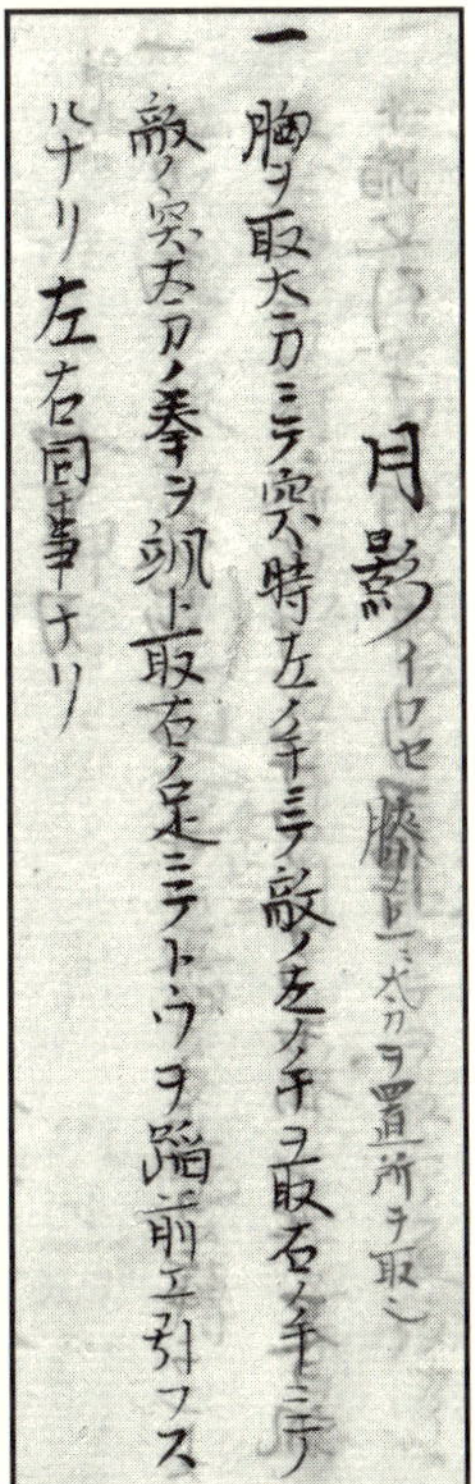

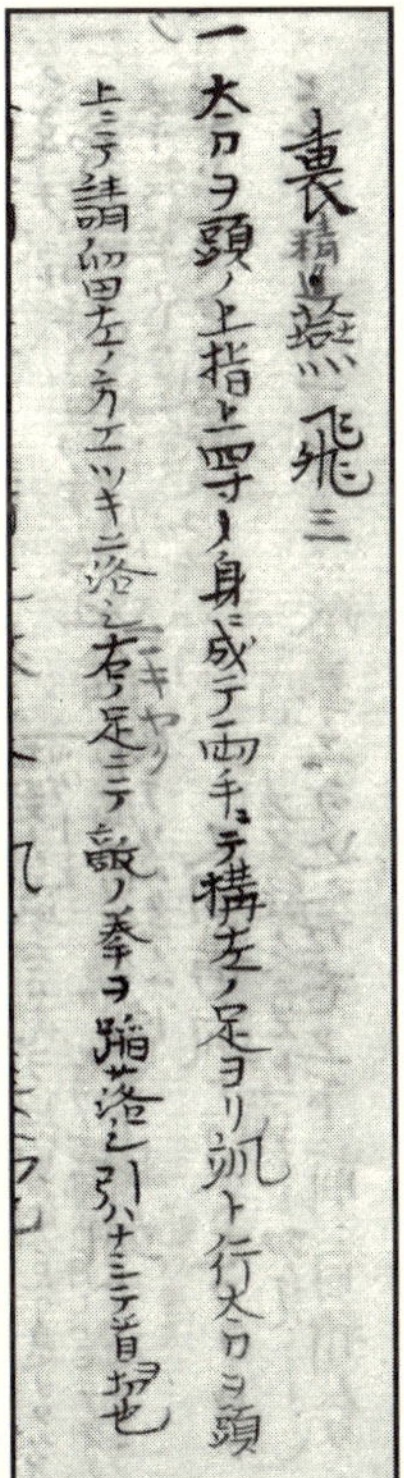

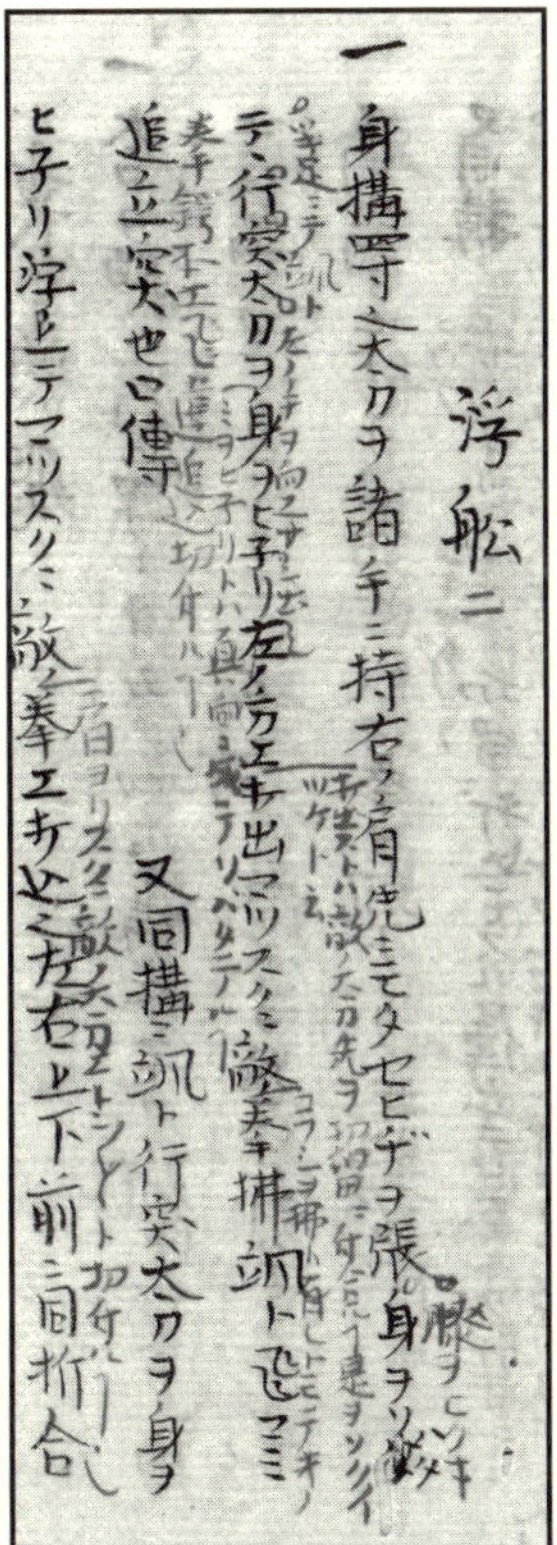

ての遥か以前の流入があったのではないか……という風に自分は想像を逞しくする者です。なんとならば日本武芸や日本修験道の根源、その興《おこ》りは平安期より遥かに古いものがあると考えるからであります。

大宮　そうですね。『西遊記』のネタ本、玄奘の『大唐西域記』は少し古いですが、『西遊記』自体の完成は宋代以降になります。それに比べて日本修験道の歴史は確かにより古いものがある。山伏の元祖とも言える神変大菩薩役行者も七世紀から八世紀にかけて位の人ですし、実際かなり古い……。そういえばこの「役行者《えんのぎょうじゃ》」と言うのも「猿行者《えんのぎょうじゃ》」に通じますね（笑）。

平上　然りではありますが、しかしそれは「猿行者」であり、「孫行者《そんのぎょうじゃ》」ではない事は注意しなければならないと思います。『西遊記』の成立が十五世紀位であるのですから当然の事であります。

大宮　確かに日本の修験道と言うものは真に不思議な存在で、役行者を開祖に立てる説が一般的ですが、中興之祖的な捉え方も可能であるかも知れません。即ち彼の活躍以前より、より古い山岳信仰の歴史があったのではないかと言う事です。そしてそれは神代の猿田《さるた》彦命《ひこのみこと》※辺りにまで遡る可能性も……。おっと、ここにも「猿」がでてきましたね。

※　**猿田彦と天狗**
一般論的には役行者が修験道の開祖とされ、これはかなりの定説である。ただ山岳信仰そのものはより古い歴史のある可能性はあり、また猿田彦は天狗の元祖とされているので、猿田彦の時代から修験道の原型的なものが存在したと言う風にも解釈出来る。その系を引き役行者が修験道の形式を大成したと言う捉え方はある程度可能だろうかと考えられる。

虎之巻の秘密

平上　面妖にして奇怪なる修験道文化の多様さ……そこには日本古来の神傳秘密文化のみに止まらず、唐土、天竺の秘教文化等、加えて大陸絹《シルクロード》道の果ての果て、西の洋《オクシデント》からの文化的要素までもが窺える。ナントならば赫顔に高い鼻と言う天狗の容貌は正に西洋人的な人種描写の様にも思われるからです。と言う事は「猿田」と言うのは「サンタ（聖なるもの）」から来ているのだと解釈出来ない事もない……？

そう言えば、このあいだイエスキリストの一代記を映像化した映画『サンオブゴッド』をみていたら、ユダヤ教の律法学者《ぱりさいびと》が出てきて、山伏の兜巾に酷似した被り物を前頭に着けているので些か驚かされました。いや、ユダヤ教のラビと日本山伏の服飾アイテム等の類似に就いては、トンデモ系俗本にて知識としては以前より承知していたのですが、確かに余りにクリソツであったので。

大宮　ユダヤ教のラビが頭に付けているのはヒラクティリーといって、小さな箱を象り、中にはモーゼ律法の要約文書等を入れているといわれます。またラビ達のもつ律法書は古くは巻物の形状で「トーラースクロール」と言われますが、これは日本山伏が持っている『虎之巻』の原型であるとの説がある事は事実であります。

平上　鞍馬山伏伝来の日本兵法の極意書に『虎之巻』というものがあると古くから伝えられてきました。そしてその語源については中国古傳兵法の一つ『六韜三略』の内の『虎韜』※の事也との説が一般的で、守屋洋先生なども著書でその様に明言しておられる……。しかしながら良く考えるとこれは些か面妖な説であり、六韜の中の何故に『虎韜』のみが取り上げられるのか昔から大変に不思議には思っておりました。そもそも「韜」は「袋」であって「巻」ではないし、また本来『龍韜』と『虎韜』が合冊となっており、『虎韜』のみを取り出すのも何か不自然であります。同書兵法の内容を鑑みても特に『虎韜』のみを抽出する必然性はないと思います。

大宮　日本の修験山伏は天竺仏教を取り込み、最終的には真言密教と合体までして今日までその系脈を繋いできました。日本伝神仙秘法を根源に持ちながら中華系の道教、神仙術系の影響も認められる不思議な存在……。要するに洋の違いを問わず、時代を限定せず、とにかく古今東西の神仙秘法、妖術、魔法、幻術などの各種神秘傳を貪欲に取り込んで来たという事でしょう。よって天竺古傳神話や西洋魔術、カバラ秘教等までもが、古代のある時期に絹道を通って移動して来た渡来帰化人脈を通じて流入していたのだとしても何ら不思議ではないかもしれません。

※「虎韜」の内容

兵法書としてはやはり『六韜三略』が一塊であり、「虎韜」はその中の一章と言う感じである。よって同部分のみを取り出す必然性が余りないと考えられる。内容分類的に見ると、確かに「虎韜」には「武器の使用法」における項目がある。しかしながらこの部分は必ずしも武術解説の部分と言う事ではなく、軍事兵法的な武器の種類や数量その他の説明なのである。同兵法書の全体を通じて軍事兵法に必要な各部分を順次解説したものとなっており、分断して取り扱うと言う様な他の例は基本的にはないようである。因みに「トーラースクロール」、即ちモーゼ律法の内容は、後年に形成された流儀武術において、入門時の戒めとして課せられる流儀の掟書き『神文書』『起請文』等に影を落としている様に感じられる。

平上　西洋魔術、カバラ秘法の摂取ですか。この部分においては自分も気になる事が昔からいくつかありました。……例えば旧約聖書を読んでいて驚かされるのは、「アーク」を奉るラビの儀式服飾として「市松模様」※の着物指定が急に出てきたりする事です。そして市松模様といえば羽黒山伏達の正に専用装束の紋様であり、真に奇妙であります。そして「アーク」を作る材料としてかなりひつこく「アカシヤ材」を指定していると言う不思議さ……これらは一体何だろうかと？

大宮　『旧約聖書』に「市松模様」と言う記述があるといっても旧い翻訳（文語体訳）では「間格（いちまつ）」と言う表現に止まっておりますし、こうした正方形格子柄は古代世界でもある程度普遍的であったのかもしれません。しかしながら「アカシヤ材」を用いる事が不思議と言うのはどういう意味でしょう？

平上　「契約の箱（アーク）」を造るのに「アカシヤ」材を用いるべしと言うのはこれいかに……ではなく、ずばりそのまま。正に「証屋《あかしや》」→「（神との契約、その）証の屋形」と言う事……。こんな言葉遊びとこだわりが三千年以上前のユダヤの木工細工職人にあるというのはかなり不思議な事かと思います（笑）。

大宮　なるほど、日本の囲碁盤は本体の材として銀杏《いちょう》※（囲の調べ）の木を用い、台脚を梔子《くちなし》（口無し）型に象ると言うのと同じ様な拘りでしょうか……。ともあれ「間格」、そしてルビの「いちまつ」と言う表現も含めて、古典聖書の原文をユダヤの古代言語等で確かめる必要はあるかも知れませんが……さて、どうでしょう。それはやはり単なる偶然かと思いますよ、多分……？

王朝文化の影響

平上　日本山伏とユダヤ教ラビの服飾の類似や「アーク」の材質の話などをこれ以上討議すると、この対談を纏めた本が書店で別分野の書籍棚におかれてしまう可能性があるので、話を本筋に戻

※　**市松模様**
『旧約聖書』の「出エジプト記」第二十八章・「列王紀上」第七章等に見ゆる。市松模様（紋様）とは正方形格子柄で、二種の色マスが交互に並ぶチェス盤的な紋様。問題はその語源であり、江戸中期の歌舞伎役者佐野川市松が袴柄にこの紋様を用いた事による。この様な江戸詞が、なんと旧約聖書の、特に最古の部分、『モーゼ五部書』の部分に急に出て来るのであるからこれは真に面妖である。古い文語体訳本では「間格」とはなっているのだが、なんとこれにも「いちまつ」とルビを振っている。「死海文書」辺りの原聖書ではこの部分、何と表現されているのだろう？
そこまでの調査は筆者としても未だ勿論出来ていないし、要するに調査前に於ける概ねの予想としては、「いちまつ」というのは日本語翻訳時の意訳と言う事であるのだろう。その可能性が高い……？
しかしながら考えてみれば、その様な字句の時間的齟齬問題と言うのはそれほど重要な事項では必ずしもない。やはり問題なのは、三千年以上前の中東ユダヤ神官の服飾と日本羽黒山伏装束との紋様の完全一致であり、そこにはやはりなにかしらの細い繋がりが窺える……？

したいと思います（笑）。

大宮　そうですね。やはり「合氣」と日本傳武術の極意理論との関係を追求したいと思います。それではいま議題になっている「猿飛」における技法内容の解説、そして先程御指摘された、それらにおける京師王朝文化との関連などについてお願いします。

平上　「猿飛」は古い天竺猿神伝承を受け継いで成立した古典剣法形と捉える者ですが、形目録を分析してゆくと、必ずしも外来文化の影響ばかりではなく、文化的装飾の基盤になったのはやはり日本の古傳文化、当時における平安王朝文化のそのものであったと考えます。そしてその影響の核となったのは、平安中期位の時期において遂に完成をみた世界最高の文化遺産の一つ、国宝的大文学にこそあったのではないかと推理する者です。

大宮　平安王朝における世界的文化遺産の影響？　同期における世界最高の大文学といえばたった一つしかない気もしますが……。解説のほどをお願いします。

平上　「猿飛」型目録の後の部分は純日本的な形名が続いています。「山陰」「月影」「浦波」「浮舟」等々……。「山陰」は刀を敵方前面に逆に掲げて身体を刀裏に隠す様な構えで、割合物理的な名称の様にも感じますが、「月影」「浦波」「浮舟」などは、正に『源氏物語』文化を基盤とした名称付けといってよいと思います。

大宮　『源氏物語』……確かにこれは世界最高峰の日本国文学の大作です。同小説で「浮舟」といえば物語最後のヒロインですよね。しかし、かかる姫宮の名前が剣術の形名になったという事の意味合いはなんでしょうか。

平上　「浮舟」は「猿飛」形の最後の形名となりますが、打太刀が左右からの打ち込みを受け留めた後、刀を仕太刀に投げ打ち、それを仕太刀が打ち落とす所で全勢法の終焉となります。

大宮　なるほど、『源氏物語』の浮舟は匂宮《におうのみや》と薫君《かおるのきみ》とに求愛され、因って三角関係に苦悩し、その果てに宇治川に身を投じます。しかしそれを横川の僧都《そうず》に助けられ、諭されて剃髪出家する

※　碁盤の材質における奥意

囲碁盤の素材は銀杏の木、或いは本榧（ほんかや）等が用いられる事が多い。材質名称における掛詞、意義等は基本的に不立文字の覚りの世界であり、奥意が文書化される事は僅少である。また色々な異説、別解釈もありうるだろう。榧は「かや」でありそれは「神也（かみなり）」とも読めるし、また「蚊帳（かや）」と言う風にも転意できる。これは即ち外部からの小煩い助言等を遮断すると言う解釈が可能と言う事である。

そしてまた碁盤裏は窪みを造るが、これはいらぬ差し出口をなしたお節介なる傍目見学者の首を刎ね、その不届き者の首を乗せる台にする為といわれている。「梔子脚」の意味合い等を含めて、勝負にかける碁打ち師たちの覚悟と心意気を象徴している訳である。

……というのが『源氏物語』の最終章、大団円であり、「猿飛」形の締めくくりの技として正に相応《ふさわ》しい……。

これは単に当時の流行《はや》り文学の人気ヒロイン名を利用したのみならず、実際技法ともちゃんと連動《リンク》しているということですね。

平上　自分もすべての形名称の深意を解けるほど新陰流の専門家ではないのですが、「浦波」などもそうですね。『源氏物語』には「浦波」の帖冊はありませんが、「須磨」の帖に「浦波」の恋歌が出てきます。

「恋ひわびて泣く音にまがふ浦波は思ふかたより風や吹くらむ」……。

大宮　荒れ狂う風雨の中、京師にいる朧月夜か、もしくは紫ノ上を想っての歌でしょうか。これも新陰流「浦波」の形技法と連動している？

平上　朧月夜との恋愛、東宮との微妙な立場により、ある意味恋に破れた光源氏が都を追われ、自ら魂の慰安所、ハートブレイクホテルとして選んだのが、台風で直《す》ぐにでも吹き飛ばされそうになる神戸須磨山中の別宅、茅葺き旧《ふ》る屋敷でした。その新住所に傷心を抱えて居住まり「君子南面」した……。神戸須磨にて南面するという事は、神戸からみて京の都は艮《うしとら》（東北）の方向ですから、当然左後肩側という事になります。つまり「左後肩辺に恋しき人の想いの風雨を受ける心持ち……あな悲しや……」という様な意味合いの歌と解釈出来ますが、新陰流剣法「浦波」形でも、対手の袈裟の打ち込みを左後肩側で刀を受け流し状に被って留め凌ぐ技が出てきます。

「月影」等も『源氏物語』の描写文に同ワードがあり、内容的にも技法の趣と連動している様に思いますが※、門外漢として少し烏滸《おこ》の沙汰がすぎた様に思いますので『源氏物語』の内容と技法連動のより深い解説は別の機会に回したいと思います。

大宮　新陰流以前の流儀、愛洲陰流や念流、中条流などの古い剣法流儀は、確かに王朝文化の巨大な影響下にあったのでしょう。そういえば愛洲陰流の元祖である愛洲某は移香斎を号していま

※　**源氏物語と「月影」**
『源氏物語』の「桐壺」の帖に次の描写文が出てくる。
「月影ばかりぞ八重葎にも障はらず差し入りたる……」
新陰流技法との連動は微妙だが、どんなに防ごうとしても月影（月の光）の如く小手打ちに剣が漏れ入ってくると言う様な、巧妙な剣術技法伝の譬えと捉える事が出来るかも知れない。

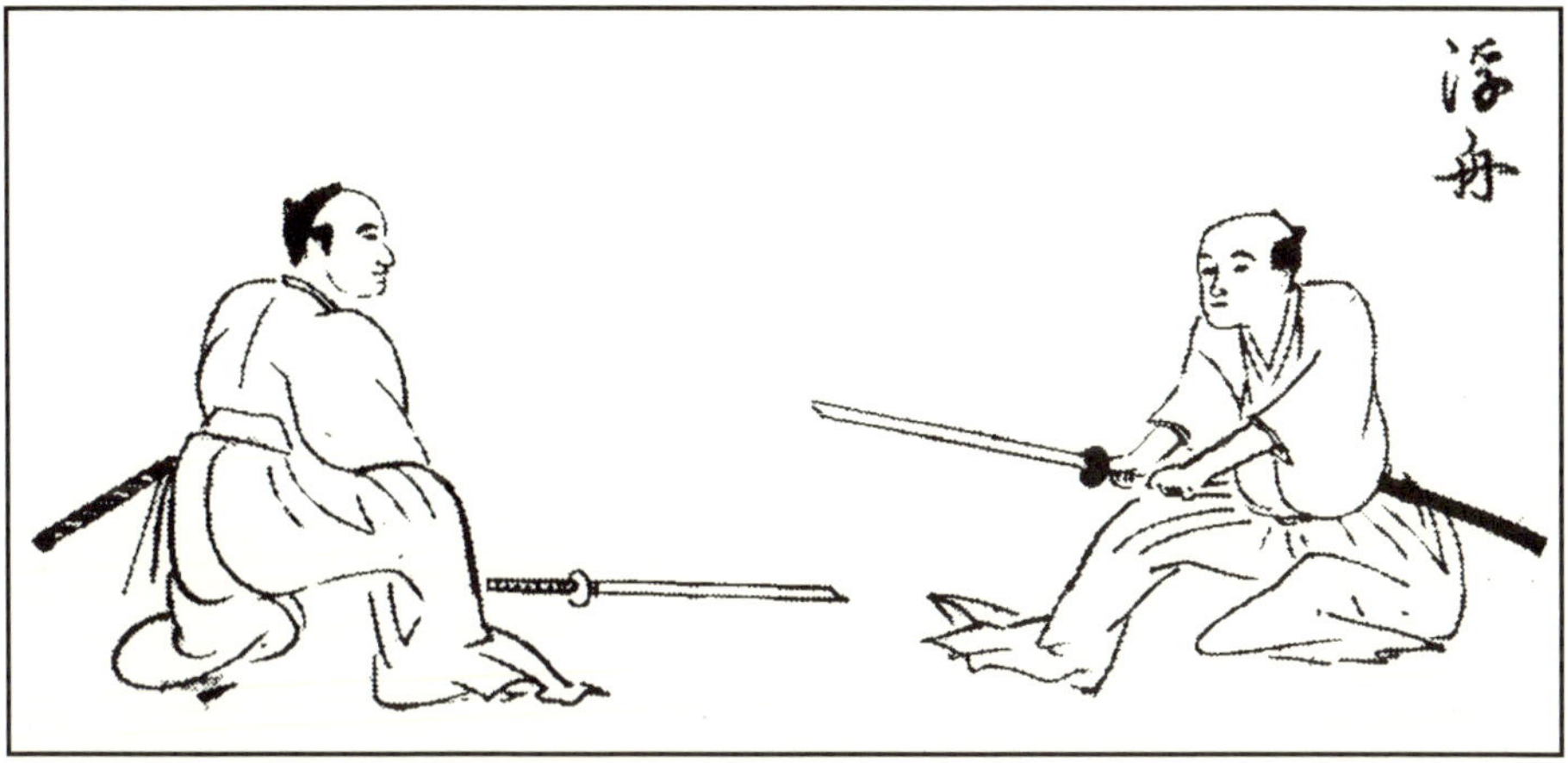

★浮舟の謎

柳生新陰流「燕飛」形六本目が「浮舟」の形であり、打太刀の投げ剣を仕太刀が打ち落として形を終える。

ここで疑問なのは、伊勢守の直筆伝書では八本の形があり「浮舟」の後にも二本の技法絵図が描かれている事である。

また加えて天正年間に発行された愛洲陰之流目録では「猿飛」形は十一本となっており、伊勢守目録の八本形より、後三本の形が描かれている事である。

この解釈における前提として、愛洲陰之流目録の時代的な正統性の問題がある。つまり年代が僅かながら下るので、後の三本は後代愛洲陰流の付加傳の可能性である。しかしながら伝書比較をなすと、天正年間伝書の前部分の書き込みは中華本翻刻伝書と殆ど変わらず、写本伝書の正統性と正確さをある程度証している。よって後半部も殆ど原型そのままだろうと推定するするならば、陰流から新陰流、そして柳生新陰流の伝脈の過程によって、十一本から八本、そして六本と形が次第に縮小していると解釈するしかないかと思われる。

ただ現傳「燕飛」の形表現は連続形となっており、打太刀の投げ剣を仕太刀が打ち落として終わるという形手順にはそれなりの合理性があると観察できる。

伊勢守目録では次には打太刀は二刀遣いとなり、そしてまた次の形では脇差を投げ剣として使うと言う技術傳となる。

そして愛洲陰之流ではそこからも打太刀が二刀遣いを続け、それに対応する形が伝えられていた様である。

つまり古典「猿飛」形の後半部は二刀破りの形であり、新たな技法ブロックとなっている。よってここの部分を伊勢守はカットしたか、或いはそこまで学んでいなかったかどちらかかと言う事になる。どちらか真なのか史料なく不詳だが、未だ宮本武蔵が活躍していなかった時期であり、二刀遣いに対する対抗法が新陰流系においてはこの時点にて大幅に失われたわけである。

七本目以降のカットがどの時期に誰によってなされたのかやや微妙だが、石舟斎以降の「燕飛」は六本目で終了する。最後を飾る「浮舟」の形名に感応してか、柳生新陰流の始祖は石舟斎を号した。

そして**「兵法のかちをとりても世のうみをわたりかねたる石のふねかな」**と彼は詠じたが、それは『源氏物語』の**「橘の小島の色はかはらじをこのうき舟ぞゆくへ知られぬ」**と言う「浮舟」の歌に対応しての事であったのではなかろうか。それは本歌取りと言うほどの事ではないが、隠田を没収されて浪人した我が身を見比べ、より惨めな立場としての自嘲的名乗りであった様にも感じられる。

●上段図版／タイ捨流系の絵目録「燕飛」形の「浮舟」図

袈裟斬り攻撃を左後肩辺りで刀を返してディフェンスするという形は伊勢守の影目録が明確に絵図化しているのだが、その原型を検証する為に愛洲陰之流の絵図の方を挙げておこう。ただ伊勢守伝書より時代が下り、ややラフな技法絵図となっている。そして「浦波」と「浮舟」が逆転している事は注意しなければならない。つまりこの伝書の「浮舩」の絵図が新陰流の「浦波」に当たるわけである。

★浦波の謎

「浦波」と言うのは武術専門用語でも、『源氏物語』の専用言葉でもなく、極普通の一般用語なので、それほど王朝文化にその源脈を求める必要はないのかも知れない。ただ割合、他の古典武術の形名の中にも存在する名称であり、例えば播州赤穂の名門、九鬼神流棒術にも「浦波」の形がある。この形は六尺棒を右脇下から背中を斜めに通し、左後肩から棒を瞬時に繰り出す技となっているのであり、この様な名称と技法の意味合いの連動をみると、やはり『源氏物語』からの文化摂取の可能性が感じられる。

新陰流の全般的な技法傳をみて少し気になるのは、日本剣術の基盤となる様な根本技術傳が余り表現されていない事である。「受流」「車剣」「巻落」「巻上」「霞太刀」「貫胴」「鐔弾」「柄遣」等々……。この中では「受流」はいくつか類似の技術が各形（勢法）の中に見受けられ、それを「魔之太刀（輪之太刀、圓之太刀等とも。技法名と言うものは流系によってかなり異同がある）」と呼んでいるのであるが、各形に現れた技術傳自体はかなり象徴的で、技法的には割合曖昧な表現に止まっており、明確な剣法技術傳がいま一つ判然としない。これは「形分解（手解）」「砕き法」によって技法傳を抽出する古式のやり方の系をひいているのかと思われる。

この浦波の形も「魔之太刀」を演じるのは打太刀の方であるという事も少し不思議であり、この様なあり方が、とにかく相対的に新陰流と言う剣術流儀を分かり難くしている。

日本の武術と言うものは真言密教の影響も受け、最初からかなり秘密主義であったのだが、伊勢守は加えてその上に禅教学と言う複雑なレトリックアイテムを被せ、難解至極剣法に仕上げているのだといえる。

よって日本剣術は伊勢守以降大分禅的にややこしくも複雑、難解なものとなり、そして沢庵兵法と揶揄されるまでになっていった。

即戦、実用と言う方向性からはこれはある意味逆コースなのだが、それでも善いと日本の武の先達たちは考えたのに違いない。このややこしい難解アイテムを以て日本武術と言うものが世界に類をみない本当に超絶的なものとなっていったのだから。これは伊勢守から柳生家三代を通し、そして沢庵禅師に至る過程で醸成された驚異の武術極意教学「武禅道」の形成でもあった。この部分における極意解説と語りは真に難義であり、その本質については次回における大東流の真の体系の解析のおりになしてみたいと考える。

すが、この号の字撰にも王朝文化への憧れの意が込められているとも解釈出来ますね。

平上　移香斎の「移香」、それはつまり「うつりが」という事ですが、『源氏物語』に移り香[※]、また残り香等によって姫宮（もしくは殿宮）の存在を察したり、慕ったりする描写が何ヶ所か出てきます。例えば「夕顔」の帖で、夕顔の花一輪を乗せた扇子に姫宮の移香が残り……というような描写があったかと思います。やはり当時の人々、田舎に住居する者たちの中でも、特に文化的に目覚めた様な者は、京の都で育まれた華麗なる王朝文化を強く憧憬していたという事でしょう。よって自己の伝承する剣術芸能に王朝文化の香を移し文化的装飾を施したと言う事かと思います。

剣術彩色絵目録の発明者とその契機

大宮　『源氏物語』と日本古流剣術の関係など、これまで余り論じられた事のないテーマかと思い、中々に興味深いですが、そういえば『源氏物語絵巻』というものがありましたね。平安末期位の作成かと思いますが、本当に華麗にして豪華な極彩色図説絵巻群となっており、これも世界最高レベルの平安王朝の文化遺産といえるものです。……しかしながら年代は少し下りますが、陰流系でも類似の武術絵目録群が作成されておりませんでしたでしょうか。

平上　日本剣術の古い名門といえば、神道流系や念流、富田清眼流、吉岡流、中条流、陰流系等々……がありますが、その中で最初に華麗なる絵目録文化を育んだのは確かに陰流系であったのではないかと思われるのであり、新陰流もその系を引くものであります。

大宮　国立博物館に蔵された愛洲陰之流伝書も中々豪華な彩色絵目録であり、『武備誌』所載の陰目録などにも絵図があります。陰流がかくした剣術絵目録類をこの時期に実際に作成していた事は真に驚嘆すべき事かと思います。実際これは当時において他に類例を見ない武術文化史上の大きな業績なのではないでしょうか。[※]

※『源氏物語』の「移り香」
地方には余り存在しない京師王朝で育まれた独特の文化として「香道」があり、様々な香を焚いて各香木名をあてっこしたりして楽しんでいた様である。女性軍に限らず男性たちも然りであり、「薫」や「匂宮」なる名前も、かくした香りを尊重する文化の現れかと思われる（但し薫君の場合は生来自然の芳香故の女官たちよりの名付けであり、匂宮はそれに対抗して殊更衣服に香を焚き込めた）。これらは西洋、特にフランスの宮殿で発達した香水文化等と対比できる様に思われるが、年代は日本の方がかなり古い。

※　各大名と武術秘傳書
江戸期に入って作成された各流（と言っても一部の流儀ではあるが）の彩色絵目録には本当に豪華なものがある。これは各藩でお抱えとなった武術師範達の意向、もしくは各大名の柳生武術への対抗意識から発奮して現出された超絶的武術絵巻物の世界と言う風にも捉える事が出来る。葵御紋の支配は何とも動かし難く（ひっくり返すのに二百数十年かかった）、隠密侵入やその他様々な苛斂誅求に対しては只管耐え忍ぶしかないが、武術文化のみは対抗したいと、京師文化力を借りた彩色絵目録作成の一大プロジェクトが各藩で繰り広げられた結果なのではなかろうか。

★陰流元祖によって開かれた華麗なる彩色絵目録伝書の世界

永禄年間に彩色絵目録を残した伊勢守伝書を確かなる文証起点として、中華武芸書に書写された陰流絵目録の存在を鑑み、陰流系からかくした華麗なる細密絵目録の世界が開けていったと確かに考察できる。ただ移香斎直筆伝書は残っておらず、絵目録を作成した事はほぼ間違いないが、彩色伝書までの作成をなしたかどうかは今の所絶対的確定はできない。ただ二、三代を経た天正年間の愛洲陰之流彩色絵目録伝書群が残っており、また伊勢守の門人たちの何人かが豪華な彩色絵目録を多数残している事は事実である。特に疋田文五郎の新陰之流系では最高レベルの極彩色細密絵伝書が大量に作成された。より古い伝統を持つ、鹿島、香取系では比較的素朴な墨一色の略式絵伝書をやっとこ作成していた時期であり、彩色絵伝書の形成は陰流系の人脈による業績とみることが出来るだろう。江戸期に入ると各藩大名の指南役として入っていった武術流儀においては、超絶的な彩色絵伝書を作成する系脈も陰流系以外にもかなり現れたが、これは伝授巻を授かる者の身分の違いであろうかと考察できる。

かくした陰流彩色絵伝書の源脈は『源氏物語絵巻』を代表とする所の京師公家世界の中で醸成し、本当に数多く作成された絵巻物群だろう。真に絢爛豪華な図説巻物が多数作成されたが、それらにおけるそのまた原点としては、仏教美術文化の一端として作成された釈迦物語を記した絵巻物『絵因果経』等の存在がある。

そして日本の江戸期の出版界は世界の趨勢とは一線を画し、何故だか殆ど活字印刷技術の普及をなさず、むしろ版木刷本技術を極限的にまで発達させた。よって出版界においても絵と文章が混在する図説本が多く出版されたわけであるが、その多くはルビを振られた和文で書かれ、庶民にもわかり易く、よって正に空前の大隆盛をみる事になる。版木本であるが故に文と絵図の彫りと印刷は等価であり、よって真に多くの絵図の挿入、そして絵文の自由な混在が可能となったわけである。

また西洋画と違い、大和絵は概ね比較的くっきりとした輪郭線をとる事に特徴があるが、これも版木刷文化の影響と考えられる（もしくはその逆？）。

江戸期の絵草子、黄表紙等は正に当時における漫画本そのものであり、今日ジャパニーズコミック「マンガ」が米国製コミックを超えて世界中を席巻するのは、この様な歴史的下《した》拵《ごしら》えがあってこそであろうかとは思うのである。

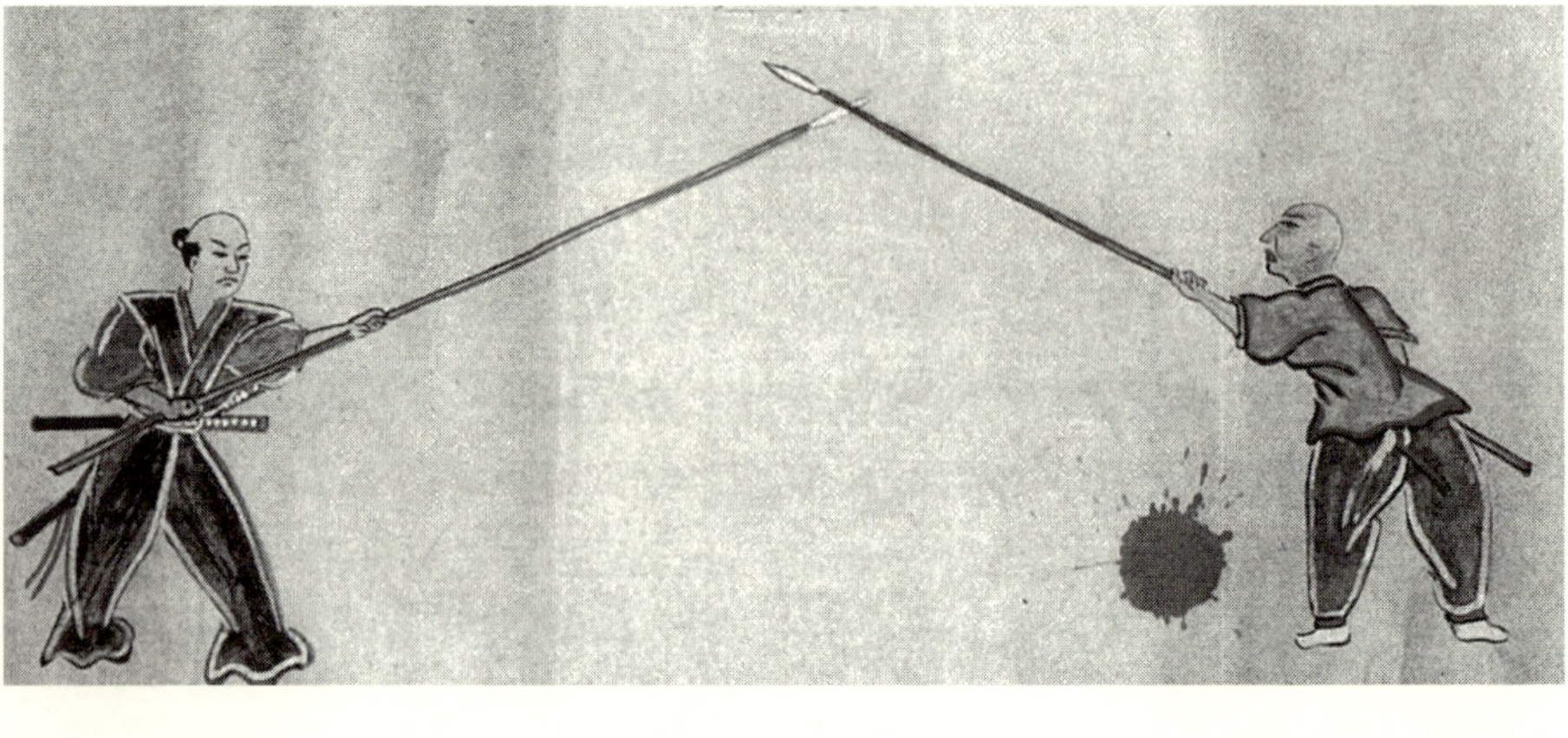

●前頁下段／疋田流槍術絵目録
●上段／愛洲陰之流目録之巻
●二段目／剣術絵目録
●三段目／関口流居合絵目録
●下段／楊心流柔術絵目録

江戸期に入って社会が安定すると、多くの流儀が彩色絵目録の作成を始めた。大名に献上する為のレベルの高いものもあれば、ある程度砕けた少し稚拙な図柄のものもある。いずれにしろ当時の武術の真姿を窺う事の出来る優れた史料群である。
一般的には形名目録のみの伝書が多数を占めたかと思うが、中には形解説を記載した、大東流と類似の巻物秘傳書もそれなりに存在する。ただ大東流の場合は形名がないといういま一つの特徴があり、これは確かに珍しい。奥傳において正しい形名称が授けられるという流儀もあったかと思われるが、大東流の場合はやはり、最初から形名称はなかった、つまり未だ名称付けがなされていなかった為かと思われる。

石舟斎は武術理論書や剣術導歌等の業績は遺したが、彩色絵目録は余り遺していない。唯一線画で描いた竹田氏宛の伝書が知られるのみである。しかし伊勢守門に於ける兄弟子、疋田文五郎は多くの豪華な彩色絵伝書を遺している。これは恐らく伊勢守に永く付き従い、絵画法や武術伝書作成法など、武術技法以外の諸技能まで直接学ぶ事が出来た御蔭かと思われる。

平上　江戸期に入れば、鐵人十手流や関口流、楊心流、寺見流等々……他の流儀も徐々に武術伝書を極彩色絵目録のレベルまで高めた系脈も割合でできましたが、確かに豪華な武術絵目録文化を最初に案出し、発明、実作した嚆矢は愛洲移香斎その人であった可能性はかなり高いと思います。

大宮　現在柳生家に残る神巻、伊勢守直筆の『影目録』はかなり写実的な精密画伝書であったかと思いますが、これは彩色伝書になっているのですか?

平上　柳生家の伊勢守直筆伝書は四巻残っており、それぞれかなり精密な絵図が付随していますが、その中の『九箇』の巻が彩色絵図となっております。※師匠である移香斎の想い、即ち「京王朝文化への憧憬」をその儘引き継いだという事になりましょうか。

大宮　国立博物館における愛洲陰流系伝書の絵柄はやや稚拙な感じもありますが、それなりに味わい深く、中々面白い絵柄となっています……。比べると伊勢守直筆の絵図は流石に中々精密で立派ですね。専門絵師に描かせたのでしょうか。

平上　いや、王朝期の殿上人たちにおける教養技能種目は「琴棋書画《きんきしょが》」の四芸がいわれ、絵図を描く技術も当時の教養文化人にとってはある意味必須であったかと思います。何せ写真もコピーもない時代でしたから、絵図作成能力がないとまともな写本等も出来ず、文化的活動が殆ど不能となります……。伊勢守は京文化に対する単なる憧れを超え、ちゃんとその様な芸技を高いレベルでマスターしていたと言う事かと思います。正に当時における最高の教養人であり、文武両道の高士であったといえるでしょう。宮本武蔵も然りですし、※大石内蔵之助なども絵芸はプロ裸足であったと伝えられています。

禅文化の流入

※　**『影目録』四巻の本質**
様々なメディア媒介を通じ、カラー写真等を含めて紹介された柳生家所蔵の『影目録』の本質について筆者なりに分析し、彩色伝書は『九箇』の一巻也と判定したが、神巻実物の見聞をなされた諸田政治先生の解説によると、彩色絵目録伝書は三巻とされている。筆者の分析はレンズとフィルム、書籍印刷等を隔てた、しかもかなり断片的なものなので、諸田先生の解説の方が正しいのかも知れない。

※　**武蔵の天才的な絵画能力**
宮本武蔵も国宝級の絵図(殆どが水墨画)を多数残しており、絵画作成能力も達人であったかと思われる。しかしながら極めて残念な事に技法絵目録は残さず、極意口傳書、『兵道鏡』『兵法三十五ヶ條』『五輪書』等を著した。これは宮本兵法系では絵目録文化がもともと余り形成されていなかった為と考察できる。ただ無二斉の門人、青木鐵人は京伏見に住居し、陰流、新陰流に負けない立派な極彩色の細密絵図目録伝書を作成した事で著名である。これはやはり京の公家文化の影響であるのだろう。そもそも京師辺に住居していなければ、彩色絵図を描くための岩絵の具も中々に入手し難かったに違いない。

平上　さて、本討議の方向性は日本武術史上において、大東流系が提出した武術極意、「合氣」「合氣之術」等と通脈する極意用語や極意理論の存在を探索する為に新陰流の武術理論を追っているわけです……。論を進めてみましょう。
愛洲陰流が基盤としたのは平安王朝文化であった事を観察してみました。そして上泉伊勢守こそは陰流の王朝文化装飾を確かにその儘継承しながらも、そこに唐土を経由し日本にまで伝来し、鎌倉期を通じて日本の宗教的文化土壌にて大きく花開いた禅教学を大きく取り入れた最初の剣客と捉える事が出来ます。

大宮　伊勢守が流儀の初学形として制定した「参学」形は禅用語を満載していますし、『影目録』等でも自己の兵法の武術理論を禅語を用いて解説していますね。

平上　先程自分自身の方向からみた「転論」の解説を少しなしましたが、『影目録』では最終的に「牡丹《ぼたん》花《か》下《したの》睡《ねむり》猫《ね》兒《こ》」「意《こころは》在舞蝶《まうちょうにあり》」等と言う様な古典的な禅語で、武術の至高の境地を描写しました。※　しかしながらこれは正に禅語の借用であり、そして同時に武術における極意的心法の表現であります。講談等ではこの部分等を利用して丁々発止の戦闘場面等の表現として語られる事がありますが、※　これは必ずしも純粋な技法傳を表したものではない。

大宮　詞自体は確かに趣があり魅惑的ではありますが、他の文化からのその儘の借用と言うのは少し芸がないですね。明治以降において「合氣之術」「合氣柔術」等の詞が大衆に大いに受けたのは、それが余り一般用語でも、既存の固有名詞でもなく、武術極意を表す、新制にして中々斬新なる専門的固有名詞として認識されたお蔭かと思います。そしてこれは戦後の、特に植芝合気道系の流れとなりますが、正にこれこそが、「合氣之術」「合氣」の極意秘技なりとして表現した精妙なる各技術の演武が大いに行われました。かくした視覚的なプロパガンダがかなりなされた事も大きいかと思います。

平上　しかりではあり、確かにそれは事実ではありますが、この演武プロパガンダと言う部分に

※『影目録』の書き落とし部分？
厳密にいえば現存する伊勢守直筆の『影目録』には「意在舞蝶」の部分はない。しかし他家に遺った同系の伝書には付随するものもある。これは別に書き落としたと言うわけではなく、原典である『続傳燈録』も基本的な「牡丹花下睡猫兒」の句のみである。しかしこの一句のみでは示唆する深意が何とも分かり難い様に思われる。

※　講談と新陰流
講談における剣術戦闘表現は、能からの伝来であるのか、新陰流文化がかなり取り入れられている様に感じられる。実際伊勢守の古典的な極意表現を巧みに利用した様なものもある。多くの例があろうかと思うが、一例として一龍斎貞水の『赤穂浪士義士本傳』の中の次の件りを上げておこう。
「燕飛・山陰・飛鳥のサンラン……（中略）……千変万化の秘術を尽くしてあたかもそのありさまは錦添えたる唐獅子牡丹に狂うか、菜の花に戯れたる胡蝶の姿、かくやの如くと思われり。チャリンチャリンと撃ち合いたり……」

★王朝文化人の必須技能、「琴棋書画」

「琴棋書画」とは即ち「琴を代表とする楽器奏楽能力」と「将棋や囲碁」「書写技能」「絵図作成能力」の四大技能の事である。ワープロやカメラ等もない時代、書画技術は文化人としては正に必須技能であり、加えてオーディオ装置もゲームもなく、よって替わる芸能の楽しみとして「琴棋」のセンスが問われたのだろう。現代ではさまざまな便利な装置があるが故に、逆に次第にこのような技能、人の根源能力が次第に失われつつある様に思われる。現代ならば演武をビデオに撮り、技法の動きまでを簡単に記録する事ができるが、この様な事は何千年にも渡る日本武術史上、極近年に至ってやっと可能となってきた事であり、それ以前は自分で図説メモをとって技法傳を記録するしかなかった。勿論文章のみの備忘録も有益であるが、図説記録の方が実際動作が明瞭になる事は当然である。

●上下写真／「琴棋書画」目貫

筆者愛蔵の王朝時代の四大技能を現した目貫である。下段の目貫が「琴」の演奏をあらわし、上段の目貫は碁盤を以て「棋」、そして姫宮の運筆図を以て「書」と「画」作成能力を表現していると解釈出来る。

琴を演奏するのが公家風武人である事も何か意味深である。当時の王朝武人たちは武芸は当然として、結構、琴、笛等の演奏も必須の教養科目であったのであろう。古代支那においては孔子は勿論、諸葛孔明や周瑜、燕青等も琴の名手であった事が良く知られている。琴が女性専用芸能になっていったのは江戸期に入って以降かと思われる（それでも師範は男性が多かった）。

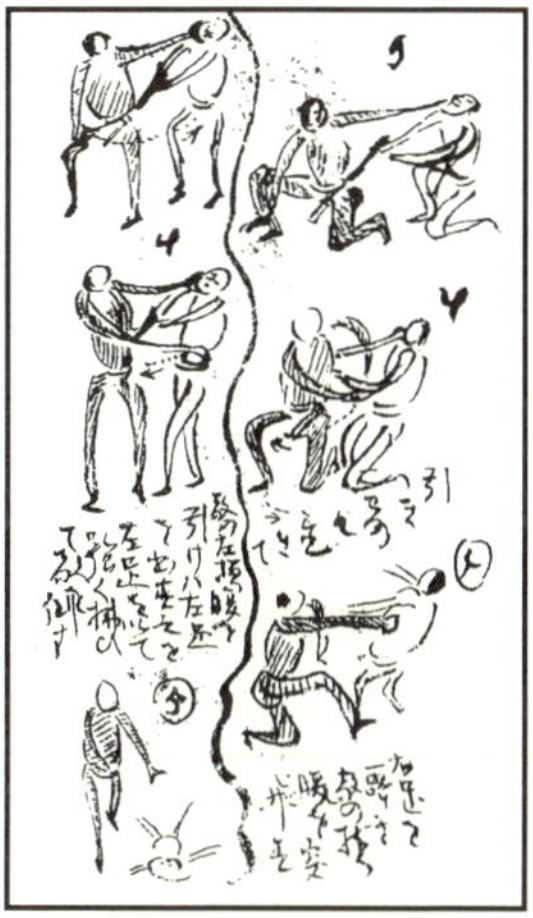

江戸期文化人の書画能力は中々に超絶的なものがあり、細かく精緻なる筆遣いは正に芸術の域の例もある。ただ細密絵図における高度な作画力はともかくとして、極彩色絵図に限っては、昔は岩絵の具等がかなり高価であったといわれ、地方文化人では中々真似できなかった部分があった様である（特に群青色の岩絵の具粉が高価だった）。この、絵の具の高価さと言う点は戦前までの日本も同じ様な状態であったようであり、有島武郎の小説に戦前（時代は大正期位？）の小学生が西洋からの留学同級生の持っていた西洋製絵の具（群青色）に憧れてついそれを盗んでしまうと言う話がある（『一房の葡萄』より）。

因みに国立博物館に遺る『愛洲陰之流』の絵目録も、彩色といいながらも殆ど青色系の絵の具は用いられていない。群青色絵の具は孔雀石を砕いて造られた緑色絵の具の十倍高価だったといわれる。

書画技能が基本であった一部の王朝系文化人は別として、一般的な武家社会、また明治以降の町人、平民社会においては書写技能は必須だが、絵画作成能力はかなり微妙である。よって江戸期における華麗な絵目録伝書等は維新以降、次第に作成が困難になっていった。いわんや現代の電子ペーパーレス時代においてをや……。

●上右図／『愛洲陰之流』伝書
多くの図版を用いた確かに豪華な彩色絵図目録ではあるが、絵図の細密さは伊勢守伝書には及ばない。また色付けは朱色が主体であり、群青色系絵の具は殆ど用いられていない様である。

●上左図／『神妙流柔術』
小冊子の片隅に描かれた同流の連続図説。私的に作成された備忘録資料。かなり細かい書き込みである。カメラもビデオもない時代、修行者はこの様にして技術の正しい継承を図ったわけである。

●下図／『寺見流剣術目録』
肥後にて継承された流儀であるが、多くの図版を用いた彩色絵目録が遺っている。個人に対する許し免状として発行されたとはとても思えぬほどの、細密にして豪華なる大名伝書である。青色絵の具も当然使われている。

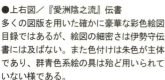

★牡丹花下睡猫兒「東照宮の眠り猫の秘密」

「牡丹花下睡猫兒」と言うのは確かに古い禅語である。出典は『続傳燈録』(第四巻と第三十二巻に見ゆ)で、後代の『指月録』(第二十四巻)そして『禅林句集』等にも同句の引用がある。

柳生家『影目録』は「牡丹花下睡猫兒……」とのみの記載であるが、上州の伊勢守門人家に遺った別の伝書、その写本には「牡丹《ぼたん》花《か》下《したの》睡《ねむり》猫兒《ねこ》」の次に「意在舞蝶《こころはまうちょうにあり》……」との追加語句がある。しかしながら前出の出典禅書文献類にはこの附句の部分はない。これは古典禅書解釈の為、多く作成された注釈文献群の中、「睡り猫」の禅句に対する方語等の禅学上の解釈として出てくる言葉である。そして両句が一体となって伝えられる事も多かった様である。

実際かなり後代の文献ではあるが、一刀流の口傳書にも同禅語の引用があり、それにはちゃんと「花下睡猫意在舞蝶……」とある。

ちなみに新陰流系文献では古典禅句を示すばかりで口傳内容の解説のあるものを余りみないが、一刀流系文献の中ではこの「睡り猫」に対する口傳解釈がかなり詳しく説明されている。ともあれ「睡猫兒」の句は、この下句があってこそ武術としての深い意味合いが何とか理解できてくる様に思われるのである。

そして日光東照宮の奥宮への入り口門辺りには、左甚五郎作と言い伝えられる著名な「眠猫」の彫物があり、そしてその裏は飛び戯れる雀達の彫物となっている。まさに両者あわせて何とか意味が通ずる。

即ち猫は東照宮を護り、そして全国諸国に睨みを効かせて厳しく統治する徳川家の守護神の意味合いを表現していると考えられる。人に睨みを効かせる方法論の最高極意は実は目を閉じる事。即ち見ていないふりして「ちゃんと見ているんだぞ」と言う敵に対する究極威嚇であり、それは正に武術目付極意としても通ずる。それを一刀流系の口傳書では「捨目付」として表現した。

家康は神影流奥山休賀斎の門人であり、奥宮門辺に鎮座する「眠猫」こそは、正に家康公、即ち本宮の主宰神、東照大権現そのものであるとも言えるであろう。

如何にもこの猫は一見眠っている様にみえ、全く人畜無害の如くにも感じられるが、その実、前足にて身を僅かに浮かせ、今にも雀たちに飛び掛かりそうでもある。実際徳川幕府は各大名の見張り役として諸国に隠密軍団を密かに放ち、その一部は同地に住み着かせてまでして各藩の動向を監視させたとも言われる(但しこれは戦前講釈師か戦後剣豪作家あたりの妄想か与太話であるかも知れないのだが?)。

その意味ではこの戯れる雀たちは各大名たちの象徴とも取れるが、ただ蝶ではなく何故に二羽の雀の並びの飛翔図であるかと言う点は何か意味深である。

これを少し漫画チックに解釈すると、二羽の雀とは「柳生十兵衛」→「柳生忍軍」を暗示したものと言う捉え方も出来るかも知れない。二羽の雀の図は柳生家の家紋「地《ち》楡《ゆ》に雀」に通じ、またニワの見張り番、つまり「御庭番」の謂でもあるわけなのだから。諸国流浪の天才酒呑み大工、木彫細工名人の左甚五郎ならば、これくらいの暗喩と謎かけを自作品に盛り込んでいたとしても何ら不思議ではないだろうかと思う。

●左写真／日光東照宮「眠り猫」

左甚五郎作と伝えられる名作「眠り猫」。しかしこれは全く「眠った猫」ではない。裏の「雀」の木彫とを合わせ見て、訪れた諸国の大名当主達は皆震え上がったに違いない。

●右写真／日光東照宮「二羽の雀」

一見単に雀が戯れているだけの風にも見えるが、双翼を広げて対になったデザインである事は注目点であり、真に意味深である。

●中段図／「地楡に雀」の家紋

柳生家の正に本家紋である。但し東照宮の雀の木彫では余りにダイレクトな表現は少し外し、その背景装飾は「地楡」ではなく、竹と菊になっている。竹は「家康公（幼名竹千代）」の象徴とも取れるが、諸国監視役（幕府隠密）の奥には「武」と「皇室」、即ち御稜威（みいつ）ありと言う謎かけと解釈できる。

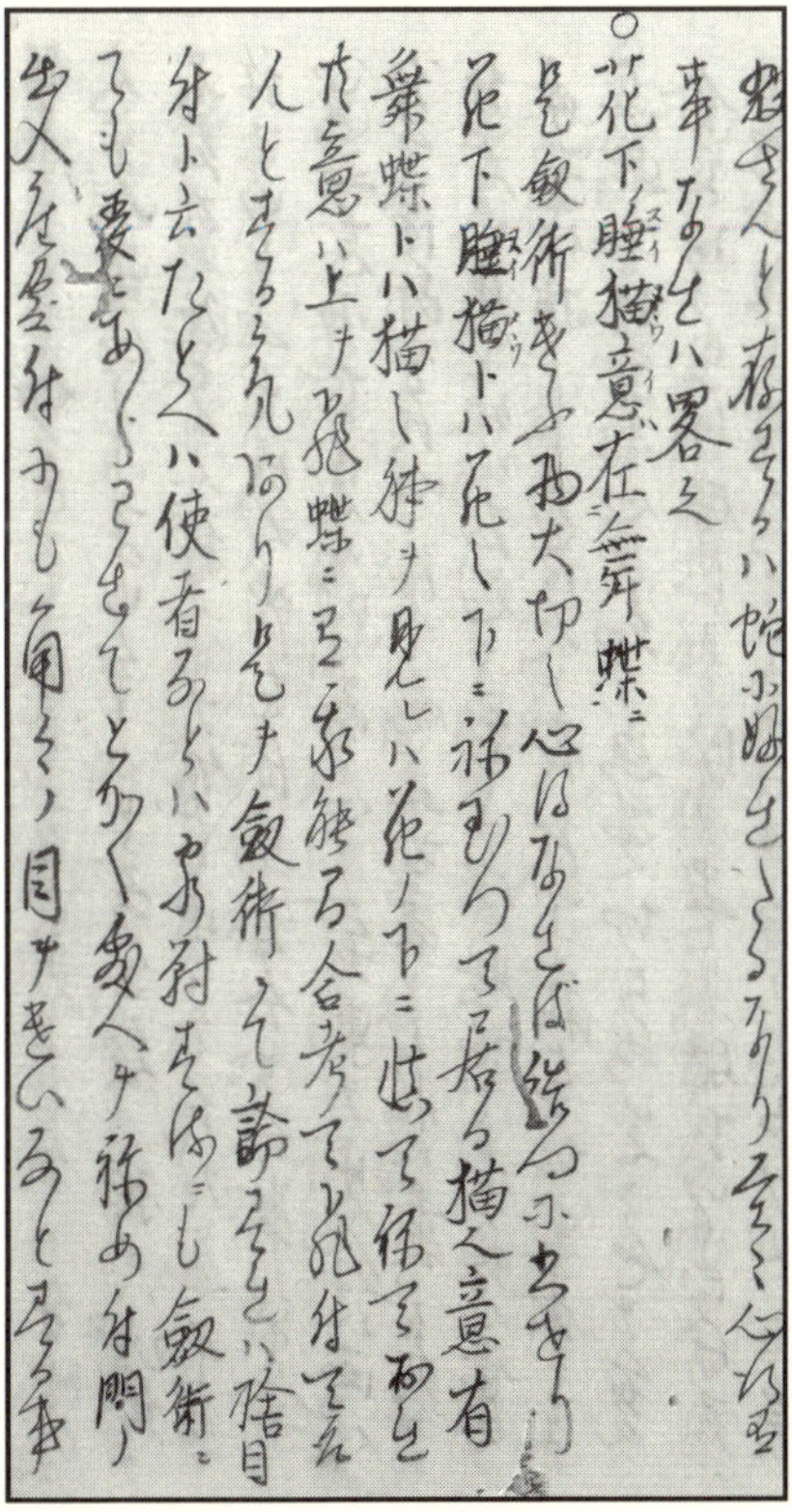
事なれハ略之
○花下睡猫意在舞蝶ニ

●右写真／『一刀流兵法目録正解弁疑極秘論』

天保六年（1835）に吉田有恒が作成した写本（富山県立図書館所蔵）。一刀流系で作成された同流における大部の口傳書で数種の写本等が残っている。「眠り猫」の禅句に対する口傳解釈が武術の立場からかなり深く述べられており真に貴重である。

おいては演武会主宰者の武術認識に対して、我としてはかなりのクレームと異議があります。合気道系のみにおける独自開催の大会での演武表現は、別に我の関知する所ではないのですが、伝統武術、古流武術全體の中での奉納演武と言う事であるならば、合氣系柔術のやり方はかなりの違和感があります。他流が流儀に伝わる伝統的古典形を古式の礼法と手続きにしたがって神前に正しく納めているのに対し、一般受けする為の形態に態《わざ》と作られた様な外連《けれん》技をプロパガンダ的に演ずると言うのは非常によろしくないと思います。

大宮　そうですね。ただ伝統武道といっても現代は色々なスタイルの武道があり、乱取りを主体とする柔道や撃剣法を中心とした日本剣道等が、普段における自由稽古の様子を演ずるのは、各武道の一般認識を広げる為にもある程度致し方ない様にも思います。ただ合気道は奉納演武の為の伝統的な古典形を持たず、稽古の主体が投げ合いと極め合い法となっており、これは多くの日本武道の中では殆ど唯一の存在であるかとも思われます。この唯一性における違和感は確かにあるかもしれません。

バベルタワー

平上　少し議題外の話をしてしまいました。本筋に戻します。

さて、新陰流を打ち立てた伊勢守自身も真に偉大な剣客でありましたが、後世の多くの流儀に絶大な影響を与えた古傳剣術における最高の名門として、新陰流が江戸期に大隆盛を遂げる事が出来たのは、次代以降、優れた後継者たちが多数輩出した御蔭でもあります。中でも柳生家代々の継承において伊勢守の転論をより突き詰め、ついには膨大にして精緻なる驚異の武術極意理論世界の構築がなされました。正に極意論のビッグバンとでも言う様な驚くべき現象が柳生家三代の継承の間位に興ったわけであります。※

※　**武術極意理論のビッグバン**

戦国末期から江戸初期にかけて日本傳武術における武術極意理論のビッグバンがあった。それは柳生家三代の新陰流理論の構築を代表として、宮本家における武術理論書、無二斎傳の『兵道鏡』、そして二代目武蔵が構築した独特の武術理論書、『五輪書』の完成等があったわけである。日本人がなした四百年前の武術理論文化の大業績であるが、この時期にこれだけの超絶武術極意理論が醸成された事は世界的にも余り類例がなく、本当に素晴らしい事である。

兵法理論では古代支那において巨大な兵法理論の完成があり、ある程度の武術解説書籍の作成等の業績もある。

しかしながら戦国期から江戸初期にかけての個人武術における個々の武術理論、そして江戸中期以降における武術精神論、極意理論の構築は、その質と量において日本が世界最高峰のレベルに到達し、そして屋根天井をブチ破っていたと激賞する所の者である。

大宮　武術極意理論のビッグバンですか。柳生家三代と言うのは石舟斎、宗矩、十兵衛と言う様な流れですかね。確かに彼らは伊勢守の剣法理論を発展させ、多くの極意口傳書群を遺しています。伊勢守を加えると四代……、およそ百年程の代々継承期間となりますが、この間に巨大にして超絶的な新陰剣法理論と言う金字塔が日本武術界において建造されたと言うわけですね。

平上　新陰流傳承者達が打ち立てた極意理論の大金字塔……それは真に高く崇く、正に天界にも届く様な超高層楼閣《バベルタワー》でした。しかしながら武芸の秘密を全て漏洩してしまう様な事は、一個の剣術家としては余りに分に過ぎた作業でもありました。しかして余り易しい言葉を用いて武芸秘傳を詳しく説明すれば、永く封されてきた武芸の秘術、深奥部が必要以上に露《あら》わとなりすぎ、それでは日本武術界を冒涜する事にもなり兼ねない。実際、それらの秘傳が悪用されれば世に大きな混乱と害悪を実際にまき散らす事になる……。よって新陰流系においては万流不変の共通言葉は余り用いず、流儀独自の新造語《バベルワード》を多く用いて武芸の深い部分をアナグラム的に語ったという事かと思います。

大宮　世の中の混乱を避ける為には、武術界における「秘傳」保持という観念と掟は非常に重要な事かと思います。※ ただ普遍的共通用語がないと相互理解が不能となり、余り建設的ではない事も事実ですね。

平上　しかりかと思います。確かに無闇な秘傳公開は大きな混乱を招きますが、ある程度一般大衆に対する存在アピールもまた必要であり、そうでないと武芸というもの認識が一般社会の中に形成されず、道統の継承自体すらも難しくなってまいります。

大宮　そうですね……。宗矩も口傳書著述において秘傳性と言う点にはかなりの意を用いていますが、また同時に秘傳になすのはかくした尊い秘傳を本当の意味で護《まも》り伝える為である……と言う様な事もいっています。※ それはともかく新陰流における武術理論構築の一大業績は真に深く巨大なものがある。

※　**秘傳武術の本質**

厳密な、本当に文化的な意味での「秘傳武術」と言うものを形成したのは、世界武術文化の中で（かつての維新以前の）日本武術のみである。各国における古傳武術の個人的な教傳の立場においてはそれなりに秘傳にする技法傳等も確かにあったし、民族的な伝統武術においても同様の考え方がある。しかしながら世界の武術文化の中で形文化を形成し、精妙なる形体系と伝授巻授与方式を整備して、厳密な立場での「秘伝武術」を形成したのは（かつての伝統的）日本武術のみであると信じる所の者である。

ただもう既に「かつての」と言う文言を入れねばならない時代となってしまった。本当の意味での「秘傳武術」などもう日本には殆ど存在しないと言う事実も、同時にちゃんと認識しなければならないだろう。

※　**『兵法家傳書』における「秘傳」の認識について**

『兵法家傳書』の上巻に「今此三巻にしるすは家を出でざる書也。しかあれど、道は秘するにあらず。秘するはしらせむが為也。しらせざれば書なきに同じ。子孫よく之を思へ」との文言がある。「秘するは知らせむが為也」……。これは最高の反語表現であり、同時に究極的禅語でもあるだろう。

……しかしながら、これは明治以降の「合氣之術」の発展にも類似の部分があるのかも知れませんね。実際かなり似ています。

武田惣角、植芝盛平、そして佐川師範や堀川師範等々……各師範連の継承の中で次第に「合氣之術」と言うものが定義づけられ、その定義に沿った技法群が無数に編み出されて提示されていった。……よってこそ正に究極の武術極意としての「合氣之術」と言う認識が現代の日本武道界に形成されてきたわけであります。

平上　確かにそういう事であろうかと思います。名称付けと言う作業は一つの業績であり、またプロパガンダとしても確かに重要です。そしてそこには文化的なコピーライターとしてのセンスが効果の大きな決め手となるかと思います。

前述したように、柳生家における武術理論の構築において用いられる技術説明用語はかなり独特のものが多く、他流儀の師範連、その一部からはそれらもある程度魅惑的に映ったかと思います。しかしながら禅語等から強引に抽出した様なかなり難解なものも多く、一般受けし難いと言う反面もある。宮本武蔵などはそれに反発してか※『五輪書』では妙な造語、また難解な古語等を省いて、自己が至った剣法極意を一般用語を用いて語りました※。

大宮　神秘装飾や秘密保持における心配り等はある程度必要かと思いますが、余り難解すぎても、また余り論が多岐に渡りすぎても一般受けしにくい。その点、究極の武術極意「合氣之術」と言う詞が、当時としては中々に魅惑的かつダイレクトで分かりやすかったと言う事なんでしょうね。武術極意、究極秘技として講談等での語りと言う喧伝背景もあり、一般認識がかなり形成されていましたから……。

新陰流極意用語

※　宮本武蔵の覚悟

『五輪書』の序文に、

「今此書を作るといへども佛法儒道の古語をもからず軍記軍法のふるき事をも用ひず。此一流のみたて實の心を顕す事天道と観世音を鏡として十月十日の夜、寅の一天に筆をとつて書始るもの也」とある。

これは自流専用語（バベルワード）を用い、流儀本位にして排他的たる剣法秘傳書『兵法家傳書』を完成した柳生宗矩への対抗意識であったのかも知れない。ただ勿論、同書は正に書題通りに「兵法師範家の流儀口傳書」そのものであり、流儀の立場にあり、伝統的なる武術秘傳書として他見難解スタイルを取る事は当然である。しかしながら死病を腹に抱え、日本列島南端の深山幽谷、岩窟奥中に籠もりたる武蔵の当時の境涯として、将軍家指南役として東都で大権勢を誇る柳生家に対する様々な思いの猛りはかなりあったかとは思うのである。……もしそうだとすれば少し寂しい感じもあるが、よってこそ奮起し後世における万人普遍たる極意口傳書の著述に成功したという事。加えて幾多の決闘勝利という業績の積み重ねを通じ、現代において「日本武術史上最強の剣豪」としての大名声を確かに獲得したわけである。この点を鑑みると、何とか武蔵の方が最終的勝利を獲得したのだと判定する所の者である。

平上　新陰流系武術が遺した秘傳書群を見ると、確かに各極意を表現した極意用語が多数用いられていますが、「合氣之術」に比類する様な究極極意用語がない……ではなく少し多すぎる事、そして特殊用語すぎる事に問題があるのかも知れませんね。「転論」「丸橋」等を含めて「西江水」と言ったり、「滋味」と表現したり、その他「睡猫兒」「無刀之位」「奇妙」「神妙剣」「手字手裏剣」「光明剣」「殺人刀」「活人剣」「釣腰」「風帆」「紅葉観念」「天真之妙心」「是極一刀」「二星」「峰谷」「遠山」「龍之口」等々……。これらは単に個々の手法の心得程度の表現もあろうかと思いますが、極意表現の用語も多岐に渡ります。そしてそれぞれニュアンスの差異もありますが、ただやはり門外者には認識しづらい。加えて一般用語や禅語を借用したのみでは独創性が感じられず、よってインパクトもやや少ないかもしれません。

大宮　そうですね。と言う事になりますと、要するに後代に現れて多数の武芸者たちを魅惑した「合氣之術」のインパクトに匹敵する様な絶対的極意表現は、江戸期の流儀武術においては余り見当たらない、遂に形成する事ができなかった……と言う結論で概ねよろしいでしょうか。

平上　いや私は決してそんな事はないと思っています。その解答は私も伊勢守尊師に擬えて禅問答式に応えれば「脚下に有り」であると思います。余り近すぎて見えていないだけなのではないでしょうか。

大宮　脚下の覚り、近すぎて見えない睫毛《まつげ》の極意秘法、その部分のご指摘をお願い申し上げます。

極意は脚下

平上　そもそも格闘体術、素手戦闘武術と言うものは世界各国、殆どあまねく存在し、各国での独自にして固有の名称付けがそれぞれあったかと思います。まあ、世界各国の歴史的興亡の中で消失した伝統武術もかなり多いかとも思いますが、それでもある程度の種類の格闘文化が各国独

※　**前衛的武術極意書**

新陰流を代表とする他流の武術理論家たちが自流の特殊用語、バベルワードでしか秘傳書の作成をなしていない中、武蔵は例外的に特殊用語を用いず一般用語を用いた武術極意書『五輪書』を遺した。尤もそれほど判り易い書と言う程ではなく、中々に微妙な譬えや方言等までを駆使しながら、深遠にしてやや象徴的な書き方をなした部分、また字謎、もしくは判じ物的な部分もある。例えば序文における「十月十日の夜」などと言う意味深の記述には、彼の洒落気も感じられる。そして絵図掲載は流石に避けているのである（自身は絵画の名手なのに！）。とは言え、とにかく一般用語での記載であった事は事実であり、一流儀に止まらない日本武術全てに通脈する優れた武術極意秘傳書として、多くの剣客たちの参考書となった。本来は流儀の秘傳書であり、他流義には漏洩しない筈の秘文書である筈であったが、やはりどこかより漏洩して、ある程度は各系兵法者たちの秘密参考書になっていた様である。年代的な事も含めて確かに日本武術における歴史的名著である。そして国境を超えるだけではなく、あらゆる文化や文芸、果てはビジネスまでにも通用する世界的な万道通底の極意ブックともなったわけである。

特の固有名称にて現在各地に残っている……。

その様な中で日本傳格闘体術の古式名称の特殊性と言う事をまず捉えなければならないと思います。……少し日本傳体術における固有名称の歴史的変遷を概観してみましょうか。

大宮　興味深いですね。解説をお願いします。

平上　……日本の神代、古代世界にも勿論格闘法はあり、「手乞《てごい》」「相撲《すもう》」「角觝《かくてい》」「角力《かくりょく》」「拳《けん》法《ぽう》」「白打《はくだ》」「手搏《しゅばく》」等と言われていた様です。これらはどうも大陸伝来の名称がなんとも多い。そして中々に伝統ある固有名称の様にも見えますが、字面を良く分析すると、存外に物理的な説明的名称も多く、言わば俗称的なものです。ただその中では「手乞」等は、割合純日本的な和語で中々に魅惑的ですが、しかし良く考えてみればこれも具体的動作の表現となっています。

大宮　「相撲《すもう》」……「スマヰ」とも言いますが、そうした詞を聞きますと、我々には音感的に具体的なイメージが既にありますが、字面の本来的な意味合いはつまり「相《あ》い撲《なぐ》る」と言う事。実際古代では確かに拳法的格闘技であった事が神典にちゃんと描写されております。

平上　その様な中、日本戦国期に至って、遂に日本固有の古典形を基盤とした流儀体術が形成されてゆきました。戦国期において必要に応じて醸成された武術格闘体術。古い時期においては竹内流を嚆矢、代表とするいくつかの流儀が名乗りを上げましたが、この時期において、それらの武術種目は主に「捕手術※」「小具足腰之廻」などと呼ばれておりました。

大宮　趣が中華式をやや離れてかなり日本風になった様にも感じますが、ただこれもまた物理的表現名称のレベルを超えているわけではないようですね。

平上　真にしかりではあり、大阪河内弁風に表現すれば「そのマンマやんけ」と言う事になります。しかしながら日本傳格闘体術名称については江戸期に入り、いま一つ……か二つ位のステップアップ、そして細かい事を言えば小数点以下の小さなアップデートがいくつかありました。

大宮　柔術から合気道と言えばかなり大きなバージョンアップですが、柔術から柔道くらいは小

※　捕手術の出現

古代からの伝統格闘技として相撲が存在したが、それを部分的な基盤としながらも、戦国期に入って「捕手術」「小具足術」的な技と名称が現れてきた訳である。これは民族格闘技を超えた所に専門戦闘者、武士として、そして支配者階級の体術として具現化してきた新制の侍体術であったと言える。戦場武道としては何も素手で戦う場面も必要もなく、組討となっても最低限懐剣を用いて命のやりとりをなすのが武士である。また民衆の治安維持の技術として必要なのが捕手の技であり、それは単なる護身術などとは次元の違う独特の世界である。しかしその様な新制武術が出来ても、その基盤となったのはやはり古傳の格闘法であり、相撲的技術もやはりその背景にあったかと思われる。護身術としての基本体術もまたしかり。そしてその奥にある精神性を司る部分に「やわら」の技と心が存在する事は当然であっただろう。徳川期に入り竹内流は伝統的各格闘武術が重なって二重、三重構造の体をなし、そしてそれぞれの技が段階的に体系化されて超絶的な発達をなし、膨大な技法傳を抱えて現代まで繋がってきた訳である。よってその歴史的全体像を著す名称として「柔術（やわら）」を用いたとしても何も可笑しい事ではないのである。

さなアップデート。柔術から合氣柔術への変化と言えばその中間くらいでしょうか。

江戸期に現れた「柔」の理念

平上　さて、江戸期にはいると、ここで驚くべき名称理念の創出がありました。江戸初期の段階において関口柔心と言う天才格闘家が現れて、極めて優れた体術技法体系を整えて、その自己の格闘武術に「柔」という文字を与えて自己の武術種目の名称としたのであります。※

この名称付けこそ「柔能制剛」と言う深い武術極意を見事に表現した大変に優れた名称付けであり、正に画期的な文化業績であったといえるでしょう。そもそも日本の武術は基本的に用いる武器によって名称付けられているものが殆どです。「弓術」「剣術」「薙刀術」「鎖鎌術」「槍術」などなど……。しかし格闘体術のみは術理を以ての名称となっており、これは大変に重要なる注目点であると思います。

大宮　「柔能制剛」の原典は『三略』だと思うのですが、柔心は『老子道徳經』の一説、**「天下に水より柔弱なるは莫し而も堅強なる者を攻むるに之に能く勝つこと莫し其の之を易ふる無きを以てなり」**からとったとも言われますね。

平上　『三略』の成立は最新の研究では（中国の）戦国期末頃と言われますから、『老子』の方がやはり若干古いでしょうか……？　「孔子」の論は少し独特の剛の部分を感じますが、歯抜け口内の残り舌を見せて、「柔弱は生の徒」と笑った「老子」こそが柔術極意を残した武術名人であったと言う事になります。

大宮　ところで日本では「和術《やわら》」と言う言葉もありますね。読みは同じですが、「和」の字を利用した事は注目すべき点である様に思えます。

※「柔術」の初出
関口新心流開祖は自ら「柔心」を號し、「柔新心流」などとも表記した。つまり自己の体術を「柔」と表記し、「やわら」と称した事はほぼ間違いない。そして「柔術」表記、そして「じゅうじゅつ」との名称付けも柔心自身がなした業績なのではないかと思われるのだが、存外その様に記載した初代直筆伝書を今の所確認出来ていない。依ってこの部分までの断言はとりあえずしないでおこう。間違いなき「柔術」表記が現れるのは延宝年間に開流された澁川流伝書である。

「和術」の名称の歴史

平上　聖徳太子の時代から、いやそれ以前から「和」の理念はあったかと思うのですが、いつ頃から日本傳体術の名称に「和」文字が使用される様になったのかがかなり難しい命題であるのです。※新陰流系から出たと言われる良移心當流や小栗流が、かなり古くから「和」「和術」等を用いているのですが、現存する資料的な立場から考証しても、関口流における「柔」との前後関係が未だ確定できない。無雙直傳流では「和義《やわらぎ》」と称し平安末期からの古い傳系を称えていますが※、しかしだからと言ってそれほど古い時期から「和術」や「和義」を名乗った史料が現存しているわけではない。無雙直傳系での「和《やわら》」の現存史料における初出は１６６８年の『無雙直傳英信流和極意』なのです。団野流や四心琢磨流等も和術を称えており、より旧い伝書、和術の文証も探せばある程度出てくる可能性はあるかと思いますが、関口流の柔より古くないと余り意味がない。

大宮　武蔵系も体術傳においては「柔氣《やわらけ》」や「和術」等の名称を用いていると聞いた事がありますが。

平上　しかりですが、史料的な立場から言えば、宮本無二斎の次代、次々代にあたるぐらいの門人が残した慶長年間の古い伝書史料が数点遺っております。しかしながらこの時代は「捕手」「小具足」、また「腰之廻」等を称しており、「和」「柔」の文字は未だ見当たりません。やはり柔心こそが「柔術」の名付け親と言う論はかなりの正解、真実である様に感じます。

ただ、いま一つの可能性は「和術」と言う謂と漢字熟語はそれほど古くはないかも知れないが、「やわら」「やわらぎ」「やわらけ」と言う様な大和言葉が古来からあり、それに柔心が「柔」と言う漢字を当てはめたと言う可能性はあるかも知れません。

そしていま少し古代世界に心を跳ばせ想像力を羽ばたかせると、逆賊道鏡の野望を打ち砕いたと

※　**柔と和**

日本傳體術に「柔」の文字を用いた者も素晴らしいが、「和」の文字を用いた體術師範も真に素晴らしい。そして「和義」と云う言葉を発案した無雙直傳英信流の継承師範は本当に天才であろうかとは思うのである。考証すると二代目荒井清哲の伝書は「和」となっていた。「和義」を名乗ったのはその次代くらいかと思うが未だ確証を得ない。

後世「和術」より「柔術」が主体となっていったのは少し残念ではあるが、「わじゅつ」「じゅうじゅつ」という様な語感の問題であった様に思われる。「和術」の場合は多くはこれで「やわら」と読んでいたのではなかろうか。「柔術」の方が完全な漢字表記として機能するので、正式な文書で多く採用されたという事なのであろう。

いう大忠臣、和気清麻呂が日本古傳体術「和気」の達人で、姓も「やはらけ」と訓んでいたと言う事。流名まで附せれば、つまり「清心流和術」……かくした可能性を唱えたい所なのですが、今のところ和気家が格闘体術を代々継承する和術兵法古家で、清麻呂がその継承宗家であったという記録は流石に見つかっていない様です（笑）。

大宮　和気家が日本伝格闘体術の宗師範家で「和術」の継承大本家であれば、真に興味深い日本兵法秘話ではありますが、確定史料が出てきて欲しい所ではあります……。

それはともあれ、「柔」は「やわらか」と訓み、「和」は「やわらぐ」と訓む。双方「やわら」があらわれており、かつまたその意味合いからもそれぞれ不思議に同じ様に極意を現した文字となっていて、奇妙ですね。だから「柔術」と言う言葉が発明された時、巧みに「和術」の文字を当てはめて同質の極意を表現した者が各地にいたのかも知れません。その逆の可能性もないとはいえませんが。

平上　「柔」と「和」の意味合いの差異を起倒流では**「和は求めて柔らかく、柔は自然に柔らかか也」**と言う言葉を残して表現していますが、正に謂い得て見事。当意即妙かと思います。

大宮　「和」は方法論、「柔」は結果論と言う事でしょうか……。武術と言うものは本来両方の要素を備えていなければならないと思います。

制剛流

平上　話を続けます……。関口流にかなり近い年代、若干後出ではありますが水早長左衛門の創始した制剛流※がでました。正にこれは「柔能制剛」を表看板に出した流儀ですね。そしてこの流儀は「俰」の文字を用いた事で知られています。

大宮　当時の体術家は「人と和らぐ」事が武の極意也と言う意識は既に皆持っていたと言う事で

※　**制剛流**
戦国武人の生き残り、水早長左衛門が創始した體術流儀であるが、開祖は南蛮一品流という秘武器だらけの奇妙な武術の開祖にもなっている。どうもちょっと変わった人物の様である。同流は俰の文字を用い、「ヤワラ」と唱えていたらしいので、関口流の「柔」との時系列、前後関係等を検証したいと思う所であるが、開祖における本傳巻を未だみる機会がないので考証も不能である。二代目あたりから「ヤワラ」を名乗りだした可能性もないとはいえない。「やわら」の問題は団野流や武蔵流の「柔気」の問題など情報が錯綜しており、第一次文献にあたった調査が完了していないので、時系列を未だ確定できないでいる。

しょうね……。

それを神典の立場から考察いたしますと、『古事記』における諸国平定の業績の著述部分に「言《こと》向《む》け和《やわ》し」※と言う詞がでてきます。「言向け」とは即ち言葉を以て説得する事、「ネゴシエーション」の謂であります。そして「和し」「和す」とは「殺戮」の反詞であり、ある意味敵と同化してしまうと言う事……。つまり武力侵攻の立場においても被征服民に対して、大和朝廷に服するならば帰属を許したと言う表現であります。この様な神武不殺の兵法と武術における極意と精神は、後世の日本将棋の駒遣いルールに影を落とし、そして現代の日本武道の極傳として脈々と受け継がれているのだと考えます。そしてこの「和し」と言う部分、その精神と実際の技法が後世において日本古伝体術の独自の名称となった、「やわら」「やわらけ」に通じた可能性はあるのではないかと思います。

平上　鋭いご指摘かと思い、確かに然りかと思います。長谷川平蔵も店棚家人や奉公人を皆殺しにする様な「急ぎ働き」「畜生働き」には随分厳しく対応しております。つまり、時間をかけて血を見る事なく、お宝のみをドロンする事が古来よりの純日本式盗賊と言う事……。おっと、これはちょっと譬えが違いましたね。国法を破る犯罪と無法地帯への遠征や征伐を同列には語れない。それにこれは実録「長谷川平蔵」の事ではなく、池波版「鬼平」の話ですから（笑）。

それはともかく、できるだけ古い時期の「やわら」の用語を使用した武術文献を探求する必要があると思いますが、これはこれからの宿題、大変重要な探求命題にする事にいたしましょう。※

大宮　そうですね。心がけたいと思います……。

やや話を戻しまして、先程も指摘しました様に「柔能制剛」とは『三略』の「上略編」に出てくる言葉です。原典は次の様になっています。

「柔能く剛を制す。弱能く強を制す。柔者徳也。剛者賊也。弱者人の助くる所。強者怨みの攻める所……」

※　**言向け和し**

『古事記』において、周辺無法地帯への征伐、平定に向かう武人に与えられた言葉で、天照大神や景行天皇等が発せられた詔の中や、また実際の平定時の描写など、多少漢字表記を替えながら繰り返し用いられている。「言向和平」「言趣」「言向和」等々……そして「平け」と言う様な表記においても「ことむけ」と訓ませたりしている。極めて古い大和言葉であろうかと思われるのである。

ともあれこれらは勿論単なる言葉のみの和平交渉の謂ではなく、ちゃんとした武力背景、実力を伴っての談判の意味合い、仕儀である事は当然である。

これは正に日本武術における真に深い極意的部分であり、詞の後半部「やわし」こそは後世における「やわら」名称の原典とみる事もできるであろう。日本武術が神武として尊ばれる由縁である。

技術上の極意を顕すのみならず、日本武術の深い精神性を表現した極めて深いワードでもあり、後世の「合氣之術」にも多くの部分において通脈する詞であると考える。

平上　この様な『三略』の論説を最初に摂取したのが制剛流であったのかも知れませんが、これも関口流に対抗してと言う感じも致します……。しかしながら『老子』の方が成立が早いわけですから、『老子』に現れた「柔」至上論が中国兵法傳の中でこの様な形にて結実したと言う事であろうかと思われるのです。それを江戸初期の体術家たちは名称付けと自己の体術の理合の解説に、部分的にではありますがそれを巧みに摂取したのでしょう。ただ『三略』の場合、原典を良く読むと、老子の如くの「柔」至上主義でも必ずしもない様に思うのですがこの点はどうでしょう。

大宮　そうですね。原点の後の部分を上げると次の様になっています。

「……柔有所設、剛有所施、弱有所用、強有所加、兼此四者、而制其宜」

（柔は設る所あり、剛は施こす所あり、弱は用うる所あり、強は加うる所あり。この四つのものを兼て、その宜しきを制す）

確かにこれはある部分においては剛、柔の両方を認める論に近い様にも感じられます。しかし日本の柔術家は中国古典の都合のよい部分を摂取して、自己の武道の術理を説く糧にしていたわけであり、これはこれでよいのではないでしょうか。

重詞

平上　名称付けと言う事は確かに重要な事かと思います。しかし既に指摘した様に「柔術（もしくは和術）」の名称自体が既に武術極意を顕し、考えてみれば「合氣」の極意そのものも既に内蔵したスーパー用語になっている事を知らねばなりません。そしてそれは単なる技術極意に止まらず、盛平師範が唱えた様な武術神学、至高の精神世界をも見事に表現している……。自分が「サトリと言う名の青い鳥《ブルーバード》は脚下、自宅の籠中《ガレージ》におる也」と申し上げた言葉の、これが真意であります。そして「合氣柔術」と言うのはやや意味合いが重複した何ともくどい重詞《かさねことば》になっ

※　和、和術、柔、柔術、柔道
江戸期の初期において「和」や「和術」の名乗りは既にあった様である。しかしながら江戸の最初期、戦国期に遡る資料については不詳。そして「和」から「柔」に文字を入れ換えたのか、それとも逆であったのかは微妙な所。今は判定できない。ともあれ江戸の初期に「柔」を用いたのは関口柔心であり、次代の澁川伴五郎は「柔術」とした。前代に「柔術」の使われ方があったかどうかは微妙。ナントならば「柔」は「やわら」であり、「柔術」は「じゅうじゅつ」の可能性が高いからである。しかし関口ジュウシンを名乗っていたわけであるから「じゅうじゅつ」の謂もあり得る様にも思われる。「柔道」の用語は次々代後位に起倒流や直信流系で現れた名称。この新名称は他の多くの流儀においてもヤワラの一つの異称、尊称として徐々に用いられる様になっていった。江戸中期以降の文書には結構現れており、決して極一部の流儀のみで用いられた特殊な名称ではない事は注意しなければならない。筆者が確認できた範囲のみでも、関口流、真之神道流、氣楽流、三剣一刀流等の流儀の資料にも現れており、一般文書にも散見する。要するに流儀を超えて一般用語としてかなり用いられた言葉であると思う。

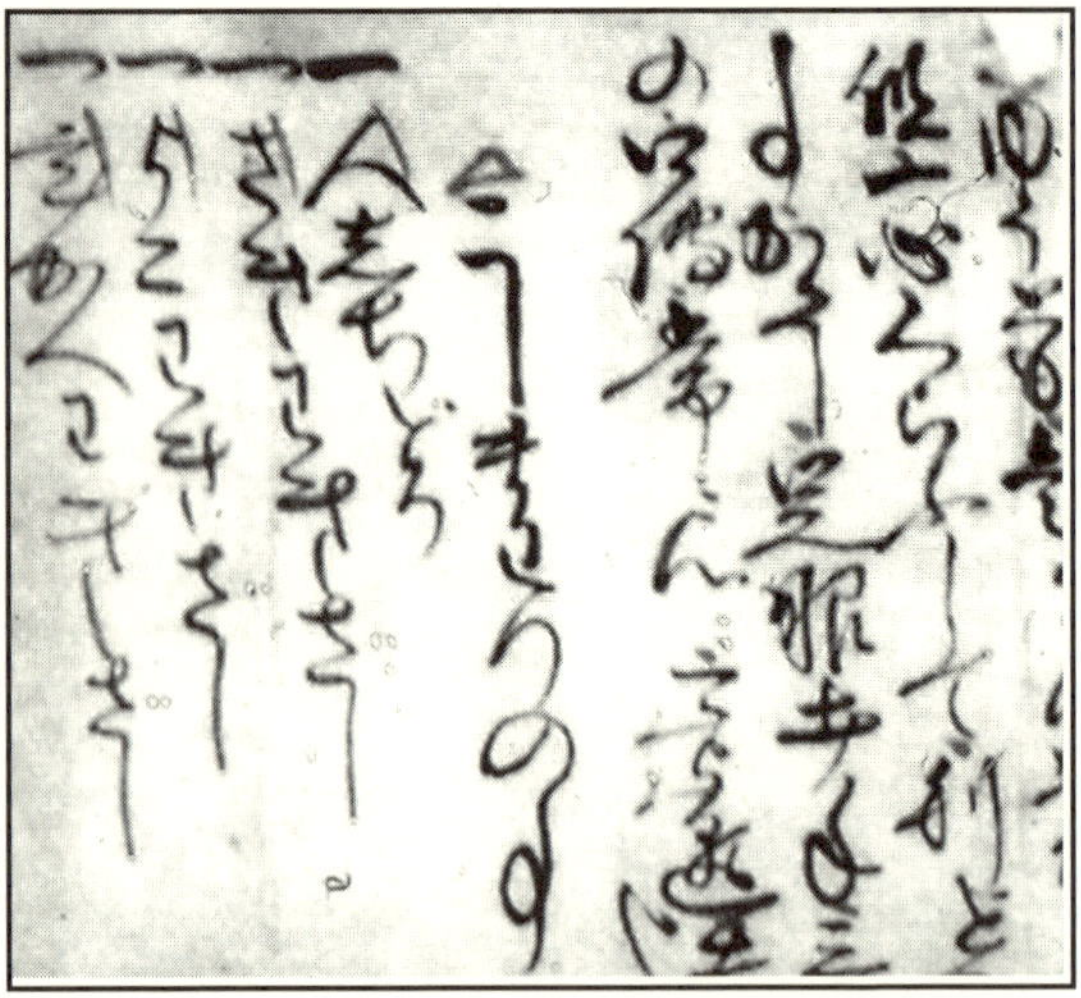

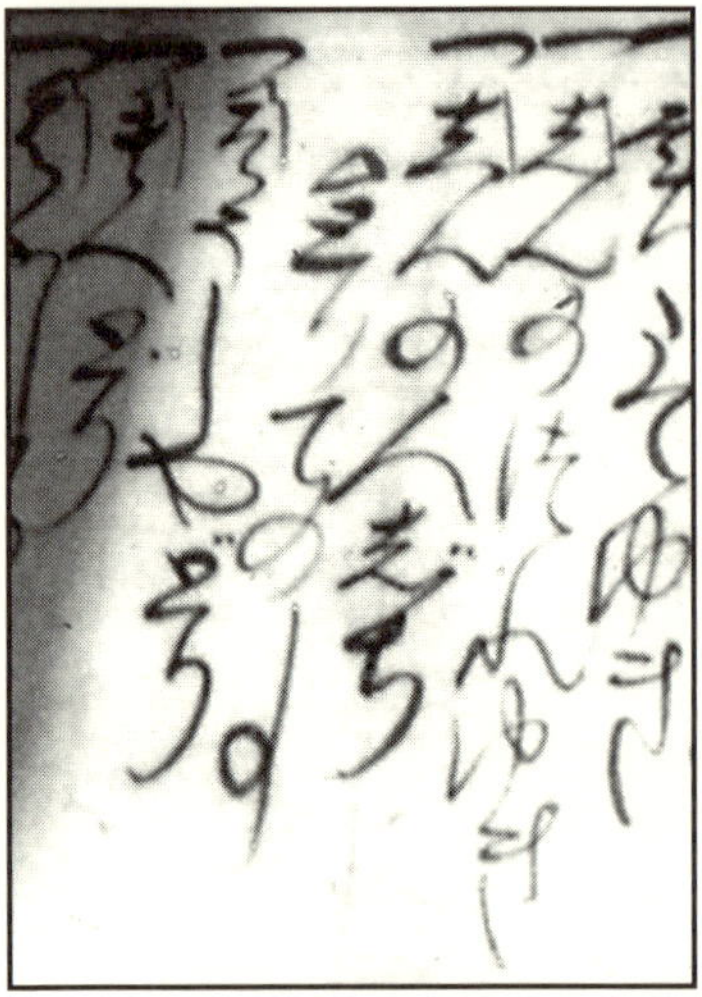

★「和」の出現の謎

「やわら」と言うのは真に古い大和言葉であり、日本傳体術の種目名称となっている。「和」を用いる系と「柔」の字を用いる系脈がある。「柔」の初出は関口流で１６３０年前後位の事かと思われるが、それ以前の体術伝書としてはやはり「捕手術」「小具足術」「腰之廻」的な名称が一般的であった様である。上段伝書は慶長年間の宮本家系体術三代目が発行した無雙流の伝書であるが、「こしまわりの事」「取りての事」と言う表現を使っている。

「和」の使用例の初出は調査不足で考証できないが、無雙直傳英信流の二代目の伝書があり、これは「和」を用いている。年代は１６６８年。江戸初期と言う比較的早い時期に現れた流儀として制剛流があり、「俰」の文字を用いたが原初的伝書を未だ確認出来ず初出の年刻が分からない。

「やわら」の文字は流儀により色々に表記され、「彌和羅」とされたり、また「和義」「柔氣」と言う様な表記もある。

やや後代伝書ではあるが、無雙直傳流伝書には「龢キ」と言う表記されたものがあるが、これは「和」の異体字であり、所謂聖徳太子の『憲法十七ヶ條』の原文にも用いられた文字と同じである。「やわら」「やわらぎ」と言う大和詞の古さを感じさせる。

「やわら」に「柔」の字が当てはめられ「柔術（じゅうじゅつ）」となり、また「柔道」とも尊称された。「柔術」は確かに「じゅうじゅつ」であるが、未だ「やわら」と訓じられる事も多かったと思われる。しかしながら「柔道」の言葉が直信流系で採用され、そしてその系脈が維新を越え、講道館式柔道が出現してからは音読み式が常態化してしまった様に感じられる。これはエネルギッシュなる競技柔道の趣が、何となく「やわら」の語感にそぐわなくなってしまったと言う事ではなかろうか。

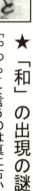

無雙直傳英信流に現れた「和極意」のワード。同流では最古の傳書になるが、年代は１６６８年。同じく長谷川英信を元祖とする無究玉心流では「彌和羅」と表記しているので間違いなく「やわら」と訓じたのであろう。

〔飯嶌文夫先生所蔵文書〕

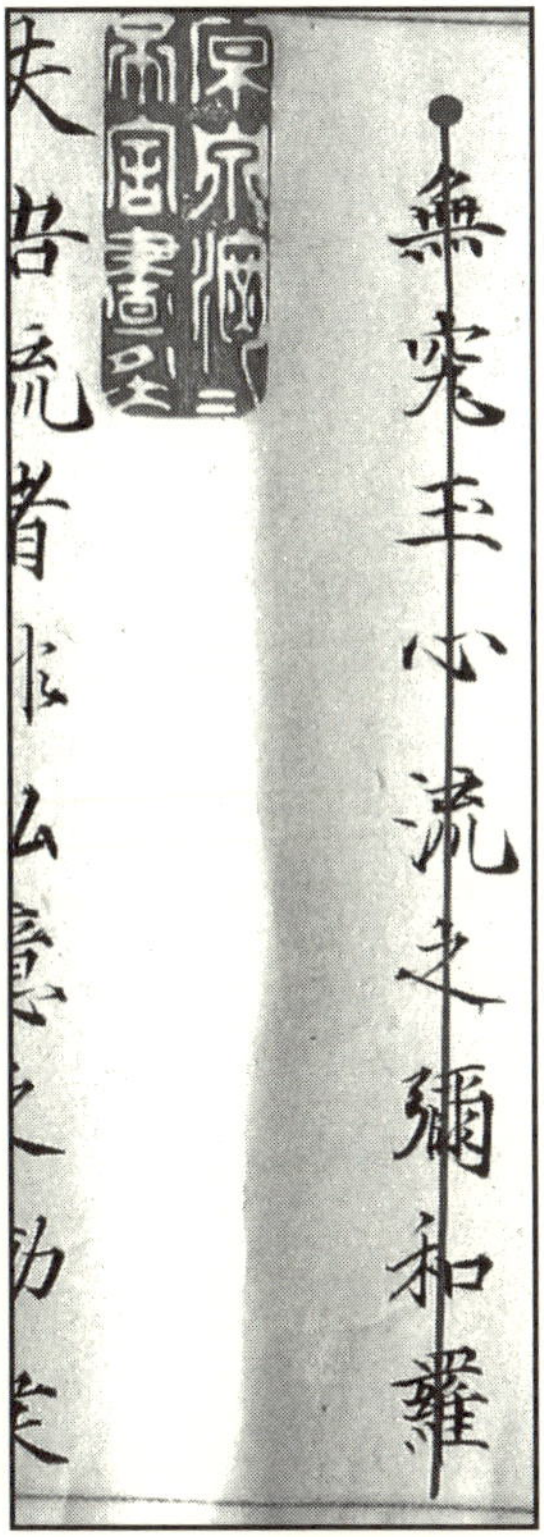

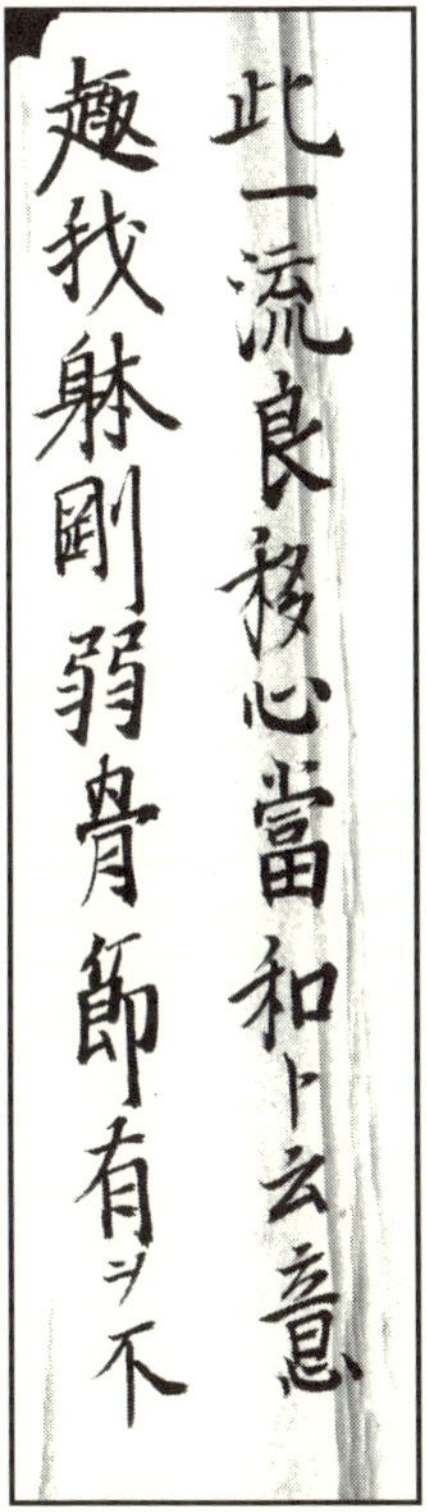

姿三四郎の恋と武術のライバル檜垣源之助の流儀は良移心當流であるが、同流は「和」を名乗っていた様である。

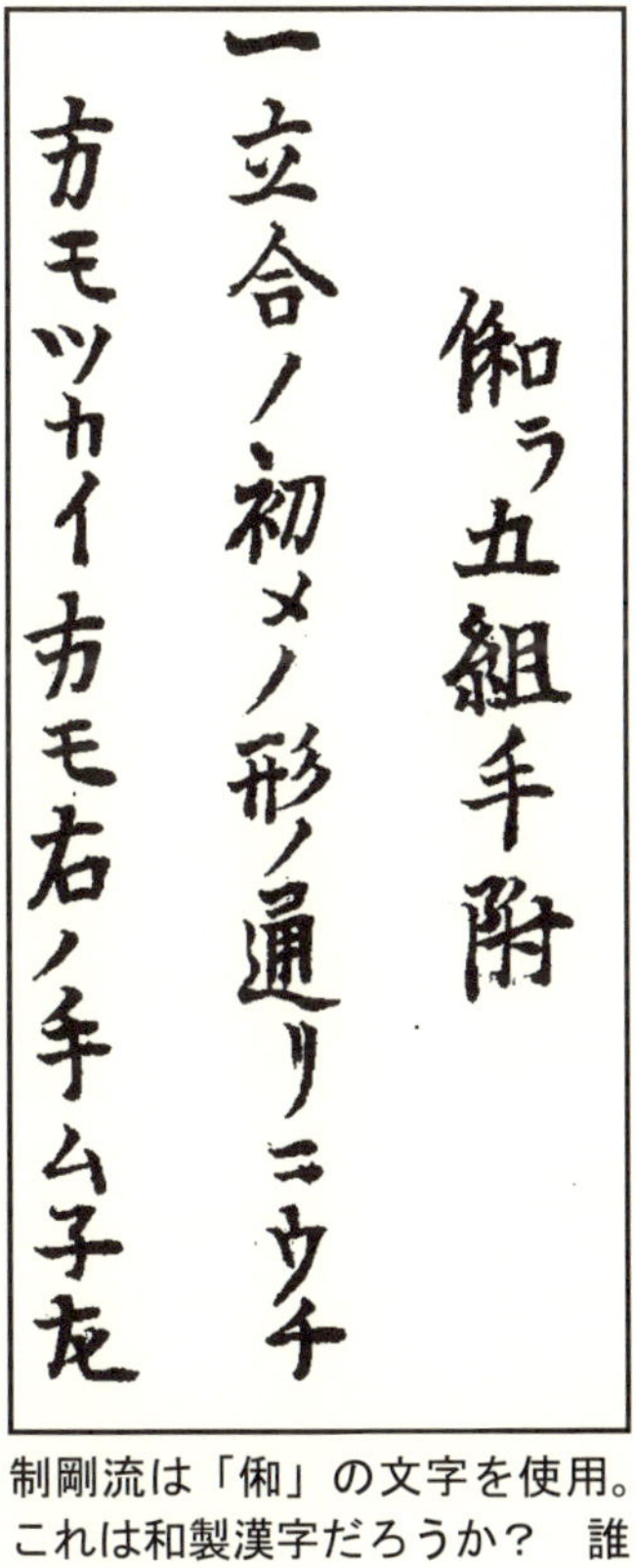

制剛流は「俰」の文字を使用。これは和製漢字だろうか？　誰か調べて下さい。

信州無雙直傳流では「和」の異体古字「鉌」を用いている例あり。

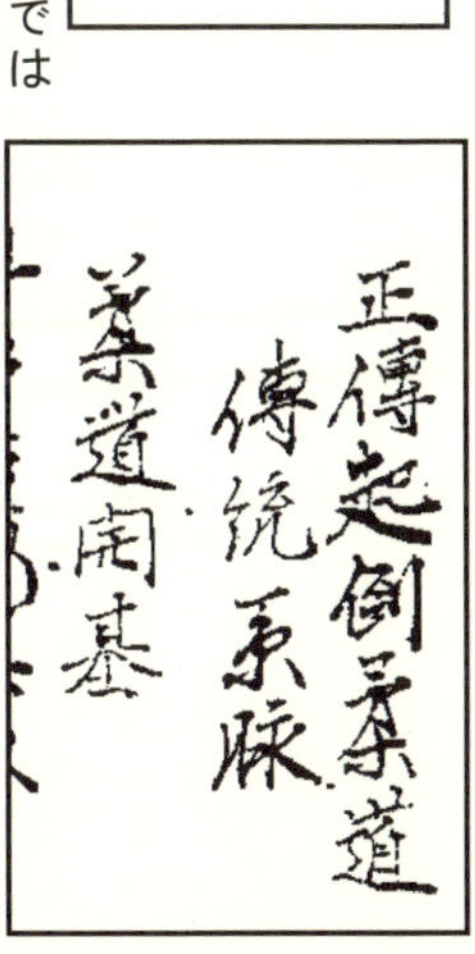

嘉納治五郎が学んだ起倒流は「柔道」のワードを用いる系脈であり、ワードの発明者は嘉納師範ではあり得ない。

観心流の系図に「体術（休術？）」のワードが現れている。俗称としてはそれなりに用いられたのだろう。

ているとも感じられるのです。要するに「超スーパーマン」もしくは「特別ウルトラマン」等というのと同じ事。**「武士と言われた侍が馬から落ちて落馬して小さな刀の短刀で腹かっさばいて切腹す」**……何て戯れ詞もありましたけれど（笑）。

大宮　柔術が音読みなのでそれほど不自然とは感じませんが大東流の方に「合氣柔術」が残り、植芝師範は「合気道」として「合氣」に純化したわけですね。

修行の深浅

平上　名称付けの問題はともかくとして、その独特の手法は各流儀の流儀色の問題であり、またそれぞれの技の深さは各修行者の修練度の問題と言う事であると思います。

大宮　植芝系では「合気道」として纏《まと》めましたが、大東流においては、玄妙の術として「合氣」の存在を強調する為に「柔術」そして「合氣柔術」あるいは「合氣之術」と言うものを別体系として分けて考え、それぞれの特徴的な技術傳を巧みに表現し、大東流における独得の教傳法としてきた流れがあるのではないかと思います。大東流伝書においてその三つの語彙を確かに見る事ができます。※「日本伝合氣柔術三大技法」を提唱された鶴山師範もその様なところから技術を分類整理されて、大東流の全体像を伝承される努力をなされたと言う事であるかと思います。

平上　鶴山師範の場合、久師一系のみならず、色々な大東流の伝をある程度実際に受けられていますから、その様な形に整理しないと全体的な技術伝承、その纏めが上手《うま》くできなかったと言う事なのではないでしょうか。ただ些か苦肉の策という氣もするのですが……。

ただかくした現代的な分類法はともかく、事実関係をいうのであるならば、即ち明治時代は「大東流柔術」でしたが、それが大正終わりくらいから、「玄妙なる柔術」と言う意味合いで「合氣柔術」

※　**合氣之術・合氣柔術・合氣道**
確かに「合氣柔術」と云うのはそれまでの伝統には存在しない全く新しい名称であり、意味合い的にも少し違和感がある。思うにやはり植芝師範は「柔術」ではなく、ひたすら「合氣之術」こそを欣求した人かと思うのである。植芝家に他の大東流系ではみられない『合氣柔術目録』の伝書が残る事でも想定できる。そして戦後は武術から武道の流れに迎合し合気道を主体的に名乗ったわけである（正確には合気道の名称は戦前における武徳会へ、入会時において便宜上浮上してきた名称である）。

と言う様な遣われ方がしてきたという事にすぎないと思います。
しかし近年ではこの鶴山師範の分類法の影響であるのか、技法的に分別されて捉える向きがかなり強くなってきた事は事実です。

大宮　大東流には「柔術」と「合氣柔術」「合氣之術」の流れがあるという事については、武田惣角師範の言葉として「柔術は教えるが合氣は（そう簡単には）教えん」といったと言う話※があり、この様なエピソードが伝説として後世に伝えられた為なのかも知れませんね。

平上　この惣角師範の発言ですが、何《いっ》時の時期の発言かがまず問題ですが、それよりも惣角師範の認識と現代的な合氣技法としての意味合いとがどの程度重なっていたかはかなり微妙な点があるのではないでしょうか。当時において「合氣之術」とは一種の霊術的な感じの存在であり、惣角師範の発言もその様な認識においての論ではなかったかと私自身は捉えております。ただ惣角師範がその様な発言をなした事が本当に真実であったとしたならばの事ですが。

大宮　現代においては、合氣とは霊術的なものではなく、寧ろ技法極意也と言う様な認識が確かにされる様になってきました。それは堀川師範系や佐川師範系から合氣とは単なる観念的なものではなく、ちゃんとした真に精妙なる技術傳である事が繰り返し主張されてきた結果かと思われます。

平上　とはいえ、大東流系統以外の古流武術の技法には合氣的なものが存在しないと考える人が多くなってきたのには驚きです。
先般も柔術技法を単なる逆手技としてのみに捉え、合氣柔術の技術はそれに「合氣」という崩しの技術を付加したもの……として分別している真に馬鹿馬鹿しい大東流解説記事がありました。

大宮　単なる「柔術」また「古流柔術」と言う固有の技術体系は本来存在しておらず、武術文化というものは具体的にはやはりそれぞれ何々流柔術と言う立場でしか存在できず、そして確かに各流それぞれ哲理もあるし、深い武術口傳もあるのだと思います。

※　**「合氣は教えん」**
惣角師範が「柔術は教えるが合氣は教えん」と言ったと言う謂は、『武芸』大正四年七月号の佐藤完實師範の記事にあるとされるが（松田隆智著『秘伝日本柔術』にその様な記載あり）、筆者の調査した限りではその様な記述は『武芸』当誌に見当たらなかった。この時期前後の『武芸』誌も探求したがやはりない。そして大宮先生から殆ど同時期に発行された『婦人の友』（大正四年一月号）誌掲載の佐藤師範の記事「女子護身術」の複写資料の提供を頂いた。これは大宮先生が発見されたかなり珍しい資料であり、当時の大東流技法における重要な証言文書となっている。しかしながら、その中にもこの様な記述はない様である。

●補論
佐藤完實師範は明治三十八年に帝国尚武会から発行された『日本魂』の中の「合氣の術」の解説に関連がある……ともされる。しかしながら同書は佐藤師範が著作した書籍ではなく、柔術師範で霊学の研究家でもある鈴木清三氏の著作本である。同書における「合氣の術」における解説文に佐藤師範が関与したと云う証左はなく、そしてそもそも佐藤師範の遺された著作物、文書の中に「合氣」のワードは全く存在しないのである。

平上　また別の大東流解説の論述に「単なる柔術でもそこに合氣を加えたら格段に技の効きが良くなる……」と言う様な論説もありましたが、これも全く本末転倒の奇説ではあります。馬鹿馬鹿しくて余り反論する気にもなりませんが、現代の武道文化の中で「合氣」の名称付けをなされて譬えられた所の武術極意の本源は、古式古傳の伝統武術、柔術の中にこそある事を知っていただきたいとは思うのであります。

訓読み、音読み

大宮　江戸初期から柔術と言う名称が何百年も遣われてきましたが、和語としては「やわら」と訓《よ》み、音読みでは「じゅうじゅつ」と読む。それが明治以降講道館「柔道」が現れて、「じゅうどう」との読みが定着し、誰も美空ひばり以外はそれを「やわら」とは呼ばなくなってしまいました。この言葉の響きと言うものは言霊学的な立場からは大変に重要な事項でありまして、そこに認識の齟齬が生まれたのかもしれません。※

そして柔道のスポーツ化の流れの中で「柔道」そして「柔術」と言うものは「合氣術」に比べて何処か力業……と言う観念が生まれて、それが現代における一般認識になっているのでないでしょうか。「やわら」とは格闘体術に冠せられた名称としては世界に類をみない真に優れた名称であり、大変に味わい深い古い大和言葉であると思います。

平上　まさに名詮自性《みょうせんじしょう》ですね。そうだとすれば、合気道の方も人によっては「ごうきどう」と読んで頂きたいと思います。これは「剛気道」に繋がりますから（笑）。

氣の運用

※　**言葉のイメージ**
日本の古代世界に固有の文字があったかどうかと云うのは議論が分かれる所であるが、少なくとも政における公式文として採用されてきたのは古代支那で発明された漢字である。そして公の文書としては漢文で書かれたので、大和言葉における各単語は漢式単語に置き換えられ多数の音読み熟語が考案されたのであり、「柔術」もしかりである。この様な言語の多重構造が日本文化を極めて多彩にして真に豊穣なものにしている事は事実だが、音読みの為に言葉の原義がイメージし難くなった部分がある事も事実である。しかし「柔術」における言葉のイメージを悪くしていったのは明治以降の一方的で意図的な捏造プロパガンダの結果の部分が大きい。
言葉は生き物であり、時代の移りと共に意味合いも微妙に変容する。現代においては外国で醸成された柔道系格闘技を「柔術」として分類される様にもなってきている様である。これは何か不思議であり、かなりの違和感がある……？

大宮　「合氣」と言う様な名称を極意として用いていなくとも氣の運用と言う事であるならば、その様な教えは古流柔術にも結構あるのではないですか。

平上　そうですね。起倒流や楊心流系でも「氣」や「力」、「志」などの意味合いと使い分けを述べた文献が結構残っています。代表的な文献を少し挙げてみましょうか。真之神道流に『九個條之大事』と云う伝書の中に次の解説があります。これはどうも起倒流の影響下に写された伝書※の様に思いますが、実際的内容はほぼ同じものです。

「一　志氣力差別の事
志と氣との差別分けて云ひ難し。然れ共是を分けて言へば志の赴くにつれてその向ふ物をとらんと手の出づるは何ぞとなれば志に従ひ動きて氣かよふ故なり。その物を持ちあぐるは何ぞなれば氣に従ひ集まる所の力也。力の出づる所に氣集まり氣のかよふ所に力も従ひよるといふ事定まりたる理にして氣力不二となる。然れども爰に差別をなして記すことは力を先立て業をなせばその害甚だ多し。是れ以て力を捨て只氣の扱ひを修行せしめんためなり。業熟するに至っては人々のありきたる所の力氣の働きにつれてその業に應じて出づる事教をまたずして備るべし。且元來氣力不二の所なり。力を一向に嫌ふと云ふにはあらず。たとへば力のある人と無き人と同位の上手に至らば力あるに若くはあるべからず。然れどもその業いまだ熟せざる内より力を用ふれば力味となる。氣の扱と力の扱との差別を云はば事業を為す所輕く和かにしてスラリとこだわりなきを氣の扱と云て好み用ふるなり、重くこり、りきみたる所を力の扱として是を甚だ嫌ふなり」

内容は現代の体育理論にもその儘適用できる優れた論説なので引用させて頂きました。

大宮　なるほど太極拳などにも「意を用いて力を用いず」と言う言葉がありますが、同様の教えが含まれていると感じます。そしてそれはまた大東流で言う所の「力抜きの秘法」に繋がるものであり、それこそが武術的な古傳の発力法であったのではないかと思います。

※　**起倒流における柔理論**
起倒流と云うのも考えてみれば真に不思議な流儀で、形の本数も少なく、技術内容は投げ技中心で柔術的な逆手や當身法、締技等は形としては出てこない。恐らく形教傳とは違う部分、乱捕や古傳相撲的な部分において様々な技術傳の伝授が行われたのだろう。形は深遠なヤワラ極意の象徴として制定されたものかとも思われる。
そして柔極意に到達したら、逆手や當身などと云う細かい技術傳は不要になるか、もしくは自ずから自在に発する事が出来ると云う「一道通万芸（いちどうまんげいにつうず）」と云う考え方が根本にあったのではなかろうか。
真に超絶的な武術奥義の世界であり、確かに深遠な極意哲理を含有した流儀として多くの柔術極意理論書を遺している。他の柔術がひたすら多くの形教傳を制定し、多様なる格闘技法の会得を信条としていたのとは対象的であり、真に前衛的な流儀である。いや逆に古傳相撲や戦場組討傳を継承する最も古式のスタイルを踏襲して来たが故であるのかも知れない。多様な技法傳の代わりに深遠なる柔術理論を形成した事において、一般柔術との分別の為、「柔道」を主体に名乗ったのではないかとも考察できるわけである。

平上　澁川流でも氣の運用と言う事は言われます。また多くの流儀において「氣で制する」「氣を発する」「氣で抑える」「氣を飛ばす」「氣を感じる」と言う様な遣われ方もしたでしょうね。天然理心流などではそれらの傳を確かに「氣術」と呼んだわけです。

大宮　さきほども話がでましたが、天然理心流には独特の氣の術技が伝承していた様ですね。

平上　元祖、二代目までは受け継がれ、剣の腕のみならず、彼等は超絶的な妖《あや》かしの術を振るったともいわれますが、二代目が毒殺されてそれらの驚異の秘法傳は失われたとも言われます。ただ元祖が残した直筆の口傳書が遺り、それを読み込む事を通じて内容は大体窺う事が出来ますし、実傳自体も決して完全に失われたわけではないと思います。

大宮　普段の先生のお話から推察するに、天然理心流は一般にいわれている様な粗削りの朴訥な田舎剣術と言うわけでは決してなく、中々に手数の多い精妙な流儀で、また様々な秘口傳や極意傳を「位」と言う名称とスタイルで残していた様ですね。先程話にでた楊心流系とは少し意味合いが違う様ですが。

「力草之位」

平上　楊心流の「位」は「真之位」を代表とする所の身勢の教えでしたが、一般流儀では「クラス」的な意味合いで使われる事が多いです。「クライ」と「クラス」、音も形も少し似ていますね。言語学的にも何か関連があるのかも知れない（笑）。天然理心流ではいろいろ「位」の教えがあります。「草之位」や「浮鳥之位」「決心之位」「行心之位」などとも謂いますが、「決心」や「行心」傳は厳然たる形教傳です。口傳教義にしろ、形教傳であるにしろ、それらは正に流儀のそれぞれの段階の極意伝を精妙なる技術を以て表現したものです。「草之位」は楊心流系の極意「真之位」に対応しての造語の様にも感じられますし、実際両者微妙な関連がある事はあるのです。そして

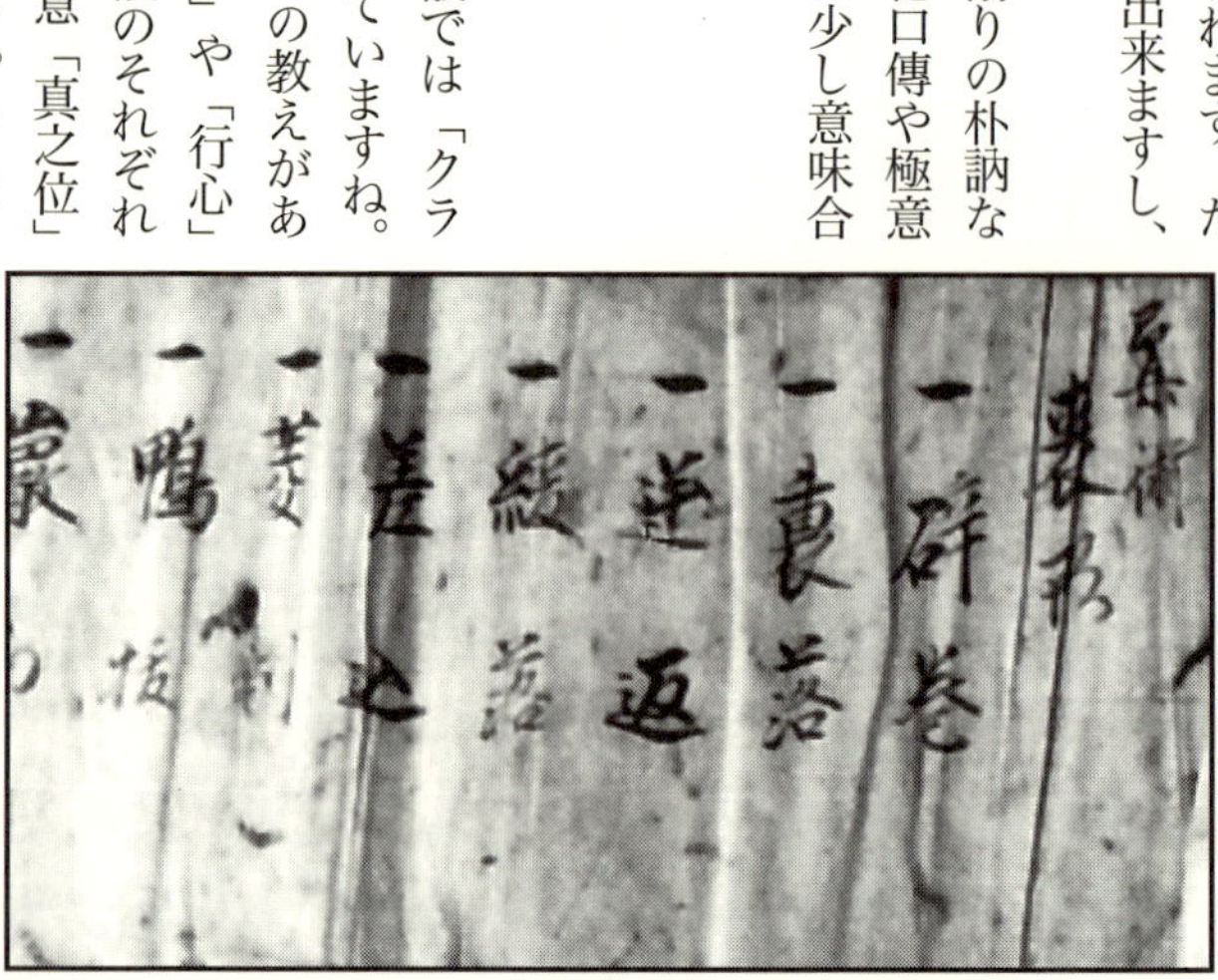

※　**天然理心流柔術**
天然理心流柔術における実傳は殆ど全てが失傳し、内容は伝書類から推定するしかないが、中々に大きな教傳体系を形成し、多様にして高度な技法傳を多数保有していた。流儀の途絶は遺憾の限りである。

●左図／『柔術業名』（松崎家所蔵）

天然理心流ではまた「力草之位」と言うワードを用いて「合氣」的な技法傳を表現しております。同流には柔術伝が大きなブロックとして伝承がありますから。※

大宮　「力草之位」ですか、初めて聞く大変珍しいワードかと思いますが、その意味合いはどういう事でしょう。

平上　「草」とは「草書」の「草」であり、「崩し字」の「崩し」と言う事。と言う事は「力草」とは「力を崩す」事、その極意を現しており、「力草之位」とは現代の大東流式にいえば「合氣の極意に達した境地」と言う事でしょうか。

大宮　なるほど。それで用いられる実際の技法極意においてはどの様な説明がなされているのですか。

平上　力をナヤス極意表現が現れた柔術系の形に、その分別として「力草之位」と記載されているわけですが、実際の技法極意としては「揺れ戻し」や「當身」、「梃子の原理」、そして氣を発して手解きする、合氣と同じ様な技術傳が確かに現れておりますね。※

大宮　やはり各流それぞれが工夫した極意手法はそれなりに理論化、名称化されている様ですね。ただ現代で言う所の「合氣」はそれらを全て包含し、もっと広く深く、心持ちや精神制御法に至るまでの深遠な意味合いとして用いられており、そこに実際の手法が加わって少し独得の観念になっていると言う事がいえるかも知れません。明治以降に出現した大東流における武術傳脈の流れから「合氣」と言うものが抽出され、名称付けがなされ、看板掛けがなされました。これは日本武道界における一つ大きな業績と考える事が出来るのではないかと思います。

古傳大東流

平上　大東流の歴史について、今までかなり膨大な史料群を用いて大分討議をなし、探求してき

※　**古流柔術における合氣技法**

古流柔術に合氣の用語が冠されていないからといって、かくした技術傳が必ずしも存在しないわけでは勿論ない。合氣上げ的なものは既に指摘した様に天羽流の書籍に出てくるし、合気道で行われる臂力の養成と殆ど同質の技術は天神真楊流に既に存在する。

精妙な多人数捕り的な部分は、関口流などにより巧妙で多彩な技術が伝えられているし、天然理心流の柔術にもかなりの多人数捕系技術傳がみられ、それ程特殊なものでもない。現代になって演じられる様になった合氣パフォーマンスはともかくとして、根本的な相手の攻撃力を無力化する極意秘法としての「合氣」と云う立場で考えると、これは柔術技法における基本テーゼであり、その為の様々なテクニックが考案された。敵に持たれた接点を利用して敵を崩し倒す合氣柔術的な技術を保有する流儀も複数あり、それ程珍しいと云うほどでもない。

伝統的な武術秘傳と云う立場で考えると、遠くから倒す技術や手も触れず敵の動きを留めてしまう技術が各流の深い所で様々な工夫がなされ、無数の秘傳法が考案されている。真に膨大なる秘傳世界を構築してきたが、この部分は大東流系の合氣世界とは全く異質で別次元の武術文化となっている。

ましたが、残念ながらいま一つ明確ではない部分も残っています。特に明治中期以前の歴史については、かなり曖昧模糊としている。現代における大東流研究における基本的なテーゼとしては、会津藩武田家に代々伝わる秘柔術として原典的なものは確かにあったが、それを核として実質上、武田惣角師範が明治以降発展、体系化していったと言う事が言われています。この点は我も史料なき儘それほど意見を述べる部分は少ないのですが、問題はやはり明治後半以降の推移であります。現存する史料を用いて大東流柔術に「合氣」の観念が流入し、その核とも言える技法と理念が形成されていった流れを割合時間を掛けて分析、概観してきました。そしてその様な流入の流れの中には、想像以上に植芝師範からの影響がかなり認められるのではないか……と言うのが本討論の、いやそうではなく私自身における結論的な想定であります。

大宮　しかしそれはそうかもしれないとしても、最終的にこの様な巨大な体系を構築して体現し、その核なるものを実際に教傳したのは武田惣角師範である事は間違いない。ただここで問題なのはその武術の大天才、武田惣角師範が打ち立てた大東流の本質の全体像を伝える系統はなく、それぞれの系脈においてかなり変容してしまっていると言う事です。

平上　合気道と大東流との大きな差異は、合気道が新生に新生を繰り返し、古い部分を脱皮して捨ててゆき、どんどん変容していった事にくらべ、大東流では新たな傳と展開技法部分はあったが、それらを全て時代の中に凍結し、プラスアルファの立場で流儀が体系づけられて来たと言う事があります。ただこの様な認識は大東流研究者、そのプロとしての私のみの認識なのであり、余り一般認識として定着しているわけでは必ずしもありません。しかもそれは本当の、真正の古傳大東流と言う立場※における解釈であり、現代において普通に称される所謂「大東流」と言う立場とは立脚点がそもそもかなり違いますけれども。

大宮　合気道が新生に新生を繰り返しというのは、確かに植芝盛平師範においてはそうでしょうが、他の師範においては必ずしもそうとも言えず、各時代毎に学んだ師範の技はかなり違い、そ

※　**大東流の古武道としての立場**
大東流は今日いくつかの古武道団体に所属し演武もなされるが、現在の大東流は他の古武道と比べて、形態としてかなり特殊である事は事実である。流儀の古典形を継承するのが古武道の本質であるはずであり、各系においても流儀の根源部分はちゃんと把握し、整備して置くべきかとは思う。先ずなさねばならない重大な事は伝承された技法の出自、新旧の分別だろう。近年考案された技を古武道と云うステージで演じる事は確かに問題であろうかとは思うのである。

れを自分が師匠から間違いなく学んだものとして伝え、それぞれの特徴を持ち、またそのどれもがとりあえずは、合気道とされている事も考えなければならないと思います。また大東流に関してプラスアルファの立場で流儀が体系づけられた事を指摘なさいましたが、それは他の古流においても少しの進歩もないという流儀はありえず、当然の事と思います。しかしながら、そうした変化がどの様なものであったかが、確然とはしていない部分が多くあると思うのです。故にこそより深い、史料を尽くした考証がまだまだ必要ではあるでしょうね。

平上　進歩する事は結構なのですが、武田惣角師範が伝承したと思われる大東流の核となるところのものをそのまま継承した系統が何処にもないと言う事が、かなりの問題ではありますまいか。

大宮　いや、本源的な大東流は現在既にどこでも行なわれておらず、正に失伝状態と仰いますが、しかしこれは正しく「失われたが失われていない」と言う事ではないでしょうか。明治年間から惣角師範は身と心とを何処にも居つかせず、無住身柔術家の立場で全国を行脚し、各地に大東流極意の断片を残しました。※大分歪めて伝えたられた場合もあったかも知れませんが、それを正す縁《えにし》はちゃんと残している。

平上　はい！　これはいかにもしかり、真にその通りであると思います。それが盛平師範との大きな差異であるかも知れませんね。両者は確かに明治以降の武術の二大天才であるかも知れませんが、やはり惣角師範の方が伝統流儀武術の流統継承における古式の方法論をちゃんと踏襲し、流儀の体系を理念の世界では見事に構築している。しかして恐るべき謀を通じて真に膨大なものを現象世界と理念世界の交差点において、合わせ鏡の如く立体的に凍結し保存した……。後世の研究者はそれを丹念に拾い集め、解凍し、再構築すればよいわけです。その実際的な方法論も大宮先生が長い時間を掛けてちゃんとなされ、大きな業績として残されてきた事でありました。確かにそこには驚異の古傳大東流秘術の世界があり、また巨大な合氣曼陀羅の絨毯が敷き詰められており、真にゴージャスな合氣大宮殿であると思います。

※　**大東流の技法記録**
大東流は明治以降歴史の裏舞台においてかなりの隆盛があり、実際的に多くの修行者が存在した。それも比較的高価な教授料にての伝習であったので、講習内容の記録が割合残った流儀であるといえる。伝書自体が形解説になっており、また門人が学んだ技法を纏めて各種の技法解説書等を遺している。久琢磨師範が遺した写真図説資料が代表格といえるだろう。
また植芝師範を通じて合気道系の技法伝も多くの技法記録が遺っており、竹下勇大将が遺した膨大な技法覚書は真に白眉である。

大宮　お蔭様で大東流における資料は長年時間を掛けて蒐集し、大変に貴重な驚異の秘傳書群にも多数出逢う事が出来ました。また様々な人脈を通じて手継ぎの技法傳、また奥深い合氣口傳法まで多くの師範方から頂く事が出来ました。色々な意味で大東流の歴史と技法研究においては大変に充実してきたと言う所でしょうか。その様な中において、何年か前に『古傳大東流闡明』（平成十一年刊）まで上梓させて頂きました。これは技法復元と言う立場からは大分拙い部分もあり、また探求試行実験の一環、研究成果の一断片ではあったのですが、古傳の大東流に至る為の縁の一端、糸口にはなりうるのではないかと思います。

平上　まさに真の大東流合氣柔術、即ち古傳大東流に至る為にはまだまだ多くの資料と研究を通じた解析※が必要であり、これからより深い部分の討議をなしてゆきたいと考えてはおります。しかしながら正直な所、ここには今回の対談、討議を遥かに超えた所の本当に巨大な秘儀がある。またその全ての謎を説ききるには、まだまだ多くの史料群の精査も必要であろうかと思います。今回は取り敢えず大東流における「合氣」の探求と言う事で範囲を絞り、その様な立場で既に大分討議してまいりました。

胡乱《うろん》で拙い部分もかなりあったかと思いますが、私自身が長年心に溜めてきた比較的超絶的な新説（真説？珍説？）のある程度の部分を語らせて頂きました。それに対する異論、反論も研究家の諸賢におかれては当然多々あるかと思いますが、反響と論難攻撃を大いに期待したいと思います。その意味では何とか討議としての一区切りもついたかと思います。よってここいら辺で一端は舌鋒を鞘に納め、慰労の為にも暫しの休息期間を取りたいと思います。

本日は真に有り難うございました。

［了］

※　**技法記録書の解析**

武藤正雄先生宅で最古に属する『大東流柔術秘傳目録』や竹下勇大将が遺された膨大な合氣技法解説記録を見せて頂いたが、大東流伝書はともかく、竹下文献の解析はその膨大さ故もあり中々出来ないでいた。

その後東北でも最古の目録伝書が発見され、最も古傳的な大東流の本質が徐々に明確になってきた。竹下資料においては植芝師範を通した合氣系柔術の発展した技法群として捉え、徐々に解析をなし、大東流における合氣柔術としての発展過程も次第に明確になりつつある。

この様な研究の深化の中、本来最もなすべき事は、大東流系でなされた技法群と植芝師範系の流れでなされた技法群との分別であろう。しかしながらこれは多くの部分でかなりの交差がみられ、正にお互い影響を与え合っており、中々複雑な構造になっている事がわかる。その意味で合氣探求の道はやっとその緒に就いたばかりであると考える者である。

後書　その一

大東流合氣柔術神氣会主宰　平上信行

それは恐らく明治の中頃の事と思われる。京都郊外の一寒村に棲む文盲無学の一老寡婦が貧困の果てに神懸かりを興し、真に不思議な神言と預言群を突如発する様になった。その内容は真に神秘的にして奥深く、そして発した預言が次々と的中して行った為に周りの者は驚倒し、よって次第に老女の下に人々が群がり、同地に民間信仰としての一つの宗教団体が徐々に形成さていった……。

預言、神言と言っても、それは口舌にて発せられたという事では必ずしもない。同女がトランス状態において霊動し、自動書記にて次々と半紙上に書き綴った真に不思議な線調の、また何とも奇妙なリズムをもつ平仮名文書を通じて黙示されたものである。但しその内容は非常に暗喩的であり、一読殆ど理解不能……しかし何度か読み返せば真に味わい深く、神界の秘密と叡知に触れる縁が確かに存する様に感じられる……。同文書は「お筆先」と呼ばれ、同教団の最高無上の神典とされ、以後二十年以上にも渡って膨大なる神言と預言が記録される事となる。

そして明治後期位に至って次の様な奇妙な一預言文が遂に認められたのである。

「明治五十五年の三月三日、五月五日は誠に結構な日である……云々」と！

これは正しく同教団が開教初頭より唱えていた「世の中の立て替え立て直し、世界の大修繕」の時の事、即ちそれは古今東西、世界各国各地にて発祥した数多の宗教群、その多くが古来より共通して言い伝えてきた究極的終末預言と同質の謂であろうかと思われる……。教団信者一同は驚倒しながらもその時を待望し、かつ恐れた。

ところがその年時に至る数年前に、この世における役割と勤めを全て果たし、よって正に予定されていたが如くに同教団開祖は天に召さる事となる。

教団開祖の突然の帰神に戸惑いながらも、残った教団の後継者たちは遺された預言の神意解釈に迷い、様々な解釈と論説が発せられた。しかし「逝く者は皆かくの如きか昼夜を舎《お》かず」であり、多くの関係者たちも順次隠れゆく中、やがてその年刻に至り、そして過ぎ行き、大正、昭和の御世替わりを通じ、多くの混乱と離脱、弾圧、分裂、そして御国の大戦、巨大にして悲惨なる戦災等を経ながらもその教団は現代にまでなんとか命脈を保っている。

しかしながら、だとすれば年刻と月日まで指定された同教団神典の終末預言、それは一体なんだったのであろう？　他教において「その日その時は、天の使いも誰も知る事なし、その年時は兆しに依って察すべし」となした終末時の明確なる年刻を同教開祖のみが殆ど唯一、明示したのである。

現代に至って、その預言の神意については教団内外の識者、研究者たちにおいて様々に解釈されて多説有り、正に異説、異論等、様々である様である……。

さてさて、京都郊外で神懸かりをおこした一老女とは勿論出口直刀自《とじ》の事であり、同女が開いた教団こそ、植芝盛平師範が信仰帰依して家族共々移り住み、そこで何年も過ごしながらも身心を錬磨し自己の武術を開花させた同師範における武道大覚の場、京都郊外、綾部の大本教団である事はいうまでもない。

大本神典における究極預言の年刻は、正に盛平師範が心酔師事した同教の後継者、出口王仁三郎聖師が主宰、統括していた時期であり、当時盛平師範は教団内で自己の武術を、弛《たゆ》まぬ錬磨と研究を通じて体系化しようと奮闘していたと思われる。

盛平師範の事はともかくとして同教信者たちは元祖が遺した恐るべき「終末預言」を自己の内部ではどの様に理解、処理していたのだろう？　それは今日、大本教への弾圧や、或いは関東大震災の預言也と解釈するが如きの論もある。いやそれらとも全く異質の言霊学風のコジ付け論説等も多々……？

しかしながらそれらは（言霊学式解釈は別として）確かに近似した年期における極めて大きな事件群では

あったが、年刻のずれは如何ともしがたく、「（我の神言、預言は）髪一筋も違わんぞよ」なのではなかったか。

明治五十五年といえば大正年号に換算すればぴったり大正十一年の事であり、他の大事件等は年刻を僅かながらも確かに外し、大正十一年には社会も大本内部においてもそれほど大きな動乱、異変は特になく、何となく平穏に過ぎていった。……いや、本当にそうなのか？　目に見える現し世の世界ではそれほどの事変は一見なにも起こらなかった様にも確かに感じられる。

しかしながら筆者の専門である日本武術史という別の立場から観察すれば、この大正十一年という年代はかなり特異なる転換点（ターニングポイント）と言える真に奇妙な年刻であったかと思うのである。

いかにもしかりであり、この年にこそ江戸末期に形成された武術極意の象徴とも言える「合氣之術」の理念が実際のある古流武術と結合し、以後の日本武術界にて大変に大きな隆盛をなし、それを通じて各系他流の武術、そして世界中にまで極めて多大なる影響を齎《もたら》す事になる「合氣系武術」という真に特殊にして面妖なる新興日本武道が正に結実をなした年刻であったと言う事なのである。

だとすれば「三月三日、五月五日」という続き節句の謂も真に象徴的である。それぞれは「桃の花」「桃の実」を表現し、そして次の節句、正に「七月七日」にこそ「桃太郎がうまれる」のだと云う事を暗示した詞《ことば》遊びと字謎《アナグラム》……神遊びであったのではなかろうか。

勿論これらの事項は必ずしも正真文書を以て完全証明されたものではなく、まだまだ精査と討議の余地はある。しかしながらこの年時にこそ、確かに大本教団内部においては惣角師範と盛平師範（そして或いは加えて出口王仁三郎聖師）との再びの邂逅があり、そして極めて大きな可能性として両師範の（梅松殿《ばいしょうでん》等での）密談を経て、正に「合氣系武術」というそれまでの日本武術には存在しなかった独特の名称とスタイルの新式武術が遂に誕生した瞬間である様に、少なくとも状況証拠的には観察できるのである。

「七月七日の大本梅松殿、夜半人無く私語の時……。柔術《やわら》にありては願わくば合氣の柔術《やわら》でありたいと。剣《けん》術にありては願わくば合氣の剣《けん》術でありたいと。天長地久《てんちょうちきゅう》……そして日本における他の古典武術群が時あり

てか尽くるも、我等が創ったこの合氣の武術こそは綿々として尽くる事なからん……と」

この年刻における両天才師範の邂逅と、かなり長期に渡る武術錬磨を通じて生じたそれぞれの想いと心動、文化変革の實相については正に想像を逞しくするしかなく、多くは架空の推定である。しかしながら此の時期以降、両師範の 恨《おもい》 は確かに綿々として尽きず、その願い通りにそれまでの多くの伝統武芸の殆どが巨大な戦火と動乱の中で消滅して行ったが、両師範が形成した新たな理念としての「合氣系武術」は以後、特に戦後下においてこそ大いなる隆盛をなし、そしてそれが現代にまで繋がって来た事は紛れもない事実である。

但しそれが出口直刀自がいわれる様な「誠に結構な」事であるのかどうかはかなり微妙であり、古典武術の立場にある者としては些か別の想いや異義もある。しかしながら新たなもの、日本武術における斬新にして魅惑的なる極意用語と理念の創出自体は素直に、大変に喜ばしい事であると捉えたい。ただそこに「虚偽」と「妄想」という猛毒成分《テトロドトキシン》の含有がなければの話であり、それが人の神経組織を砕破し、そして本体としての日本武術の本質をも損ね兼ねないのだとすれば、なんとしてもその毒を抽出し、洗浄除去する調理作業を十二分になした上で賞味したいとは思うのである。

その為にはやはり真実を明らめる所から始めねばならず、本書はその最初の試みである。これからも同流の本質を古典武術の立場から探求する努力を積み重ねて行きたいと考える次第であるのであります。

後書　その二

大東流合氣柔術玄修会主宰　大宮司朗

平上先生と大東流史について対談したのは何時の事であったろうか。少なくともこの一年、二年のことではなく、かなり以前からの仕事である。一連の対談内容、その大まかな討議の流れについては比較的早い時期に纏《まと》め上げる事に成功し、よって次には技法撮影をなし、それもなるべく早く整備付加して、すぐにでも出版の予定であったが諸般の事情でここまで遅くなってしまった。

しかしながら出版の大幅な遅延についてはお互いに、少なくとも私自身としては大きな容認と理解があった。

と言うのは討論内容の特殊性からも安易な妥協と胡乱な結論の提出は控えるべきであり、討論における各提言の背景となる文書の蒐集と検証、そして細かい論議の整備、そして論理矛盾のバグ取り作業は時間をかけてもちゃんとなすべきと言う意識があったからである。

ともあれ実際になされた討議の概要とその争点は次の如くである。

先ず討議における前提事実として、私自身は鶴山晃瑞師範の三大技法「柔術・合氣柔術・合氣之術」とか、武田惣角の「柔術は教えるが合氣は教えない」などの言葉から、惣角が大東流を教傳し始めた頃より「合氣」という詞もあり、合氣技法もあったものとして考えていた。

それに真っ向から反対して、植芝吉祥丸師範の「合気という語は出口王仁三郎の助言によって盛平が精神性を付与することを惣角に提言して使うようになった」という説を是とする平上先生との激しい討議となった。

その論に対しては、少なくとも大東流側からは、佐川幸義師範が「自分の父のノートにこのようにアイキをかけるという説明の文がある」として、大正二年のノートを提示し、それを何人もの人が実際に確認しているという事。そしてノート開示のおりに師範は「武田先生は、合気柔術と柔術を区別して教えていました」と述べていると言う事実があるではないかと私は反論した。

それに対して、そもそも覚書ノート類と言うものは公刊書籍類とは違い、その史料としての真正性や、年代等の判定等、審判がかなり難しい事。そして実際の所、覚書ノートのその個所の写真などはどう言う訳か一枚も公開されておらず、とすれば筆跡鑑定ができるわけではなく、後から書き加えられた可能性もあるではないかと反論された。

そうした事に関して、私としては、そのノートにわざわざ書き加えるという作業などをせずとも、当時「合氣」という用語があっても何の不思議もない。明治二十五年には武骨居士による武道極意としての書『合氣之術』が出ているのであるから、武田惣角が示す奇妙不可思議なる武術の業に対して、人々が「先生のなさっている武術は、あの武道極意とされる合氣之術ではございませんか」などと尋ねたりした事があったに違いなく、よって初めはそれは何の事だと思っていた惣角もその意味をやがて理解し、その言葉が武道極意として多くの人々に認識されているのを知って、自らの技を「合氣」と称してもおかしくないのではないかと指摘した。

ところが、たとえそうであったにしろ、その様に当時使われた「合氣」という語が現在使われている「合氣」という語と同じものではない可能性のほうが寧ろ高いのではないかとまたまた再反論されてしまった。

これは確かにその通りで、惣角のご子息である武田時宗師範でさえ、合氣を**「大東流に合気の秘法がある。人の生は気に依るもの気を養う事である。呼吸法に依り臍下丹田に気を充実させ気力集中をはかり精神統一。不迷不怖の不動心を養い、無念無想の神気境地に到達せしめ、天地萬物の気に合せ、吉凶禍福を悟り、是れに対処する身の軽重、人心透視、未来予知の秘法に至る」**と定義されている。この解釈はある時期以降もてはやされる様になった佐川師範の**「合氣とは相手を無力化する技術」**という定義とは違い、何方かと言えば武骨居士の記すところの『合氣之術』にかなり近い理解と認識なのである。

また合氣上達の根本修練法とも見なされている「合氣上」自体もいつ頃から導入され、錬磨される様になってきたかという事も大きな問題であった。この合氣上げの導入は平上先生の論によれば、植芝盛平師範によるのではないかという。これまた、これまでの大東流の世界では決して考えられた事のないような説までも持ち出してこられたのである。

それに対しては、私は、「合氣上」という名称がなかったにしろ、惣角の演じた技の中に合氣上げに通底する様な技があり、それを盛平師範が抽出して「呼吸の鍛練法」（大東流における合氣上げとほぼ同じ法）となしたわけで、大東流になかったものを、盛平師範が入れたわけでもないのではと反論した。

しかしそれに対しては、盛平師範が大東流以前に学んだ天神真楊流の最初の伝に合氣上げに類似の手法と理合があり、また公刊書として出版された天羽流柔術の図説解説本には合氣上げから合氣投げに至る様な技法紹介があると言う事実。要するにそうしたものを加味して作り出されてきたのではないかという仮説が説明された。

と……以上の様な、今までの常識とはかなりかけ離れた新説を主軸とした討議となったが、平上先生も認められている様に、この様な合氣柔術形成の特殊な推移、当時の実態については、確証文献がなんとも乏しく、多くは状況証拠を積み上げた立場での仮説と推測に過ぎず、未だ完全証明されたというレベルの事ではない。とはいうもののその真実を明らめるためには大胆な仮説を投げかける事も時には必要であるだろう。その意味も含めて本書対談は合氣柔術形成史における真実解明の為の初探として、大変に重要かつ非常に興味深い討論、業績になっていると思う。

但し対談における各討議テーマも時によってややランダムな回もあり、また何回かに分けたかなり長いスパンでの対談の関係上、必ずしもお互い論理的に、また順序正しく系統的に話す事ができなかった様な部分もある。また大東流の合氣、あるいは歴史とか伝書などとの関連、そして合氣極意と伝統武術の秘法との比較検討の意味合いもあり、古流武術、特に柳生新陰流等の話などにまで論が飛んでいる。よっていささか大東流、合気道とは話が乖離してしまった様なところもあるが、しかしながら古流武術の奥深さを知るという意味では、私自身すこぶる勉強になった事も事実である。

……ということで対談の論調とテーマがいささか脇道にそれた部位もあるが、大東流とか合気道に関心ある人だけでなく、柳生新陰流や古流武術に興味を持つ人にとっても一読する価値のある対談本になったのではないかと思う。

ともあれ維新期以前の武術において、いささか否定的に用いられてきた「合氣」という詞が、江戸期の武道小説や講談等を通じて次第に肯定的に用いられる様になったと言う事。そしてそれが明治になって催眠術の某研究大家が著した天下の奇書『合氣之術』によって一般の人々が不可思議な武術の極意として再認識される様になり、それが大東流において、これまたある時期から種目、そして技法名称として用いられるようになった経緯をかなり詳しく本書は討議、考証している。

対談後に気づいたことであるが、『繪本二島英勇記』が出された同時期に、松平定信が『甲乙流組合　勝負極意』という伝書を著し、その中に「可離ハ合気なり　可修ハ真の合気なり」と記しており、この頃、勘違いしてではなく、「合氣」という語に新たな意味合いを含める人物が出てきていたことも注目すべきである。

合氣にかかわる武術を修行している方は是非一読し、日本武術史探求の面白さと合氣柔術に内蔵された合氣術技の奥深さを感得して頂きたいと、対談の一方の相方として切に願う者である。

著者紹介

●大宮司朗

霊的環境下に生を享け、幼少の頃より霊学、古神道を研鑽し古社、霊地、霊山を歴訪し、霊格向上、神明との霊的感通に努める。太古真法（斎宮神法）、幽真界から齎された各種神法道術に通暁し、現代日本における玄学の第一人者。後進にその道筋を付けるべく著述に励む傍ら霊縁ある人々の指導に当たる。同時に惟神の武道としての大東流を長年にわたり研究、かつまた修練し、その成果として会得したところの秘伝技、また玄妙なる合氣の奥儀を直接伝授している。現在は古神道を伝授することを主たる目的とした玄学修道会、大東流合氣柔術を教伝することを目的とした大東流玄修会、両会の主宰者として活動。主な著書に、『太古真法玄義』『玄秘修法奥伝』『神法道術秘伝』『玄想法秘儀』『言霊玄修秘伝』『増補 霊符の呪法』『真伝合気口訣奥秘』『古武術と身体』『開祖 植芝盛平の合気道』等がある。

●平上信行

神戸生まれ。日本武術史研究家・江戸期科学技術史研究家。研究論文、著書多数。『秘傳古流柔術技法』『秘伝柔術』『極意相傳　第一～二巻』『発勁の秘伝と極意』『秘伝剣術・極意刀術』『古神道と古流武術』『秘伝天然理心流剣術』等。また私家版書籍として『江戸時計文献録』『江戸時計調査録◇福島編』『御伽噺の秘密』『武術秘傳小説　第一～二巻』『神免武蔵守義経』『大武藝者◇孔子武徳傳』『刀装具画題探求 第一～三巻』等を著作。

日本古傳武術研鑽會を主宰し、古傳武術の研鑽と秘傳技法探求に加え、古武器・武術古傳書等の蒐集、そして膨大な武術資料の電子データ化による保存と整理の業績を積み上げている。また同會の活動の一端として、「大東流合氣柔術史探求會」を東京新宿にて月一度（主に第三日曜もしくは月曜日の夕刻）開催し合氣柔術史における研究討議と情報交換の場を設けている。日本武術史の真実の学術的な探求を目的とした會であり、他系派に属される場合においても純粋に合氣柔術史に志を抱かれる方の参加は受け入れています。
◆同會の活動に於ける御問い合わせは電話にて［０８０－４８９９－５５７４］まで。

対談《たいだん》 合氣《あいき》の秘傳《ひでん》と武術《ぶじゅつ》の極意《ごくい》

大東流と合気道の究極奥儀「合氣之術」の秘密を語る

2018年11月26日　初版発行

著　者　大宮司朗＋平上信行 ©
発　行　八幡書店
　　　　東京都品川区平塚 2-1-16 KKビル５F
　　　　TEL：03-3785-0881　FAX：03-3785-0882
印　刷　平文社
製　本　難波製本

装　幀　勝木雄二

ISBN978-4-89350-805-8 C0075 ¥2800E

大東流の源流？　幻の指南書完全復刻！

天神真楊流 柔術極意教授図解

吉田千春／磯又右衛門＝著

●本体 2,800 円＋税　●A5 判　●並製

一説には大東流の源流ともいわれ、植芝盛平も学んだ天神真楊流。本書は明治期に刊行されたその貴重指南書である。この流派の創始者・磯又右衛門（柳関斎）は、京都で一柳織部に楊心流を学ぶこと７年、さらに真之神道流の本間丈右衛門に入門し、６年足らずで奥義を究めた。諸国巡歴中、近江草津で百人余りの無頼漢と争ったとき、あて身について悟るところがあり、二流を併せて一派を立て 124 手を定めた。その全貌は本書にあますところなく開示されている。

古武道の古典的名著を合本にて復刻

柔術剣棒図解秘訣

井ノ口松之助＝編　榊原鍵吉＝校閲

●本体 2,800 円＋税
●A5 判　●並製

前編（「柔術剣棒図解秘訣」）…柔術から撃剣、棒術まで、詳細な図解で解説。柔術については、『天神真楊流柔術極意教授図解』に収録されているが、技をより詳細に説明している箇所もあり、相照らして読まれることをお薦めする。

後編（「武道図解秘訣」）…柔術は殺活の術を、撃剣は古流の形を紹介し、臨機応変の術、太刀筋の成否を示す。捕縄は本縄数種を図解し、捕縄の心得を詳記。その他、水泳、弓術、居合の諸術を収録。

実用本位　護身用杖術の指南書

ステッキ術

江連力一郎＝著

●本体 6,800 円＋税
●A5 判　●上製

著者の江連（えづれ）力一郎は、尼港事件でパルチザンに殺害された同朋にかわって正義の剣をとると称し、大正 11 年、大輝丸でロシアの帆船をシージャック、配下とともにロシア人船員 16 人を殺害した大輝丸海賊事件で名を馳せた人物で、剣道五段、柔道五段、空手四段に加え、拳銃の名手でもあった。江連は、若き日に修得した金子愛蔵の「心形刀流護身杖術」をもとに、より簡便で実用的なものをと、多年にわたり研究の末に大成したステッキ術のすべてを、懲役 20 年の獄中（後に恩赦で５年で出所）で遺著として綴ったというだけあって、構え、足運び、打ち方、突き方など、写真や図をまじえての平易な解説は、ずぶの素人でも簡単にマスターできるよう工夫されている。本書をマスターすれば、誰でも杖、ステッキ、ウォーキングストック、傘などを護身用の武器に変身させることができよう。

忍術の実践極意を現代的に解説

忍術極意秘伝書 現代人の忍術

伊藤銀月＝著

●本体 2,800 円＋税
●A5 判　●並製

霊術家として著名な著者が、忍術の実践極意を公開した稀書。著者は、忍術の極意秘伝を「瞬間作用」にありと喝破し、「相手の目のなかに漂い出す気の動きを見てとると、その発し掛かって発し切らぬ際どい機に投じて、隙かさずそいつの眼に備わる防衛本能を脅かす動作」と規定する。無色、無形、無跡、無声、無息、無臭の六無の修行法にはじまり、四有（風胎を脱する術、飛行自在の術、昇天の術、縮地の術）、木遁、火遁、土遁、金遁、水遁の五遁に至るまでを詳述、その現代生活に適合した修行法と応用法（護身術・処世術）を指導。著者が幼少の頃に、漂泊の怪僧が古寺の高い柱を駈け昇るのを実見し、忍術研究の動機となった逸話なども興味深い。

催眠術・気合術から二天一流まで

武術最高極意

野口一威斎（潜龍軒）＝編

● 本体 10,000 円+税
● 菊判　● 豪華クロス装幀
● 美装函入

著者は、神道六合流柔術の開祖で、明治三十六年に帝国尚武会を設立。帝国尚武会は講道館流柔道が普及する以前に全国に広まり、その活動は欧米にまで及んだ。通信教育による武道伝授の嚆矢であり、大正５年に刊行された本書原本も、門弟および通信教育受講者にのみ非売品として限定頒布されたものと推測され、現今では古書店でも入手不可能な稀書である。原本は天、地、水、火、風、空の和綴６巻よりなり、著者の体験や、各派口伝、伝書をもとに縦横無尽に武術の真諦を説いたもので、表現はきわめて平易で読みやすい。また武術にかぎらず、霊術、整体などの身体技法に関心のある方は目を通しておくと、必ず役に立つであろう。

神道六合流柔術の全貌を公開！

奥秘 柔術教授書

野口一威斎（潜龍軒）＝監修

龍之巻・虎之巻・特科虎之巻 合冊

● 本体 12,000 円+税
● 菊判　● 豪華クロス装幀
● 美装函入

野口一威斎の監修で、大正初期に刊行された『柔術教授書 龍之巻・虎之巻合本』『同 特科虎之巻』の合冊。神道六合流柔術の技法を豊富な写真（約 600 点）によってあますことなく伝える。「龍之巻・虎之巻」では、柔術と学理、柔術独習法から説き起こし、神道六合流の実地活用的正技である投技、抑技、締技、当技、活法、整法を解説しているが、写真を多用しつつ平易な表現で説いているため、初心者にも理解しやすい。さらなる奥儀を望まんとする者は、変化の型式を説いて技の応用法を詳かにし、次に奥儀秘伝の技を示し、終わりに柔術の真髄を明らかにした「特科虎之巻」を精読するとよかろう。なお、大東流と類似の技法もかなりあるので、大東流研究者も必読。

一、丨《こん》、十《じふ》、卍《まん》、〇《えん》の神扉を開く！

武道極意

鈴木禮太郎＝著

● 本体 3,800 円+税
● A5 判　● 並製

小野一刀流を伝承者が、霊交、霊止など霊学用語を交え、武道の型に秘められた神意を霊解し、さらに殺活法の秘法などに説きおよぶ。流派を問わず武道愛好家にお奨め。

武道と人道／劍の真義と三種の神器／ツルギタチの言霊と劍の説文／剣道法形の起源とその秘伝／龍虎二巻の秘伝とその解釈／天地人三段の法形と神意の表象　一、丨、十、卍、〇／霊交とカミワザ／打太刀の極意／仕太刀の極意／ひとふたみよの口訣／人の霊交たる一丨（みち）／卍字殺人刀活人剣／一刀流の系譜と伝書の由来／目録の伝書と法形手続／槍術の極意／一刀流指南免許伝書／一刀流小野派／北辰一刀流の伝書／殺活に関する秘法／剣と禅 etc

---

武術に関連する心法術法書を網羅

武術叢書

早川純三郎＝編

● 本体 5,400 円+税
● A5 判　● 並製

「本朝武芸小伝」「撃剣叢談」などの武芸史の貴重資料、「不動智」「天狗芸術論」「五輪の書」など武術関連の心法術法書を網羅したものである。武道関係の古典は活字化されたものが少なく、これだけ集めたものは現在でも貴重。他に「一刀斎先生剣法書」「兵法三十五箇条」「太阿記」「円明流剣法書」「柳生流新秘抄」「本識三問答」「劍術不識」「劍徴」「常静子劍談」「劍法略記」「劍法撃刺論」など多数収録。